《몽테뉴 초상화》 토마스 드 뢰. 1608.

▲그레이브 광장으로 향하는 가톨릭 동맹단파 사람들

◀여왕 카트린과 앙리 2세의 결혼식

▼몽테뉴
그는 결혼하기 전에 파리로 떠난다.

▲ 파리의 노상묘지
16세기 이 노상묘지는 정치색을 가진 신도들이 집회를 갖거나 또는 특히 기즈공파가 충돌하는 장소가 되었다.

▶ 〈몽콩투르 전투〉
미래의 앙리 3세 군대는 이 전투에서 콜리니 제독이 지휘하던 위그노파 부대를 격파했다.

▲〈샤르트르 포위전〉 1568. 몽테뉴는 포위전에 가담하지 않았다.

◀전쟁이 일어나기 2년 전에 태어난 몽테뉴의 여자 친구 그르네

◀◀샤르트르 포위전에서 무공을 세운 앙리 드 기즈 공

세계사상전집011
Michel de Montaigne
LES ESSAIS
몽테뉴 수상록Ⅰ
몽테뉴/손우성 옮김

동서문화사

이 책을 읽는 이에게

　이 책을 읽는 이여, 여기 이 책은 성실한 마음으로 썼음을 밝힌다. 이 작품은 처음부터 내 집안일이나 개인적인 일을 말해 보는 것밖에는 다른 어떤 목적도 없음을 말해 둔다. 이것은 추호도 나의 선대를 위해서나 내 영광을 생각해서 한 일은 아니다. 그것은 내 힘에 겨운 일이다. 다만 나의 집안들이나 친구들의 편의를 도모하기 위한 것으로, 내가 세상을 떠난 뒤에 (오래잖아 그렇게 되겠지만) 그들이 내 어떤 모습이나 기분의 몇 가지 특징을 이 책에서 찾아보며, 나에 대해 알고 있는 지식을 더 온전하고 생생하게 간직하도록 하려는 것이다.
　이것이 세상 사람들의 호평을 사기 위한 것이었다면, 나는 자신을 좀 더 잘 장식하고 조심스레 연구해서 내보였을 것이다. 모두 여기 생긴 그대로의 자연스럽고 평범하고 꾸밈없는 나를 보아주기를 바란다. 왜냐하면 내가 묘사하는 것은 나 자신이기 때문이다. 내 결점들이 여기에 있는 그대로 나온다. 터놓고 보여줄 수 있는 한도에서 타고난 그대로의 내 생김을 내놓았다. 만일 내가 아직도 대자연의 태초의 법칙 아래 감미로운 자유를 누리며 살고 있는 국민 속에서 태어났다면, 나는 기꺼이 자신을 통째로 적나라하게 그렸으리라는 것을 장담한다.
　그러니 이 책을 읽는 이여, 여기서는 나 자신이 바로 내 책의 재료이다. 이렇게도 경박하고 헛된 일이니, 그대가 한가한 시간을 허비할 거리도 못 될 것이다. 그러면 안녕.

1580년 3월 1일
몽테뉴

몽테뉴 수상록 I II
차례

이 책을 읽는 이에게

몽테뉴 수상록 I

제1권

1 인간은 여러 가지 방법으로 똑같은 결과에 도달한다 … 15
2 슬픔에 대하여 … 19
3 우리들의 감정은 세상 너머에까지 이른다 … 22
4 진실한 목표가 없는 심령이 그릇된 목표에 정열을 쏟는 모습 … 30
5 포위당한 요새의 장수가 적과의 강화를 위해 성을 나간다면 … 32
6 협상하기에 위험한 때 … 35
7 생각이 우리들의 행동을 판단한다 … 37
8 나태에 대하여 … 39
9 거짓말쟁이들에 대하여 … 40
10 빠른 말법과 느린 말법 … 45
11 예언에 대하여 … 48
12 불굴(不屈)에 대하여 … 52
13 제왕들의 회견 의식 … 54
14 선악의 취미는 대부분 우리의 생각에 달려 있다 … 56
15 당치 않게 한 요구를 지키다가는 벌을 받는다 … 76
16 비겁함의 처벌에 대하여 … 77
17 어떤 대사들의 특징 … 79

18 공포심에 대하여…82
19 사람의 운은 죽은 뒤가 아니면 판단하지 못한다…84
20 철학에 마음을 쏟는 것은 죽는 법을 배우는 일이다…87
21 상상력에 대하여…106
22 한 사람에게만 이로운 것은 다른 사람에게 해롭다…117
23 습관에 대하여, 그리고 이어받은 법을 쉽사리 변경하지 않음에 대하여…118
24 같은 결심에서 일어나는 여러 가지 다른 결과…136
25 학식이 있음을 자랑함에 대하여…146
26 아이들의 교육에 대하여…159
27 우리들의 능력으로 진위를 가린다는 것은 어리석은 수작이다…198
28 우정에 대하여…202
29 에티엔 드 라 보에티의 짧은 시 스물아홉 편…217
30 절도(節度)에 대하여…218
31 식인종에 대하여…223
32 거룩한 절차의 비판에는 참견을 조심할 것…238
33 생명이 아깝거든 감각적 탐락을 피할 것…240
34 운은 가끔 이성의 움직임과 같다…242
35 정치의 결함에 대하여…245
36 옷 입는 습관에 대하여…247
37 작은 카토에 대하여…250
38 우리는 같은 일로 울기도 웃기도 한다…255
39 고독함에 대하여…259
40 키케로에 대한 고찰…272
41 자신의 영광을 양보하지 말 것…278
42 우리들 사이에 있는 불평등에 대하여…280

43 사치 단속법에 대하여…292

44 잠에 대하여…294

45 드뢰 전투에 대하여…296

46 이름에 대하여…297

47 판단력의 불확실성에 대하여…303

48 군마에 대하여…310

49 옛 관습에 대하여…318

50 데모크리토스와 헤라클레이토스에 대하여…324

51 언어의 허영됨에 대하여…327

52 옛사람들의 인색에 대하여…331

53 카이사르의 말 한마디…332

54 헛된 묘기에 대하여…333

55 냄새에 대하여…336

56 기도에 대하여…339

57 나이에 대하여…349

제2권

1 우리 행동의 줏대 없음에 대하여…353

2 술주정에 대하여…361

3 케아섬의 풍습에 대하여…371

4 사무는 내일로…386

5 양심에 대하여…388

6 실천에 대하여…393

7 명예의 포상에 대하여…405

8 아이들에 대한 아버지의 애정에 대하여…409

9 파르티인의 무기에 대하여…430

10 서적에 대하여 … 433
11 잔인성에 대하여 … 448
12 레이몽 스봉의 변호 … 464

몽테뉴 수상록 II

제2권

13 타인의 죽음 판단하기 … 673
14 우리의 정신이 어떻게 스스로를 방해하는가 … 680
15 우리의 욕망은 어려움에 부닥치면 커진다 … 681
16 영예에 대하여 … 688
17 교만에 대하여 … 704
18 반증에 대하여 … 740
19 신앙의 자유에 대하여 … 745
20 우리는 순수한 것이라곤 아무것도 맛보지 못한다 … 749
21 무위도식에 대하여 … 753
22 역마에 대하여 … 757
23 나쁜 수단을 좋은 목적에 사용함에 대하여 … 758
24 로마의 위대성에 대하여 … 762
25 병자를 흉내 내지 말 것에 대하여 … 764
26 엄지손가락에 대하여 … 766
27 비겁은 잔인의 어머니 … 768
28 모든 일에는 저마다 때가 있다 … 778
29 도덕에 대하여 … 781
30 한 기형아에 대하여 … 789

31 분노에 대하여…791
32 세네카와 플루타르크의 변호…800
33 스푸리나의 이야기…807
34 율리우스 카이사르의 전쟁하는 방법에 대하여…815
35 세 현숙한 부인에 대하여…824
36 가장 탁월한 인물들에 대하여…833
37 자손들이 조상을 닮음에 대하여…841

제3권
1 유용성과 정직성에 대하여…874
2 후회에 대하여…891
3 세 가지 사귐에 대하여…907
4 기분 전환에 대하여…920
5 베르길리우스의 시구에 붙여…932
6 역마차에 대하여…1002
7 고귀한 신분의 불편함에 대하여…1021
8 논변의 기술에 대하여…1026
9 허영에 대하여…1053
10 자기 의지의 아낌에 대하여…1121
11 절름발이에 대하여…1148
12 인상에 대하여…1160
13 경험에 대하여…1193

몽테뉴의 생애와 사상…1258
몽테뉴 연보…1270
인명 찾아보기…1275

일러두기

1. 이 책은 몽테뉴《에세이(Les Essais)》전3권을 완역하여 책 제목을《몽테뉴 수상록》으로 달았다. 텍스트는 *Les Essais, de Michel de Montaigne,* Paris ; Felix Alcan, 1922, 3 vol를 사용했다.
2. 번역문은 가능한 한 우리글로 쉽게 옮겼고, 역주로서 본문의 이해를 돕도록 했다.
3. 몽테뉴가 인용한 그리스 고전의 시구나 인용문은 되도록 의역을 피했고 지은이를 괄호 속에 밝혔다.
4. 끝에 세목을 넣어 모두를 살펴볼 수 있도록 했다.

제1권

1
인간은 여러 가지 방법으로 똑같은 결과에 도달한다

우리가 누군가를 모욕해서 그의 앙심을 사고 그의 손에 잡혀 꼼짝 못 하게 된 경우, 그의 마음을 눅이는 가장 보편적인 방편은 그저 그 앞에 굴복하여 가련하고 측은하게 보이거나 그의 동정심을 일으키는 일이다. 그러나 이와 반대로 담력으로 굳은 지조를 보여 같은 효과를 얻는 수도 있다.

영국 황태자 에드워드는 그렇게 오랫동안 우리 귀엔 지방을 통치했다. 그 성품과 삶에도 훌륭한 점들이 많았던 그였지만, 일단 리모주인으로부터 몹시 큰 모욕을 받은 다음부터는 그들의 도시를 무력으로 함락시키고, 시민들을 여자나 어린애 할 것 없이 무지하게 도살했다. 살려 달라고 발밑에 엎드려 울부짖어도 그의 분노를 막을 도리가 없었는데, 때마침 거리를 지나다 프랑스 귀족 세 사람이 생각도 못 할 용맹함으로 승전군에 맞서 싸우는 것을 보게 되었다. 이렇게도 훌륭한 용덕을 보자 그는 경외와 존경의 마음이 들어 분노의 기세가 꺾였고, 이 세 사람을 비롯한 이 도시의 모든 주민들에게 자비심을 보였다.

에피로스 공 스칸데르베그는 자기 부하 병사 한 사람을 죽이려고 쫓아갔다. 그때 이 병사는 에피로스 공의 마음을 달래어 보려고 갖은 탄원으로 공손히 애걸해 보아도 소용이 없자, 궁지에 몰린 나머지 악이 나서 칼을 뽑아 들고 기다리기로 작정했다. 그러자 이 굳은 결심을 본 그의 윗사람은 그만 분한 마음을 풀고, 그 장한 태도를 가상히 여겨 도리어 그를 총애하게 되었다. 에피로스 공의 경탄할 만한 힘과 용기에 관한 이야기를 읽어보지 않은 사람들은 이 일을 다르게 해석할지도 모른다.

콘라드 3세가 겔프 당인 바바리아 공(公)의 도성을 공격했을 때, 공이 아무리 천하고 비굴한 조건으로 그의 환심을 사려고 애써도 황제는 들어주질 않았다. 황제가 허용한 것은 단지 그 도성 안에 공과 함께 포위당해 있는 귀부인들이 직접 짊어질 수 있는 한도로 짐을 짊어지고 도보로 떠나라는 것이며, 여인들의 신변 또한 보장하겠다고 했다. 그 여인들은 자신들의 남편, 자녀, 그리고 공(公)까지도 어깨에 짊어지고 떠나기로 결심했다. 황제는 이들의 장한 용기를 보고 매우 기뻐하여 감격한 나머지 눈물을 흘리며, 그렇게 치가 떨리도록 미워하던 공에 대한 적개심도 풀고, 그때부터 공과 그 신하들을 다정하게 대접했다.

　나 같으면 이 두 가지 방법의 어느 것에라도 쉽사리 넘어갈 것이다. 나는 자비심과 너그럽고 후덕한 마음씨에 아주 약하기 때문이다. 어떻든 내 생각으로는 존경심보다도 동정심으로 인해 더 쉽게 넘어갈 것 같다. 그러나 스토아학파는 연민을 악덕한 심정으로 생각한다. 그들은 불행한 자들을 구해 주려고는 하지만 마음을 굽혀 그들을 동정하려고는 하지 않는다.

　그런데 내게는 이런 사례들이 더 당연한 일로 보인다. 더욱이 이런 인물들이 이 두 방법으로 공격당하고 시련을 겪으며, 한 방법에는 요지부동으로 버티다가도 다른 방법에는 굴하고 마니 말이다. 남의 딱한 사정을 보고 마음이 약해지는 일은 안일을 탐하고 세상을 달게 보며 마음이 무른 탓으로, 그 때문에 더 약한 성질을 가진 여자나 어린애나 속인들이 그편으로 더 끌리게 된다. 그러나 울부짖고 애걸하는 수작은 경멸하면서 단지 용감한 덕성의 거룩한 모습 앞에서만 존경심으로 수그러지는 것은, 마음이 굴하지 않는 성미이며 완강하고 씩씩한 정기를 사랑하는 데서 온다고 말할 수 있다.

　그렇지만 그렇게 용맹하거나 너그럽고 후덕하지 못한 사람에 대해서도, 경탄의 심정이 같은 효과를 일으키는 수가 있다. 테베 시민들이 그들의 장수 펠로피다스를, 이미 명령으로 결정된 기한을 넘겨서까지 직권을 계속 행사했다는 죄목으로 사형에 처할 일이라고 재판에 회부했을 때였다. 펠로피다스는 이런 공격이 주는 중압감에 굴하여 그저 자기 사정을 잘 조사해 달라고 탄원하는 일밖에 다른 변명을 늘어놓지 못하여 간신히 형벌을 모면했다. 그런데 에파미논다스는 그와 반대로 용감하게 나서서, 자기가 성취한 공적을 당당하고 거만한 태도로 설파하면서 인민들을 책망하고는 투표 의사봉을 손에 들지도 않았다. 그러자 참석한 사람들은 그의 자신만만한 위풍을 극구 칭찬하며 소송을 포기했다.

대(大) 디오니시우스는 극도의 어려움을 겪어 가며 오랜 시일에 걸쳐 레기움 시를 공략했을 때, 이 도시를 그렇게도 완강하게 방어해 온 품위 있는 위대한 장수 퓌톤을 사로잡고, 본보기로 그에게 비극적인 복수를 가하려고 했다. 그는 먼저 퓌톤에게 전날 그의 아들과 친척들을 물에 던져 빠져 죽게 한 경위를 말하게 했다. 그러자 퓌톤은 단지, 죽은 자들이 자기보다 고작 하루 정도 더 행복했다고만 대답했다. 다음에 디오니시우스는 이 패장의 옷을 벗기고 지극히 수치스럽고도 잔인하게 매질을 하게 한 뒤, 거리로 끌고 나가 모욕적인 더러운 욕설을 퍼붓게 했다. 그러나 그는 끝내 용기를 잃지 않았다. 오히려 태연한 얼굴로 자기 죽음이 명예롭고 영광스러운 이유를 소리 높이 외치며, 자기가 조국을 폭군의 손에 넘기지 않으려고 애쓴 것을 말하고는 머잖아 이 폭군에게 신들의 벌이 내릴 것이라고 위협했다. 이때 디오니시우스는 자기 군사들의 눈을 보았는데, 이 패장의 도발적인 언동에 격분하는 것이 아니라 오히려 자기네 수령과 그의 승리를 경멸하고, 패장의 고귀한 덕성에 경탄하여 마음이 약해져서 반란을 일으킬 궁리를 하며, 헌병들의 손에서 퓌톤을 탈출시킬 생각까지 하는 것을 알게 되었다. 그래서 그는 악형을 중지시키고 몰래 그를 바다에 던져 빠져 죽게 했다.

참으로 인간이란 헛되고 가지각색이며 변하기 쉬운 존재이다. 그러기에 어떠한 견실하고 고른 판단을 세우기가 쉽지 않다. 폼페이우스를 보면, 그는 마메르티움시 사람들에게 극도로 격분했다가, 제논이라는 시민의 장한 마음씨와 덕성을 보고 시민 전체를 용서했었다. 제논은 공공의 책임을 자기가 지고 혼자 형벌을 받겠다는 것밖에 다른 용서는 구하지 않았던 것이다. 그런데 쉴라의 손님은 페르시아에서 똑같은 덕성을 보였지만 자기를 위해서나 남을 위해서나 아무것도 얻지 못했다.

그리고 먼저 든 사례들과는 완전히 다른 인간 중에서 가장 용감하고 피정복자에게 누구보다 너그럽고 후덕했던 알렉산드로스는, 치열한 공방을 겪으며 가자(Gaza)의 도성을 공략한 후, 그 도성을 지키던 베티스를 만났다. 그는 이 인물의 용맹에 관한 놀라운 증거를 공격전에서 뼈저리게 느꼈다. 그때 그는 자기 부하들에게서 버림받고, 무기는 빼앗겼으며, 상처로 피투성이가 되어서도 사방에서 밀려드는 마케도니아 군대의 한복판에서 싸우고 있었다. 알렉산드로스는 이 싸움에서 당한 다른 손해보다도 두 군데나 자기 몸에 상처를 입었기 때문에 이렇게도 비싸게 얻은 승리에 아주 화가 나서, 그에게 이렇게 말했다. "너는 네 소원대로 죽지는 못할 것이다. 베티스, 너는 포로된 자가 받을 수 있는 온갖 고난을 모두 당할 것이다."

그래도 이자는 움찔하지도 않고 건방지고 오만한 태도로 이 위협에 대꾸조차 하지 않았다. 알렉산드로스는 그의 거만하고 고집스러운 침묵을 보고 "무릎도 안 꿇는다? 살려달라는 애원도 하지 않는다? 좋다. 네놈의 다문 입이 열리도록 하겠다. 네가 말을 하지 않으면 적어도 신음 소리라도 내게 하겠다" 하며, 분한 김에 악이 나서 그의 발꿈치를 꿰어 산 채로 수레에 매어달고 끌고 다녀 사지를 산산조각나게 했다.

알렉산드로스에게는 이런 용맹함이 대수롭지 않은 일이며, 감탄할 거리가 되지 못하기 때문에, 베티스를 존경하고 싶은 생각도 나지 않았던 것일까? 또는 용감성을 자신의 전유물로 생각하여, 이렇게도 오만한 용기가 자기 아닌 다른 자에게 있음을 시기하는 울분에서 용서할 수 없었던 것일까? 아니면 그의 분노가 맹렬했기 때문에 자기에게 대항하는 자를 참고 볼 수 없었던 것일까?

그가 이 분노를 억제할 수 있었다면 그는 테베시를 함락시키고 무찔러 나갈 때, 용감한 많은 사람이 조국을 방어할 수 없어 잔혹하게 칼에 찔려 죽는 것을 보고는, 그 분노를 억제할 수 있었을 것이다. 왜냐하면 여기에서 적어도 6천 명은 죽었으며, 그중 한 명도 도망치거나 용서를 구하기는커녕 여기저기 거리 모퉁이에서 승리하는 적에 대항해 자기들의 영광스러운 죽음의 길을 찾아 싸웠기 때문이다. 아무리 심한 부상을 입은 자라도 마지막 숨을 거두는 순간까지 복수하려고 기를 쓰며 절망의 무기를 들었고, 죽음을 지켜보며 자신의 죽음에 대해 위안을 얻으려고 하지 않는 자가 없었다. 그런데 그들의 용감성은 이 재난을 피하지 못했으며, 알렉산드로스의 복수심을 만족시키는 데는 하루 종일도 모자랐다. 이 살육은 마지막 한 방울의 피가 떨어질 때까지 계속되었고, 마침내 무장하지 않은 사람들, 늙은이, 부녀자, 어린아이 등 3만 명이 노예로 끌려가고야 끝이 났다.

2
슬픔에 대하여

나는 이 감정에서 크게 자유롭다. 비록 사람들은 마치 정가를 매겨놓은 것처럼 특별한 기호를 가지고 이 슬픔이라는 감정을 존중하는 일이 있지만, 나는 이것을 좋아하지도 존중하지도 않는다. 사람들은 이것으로 예지·도덕·양심에 옷을 입힌다. 어리석고 추악한 속임수이다. 이탈리아 사람들은 그럴듯하게 이 낱말에 흉악하다는 뜻을 붙였다. 왜냐하면 이 심정은 언제나 해롭고 예측할 수 없기 때문이다. 그리고 스토아학파는 이것을 겁 많고 비굴한 소질이라고 보며, 그 파의 학자들에게 이 감정을 금하고 있다.

이런 이야기가 있다. 이집트 왕 프삼메니토스가 페르시아의 왕 캄비세스에게 패하여 잡혔을 때, 사로잡힌 자기 딸이 노예복을 입고 물을 길어 가느라 앞을 지나치는 것을 보고는, 친구들은 주위에서 모두 울부짖는데도 그는 땅만 내려다보며 말없이 꼼짝 않고 있었다. 그리고 조금 있다가 또 자기 아들이 죽음의 길로 끌려가는 꼴을 보고도 똑같은 모습을 하고 있었다. 그런데 그의 부하 하나가 끌려가는 포로들 속에 있는 것을 보고는 머리를 치며 대성통곡하더라는 것이다.

이와 비슷한 이야기로, 최근에 프랑스 태공 한 사람이 트리엔트에 있을 때, 자기 맏형이 죽었다는 소식을 들었다(그 형은 온 집안의 기둥이며 영광이며 얼굴이다). 그리고 얼마 뒤에 그는 둘째로 희망을 두던 동생의 부고를 듣고도 굳은 마음으로 버티며 견디어 냈는데, 며칠 뒤에 한 하인이 죽자, 이 마지막 변고에는 마음을 억제하지 못하고 슬퍼하며 안타까워했다. 이를 보고 어떤 사람은 그가 이 마지막 충격에만 마음이 움직인 것이라고 말했다. 그러나 사실인즉, 그는 슬픔이 차서 넘치게 된 형편에 있다가 그 위에 일이 더 덮쳐옴으로써, 그의 참을성의 한계가 무너졌던 것이다.

우리 이야기도 다음 말을 첨가하지 않아도 똑같이 판단된다(고 나는 생각한다). 그것은 캄비세스가 프삼메니토스를 보고, 어째서 그가 아들딸의 불행에는 마음이 격하지 않고 있다가 부하의 불행은 참아 내지 못했느냐고 묻자, "이 마지막 불행은 눈물로 마음속이 표현되지만, 처음의 두 사건은 마음속을 표현할 한계를 넘은 것이오"라고 대답했다는 것이다.

아마도 저 고대 화가의 착상도 이런 경우와 일치할 것이다. 그는 이피게니아가 희생되는 장면에 참석한 인물들의 슬퍼하는 표정을, 각자 이 죄 없는 예쁜 소녀의 죽음에 대해서 갖는 관심의 정도에 따라 예술의 극치를 다하여 그린 다음에, 이 소녀의 부친에 이르러서는 마치 어떠한 표정으로도 슬픔을 표현할 수 없는 것같이 그 얼굴을 덮어서 그려 놓았다. 바로 이런 까닭으로, 시인들은 저 가련한 어미 니오베가 아들 일곱을 먼저 잃고 나서 연달아 같은 수의 딸을 잃었을 때, 이 가혹한 일을 당하고는 그만 돌로 변하고 만 것을 보여주고 있다.

  그 여인은 슬픔에 젖어 돌이 되었다.   (오비디우스)

이는 어떤 참변이 사람이 참아 낼 수 있는 한계를 넘어 충격적일 때, 우리가 겪는 '저 멍청하니 말문이 막히고 귀가 멍하도록 넋을 잃은 심정'을 묘사하는 것이다.

비참한 일을 참는 것은 극도에 달하면 사람의 정신 전체를 뒤집어엎고, 그 행동의 자유를 잃게 할 것이다. 그것은 우리가 몹시 언짢은 소식을 듣고 놀랐을 때, 몸이 얽매여 얼어붙듯 하며 모든 동작이 오그라져 붙었다가, 눈물과 통곡으로 토해 내면 설움이 한꺼번에 쏟아져나와 얽매였던 마음도 풀리고 몸도 편해지는 식이다.

  마침내 고통은 간신히 울음에 길을 터준다.   (베르길리우스)

페르디난트 왕이 부다시 주위에서 헝가리 왕 요한네스의 미망인과 싸울 때의 일이다. 그는 독일 장수 라이샤크가 어느 기사(騎士)의 시체를 가져오는 것을 보았다. 그 기사가 이 전투에서 지극히 용감하게 싸우는 것을 보았기 때문에 그는 상심하며 그의 죽음을 슬퍼했다. 그런데 이 장군이 사람들과 함께 그가 누구인가 알아보고 싶은 마음에서 갑옷과 투구를 벗겨 보았더니, 바로 자기 아들이었다. 모두가 이 광경에 울부짖는데도 그 혼자만 아무 소리도 눈물도 없이 서서 눈 하나 까딱 않고 아들의 주검을 응시하다가 끝내는 슬픔을 억제하지 못하고 그대로 빳빳이 굳은 채 땅에 쓰러져 죽었다.

얼마나 속이 타는지 말할 수 있는 사람은 미지근하게 속태우는 것이다.
(페트라르카)

이는 견디지 못할 격정을 표현하고자 하는 연인들의 말이다.

가여운 신세로다!
사랑은 내 감각마저 빼앗는도다. 그대를 한번 보자.
레스비아여, 나는 얼이 빠져
그대에게 할 말도 나오지 않는도다.
혀는 굳어지고 미묘한 불길이 온몸에 퍼져
귀가 울리고 눈이 멀어지기 때문이다.
(카툴루스)

이와 같이 격렬하게 불타 버리는 듯한 정열의 발작에는 비탄이나 말을 늘어놓기가 적합하지 않다. 그런 때에는 마음은 심각한 생각으로 무거워지고 몸은 치우쳐 사랑에 녹아 버린다.
어떤 때는, 그래서는 안 될 시각임에도 우발적인 무기력 상태가 생겨나고, 극도에 달한 열기에 사로잡힌 애인들을 얼리어 재미를 보려는 좋은 기회를 허사가 되게 한다. 실컷 마음 놓고 맛보게 하는 정열은 대수롭지 않는 정열에 지나지 않는다.

가벼운 근심은 쓸데없이 많은 말을 하게 하고,
깊은 근심은 멍하니 정신을 잃게 한다
(세네카)

뜻밖의 기쁨이 불시에 닥쳐 와도 똑같이 우리들을 놀라게 한다.

내가 가까이 하자, 트로이 병사들이 사방에서
내게 몰려오는 것을 보자, 그때는 혼비백산

황천의 환상에 억눌린 듯
이 광경에 몸은 얼어붙고 체온은 그녀의 골격을 버리며
그녀는 실신하여 쓰러졌다가 얼마 지난 뒤에야
겨우 말문을 열었다.　　　　　　　　　　　(베르길리우스)

　저 로마의 여인이 칸네의 전투에서 살아 돌아오는 아들을 보고 너무나 기쁜 나머지 격해 죽은 일이나, 너무 좋아서 숨을 거둔 소포클레스와 폭군 디오니시우스, 그리고 로마 상원(上院)이 자기를 표창했다는 소식을 듣고 코르시카에서 죽은 탈바의 이야기는 제쳐놓고라도, 지금 이 시대에도 교황 레오 1세가 그렇게 소원하던 밀라노 함락의 보고를 듣고 기뻐 날뛰다 죽은 예를 알고 있다. 그리고 인간이 변변치 못하고 졸렬하다는 두드러진 예로, 변증법 학자 디오도르스는 학교에서, 그리고 민중들 앞에서 남이 내놓은 논법을 전개시키지 못했기 때문에, 극도의 수치감에 사로잡혀 그 자리에서 죽어 버린 일이 옛사람들에 의해서 주목되고 있다.
　나는 이런 맹렬한 격정에 사로잡히는 일이 드물다. 나는 천성적으로 감수성이 둔하다. 그리고 날마다 생각으로 거적을 씌워 감수성을 무디게 만들고 있다.

3
우리들의 감정은 세상 너머에까지 이른다

　사람들이 늘 미래의 일을 추구한다고 비난하며, 우리를 향해 '장차 올 일은 지나간 일보다도 훨씬 손에 잡힐 거리가 못 되는 만큼, 현재의 행복을 견지하고 거기에 몸을 안정시키라'고 가르치는 자들이, 만일 여러 다른 일에서와 같이 우리들의 지식보다 행동을 염려하여 이런 그릇된 사상을 주입하고, 우리들 천성이 자기가 낳은 자식의 대를 잇는 데 봉사하기 위해 하는 일을 감히 과오라고 부른다면, 그들은 사람이 가장 저지르기 쉬운 잘못을 범하는 것이다. 우리의 눈은 언제나 제자리에 있지 않고 늘 저 너머에 있다. 공포나 욕망, 희망 등이 우리들을 늘 미래로 비약시킨다. 그리고 우리들에게 현실에 관한 고찰과 마음을 가리고, 앞으로 올 일, 다시 말하면 우리가 장차 세상을 떠날 날의 일에 관심을 갖게 한다.

앞으로의 일을 근심하는 모든 정신은 불행하다.   (세네카)

'네 일을 하고, 너 자신을 알라'는 위대한 교훈은 흔히 플라톤에 인용된다. 이 두 가지가 저마다 대체로 우리의 의무를 포함하고 있으며, 마찬가지로 다른 편을 포함하고 있다. 자기 일을 하려는 자는 먼저 자기가 무엇인가, 그리고 자기에게 적당한 일이 무엇인가를 알아야 한다는 것을 깨달을 것이다. 그리고 자기를 아는 자는 남의 일을 자기 일로 혼동하지 않는다. 그는 무엇보다도 먼저 자기를 사랑하고, 자기를 가꾸며, 쓸데없는 일이나 생각을 제안받기를 거절한다.

미친 사람처럼 망령됨은 그 소원하는 것을 주어도 만족하지 않으나,
예지는 현재 있는 것에 만족하여 결코 자기에게 불만을 품지 않는다.(키케로)

에피쿠로스는 현자(賢者)에게 미래에 관한 예측과 걱정을 벗어나게 해 주고 있다.
죽은 자에 관한 계율들 중에, 마음의 앙금에서 비롯된 행동을 그들이 죽은 뒤에 심판하고 있는 율법은 다른 일에도 못지않게 견고한 것으로 보인다.
왕들은 법의 주인은 아닐망정 법의 동무들이다. 정의가 그들 자신에게 가하지 못한 제재를 이 율법이, 우리가 때로는 생명보다 더 중하게 여기는 그들의 명성과 그 후계자들의 재산 위에 가해진다는 것은 당연한 일이다.
이런 풍습은 그 율법을 지키는 국민들에게 대단한 이익을 주는 일이며, 자기 추억이 악인들과 비교되기를 꺼리는 착한 왕들이 지켜 주기를 바랄 만한 일이다.
우리는 모든 왕들에게 똑같이 신하로서 예속되어 복종해야 할 의무가 있다. 왜냐하면 그것은 그들의 직권에 관련되기 때문이다. 그러나 존경심은 애정과 마찬가지로 그들의 선함과 덕에 대해서만 가져 줄 의무가 있다. 그들이 권위를 세우는 데 우리들의 지지를 필요로 한다면, 국가의 질서를 보아서 그들이 못났

어도 꾸준히 참아주고, 그들의 악덕을 감춰 주고, 그들의 별것 아닌 행동도 장한 일로 보이게 도와주자. 그러나 그들과 우리의 인연이 끝났을 때에는 정의와 자유에 우리의 진실한 마음을 표현하는 것을 거절할 이유는 없다. 특히 착한 신하들이 자기 주군의 결점을 너무 잘 알고 있으면서도 존경과 충성을 다하여 그를 섬긴 일을 찬양하지 못하게 할 리는 없다. 그것은 후세에 좋은 본보기를 빼앗는 일이다. 그리고 칭찬할 수 없는 왕을 어떤 사사로운 이유 때문에 옹호하는 자들은 공공의 정의를 해쳐 가며 개인의 정의를 행하는 것이다. 티투스 리비우스가 "왕권 아래에서 자란 자들은 항상 그 말투에 어리석은 허식과 헛된 변명이 가득하며, 모두가 그들의 왕들을 차별 없이 선덕의 극한과 절대적인 위대성 위에 올려놓는다"고 말한 것은 맞는 말이다.

네로에게 맞서 다음과 같이 대답한 두 병사의 담대한 태도를 책망할 수도 있다. 한 사람은 왜 자기를 원망하느냐고 네로가 묻자 "나는 그대가 착했을 때에는 그대를 사랑했소. 그러나 그대가 어버이 살해범이고, 방화범이며, 사기꾼이고 마부 같은 자가 된 뒤로는 그 값어치대로 미워하오"라고 했다. 또 한 사람에게 왜 자기를 죽이려고 했느냐고 네로가 묻자 "그대의 계속되는, 어긋나고 흉악한 행위를 달리 치료할 방법이 없기 때문이오"라고 말했다. 네로의 악랄하고 잔인하며 난폭한 행태는 그가 죽은 뒤에 드러났고, 또 이후로도 영원히 그렇게 표명될 평가를 어느 누가 건전한 정신을 가진 상태에서 감히 책망할 것인가?

라케다이모니아와 같은 거룩한 정치 제도 아래에서 이런 허망한 예법이 있었다는 것은 불쾌한 일이다. 그곳에서는 왕이 죽으면 모든 동맹자들, 모든 이웃 사람들, 모든 천민들 할 것 없이, 남자와 여자가 뒤섞여 애통해하는 표시로 이마를 찢어 상처를 내며 울부짖고, 그가 어떤 자였건 모든 왕들 중에 가장 훌륭한 왕이었다고 말하며, 공적에 바쳐야 할 몫을 지위에 바치고, 제일급의 공로자에 바쳐야 할 찬사를 가장 못난 왕에게도 바친다.

모든 일을 뒤적거려 보는 아리스토텔레스는 "아무도 자기가 죽기 전에는 행복하다고 말할 수 없다"고 한 솔론의 말을 음미하며, "어느 자가 순리대로 살다가 죽은 뒤에, 그의 평판이 나빠지고 그의 후손이 비참하게 되어도, 그를 행복한 사람이라고 말할 수 있는가?" 하고 묻는다. 우리는 움직이고 있는 동안 자기에게 좋을 대로 앞을 내다보며 살아간다. 그러나 한번 존재의 밖에 있게 되면, 현재의 것과는 아무런 연락도 가질 수 없다. 그러면 그가 존재하지 않게 된 이후에만 행복할 수 있을 바에야 사람은 결코 행복할 수 없다고 솔론에게 말하는 편이 나을 것이다.

> 누구를 막론하고
> 자기의 뿌리를 완전히 뽑아서, 인생 밖에 내버리기는 곤란하니,
> 사람은 은근히 자신의 어느 부분이 이승에 머무를 것으로 상상한다.
> 인간은 죽음으로 쓰러진 신체에서 완전히 이탈하여
> 해방되지 못한다.
> (루크레티우스)

베르트랑 뒤 게클랭은 오베르뉴의 퓌이 옆 랑콩(랑공) 성의 포위전에서 전사했다. 포위당한 군대는 그가 죽은 다음에 항복하고 성문 열쇠는 죽은 자의 시체 위에 갖다 바쳐야만 했다.

베니스군의 무장(武將) 바르톨로메오 드 알비아노는 브레시아 지방의 전쟁에 출정했다가 전사하여, 그의 시체는 적지 베로나를 지나가야만 했다. 그 군대의 의견 대부분은 베로나 사람들에게 안전히 통과할 수 있도록 청해 보자는 것이었다. 그러나 테오도르 트리불치오가 반대했다. 그러고는 전투의 위험을 무릅쓰고라도 강제로 그 땅을 지날 방안을 택했다. 그는 "알비아노가 살아서 적을 두려워한 일이 없었는데, 죽은 뒤 적을 두려워함을 드러내는 것은 온당치 못하다"고 말했다.

사실 이와 비슷한 일로 그리스법에 의하면 장례를 지내 주려고 적에게 시체를 돌려 달라고 요구한 자는 승리를 포기하는 것이며, 죽은 자를 위해서는 전승비를 세울 수 없었다. 이러한 요구를 받은 자는 승리의 자격을 얻는 것이었다. 그래서 니키아스는 코린토스 사람들에게 전쟁에 이기고도 그 권리를 상실했다. 이와 반대로, 아게실라오스는 보에티아 사람들에 대한 모호했던 승리를 확실한 것으로 만들었다.

우리가 자신을 두고 하는 걱정을 인생의 저 너머에까지 연장시킬 뿐 아니라, 하늘의 은총이 우리 무덤에까지 와서 우리들을 돌보아 주며, 그것이 일부 우리

유해(遺骸)에까지 미친다고 생각하는 것이 인정되어 온 일이 아니라면 이상하게 보일 수도 있을 것이다. 이러한 사례는 우리에 관한 것은 그만두고라도 옛날에도 얼마든지 있었던 일이니 부연할 필요도 없다. 영국의 에드워드 1세는, 스코틀랜드의 로버트왕과의 사이에 일어난 오랜 전쟁에서, 자기가 직접 출전했을 때마다 늘 승리를 거두었다. 때문에 자기가 직접 지휘하는 것이 훨씬 유리하다는 사실을 경험하고는, 죽은 뒤에도 자기의 시체를 삶아서 살과 뼈를 갈라, 살은 묻고 뼈는 잘 보관해 두었다가, 스코틀랜드군과의 대전 때 이 유골을 가지고 출정하라고 아들에게 엄숙히 맹세시켰다. 마치 승리가 운명적으로 자신에게 매여 있다는 식이었다.

얀 지슈카는 비클레프의 과오를 옹호하기 위하여 보헤미아 지방을 동란에 몰아넣은 무장(武將)인데, 자기가 죽거든 껍질을 벗겨 그 가죽으로 장구를 만들어서 전장으로 가져가기를 바랐다. 그는 이것으로 자기가 적을 공격할 때 가졌던 우세가 지속되리라고 믿었다. 아메리카 토인들 중에는, 그들의 장수가 살아 있었을 때의 행운을 생각하여 죽은 뒤에도 그 유골을 들고 스페인군과의 싸움에 나서는 자들도 있었다. 그리고 신대륙의 다른 나라 사람들도 행운을 맞이하고 사기를 돋우려고 전쟁에서 죽은 용감한 전사들의 시체를 싸움터로 끌고 나갔다. 첫 번째 예는 그들이 과거 행동에서 얻은 명성을 무덤에까지 보존하는 데 지나지 않으나, 그다음의 예들은 죽은 뒤에도 행동에 힘이 되어 주기를 바라는 것이다.

베이야르 장군의 행적은 더 훌륭했다. 그가 총격전에서 치명상을 입었을 때 전투에서 물러나라는 주위의 권고를 받자, 그는 "마지막에 와서 적에게 등을 보여서야 될쏘냐"고 말하고는 힘이 다할 때까지 싸웠다. 그러다 맥이 풀려 말에서 떨어지자, 그는 숙수장을 불러 자기 몸을 나무 밑에 뉘어 주되, 얼굴이 적을 향하게 하라고 명령하여 그대로 해 주었다는 것이다.

이런 점에서 앞서 나온 여느 사례에 못지않은 훌륭한 예를 하나 더 들어 보겠다. 지금 살아 있는 필립왕의 증조부인 막시밀리안 황제는 그가 가진 훌륭한 소질들 중에도 그 몸맵시가 특히 수려한 왕이었다. 한데 그는 다른 왕들이 중대한 일을 급하게 처리할 때, 벗은 채로 변기를 옥좌 삼아 앉아서 일을 처리하기도 하는 식과는 전혀 다른 점이 있었다. 그는 아무도, 심지어 그의 몸종까지도 그가 탈의실에서 옷을 벗는 동안은 결코 들어오지 못하게 했다. 그가 소변을 볼 때는 처녀가 보통 남에게 보이지 않게 되어 있는 부분을 의사에게까지도 내보이지 않는 것같이 아주 조심스럽게 숨어서 용변을 보았다. 이렇게 험담했지만 나 역시 천성적으로 이런 부끄럼을 가지고 있다. 나는 필요한 때나 탐락에 끌린 때가 아니면, 습관적으로 감추게 되는 신체의 일부분을 결코 남의 눈에 띄게 하지 않는다. 그것은 남자로서, 특히 나 같은 직분에서 점잖게 대처하는 데 필요하다고 생각하는 이상으로 거북살스러운 일이다. 그러나 막시밀리안 황제는 이 버릇이 아주 미신이 되어서, 자기가 죽어도 속바지는 입은 채로 두라고 유언으로 남길 정도였다. 그는 옷을 갈아입히는 자의 눈을 가리라고 유언장에 적어 넣어야 했다.

키루스가 아들에게 어느 누구이건 숨이 넘어간 뒤에 자기 몸을 보지도 만지지도 못하게 한 명령은, 미신을 가지고 있었던 것으로 상상하게 한다. 왜냐하면 그와 그의 역사가(크세노폰)는, 그들이 가진 위대한 소질들 속에서 일평생을 종교에 대하여 세심한 조심과 존경을 보여 주었기 때문이다.

이것은 평화로울 때나 전쟁 때나 상당히 알려진 인물로, 나와는 인척 간인 한 분에 대해서 한 귀인이 내게 말한 일인데, 내게는 불쾌한 이야기이다. 그는 늙어서 담석증으로 심하게 고생하며 죽어갈 때, 자기 인생의 마지막 날인 장례식을 화려하게 하려고 방문하는 모든 귀인들에게 장례 행렬에 참가해 달라고 부탁했다. 그의 마지막 모습을 보러 온 왕에게까지 그의 가족에게 이 장례에 참례하도록 명령해 줄 것을 탄원하며, 이것은 자기만 한 인물이면 당연히 받아야 할 대접이라고 이유를 대면서 선례를 들었다. 그리고는 억지 약속을 받고, 이 화려한 의식의 배치와 순서를 자기 마음에 맞도록 정하고는 만족한 듯이 숨을 거두었다. 나는 여태 이만한 허영심을 본 일이 없다.

내 가까이에 이와는 반대되는 특이한 예가 없는 바는 아니지만, 이 이야기와 사촌 뻘은 되는 일이 있다. 자기 장례를 극도로 절약하여 하인 하나에 남폿불 하나만 따라오라고 유언할 정도로 죽기까지 속을 썩이는 특수하고 보기드문 구두쇠의 이야기이다. 나는 마르쿠스 아이밀리우스 레피두스가 그 상속자들에게 그의 장례에 관례상의 의식도 차리지 못하게 명령한 마음씨를 칭찬하는 사람을 본다. 그런데 풍속과 상식이며, 자기 눈에 보이지도 않는 비용과 쾌락마저

제1권 27

피하는 것이 절도이며 절약이라고 볼 것인가? 이것은 참 값싸고 실행하기 쉬운 개혁이로군!

이런 것을 정비해야 한다면, 장례 같은 데서는 인생의 다른 모든 행동과 마찬가지로 각자가 자기 재산의 정도에 따라 조절해야 할 일이라고 생각한다. 철학자 뤼콘은 점잖게 자기 친구들에게 그들이 가장 좋다고 생각하는 곳에 묻어 달라고 이르고, 장례식은 너무 과분하게도 너무 쓸쓸하게도 하지 말 것을 당부했다. 나라면 이런 의식은 오로지 관습대로 하도록 두겠다. 그리고 내 일을 처리해 줄 사람들의 뜻에 맡겨 두겠다. "이런 심려는 자기 자신을 위해서는 경멸할 것이며, 자기 친척을 위해서는 소홀히 할 수 없다"(키케로), 그리고 "장례 절차와 묘지의 선택과 장례 의식은 고인에게 무슨 부조(扶助)가 되기보다 오히려 산 자들을 위한 위안이다"(아우구스티누스)라고 한 말은 성자다운 말이다. 소크라테스는 임종 때, "어떻게 묻어 줄까?" 하고 크리톤이 묻자, "자네 마음대로 하게"라고 대답했다.

내가 뒷일까지 걱정해야 한다면, 차라리 살아 숨 쉬는 동안 자기 장례식의 질서와 영광을 누리기를 기도하며, 자신의 죽은 모습이 대리석으로 조각된 것을 즐기는 자들이 멋지다고 생각한다. 감각을 잃은 뒤에 자기 감각을 즐기고, 즐길 거리를 주며 자기 죽음을 살아보는 자들은 행복할 것이다.

자칫하면 나는 모든 민중에 의한 지배에 대해 화해할 수 없는 증오심을 품게 된다. 이것은 가장 자연스럽고 공평한 제도이지만, 아테네 시민들이 그들의 용감한 무장들의 변명을 들어 볼 생각도 않고 지체없이 사형에 처해 버린 고사가 생각나기 때문이다. 그들은 아르기누사이 군도 근처의 라케다이모니아 사람들과의 해전에서 승리하고 온 길이었고, 그 싸움은 그리스 사람들이 바다 위에서 무력을 행사해 본 이래로 가장 힘들고 맹렬한 싸움이었다. 그러나 그들은 승리를 거둔 다음에 전사자들을 묻어 줄 생각은 않고 전법(戰法)이 그들에게 허용하는 좋은 기회만을 좇았다고 탈을 잡았다.

그리고 디오메돈의 처신을 보면, 이 처형이 더욱 도리에 어긋나고 흉악하게 여겨진다. 그는 처벌당한 자 가운데 한 사람으로 높은 용덕을 가진 군인이며, 정치가였다. 그는 자기를 처형하는 판결을 듣고 나서 말을 하려고 앞으로 나왔다. 그때서야 겨우 청중이 조용해져 말할 기회를 얻었다. 그는 이 기회에 자신에게 유리한 변명을 늘어놓아 잔혹한 그 판결이 옳지 못한 것임을 밝히려고 애쓴 것이 아니라, 오히려 재판관들을 변호하는 데 마음을 썼다. 이와 같은 판결을 내림으로써 그들에게 행복이 깃들기를 신들에게 축원하며, 자기와 동료들이 바쳤던 맹세를 이행치 못한 대신 이런 혁혁한 행운에 대한 보상으로, 그들 위에 신들의 분노가 없도록 기도하여 자기들의 맹세가 무엇인가를 알려 주었다. 그리고 아무런 타협의 말도 하지 않고 용감한 걸음걸이로 형대를 향해 나아갔다. 그런데 운명은 돌아서 몇 해 뒤에 그들의 원수를 갚아 줬다. 무슨 얘긴가 하면 아테네 해군의 총대장인 카브리아스는 낙소스섬의 해전에서 스파르타 제독 폴리스에 우세하게 되자, 그 승리에 만족하여 지난번의 사례를 다시는 되풀이하지 않으려고, 또한 바다에 떠다니는 전우들의 시체를 잃어버리지 않으려고, 살아 있는 적들이 무수히 헤엄치고 있는 것을 안전하게 놓아 보냄으로써, 아테네 사람들을 위해 대단히 중대한 전승 결과를 상실하고 말았다. 이 쓸모없는 미신 때문에 결국은 비싼 대가를 치렀던 것이다.

    죽어서 그대가 갈 곳을 알고 싶은가?
    다음에 태어날 자들이 있는 곳이다.   (세네카)

이 다른 작가는 혼백 없는 신체에 안도의 심정을 준다.

    생명의 무거운 짐을 내려놓고 나서
    그의 몸이 평화로이 쉴 항구도
    그것을 받아 줄 무덤도 없기를.   (키케로)

    그렇지만 많은 사물들이 죽은 다음에도 아직 생명과 눈에 보이지 않는 관계를 맺고 있음을 대자연은 우리에게 보여 준다. 포도주는 그 포도나무의 계절적인 변화에 따라 지하실에서 품질이 변해 간다. 멧돼지 고기는 살아 있는 살의 변화하는 법칙에 따라 소금에 절인 통 속에서도 그 상태와 맛이 변해 간다고 한다.

4
진실한 목표가 없는 심령이 그릇된 목표에 정열을 쏟는 모습

우리 고장의 한 귀인이 통풍(痛風)으로 몹시 고생하고 있었다. 의사가 소금에 절인 고기는 절대로 먹지 말라고 하면, 그는 농담조로, 몸이 아파서 괴로울 때에는 절인 소시지건 혓바닥이건 돼지다리건, 원망할 대상이 있어서 고함을 지르고 욕설이라도 하면, 그만큼 덜 아프게 된다고 대답하는 버릇이 있었다. 그러나 팔을 쳐들어 후려갈기려고 하다가 거기 부딪치게 될 물건이 없어 허공이라도 헛갈기게 되면 마음이 괴로워지듯이, 또 경치를 아름답게 보려면, 눈이 막연히 공중을 방황하며 퍼지지 않고 적당한 거리에 목표가 있어서 시선을 지탱해 주어야 하듯이,

> 광풍은 울창한 수풀이 앞에서 가로막지 않으면
> 허공에 흩어져서 그 힘을 잃는다.   (루카누스)

하는 식이다. 마찬가지로 요란스럽게 동요하는 마음은 거기에 잡힐 거리를 대어 주지 않으면 자기 자신 속에 사라져 버린다.

그러므로 항상 이 마음이 부딪혀 행동할 수 있도록 목표를 주어야 한다. 플루타르크는 꼬리 긴 원숭이와 강아지를 귀여워하는 사람들을 보고, 그것은 사람들이 지닌 마음이 적당하게 맺어질 상대가 없기 때문에, 헛되이 머물러 있기보다는 차라리 이런 방법으로라도 부질없는 대상을 만드는 것이라고 말한다.

그리고 우리는 심령이 무슨 일에든지 아무 행동을 않고 있기보다는 차라리 허황된 목표, 다시 말하면 자기 자신의 신념에 반대되는 일거리라도 세워가며 자기 자신을 속이고 지내는 것을 본다.

그래서 돌이나 칼에 맞아 상처를 입은 짐승들은 악을 쓰며 대들고, 억센 이빨로 스스로가 느끼는 고통의 앙갚음을 자신에게 하여 울화를 푼다.

> 파노니아의 곰은 리비아 수렵자의 가는 가죽끈에 매어진
> 투창 끝에 상처 입고 더욱 사나워진다.

이 야수는 제 상처 위에 구르며 미친 듯이
  자기를 꿰뚫은 창을 물려고, 자기와 같이 피하며
  같이 선회하는 창끝을 쫓는다.   (루카누스)

 불행이 닥쳐 올 때면 우리는 무슨 원인이건 붙여 보지 않은 일이 있는가? 대들어 볼 상대를 찾기 위해서 옳건 그르건, 어떤 것이나 되는 대로 원망하며, 대들지 않는 것이 있는가? 그 운수 불길한 납 탄알이 지극히 사랑하던 그대 동생의 생명을 앗아간 것은, 그대가 발기발기 쥐어 뜯는 그 금발의 머릿다발도 아니며, 그대가 화가 나서 잔인스레 마구 두드리는 하얀 가슴팍도 아니다.
 원망의 방향을 다른 곳으로 돌려라. 리비우스는 스페인에 있던 로마군이 그들의 위대한 장수였던 두 형제가 죽은 뒤에 보인 모습을 "즉각 전군이 목놓아 큰소리로 울며 자기들 머리를 난타하더라"고 말했다. 이것은 모두가 하는 버릇이다. 철학자 비온이 왕이 상을 당해 자기 머리칼을 잡아뜯는 것을 보고, "이 사람은 머리칼을 뽑으면 한이 풀리는가?"라고 말한 것이 재미나지 않은가? 돈을 잃어 홧김에 앙갚음으로 카드를 씹어 삼키며 주사위 한 벌을 입에 쑤셔 넣는 것을 보지 못한 사람이 있는가? 크세르크세스는 엘레스퐁(보스포루스해협) 바다에 채찍질을 하고 칼로 치며 바다에 대해 수없는 욕설을 퍼붓고, 그리고 아토스산에 결투의 도전장을 써 보냈다. 그리고 키루스는 긴도스강을 건널 때 무서워 겁이 났던 앙갚음으로, 일개 부대 전체에게 강물에 원수를 갚으라고 며칠을 두고 재미나는 장난거리를 주었다. 그리고 칼리굴라는 제 모친이 아름다운 집에서 재미나는 짓을 했다고 그 집을 부숴 버렸다.
 내가 어릴 적에 들은 말인데, 우리 이웃 나라의 한 왕은 하느님께 매를 맞고는 원수를 갚겠다고 맹세하여 백성들에게 10년 동안 하느님에 대한 기도를 올리지 말 것과, 그에 관한 말조차도 하지 말며, 자기 권한이 미치는 한 하느님을 믿지 말라고 명령했다고 한다. 이 이야기는 그 천치 같은 수작을 부리기보다도, 그 나라의 타고난 오만을 묘사하려고 한 것이다. 이런 일은 늘 상반되는 악덕이다. 그러나 이런 행동은 어리석음에서보다 도리어 오만에서 나오는 수작이다.
 아우구스투스 카이사르는 바다 위에서 폭풍우에 혼이 나자, 바다의 신 넵투누스에게 도전할 생각을 가지고 있었다. 그는 콜로세움[1]에서의 경기 개회식 때 그에게 복수하고자 다른 여러 신들 속에 자리 잡고 있던 넵투누스의 초상을 치워 버리게 했다. 이런 짓은 전보다도 더 용서 못할 일이었다. 사실 그 후에 그만큼의 벌을 받기도 했다. 그는 독일에서 퀸크틸리우스 바루스에게 지휘를 맡긴 전투에 패배하고, 절망과 부아가 치밀어 자기 머리를 성벽에 부딪치고 돌아다니며 "바루스야, 내 군사들을 살려내라!" 하고 고함쳤던 것이다. 이런 것은 바로 신을 책망하는 것이며, 마치 운이 우리의 욕지거리를 들어줄 귀를 가진 것처럼 이 운에 도전하는 식으로 불경건이 결부되어 있는 만큼, 또 마치 트라키아 사람들이 천둥이 들리고 번갯불이 번쩍거릴 때 하느님의 버릇을 고치려고 거대한 복수전으로 하늘에다 화살을 쏘던 것 따위의 분수없는 미친 수작이다. 그런데 플루타르크가 인용하는 옛 시인의 말과 같이

    일어나는 일들에 화를 내서는 아니 되느니
    신들은 우리들의 분노 따위에는 개의치도 않는 것을.　　　　(작자 미상)

우리는 우리의 혼란한 정신에 대해서 아무리 욕설을 퍼부어도 족하지 않다.

5
포위당한 요새의 장수가 적과의 강화를 위해 성을 나간다면

로마의 사신 루키우스 마르키우스는 마케도니아의 왕 페르세우스와의 전쟁에서, 자기 군대를 정비할 틈을 얻기 위해서 화해를 제의했다는 소문을 퍼뜨렸다. 여기에 넘어간 적의 왕은 며칠간 정전하는 것에 동의하여 적에게 무장을 완비할 기회와 시간 여유를 주었다. 그로 인하여 이 왕은 최후의 패배를 당한 것이다. 그런데 상원의 원로들은 옛날의 풍습을 회상하면서 이러한 방식은 고대의 격식과는 배치된다고 비난했다. 싸움은 뛰어난 역량으로 하는 것이지 간계나 기습이나 야습으로 해서는 안 되므로, 거짓으로 후퇴하거나 불의의 돌격

---

[1] 이탈리아 로마에 있는 고대의 원형 투기장. 80년경에 완성된 것으로 지붕은 없고 관람석은 둥글게 계단식으로 되어 있다. 여기서 검투사 시합, 맹수 연기 따위가 시행되었다.

도 안 되며, 먼저 선전 포고를 하고 시간과 장소까지 정해 놓고 싸우는 것이라고 그들은 말했다. 이러한 마음에서 그들은 피로스에게 배신한 의사를 돌려보내고 팔레리아[2] 사람들에게 그들의 고약한 교사들을 돌려보냈다. 그것은 진실로 로마적인 격식이고, 교활한 그리스나 농간 부리는 카르타고의 격식은 아니었다. 이런 나라에서는 힘으로 이기는 것보다 사기로 이기는 것이 더 영광스러웠던 것이다.

속이는 자는 당장에는 공을 세운다. 그러나 계략이나 운으로 이긴 것이 아니라, 부대와 부대와의 정정당당한 전쟁에서 뛰어난 역량으로 굴복당한 것을 아는 자만이 자기가 졌다고 생각한다. 그것은 다음의 멋진 말귀를 용납하지 않는 선량한 사람들의 언어에 명백하게 나타난다.

  간계건 용력이건 원수 사이에 무슨 상관이 있나?   (베르길리우스)

아카이아인들은 전쟁에서의 모든 속임수를 혐오하며, 적의 사기가 떨어진 것이 아니면 승리한 것으로 생각하지 않았다고 폴리비우스는 말한다.

  진실한 승리는 오로지 신의와 명예를 떨어뜨리지 않고 취득하는 것임을 유덕한 이는 알아야 한다.   (플로루스)

  그댄가, 나인가, 누가 지배자로서의 우연을 주관하는
  운명을 원함인지
  용기에 걸어서 시험해 보자.   (엔니우스의 시구, 키케로의 인용)

우리가 입버릇처럼 야만국이라고 부르는 테르나테 왕국의 풍습은, 전쟁을 하려면 반드시 먼저 선포하고 전투 방법에 대해서 수단과 인원수, 장비, 공격 무기, 방어 무기 등 충분한 설명을 덧붙여 말해 두는 것이었다. 그러나 만일 적이 여기에 합의해 오지 않으면, 그들은 배신이건 간계건 필요한 모든 수단을 써

---

2) 이탈리아 에트루리아에 있는 도시. 한 교사가 로마군에게 포위당한 이 도시 양민의 어린애들을 인질로 달라고 교섭하러 갔다가 봉변당했다는 고사로 유명함.

도, 그 때문에 책망받을 수는 없다고 생각했다.

　옛날 플로렌스인들은 기습으로 승리할 생각은 전혀 하지 않았고, 한 달 전부터 '마르티넬라'라는 종을 계속해서 울려 군대 출동을 적에게 알려 주었다.

　우리는 그들의 신념과는 달리 전쟁에서 이득을 본 자가 그 영광을 얻는다고 생각하고, 리산데르의 말처럼 사자 가죽이 부족할 때는 여우 가죽 조각으로 때워야 한다고 말하고 있다. 가장 일반적으로 실행되는 기습 기회도 이러한 원칙에 나타나 있으며, 대장은 협상을 담판 짓고 조약을 체결하는 동안보다 더 적의 복병을 경계해야 할 시간은 없다. 그리고 이런 이유에서 포위당한 요새의 장수는, 협상하기 위해서 결코 성문 밖으로 나가서는 안 된다는 것이 우리 시대 모든 무인들의 입에 오르는 규칙이다.

　그러나 이를 계산하여 자기편에 유리하고 안전한 방책을 강구해 놓은 뒤 성문을 나서는 자는 변명할 점이 있다. 그것은 레게시에서 드레스키 경이 협상하려고 접근해 왔을 때 기드랑공 백작이 취한 수단이다(뒤 벨레의 말을 믿는다면 그렇다). 백작은 자기 요새에서 얼마 떨어져 있지 않았기 때문에 협상하는 동안 소동이 일어나자, 드레스키 경과 그가 데리고 왔던 군대가 오히려 약세였던 탓으로 알렉산드로 트리불치오가 살해당했을 뿐 아니라, 드레스키 경 자신이 성 안에서의 공격을 피해 가장 안전한 방도로 백작을 믿고 그를 따라서 성 안으로 들어가지 않을 수 없었다.

　노라성을 공격하러 온 안티노스가 에우메네스에게 성 밖으로 나와서 협상해 보자고 재촉하자, 에우메네스는 여러 구실 끝에 자기가 더 크고 강한 편이니, 그편에서 자기 있는 데로 와야만 한다고 핑계를 댔다. 그러고는 "나는 칼을 손에 들고 있는 한, 아무도 나보다 더 크다고는 생각하지 않소"라고 품위있게 대답하고 나서, 안티노스가 그의 요구대로 그의 친조카를 볼모로 내어 줄 때까지는 말을 들어주지 않았다.

　하지만 공격자의 말을 듣고 성문을 나가서 아주 잘한 예도 더러 있다. 샹파뉴의 기사 앙리 드 보오가 콤메르시성에서 영국군에게 포위당했을 때였다. 포위군을 지휘하던 바르텔레미 드 본은 밖에서 성 밑 대부분을 파서 나무로 떠받쳐 놓고, 불만 지르면 포위당한 군대가 무너지는 성더미에 쓸어 묻히게 만반의 준비를 해놓은 다음, 앙리에게 그의 이익을 위해서 협상하러 성 밖으로 나오라고 했다. 앙리는 세 사람을 앞세우고 요청대로 했다. 그리고 자신의 명백한 패배를 눈으로 보고 난 다음, 적에게 특이한 감사를 느끼며, 처분을 적에게 맡기고 항복했다. 굴에 불을 지르니 떠받쳤던 나무가 무너지며 성은 뿌리째 둘러엎어졌다.

나는 쉽사리 남을 믿는다. 그러나 솔직하게 그의 신실성을 믿는 것이 아니다. 절망에 빠지고 용기가 없어서 그렇게 하는 것이라고 판단될 수 있다면, 쉽사리 사람을 믿어 주지 않을 것이다.

6
협상하기에 위험한 때

최근 내가 근처의 뮈시당에서 본 바로, 우리 군대에게 쫓겨난 자들과 그들 편의 다른 자들이 말하기를 현재 협상이 진행 중이며 담판이 계속되고 있는데, 기습으로 자기편을 궤멸시킨 것은 배신이라고 고함을 지르고 있었다. 어떻든 그것이 다른 시대라면 그렇게 보일 만도 한 일이지만, 아까 말한 바와 같이 우리들의 관습은 이런 규칙과는 인연이 멀다. 그리고 조약서에 마지막으로 조인하기 전에는 서로 신의를 기대해서는 안된다. 그 마당에 와서도 일거리는 상당히 남아 있는 것이다.

그리고 승리해서 방자하게 된 군대에 순하고 유리한 조건으로 항복한 도시가, 그들이 약속한 바를 지켜 주리라고 믿고 승리감에 들뜬 군사들을 마음대로 입성하게 하는 것은 언제나 위험천만한 일이다. 로마군의 사령관 아에밀리우스 레길루스는 포카이아시를 무력으로 공략하려고 시도했다. 그러나 시민들이 완강하게 방어했기 때문에 시간만 낭비하다가 결국 협약을 맺어 그들을 로마 시민으로 받아들이고, 자기들은 동맹 도시에 들어가는 것처럼 입성하겠다고 약속하여 그들의 적대 행위를 막으려고 했다. 그는 당당한 위풍을 보이려고, 곧바로 군대를 거느리고 들어갔다. 그러나 아무리 애를 쓰며 막아 보아도 자기 부하들을 억제할 도리가 없었다. 그의 눈으로 이 도시의 대부분이 약탈당하는 꼴을 보았다. 금욕과 복수가 그의 권위와 군율의 권한을 유린하고 말았던 것이다.

클레오메스는 "전쟁 때에는 적에게 아무리 나쁜 일을 해도 정의 개념 밖의 일이며, 신들을 비롯해 인간들에 대해서 아무런 책임을 지지 않는 것"이라고 했다. 그리고 아르고스인들과 이레 낮 동안 휴전하기로 언약하고, 사흘째 되는 밤 적이 잠든 틈에 기습하여 패배시키고는 휴전 조약에 밤에 관한 내용은 들어 있지 않다고 핑계를 댔다. 그러나 신들은 이 교활한 배신에 대해 복수해 주었다.

카실리눔시는 시민의 안전을 도모하기 위해 협상이 진행되는 동안에 기습적으로 공략되었다. 장수들이 가장 정의로웠고 로마 군율이 가장 완벽하던 시대에 이루어진 일이다.

왜냐하면 비속한 적에 대해서와 같이 때와 장소에 따라 적의 어리석음을 이용하여 우세를 얻어서 안 된다는 것은 없기 때문이다. 전쟁은 사리에 어긋나도 괜찮다는 특권을 가지며, "타인의 무지를 이용해서는 안 된다"(키케로)는 격언이 여기서는 통하지 않는다.

크세노폰은 위대한 장수이며 소크라테스의 제일급 제자에 속하는 철학자로, 이러한 사항에 관한 경이로운 권위를 가진 작가이다. 그런데 그가 완벽한 제왕(키루스)의 언행과 잡다한 공적을 이야기하며, 이런 전쟁에 대해서 장수들에게 허용하는 자유의 폭을 보고 나는 놀라 마지않는다. 그리고 나는 그의 면제 조항의 범위에 있어, 무슨 일이건 찬성할 수는 없다.

도비니 경은 카푸아시를 포위하여 맹렬한 전투가 있은 다음, 수장(首將) 파브리치오 콜론나 경과 성 위에서 협상을 시작할 때, 그 부하들이 수비를 허술하게 하는 틈을 타서 요새를 공략하여 적을 흩어지게 만들었다. 그리고 더욱 기억에 새로운 일은, 미숙한 까닭으로 쥘리앙 롬메로 경이 부아에서 원수와 협상하러 나갔다 온 사이, 성은 이미 적군의 점령 하에 있었다. 그러나 우리가 당한 일도 이야기하지 않아서는 안 되니, 페스케르 후작이 우리의 보호를 받고 옥타비아노 프레고스 후작이 지배하는 제노아시를 공격할 때, 이 둘 사이에는 협상이 상당히 진행되어 모두 강화가 성립되는 것으로 알고 있었다. 그런데 스페인군이 성 안으로 숨어들어와 그들이 완전히 승리한 것으로 행세하고 있었다.

그 뒤에 드 브리엔 백작이 지휘하던 리니 앙바로아 시가 황제(카를 5세)가 지휘하는 군대에 공격을 받았을 때, 백작의 부관 베르퇴유가 협상하러 나와 있는 동안에 시가는 이미 함락되어 있었다.

> 운으로 되었건, 꾀로 되었건
> 승리는 언제나 칭찬받는다. (아리오스토)

그러나 철학자 크리시포스의 의견은 다르며 나 역시 여기 찬동할 마음이 없다. 그는 경주하려는 자는 전력을 다해서 뛸 것이지 상대를 못 가게 손으로 붙들거나 발을 내밀어 자빠뜨리는 것은 용서할 수 없다고 말하고 있다.
더욱 훌륭한 태도를 보여준 것은 위대한 알렉산드로스 대왕이다. 그는 폴리페르콘이 야음을 타서 다리우스 왕을 치자는 제안에 대답하여 "안 된다. 승리의 도둑질이 내가 할 일이 아니다"라고 했다.

> 승리에 수치를 느끼기보다는 차라리 불운을 개탄하리. (퀸투스 쿠르티우스)

> 그는 달아나는 오로데스에게 보이지 않는 화살로
> 뒤에서 쏘아 쓰러뜨리는 것을 천하게 여긴다.
> 그는 뒤쫓아가 정면에서 맞대고 공격하며
> 기습 아닌 무력으로 승리를 거둔다. (베르길리우스)

7
생각이 우리들의 행동을 판단한다

죽음은 우리들의 모든 의무를 면제시킨다고 한다. 나는 이것을 색다른 방식으로 해석한 자들을 안다. 영국 왕 헨리 7세는 그의 적인 백장미파의 서포크 공작이 네덜란드에 피신해 있는 것을, 공작의 생명은 보장하겠다고 막시밀리안 황제의 아들 돈 필리프(또는 이분을 더 영예롭게 대접하여 부르면, 카를 5세 황제의 부친)와 화해 협상에서 약속하고 그를 넘겨받았다. 그러나 왕은 죽기 직전에 자기 아들에게 유언으로 자기가 세상을 뜨거든 즉시 서포크 공작을 처리해 버리라고 명령했다.

　최근에 알바 공작이 브뤼셀에서 호온 백작과 에그몬드 백작을 두고 일으킨 비극에는 주목할 만한 일이 많다. 그중에도 지금 말한 에그몬드 백작은 호온 백작이 그의 약속을 믿고 알바 공작에게 항복한 것이기 때문에, 에그몬드 백작은 자기를 먼저 죽여 달라고 간절하게 탄원했다. 에그몬드 백작은 자기의 죽음으로써 호온 백작에 대한 의리가 면제되기 바랐던 것이다.

　아마도 헨리왕은 죽음으로도 그의 맹세의 의무에서 면제된 것이 아니고, 에그몬드 백작은 죽지도 않았지만 맹세의 책임은 벗어난 것으로 보인다. 우리는 자기 역량과 수단 밖의 일에 매달릴 수는 없다. 이런 이유에서, 결과와 집행은 결코 우리 힘에 있지 않으며, 우리 힘에 달린 것은 진실로 우리의 의지뿐이니, 인간의 의무에 관한 모든 법칙은 필연적으로 이 의지에 기초를 두고 수립된다. 이리하여 에그몬드 백작은 자기 마음과 의지가 자기 약속에 매여 있다고 믿었던 만큼, 이 약속을 실천할 힘이 자신에게 없어서 살아 남게 되었다고 해도 그는 자기 의무에서 벗어난 것이었다. 그러나 영국 왕은 그의 의향이 약속을 어겼기 때문에, 그의 사후까지 그 배신 행위의 집행을 연기시켰다고 할지라도 그것으로 변명이 될 수는 없다.

　헤로도토스에 나오는 미장이가 그의 윗사람인 이집트 왕의 보배에 관한 비밀을 살아 있는 동안은 충실히 지켰으나, 임종 때 자기 아들에게 가르쳐 준 것은 용서받을 수 없는 일이었다. 나는 우리 시대에도 여러 사람들이 남의 재물을 가로채 양심의 가책을 받다가 유언으로 사후에 양심의 가책을 풀려고 하는 것을 보아 왔다. 그들이 그렇게도 급한 일을 처리하는 데 기간을 두었고, 또한 잘못을 시정하려는 마음이나 관심이 그렇게 약했다는 것은 조금도 잘한 일은 아니다. 그들은 무엇보다도 자기들 부담의 일부를 책임진다. 그들이 힘들고 괴로운 일을 수행한다면 그들의 만족은 그만큼 더 정당하고 가치 있어진다. 속죄는 부담을 요구한다.

　자기들이 품은 증오심의 의지를 한평생 감춰 두고 있다가 마지막 유언으로 가까운 친지에게 알려 주며, 자신의 명예에 관한 생각은 보여 주지 않고 피해자가 그들을 추억할 때마다 분개하며, 자기 양심은 생각지 않고 죽음 자체의 존엄을 위해서도 그 못난 구실을 소멸시키지 못하고 죽은 뒤에까지 연장시키는 자들은 더 악질이다. 죽고 나면 아무런 사정도 알아볼 수 없을 터인데 남에게 자기를 판단할 거리를 남겨 주다니, 옳게 생각하지 못한 자들이다. 나는 가능하면 살아 있을 때 말하지 않은 것을 내 죽음이 말하게 하지는 않을 것이다.

8
나태에 대하여

빈 땅이 기름지고 비옥하다면 수만 가지 쓸데없는 잡초만 무성해진다. 이 땅을 유용하게 이용하려면 이것을 개간해서 씨를 뿌릴 수 있게 만들어야 하듯이, 정신도 마찬가지이다. 정신은 어떤 문제에 전념하도록 제어하고 강제하는 일거리를 주지 않으면 이런저런 공상의 막연한 들판에서 흐리멍덩히 헤매게 된다.

> 청동(靑銅) 화분의 물이 흔들려
> 햇빛이나 달그림자를 반사하면
> 그 빛은 사방에 흩어져서 공중에 날며
> 저 높은 벽에 부딪친다.　　　　　　　　　　(베르길리우스)

그래서 이런 동요 가운데 정신은 헛된 잡념이건 몽상이건 내놓는다.

> 병자의 몽상과도 같이
> 그들은 허황된 생각을 꾸며 낸다.　　　　　　(호라티우스)

마음은 일정한 목표가 없으면 갈피를 잡지 못한다. 왜냐하면 사람들의 말처럼, 사방에 있다는 것은 아무 곳에도 있지 않다는 것과 같기 때문이다.

> 어디에도 있는 자는, 막시무스여, 아무 데도 없는 자이다.　　(마르티알리스)

최근 나는 은퇴하여 가능한 한 내 여생을 편안하게 살아가는 일밖에는 어떤 일에도 참견하지 않기로 작정했다. 그러니 내 마음을 이렇게 한가롭게 놓아

두며, 자기 일만 하고, 그 자체에 머물러 안정하고 있는 것보다 정신에 더 좋은 일을 해 줄 수는 없는 것 같았다. 나이가 차서 무게가 생기고 더 성숙해진 후부터는 이런 경지가 쉽게 이루어지기를 바라는 바이다. 그러나 나는

> 한가함은 항상 정신을 산란하게 한다. (루카누스)

는 것을 알며, 거꾸로 풀어 놓은 말과 같이 남이 하는 것보다도 오히려 백 갑절이나 더 많은 일거리를 자기에게 끌어오는 것이라고 본다. 하고많은 헛생각과 부질없는 도깨비 수작을 질서도 목적도 없이 연달아 만들어내, 그 허망하고 괴상한 꼴을 실컷 관찰하고, 또 때가 지나면 이런 일에 마음이 부끄러워지게 하기 위해서 나는 이런 것을 기록하기 시작했다.

9
거짓말쟁이들에 대하여

기억력에 대해서 말하자면, 나보다 더 못한 사람은 없을 것이다. 왜냐하면 나는 내 기억의 자국도 찾아내지 못하며, 세상에 이렇게도 망측하게 잘 잊어버리는 사람이 또 있으리라고는 생각하지 않기 때문이다. 나는 다른 점에서도 비열하고 범속하다. 그러나 기억이라는 면에서 나는 특이하고 대단히 드문 인물이며, 이 점에서 명성을 얻을 만하다고 생각한다.

그 때문에 내가 겪는 타고난 불편 이외에도—왜냐하면 그 필요성을 보아서도, 플라톤이 이 기억력을 위대하고 강력한 여신이라고 부른 것은 옳은 일이다—우리 고장에선 지각없는 사람을 가리켜, '그는 기억력이 없다'고 하므로 내가 내 기억력의 결함을 한탄하자, 사람들은 마치 내가 자신을 바보라고 한 줄로만 알고 나를 책망하며 내 말을 믿으려 하지 않는다. 그들은 기억력과 이해력을 분간하지 못한다. 그것은 너무 억울한 흥정이며, 그들의 잘못이다. 왜냐하면 반대로 탁월한 기억력은 판단력이 약한 사람에게 더 많다는 것을 우리는 경험으로 알 수 있기 때문이다.

그리고 이것 역시 그들의 잘못으로, 나는 그들의 친구가 될 생각밖에 없는

데, 내 결함을 비난하는 말투를 배은망덕으로 보이게 하기 때문이다. 사람들은 기억력이 약한 나의 심정을 원망한다. 그리고 이 타고난 결함을 양심의 결함으로 삼는다. '저자는 이런 청탁, 저런 약속을 잊어버렸다'고 말한다. '저자는 친구도 잊어먹었다. 그는 나를 위해서 이렇게 말한다. 이 일을 한다, 이런 것은 말 않겠다고 한 것을 생각하지 못한다'고 하는 것이다. 사실 나는 곧잘 잊어버린다. 그러나 나는 친구가 지워 준 책임을 아무렇게나 넘기는 따위의 짓은 하지 않는다. 나의 불행한 결점을 참아 주어야지 이것을 악의로 받아들여서는 안 된다. 더욱이 악의란 내가 가장 싫어하는 말이다.

어느 정도는 나는 스스로를 위로한다. 먼저 이것이 한 병폐이긴 하지만, 여기서 주로 내게 쉽사리 일어날 수 있는 이것보다도 더 나쁜 병폐, 즉 야심이라는 병폐를 고칠 방안을 얻은 것이다. 이것은 세상과의 교섭에 말려든 자에게는 참을 수 없는 결함이 된다. 그리고 천성의 발전 과정에 이러한 예를 많이 볼 수 있듯이, 내 타고난 기질은 기억력이 약해짐에 따라 다른 소질들을 강화해 주는 수가 많았다. 그리고 기억력 덕택으로 다른 사람들의 생각과 의견들이 내게 남아 있었던들, 내 정신과 판단력도 사람들이 하는 식으로 남이 해놓은 성과 위에 잠자며 시들어 갔을 것이다. 기억의 창고는 내 고찰의 창고보다 더 쉽게 재료의 공급을 받기 때문에, 기억력 부족으로 내가 하는 말은 더욱 짧아진다. 만약 내 기억력이 강했던들 소재는 그런 것을 조종해서 사용할 수 있는 내 소질을 잠 깨워서, 내 생각을 거기에다 열중시켜 말을 끌어내게 하며, 수다스럽게 떠들어 대어 친구들을 모두 귀따갑게 했을 것이다. 가련한 일이다. 나는 친한 친구들 몇몇이 보여준 예에서 이것을 느낀다.

기억력이 사물을 있는 그대로 그들에게 보여줌으로써 그들은 이야기를 너무 멀리 끌고 가며 헛된 소재를 잔뜩 덧붙여 놓기 때문에, 좋은 이야기를 하다가도 그들은 그 좋은 점을 질식시켜 버린다. 그것이 좋은 이야기가 아닌 때에는 그들이 기억력으로 복 받은 것을 저주하지 않으면 판단력에 복이 없는 것을 저주하게 된다. 말문이 열린 후, 그것을 막고 이야기를 풀어 버리고 하기란 어려운 일이다.

한 마리 준마의 힘은 그 말이 적당한 때 딱 정지할 수 있는가를 보는 것으로밖에는 더 잘 알아볼 것이 없다. 분수 있는 사람들 중에도 줄기차게 말하다가 그만 끊고 싶어도 그렇게 하지 못하는 것을 본다. 이야기를 끝낼 계기를 찾고 있는 동안, 그들은 마치 허약한 사람들이 쓰러져 가는 꼴처럼 횡설수설하며 이야기에 질질 끌려간다.

특히 늙은이들에겐 지난날의 기억이 남아 있고 그 말을 되풀이한 것을 잊어버리고 있기 때문에 이런 위험이 더 많다. 나는 한 귀족이 원래는 재미난 이야기를 가지고, 내가 듣기에 진력이 나게 말하는 것을 들은 일이 있다. 자리에 있던 거의 모든 사람들이 전에 백 번은 더 들어본 이야기였기 때문이다.

둘째로, 나는 전에 받은 모욕이 잘 생각나지 않는다. 그것은 옛사람의 말처럼 다리우스가 아테네인들로부터 받은 모욕을 잊지 않으려고 식탁에 앉을 때마다 사동을 시켜서 귀에다 대고 세 번, "왕, 아테네 놈들을 잊지 마시오"라고 일러 주게 한 것처럼, 내게도 한 격식이 있어야 할 정도이다. 그래서 내가 다시 보는 장소와 책들은 늘 신선하고 새로운 맛으로 나를 즐겁게 해 준다.

기억력이 충분하지 못한 사람은 거짓말쟁이가 될 생각을 아예 말라는 것은 이유 없는 말이 아니다. 나는 문법학자들이 '거짓을 말한다'와 '거짓말 한다' 사이에 차이를 두고 있는 것을 잘 안다. 그들은 '거짓을 말한다'는 것은 그릇된 일을 말하면서 그것이 진실인 줄 생각한 것이고, 우리 프랑스어가 라틴어에서 받아온 '거짓말 한다'라는 말의 정의는 자기 양심에 반대되는 뜻을 품었기 때문에, 이것은 자기가 알고 있는 바와는 반대되는 일을 말하는 경우를 가리킨다고 그들은 말한다. 내가 말하는 것은 이런 자들이다. 그런데 이자들은 찌꺼기나 알맹이를 모두 꾸며 대든지, 또는 진실한 근거를 가장해서 변질시킨다. 가장해서 변질시킨 말을 이야기 속에 집어넣다가, 일순간 말문이 막히지 않기란 어렵다. 왜냐하면 사실대로의 이야기가 먼저 기억 속에 들어앉아서 인식과 지식이 되어 박혀 있는 까닭으로, 그것이 공상에 떠돌아서 갑자기 생각이 나기 때문이다. 따라서 아직 확고한 발판도 없고 아주 박히지도 않은 거짓말을 몰아내며 첫 번에 받은 인상이 가짜로, 또는 변질시켜서 말한 부분이 기억을 잊어버리게 하지 않기란 어려운 일이다. 처음부터 끝까지 꾸며 낸 일은 그 거짓과 서로 어긋나게 되며 반대되는 인상이 아무것도 없기 때문에 말이 헛나올 걱정이 덜할 것 같다. 그렇지만 이 또한 본디 매인 곳이 없는 허황된 이야기인 만큼, 확고하게 유념해 두지 않으면 기억에서 사라지기가 쉽다.

그들이 단지 당장에 교섭하고 있는 일을 맞춰서, 그리고 윗사람들의 비위를 맞춰 주기 위해서 이렇게밖에는 할 줄 모른다고 말하는 자들이 당하는 면구스러운 꼴에서, 나는 재미있게도 그 증거를 자주 보았다. 왜냐하면 그들이 양심을 속이고 신의를 굽혀 가며 처리하려는 이런 상황들은 여러 변화를 겪게 되기 때문에, 그에 따라서 그들의 말도 이가 맞지 않게 되는 까닭이다. 그래서 똑같은 일을 가지고도 전에는 회색이던 것이 다음에는 누런빛이 되고, 이 사람에게는 이 모양, 저 사람에게는 저 모양으로 말했다가, 다음에 우연히 그들이 들은 반대되는 말을 가지고 따지러 오게 되면 이 훌륭한 기술은 무슨 꼴이 될 것인가? 뿐만 아니라 그들은 지각없게도 제 올가미에 자신이 걸리는 일이 너무 자주 일어난다. 왜냐하면 똑같은 재료를 가지고 그렇게도 여러 가지로 말해 놓은 것을 무슨 기억력으로 모두 둘러맞출 재간이 있겠는가? 나는 우리 시대에 이런 훌륭한 기술을 가졌다는 평판을 부러워하는 사람들을 보았지만, 그것은 명성이 뭔지 모르거나 성과는 있을 수 없다는 것을 모르고 하는 말이다.

사실 '거짓말'은 저주받을 악덕이다. 우리는 오로지 언약을 지킴으로써만 사람이 되며 서로 믿고 살아갈 수 있다. 거짓말의 가중함과 그 무서운 결과를 잘 알고 있다면, 우리는 다른 범죄보다도 이런 짓을 마땅히 화형에 처해야 할 일이다.

나는 사람들이 대체 어린애들의 죄 없는 잘못을 당치 않게 징계하며, 아무 인상도 결과도 남기지 않는 철없는 행동을 가지고 그 애들을 괴롭히는 것을 자주 본다. 거짓말만이, 그리고 그보다 좀 덜하지만 옹고집은 모든 기회에 억눌러서 나오지도 크지도 못하게 막아야 할 결함이라고 생각한다. 이런 것은 그들과 함께 커 간다. 그리고 주둥이에 이런 못된 버릇이 생기는 것을 놓아두면, 거기서 빠져나오기란 놀라울 만큼 어렵다. 그 때문에 우리는 본래 점잖은 사람들에게 이 버릇이 생겨서 비뚤어져가는 것을 보기도 한다. 내게는 재봉사 아이 놈이 있는데, 나는 이놈이 진실을 말하는 것을 본 일이 없다. 진실을 말해야 자기에게 유리할 경우에도 그렇게 못하는 것이다.

만일 진실과 같이 거짓말에도 얼굴이 하나밖에 없다면 우리의 사정은 더 나아질 것이다. 그러면 거짓말쟁이가 말하는 것을 반대로 생각하면 확실하기 때문이다. 그러나 진실의 반대는 수없는 얼굴과 무한한 벌판을 가지고 있다.

피타고라스 학파들은 선(善)은 확실하고 한정되었으며, 악은 무한하고 불확실한 것이라고 한다. 수천의 길이 한 목표에서 어긋나서 지나간다. 한 길 만이 그쪽으로 통한다.

정말 나는 엄숙하게 뻔뻔스러운 거짓말을 하고 난 다음, 확실하게 닥쳐올 극도의 위험에서 나를 보호할 수 있을지 자신이 없다.

옛날 교부(教父 : 성 아우구스티누스)가 말하기를, 우리는 무슨 말을 할는지 알 수 없는 사람보다는 우리가 알고 있는 개와 같이 있는 편이 낫다고 했다.

그러므로 인간에게 외국인은 서로 간에 인간이 아니다. (플리니우스)

확실히 그릇된 말은 침묵보다 얼마나 못한가! 프랑수아 1세는 이런 방법으로 밀라노 공 프란체스코 스포르차의 대사였고, 말재간으로 대단히 유명하던 프란체스코 타베르나를 궁지에 몰아넣었다고 자랑했었다. 그는 자기 주군이 지극히 중대한 문제에 대해서 왕에게 변명시키려고 보낸 사람이었다. 그 사정은 이러하다. 왕은 최근에 이탈리아에서 쫓겨온 다음, 수시로 그 나라의 정보를 얻기 위해서 밀라노 공령에 왕을 대표한 사실상의 대사로 한 귀인을 파견하고 있었는데, 그는 외면상으로는 개인의 일 때문에 그곳에 와 있는 것처럼 꾸미고 있었다. 그런데 공은 그때 덴마크 왕의 딸로 로레에느 공의 부인이 된 자기 조카딸의 결혼 문제로 독일 황제에게 더 얽매여 지냈기 때문에, 공개적으로 프랑스와 교섭을 하다가는 큰 손해를 보지 않을 수 없었다. 그 사이의 절충을 위해서는 밀라노 귀족으로 왕의 어마(御馬) 담당인 메르베유라는 사람이 적당하게 보였다.

이 인물은 대사로서 비밀 신임장과 교서, 또 가장한 외면상의 사무를 위해 공작에게 보내는 여러 편지와 추천장을 가지고 파견되어서 너무 오랫동안 공의 옆에 머물러 있었기 때문에, 이것을 황제가 어렴풋이 알아차리게 되어, 우리가 보기엔 그로 인해 다음의 사건이 일어났다고 생각된다. 즉, 어떤 살인 사건이 있었다는 핑계로 공은 이틀 동안에 재판을 해치우고, 어느 날 밤 그의 목을 잘라 죽였다. 프란체스코는 이 사건에 대해서 꾸며댄 이야기를 길게 늘어놓으려 왔던 바—왜냐하면 왕은 이 사건의 해명을 요구하며 모든 기독교 국왕들과 밀라노 공에게도 통고문을 보냈던 것이다 — 왕은 그것을 아침 알현(謁見)에서 들어주었다. 그는 소송 사건의 자기측 근거를 들어 보이며, 여러 가지 그럴듯한 사실을 꾸며댔다. 그의 주군은 우리가 보낸 사람을 개인으로밖에는 본 일이 없었으며, 자기 신했으며 밀라노에 사무가 있어서 온 것이고, 또 그가 다른 인물로 행세한 일이 없었으며, 프랑스 왕가의 신하라고 안 사실이 없다고 딱 잡아뗐다. 자기도 그를 몰랐으며 더군다나 대사라고는 꿈에도 생각하지 못했다는 것이었다.

이번에는 왕이 여러 가지 반대되는 사항과 질문으로 그를 추궁하여 온갖 방면으로 공격하다가, 마침내는 사형을 밤중에 집행한 점을 들어 무언가 거리끼는 데가 있어서 그리한 것이 아니냐고 몰아쳤다. 그러자 이 가련한 자는 당혹해서 정직한 체하며 하는 소리가, 공은 폐하께 대단히 송구스러워서 이러한 형(刑) 집행을 낮에는 차마 하지 못했다고 대답했다. 프랑수아왕 같은 억센 콧대 앞에 그가 이렇게 모순되는 말을 하고 그 자리를 벗어날 수 있었는지는 누구나 짐작할 수 있는 일이다.

교황 율리우스 2세는 대사를 영국 왕에게 보내어 프랑수아왕에게 적대 행위를 취하게 하려고 했다. 대사가 그의 사명을 아뢰자, 영국 왕은 대답을 하다가, 그렇게 강력한 왕과 싸우기 위해서 준비하는 데 부닥치는 여러 어려운 문제를 꺼냈다. 대사는 격에도 맞지 않게 자기도 그 점을 생각해서 교황께 그 말씀을 올렸다고 말했다. 영국 왕을 즉시 전쟁으로 몰아넣으려던 자기의 제안과는 동떨어진 이 말을 듣고 알게 된 것이지만, 결과적으로 이 대사 개인의 뜻은 프랑스 왕 편에 기울어져 있다는 첫 증거를 얻게 되었다. 그리고 이 사실을 대사의 주군인 교황에게 고했기 때문에 그 대사는 재산을 몰수당하고 목숨을 보존하는 일 외에는 다른 생각을 해볼 겨를이 없었다.

10
빠른 말법과 느린 말법

모든 혜택을 주어도 모두에게는 미치지 못했다. (라 보에티)

웅변의 소질을 보면, 어떤 이들은 말이 쉽고 빠르게 나오며, 말을 꺼내기가 쉬워서 어떠한 경우에 부닥치더라도 항상 준비가 되어 있다. 또 어떤 이들은 느려서 애를 써 가며 미리 생각해 놓지 않으면 도무지 말을 꺼내지 못한다. 누군가 부인네들에게 그녀들의 가장 아름다운 장점에 따라 유희나 운동을 하라고 규칙을 세워 주는 것처럼, 나보고 웅변의 이 두 가지 다른 장점에 대해서 충고하라면, 말이 느린 사람은 설교가로 적당하고, 빠른 사람은 변호사에 어울린다고 생각한다. 왜냐하면 설교가의 직무는 준비를 위한 충분한 시간이 있고, 그의 직책이 한 줄로 중단됨 없이 이어져 있는 것이지만, 이와는 반대로 변호사가 맡는 기회는 시간을 가리지 않고 아무 때나 싸움터에 나가지 않으면 안 되며, 상대의 예측치 못할 대답이 딴 곳으로 끌어가고, 그런 때에는 즉석에서 새로운 대꾸를 찾아내야 하기 때문이다.

어떻든 교황 클레멘스와 프랑수아왕의 마르세유 회견에서는 일이 모두 거꾸로 되어 버렸다. 그때 교황 앞에서 변론을 할 책임을 맡은 포아이예 씨는 평생을 재판정에서 보냈고 명성이 높은 분인데, 이때 할 변론을 사람들 말로는 파리에서부터 미리 준비해 왔다는 것이다. 그런데 이 연설을 하게 된 그날 교황은 자기 주위에 와 있는 다른 나라 대사들의 감정을 상하게 할 말이 나올까 두려워하여, 때와 장소에 가장 적합한 일이었지만 우연히도 포아이예 씨가 애써 준비한 것과는 아주 다른 제목을 내놓았다. 그 때문에 그의 연설은 쓸모없는 것이 되었고, 재빨리 다른 것을 준비해야만 했다. 그러나 그런 일이 거의 불가능함을 알아차리고 그 대신 뒤 벨레 추밀경(樞密卿)이 책임을 떠맡아야만 했다.

변호사의 역할은 설교가의 일보다 더 어렵다. 그러나 적으나마 프랑스에서는 쓸 만한 설교가보다는 쓸 만한 변호사가 더 많다는 것이 내 의견이다.

급작스레 신속히 둘러대는 것은 재치에 적당한 일이고, 천천히 침착하게 말하는 것은 판단력에 적합한 일이라고 본다. 그러나 준비할 여유가 없으면 완전히 침묵을 지키는 자와, 여가가 있어도 말을 더 잘 할 수 없는 자는 둘 다 비정상적이다. 전하는 바에 의하면, 세베루스 카시오스는 생각해 두지 않아도 말이 잘 나왔고 노력했다기보다는 운의 덕택을 받았으며, 그가 말하다가 흥분해도 그에게 유리하게 상황이 달라졌다. 그래서 그의 적수들은 그가 화를 내어서 훨씬 더 훌륭한 웅변이 될까 봐 그를 자극하는 일을 두려워했다는 것이다.

나는 애써 고생하며 미리 생각해 두는 방식을 견디지 못하는 부류의 천성을 경험으로 알고 있다. 웅변이 자유롭고 유쾌하게 굴러가지 않으면 쓸모 있는 말을 하지 못한다. 어떤 작품들은 애써서 지은 품이 박혀 있어 어딘가 투박하고 무뚝뚝한 맛이 있기 때문에, 거기서 등불과 기름 냄새가 난다고 말한다. 그러나 어떤 것은 잘 지어 보려고 애를 쓰며 자기 일에 너무 긴장하고 억눌린 마음 때문에 자연스러운 웅변을 억누르고 꺾어 빽빽하게 만들고, 마치 풍부한 물이 억지로 맹렬하게 밀려 나가다가 좁은 홈통에서 빠져나갈 구멍을 찾지 못하는 것과 같은 격이 된다.

이런 종류의 성품은 역시 카시오스의 분노와 같이 동시에 강렬한 격정으로 뒤흔들려 자극받기를 원치 않고(왜냐하면 이런 동작은 너무 맹렬할 것이기 때문이다), 충격이 아니라 보살펴 주기를 바라며, 우발적으로 현재 외부에서 오는 기회로 일깨워져서 열을 돋워 주기를 바란다. 이런 웅변은 혼자 놓아두면 질질 끌리며 맥이 빠지게 된다. 자극은 바로 그 생명이며 우아한 맛이다.

나는 자신을 잘 다루지 못한다. 자신의 역량보다도 우연에 더 잘 매인다. 기회와 청중, 내 목소리의 율동까지도, 나 혼자 마음속을 뒤져볼 때보다 더 많은 것을 내 정신에서 끌어낸다. 그래서 아무 값어치 없는 것에 무슨 선택할 거리가 있는 것이라면 말로 하는 것이 글로 쓴 것보다 낫다.

이런 일도 있다. 내가 나를 찾는 곳에서는 나를 발견하지 못하고, 오히려 우연한 기회에 내가 더 잘 발견된다. 이렇게 써 나가다가 무슨 묘한 소리라도 내놓을지 모르겠다.(이것은 다른 사람이라면 둔한 말이지만 내 생각으로는 날카롭다는 의미이다. 이런 터놓은 말은 그만두자. 말은 각자의 힘에 따라서 나온다.) 나는 화제의 요점을 아주 잃어버리고, 내가 무슨 말을 하려고 했는지도 모를 때가 있다. 그래서 가끔 나보다 먼저 다른 사람이 그것을 찾아내 주곤 한다. 필요한 때에 내가 면도날을 가졌었다면 나는 내 글을 모두 긁어버렸을 것이다. 우연한 기회에 이런 점이 대낮과 같이 밝혀질 때가 있을 것이다. 그리고 내가 여태 주저하고 있던 것에 놀라게 될 것이다.

11
예언에 대하여

신탁(神託)으로 말하면, 예수 그리스도가 나오기 훨씬 전에 그 신뢰를 잃기 시작했던 것이 확실하다. 키케로가 예언이 실패하는 원인을 알아보려고 애쓴 흔적이 보이기 때문이다. 그는 이렇게 말했다. "어째서 델포이에서 하던 식의 신탁은 오늘날뿐 아니라 오래전부터 내려오고 있지 않는가? 그것보다 더 경시당하는 일이 없게 된 것은 웬일일까?" 희생으로 바친 짐승의 해부에서 끌어내는 다른 예언들로 말하면, 플라톤은 내적 기관의 자연적 구조를 거기에 결부시켰다. 암탉의 발버둥, 새의 날아감, "우리는 어느 종의 조류의 생존은 징조를 보이는 것 외에 다른 이유가 없다고 믿는다."(키케로) 벼락, 강물의 구비, "점쟁이는 많은 사물을 본다. 예언자들은 많은 사물을 예견한다. 많은 사건이 신탁으로 예고되었고, 점치는 일, 해몽, 기적으로 전해지고, 각기 많은 사건들이 예고되었다."(키케로) 등, 이런 일에 대해 옛날 사람들은 거기에 의지해서 공사나 사사나 대부분의 계획을 세워 갔는데, 우리 종교는 이런 것들을 모두 없애 버렸다. 아직 우리에게는 별이나 정령(精靈)들, 신체의 특징, 꿈같은 수많은 것을 가지고 점치는 방법이 있으나, 그것은 우리들의 천성이 마치 현재의 일은 소화할 거리에 부족한 것처럼 미래의 일에 마음 쓰기를 즐기고 있는 것으로, 우리들의 호기심이 얽매여 있는 본보기이다.

> 올림푸스의 주(主)여, 어째서 그대는
> 인생의 불행에 잔인한 징조로 미래의 불행을 알려서
> 새로운 번민을 보태어 주는가, 그대의 계획이 어떠한 것이건
> 불시에 우리에게 닥쳐오게 하라, 운명을 예지함에는
> 인간의 정신이 맹목이게 하라.
> 공포에 싸여 지내면서도 그들에게 희망이 남아 있게 하라.   (루카누스)

> 미래를 안다는 것은 아무 소용이 없다.
> 결국 그것은 소득 없이 자기를 괴롭히는 불행이다.   (키케로)

그런 만큼 점친다는 것은 매우 권위가 적은 일이다.

그렇기 때문에 드 살루초 후작 프랑수아의 예는 주의를 끌 만한 것으로 보였다. 그는 프랑수아 1세의 알프스 산 너머 원정군 부장(副將)이며 우리 조정의 극진한 총애를 받았고, 자기 형의 영토가 왕에게 몰수당했던 것을 그 후작령까지도 왕에게서 돌려받는 은혜도 입었다. 그런데 그는 대체로 이런 짓을 할 기회가 온 것도 아니고, 자기 마음으로도 거기 반대하면서(다음에 알려진 일이지만), 당시에 카를 5세에게 유리하고 우리에게 불리하게 유포되고 이탈리아에까지 돌고 있던 그럴듯한 예언에 놀라 떨어졌었다. 이 이탈리아란 나라는 이런 어리석은 유언비어가 돌기에 안성맞춤인 상태여서, 우리가 망한다는 소문에 로마에서는 많은 액수의 금전이 교환되는 사태를 보였다. 그는 프랑스 왕가와 이탈리아 안의 친프랑스당에게 불행이 닥쳐올 것은 피치 못할 것이라고 믿고, 그 친지들에게 딱한 사정을 애통하게 말하더니, 끝내는 배반하여 적에게 넘어 갔다. 하지만 그가 어느 별자리의 가호를 받았건, 그는 자기만 큰 손해를 보았다. 그는 마음이 여러 갈래로 찢긴 인간으로 행동했다. 그는 도시들과 군대를 잡고 있으며, 세 발짝 앞에는 안토니오 데레이바가 지휘하는 적군이 있고, 우리는 그가 하는 짓에 의심도 두지 않고 있었으니, 그는 자기가 한 것보다 더 중대한 사태를 일으킬 수도 있었다. 그런데 그가 배반함으로써 우리는 포사노 시 외에 잃은 것이 없었으며, 이 도시도 오랜 격전 끝에 잃은 것이었다.

현명한 신은 어두운 밤으로
미래의 사건들을 우리에게 숨긴다.
그리고 필요 이상으로 불안을 지닌
인생을 농락한다.   (호라티우스)

"내일 주피터가 검은 구름으로 하늘을 가리우건 밝은 햇빛을 남겨 주건 상관있나? 나는 살아 보았다" 하고 날마다 말할 수 있는 자신이 주인이며

인생을 행복하게 사는 자이다.   (호라티우스)

현재에 만족하는 정신은 미래의 일로 번민하기를 꺼리리라.　　(호라티우스)

"그들은 '점이 맞으니 신들이 있고, 신들이 있으니까 점이 맞는다"는 논법을 쓴다(키케로)는 말을 거꾸로 믿는 자들은 잘못 믿는 것이다. 파쿠비우스는 더 현명하게 말한다.

새들의 말을 이해하며
자신의 이성보다 어떤 동물의 간장을 믿는 자는
들어주기는 하지만 믿어 줄 것은 없다고 생각한다.
(키케로가 인용한 파쿠비우스 말)

저 토스카나인들의 유명한 점복술이 생겨난 내력은 이렇다. 한 농군이 호미로 땅을 깊이 팠더니, 그 속에서 타게스 신이 솟아나왔다. 타게스 신은 얼굴은 어린애 같지만 노인의 지혜를 가진 반신(半神)이었다. 그래서 모두들 거기로 달려 가서 그의 말과 지식을 수집했다. 몇 세기를 두고 전해 온 것에 이 술법의 원칙과 방법이 들어 있다는 것이다. 그 발전의 경위에 상응하는 발생이다.

나는 이런 잠꼬대보다는 주사위를 던져 보고 일을 처리해 가겠다.

참으로 많은 나라에서 점치는 행사에 많은 권위를 주어 왔다. 플라톤은 자기 임의로 꾸며 본《국가론》에서 여러 가지 중요한 사건을 이렇게 점을 쳐서 처리하고, 그중에도 결혼을 정하는 데 적당한 짝들 사이에 이 방법을 쓰라고 한다. 그리고 이 우연에 맡긴 선택 방법을 대단히 중시하며, 거기서 나온 아이들은 국가가 양육해야 한다고 하며, 나쁜 씨는 멀리 쫓아 버리라고 한다. 그러나 이 쫓겨난 자들 중에서도 자라나는 동안 어쩌다가 좋은 소질의 싹수를 보여주는 경우가 있으면 데려 올 수 있게 하고, 남겨 둔 아이들 중에도 소년 때 거의 희망을 보여주지 않는 자는 아주 쫓아내라는 것이다.

나는 사람들 중에서 달력을 연구·해석하며, 세상 일이 이렇게 되어 간다고 권위를 세워 주는 자가 있음을 본다. 이렇게 말한다면 그들은 거짓말도 참말도 다할 수가 있다. "사실 하루 종일 활을 쏘다 보면 언젠가는 과녁에 적중하는 수도 있다."(키케로) 나는 이런 것이 우연히 맞을 때가 있다고 해서 존중하지는 않는다. 언제든지 거짓말이 되는 진리나 법칙이 있다면, 그것에 더 확실성이 있을 것이다. 아무도 그들의 잘못을 기록해 두지 않는다. 그런 잘못은 흔하며 무한히 많다. 그리고 어쩌다가 점이 맞는 것은 믿을 수 없이 희한하고 기적과 같으니 값어치 있는 것으로 보인다. 그래서 무신론자라는 별명의 디아고라스는 사모트라키아에 있을 때, 누가 그에게 난파했다가 살아 나온 자들의 축원과 헌판이 사원 안에 많이 바쳐져 있는 것을 보여주며 "그래 당신은 신들이 인간의 일에 무관심하다고 말하는데, 이렇게 신들의 은덕으로 많은 사람들이 구조받은 것은 어떻게 보오?"라고 묻자 "그건 이렇소" 하고 디아고라스는 대답했다. "빠져 죽은 사람들의 그림은 여기 붙어 있지 않소. 그들의 수가 훨씬 더 많소." 키케로는 말하되, 신이 존재한다고 한 모든 철학자들 중에 오직 콜로폰의 크세노파네스만이 모든 종류의 점복술을 배척했다고 한다. 따라서 오늘날의 왕들 중에 이런 헛된 일에 열중하고 있는 분이 더러 있다 하더라도 과히 놀랄 것은 못된다.

　다음의 두 기적에 관한 이야기는 내 눈으로 직접 보았으면 싶다. 하나는 미래의 모든 교황의 이름과 외모를 예언한 칼라브리아 사제 요아킴의 비결이고, 다른 하나는 그리스의 황제들과 원로들을 예언하던 레오 황제의 것이다. 어려움 속에서는 사람들이 자기 운에 놀라서 모든 미신을 탐하듯 옛날부터 정해 있을 그들의 불행의 원인과 위협을 하늘에서 찾아보고 있는 것을 내 눈으로 보았다. 그리고 이런 점복술은 할 일은 없고 머리가 예민한 사람들의 좋은 소일거리가 되기 때문에 이런 것을 엮어 보고 풀어 보고 하는 일에 숙달한 자들은 모든 서적에서 그들이 바라는 모든 것을 찾아낼 수 있을 것이라고 나는 확신하게 되었다. 어떻든 예언의 모호하고 막연하며 허황된 말투는 그 작가들이 거기에 분명한 의미도 붙여 두지 않고, 다음 세대 사람들이 제멋대로 해석하게 놓아두었기 때문에, 이런 자들에게 재미나는 일거리를 만들어 준 것이다.

　소크라테스의 다이몬(보호신)은 아마도 이성의 충고를 기다리지 않고 언뜻 떠오르는 의지의 충동을 가리키는 것이리라. 그의 마음과 같이 순화된 마음에서는 항상 도덕과 예지의 훈련을 받아서 마음의 이런 경향이 생각이나 궁리되지 않은 채 주견 없이 나와도 본받기에 마땅한 무게 있는 것이었다. 누구나 자기 마음속에 신속하고 맹렬하게 떠오르는 우연한 생각이 뒤흔들리는 모습을 자신에게서 느낀다. 우리들의 예지에 권위를 주지 않는 나로서는, 이런 생각에 권위를 주느냐 안 주느냐도 내 자신에게 달려 있다. 그리고 내게는 이런 헛된 영상이 떠오르면, 그것이 이치상으로 잘 맞지 않을뿐더러 나를 설복시키는 힘이나(또는 소크라테스에게 더 자주 있었던 식으로) 내가 믿지 않게 하는 힘도 맹렬해서, 나는 거기에 유익하고도 요행스럽게 끌려갔다. 때문에 거기에는 무슨 거룩하고 신령한 느낌이 들어 있다고 해석해 볼 수도 있었다.

12
불굴(不屈)에 대하여

결단성과 지조(志操)의 법칙은 우리를 위협하는 불행이나 뜻대로 잘 풀리지 않는 일에 대해서 재주껏 미리 대비해서는 안 된다거나, 그런 일이 닥쳐오는 것을 두려워해서는 안 된다는 말이 아니다. 그와는 반대로, 불행을 막으려는 정당한 방법은 허용될 뿐 아니라 칭찬할 만한 일이다. 그리고 지조의 덕은 주로 피할 수 없는 불행을 꾸준히 참아 나가는 데 있다. 그런 만큼 우리에게 닥쳐오는 타격을 막아낼 수 있다면, 아무리 날쌔게 몸을 움직여도, 손에 어떠한 무기를 들어도 나쁜 일은 아닐 것이다. 전쟁을 좋아하는 국민들은 무력전에서 도망치는 것을 주요한 장기로 사용했고, 그들의 얼굴보다도 더 위험하게 적에게 등을 내보였다.

튀르키예인들은 이런 종류의 방법을 취하고 있다.

소크라테스는 라케스가 용기를 정의하여 '적에 대해서 자기 자리를 확고하게 지킴'이라고 한 것을 조롱하여, "그래, 자기 자리를 내주며 적을 쳐부수는 것이 비굴한 일인가?"라고 말하며, 호메로스가 아이네이스의 도망가는 재주를 칭찬한 구절을 인용했다고 플라톤이 말했다. 그 때문에 라케스는 생각을 달리하여, 그것은 스키타이족의 습관이라고 고백하며, 어떻든 일반적으로 말타고 싸우는 자들이 하는 일이라고 했다. 그러자 소크라테스는 다시 라케다이모니아 보병의 예를 들었다. 그들은 말을 타지 않고 도보로 싸우도록 훈련되어 있는데, 플라테아 전투에서는 페르시아군의 방어진을 뚫지 못하자, 생각을 돌려 후퇴했다. 이것은 적이 이런 상황을 패주로 오인하게 하여 추격하다가 진형을 부숴 흩어지게 했다. 이렇게 해서 그들은 승리를 얻었다.

스키타이족에 관한 일인데, 다리우스가 그들을 정복하러 갔을 때, 그는 스키타이의 왕에게 늘 후퇴하기만 하며 싸움을 피한다고 욕설을 퍼부었다. 그러자 인다티르스(이것이 그의 이름이었다)는 대답하기를, "다리오스건 누구건 두려워서 후퇴하는 것이 아니다. 적이 빼앗아 이득을 볼 수 있는 농토나 도시 가옥이 없으니, 굳이 방어할 것도 두려워할 것도 없다. 이것이 바로 자기 국민들이 전진하는 방법"이라고 대답했다. 그러나 만일 배가 고파서 대들고 싶거든 자기네의 조상 뼈가 묻힌 곳에 가까이 와 보면, 그때는 상대가 누군가를 알게 되리라고 말하는 것이었다.

그렇지만 흔히 전쟁에서 머리 위로 포탄이 날아오는 소리를 들어보면, 두려워하지 않는다는 말은 적당치 않다. 그 맹렬하고 급박한 위협은 피할 길이 없어 보이기 때문이다. 그런 때 손을 쳐들거나 머리를 숙이다가는 동료들의 웃음거리가 되기 십상이다.

카를 5세가 프랑스 프로방스 지방으로 쳐들어 왔을 때다. 드 가스트 후작이 아를르시를 정탐하러 풍차에 숨어 접근하다가 바깥으로 나왔을 때, 경기장 무대 위에 바람을 쐬러 나왔던 드 본느발 경과 다슈노아 장로에게 들키고 말았다. 그들이 포병 대장 드 빌리에 경에게 그를 가리켜 곧바로 소총을 겨누었다. 불꽃이 튀는 것을 멀리서 보고 몸을 옆으로 비키지 않았더라면 후작은 탄알 세례를 받았을 것이다. 이와 마찬가지로 현왕의 모후인 여왕의 부친 울비노 공작 로렌초 데 메디치는 이탈리아의 요새 도시 비카리아테라고 부르는 땅에 있는 몬돌포를 포위 공격할 때, 자기를 향하고 있는 대포에 불을 붙이는 것을 보고 곧 몸을 깊이 숙였다. 그러지 않았다면 그 머리 위를 스치고 지나간 포탄이 틀림없이 그의 숨통을 꿰뚫었으리라. 사실 이런 동작이 깊이 생각하고 난 후에 한 일이라고는 볼 수 없다. 이렇게 급박한 마당에 조준이 높다든가 얕다든가를 어떻게 판정할 것인가? 그러니 그들은 운이 좋아서 공포에 대한 반사 동작이 나온 것이며, 다른 경우에는 이러한 것이 피하는 길이 아니라 불에 뛰어드는 행동이었다고 생각할 수도 있다.

나는 엉겁결에 예기치 않은 곳에서 총소리가 귓가에 들리면, 부르르 떨지 않을 수 없다. 나보다 더 용감한 자들에게도 이런 일이 일어나는 것을 본 적이 있다.

　스토아학파들도 그들 현자의 심령이 그에게 닥쳐오는 환영이나 헛생각에 저항할 수 있다고는 생각하지 않는다. 그래서 그들은 천둥소리에 굴복하듯이, 예를 들면 하늘에서 굉장히 큰 소리나 무엇이 무너지는 소리가 들리면 얼굴이 새파래지고 몸이 오그라들며 버티지 못한다고 하는 데 동의한다. 그리고 마음의 다른 움직임에도 그렇지만, 다만 생각이 제대로 머무르며, 이성의 바탕이 어떠한 손상이나 변화를 일으키지 않고, 이 공포나 고민의 영향을 받음이 없으면 역시 같다. 현명하지 못한 자는 처음 단계에는 그와 마찬가지이다. 그러나 다음이 다르다. 왜냐하면 마음에 충격을 받은 인상이 그에게는 피상적으로 머무르지 않고 그대로 이성의 바탕에까지 침투해 독을 부어 넣어서 그를 추락시키기 때문이다. 그는 이 격정에 따라 판단하며, 거기에 부합해 간다. 능숙하게 말 잘하는 스토아파 현사(賢士)의 심정을 얼마만큼 충만하게 하는가를 보라.

　　아무리 눈물을 흘려도 그 심령은 굽히지 않는다.　　　　(베르길리우스)

　소요학파의 현자도 이런 격동을 면치 못한다. 다만 그는 그런 마음을 조절할 뿐이다.

13
제왕들의 회견 의식

　아무리 쓸데없는 제목이라도 이런 심심풀이에는 넣지 못할 것이다. 우리의 상식적인 법도로는 자기와 같은 지위나 더 지위가 높은 사람이 방문하겠다는 연락이 왔는데, 그때 집에 있지 않으면 실례가 될 것이다. 이 문제에 대해서, 나바르 여왕 마르그리트는 아무리 높은 사람이 오더라도 자기를 찾아오는 사람을 맞이하러 집에서 나간다는 것은 예의에 맞지 않는다고 부언했다. 도중에 그를 만나지 못할 염려가 있다는 사실 하나만으로라도 집에서 기다리는 것이 더 법도에 맞는 일이며, 손님이 떠날 때 따라나가 주면 족하다는 것이다.
　나는 집에서 모든 법도를 생략하고 있으니, 이런 헛된 의식은 어떤 것이나 잊어버리기 일쑤이다. 이에 분개하는 사람도 있다. 그러나 어찌하란 말인가. 내가 날마다 분개하기보다는 그를 한 번 분개시키는 편이 낫다. 그러다가는 늘 굴복하고만 있게 된다. 이런 움집에까지 그런 격식을 끌고 올 양이면, 궁궐의 번거로움을 피하여 나온 보람이 어디에 있겠는가?

모든 회합에서는 지위가 가장 낮은 사람이 먼저 지정한 곳에 와서 훌륭한 분들을 기다리는 것이 보통의 예절이다. 그렇지만 교황 클레멘스와 프랑수아 왕이 마르세유에서 갖게 된 회견에서는, 왕이 필요한 모든 준비를 명령해 놓고, 멀리 외출한 후 교황에게 2, 3일 동안 쉴 여유를 주고, 그다음에 만났다. 이와 마찬가지로 교황과 황제가 볼로냐에 들어올 때에도 황제는 교황을 먼저 들어와 있게 하고 자기는 다음에 들어왔다. 이러한 제왕들의 회견에는 윗사람이 먼저 지정된 장소, 즉 회의가 개최되는 나라의 주인보다도 먼저 와 있는 것이 보통의 법도라고 한다. 그리고 이 논리는 외적으로 보아 아랫사람이 윗사람을 찾아가서 뵙는 것이지, 윗사람이 아랫사람을 찾아가는 것이 아니라는 데 이유가 있다고 한다.

모든 나라가 다 그럴 뿐 아니라 각기 도시들도 특수한 예절이 있고 모든 직분 역시 그렇다. 나는 어릴 때부터 이 점에 충분히 주의를 기울여 교양을 쌓았기 때문에, 프랑스의 법도에 대해 모르는 것 없이 사람들과 교제해왔다. 그에 대해 강의라도 할 수 있다. 나는 이 법도를 좇고자 하지만 생활이 억압당하며까지 좇고 싶지는 않다. 이 법도에는 힘든 형식이 있어서 잘못 알아서 잊어버리는 것이 아니라, 조심하다가 잊어버리면 그것으로 점잖은 품이 망가진다. 나는 흔히 법도를 지나치게 차리다가 실례를 저지르고 너무나 예절 바르기 때문에 남에게 폐가 되는 사람들을 보았다.

요컨대 법도라는 지식은 대단히 유용하다. 그것은 우아함이나 아름다움과도 같이 사람과 처음 만나서 사귀는 경우에 친밀감을 준다. 따라서 우리에게 다른 나라 사람을 본받아 자신이 교양을 얻는 길을 터준다. 또한 우리가 가르쳐 전해 줄 게 있으면 그것을 보여줄 수도 있다.

14
선악의 취미는 대부분 우리의 생각에 달려 있다

　사람들은(그리스의 옛 속담에 말하되) 사물 자체가 아니라, 그들이 사물에 대해서 지닌 생각 때문에 속을 태운다고 한다. 이 전제를 모든 점에서 진실하다고 증명할 수 있는 이는 우리의 비참한 인간 조건을 개선하는 데 크게 얻는 바가 있을 것이다. 불행이 우리의 판단에 의해서 들어오는 것이라면, 그것을 경멸하거나 또는 좋은 일로 돌려놓기는 우리의 힘에 달렸기 때문이다.
　만일 사물이 우리 마음대로 된다면, 어째서 그것을 우리에게 유리하게 처리하거나 조절하지 못하는 것인가? 우리가 불행 또는 고통이라고 부르는 것이 그 자체로서 불행도 고통도 아니고, 다만 우리의 생각이 그것에 이와 같은 자질을 부여한다면, 이 소질을 고치는 것은 우리에게 달려 있다. 선택권이 우리에게 있고 아무것도 우리들을 강제하지 않는다면, 병이나 궁색, 경멸 같은 것에도 좋은 맛을 줄 수 있을 것이다. 또한 운은 우리에게 단지 재료만 제공할 뿐이며 형체를 지어 주는 것도 우리가 할 일이라면, 우리에게 가장 괴로운 편으로 자기를 연결시키며, 그런 것에 쓰고 나쁜 맛을 준다는 것은 괴상하게도 어리석은 수작이다. 그런데 우리가 불행이라고 부르는 것이 그 자체로서 불행이 아니거나, 또는 적으나마 그 있는 대로의 불행이 아니라는 것, 결국 다 같은 말이지만, 거기 다른 맛을 준다든가 또는 다른 모습을 지어 주는 일이 우리에게 달려 있다고 하는 것, 이런 논리가 성립되는지 어디 따져 보자.
　우리가 두려워하는 이런 사물들의 본질이 그 자체의 권한으로 우리 속에 들어앉을 힘이 있다면, 그것은 모든 사람에게 같은 꼴로 들어앉을 것이다. 왜냐하면 사람들은 모두가 한 종족이며, 좀 더하고 덜한 점을 빼면 모두가 생각하고 판단하는 일에 같은 도구로 장비되어 있기 때문이다.
　그러나 이런 사물에 관한 우리의 생각이 가지각색이라는 것은 이 생각들이 상호 합의로밖에 우리들에게 들어오는 것이 아님을 분명히 보여준다. 어떤 자는 사물을 그 본질대로 자기에게 간직한다. 그러나 다른 많은 자들은 자기들끼리 이런 사물에게 새롭고 반대되는 본질을 주고 있다.
　우리는 죽음과 빈곤과 고통을 우리들의 주요한 적이라고 생각한다.

그런데 어떤 자들이 전율할 것 중에도 가장 끔찍한 것으로 부르는 죽음을, 다른 자들은 인생의 고초에서 벗어나는 단 하나의 안식처이며 자연의 최고 선이며, 우리들이 자유를 누리는 유일한 곳이며, 모든 불행에 대해 공통되는 효과적인 처방전이라고 부르는 것을 모르는가? 그리고 어떤 자는 벌벌 떨며 공포 속에서 이 죽음을 기다리는데, 어떤 자는 그것을 삶보다도 더 쉽게 당해 내고 있지 않은가? 이런 자는 그것이 너무 쉽다고 한탄한다.

죽음이여! 비열한(卑劣漢)의 생명 빼앗기를 경멸하라.
그리고 용감한 자만이 너를 차지할 수 있게 하라.　　　　(루카누스)

한데 이런 영광스러운 용기는 치워 두자. 테오도로스는 자기를 죽이겠다고 대드는 리시마코스에게 대꾸하되, "너는 독파리에게 대등한 힘을 내는 데도 큰 애를 써야 하겠구나"라고 말했다. 대부분의 철학자들은 자기 의사로 그들의 죽음을 앞당겼거나 재촉했거나, 또는 방조해 주고 있다.

일반 민중들 중에서 단순한 죽음이 아니라 수치와 어떤 때는 혹독한 고초를 겪으며 죽음에 끌려갈 때, 혹은 고집으로, 혹은 단순한 천성으로 이것을 태연히 감내하며 평소와 조금도 다른 점을 보이지 않는 자들을 우리는 얼마나 많이 보고 있는가. 그들은 자기 집안일을 처리하고, 친구들에게 뒷일을 당부하고 노래 부르며, 훈계하며, 사람들과 이야기하며, 어떤 때는 거의 우스갯소리까지 섞어 가며, 그리고 소크라테스와 같이 친지들에게 축배를 들어가며 죽어 가기까지 한다. 어떤 자는 사형대로 끌려 가면서, 어느 길로는 제발 데리고 가지 말아 달라고 했다. 그 길거리에는 한 장사꾼이 오래 갚지 못한 빚으로 자기의 목덜미를 잡아 끌 위험이 있다고 말했다. 또 한 죄수는 사형 집행인에게 자기 목은 건드리지 말아 달라고 당부했다. 간지럼을 너무 타서 웃음을 참지 못하기 때문이라는 것이었다. 또 어떤 자는 참회사(懺悔師)가 그에게 오늘 저녁에는 하느님과 같이 식사할 것이라고 약속하니 "당신이나 가시오, 나는 굶겠소" 하고 대답했다.

또 물을 달라고 청했는데, 사형 집행인이 먼저 마시고 그릇을 내어주자, 그의 뒤에 마시면 천연두에 걸릴까 두렵다고 하며 마시기를 꺼렸다.

누구나 피카르디인의 이야기는 들어 보았을 것이다. 그는 사형 집행대에 올라가기로 되었을 때, 한 여자를 데려다주며(우리 재판소에서도 어떤 때는 하는 것이지만) 그 여자와 결혼한다면 살려 주겠다고 했다. 그러자 그는 그 여자를 잠시 쳐다보고는 절름발이인 것을 알자, "목을 매어 주! 목을 매어 주! 저 여자는 절름발이야!" 하고 소리쳤다.

또 사람들 말에 따르면, 덴마크에서 한 남자가 참수형 선고를 받고 사형대에 올라갔는데, 앞의 이야기와 같은 조건을 내놓자, 자기에게 주는 여자가 볼이 축 늘어지고 코가 너무 뾰족하다고 거절했다고 한다. 툴루즈에서 한 하인이 사교를 믿는다고 고발당했을 때, 그는 자기의 신앙은 주인의 것과 같다고 했다. 그 주인도 같이 감옥에 잡혀온 젊은 학생이었다. 그는 자기 주인이 그 신앙을 버렸다고 말하기보다는 차라리 죽기를 원했다. 우리는 루이 11세가 아라스 시를 공략했을 때, 대다수 시민이 "대왕 만세!"라고 부르지 않고 그냥 교수형을 당하고 만 이야기를 안다.

나르싱가 왕국에서는 오늘까지도 그곳 제관(祭官)들의 아내는 남편이 죽으면 산 채로 같이 매장당한다. 다른 여왕들은 남편의 장례 때, 꿋꿋할 뿐 아니라 유쾌하게 산 채로 불에 타 죽는다. 그리고 죽은 왕의 시체를 화장할 때에는 그의 아내와 첩, 귀애하던 동자, 온갖 관리들, 하인들이 떼를 지어 가벼운 마음으로 그들의 윗사람을 태우는 불 속으로 뛰어드는 광경은, 그의 죽음의 동반자가 되기를 영광으로 여기는 것같이 보인다.

어릿광대의 천한 마음으로도, 죽는 마당에까지 우스갯타령을 버리지 않은 자들이 있었다. 한 놈은 사형 집행인이 줄을 잡아당기자, "때갈 놈의!"라고 소리 질렀다. 여느 때 되풀이하던 버릇이었다. 그리고 한 놈은 숨이 넘어갈 무렵에 벽난로 옆 짚자리 위에다 뉘어 놓았는데, 의사가 그에게 어디가 아프냐고 물어보았더니 "걸상과 난로 사이요"라고 대답했다. 그리고 신부가 최후의 성유를 발라 주려고 아파서 웅크리고 있는 발을 찾자, 그는 "다리 끝에 찾아보면 있지요"라고 했다. 하느님께 축원을 올리라고 권하는 사람에게, "누가 거기 가오?"라고 그는 물었다. "당신이 바로 거기 갈 것이오"라고 대답하자, "내일 저녁에 거기 갔으면 해요"라고 대답했다. 그 사람이 또 "글쎄, 하느님께 축원(추천장)을 올리시오, 당신은 바로 거기 갈 것이오"라고 이어 말하자, "그럼 내 추천장은 내가 가지고 가는 편이 낫지요" 하고 그는 덧붙였다.

　최근 밀라노 전쟁에서 하도 여러 번 공격하고 반격하는 등쌀에 민중들은 앞날이 엎치락뒤치락하므로 아주 죽어 버리기로 작정했다. 나는 집을 가진 주인들이 일주일 동안에 자그마치 스물다섯이나 스스로 목숨을 끊는 것을 보았다고 부친이 말하는 것을 들었다. 크산토스의 시민들은 참극이 가까워 오자, 남녀노소할 것 없이 모두 미쳐서 마치 여느 사람들이 죽음을 피하려는 욕심만큼이나 맹렬하게 죽기를 원하며 생명을 버리려고 악을 쓰는 통에, 브루투스는 겨우 그중의 극소수만을 구제할 수 있었다.

　모든 사상은 생명을 걸어가며 품어 보기에 족할 만큼 강하다.

　그리스인들이 메디아 전쟁에서 맹세하며 지켜 낸 저 아름다운 서약의 제1조는, 각자가 그리스 법률을 페르시아 법률로 바꾸기보다는 차라리 생명을 죽음과 바꾸려는 것이었다. 튀르키예와 그리스의 전쟁에서 얼마나 많은 사람들이 침례받기 위해서 할례를 버리기보다는 차라리 혹독한 죽음을 택했던가. 이러한 예는 어느 종교에서나 찾아볼 수 있다.

　카스티야의 왕들이 자기들의 땅에서 유대인들을 쫓아내니, 포르투갈의 주앙왕은 그들이 후일 그 땅에서 떠나야 한다는 조건으로, 한 사람에 8에퀴씩 받고 자기 땅으로에 피난해 오는 것을 허용했다. 그리고 그 날짜가 오면 아프리카로 실어다 주겠다는 것이었다. 그 날짜가 오니(기한이 지나도 머물러 있는 자는 노예가 될 것이라고 일러 주었다) 옹색하게 준비된 배를 탄 사람들은 뱃사람들로부터 혹독하고 천한 대접을 받았다. 다른 학대보다도 배를 이리저리 몰고 다녀 날짜를 끌다가 그들이 지닌 식량을 모두 소비하자, 아주 비싼 값으로 식량을 사게 하고, 또 오래 끌고 다니다가 셔츠바람으로 육지에 내려놓는 것이었다. 그대로 남아 있던 자들은 이 비인간적인 푸대접을 전해 듣고는 대부분 노예가 되기로 결심했다. 그중에 어떤 자는 종교를 바꾸는 체했다.

　에마뉴엘은 왕위에 오르자, 먼저 그들에게 자유를 주었다. 그러다 생각을 달리 하여 그들을 나라 밖으로 나가라고 기한을 정해주고, 세 곳의 항구도 지정해 주었다. 우리 시대의 가장 훌륭한 라틴어 역사가인 오소리우스 주교의 말을 빌면, 그는 유대인들에게 자유의 혜택을 주고서도 그들을 그리스도교로 개종시키지 못해서, 그들의 동포가 당한 것처럼 뱃놈들에게 도둑을 맞는 고난과, 지금까지 이 부유한 나라에 살다가 알지도 못하는 낯선 땅으로 가야 한다는 난처한 생각에 그들이 그리스도교로 개종할 것이라고 기대했던 것이라 한다. 그러나 이 기대와는 어긋나게 유대인들이 모두 떠나기로 결심하니, 그는 그들에게 약속해 준 항구 셋 중에서 둘을 취소했다. 그는 이렇게 여행이 오래 걸리고 힘들면 생각을 바꾸는 사람이 있지 않을까 했던 것이다. 또 그가 결정한 일을 집행하기 편하게 그들을 한 곳에 뭉쳐 놓았다. 그것은 아비와 어미의 품에서 열네 살 이하의 어린것들을 모두 빼앗아 그들과 말도 못하게 보이지 않는 곳으로 데려가서 우리 종교로 교육시키고자 한 것이다.

이 일은 무서운 광경을 빚었다. 부모와 자녀 사이의 본연의 애정과 옛부터 내려온 신앙에 대한 열성이 이 가혹한 명령에 대항해 싸운 것이었다. 아비와 어미들이 서로 목숨을 끊는 것은 예삿일로 보였으며, 그보다 더 심한 예로는 이 가혹한 벌을 받지 않으려고 어린애들을 우물에 던져 넣는 것이었다. 그러는 중에 이미 정한 기한이 다 지나니, 달리 방법이 없어서 그들은 노예가 되기 시작했다. 어떤 사람은 그리스도교도가 되었다. 이들의 신앙과 혈족에 대해서는 지금 백여 년이 지났으나, 오랜 세월은 이러한 추이(推移)에는 다른 어떠한 강제보다도 더 강력한 충고자이지만, 오늘까지도 포르투갈인들은 그들을 미덥지 않게 생각한다. "얼마나 여러 번 우리 장군들뿐 아니라 군대 전체가 확실한 죽음터로 질주했던 일인가"라고 키케로는 말한다.

나는 내 친한 친구 하나가, 아무리 설복시키려 해도 깨우치지 못하는 여러 사상과 그의 마음속에 깊이 뿌리 박힌 진실한 애정 때문에, 죽음이 화려한 허물을 쓰고 나타난 첫 기회에, 이렇다 할 이유도 없이 열렬한 갈망을 품고 죽음 속으로 뛰어드는 것을 보았다.

오늘날에도 어린애들까지 수월찮은 고통을 받을까 무서워서 죽음을 택하는 예를 흔히 본다. 이 점에서 비겁한 자들까지도 도피의 방법으로 택하는 죽음 따위를 우리가 두려워한다면, 세상에 두렵지 않을 일이 무엇이 있을까 하고 한 고인(古人)은 말한다. 남자건 여자건 한결 행복한 시대에 살며,.여러 종파의 사람들로서 꿋꿋하게 죽음을 맞이한 자, 자진해서 받아들인 자, 또는 이 인생의 고난을 면하기 위해서뿐만 아니라 단지 살기에 지쳐서 저승으로 도피한 자, 그리고 다른 곳에 더 나은 생의 조건을 기대해서 죽음을 택한 자들의 목록을 벌여놓을 양이면 끝이 없을 것이다. 그 수효는 너무나 많아서, 사실 죽음을 두려워한 자를 헤아리는 편이 쉬울 것이다.

바로 이것이 그런 예이다. 철학자 피론은 어느 날 배를 타고 가다가 매우 큰 위험에 빠졌는데, 그때 자기 주위의 공포에 싸인 자들에게 예로서 거기 있던 돼지 한 마리를 보여 주었다. 그 돼지는 그 폭풍우에도 아무 걱정이 없었다. 우리가 대단한 자랑으로 여기는 이성, 그로써 우리가 만물의 영장이며 제왕으로 자처하지만, 그 이성의 장점이 겨우 우리에게 고통을 주는 일이었던가? 사물에 관한 지식을 가졌다고 해서 우리가 안식과 평정을 잃는다고 하면, 그것이 우리를 피론의 돼지만도 못한 조건에 놓아 두니, 무슨 소용이 있단 말인가? 우리가 가장 소중한 보배로 받들고 있는 지성을 가지고 우리는 대자연의 의도, 즉 각자는 자기 편익을 위해서 연장이나 방법을 사용하도록 되어 있는 사물들의 이 보편적 질서와 싸우며, 우리를 파멸시키는 일에 이 지성을 사용해서야 될 말인가?

그렇다. 그대의 규칙은 죽음에는 소용이 된다. 그러나 가난에는 어쩌나 하고 사람들은 말한 것이다. 아리스티푸스와 히에로니무스, 기타 현자들의 대부분이 궁극의 불행으로 간주하는 고통의 문제는 어찌하나? 말로는 그것을 부인하는 자들도 사실은 그것을 고백하고 있지 않는가? 포시도니우스가 심한 병으로 고통을 받고 있을 때, 폼페이우스가 그를 찾아갔다. 그가 철학적인 말을 들어 보기에는 아주 못마땅한 때 찾아왔다고 사과하자 "내가 고통에 져서 생각도 말도 못 하게 된다니, 말이 되나!" 하고 포시도니우스는 말했다. 그러나 고통은 제 역할을 하며 끊임없이 그를 괴롭혔다. 그러자 그는 "고통이여! 네가 아무리 해 보아도 너를 불행이라고는 부르지 않겠다!"라고 소리 질렀다. 이 이야기를 듣고는 모두들 장한 모습이라고 하는데, 이것이 고통의 경멸과 무슨 상관이 있는가? 그는 말로만 싸운다. 아픔이 괴롭지 않다면 어째서 말은 중단했던가? 그것을 불행이라고 부르지 않은 것을 어째서 장하다고 생각하는가?

여기서는 모두가 공상으로만 된 것이 아니다. 우리는 다른 일에서는 사색한다. 사색에는 확실한 지식이 그 역할을 맡는다. 우리들의 감각 자체가 그것을 판단한다.

> 만일 감각이 진실이 아니라면 이성 전체가 똑같이
> 우리들을 속인다. (루크레티우스)

우리는 피부에게 가죽 띠로 얻어맞는 것은 간지럽다고 믿게 할 것인가? 우리들 혓바닥에게 쓰디쓴 알로에 맛을 그라브 산 포도주 맛으로 느끼게 할 일인가? 피론의 돼지는 우리와 같은 배를 타고 있다. 그는 죽음을 무서워하지 않는다. 그러나 때려 주면 아프다고 소리 지르며 괴로워한다. 고통을 받으면 떨리는 것은, 하늘 밑에 사는 모든 생명들의 일반적인 천성으로 타고난 본능이다. 그런데 우리는 이것을 억제해야 하는가? 나무까지도 그들이 받은 상처에 신음하는 것 같이 보인다.

죽음은 한순간의 이동인 만큼, 생각으로밖에는 느껴지지 않는다.

> 죽음은 이미 지나갔던가 또는 앞으로 올 것인가.
> 죽음 속에 현재는 없다. (라 보에티)

> 죽음은 그것을 기다리는 일만큼 괴롭지 않다. (오비디우스)

수많은 짐승들, 수많은 인간들은 위협받기보다는 차라리 죽음을 원한다. 그리고 사실 우리가 죽음에서 주로 두려워하는 것은 습관적으로 죽음에 앞서 오는 고통이다.

그러나 거룩한 한 교부(敎父)의 말씀을 믿는다면, "죽음에 뒤따르는 것이 없다면, 죽음은 악이 아니다." (성 아우구스티누스) 그러나 더 진실하게 말하면, 그 앞에 가는 것도 그 뒤에 오는 것도 죽음에 속하는 것이 아니다. 우리는 잘못 변명한다. 그리고 죽음을 상상하는 조바심 때문에 고통을 참을 수 없게 되며, 고통이 우리를 죽음으로 위협하기 때문에 그것을 몇 배 심하게 느낀다는 것을 나는 경험으로 안다. 그러나 이성으로 따져 보면, 죽음은 그렇게도 급하게 오고 그렇게도 피치 못할 일이며, 그렇게도 느껴지지 않는 것을 가지고 두려워한다는 것은 비굴한 일이라는 비난이 나오므로, 우리는 차라리 다음의 구실이 더 변명이 된다고 생각한다. 위험이 없는 모든 아픔을 우리는 위험 없는 일이라고 말한다. 치통을 앓건, 통풍을 앓건, 그것이 아무리 중해도 사람을 죽이지 않는 이상, 누가 그것을 대단한 병으로 치겠는가? 그런데 이것을 잘 헤아려 보라. 우리는 죽음에서 주로 고통을 생각한다. 마치 가난이라는 것이 굶주림, 갈증, 더위, 추위, 밤새움 등으로 우리를 고통의 팔 안에 넘겨주어서 고생시키는 것밖에 아무런 두려워할 것이 없는 식이다.

그러니 여기 고통 하나만을 문제 삼아 보자. 나는 이것이 우리들의 존재 가운데 최악의 사건이라고 내놓는다. 진심으로 하는 말이다. 왜냐하면 나는 세상 사람들 중에도 이 고통을 가장 꺼리며 하느님 덕택에 오늘날까지 대단한 것을 겪지 않았으니, 될 수 있는 한 그것을 피하련다. 그러나 고통이란 것을 없애지는 못할망정 참을성으로 고통을 덜어 보고, 육체가 고통을 느낀다 하더라도 적으나마 마음과 이성을 여기에 단련시키는 일은 우리에게 달려 있다.

그렇지 않다면 우리 중에 도덕·용기·힘·큰 마음·결심 같은 것을 명예로 삼을 자, 그 누구일까? 고통에 도전하는 것이 아니라면, 이런 것이 무슨 역할을 맡을 것인가? "용덕은 위험을 탐한다."(세네카) 거친 방석 위에서 자고, 모든 무장을 갖추어 입고, 한낮의 더위를 참아 내며, 말과 당나귀 고기를 먹고, 자기 살을 째고 뼛속에서 탄알을 뽑아내는 것을 눈으로 보며, 살을 꿰매고 태우고 하는 수술을 참아 내는 것이 아니라면, 우리가 보통사람보다 나을 것이 무엇인가? 똑같이 착한 행동들 중에서도 더 힘든 것이 할 만한 것이라고 현자(賢者)들이 말하는 것은, 불행과 고통을 피하라는 말과는 거리가 멀다.

> 사실 사람이 행복한 것은 경솔의 동류인
> 희열, 쾌락이나 담소, 유희 속에 있을 때가 아니고,
> 비애 속에서 견고성과 지조를 지킬 때이다.　　　　　　　　　　(키케로)

이 때문에 우리 조상들에게 전쟁의 위험을 무릅쓰며 실력으로 정복하는 것이 권모술책(權謀術策)으로 평안하게 하는 것보다 나을 것이 없다는 것을 설복하기는 불가능한 일이었다.

> 덕은 치르는 희생이 클수록 더 큰 희열을 준다.　　　　　　　　(루카누스)

우리가 여기서 위안을 얻을 것은 자연의 조화로 심한 고통은 짧고, 가벼운 고통은 길다는 것이다. "심하면 짧고, 길면 가볍다."(키케로) 그대가 고통을 심하게 느끼면, 그 고통은 오래가지 않을 것이다. 고통이 그 자체로 종말을 짓든지, 그렇지 않으면 그대에게 종말을 지어 줄 것이다. 이편이나 저편이나 한가지 일이다. 그대가 고통을 이기지 못하면, 고통이 그대를 이길 것이다. "죽음은 극심한 고통을 종결시키고, 작은 고통에는 중단이 많으며, 중간의 고통은 우리가 억제할 수 있음을 기억하라. 그러므로 가벼운 것은 참고 견딜 수 있고, 감당할 수 없는 것은 불쾌한 연극에서와 같이 이 인생에서 퇴출함으로써 면할 수 있다." 고통이 그렇게도 참을 수 없게 느껴지는 것은, 우리가 만족을 정신에서 얻는 습관을 갖지 않고, 우리들의 조건과 행위의 유일한 윗사람인 우리 심령의 힘에 기대하지 않는 탓이다. 육체는 다소간의 차이를 제하고는 한 자세밖에 갖지 않는다. 마음은 모든 종류의 형태로 변할 수 있고, 육체의 느낌이나 다른 모든 사건을 무엇이든 그 자체에, 그리고 그 자체의 상태에 맞추어 간다. 그러므로 우리는 마음을 연구하고 탐색하며, 그 속에 있는 전능한 원동력을 일깨워야 한다.

마음의 경향과 그 택하는 바에 반대할 수 있는 이치도 명령도 힘도 없다. 마음이 마음대로 취할 수 있는 수많은 자태들 중에서 우리의 안식과 보전에 적당한 것을 하나 찾아 주자. 그러면 우리는 모든 손상에 대해서 대비될 뿐 아니라, 마음만 먹으면 그런 모든 손상과 불행에서 만족과 자랑까지도 얻을 것이다.

마음은 무슨 일이건 가릴 것 없이 거기서 자기 이익이 될 것을 끌어낸다. 그릇된 일, 헛된 생각 따위도 우리를 보장하고 만족시킬 충실한 재료로서 유용하게 쓰인다.

우리 속에 예리한 고통과 쾌락을 일으키는 것이 우리 정신의 민감성임은 이해하기 쉬운 일이다. 짐승들은 정신이 결박되어 있기 때문에, 그 감정을 천성대로 자유롭게 육체에 맡겨 두고 있다. 따라서 그들의 동작이 서로 비슷하게 움직이는 것을 보아서 알듯, 그 심정은 거의 각 종류마다 동일하다. 만일 우리가 우리 육체의 부분들에 속하는 권한을 혼란시키지 않는다면 우리는 그만큼 더 편안할 것이며, 우리 육신은 천성으로 쾌락에 대해서, 그리고 고통에 대해서 올바르고 절도 있는 기질을 가지고 있다고 믿을 만하다. 그리고 모든 점에 고르고 공통적이니, 실수 없이 올바를 것이다. 그러나 우리는 육체의 규칙에서 해방되어 우리들 환상의 자유로운 방황에 몸을 맡기고 있는 만큼, 적으나마 그것을 우리에게 가장 유쾌한 편으로 휘어잡도록 힘써 볼 일이다.

플라톤은 우리가 너무 고통과 쾌락에 집착하며, 그 때문에 마음을 지나치게 육체에 매어 지내게 하는 것을 우려한다. 나는 반대로 생각한다. 이 집착 때문에 영혼이 육체에서 떨어져 풀려나가는 것이 두렵다.

우리가 도망치면 적이 더 악을 쓰며 추격해 오는 것과 같이, 고통도 우리가 그 밑에 떨고 있으면 더욱 거만해진다. 고통은 잘 버티는 자에게 더 순해질 것이다. 고통에 대항해서 마음을 긴장시켜야 한다. 물러나거나 뒤로 빼면, 고통은 우리를 위협하는 파멸을 불러온다. 육체가 굳어질수록 짐을 지기에 더 든든하듯, 마음 역시 그렇다.

그러나 나같이 신장이 약한 자에게 잘 걸리는 예를 들어 보자. 여기서 우리는 마치 보석들이 그것을 놓아두는 자리의 빛깔에 따라 생생하거나 흐릿한 빛깔로 보이듯 고통도 변모해 가며, 우리가 그 고통에 내어주는 자리만큼밖에 우리 속에 자리를 차지하지 않는 것을 알 것이다. "그들은 고통에 몸을 맡길 정도로 고통을 받았다."(성 아우구스티누스) 치열한 전투에서 열 번 칼을 맞는 것보다 외과 의사에게 면도날로 한 번 찢기는 것이 더 아프다. 애를 낳는 고통은 대단한 것이라고 의사들이나 하느님은 생각했으며 우리도 그것을 굉장한 일로 여기지만, 국민 전체가 그런 말을 입 밖에 내지 않는 고장도 있다. 라케다이모니아의 여인들은 말도 말자. 그러나 우리 용병들 사이에 끼어 있는 스위스 여자에게 무슨 달라진 일이 있다고 보는가? 아장아장 남편들 뒤를 따라가는데, 어제는 배 속에 있던 어린아이를 오늘은 목에 둘러메고 간다. 그리고 프랑스에 몰려온 저 가짜 이집트 여자들(집시 여인들)은 자신이 금방 낳은 핏덩이를 가까운 시냇물로 안고 가서 씻겨 주고 자기도 목욕한다. 수많은 소녀들이 애 배는 일뿐 아니라 낳는 일도 날마다 몰래 해치우는 것은 그만두고라도, 저 점잖은 사비누스의 아내는 로마의 귀부인이면서도 다른 사람에게 폐를 끼치기 싫어서 쌍둥이를 낳는 고역에 누구의 도움도 받지 않고, 소리도 고함도 지르지 않고 혼자서 해냈다.

라케다이모니아의 한 이름 없는 사내아이는 여우 한 마리를 훔쳐 외투 속에 감춰 두고, 여우가 자기 배를 물어뜯어도 그 여우를 내어놓기보다 끝까지 참아 냈다. 왜냐하면 그 아이는 아픈 것을 두려워하는 것보다도 도둑질을 서투르게 한 수치가 더 무서웠기 때문이다. 또 한 아이는 제물을 바칠 때 향불을 피우다가, 불똥이 소매 속에 떨어져서 뼈까지 타들어가도 끝까지 참으며 이 신비의 의식을 혼란시키지 않았다.

그리고 많은 아이들은 그들이 교육받은 격식에 따라, 겨우 일곱 살인데도 용기를 보이기 위해서 매를 맞으면서도 얼굴빛 하나 변하지 않았던 것이다. 그리고 키케로는 이 어린아이들 한 패가 떼를 지어 싸우며 손과 발로 차며 물어뜯고, 기절해 쓰러져도 졌다고 말하지 않는 것을 봤다. "습관은 결코 천성을 이기지 못한다. 왜냐하면 천성은 굽힐 수 없기 때문이다. 그런데 연약함과 즐거움, 한가·무위·무료로 우리들의 마음을 추락시켰다. 우리는 그릇된 판단과 못된 습성으로 마음을 유약하게 만들었다."(키케로)

누구나 다 스카에볼라[3]의 이야기를 알고 있다. 그는 적진에 숨어 들어가 적왕을 죽이려다 실패하자, 기묘한 계략을 썼다. 그는 조국의 화근을 덜 생각으로, 그가 죽이려던 적왕인 포르센나에게 자기 계획을 자백하며, 그의 진영 속의 다수의 로마인들이 자기와 함께 일을 꾸민 공범자라고 말했다. 그리고 자기가 어떠한 인간인가를 보여주기 위해서 불을 가져오게 하고, 팔을 걷어 불에 태우며 자기 눈으로 보며 참아 내었으니, 끝내는 적까지도 참혹하게 생각하여 불을 치우라고 명령했다.

자기 몸을 도려내는 동안에도 눈 하나 깜짝 않고 책을 읽던 자는 어떤가? 자기에게 고문을 가하면 가할수록 조롱하며 비웃던 자는 어떤가? 그 때문에 고문을 하던 집행인들이 화를 내어 잔인하게도 꾸며 낼 수 있는 모든 고문을 연달아 써 보아도 그를 이기지는 못했다. 하지만 그는 철학자였다. 카이사르의 검투사 하나는 그의 상처를 쑤시고 도려내어도 계속 웃고만 있었다. "도대체 보통 검투사라도 신음소리를 내든가, 안색을 변한 일이 있던가? 그들의 자세에

---

[3] 무키우스 스카에볼라. 기원전 507년 무렵에 에트루스크족들이 로마를 포위했을 때 적장을 죽이려고 적진에 들어가 대장인 줄 알고 그의 보좌관을 죽인 다음 붙잡혔다. 그는 자기 손이 자기를 속였다고 손을 불 속에 집어넣어 태웠다. 그로 인해서 스카에볼라(왼손잡이)라는 별명을 얻었다.

서뿐 아니라 쓰러질 때에도 비굴한 태도를 보인 일이 있던가? 뒤집혀 세워지며 죽음의 처단을 받으며, 고개를 돌리는 일이라도 있던가?"(키케로)

여인들을 보자. 새로운 피부의 신선한 살갗을 얻기 위해서 껍질을 벗긴다는 말을 파리에서 듣지 못한 사람들이 있는가? 목소리를 더 부드럽고 곱게 하기 위해서, 또는 치열(齒列)을 바로잡기 위해 아무렇지도 않은 생니를 빼는 여자들이 있다. 고통을 경멸하는 종류의 예를 우리는 얼마나 많이 알고 있는가? 미인이 될 희망이 조금이라도 있다면, 여자들은 무엇이 무섭다고 안 하겠는가?

    그녀들의 소원은 백발을 뿌리째 뽑아 내고
    살갗을 벗겨 새 얼굴을 만들어 주는 일이다.　　　　　　　　(티불루스)

나는 얼굴빛을 희게 하려고 모래를 먹는 여자, 재를 삼키는 여자, 일부러 배탈을 내는 여자들을 보았다. 그녀들은 스페인식 맵시를 갖고 싶으면 가죽 띠로 매고 죄고, 생살에 굵직한 상처를 내며 어떠한 고초인들 참아 낸다. 그렇다. 어떤 때는 그 때문에 죽기까지 한다.

지금의 여러 국민들에게는 자기 몸에 일부러 상처를 내는 것은 대수롭지 않은 일로 되어 있다. 그리고 우리 왕[4]은 자기를 위해 행한 이러한 일의 주목할 만한 예를 보여주고 있다.

그러나 나는 프랑스에서 몇몇 사람이 이런 본을 뜬 것을 알고 있지만, 그 외에도 한 소녀(몽테뉴 추종자 마리 드 구르네 양)가 자기 약속의 열렬함과 지조를 보여주기 위해서, 머리에 꽂았던 바늘을 뽑아 팔에 너덧 번 찔러 살갗이 찢기고 피가 심히 흐르게 하는 것을 보았다.

튀르키예인들은 사모하는 여인을 위해서 커다란 흉터를 만든다. 그리고 그 표적이 그대로 남아 있게 하려고 상처 위에 급히 불을 갖다 대고는 끔찍하게도 오랫동안 그대로 있는다. 그것을 본 사람들은 글로 써놓고 그것이 진실임을 내게 맹세했다. 그들 중에는 10아프르(튀르키예 화폐)만 주면 팔뚝이나 엉덩이에 이런 상처를 깊숙이 만들어 보일 사람들을 날마다 찾아볼 수 있다.

---

4) 폴란드 왕 앙리 3세가 프랑스 왕이 되어 떠나올 때에, 그 나라 재상이 이 왕에게 충성심을 보이려고 단도로 팔을 찔러 상처를 내보였다 함.

이런 증인들은 그런 일이 더 필요한 세상에서 많이 찾아볼 수 있으니 나는 마음이 편하다. 왜냐하면 그리스도교 국가에서는 그런 예를 얼마든지 볼 수 있기 때문이다. 우리의 거룩하신 안내자의 시범이 있은 뒤에 수많은 사람들이 신앙심에서 십자가를 짊어지려고 했다. 믿을 만한 증인이 전하는 이야기로, 성 루이 왕은 항상 말총 셔츠를 입고 지내다가, 늙어서 그의 참회사가 극구 말렸기 때문에 그 습관을 버렸다. 금요일에는 그의 신부(神父)를 시켜서 다섯 줄의 쇠사슬로 자기 어깨를 치게 했고, 그 때문에 쇠사슬을 늘 곽에 넣어 가지고 다니던 것을 우리는 안다.

우리 귀엔의 마지막 성주인 기욤 공작은, 이 땅을 프랑스 왕가와 영국 왕가에 나누어 준 알리에놀(엘레오놀)의 부친인데, 그는 말년에 10년 내지 12년 동안 늘 고행의 방법으로 옷 속에 갑옷을 입고 있었다고 한다. 당쥬 백작 풀크는 예루살렘까지 가서 군주의 묘소 앞에서 자기 목에 밧줄을 걸게 하고 두 하인에게 매질을 하게 시켰다. 그런데 요즈음도 성 금요일이면 날마다 모든 고장에서 수많은 남자와 여자들이 자기 살이 에이도록 치며 뼈에 이르기까지 찌르고 있지 않는가! 나는 이것을 여러 번 보았지만, 조금도 매력을 느끼지 못했다. 그리고 사람들 말로는(왜냐하면 그들은 탈을 쓰고 있었기 때문에) 돈에 대한 탐욕보다도 신앙의 동기에서 할 수 있는 고통에 대한 더한층 큰 경멸하는 마음으로 남의 신앙심을 확보하기 위해 돈을 받고 이런 일을 하는 자들이 있다는 것이다.

Q. 막시무스는 집정관인 자기의 아들을 묻었고, M. 카토는 재판관으로 임명된 아들을, 그리고 L. 폴루스는 며칠 안 되는 사이에 두 아들을 매장하고도 태연한 얼굴로 상심한 빛을 보이지 않았다. 내 시절에도 나는 농담으로 어느 한 분(구르송 백작)이 하느님의 정의를 빼앗아 왔다고 말했다. 그는 호된 천벌로 하룻동안에 다 큰 아이 셋이 뜻밖의 사고로 죽는 것을 보았는데, 이것은 믿을 만한 일이지만, 그는 이것을 은혜로 받아들였다. 나도 아이들 두서넛을 잃었지만 젖먹이 때였다. 슬프지 않은 것도 아니었지만 크게 억울하지는 않았다. 하지만 사람의 가슴을 이보다 더 심히 아프게 하는 변고는 없다. 보통 일어나는 슬픈 경우를 많이 지켜보지만 나는 그런 일을 당해도 그리 슬퍼하지 않으려 한다. 그리고 그 사람들이 극히 혹독한 일로 형용하는 사건이라도 내가 당했을 때에는 그것을 경멸해 왔다. 그것을 사람들에게 자랑한다면 얼굴이 붉어질 일

이다. "이것으로 비통은 천성의 작용이 아니고 생각에 의해 생긴 일로 이해된다."(키케로)

생각은 강력하고 과감하여 일정한 정도가 없는 힘을 가진 적이다. 알렉산드로스와 카이사르가 불안하고 곤란한 처지를 탐한 정도로 안전과 휴식을 탐해 본 자 있을 것인가? 시탈케즈의 부친 테레즈는 자기가 전쟁을 하지 않으면 그의 마부와 다를 점이 없다고 버릇처럼 말했다.

카토가 집정관으로 있을 때, 스페인의 여러 도시를 확보하기 위해서 주민들에게 무기 휴대를 금지했더니, 그들 중의 많은 수가 자살하고 말았다. "무기 없이는 살 수 없다고 생각하는 사나운 국민이다."(티투스 리비우스) 얼마나 많은 사람들이 자기 집과 친지들 사이에서 안온하게 보내는 생활을 버리고, 사람이 살 수 없는 사막으로 고난을 찾아가, 천함과 더러움과 사람들의 경멸 속에 몸을 던지며, 그것에 집착해 즐겼던 것인가.

밀라노에서 죽은 보로메 추기경은, 부유한 귀족이자 이탈리아 풍속을 따르는 젊은이로서 마땅히 좇아야 할 방탕한 환경 속에서 엄격한 생활 형식을 지키며, 여름에 입는 옷을 겨울에 입고, 짚방석 위에서 잠자며, 자기 직무에 매인 시간 외에는 식사로 빵과 물만 책 옆에 놓고 무릎을 꿇고 공부만 계속했다. 말만 들어도 질겁을 할 일이다. 반대로 나는 자기 아내의 서방질로 소득과 승진의 혜택을 입은 자들도 알고 있다.

시각은 감각 중에서 가장 필요한 것이 아닐지 모르나, 가장 유쾌한 감각이다. 그러나 가장 유쾌하고도 가장 필요한 기관은 아이를 낳는 데 쓰이는 연장으로 보인다. 그렇지만 많은 사람들은 단지 그것이 너무 맛을 주기 때문에 아주 싫어하고, 그것의 값어치 때문에 그 사용을 포기했다. 자기 눈을 찔러 버린 자들도 시각을 그렇게 생각했었다. 인간들 가운데 가장 공통되고 건전한 심정은 어린애가 많은 것을 큰 행운으로 생각하는 것이다. 나와 바른 사람들 몇몇은 어린애가 없는 것을 똑같은 행운으로 본다. 누가 탈레스에게 왜 결혼하지 않느냐고 물어보면, 그는 자기 혈통을 남기고 싶지 않다고 대답했다.

우리의 생각이 사물에 가치를 부여한다는 것은 대다수의 사물을 존중하려고 거들떠 보지도 않고 자기만을 생각하는 것으로도 알 수 있다. 그리고 우리는 사물들의 품질이나 그 유용성을 따지기보다는, 단지 그것들을 차지하기에 얼마만큼의 값을 치렀나를 헤아리고는, 마치 그것이 사물의 실체 그 어느 부분 같이 생각한다. 또 사물이 우리에게 가져오는 것을 가치라고 하지 않고, 그 사물을 위해서 우리가 갖다 주는 것을 가치라고 한다. 이 점에서 우리는 대단한 절약가이다. 돈을 치른 무게에 따라 그만큼 그 사물을 본다. 우리의 생각은 결코 돈 쓴 값어치를 헛된 비용으로는 하지 않는다. 산 값이 금강석을 귀하게 만들고, 덕은 그 닦기의 어려움, 신앙은 그 괴로움, 약은 그 쓴맛이 그 값어치를 만든다.

어떤 자는 가난해지기 위해서 돈을 모두 바닷속에 던져 버렸다. 바로 그 바다에서 다른 자들은 부자가 되기 위해서 사방을 뒤지고 고기를 잡는다. 에피쿠로스는 말하되, '부유하다는 것은 살기 쉬움이 아니라 일거리가 달라지는 일'이라고 했다. 사람이 인색해지는 것은 먹을 것이 없어서가 아니라, 먹을 것이 많아서 그렇게 된다. 이 문제에 관해 내 경험을 말해 보겠다. 나는 유년 시절을 지낸 뒤 세 종류의 다른 환경 아래서 살아 보았다. 처음 30년 동안은 확실한 직업도 없고 규칙도 없이, 남이 갈피를 정해 주는 것과 그 도움에 매여 지냈다. 돈 쓰는 것도 그때그때의 우연에 맡겨졌던 만큼 쓰고 싶은 대로 마음놓고 썼다. 이보다 더 좋을 수는 없었다. 다른 어떤 일보다 남에게 빌린 돈을 기한 내에 갚는 것을 가장 긴요한 일이라고 생각했기 때문에, 친구들의 돈지갑은 언제나 내게 열려 있었다. 내가 친구들을 만족시키려고 심히 애쓰는 것을 보고는 이 기한도 얼마든지 늘려 주었다. 그래서 나는 꼼꼼하게 어느 정도 정직성을 속였고, 갚을 때는 마치 어깨에서 무거운 짐을 내리듯 노예 상태에서 벗어나는 것 같아서 일종의 쾌감을 느꼈다. 그리고 이때 내가 정당하게 행동하고 남을 흡족하게 해주기 때문에 마음에 포근해지는 만족이 있었다. 값을 깎는다든가, 돈의 머릿수를 헤아려서 돈을 치르는 때를 빼놓고 말이다. 왜냐하면 이런 일을 맡길 사람이 없으면, 내 기분과 말하는 방식이 그런 일에 맞지 않기 때문에, 말치다꺼리 하기가 싫어서 수치스럽고 또 부당하게, 될 수 있는 대로 그런 일은 뒤로 미룬다.

흥정보다 더 싫은 일은 없다. 그것은 순진한 속임수이고 체면을 모르는 수작이다. 한 시간 동안 말다툼을 하고 깎은 다음, 양편이 다 말한 바와 맹세한 바를 뒤집고, 겨우 몇 푼의 소득을 보는 것이다. 그래서 나는 돈을 빌리면 손해만 본다. 직접 가서 달라고 할 용기가 없어 종이쪽지에 적어 인편에 보내니, 그것은 부담을 주는 것이 아니고, 오히려 저편이 거절하기 쉽게 해줌이다.

그다음엔 내 예측이나 지각에 맡기는 것이 아니고, 유쾌하게 일을 별들에게 (운에) 맡기고는 마음 편하게 지낸다.

꼼꼼한 사람들은 대개 이 모양으로 확실치 않게 살아가는 것을 아주 꺼린다. 첫째로 사람들이 대부분 이렇게 살아가고 있다는 것을 생각하지 않는다. 얼마나 많은 점잖은 사람들이 바람과 같은 왕의 은총이나 무슨 좋은 수를 찾으려고 그들의 확실한 생활을 포기했으며, 지금도 날마다 그러는가? 카이사르는 카이사르가 되기 위해서 자기 재산 외에도 백만금의 부채를 졌다. 그리고 수많은 장사꾼들은 농토를 찾아 무역을 시작하여

그 많은 광풍과 큰 파도의 대해를 횡단하여! (카툴루스)

그 돈을 서인도 제도에 갖다 버리는 것이 아닌가! 요즈음 이 대단한 신앙심의 가뭄 상태에서는 백 갈래 천 갈래의 학파가 있어서, 날마다 하늘의 넓은 은덕으로 밥이 생기기를 기다리며 편하게 살아가고 있다.

둘째로 그들이 바탕으로 삼고 있는 그 확실성이라는 것이 우연이라는 것에 못지않게 위태롭고 불확실한 것임을 그들은 생각하지 않는다. 나는 연수입이 2천 에퀴를 넘는데, 마치 곤궁이 내 곁에 딱 붙어 있는 것처럼 그것을 가까이서 본다. 왜냐하면 운은 우리의 부유함 속에 빈궁으로 떨어질 구멍을 백 군데는 터놓고, 재산이 가장 많을 때와 가장 적을 때 사이에 중간을 두지 않았다.

운은 유리로 만든 것이다. 광채가 휘황할수록 더 약하다. (유스투스 리프시우스)

운은 모든 대비와 축대를 둘러엎을지도 모를뿐더러, 나는 여러 가지 원인으로 보통 재산을 가진 자나 갖지 못한 자나 다 곤궁함을 느끼고 있음을 본다. 그리고 이 곤궁은 아마도 혼자 있을 때가 어쩌다가 부유함과 같이 있을 때보다 덜 불편한 것이다. 이 두 가지는 수입에서보다도 질서에서 온다. "각자는 자기 재운의 직공이다."(살루스티우스) 그리고 부자로서 불안하고 궁색하고 분주한

자는 그저 가난한 자보다 더 가련하게 보인다. "부유한 자가 품고 있는 가난은 가장 무서운 빈곤이다."(세네카)

가장 위대하고 부유한 왕공(王公)들은 대개 빈곤과 기아로 극도의 옹색함에 빠져 있다. 왜냐하면 신하들의 재물을 약탈하는 폭군이나 불의로 권력을 빼앗는 자가 되는 것보다 더 어려운 지경에 몰리는 일이 있을 수 있겠는가?

나의 두 번째 생활은 돈 버는 일이었다. 그 일을 시작한 지 얼마 안 되어 내 형편대로 상당한 금액을 저축했으며 평상시에 쓰는 소비 이상으로 갖는 것이 아니면 가진 것이 아니고, 장차 받을 것이 확실하여도 아직은 받을 희망의 상태로 있는 것은 믿을 수 있는 재산이 아니라고 생각했다. "뭐, 어째? 내게 이러저러한 사건이 닥쳐오면 어떡해?"라고 나는 말했다. 그리고 이런 헛되고 해로운 공상을 한 다음, 약은 체하며 모든 불편에 대비해서 여분의 저축을 해보았다. 그리고 그런 변고는 무한정 일어날 수 있는 일이 아니지 않으냐고 누가 말하면, 나는 전부는 아니더라도 어느 정도의 사태에 대비하는 것이라고 대답할 수도 있었다. 그것은 애써 마음을 쓰지 않고는 될 수 없었다. 나는 그것을 비밀로 했다. 그리고 말을 그렇게도 잘하는 나이지만, 내 돈에 대해 이야기할 때에는 거짓말을 했다. 다른 사람들같이 부유하면 가난한 체하고, 가난하면서 돈이 있는 체하며, 자기들이 가진 것을 결코 보여주지 않는 방식으로 마음속의 걱정을 덜어준, 꼴불견의 수치스러운 조심성이었다.

여행을 떠나려면 아무리 많이 가져도 충분치 못했다. 그리고 돈을 많이 지니면 지닐수록 근심도 점점 더 커졌다. 어떤 때는 도둑을 맞을까 걱정되고, 어떤 때는 짐꾼들이 믿을 만한지가 걱정이 되며, 내가 아는 다른 사람들처럼 늘 지켜보고 있지 않으면 안심이 되지 않았다. 궤짝을 집에 놓아두면 도무지 근심이 되어 언짢게 마음이 쓰인다. 그리고 더 언짢은 일로, 이런 사정을 남에게 말할 수가 없다는 점이었다. 나는 그것에 늘 정신이 쏠렸다. 따져 보면 돈을 벌기보다도 지키는 것이 더 어렵다. 내가 말하는 것만큼은 애를 쓰지 않는다 해도 적으나마 그런 애를 쓰지 않기에 힘이 들었다.

여기서 내가 덕을 본 일은 거의 아무것도 없었다. 더 많은 돈을 쓸 수 있게 되어도 내게는 돈 쓰는 것이 똑같이 괴로웠다. 왜냐하면 비온이 말한 바와 같이 더벅머리이건 대머리이건 머리칼을 뽑으면 화를 내기는 마찬가지이기 때문이다. 그리고 돈더미에 마음이 쏠리는 버릇이 생기면, 그때부터 돈은 그대의 소용이 되지 못한다. 그 가장자리도 떼어 보지 못할 것이다. 생각하다시피, 건드리면 모두가 무너져 버릴 건축물이다. 운명에 목덜미를 잡히듯 꼼짝달싹도 못할 경우에나 건드려 볼 것이다.

전에 내가 양 떼를 잡히거나 말 한 필을 팔 때에는, 극진히 여기며 따로 간수해 둔 지갑을 열 때만큼 억울하거나 섭섭하지 않았다. 그런데 위험한 일은 이 욕망에 확실한 한계를 세워서(좋다고 생각하는 일에 한계를 짓기는 어려운 일이다) 저축을 알맞게 그만두기는 쉽지가 않다는 일이다. 이 돈뭉치를 줄곧 키워 가며, 작은 숫자를 더 큰 숫자로 불려 나가서, 결국엔 비천하게도 자기 재산을 즐겨 볼 생각은 못하고, 모두 간직해 조금도 쓰지 않는 수작만 하는 것이다.

사물을 이런 방식으로 사용한다고 하면, 번창하는 한 도시의 성문과 성벽을 지키는 자들이 세상에서는 가장 부유한 사람들이다. 내가 보기엔 돈을 모으는 사람은 모두가 인색한 자들이다.

플라톤은 육체적 또는 인간적으로 보배로운 재물을 건강, 미모, 체력, 부유의 순서로 늘어놓는다. 그리고 부유는 예지의 빛으로 밝혀지면 장님이 되는 것이 아니라 천리안이 된다고 말한다.

소(小) 디오니시우스는 이 점에서는 점잖았다. 그의 부하인 시라쿠사인 하나가 보배를 땅에 묻어 두었다고 알려 주었다. 디오니시우스는 그 보배를 가져 오라고 명령했다. 그래서 그자는 그 일부를 몰래 숨겨 두고 가져갔다. 그 뒤 그는 재물을 모을 욕심이 사라지자 숨겨 두었던 보배를 찾아 다른 도시에 가서 호화로운 생활을 했다. 이 말을 들은 소 디오니시우스는 나머지 재물도 돌려주게 하면서 이제는 그자도 재물을 쓸 줄 알게 되었으니 기꺼이 돌려주는 것이라고 일렀다.

나는 몇 해 동안을 이대로 보냈다. 어느 착한 귀신이 저 시라쿠사인처럼 나의 이 버릇을 없애 주었는지 모르겠다. 나는 저축하는 버릇을 버렸다. 큰돈을 쓰며 하는 여행의 재미가 이 어리석은 생각을 뒤집었다. 여기서 나는 세 번째의 생활로 들어갔다.(나는 느끼는 대로 말한다.) 실로 더 재미나고 절도 있는 생활로 끌려갔다. 그것은 소비가 수입과 맞아 가게 하는 방식이다. 때로는 한편이 더하고 어느 때는 다른 한편이 더하다. 그러나 두 가지 사이가 떨어지는 일은 매우 드물다.

　나는 그날그날을 살아갔다. 그리고 현재의 일상적 필요에 충분하면 만족한다. 비상시의 필요에 대비하려면, 모든 저축을 대어도 부족할 것이다. 그리고 운이 그 자체에 대항해서 우리를 무장해 주리라고 기대하는 것은 어리석은 수작이다. 싸움은 우리의 무기로 싸워야 한다. 우연히 닥쳐오는 목숨을 건 중대한 문제에 부닥칠 때 그러한 무기는 우리를 배반할 것이다.

　내가 돈을 모을 때는 머지않아 쓸 데가 있다는 생각으로 저축한다. 더 가져도 소용없는 땅을 사려는 것이 아니라 쾌락을 사려는 것이다. "획득의 욕심이 없음은 재산이다. 사들이는 탐욕이 없음은 수입이다."(키케로) 나는 재산을 불릴 욕심이 전혀 없다. "부유의 과실은 풍부이며, 풍부의 규범은 만족이다."(키케로) 나는 당연히 인색해질 나이에 이 버릇을 고치게 된 것을 매우 고맙게 여긴다. 인색은 늙어서 모두 잘 걸리는 병으로, 인간의 모든 어리석은 수작 중에서 가장 꼴같잖은 일이기 때문이다.

　페라울레스는 이 운명의 두 면을 겪고 나서, 재산의 증식에 따라 마시고 먹고 자며 애인을 껴안는 욕심이 느는 것이 아님을 알고(그리고 한편에 그는 내가 겪은 바와 같이 살림살이의 번뇌에 지쳐 보고는), 그의 충실한 친구로 부유한 생활을 갈망하는 한 가난한 청년을 만족시켜 볼 양으로 그의 막대한 재산 전부와 그의 착한 주인 키루스가 후하게 내려 주는 사례금, 그리고 전쟁의 소득으로 날마다 불어 가는 재물들을 청년에게 선사하면서, 자기를 손님이며 친구로 점잖게 대접하고 양육하라는 책임을 지워주었다. 그 후 그들은 이와 같이 한 자기들의 생활 변화에 대해 행복과 만족을 누리며 살아갔다. 이런 재주는 내가 본받았으면 하는 포용할 만한 도량의 재산이다.

　나는 한 늙은 사교(司敎)의 필자를 높이 찬양한다. 그는 자기 돈자루 외에 수입 및 소비까지 하인에게 모두 내맡기고는 자기는 여러 해를 두고 집안 살림을 남의 일같이 모르고 지냈다. 타인의 착함을 믿는 마음은 자신이 착하다는 증거가 된다. 그런 사람에 대해서는, 집안 질서가 그보다 더 점잖고 견실하게 지탱되는 일이 있으리라고 생각되지 않는다. 자기의 필요를 알맞게 조절하며 재산을 처리하고 수집하는 걱정 때문에, 자기가 좇고 있는 직분을 중단하는 일 없이, 더 적절하고 안온하고 마음 맞게 그 재산으로 자기의 필요를 충족시켜

가는 자는 행복하도다!

그러니 넉넉함과 가난은 각자의 생각에 달려 있는 것이다. 영광이나 건강도 마찬가지로, 부유를 소유하는 자가 생각하는 정도로밖에는 좋은 것도 유쾌한 것도 못 된다. 각자는 자기 생각대로 잘 살기도 하고 못 살기도 한다. 어느 누가 그렇다고 믿어 주는 사람이 만족한 것이 아니고, 자기가 그렇다고 생각하는 자만이 만족한다. 이 점에서만, 신념은 그 자체에 본질과 진리를 보여준다.

운은 우리를 좋게도 나쁘게도 하지 않는다. 운은 우리에게 그 재료와 씨를 제공할 뿐이다. 우리의 마음은 운보다도 더 강하며, 행복 또는 불행한 조건의 유일한 원인이 되고, 자기 마음대로 운을 돌리며 적용한다.

외부의 첨가물들은 내부의 구조에서 그 맛과 빛깔을 얻는다. 그것은 입는 옷에 열이 있는 것이 아니고, 체온으로 우리 몸을 덥히는 식이다. 의복은 이 열을 품어서 간직해 주기에 적합한 것이다. 이것으로 찬 물체를 가리는 자는 찬 기운을 위해서도 같은 효과를 얻을 것이다. 그래서 눈과 얼음이 보존된다.

실로 못난이의 공부하기와 주정꾼의 술 끊기가 고통이 되는 것과 마찬가지로 수수한 생활이 방탕아에게는 고문이 되며, 연약하고 한가로운 자에게 훈련은 고역이 아닐 수 없다. 다른 경우도 마찬가지이다. 사물은 그 자체로서는 해로운 것도 어려운 것도 아니다. 우리가 약하고 비굴하기 때문에 그렇게 된다. 위대하고 고매한 일들을 판단하려면 그만큼 위대한 마음이 필요하다. 그렇지 않으면 우리는 우리의 것인 악덕을 그런 일에 전가시킨다. 꼿꼿한 삿대는 물속에서 굽어 보인다. 사물은 본다는 것보다도 어떻게 보느냐가 문제이다.

사람들에게 죽음을 경멸하고 고통을 참아 내라고 여러 가지로 설복하는데, 어찌 이렇게도 말이 많고 쓸 만한 일은 하나도 없는가? 이렇게 많은 종류의 환상을 가지고 다른 사람들은 설복시키면서, 각자는 왜 그중의 하나, 자기 기분에 따라 스스로에게는 적용해 보지 않는가? 병의 뿌리를 뽑기 위해서 강하게 씻어 내는 약을 소화하지 못한다면, 적으나마 고통을 덜도록 진통제는 써야 한다.

"경박하고 연약한 편견은, 고통 속에서나 쾌락 속에서나 우리를 지배한다. 우리의 마음은 그 때문에 약해진다. 말하자면 흔들린다. 우리는 벌에 한 번만 쏘여도 고함지르지 않고는 배기지 못한다. 모든 일은 자제할 줄 아는 것에 귀결된다."(키케로) 여기 말해 두지만, 사람은 사는 고통이 심하고 인간은 약하다는 점을 과도하게 주장해 보아도, 철학은 벗어나지 못한다. 왜냐하면 그 논리는 "궁하게 사는 것이 나쁘다면 적어도 궁하게까지 살아가야 할 필요는 없다"는 대꾸를 막아 낼 수 없기 때문이다.

누구나 오래 불행하다는 것은 모두 자신의 탓이다.

죽음도 삶도 참아낼 용기를 갖지 못하는 자를, 저항하기도 달아나기도 원치 않는 자를 어떻게 하란 말인가?

15
당치 않게 한 요구를 지키다가는 벌을 받는다

용감성은 다른 도덕과 같이 그 한도가 있다. 그것을 넘으면 악덕의 길로 들어간다. 진실은 그 경계를 식별하기가 쉽지 않기 때문에, 그 한계를 잘 모르는 자는 당돌하거나 고집쟁이거나 미치광이가 될 수밖에 없다. 이러한 점 때문에 전투시 지탱 못할 요새를 지키려고 고집하는 자는 군사상의 법칙으로 죽음의 벌을 주는 관습이 나왔다. 그렇지 않으면 벌받지 않는다는 희망에서 닭장만한 요새로 온 군대를 잡아두지 않을 자가 없을 것이다. 드 몽모랑시 원수는 파비아시를 공격할 때 테치노강을 건너는 임무를 맡고 산 안토니오시 교외에 야영을 하게 되었다. 다리 건너편 탑 속의 군대가 악착같이 길을 막았기 때문에 그들을 쳐부수고 탑 속의 병사들을 모조리 죽였다. 그 뒤에 왕태자를 모시고 산 너머로 원정할 때에도, 빌라노시를 공략하고 난 뒤 매우 흥분한 병사들이 부대장과 기수만을 빼고 모두 죽였다. 원수는 같은 이유에서 이 두 명마저 교수형에 처했다. 마찬가지로 당시에 바로 이 나라 토리노의 시장으로 있던 마르탱 뒤 벨레 부대장도 그의 부하들이 요새를 함락하고 적들을 학살하자, 드 생 보니 부대장을 같은 형에 처했다.

그러나 한 요새가 강하거나 약하다는 평은 그곳을 공격하는 군대의 힘에 비교해서 고려되는 것이다. 가령 어떤 자가 소총 둘에 버티는 것은 당연한 일이며, 대포 서른 대 앞에 저항하는 것은 어리석은 일일 것이다. 여기서 승리한 장군의 위풍·명성, 그리고 마땅히 바쳐야 할 존경 등을 고려할 경우에는, 이 면에 무게를 주어 비중을 달아 보지 않으면 위험하다. 그리고 이와 같은 사정에서 어떤 자들은 자기들에게 대항할 수 있다고 생각하는 것을 어리석은 일로 볼 만큼 자기들의 긍지와 실력을 높이 평가하며, 운이 그들에게 있는 한, 저항하는 자들은 누구든지 무찔러 나간다. 그것은 동양의 왕공(王公)들이 했고, 그 후계자들이 아직도 하는 식으로, 항복의 권고와 도전의 형식이 거만하고 난폭하며 야만적 명령으로 충만해 있다.

그리고 포르투갈 사람들이 인도를 침략할 때, 왕이 몸소 나왔거나 그 대관(代官)이 지휘하여 굴복한 적에 대해서는 몸값이나 용서 등은 문제되지 않는 것이 불가침의 보편적인 법칙으로 되어 있는 나라들이 있음을 보았다. 그러니 가능하다면 무엇보다도 승전한, 무장한 적의 심판에 걸리지 않도록 특히 조심해야 할 일이다.

16
비겁함의 처벌에 대하여

나는 전에 무예와 용맹으로도 아주 유명한 한 왕이, 군인이 비겁하다고 해서 사형받을 수는 없다고 하는 주장을 들었다. 그는 마침 식탁에서 드 베르벵 경이 불로뉴성을 내놓고 항복한 죄과로 사형 선고를 받은 재판을 이야기하던 참이었다.

사실 우리가 약해서 저지른 잘못과 우리의 악의에서 오는 잘못은 크게 구별해서 보아야 할 일이다. 왜냐하면 악의로 한 일일 때에는 우리가 천성으로 타고난 이성의 법칙에 반대되게 고의로 자신을 결박한 것이며, 비겁한 경우에는 이렇게 불완전하고 허약하게 놓아두었다고 천성에게 변호해 달라고 호소할 수도 있는 것으로 보인다. 그 때문에 많은 사람들은 우리가 양심에 반대해서 한 일밖에는 사람들의 책망을 받을 것이 없다고 생각해 왔다. 사교를 따르는 자와 종교를 믿지 않는 자를 극형에 처하는 것을 비난하는 자들의 의견, 변호사나 재판관은 무지 때문에 자기 직책에 실수한 것을 가지고 책임을 질 수 없다고 하는 의견은, 이 법칙에 일부 근거를 두고 있다.

그러나 비겁함으로 말하면, 이를 수치와 모욕으로 처벌하는 것이 가장 평범한 방법이다. 그리고 이 법칙은 입법자 카론다스에 의해 처음 실시된 것이라고 전해져 온다. 그 이전에 그리스 사람들은 전쟁터에서 도망한 자들을 사형에 처했는데, 이 카론다스는 그들을 다만 여자 옷을 입히고 사흘 동안 장터에 앉혀 놓아 웃음거리가 되도록 했다. 그는 그들이 이런 수치를 당하고 나서 용기를 얻어 다시 쓸모 있는 인간이 되기를 기대했던 것이다. "유혈보다는 차라리 남아의 얼굴에 붉은 피가 역류하게 하라."(테르툴리아누스)

로마법은 옛날에는 도망한 자를 사형에 처한 것으로 보인다. 아미아누스 마르켈리아누스의 말에 의하면, 율리아누스 황제는 파르티아족을 공격할 때 등을 보이고 달아난 군사 열 명을 옛법에 의해서 먼저 강등시키고, 다음에 사형에 처하는 선고를 했다는 것이다. 그러나 그는 다른 데서는 이러한 과오에 대해서 그중의 다른 자들을 보급 부대의 깃발 아래 포로들 속에 넣으라고 선고하고 있다. 칸느의 탈주병에 대한 로마 시민의 가혹한 판결도, 그리고 이 전투에서의 패장 풀비우스를 따라간 자들에 대한 판결도 사형에까지는 이르지 않았다.

그렇지만 수치를 주면 그들을 절망에 빠뜨리고 냉담해지게 할 뿐 아니라 적개심을 품게 할 염려도 있다. 전에 드 샤티용 원수의 수종부관으로 있던 드 프랑제 경은 드 샤반느 원수에 의해서 드 뤼드 경 대신에 폰 타라비아의 지방 장관으로 임명되었을 때 스페인 군에게 패하여 이 지방을 내주었다고 귀족의 직위를 박탈당하고, 그와 그의 후손들은 상민이 되어 인두세를 물며 무기를 갖지 못한다는 판결을 받았다.

이 혹독한 판결은 리옹에서 집행되었다. 다음에 폰 나사우 백작이 기즈에 입성했을 때, 거기 있던 모든 귀족들이 이와 같은 처벌을 받았으며, 그 후에 다른 자들도 역시 그러했다. 그러나 무지이건 비겁함이건 모든 예사로움을 벗어나 너무 심하게 드러나는 일은, 도리에 어그러지고 악의의 증거로 보기 때문에 처단해야 할 일이다.

17
어떤 대사들의 특징

나는 여행할 때, 항상 남과 이야기를 나누어서 무엇이든지 배워 보려고(이것은 가장 훌륭한 공부의 하나이다) 상대편이 가장 잘 알고 있는 방면으로 화제를 돌려 보는 방법을 실행하고 있다.

> 뱃사람은 풍향을 말할 것이고
> 농부는 소, 전사는 자기의 상처를
> 목동은 양 떼에 대해서 말하라.
> (프로페르티우스)

실제로는 그 반대로 되는 일이 빈번하며, 자기의 직업보다 남의 직업을 말하기 좋아한다. 그것으로 그만큼 더 새로운 명성을 얻는다고 생각한다. 아르키다모스가 페리안데르에게, 그가 명의(名醫)의 명성보다도 졸렬한 시인의 평판을 좋아했다고 책망한 것이 이런 실례로 증명된다.

보라, 카이사르는 교량과 기계의 발명에 관한 재주는 크게 자랑하면서도 자기 직무, 용기, 군대의 지휘 등에 대해서는 얼마나 말이 적었던가. 그의 무훈은 그가 탁월한 장수임을 충분히 증명한다. 그런데 그는 그 밖의 어떤 소질을 가지고, 탁월한 기술자로 자기를 알리려고 한다.

법률가의 직책을 가진 한 인물은 자기 직업에 관한 서적들과 다른 종류의 모든 서석이 비치된 어느 서재에 들어가서는 아무런 이야깃거리도 발견하지 못했다. 그런데 그는 이 서재의 나선 계단 위에 세워진 울타리 앞에 와서, 수많은 장교와 병사들이 날마다 지나다니며 눈에 거슬릴 것도 주목할 거리도 없다고 여기는 것 앞에 멈춰 서서 대가답게 혹독한 비평을 가하고 있었다.

대 디오니시우스는 자신의 운명에 알맞은 아주 위대한 장수였다. 그는 자기가 지은 시를 자랑하려고 애썼다. 그렇지만 그는 시에 대해서는 아무것도 아는 것이 없었다.

> 둔한 소는 안장을 욕심내고, 망아지는 밭갈기를 갈망한다.
> (호라티우스)

이런 생각으로는 쓸 만한 일은 아무것도 못한다. 그러니 언제든지 건축가이건 화가이건 구두 수선공이건, 다른 무슨 장이이건 제자리로 돌려보내야 한다. 이 점에 대해서는 누구나 그렇겠지만, 역사책을 읽어 보면 나는 작가가 누구인가 버릇처럼 생각해 본다. 그들이 글 쓰는 것밖에 다른 직업이 없는 자들이라면, 나는 주로 그 문체와 단어를 음미해 본다. 그들이 의사라면 왕들의 건강이나 기질이라든가, 상처라든가, 병 같은 것을 가지고 하는 말을 더 신용하고 싶어진다. 그들이 법률가라면 권한의 다툼, 법률, 정책의 수립, 기타 이런 문제를 찾아보아야 하고, 신학자라면 교회의 일, 교직자의 징계, 사면, 결혼 등을 알아볼 일이며, 궁신이라면 관습과 의식을, 군인이라면 그들이 참가했던 전쟁의 공적에 관한 설명을 찾아보며, 대사라면 모책, 양해·방략(方略), 그리고 그런 일을 진행시키는 수단을 알아본다.

이런 이유에서, 다른 사람의 일이라면 주목하지 않고 넘겨 버렸을 테지만, 드 랑제 경의 이야기에서 나는 그런 점을 주목하여 고찰해 보았다. 그는 로마의 추밀원 회의에서 우리나라 대사인 드마콩 주교와 뒤벨리 경이 있는 앞에서 카를 5세가 행한 멋들어진 경고에, 황제는 우리나라를 모욕하는 언사를 썼으며, 자기 무장들이나 병사들이나 신하들이 군사상의 기술로 보아 프랑스 왕의 신하들보다 충성심이나 능력이 탁월하게 나은 것이 아니라면, 자기는 당장 목에 밧줄을 매고 왕의 앞에 나가 용서를 빌겠다고 말했다는 것이다.(이 일에 대해서 그는 다소 자신이 있었던 것 같다. 왜냐하면 한평생 이와 똑같은 말을 두서너 번이나 되풀이하고 있으니까.) 그리고 또 프랑스 왕에게 셔츠 바람으로 칼과 단도를 들고 단둘이 배 위에서 싸워 보자고 했다는 것을 이야기했다. 드 랑제 경은 계속하여, 이 대사들은 이런 일에 대해서 왕에게 급보로 보냈는데, 그 속에 이 경위의 대부분은 숨기고 지금 말한 두 가지 일도 빼놓았다는 이야기를 덧붙이고 있다.

그런데 나로서는 어떤 대사가 자기 주군에게 보낸 보고에서, 특히 이러한 사항이 이 인물의 입으로 대회합에서 발언된 사실을 숨겨 둘 권한이 있는가 하고 대단히 이상하게 생각했다. 일을 판단하고 처리하고 택하는 자유가 윗사람에게 있기 위해서라도, 아랫사람의 직분은 사물들을 일어난 그대로 알려 주는 데 있다고 본다. 왜냐하면 윗사람이 사리를 바르게 알지 못해서 언짢은 처지에 빠질까 염려하여, 그에게 사실을 달리 말하거나 감춰 두거나 하여, 그동안 윗사람이 자기 일을 모르고 있게 하는 일은 법을 집행하는 자의 할 일이지 법의 보호를 받는 자의 할 일은 아니기 때문이다. 어떻든 나는 적은 일이라도 하인이 이런 식으로 섬겨 주기를 바라지 않겠다.

우리는 무슨 구실을 꾸며 대건 명령받기를 즐기지 않으며, 주인의 권한을 빼앗는다. 각자는 너무나 당연하게 자유와 권위를 갈망하기 때문에, 윗자리에 있는 자에게는 그를 섬기는 자로부터 순박하고 단순한 복종을 받는 것보다 더 소중한 일은 있을 수 없다.

무조건 복종해서 하는 것이 아니고 자유 재량으로 복종하면 명령의 기능을 혼란시킨다. 크라수스가 아시아에서 집정관으로 있을 때, 그리스 기술자에게 전투하는 기계를 만들어야겠다고 아테네에서 본 선박의 돛대 두 개 중에 큰 것을 가져오라고 당부했더니, 이자는 자기의 지식만을 믿고는 거기에 가장 알맞은 작은 것을 가져왔다. 크라수스가 그의 설명을 참을성 있게 듣고 나서, 매로 때리게 한 것은 아주 잘한 일이다. 그는 일이 잘되는 것보다 규율을 더 중하게 생각한 것이다.

그러나 한편 이렇게 강제된 복종은 미리 결정된 정확한 명령에만 적용된다고 볼 수 있다. 대사들은 더 자유로운 직책을 가지고 있으며, 여러 분야에서 최대의 재량이 그들의 의향에 매어 있다. 그들은 단지 윗사람의 의사를 집행할 뿐 아니라 자기들의 충고로 윗사람의 의사를 세워 준다. 나는 우리 시대에 지휘하는 임무를 맡은 인물들이 사정에 따라 자기 의사로 해야 할 일을 왕의 명령서를 좇아서 시행했다고 오히려 책망 듣는 것을 보았다.

이해심 있는 사람들은 페르시아 왕들이 대리인이나 부관들의 사무를 세분해서 사소한 일에도 자기 명령을 받도록 하는 버릇을 아직도 비난하고 있다. 그가 지배하는 넓은 영역에서의 이러한 지체는 그들의 일에 커다란 지장을 일으키고 있었기 때문이다. 그러니 크라수스가 한 장인(匠人)에게 이 돛대를 쓸 용도에 관한 자기 의견을 편지로 말한 것은, 그에게 자기의 의견을 상의해 보며 이것을 참작해서 처리해 달라고 청한 것으로 생각되지 않는가?

18
공포심에 대하여

> 나는 어리둥절하여 머리털은 곤두서고
> 목소리는 얼어붙는다.
> (베르길리우스)

　나는(사람들이 말하듯) 훌륭한 자연과학자가 아니기 때문에, 어떤 원동력으로 공포심이 우리에게 작용하는지 전혀 모른다. 그러나 아무튼 공포심은 이상한 격정이다. 그리고 이보다 더 우리들의 판단력을 빠르게 탈선시켜 어긋나게 하는 것은 없다고 의사들은 말한다. 사실 나는 많은 사람들이 공포심 때문에 무지각하게 되는 것을 보았다. 그리고 냉철한 사람들도 이 공포의 발작이 계속되는 동안 무서운 현기증을 일으키는 것이 확실하다. 나는 속인들이 공포에 눌려서, 어떤 때는 증조부가 수의를 입고 무덤에서 나온다거나, 도깨비나 귀신이나 괴물이 나오는 것을 본다는 따위는 제쳐둔다. 그러나 이런 공포심을 가져서는 안 될 병사들 중에도 겁에 눌려, 양 떼를 갑옷 입은 대부대로 보게 되고, 갈대나 수수깡이 무장한 사람들이나 창기병(槍騎兵)으로 보이고, 자기편이 적군으로, 흰 십자가 붉은 십자로 보이던 일이 얼마나 흔하게 있었던가.
　드 부르봉 대군(大君)이 로마를 공략했을 때, 성 피에트로 요새를 수비하고 있던 기수는 첫 경보에 너무나 기겁을 해서 깃대를 손에 쥔 채 성벽의 무너진 구멍으로 도성 밖의 적군 쪽을 향해 똑바로 돌진하면서도, 도성으로 들어가는 것인 줄로 알고 있었다. 이때 드 부르봉 대군의 부대도 성 안의 군대가 출격하는 것으로 착각했다. 그는 대전하려고 정렬하는 것을 보고야 겨우 정신을 차리고는 발길을 돌려 나온 구멍으로 다시 뛰어들어갔다. 그는 3백 걸음 이상이나 평지로 나왔던 것이다. 생 폴 시가 드 뷔르 백작과 뒤뢰 대군에 공략(攻掠)되어 우리 것이 되었을 때, 쥬이르 부대장의 기수가 당한 일은 그다지 요행스럽지는 못했다. 왜냐하면 그는 놀란 나머지 정신을 잃고 군기를 든 채 성벽 총구멍을 통해 성 밖으로 뛰어나갔다가 공격군의 칼에 산산조각이 나버렸던 것이다. 그리고 바로 이 공격전에서 한 귀인이 공포에 사로잡힌 채 너무 심한 충격을 받은 나머지 얼어붙어서, 아무 상처도 없이 성벽의 무너진 곳에 그냥 빳빳하게 굳어 죽어버린 것은 기억에 남을 만하다.

    이러한 공포는 때로는 군중 전체를 엄습한다. 게르마니쿠스가 독일군과 부딪쳤을 때, 한번은 커다란 부대 둘이 놀라 서로 반대 방향의 두 길을 잡으며 상대편이 버리고 떠난 곳으로 도망쳐 달아났던 것이다.

    어떤 때는 공포심이 앞서 말한 두 얘기에서와 같이 발꿈치에다 날개를 달아 준다. 또는 어떤 때는 마치 데오필루스 황제의 이야기에서 알 수 있듯이 사람의 발목에 차꼬를 채운다. 이 황제는 아가레네스인들과의 전투에 패했을 때 너무 놀라 도망칠 생각도 못하고, '공포는 구원군에게 놀라 넘어질 정도로 심하여'(퀸투스 쿠르티우스) 마침내 자기 군대의 용감한 무장 가운데 한 명인 마누엘이 깊은 잠을 깨우듯, 그를 끌어 잡아당겨 뒤흔들며 "나를 따라 오지 않으면 죽이렵니다. 적의 포로가 되어 제국이 망하게 되는 것보다 황제께서 죽는 편이 낫습니다"라고 말했다는 것이다.

    공포심 때문에 의무와 명예 관념까지 버렸다가, 그 공포심으로 해서 우리들이 다시 용기 속으로 뛰어들었을 때에는 궁극의 힘을 발휘한다. 로마군과 한니발과의 첫 정식 전투에서 패한 집정관 셈프로니우스 지휘하의 1만 명 이상의 보병은 공포에 휩쓸려서 그 비굴함을 토해 낼 길을 모르고 간다는 것이 적진 한복판으로 뛰어들어 놀라운 힘으로 악을 써서 카르타고군을 무수히 학살하고, 이 영광스러운 승리의 대가로 수치스럽게 도망쳐 달아난다. 이 때문에 나는 공포라는 것을 무엇보다도 두려워한다.

    그 때문에 공포는 그 힘들고 고생스러움이 다른 재앙들보다 더욱 심하다.

    폼페이우스(폼페이우스가 마지막에 자기의 옛 백인대장의 배반으로 암살당한 때의 이야기)와 한 배를 타고 가다가 무참한 학살을 목격한 그의 친우들이 받은 것보다 더 당연하고 가혹한 충격이 또 있을까? 어떻든 그때 접근해 오던 이집트 함선에 대한 공포심으로 사려분별이 질식되어, 그들은 뱃사공을 독촉해서 서둘러 삿대를 저어 도망갈 생각밖에 못했다. 마침내 티르항에 도착하여 근심이 없어진 다음에야 그들이 당한 손실을 깨닫고는, 그 걱정 때문에 막혔던 가슴이 겨우 터지고, 실컷 울부짖어 애통할 여유가 생겼던 것이다.

    그때 공포는 내 마음에서 온갖 예지를 빼앗아 갔다. (키케로가 인용한 엔니우스)

전장에서 실컷 얻어맞은 자들이 아직 피투성이 그대로일지라도 다음 날 다시 싸움터에 내보낼 수 있다. 그러나 적에 대해서 극심한 공포를 품은 자들에겐 그저 적군을 면대시켜 보지도 못할 것이다. 재산을 빼앗기고 추방당하고 굴복당한다는 천박한 공포에 눌려 있는 자들은 마시지도 먹지도 잠자지도 못하며, 끊임없는 불안 속에서 살아간다. 그 반대로 가난한 자들, 추방된 자들, 농노(農奴)들은 다른 자들과 똑같이 유쾌하게 살아간다. 공포의 충격을 참아 내지 못해서 목매달아 죽고, 빠져 죽고, 뛰어내려 죽는 수많은 사람들을 보면, 공포는 죽음보다도 더 참아 낼 수 없이 괴로운 일임을 알 수 있다.

그리스인들은 인간의 판단이 잘못되어 그런 것이 아니고, 아무런 이유도 없이 하늘에서 내려온다고 말하는 한 종류의 공포를 알고 있다. 흔히 여러 국민 전체, 그리고 여러 부대 전체가 이 공포에 사로잡히는 일도 있다.

카르타고에 경이로운 비탄을 가져온 것도 이러한 공포였다. 거기서는 고함 소리와 놀란 소리 외에는 아무것도 들리지 않았다. 주민들은 경보가 울려 집에서 달려나오다 서로 맞부딪쳐서 상처를 입히고 죽였는데, 마치 적군이 그들 도시를 점령한 듯싶었다. 모든 것이 혼란이고 소동이었다. 마지막에 기도를 하고 제를 지내 신의 분노를 진정시킬 때까지, 이 사태는 이어졌다. 사람들은 이것을 공황(恐慌)이라고 부른다.

19
사람의 운은 죽은 뒤가 아니면 판단하지 못한다

사람은 언제나 마지막 날을 기다려 보아야 아느니
죽어서 장례 지낸 뒤가 아니면
어떤 이라도 행복한 이라고 큰소리치지 못한다.　　　　　(오비디우스)

이 문제에 대해서는 어린애들도 크로이수스왕의 이야기를 알고 있다. 그는 키루스 대왕에게 사로잡혀 사형선고를 받자 그 집행하는 마당에서 "오! 솔론이여! 솔론이여!" 하고 소리쳤다. 이 말이 키루스에게 보고되어, 그것이 무슨 뜻인가 하고 심문했다. 크로이수스가 대답하기를, "옛날 솔론이 자기에게 한 말에, 사람은 운이 아무리 좋아도 그 인생의 마지막 날을 보기 전에는 그를 행복한 이라고 부를 수는 없는 법이다. 그것은 인간의 일이 불확실하고 변화무궁하여 아주 가벼운 동기로 어떤 형세에서 전혀 판이한 다른 형세로 변해 가기 때문이라고 하더니, 이제 자기의 불행이 이 예고에 적중되었다"는 것이다.

그리고 이런 동기에서 아게실라우스는 페르시아 왕이 젊은 몸으로 그만큼 강력한 나라를 지배하게 되었으니, 그를 행복한 이라고 하는 사람을 보고 "하지만 프리암도 그 나이엔 불행하지 않았지" 하며 말했다. 어느 때는 저 위대한 알렉산드로스를 계승하던 마케도니아 왕들 중에 장롱을 만드는 목수가 된 사람도 있고, 로마로 가서 서기를 지낸 사람도 있다. 그리고 시칠리아의 폭군들 중에는 코린토스에 가서 교사가 된 사람도 있다. 세계의 반을 정복하고 여러 군대의 장수로 있다가 한 이집트 왕의 군인 무뢰한들에게 목숨을 애걸하는 가련한 신세가 된 사람도 있었다. 위대한 폼페이우스는 인생의 마지막 대여섯 달을 연장시키기에 그토록 어려웠던 것이다.

그리고 우리 조상 대에 밀라노시의 제10대 공작인 루도비코 스포르차는 그렇게도 오래 이탈리아를 뒤흔들더니, 로슈에서 포로가 되어 죽었다. 그러나 10년이나 거기서 살다가 죽었으니, 그에게는 가장 억울한 흥정이었다. 그리스도교 국가에서 가장 위대했던 왕의 미망인인 미모의 여왕은 사형 집행인의 손에 죽어가지 않았던가! 이런 예는 얼마든지 있다. 왜냐하면 광풍과 거대한 파도는 거만하게 높이 솟은 건물에 가서 더 맹위를 떨치듯이, 저 위에는 이 사바 세계의 위대성을 시기하는 정령들이 있기 때문이다.

> 어떤 숨겨진 힘이 인간의 사물들을 부수기까지 하며
> 권한의 상징인 휘황한 창 다발과 잔인한 도끼를
> 유린하며 희롱하는 것같이 보인다.   (루크레티우스)

그리고 운은 어떤 때 우리 인생의 마지막 날을 정확히 노리고, 그가 오랜 세월을 두고 건설해 준 것을 한순간에 둘러엎는 힘을 보여준다. 라베리우스(기원전 2세기의 로마의 풍자극 작가) 말처럼 "정히 나는 살아야 할 일보다 쓸모없이 하루를 더 살았다"(마크로비우스)라고 소리치게 하는 것 같다.

그래서 우리는 솔론의 그 훌륭한 충고를 당연한 것으로 받아들일 수 있다. 그러나 그는 철학자로서, 운의 좋고 나쁜 것이 행이나 불행의 자리를 잡지 못하며, 위대성이나 권세라는 것은 흥미 없는 성질의 사건이라고 본다. 나로서는 그가 한층 더 멀리 내다보며, 우리 인생의 행복은 천성을 잘 타고난 정신의 안정과 만족, 그리고 조절된 심령의 결단성과 확신에 달려 있는 만큼, 최종 막의 가장 어려운 대목이 상연되는 것을 보기 전에는 판단할 수 없다고 말하는 것이 진실인 듯싶다. 다른 모든 일에서는 가면을 쓰고 있을 수도 있다. 가령 철학자의 아름다운 논법은 우리에게 체면을 꾸미는 일에 지나지 않으며, 여러 사건들은 우리 생명 자체에까지 시련을 주는 것이 아닌 바에야, 우리에게 늘 평정한 용모를 유지할 여유를 줄 수도 있다. 그러나 이 마지막의 죽음과 우리 사이의 역할에는 아무것도 꾸며 댈 건더기가 없다. 똑똑히 프랑스어로 해야 한다.

항아리 속에 있는 좋고 깨끗한 것이 무엇인가를 보여 주어야 한다.

그때 겨우 결실한 언어는 정확히 가슴속에서 나오며
가면이 벗겨지고 참모습이 보인다.   (루크레티우스)

그 때문에 이 마지막 대목에서 우리 인생의 모든 다른 행동들은 시험받고 시련을 겪어야 한다. 그날은 중대한 날이다. 다른 모든 날들을 심판하는 날이다. 그날은 지나간 나의 모든 세월을 심판해 볼 날이라고 옛사람은 말한다. 나는 내 공부의 결실을 시험해 달라고 이 죽음에게 맡긴다. 그때 우리는 내 말이 입에서 나오는지, 마음에서 나오는지를 알 것이다.

나는 여러 사람들이 죽음으로 그들의 전체 생애에 대해서 좋거나 나쁘게 평가하는 것을 보았다. 폼페이우스의 장인 스키피오는 잘 죽음으로써 그때까지 나쁘던 평판을 좋게 바꾸었다. 에파미논다스는 카브리아스와 이피크라테 및 자신, 셋 중에서 누구를 가장 존경하느냐는 질문을 받고, "이 문제를 풀기 전에 우리가 죽는 것을 보아야 하오" 하고 말했다. 인간 종말의 명예와 위대성을 제쳐놓고 사람을 평가하는 일은 그의 많은 부분을 헤아리지 않는 일이다.

하느님께서는 좋으신 대로 일을 처리하셨다. 그러나 더러운 인생의 가장 추한 것으로 내가 알고 있는 타기한 인물 셋은, 죽음에는 태연하여 모든 사정을 완전하게 꾸며 놓고 죽었다. 용감하고도 다행한 죽음이 있다. 어떤 자는 한참 지위가 올라갈 때 목숨을 끊었는데, 그 종말이 너무도 훌륭했다. 내 생각으로는 그의 야심 많고 용감한 인생 목표는 그 중단보다 더 고매하지 못했던 것 같다. 그는 자기가 성취하겠다고 주장하던 것을 이루지 못하고, 그의 욕심과 희망이 지니고 있던 것보다 더 위대하고 영광스러운 종말에 도달했다. 그의 죽음으로 그는 인생의 달음질에서 갈망하던 권세와 명성에 앞섰던 것이다. 다른 사람의 인생을 비판하는 경우, 나는 항상 그 끝이 어떻게 되었는가를 살핀다. 나 자신의 인생에 관한 주요한 관심은 이 종말이 좋을 것, 즉 묵묵히 고요하게 죽어가는 일이다.

20
철학에 마음을 쏟는 것은 죽는 법을 배우는 일이다

키케로는 철학에 마음을 쏟는 것은 죽음을 대비하는 일에 불과하다고 했다. 더욱이 연구와 명상은 우리 마음을 바깥으로 끌어내어, 신체 이외의 일에 분망하게 하는 것이며, 또 죽음을 공부하고 죽음에 닮아가는 일이다. 세상의 모든 예지와 사유가 결국은 죽음을 두려워하지 말라고 가르치는 이 한 점에 귀결된다.

진실로 이성이 농지거리가 아니라면, 이성은 오로지 우리의 만족만을 목표로 한다. 성서에서 말한 바와 같이, 이성의 노력은 결국 우리에게 편안히 살게 하는 길을 찾아 주는 일이라야 한다. 세상의 모든 의견들은(여기 여러 방법이 있다고 하여도) 쾌락이 우리의 목적이라는 점에 일치한다. 그렇지 않다면 우리는 처음부터 이런 것을 배척할 일이다. 왜냐하면 우리의 고통과 불안을 자기 목표로 하는 자의 말을 누가 들을 것인가?

이에 관해 철학의 여러 학파들의 의견 불일치는 말투의 불일치에 그친다. "그렇게 교묘하고 어리석은 이론은 모르는 체하자."(세네카) 여기는 이렇게도 거룩한 표명에 정당 이상의 고집과 논란이 있다. 그러나 사람은 어떠한 역할을 맡든 간에 항상 그중에서 자기의 역할을 연기한다. 그들이 무어라고 말해도, 도덕으로 보아도, 우리들이 지향하는 궁극의 목적은 정신이 빠질 정도로 즐기는

데 있다.

나는 사람들의 귀에 심하게 거슬리는 이 말을 귀 따갑게 말하기를 좋아한다. 그리고 그것이 확실한 최고의 쾌락이나 과도한 만족을 의미한다면, 그것은 어느 다른 도움보다도 더 도덕에 도움받은 것이다. 이 타락은 더욱 유쾌하고 줄기차고 굳세고 씩씩한 만큼, 더 성실하게 쾌락을 준다. 우리는 힘(vigueur)이라는 낱말에서 도덕(vertu)이라는 낱말을 만들었지만, 그보다도 차라리 더 부르기 좋고 충만하며 더 상냥하고 당연하게, 쾌락이라는 이름으로 이 도덕을 말해야 할 것이다. 이보다 더 천박한 다른 종류의 탐락이 이 아름다운 이름을 받을 값어치가 있다고 해도 그것은 특권으로서가 아니라 경쟁으로 얻은 이름이라야 한다. 나는 이 탐락이 그 폐단과 장애 때문에 도덕보다는 순수하지 못하다고 생각한다.

그 맛이 더 순간적이고 유동적이며 노후한 것은 그만두고라도, 철야와 단식과 고통과 유혈이 따라다닌다. 이 밖에도 개별적으로 많은 종류의 힘들고 고생스러운 격정이 있으며, 이 탐락의 면에서 너무나 둔중한 포만이 따라오기 때문에 그것은 고행에 맞먹는다.

마치 자연에서 어떤 반대가 그것의 반대에 서로 활기를 주는 것처럼, 이러한 폐단이 그 탐락에 자극과 양념을 준다고 생각하고, 탐락의 경우보다 훨씬 더 적절하게 도덕이 우리에게 제공하는 신성하고 완전한 쾌감에 품위를 주고 그것을 자극하고 높여 주는 것인데도 불구하고, 탐락의 경우와 같은 후속 사정과 어려움이 도덕을 압도해서, 이 도덕을 가혹하고 도달할 수 없는 일로 만든다고 말하는 것은 대단히 잘못이다.

이 도덕의 수고와 거기서 얻는 소득을 저울질해 보는 자는 그것을 알아볼 자격도 없으며, 실로 그 우아미와 소용을 알지 못하는 자이다. 도덕을 찾는 일은 어렵고도 까다롭고 힘들며, 그것을 누리기에 유쾌하다고 말하는 자들이, 도덕은 언제나 불쾌하다고 말하는 것과 무엇이 다른가? 도대체 어떤 인간적 방법으로 이러한 도덕이 향락에 도달할 것인가? 가장 완벽한 인간들도 그것을 갈망하며, 거기 접근하는 것만으로 만족했을 뿐이고 소유하지는 못했다. 우리가 할 수 있는 모든 쾌락들 중에 그것을 추구하는 일 자체가 재미나는 것이다. 이 시도는 그 자체가 결과의 중요한 부분이며 결과와 동질이기 때문에, 그것이 목적하는 사물의 소질에 의해서 자체의 우아미가 느껴진다. 도덕에 빛나는 행운과 복지는 처음 들어갈 때와 궁극의 막바지까지 그 모든 부속과 주변을 채운다. 그런데 도덕의 중요한 혜택 가운데 죽음에 대한 경멸이 있다. 그것은 우리 인생에 온화한 안정을 공급하고 순수하고도 정다운 맛을 주는 수단이니, 그것 없이는 다른 모든 쾌락은 소멸한다.

 그 때문에 모든 규칙은 이 조항에 와서 만나며 서로 합치된다. 그리고 규칙들도 역시 일치해서 인간 생활이 얽매여 있는 고통과 빈한(貧寒), 기타 다른 변고들을 경멸하라고 지도하고 있지만, 이런 변고들은 필연적으로 오는 것이 아니며(대부분의 사람은 빈한을 모르고 지내며, 1백 6세까지 건강하게 살아간 음악가 크세노필로스의 경우와 같이 고통이나 병을 겪지 않기도 한다), 기껏 나빠도 마음만 먹으면 죽음이 모든 다른 폐단을 끝맺고 싹둑 끊어 버릴 수 있기 때문이다. 그러나 죽음만은 피할 수 없다.

  우리는 모두 같은 종점으로 밀려간다.
  모든 것은 운명의 항아리 속에 뒤섞여,
  늦건 빠르건 제비로 뽑혀 나와서
  영원한 멸망 속에 저승의 배에 실릴 것이다.   (호라티우스)

 따라서 죽음이 무섭다면 그것은 끊임없는 고통의 소재이며, 그 고통을 덜어 볼 방도가 없는 것이다. 죽음이 오지 않는 고장은 없다. 우리는 수상한 나라에서와 같이 어리둥절하게 고개를 돌리고 있을 만하다. "그것은 탄탈로스의 바위 덩어리와 같이 항상 우리 머리 위에 매달려 있다."(키케로) 우리 재판정은 범인들을 범행 장소로 데려가서 형을 집행한다. 길을 가는 동안 좋은 집 옆을 지나게 하라. 그리고 실컷 맛 좋은 음식을 차려 주어라.

  시칠리아의 진수성찬도 단맛을 지을 수는 없고
  새의 우짖음도, 거문고의 가락도
  그를 편한 잠으로 인도하지 않는다.   (호라티우스)

그들이 그런 것을 즐길 수 있다고 생각하는가? 그들 여행의 최종 목적이 그들 눈앞에 보이며, 그것 때문에 그들에게는 이런 모든 편익의 맛이 변질되고 멋쩍어졌다고 보지 않는가?

> 길을 묻고, 날짜를 세고, 인생길의
> 거리를 재어 보며, 다가올 액운에 번민한다. (클라우디아누스)

우리 생애의 목표는 죽음이다. 이것이 우리가 향해 가는 필연적인 대상이다. 죽음이 그렇게 무섭다면 옆에 두지 않고 어떻게 한 걸음이라도 앞에 떼어 놓을 수 있을 것인가. 속인의 치료법은 죽음을 생각하지 않는 일이다. 그러나 얼마나 황소 같은 바보이기에 그렇게도 사리를 못 보는 장님이 된단 말인가? 당나귀 꼬리를 고삐 삼아 거꾸로 끌고 갈 일이다.

> 반대 방향으로 가는 길의 순서를 뇌리에 두는 자. (루크레티우스)

그가 자주 이 함정에 빠진다 해도 놀랄 일이 아니다. 죽음을 말하기만 해도 사람들은 놀라며 악마의 이름을 들은 듯 성호를 긋는다. 그리고 유언에 죽음이라는 말이 나온다고 해서 의사가 최후의 선고를 내리기 전에 사람들이 유언을 한다고는 기대하지 마라. 그리고 그때 고통과 공포에 눌려서 얼마나 정확한 판단으로 그것을 꾸며 놓는 것인지 알아볼 일이다.

이 낱말이 귀에 너무 거세게 울리고 불길하게 들리기 때문에, 로마인들은 완곡한 말법으로 그 인상을 부드럽거나 엷게 만들 줄 알았다. '그는 죽었다'고 말하는 대신에 '그는 살기를 그쳤다', '그는 살아 보았다'라고 말한다. 그 말이 삶을 의미하기만 하면 그것이 이미 끝났어도 위안을 느낀다. 우리는 여기서 고(故) 쟝 선생의 말법을 빌려 왔다.

아마 사람들 말대로라면, 지불기한까진 그 돈은 값어치가 있다. 우리가 요즈음 정월 초하루에서부터 나이[5]를 계산하는 식으로 나는 1533년 2월 그믐날 11

---

[5] 1563년에 1년의 시작을 정월 초하루로 정했다. 그 전에는 부활절에서 시작했었다.

시와 정오 사이에 출생했다. 내가 39세를 넘은 것은 꼭 보름밖에 안 된다. 내게는 적으나마 아직도 세월이 이만큼 더 있어야 한다. 그동안에 그렇게 먼 일을 생각하며 속을 썩이는 것도 미친 수작일 것이다. 그러나 어쩌란 말인가? 젊은이나 늙은이나 같은 조건으로 인생을 떠난다.

누구라도 지금 당장 인생에 들어온 것같이 다른 꼴로 인생에서 나가지 않는다. 그뿐더러 므두셀라(에녹의 아들. 969세까지 살았다고 한다. 창세기 5장)의 나이를 내다보는 자이면 아무리 노쇠했다 하여도 아직도 20년은 더 살겠다고 하지 않는 자 없으니 말이다. 더욱이 가련한 미치광이 같으니, 누가 내 인생의 기한을 정해 줄 것인가? 너는 의사들의 말을 듣고, 자기 생명을 정해 놓는다. 차라리 현실과 경험에 비추어 보라. 사물의 진행으로 보아서, 너는 이미 오래전부터 특수한 은덕을 입고 살아 오고 있다. 너는 인생의 한계를 지났다. 그 증거로 네가 아는 사람들 중에서, 네 나이에 도달한 자보다도 그 전에 죽은 사람이 얼마나 더 많은가를 헤아려 보라.

그리고 명성으로 그들의 인생을 고귀하게 만든 자들의 목록을 꾸며 보라. 35세를 지난 것보다도 그전에 죽은 자의 수가 더 많을 것을 나는 장담하겠다. 예수 그리스도의 박애의 본을 받는다는 것은 지당하고도 경건한 일이다. 그런데 그리스도는 33세에 세상을 떠났다. 가장 위대한 인물 가운데 그저 평범한 인간이던 알렉산드로스도 이 나이에 죽었다.

죽음은 얼마나 많은 기습 방법을 가진 것일까.

　　인간은 그때그때 피해야 할 위험을
　　예측할 수 없다.　　　　　　　　　　　　　　　　(호라티우스)

열병이나 폐렴 같은 것은 제쳐놓는다. 내 이웃으로 지내던 교황 클레멘스가 리옹에 들어올 때, 드 브르타뉴 공작이 군중에 치어죽을 줄을 누가 생각이나 했던가? 우리 왕(앙리 2세는 1559년에 무술 시합에서 부상을 입고 죽었다) 한 분이 경기하다가 죽는 것을 보지 못했던가? 그리고 그의 조상(루이 6세의 아들 필리프) 한 사람은 탔던 말이 돼지에 부딪쳐서 떨어져 죽지 않았던가? 아이스킬로스는 집이 쓰러지는 위험을 아무리 피해 보아도 소용없었다. 그는 공중을 나는 독수리 발에서 떨어진 거북에 맞아서 죽었다. 또 하나는 포도씨 한 알로 죽었다. 황제 한 분은 머리를 빗다가 빗에 찔려서 죽었다. 아이밀리우스 레피두스는 자기 집 문지방에 발이 부딪혀 죽었고, 아우피디우스는 회의실에 들어가다가 문에 부딪혀서 죽었으며, 판정관 코르넬리우스 갈루스는 여자의 허벅다리 사이에서 죽었다. 로마의 경비 대장 티킬리누스 만토바 후작, 기도 데 곤자가의 아들 루도비코 등도 그랬다. 그보다 더 못한 꼴로, 플라톤학파의 철학자인 스페우시포스와 우리 교황 가운데 한 명도 죽었다. 재판관 베비우스는 판결 집행을 일주일 연기해 주는 동안에, 가련하게도 제 생명의 기한이 끝나서 잡혀 갔다. 그리고 의사 카이우스 율리우스는 한 환자의 눈에 약을 칠해 주다가 죽음이 와서 그의 눈을 감겼다. 내 형제 가운데 하나인 생 마르탱 대위는 23세 때 이미 용맹한 무인으로 알려졌다. 그는 공을 받다가 오른쪽 귀 조금 위를 얻어맞았는데, 출혈이 있거나 다친 흔적도 없었다. 그는 앉지도 쉬지도 않았다. 그러나 이 얻어맞은 것이 원인이 되어 대여섯 시간 뒤에 졸도하여 죽었다. 이런 예는 대수롭지 않은 일로 흔히 우리 눈앞에서 일어난다. 그런데 어떻게 사람이 죽음의 생각에서 벗어날 수 있고 어느 순간이건 죽음이 우리 목덜미를 잡고 있는 것으로 보지 않을 것인가?

"상관있나? 어떻게 되었건 그 따위로 걱정 않으면 그만이지" 하고 그대들은 말하겠지. 나도 그렇다. 그리고 어떤 방식으로건, 송아지 가죽만 써도 타격을 면할 수 있다고 하여도, 나는 죽음 앞에 물러날 자가 아니다. 왜냐하면 편하게 지내면 그만이기 때문이다. 그리고 내가 할 수 있는 최선의 방도라면 그대가 말하고 싶은 대로 아무리 불명예스럽고 모범스럽지 않은 일이라고 해도 나는 그 길을 취한다.

> 내 결함이 즐겁거나 느껴지지 않는다면
> 미치광이나 바보로 간주되는 편이 낫지
> 현명하여 고민하기는 싫도다.
> (호라티우스)

그러나 이런 식으로 거기 도달한다고 기대하는 것은 어리석은 수작이다. 모두들 가고, 오고, 아장거리고, 춤추고 한다. 죽음에 대해서는 소식도 없다. 이런 것 모두가 아름답다. 그러나 역시 그들에게, 또는 그들의 아내나 아이, 친구들이 무방비 상태에 있을 때 갑자기 죽음이 닥쳐오면, 어찌 그렇게도 고민하고 고함지르며 발광하고 절망에 빠져서 허덕거리는가? 세상 사람들이 이렇게도 천해지고, 변하고, 심신이 전도되는 꼴을 본 일이 있는가? 우리는 일찍부터 대비해야 한다. 그러한 우둔한 무관심이 지각 있는 사람의 머리에 들어앉아야 한다 해도(나는 그런 일은 전혀 불가능하다고 보지만) 그 대가가 너무 비싼 것이다. 그것이 피할 수 있는 적이라면 비겁함을 무기로 빌려 와도 좋다고 권하겠다. 그러나 그럴 수 없는 이상, 그대가 도망을 치건 비겁하건 점잖은 인물이건 매한가지로 잡아 가는 이상

> 실로 죽음은 연로한 어른이 도망쳐도 뒤따라오고
> 용기 없는 젊은이의 겁 많은 등도
> 오금도 용서치 않는다.　　　　　　　　　　(호라티우스)

> 아무리 강하게 쳐낸 강철의 갑옷이라도 막아 내지 못하며
> 아무리 조심스레 쇠와 구리의 갑주 밑에 숨어도
> 죽음은 그 숨은 머리를 찾아내고 만다.　　　(프로페르티우스)

　항상 제자리에 단단히 서서 이 적에 대항해 버티며, 그와 싸우기를 배워 볼 일이다. 그리고 시작할 때 죽음이 우리에 대해 가진 가장 큰 강점을 그로부터 제거하기 위해서 여느 것과는 정반대의 방도를 택해 보자. 그로부터 괴이함을 없애 보자. 그를 다루어 보자. 그와 예사롭게 지내보자. 죽음 이외에 그보다 더 자주 생각해 보는 일이 없도록 하자. 어느 시각에나 이 죽음을 모든 모습으로 머릿속에 그려 보자. 발을 헛디딜 때, 기왓장이 떨어질 때, 바늘에 조금이라도 찔렸을 때, 바로 '그래, 이것이 죽음이라면?' 하고 되새겨 보고 마음을 단단히 먹으며 긴장하자. 진수성찬의 유쾌한 상태에서 항상 우리 인간 조건의 회상인 이 후렴을 되풀이하며, 쾌락에 너무 끌려가지 말고 우리가 유쾌한 때 죽음이 얼마나 많은 종류로 우리를 노리고 있으며, 얼마나 많은 결박으로 우리를 위협하고 있는가를 이따금 상기해 보자. 그래서 이집트인들은 연회 때 그들의

진수성찬 앞에 사자의 메마른 뼈대를 가져오게 하여, 회식자들에게 경고로 삼게 하는 것이다.

> 매일매일이 그대에게는 마지막 날이라고 생각하라.
> 기대하지 않는 시간이 오는 것을 감사로 맞이하리라.　　　(호라티우스)

죽음이 어디서 우리들을 기다리고 있는지 확실하지 않다. 어디서든 그것을 기다리자. 죽음의 예상은 자유의 예상이다. 죽기를 배운 자는 노예의 마음씨를 씻어 없앤 자이다. 죽음을 알면 우리는 모든 굴종과 강제에서 해방된다.

생명을 잃는 것이 악이 아님을 이해한 사람에게는 인생에 불행이라는 것이 없다. 파울루스 아에밀리우스는 자신에게 사로잡힌 저 가련한 마케도니아 왕이 그의 개선 행렬에 자기를 끌고 다니지 말아 달라고 간청했을 때 '그것은 자신에게 요구하라'고 대답했다.

모든 일에 본성이 거들어 주지 않으면 기술과 숙달이 조금이라도 늘어 간다는 것은 어려운 일이다. 나는 본성이 우울하지 않고, 다만 몽상가일 뿐이다. 나는 어느 때나 죽음의 생각에 더 매어 있는 일이 없었다. 다시 말하면 내 생애의 가장 방자하던 시기에

> 한창 나이로 청춘을 누렸을 때　　　(카툴루스)

여자들 속에서나 잡스러운 놀이를 하는 자리에서, 내가 무슨 질투심이나 불확실한 실망으로 혼자 골몰하고 있다고 생각하고 있을 때, 나는 어느 누군가 그 전날 이런 환락에서 나와 같이 한가롭게 지내며, 사람과 행운으로 머릿속이 가득 차서 나가던 길로 열병에 걸려 생애를 마친 자의 일을 생각해 보며, 그 일로 내 귀에는 이 말귀가 울리는 것이었다.

> 금세 현재는 사라지고, 다시는 돌아올 수 없으리라.　　　(루크레티우스)

나는 이런 생각 때문에 상을 찌푸리는 일은 없었다. 우리는 처음부터 이런

상념을 가슴 아프게 느끼지 않을 수 없다. 그러나 이것을 오랫동안 뒤적이며 되새겨 나가면, 사람들은 그것에 길들어 버린다. 그렇지 않으면 나로서는 끊임없는 공포와 미친듯이 열중해 들떠 있을 것이다.

나만큼 생명을 미덥지 않게 보고, 나만큼 생명의 지속을 중히 여기지 않는 자도 없을 것이다. 내가 지금까지 항상 누려온 건강도 내 생명에 대한 희망을 길러 주지 않고, 내 몸에 생긴 병도 그 희망을 줄여 주지 않는다. 시시각각으로 생명이 내게서 빠져나가는 듯하다. 그러나 나는 '다른 날에 이루어질 수 있는 일은 오늘에도 있을 수 있다'고 끊임없이 되풀이하여 노래 부른다. 사실 우연과 위험들이라고 우리를 종말에 더 가까이 끌어가는 일은 거의 없다. 그리고 우리를 가장 위협하는 것같이 사건들 외에도 그 밖의 수천 가지 위험이 우리 머리 위에 닥쳐올 수 있음을 생각해 보면, 우리는 유쾌하건 열에 들뜨건, 바다에서나 집에서나, 전쟁할 때나 평안할 때나, 죽음은 똑같이 우리 옆에 있음을 알 것이다. "어느 누구도 그 이웃 사람보다 더 약함이 아니고, 아무도 내일을 보장하지 못한다."(세네카)

내가 죽기 전에 해야 할 일이 단 한 시간에 해치울 수 있는 일이라도, 이것을 완수하기 위해 한가한 모든 시간을 여기에 충당해도 부족할 것 같다. 일전에 누가 내 수첩을 뒤적거리다가 어떤 일에 관한 비망록을 발견했는데, 거기에는 내가 죽은 뒤에 해주기를 바라는 일이 적혀 있었다. 나는 내 집에서 4㎞밖에 안 되는 곳에 가더라도, 비록 내 몸이 건강하고 쾌활한 때에도 집에까지 도달하리라는 보장이 없기 때문에 미리 서둘러서 그것을 적어 놓았다고 사실대로 그에게 말했다. 나는 이것을 항상 내 머릿속에 품어 두었기 때문에, 언제나 있을 수 있는 일에 대비하고 있다.

그러니 죽음이 갑자기 닥쳐온다 해도 아무런 신기한 일도 아닐 것이다.

우리는 우리 힘닿는 대로 늘 신발을 신고 떠날 채비를 갖추고 있어야 한다. 특히 그때는 자기 일에만 전념하도록 유념해야 한다.

> 어찌하여 이렇게도 짧은 생애에
> 우리는 그렇게 많은 기도를 하는가? (호라티우스)

왜냐하면 가욋일을 맡지 않아도 우리는 여기서 할 만큼의 일거리는 가질 것이다. 어떤 이는 죽음이 훌륭한 승리의 길을 도중에 끊는다고 한탄하며, 어떤 이는 자기 딸을 시집보내지 못하고, 또는 아이들 교육을 마치지 않고 떠나야 한다고 한탄한다. 또 어떤 이는 아내와 또는 아들과 같이 못 사는 것을 애석하게 여기며 마치 이런 것이 그가 살아가길 주장해 마땅한 이유인 것처럼 생각한다.

나는 지금 인생에 애착이 없는 것은 아니며, 죽는다는 것이 쓰라리기는 하지만, 고맙게도 하느님께서 좋으실 때, 아무 때 불러가셔도 아무 아까울 것 없는 사정에 있다. 나는 아무 데도 매인 곳이 없다.

내게는 하지 않았지만 각자에게는 반은 고별을 하고 있는 점이다. 나보다 더 순수하고 온전하게 세상을 떠날 준비가 되어 있고, 내가 처신하려고 기대하는 것보다 더 자기에 대한 애착을 끊은 사람도 없다.

"가련해라, 오! 가련해라" 하고 그들은 말한다.
불길한 단 하루가 내게서 인생의 모든 재물을 빼앗아 가도다.　(루크레티우스)

그리고 건축가는 말한다.

거대한 벽면은 위태로이 선 채, 내 작품은 중단되어
머무른다(고 그들은 말한다).　(베르길리우스)

지나치게 먼 앞을 내다보며 계획할 것은 아니다. 또 적으나마 그 결말을 보지 못하지나 않을까 하는 생각에 골몰해서는 안 된다. 우리는 행동하려고 세상에 나왔다.

어떻게 죽든, 그것이 한창 일하는 도중이었으면.　(오비디우스)

나는 사람들이 할 수 있는 한 행동하며, 인생의 사업을 길게 연장시키고, 죽음은 내가 양배추를 심는 동안에 와 주되, 죽음이 왔다고 거리낄 것 없고, 정원이 완성되지 않은 것은 더욱 염두에도 두지 말기를 바란다. 나는 어떤 사람이 임종 때 그가 우리 왕의 15대, 또는 16대에 관해서 쓰고 있던 역사의 줄기를 자기 운명이 끊어 놓는다고 끊임없이 한탄하며 죽는 것을 보았다.

　　이것은 보태어지지 못한다.
　　재물에 대한 애착은 네 유해에 붙어서
　　머무르지 않는다.　　　　　　　　　　　　　　　(루크레티우스)

　이러한 속되고 해로운 심정은 벗어던져야 한다. 우리 묘지들이 교회당에 붙어서 도시 사람들이 가장 자주 찾아가는 곳에 설치된 까닭은, 친한 사람들이나 여자들, 아이들이 죽은 사람을 보고 놀라지 않게 하고, 우리에게 해골·무덤·장례 행렬 등을 늘 보아 눈에 익혀서, 우리 인간 조건을 알려 주게 하기 위함이라고 리쿠르고스는 말했다.

　　옛날에는 탐식객들을 즐기게 해 주려고
　　주연석에 검투사들을 불러 결투시켜서
　　으레 술잔에 와서 쓰러져 식탁을 피로 덮이게 하며,
　　살인의 잔인한 광경을 섞어서
　　이 향연을 통쾌하게 하는 습관이 있었다.　　(시리우스 이탈리쿠스)

　그리고 이집트 사람들은 잔치가 끝난 다음, 한 사람을 시켜서 좌중들에게 커다란 주검의 화상을 가져와서, "술 마시며 유쾌히 놀라. 죽으면 나도 이 꼴 되리라" 하며 소리치게 했다.
　그래서 나는 공상할 때뿐 아니라 어느 때에도 끊임없이 죽음을 입에 올리는 버릇이 있으며, 사람들의 죽음에 관한 이야기, 그때 그들이 하던 말, 얼굴빛, 자세 따위보다 더 알고 싶은 것이 없었고, 역사를 읽을 때도 이런 대목에 더 주의한다. 이것은 내가 실례를 들어 증명하려고 끄적거려 놓은 것에 나타나 있다. 나는 이 제목에 특별한 애착을 가지고 있다.
　내가 책을 지어 내는 장인이라면, 나는 여러 죽음에 관한 주석을 붙인 기록을 꾸며 볼 것이다. 사람들에게 죽는 법을 가르치는 자는 그들에게 사는 법을 가르쳐 줄 것이다. 디카이아르쿠스는 이런 제목으로 책을 지었다. 그러나 목적하는 바가 다르고 좋지 못했다.

사람들은 죽음이라는 현실은 상상보다 훨씬 무서우며 아무리 검도를 잘해도 이런 싸움에는 지지 않을 수 없다고 말할 것이다. 말하고 싶은 대로 말하게 두라. 이것을 예측하고 있는 일은 확실히 유리하다. 적으나마 마음을 변치 않고 일에 들뜨는 일 없이 거기까지 가는 것이 대단찮은 일이란 말인가? 그뿐 아니다. 대자연이 우리에게 손을 빌려 주며 용기를 준다. 짧고 격렬한 죽음이면, 두려워할 여유가 없다. 그렇지 않은 경우에는 병들어 가면서 나는 자연의 일점 인생을 경멸해 가는 것을 알게 된다. 나는 열병에 걸렸을 때보다도 건강한 때에 죽음에 대한 결심을 하기가 어렵다.

나는 이미 인생의 쓸모와 쾌락에 대한 흥미를 잃기 시작했으며, 인생의 재미에 그렇게 애착을 가지고 있지 않으니, 죽음을 대하는 데도 공포를 훨씬 덜 느낀다. 이것은 내가 인생에서 멀어지고 죽음에 더 가까워질수록, 이 두 교환을 더 쉽게 해치울 것이라고 기대하게 한다.

"사람들이 가까서서보다도 멀리서 더 크게 보인다"고 카이사르가 말한 바를 여러 경우에 체험해 본 만큼, 나는 병들어서보다 건강한 때 병이 훨씬 더 두려워 보이는 것을 알았다. 지금은 경쾌한 건강과 힘과 쾌락을 가졌기 때문에, 나는 사실 병을 어깨에 짊어졌을 때 느끼던 것과 비교가 안 되게 더 흉한 것으로 보여져서, 그 불편한 상태를 반은 더 상상력으로 키워서 더욱 힘들 것으로 생각한다. 죽음 역시 그렇기를 나는 바란다.

우리가 당하고 있는 이 변화와 쇠퇴 속에 자연이 우리에게 이 손실과 악화에 관한 맛을 제거해 주는 모습을 보자. 한 노인에게는 그의 청춘 시절의 힘과 지나간 인생의 무엇이 남아 있는가?

> 아아! 늙은이에게 어느 만큼의 생명이 남아 있는가? (막시미아누스)

카이사르의 호위대 병사 하나가 기진맥진한 채 쇠약한 몸으로 거리에서 그만 죽으러 가겠다고 퇴직을 요구했다. 그러자 카이사르는 그 쇠잔한 모습을 보고, "너는 아직 살아 있다고 생각하는구나" 하며 놀리듯이 말했다. 갑자기 그런 상태에 떨어진다면 이 변화를 견뎌 낼 수 있으리라고 생각되지 않는다. 그러나 자연의 손에 이끌리어 가벼운 경사를 부지불식 중에 한 계단 한 계단 끌려 내려가면, 자연은 우리를 이 비참한 상태로 굴려가며 거기에 길들여 준다. 그리하여 청춘이 우리에게서 죽어 갈 때는 생명의 온전한 죽음이나 노년의 죽음보다 더 가혹한 일이지만 우리는 아무 충격도 받지 않는다. 감미롭고도 꽃 피어나는 생명에서 힘들고 괴로운 생명으로 변해 갈 때와 같이, 불행한 존재에서 존재하지 않음으로의 비약은 그렇게 힘든 것이 아니다.

육신은 굽어지고 휘어져서 무거운 짐을 지탱하는 힘이 줄어든다. 우리의 마음 역시 그렇다. 이 영혼을 이 적수의 공격에 대항해서 단련시키고 강화해야만 한다. 왜냐하면 마음이 이 적수를 두려워하는 동안 안정을 얻기는 불가능하니, 이것은 인간 조건의 힘에 넘치는 일이지만 우리가 확고하게 이 죽음에 대할 수 있다면, 불안·고민·공포, 그리고 가장 사소한 불쾌감까지도 마음에 깃들기는 불가능하다고 자랑할 수 있다.

> 폭군의 위협하는 눈길도
> 아드리아해를 둘러엎는 광풍도
> 벼락을 던지는 주피터의 강력한 손도
> 아무것도 그 확고한 마음을 흔들 수 없다. (호라티우스)

마음은 자기 정열과 못된 잡념을 극복하여 궁핍과 수치·빈한, 그 밖에 운명의 모든 다른 모욕을 극복한다. 할 수 있으면 이 역량을 얻어 두자. 여기 진실한 최고의 자유가 있으니, 그것은 불의와 폭력을 우롱하고 감옥과 쇠사슬을 경멸할 힘을 갖게 한다.

> 그대 수족을 쇠사슬로 묶어
> 잔인한 옥사쟁이의 감시하에 두리라.
> ―내 원하면 신이 몸소 와서 끌러 주리라.
> ―정녕 이 사람 말은 "나는 죽겠다"는 뜻이다.

죽음은 사물의 종말이니까.　　　　　　　　　　　　　　(호라티우스)

　우리의 종교는 인생의 경멸밖에 더 확실한 인간적 기초를 가진 것이 아니었다. 이성의 추리에서 그렇게 생각될 뿐이 아니다. 왜냐하면 잃어버려도 아까울 것 없는 사물(생명)을 잃는다고 무엇이 두려울 것인가? 그리고 우리가 그렇게도 여러 죽음의 방식으로 위협받고 있는 이상, 생명 하나를 유지하기보다는 그 여러 가지를 두려워하는 것이 더 불행한 일 아닐까?
　피할 수 없는 일인 바에야 그것이 언제 온들 상관있겠는가? 소크라테스에게 "30명의 폭군들이 그대에게 사형 선고를 내렸다"고 알려 주자, "대자연을 그들에게"라고 그는 대답했다.
　모든 고통에서 벗어나는 통과점에 관해 속을 썩이다니 어리석은 수작이지!
　우리의 출생이 모든 사물의 출생을 가져온 바와 같이 우리의 죽음은 모든 사물의 죽음을 가져올 것이다. 따라서 지금부터 백 년 뒤에 우리가 살아 있지 않으리라고 슬퍼하는 것은, 지금부터 백 년 전에 우리가 살아 있지 않았다고 슬퍼하는 것과 같이 미친 수작이다. 죽음은 다른 생명의 근원이다. 우리는 울었다. 그래서 이 세상에 들어오기가 힘들었다. 우리는 여기 들어올 때 헌 옷을 벗어 던졌다.
　한 번밖에 있지 않을 일은 힘들 것이 없다. 그렇게 짧은 시간의 일을 그렇게 오랫동안 두려워할 이유가 있을까? 오래 살기와 짧게 살기는 죽음에 의해서 하나가 된다. 왜냐하면 이미 없는 일에는 긴 것도 짧은 것도 없는 까닭이다. 아리스토텔레스는 말하되, 히파니스강에는 하루밖에 살지 않는 작은 짐승이 있다고 했다. 아침 8시에 죽는 것은 청춘에 죽는 것이고, 저녁 5시에 죽는 것은 노쇠해서 죽는 것이다. 이 순간적인 지속을 가지고 행복이나 불행을 따졌다면 누가 비웃지 않을 것인가? 우리 인생을 영겁에 비교해 보면, 그보다도 산·강물·별·나무, 또는 어떤 동물에 비교해 보면, 좀 더 살거나 덜 살거나 하는 문제 따위는 똑같이 가소로운 일이다.
　어떻든 대자연은 우리에게 강제한다. 이 세상에 들어온 것처럼 여기서 나가라고 말한다. 죽음에서 생명으로 들어올 때 거쳐 온 길을 무슨 심정이건, 공포심도 가질 것 없이 생명에서 죽음에로 다시 거쳐 가거라. 그대의 죽음은 우주

질서의 한 부분이다. 그것은 세상 생명의 한 부분이다.

> 인생은 생명을 서로 전수한다. 경주장의 계주자들처럼
> 손에서 손으로 생명의 횃불을 넘겨준다.   (루크레티우스)

그대를 위해서 사물들의 이 아름다운 구조를 변경해야 할 일인가? 이것은 그대가 창조된 조건이다. 죽음이란 그대의 한 부분이다. 그대는 자신에게서 도피하는 것이다. 그대가 누리고 있는 그대의 이 존재는 똑같이 생명과 죽음으로 갈라져 있다. 그대가 이 세상에 나온 첫날은, 그대를 삶과 아울러 죽음으로 이끌어 가고 있다.

> 우리들 최초의 시간은 우리에게 생명을 주며
> 이미 그것을 끊어 갔다.   (세네카)

> 태어나면서 우리는 죽는다.
> 종말은 시작의 결과이다.   (마닐리우스)

그대가 살고 있는 것은 모두 생명에서 훔쳐 온 것이다. 생명은, 생명의 희생으로 이루어진다. 그대의 생명이 끊임없이 하는 일은 죽음을 지어가는 것이다. 삶에 있는 동안 그대는 죽음에도 있다. 왜냐하면 그대가 이미 살고 있지 않을 때, 그대는 죽음 저쪽에 있기 때문이다.

그대는 삶 다음엔 죽어 있다. 살아 있는 동안 그대는 죽고 있다. 그리고 죽음은 죽은 자보다도 죽는 자를 더 혹독하게 침해한다. 더 맹렬하게, 더 본질적으로 침해한다. 그대가 인생에서 소득을 보았으면, 그대는 거기에 포만했다. 만족해서 물러가라.

> 어째서 마음껏 먹은 손님처럼 인생을 뜨지 않는가?   (루크레티우스)

> 인생을 이용할 줄 몰랐다면, 인생이 쓸데없었다면

그까짓 것 잃었다고 서러울 것 있나? 무엇 때문에 삶을 또 바라나?

    며칠을 더 살아 보면 무엇 하나.
    마찬가지로 비참하게 잃어버릴 것이며
    소용도 없이 없어질 것을.   (루크레티우스)

인생은 그 자체로서는 좋은 것도 나쁜 것도 아니다. 그대들이 인생에게 차려 주는 자리의 좋고 나쁨에 따른다.

그대가 하루 살았으면 다 살아 본 것이다. 하루나 다른 날들이나 마찬가지이다. 낮의 밝음에 다를 것이 없고, 밤의 어두움에 다를 것이 없다. 이 태양, 이 달, 이 별들, 이런 배치들, 이것은 그대 조상들이 누려 온 것이며, 그대 후손들이 다루어 갈 것이다.

    그대 조상들이 다른 것을 본 바 없고
    그대 자손들이 다른 것을 볼 바 없으리라.   (마닐리우스)

내 연극을 이루는 막들의 모든 배열과 변화는 기껏해야 1년 안에 완수될 것이다. 네 계절의 움직임을 유의해 살펴보았다면, 그것은 이 세상의 유년기, 청년기, 장년기, 노년기를 포함한다. 그것으로 연극은 끝난다. 그것은 다시 시작해 볼밖에 다른 재간은 없다. 그것은 언제나 똑같은 일이다.

    우리는 모두 같은 궤도를 돌고 있다.
    거기서 결코 벗어나지 않는다.   (루크레티우스)

    세월은 제 발자취를 따라 그 위에서만 맴돌고 있다.   (베르길리우스)

나는 그대들에게 다른 새로운 소일거리를 꾸며 줄 생각은 없다.

    나는 이 밖에 그대가 좋아하게 꾸며 볼 거리도, 고안할 거리도

아무것도 없다. 모든 일은 언제나 똑같다.　　　　　　　　　　(루크레티우스)

　다른 자들에게 자리를 내주라. 다른 자들이 그들에게 해 준 것과 같이.
　평등은 공평성의 첫 조항이다. 모두들 들어앉아 있는 속에 자기도 들어 있다고 한탄할 나위가 있나? 그런 만큼 그대가 아무리 살아 보았댔자 그것 가지고 그대가 죽기로 되어 있는 시간을 부수지는 못하리라. 모두 다 헛수작이다. 그대는 마치 아기 때 죽어서 있는 것같이, 그대가 두려워하는 그 상태로 그만큼 오래 있으리라.

　　그대가 원하는 몇 세기를 기껏 승리자로 살아보아도
　　영원한 죽음은 똑같이 기다리고 있다.　　　　　　　　　(루크레티우스)

　그리고 그대를 아무 불평 없는 상태에 놓아 주어도

　　죽음이 오면 어느 다른 그대가 그대의 시체 앞에
　　살아서 그대를 슬퍼하고 엎드려 그대를 위해 울어 줄 사람
　　없을 것을 그대는 모르는가?　　　　　　　　　　　　　(루크레티우스)

　그리고 그대가 그토록 아까워하는 생명을 그대는 원하지도 않을 것이다.

　　그때엔 아무도 자기 생명이나 자신을 걱정하지 않는다.
　　우리에겐 자신에 대한 아무런 애석함도 남지 않는다.　　(루크레티우스)

　무(無)보다도 더 적은 것이 있다면, 죽음은 무만큼도 두려워할 거리가 못 된다.

　　무보다 더 작은 사물이 존재할 수 있다면
　　우리에겐 죽음은 그보다 훨씬 더 못한
　　사물로 보일 것이다.　　　　　　　　　　　　　　　　(루크레티우스)

죽음은 그대가 살아 있거나 죽어 있거나 상관하지 않는다. 살아 있으면, 그대는 살아 있으니 그렇고, 죽었으면 그대는 이미 없으니 그렇다. 아무도 제 시간 전에는 죽지 않는다. 그대가 남겨 두고 가는 시간은 그대가 출생하기 전의 것과 마찬가지로 그대의 것이 아니다. 그리고 또한 그대에게 상관없는 일이다.

  우리들 앞서 지나간 영원한 태고의 세월들이
  우리에게는 아무 상관도 없음을 알라.   (루크레티우스)

 어디서 그대의 생명이 끝나건 생명은 거기서 전부이다. 삶의 효용은 공간에 있지 않고 사용에 있다. 적게 살고도 오래 산 자가 있다. 그대가 살아 있는 동안, 거기 주의하라. 그대가 실컷 산다는 것은 세월의 많고 적음에 달려 있지 않고, 그대의 의지에 달려 있다. 그대가 끊임없이 가고 있는 곳으로 결코 도달하지 못한다고 생각하는가? 나갈 구멍 없는 길은 없다. 길동무가 있어야 덜 허전할 것이라면 세상이 그대가 가는 같은 길을 가는 것이 아닌가?

  그대의 생명이 완수된 다음 모두가 그대를 뒤따르리라.   (루크레티우스)

 그대가 움직일 때 모두가 움직이지 않는가? 그대와 함께 늙지 않는 사물이 있는가? 수천의 인간들, 수천의 동물들, 수천의 다른 생명들이 그대가 죽는 순간에 같이 죽는다.

  갓 나온 어린애의 울음소리에 섞여서
  죽음과 장례 행렬에 따르는 비통한 울음소리를 들음이 없어
  밤이 낮에, 새벽이 밤에 이어오는 일은 없으리라.   (루크레티우스)

 뒤로 물러날 수 없는 바에야 죽음 앞에 물러나서 무엇하는가? 불행을 면하고 죽어가기 잘한 자들을 얼마든지 보았느니라. 잘못 죽은 자들을 그대는 보았는가? 그대 자신도, 다른 사람이라도, 자기가 경험해 보지 않은 일을 나쁘게 말하는 것은 너무나 어리석은 일이다. 어찌하여 너는 나와 운명을 원망하느

냐? 우리가 네게 언짢게 하느냐? 네가 우리를 지배하느냐? 우리가 너를 지배하는 것이냐? 네 나이는 끝나지 않았다 해도, 네 인생은 끝났다. 큰 사람이나 작은 사람이나 완전한 사람이다.

인간들도 그들의 생명은 자로 재지 못한다. 키론은 시간과 지속의 신인 그의 부친 사투르누스에게서 영생의 조건을 듣고 그것을 거절했다. 영원한 생명을 상상해 보라. 인간에게는 내가 그에게 준 생명보다 더 참을 수 없고 괴로우니라. 그대에게 죽음이 없었다면 그대는 내가 죽음을 주지 않았다고 끊임없이 나를 저주했을 것이다. 나는 이 죽음의 효용이 편리함을 고려해서, 그대가 너무 탐하여 천방지축으로 죽음을 찾으려고 하지 못하게 막기 위해서, 거기다가 조금 쓴맛을 섞었다. 그대가 생명을 피하지도 말고 다시 죽음을 피하지도 말라고 내가 그대에게 요구하는 절도를 그대가 지키게 하기 위해서, 나는 삶과 죽음의 단맛과 쓴맛을 골고루 조절하여 놓았다.

나는 그대들 중에 가장 처음 나온 현자인 탈레스에게 삶과 죽음은 차별이 없다는 것을 가르쳐 주었다. 그래서 누가 그에게, 글쎄 어째서 그는 죽지 않느냐고 묻자, 그는 "어느 것이나 마찬가지이니까"라고 현명하게 대답했다. 물·흙·공기·불, 그리고 내 제작품(세상)의 다른 종류들은 네 생명의 도구도, 네 죽음의 도구도 아니다. 어째서 너는 네 마지막 날을 무서워하느냐? 그날은 어느 다른 날이나 마찬가지로 네 죽음에 기여해 주는 것이 없다. 마지막 걸음이 피로를 일으키는 것이 아니다. 그날은 죽음을 선언한다. 모든 날들은 죽음으로 향한다. 마지막 날은 거기 도달한다.

이것이 우리 어머니인 대자연의 착하신 분부이다. 그런데 나는 내가 당하거나 남이 당하거나 간에, 집에 있을 때보다 전쟁터에서 죽음이 비교할 수 없이 무섭지 않은 것은 웬일인가(그렇지 않으면 군대 전체가 의사들과 울보들로 들끓을 것이다). 그리고 죽음이란 늘 한 가지인데, 다른 자들보다 시골 사람이나 비천한 사람들이 훨씬 더 마음이 태평한 까닭은 무엇일까 자주 생각해 보았다. 사실은 우리가 죽음을 둘러싸고 있는 모습과 장비가 죽음보다 더 무서워지게 만드는 것이라고 생각한다. 여기서 삶의 새로운 형식이 나오며, 어머니들, 여자들, 어린아이들이 울부짖고 사람들이 찾아와서 놀라 기절하고, 수많은 하인들이 얼굴이 새파래져서 눈물 흘리며 법석대고, 방은 컴컴하니 촛불은 켜 있고, 머리맡에는 의사와 선교사들이 빙 둘러 서 있으며, 결국 우리 주위의 모두가 공포요 경악에 짓눌리고 있다. 죽기도 전에 우리는 벌써 땅속에 묻혀 있다. 어린애들은 제 동무가 탈을 쓰고 있는 것을 보아도 무서워한다. 어른들도 그렇다. 사람들뿐 아니라 사물들의 탈 또한 벗겨야 한다. 벗겨놓고 보면, 그 아래엔 지난번 하인이나 침모가 두려움 없이 간단하게 넘어간 바로 그 죽음이다. 이런 따위의 장치를 준비해 둘 여가가 없는 죽음이여, 행복할꺼나.

21
상상력에 대하여

'강력한 상상(想像)은 사실로 화한다'고 학자들은 말한다. 나는 상상력에 대단한 영향을 받는다. 저마다 거기에 충격을 받으며 개중에는 거기에 쓰러지는 자도 있다. 상상이 주는 인상은 뼈가 저릴 정도이다. 그리고 나는 그것을 모면하자는 것이지, 거기에 저항하자는 것이 아니다. 나는 오로지 건전하고 쾌활한 사람들의 도움만 받고 살고자 한다. 다른 사람들이 고민하는 것을 보면, 내가 실제로 괴로워지고 내 심정이 흔히 제삼자의 심정을 빼앗는다. 연달아 콜록거리는 사람을 보면 내 허파와 목구멍이 근질거린다. 나는 체면상 찾아가 보아야 할 병자를 위문하러 가기보다는 거리낄 것 없고 존경할 것도 없는 병자를 찾아보는 편이 마음 편하다. 마음이 그쪽으로 쏠리면 그 병을 잡아서 내게 준다. 나는 상상력이 멋대로 일게 두고 그것을 북돋아 주는 자들이 열병에 걸려서 잘 죽는 것을 이상한 일이라고 보지 않는다.

시몽 토마는 당대의 유명한 의사였다. 그는 어느 날 폐병을 앓는 늙은 거부의 집에서 나를 만났는데, 그 병자와 병을 고치는 방법에 관해서 이야기하다가 그가 말하기를, 내가 즐겨 그 노인과 같이 있게 하는 기회를 만들어 주는 것이 한 방법이라고 했다. 그의 눈으로 나의 신선한 얼굴을 응시하고, 그의 생각을 내 청춘에 넘치는 쾌활성과 정력에 매어 두고, 그의 감각을 내가 처해 있는 꽃피어오르는 상태로 채우면, 그의 용태가 나아지리라고 하던 것이 생각난다. 그러나 그는 내 상태가 그 때문에 나빠지리라는 것은 잊어버리고 말하지 않았다.

갈루스 비비우스는 광증의 본질과 동작을 이해하려고 자기 마음을 너무 심히 긴장시키다가 판단력이 일그러져서, 다시는 원상태로 돌아올 수 없었다. 그래서 그는 자기 예지의 힘으로 미치광이가 됐다고 자랑할 수 있었다. 공포 때문에 미리 사형 집행인의 손에 걸려들 것을 예기하는 자도 있다.

어떤 자는 사면장을 읽어 주려고 올라가서 풀어 주고 보니, 그는 이미 자기 상상력의 타격만으로도 빳빳이 굳어 죽어 버렸다. 우리는 상상력의 충격을 받아서 진땀을 흘리고 벌벌 떨며 새파래지기도 하고 새빨개지기도 하며, 털담요에 누워서도 그 상상력의 충격에 교란돼 어떤 때는 숨이 넘어가기까지 한다. 혈기방장한 청년은 깊은 잠이 들어서도 꿈속에서 사랑의 정욕을 만족시킨다.

    그들은 실제로 행하듯
    정액의 물결을 쏟아 내며 옷을 흠뻑 적신다.   (루크레티우스)

또 잠자기 전에는 없었는데, 밤사이에 뿔이 돋친 자를 본 것도 새로운 일이 아니다. 그러나 이탈리아 왕 키푸스에게 일어난 사건은 기억할 만하다. 그는 낮에 투우를 아주 재미있게 보고 나서, 하룻밤 내내 머리에 뿔이 돋친 꿈을 꾸었더니, 이 상상력으로 정말 이마에 뿔이 돋았다. 정열은 크로이수스의 아들에게 날 때부터 갖지 못했던 목소리를 주었다. 그리고 안티오쿠스는 스트라토니케[6]의 미모에 너무 심한 충격을 받아서 열병에 걸렸다. 플리니우스는 루키우스 고시티우스가 결혼 당일 여자에서 남자로 변한 것을 보았다고 말했다. 폰타누스와 다른 사람들은 지난 몇 세기 동안 이탈리아에서 이렇게 변신한 예가 더러 있었다고 이야기한다. 그리고 자기와 그 모친의 맹렬한 욕망으로,

    이피스는 소녀 때 남자가 되려고 바친 소원이 성취되었다.   (오비디우스)

나는 프랑스령 비트리를 지나다가 한 남자를 보았다. 그는 22세까지 소녀로서 마리라 불리었다는 것을 그곳 주민은 모두 알고 있으나, 소아송의 주교가

---

[6] 그리스 왕녀로 절세 미인. 시리아 왕 니카토르의 아내였는데, 안티오쿠스가 열렬히 사랑했기 때문에 그에게 물려주었다.

남자로 확인하여 제르맹이라고 이름까지 지어 주었다. 그는 당시 텁석부리 수염이 난 늙은이였고, 결혼은 하지 않고 있었다. 그는 뛰면서 힘을 주었더니 남성의 생식기가 돋아나왔다고 말한다. 그래서 그곳 소녀들 사이에는 너무 심히 뛰면 마리 제르맹처럼 남자가 되니 서로 조심하자는 동요가 아직도 돌고 있다. 이런 유의 사례가 자주 있다는 것은 그리 신기한 일도 아니다. 상상력이 이런 일을 일으킬 수 있다면, 이 생각이 계속적으로 극히 강력하게 한 곳에 집착되고, 이 맹렬한 욕망을 자주 생각지 않아도 좋도록 상상력이 진짜로 여자의 몸에 남자의 부분을 만들어 넣는 일을 해치우는 편이 나은 것이다.

어떤 사람들은 다고베르왕[7]과 성 프란체스코[8]가 가진 상처는 상상력 탓이라고 한다. 살이 그만큼 제 자리에서 떨어져 나갔다는 것이다. 그리고 켈수스의 이야기에는, 한 신부가 황홀감 속에 영혼이 빠져나가서 육체는 오랫동안 호흡이 끊어지고 감각도 없이 지냈다고 한다. 성 아우구스티누스는 다른 사람을 하나 지적하면서, 그는 슬퍼 한탄하는 소리를 듣자 갑자기 실신하여 정신을 차리지 못했는데, 그를 다시 살려 내려고 야단법석을 치며 고함지르고 꼬집고 불로 지지고 해도 효과가 없었다고 말한다. 그는 깨어나서 말하기를, 소리는 들었으나 멀리서 오는 것 같았다고 하며, 그때 비로소 덴 자리와 멍든 자국을 알아보더라는 것이었다. 이것이 그의 감각에 대해 가장한 것이 아니었던 것은 그동안 그에게 맥이 뛰지 않고 숨이 끊어졌던 것만 보아도 알 수 있다는 것이다.

기적·환각, 마술의 현혹 등 이런 해괴한 일들을 믿게 되는 중요한 근거는 주로 마음이 약한 속인들의 마음에 상상력이 작용해서 이루어지는 것으로 보인다. 그들은 너무나 굳게 남의 말을 믿기 때문에, 보이지 않는 것도 보인다고 생각한다.

그리고 요즈음 다른 말은 입에 올리지도 않을 정도로 세상 사람들이 골치를 앓고 있는 그 우스꽝스러운 성교불능증 역시 두려움과 공포에 대한 인상 때문이라고 생각한다. 경험으로 알지만, 나 자신의 일같이 책임지고 말할 수 있

---

7) 603~639. 프랑스 메로빙거 왕조의 왕의 이름. 전설에 의하면, 그는 괴저병의 공포에서 온몸에 상처가 생겼다고 한다.
8) 아시시의 성자. 1182~1226. 청빈한 수도로 큰 종파를 세움. 하늘에 붉은 천사가 나타난 것을 보자, 그의 손과 발에 예수의 못 박힌 상처와 같은 상처가 생겨 피가 흘렀다고 전함.

는 어떤 사람이, 그는 그렇게 마음이 허한 자도 아니고 귀신이 붙어 그럴 수도 없는 터인데, 자기 친구 하나가 심상치 않은 쇠약증에 빠졌다는 이야기를 듣고, 자기 역시 그런 처지에 놓이게 되었을 때를 생각하며 상상력에 너무 심한 충격을 받아 자기도 그만 그 꼴에 빠졌다. 그리고 그런 거북한 꼴을 당한 추잡스러운 추억에 시달리고 억눌려서 그때부터는 자주 그런 일에 빠지는 버릇이 생겼다. 그는 다른 공상으로 이 공상을 치료하는 방법을 발견했다. 그것은 자신이 이 병을 고백하여 이런 처지에 빠졌던 일을 미리 떠들어 대며, 이 병폐가 반드시 올 것이라고 이야기해 놓자, 자기 책임감이 덜어지고 마음이 덜 거북해져서 긴장이 풀리는 것이었다. 그런 다음 자기 몸의 상태가 좋은 때를 골라서(흐트러진 생각도 가다듬어지고 몸이 평상시 상태로 된 때), 상대편에게 양해를 구한 다음 처음으로 자기 몸을 시험하게 했는데, 손으로 쥐기도 하고 갑자기 들이대기도 하게 해 보았더니, 그는 이 문제에 관해서는 완전히 치유되었다.

　사람은 진정한 결함이 아니면, 한번 해 볼 수 있었던 일이 다시 불가능하게 되지는 않는 법이다. 이 불행은 우리 마음이 욕심과 존경심 때문에 고도로 긴장해서, 특히 이런 좋은 기회가 뜻밖에 급히 닥쳐왔을 때 시도하는 경우가 아니면 두려워할 거리가 못된다. 이런 때에는 마음의 혼란을 가다듬어 볼 방도가 없다. 내가 아는 어떤 사람은 이 맹렬한 정욕을 처리하기 위해 다른 데서 정욕을 반은 채워 온몸으로 일에 부딪쳐서 도움을 보았다. 그리고 나이가 들어서 힘이 줄었기 때문에 이 능력은 오히려 더 강해졌다. 또 하나는 한 친구가 그에게 이런 경우의 예방으로 확실한 반격을 할 수 있는 주술을 가졌다고 안심시켜서 효험을 본 일이 있었다. 그 일이 된 내력을 이야기하는 편이 낫겠다.

　나와 아주 친하게 지내는 문벌 좋은 백작 한 분이 미모의 여인과 결혼하게 되었다. 그 여인을 귀찮게 쫓아다니던 어느 남자가 이 축하연에 참석했던 터라, 무슨 예방 주술이라도 걸지 않았나 염려해서, 그의 친구들과 친척 가운데 한 늙은 분이 몹시 걱정을 했다. 그래서 자기가 이 결혼식을 주재하고, 식도 자기 집에서 올리게 했다.

　이 부인이 내게 이런 사정을 이야기해 주었다. 나는 그런 일은 나만 믿고 걱정 말라고 일러두었다. 나는 다행히 일사병과 두통을 예방하기 위해 천체 그림이 그려 있는 납작한 황금 메달 하나를 궤짝 속에 가지고 있었다. 두개골이 이어진 선에 맞춰서 쓰는 것으로, 꼭 붙어 있게끔 끄나풀이 달려 있고 턱 밑에 잡아매도록 되어 있었다. 이 또한 우리가 말하려는 헛수작과 사촌뻘은 되는 이야기이다. 이 괴상한 물건은 자크 펠르티에가 내게 선사했던 것이다.

나는 이것을 어떻게 써먹을까 생각해 보았다. 그래서 백작에게 이런 주술을 쓰려는 사람들이 더러 있으니 그도 다른 사람들처럼 액운을 겪을지도 모르지만 걱정 말고 가서 자라고 했다. 내가 친구로서 예방해 줄 방법이 있으며, 그가 명예를 걸어 신실하게 비밀을 지켜 주기만 한다면, 필요한 때에는 내가 할 수 있는 기적을 하나 내어 보이기를 아끼지 않겠다고 했다. 그날 밤에 그에게 밤참을 가져갈 때, 만일 일이 잘 되지 않거든 단지 내게 이러저러하게 눈짓만 하라고 일러두었다. 그는 이런 일을 마음에 깊이 새겨듣고 있었기 때문에, 자기 상상력이 혼란에 빠진 것을 느끼고 내게 눈짓을 했다.

그래서 나는 그에게 우리를 쫓아내는 체하며, 장난으로 내가 입던 잠옷을 빼앗아 입고(우리는 키가 아주 비슷했다) 내가 시키는 일을 다할 때까지 그것을 벗지 말라고 했다. 나는 다음과 같이 하도록 했다. 우리가 나가거든 소변을 보러 가서 세 번 이러저러한 주문을 외고 이러저러한 동작을 하는데, 그때마다 내가 손에 쥐어 줄 그 끄나풀을 매고 거기 달린 메달을 조심스레 신장(腎臟)에 대되, 메달의 초상은 어떻게 놓고 할 것이며, 그리고 난 다음은 이 끄나풀이 풀어지지도 움직이지도 않게 꼭 죄어 매고, 안심하고 돌아가서 할 일을 하라고 말이다. 그리고 내 잠옷을 위에 걸쳐 펴고, 둘이 같이 덮는 것을 잊지 말라고 했다.

우리의 사고력은 이런 괴상한 방법이 무슨 난해한 학술에서 오지 않는 것인지 풀어 볼 힘이 없기 때문에, 이런 자질구레한 행동이 일의 절차에 주요 부분을 이룬다. 이런 일은 허망하기 때문에 중대하고 존중해야 할 것으로 보인다. 결국 내 부적은 일사병 예방보다도 신방의 예방이 되어, 막는 효과보다 시키는 효과를 내었다. 나는 갑자기 기묘한 생각이 들어서 내 성격과는 달리 이런 짓을 한 것이다. 나는 속임수로 하는 행동은 딱 질색이며, 내 손으로는 노름에서나 유익한 일에나 농간부리기를 싫어한다. 그러므로 이 행동이 도덕에 어긋나지는 않았다 해도 그 방법만은 나쁘다.

이집트 왕 아마시스는 미모의 그리스 여자 라오디케와 결혼했다. 왕은 다른 점에서는 양순한 남편이었는데, 그 여자를 안을 수 없었기 때문에 무슨 마귀의 술수로 여겨 그녀를 죽이려고 했다. 그녀는 이것이 상상력의 조화라고 생각하여 그를 신앙심에 잠기게 이끌었다. 그래서 그는 비너스에게 축원을 올리고 서약을 했더니 신에게 희생과 헌납을 바친 첫날 밤에 일은 신통하게도 바로 되었다.

　여자들이 얼굴을 찌푸리고 앙탈하며 도망치는 모습으로 남자를 대하는 것은 잘못이다. 그러면 불타는 정열이 꺼지고 만다. 피타고라스의 며느리는, 여자가 남자와 잘 때는 치마와 함께 부끄러움을 벗어던지고, 속치마를 입을 때 부끄러움을 다시 찾아야 한다고 말했다. 공격하는 자의 마음은 너무 여러 가지 놀라는 일에 무안해서 자칫하면 기가 죽는다. 그리고 상상력이 한번 이런 수치를 당하면(그리고 여자를 처음 알게 되는 때에는 정욕이 끓으며 황급해지고, 더욱이 첫 번에 실패할까 두려워하기 때문에 이런 경우에만 그런 꼴을 당하게 된다), 시작을 잘못했기 때문에 열이 오르고 울화가 나서 다음 경우에도 이러한 변이 잇달아 일어난다.

　부부들은 언제나 시간이 있으니 준비가 안 된 일을 급히 서둘거나 시험해서는 안 된다. 그리고 첫날 밤에 심란하고 열이 오른 터에 점잖지 않게 접근하다 실패하는 것보다 다음에 더 친근해져서 놀란 마음이 가라앉는 것을 기다리는 편이 낫다. 첫 번 거절에 놀라서 절망하다가는 영영 비참한 꼴을 당하기 때문이다. 일이 되기 전에는 이런 환자는 화를 내거나 고집을 세우며 자신이 결정적으로 그렇다고 설복하지 말고, 생각이 날 때 여러 번 가볍게 시험해 보아야 한다. 자기 기관의 성질이 순함을 아는 자들은 다만 이런 상상력을 거꾸로 속일 생각을 가져야 한다.

　사람들이 이 기관이 방자하게도 말을 안 듣는 성질을 가졌다고 보는 것도 당연하다. 우리가 어찌해 볼 도리도 없을 때 불쑥 나오며 가장 필요한 경우엔 어색하게도 수그러지고, 강압적으로 우리 의지와 권위를 다투며 마음속으로나 손으로 일이 되게 두 손으로 빌 때엔 거만하게도 고집 세워 거절한다.

　그렇지만 만약 이 기관이 말을 안 듣는다고 책망하며, 그것을 처단하려고 했을 경우, 그것이 대가를 치러 가며 자기 사정을 변호해 달라고 내게 의뢰했다면, 아마도 나는 그것의 동무인 다른 기관들이 이 기관의 중요성과 그 쾌락을 시기해서 모두 뭉쳐 날조한 사건을 가지고 그것에 싸움을 걸며, 심술궂게도 공통의 죄를 그 기관 혼자에게 뒤집어씌웠다는 혐의를 두어 본다. 나는 우리 신체의 어느 한 부분이라도 우리의 의지가 시키는 것을 거절하는 일이 없는가, 우리 의지가 시키지 않는데도 제멋대로 움직이는 일은 없는가를 생각해 보라고 그대들에게 제언한다. 이 부분들은 각기 그 자체의 버릇을 가지고 있으며, 허가도 받지 않고 깨어났다 잠들었다 한다.

얼마나 여러 번 얼굴이 제멋대로 움직여 우리가 감추고 있는 생각을 드러나게 하고, 남들 앞에 자주 망신을 시키는가! 이 기관에 활기를 주는 바로 그 원인이, 우리가 알지도 못하는 사이에 염통이나 허파나 맥박에 활기를 준다. 미인을 보면 부지불식간에 들떠 감동의 불길이 우리 속에 퍼져나간다. 이런 근육이나 혈맥은 단지 우리의 의지뿐 아니라 생각에도 없이 일어나고 수그러지는 것이 아닌가? 우리는 욕심이나 공포 때문에 머리칼이 쭈뼛 서고 피부에 소름이 돋는 것을 억제하지 못한다. 손은 흔히 우리가 보내지도 않는 곳으로 움직인다. 이런 경우에 다다르면 혓바닥은 굳어지고 소리는 얼어붙는다.

먹을 것이 없어서, 특히 우리가 배고픔을 일부러 참으려고 할 때, 이 먹고 마시고 싶은 욕망은 다른 욕망보다 더 하지도 덜하지도 않게 거기 매여 있는 부분들의 감각을 자극하며, 당치도 않게 제 좋을 대로 우리를 저버린다. 배 속을 비워내는 기관은 우리의 신장을 비워내는 기관처럼 우리 생각과는 달리 반대로 벌어졌다 오므라졌다 한다. 우리 의지의 전능한 권위를 세우기 위해서 성 아우구스티누스가 보았다고 하는 어떤 자가 방귀를 마음대로 조절하더라는 것, 그의 주석가 비베스가 자기 시대의 다른 예를 덧붙여, 사람이 읊는 시의 곡에 맞추어 조직적으로 방귀를 뀌더라는 이야기는, 이 기관이 온전히 우리 뜻에 복종하고 있다는 의미가 아니다. 보통은 이것이 심히 조심성 없고 소란을 떨기 때문에 하는 말이다. 그뿐더러 내가 본 한 예는 너무나 소란스럽고 말썽거리여서, 이 방귀가 40년 동안 한 번도 끊이지 않고 줄곧 나오게 그 주인을 강제하며, 그를 이 모양으로 죽음으로 끌어가고 있다.

우리 의지의 권위를 세우려고 이런 책망을 내놓지만, 오히려 의지가 혼란과 불복종으로 거역과 모반을 일삼는다고 지적하는 것이 얼마나 더 그럴듯한 일인가! 의지는 우리가 반드시 그것이 원해 주기를 바라는 대로 원하고 있는 것일까? 의지는 대개 우리가 원하지 말라는 것을 원하여, 확실히 우리에게 손해를 보이고 있지 않은가? 의지는 우리의 이성이 결론짓는 곳으로 더 잘 인도되고 있는 것인가?

끝으로 내 피변호인(생식기관을 가리킴)을 위해서 말하고 싶은 것은 "이 사건에서 그의 피소 내용은 불가분하게 한 방조범과 결부되어 있다. 그런데 사람들은 무턱대고 그에게만 대들며, 이 소송 당사자들의 조건으로 보아서, 그에 대한 잘못을 따져 꾸짖는 것과 죄를 캐내어 묻는 것 외에 지금 말한 그 방조범에게는 어느 모로 보아도 관여되거나 연계되어 있다는 점을 고려하지 않는다. 따라서 고발자들의 적의와 비합법성이 명백하게 드러난다"는 점이다. 아무튼 변호사와 재판관들이 아무리 변론하고 판결을 내려 보아도 자연은 거기 얽매이지 않고 제 할 일을 한다. 자연은 이 기관에게 죽어 갈 인생들의 유일한 영생불멸의 작품들의 작가로서 어떤 독특한 특권을 부여할 때, 그는 옳은 일을 하는 것이다. 이 때문에 소크라테스에게는 생식이 거룩한 행동이며, 사랑은 영생의 욕망이고, 그 자체가 영생의 정령인 것이다.

아마도 이 상상력의 효과로 어떤 자는 여기 와서 부스럼[9]을 떼어 놓는데, 그의 동무는 그대로 스페인으로 가져간다. 그 때문에 이러한 일에는 미리부터 마음을 단단히 먹으라고 요구하는 것이 습관으로 되어 있다. 의사들은 그들의 약이 사기인 것을 환자의 상상력으로 보충하려는 의도에서 하는 것이 아니라면, 어째서 환자들에게 병이 낫는다는 가짜 약속으로 미리 환자의 신임을 얻으려고 하는 것인가? 환자들에게는 약을 보이기만 해도 효과를 내는 수가 있다고 하는 말을, 이 직업의 한 대가가 글로 적어 놓은 것을 의사들은 알고 있다.

이 모든 변덕스러운(몽테뉴가 친구에게 황금 메달을 가지고 한) 수작은 마침 선친께서 부리시던 약제사 하인이 늘 해 주던 이야기에서 머릿속에 떠오른 것이다. 그는 본시 행동하는 습관이 사람을 속일 줄 모르는 스위스 인인데, 오래전에 한 툴루즈 장사꾼을 알고 지냈다고 한다. 그의 말에 이 장사꾼은 병자로, 담석증을 앓았기 때문에 자주 관장해야 할 필요가 있어 증세에 따라 의사들에게 여러 가지 관장 처방을 쓰게 했다. 이 관장의 도구를 가져와 보면, 그는 여

---

[9] 프랑수아 1세가 스페인에 볼모로 있었던(1525~1526) 후, 스페인에서는 이 왕이 만져 주면 부스럼이 낫는다는 소문이 돌아 수많은 사람들이 프랑스까지 찾아왔다.

느 때 하는 모든 형식을 하나도 빼놓지 않고 언제나 약이 너무 뜨겁지 않은가 하고 만져 보기도 했다.

그래서 그는 드러눕고, 엎드리고, 차릴 것은 모두 차리고 나서 약을 주입하는 일만 빼놓았다. 이 격식을 마친 약제사가 물러가고 환자는 마치 관장을 시행한 것처럼 차리고 있으면, 그는 관장을 실시한 자와 똑같은 효과를 느꼈다. 그리고 치료가 충분치 못하다고 보면, 의사는 이와 같은 격식을 두서너 번 되풀이하는 것이었다. 내 증인은 맹세하며 말하기를, 그러다가 환자의 아내가 비용을 덜기 위해(왜냐하면 그렇게 할 적마다 치료비를 치렀기 때문이다) 미지근한 물을 넣어 주려고 시도했더니, 그 결과로 이 속임수가 드러났다. 그리고 이 방법이 소용없게 되어 환자는 다시 처음의 방법을 써야만 했다는 것이다.

한 여인은 빵을 먹다가 바늘을 삼켜 목에 바늘이 찔린 줄 알고 아파서 참을 수 없다고 울부짖으며 괴로워했다. 그러나 겉으로는 붓지도 않았고 변한 것도 없었기 때문에, 어떤 약은 사람이 이것은 단순한 상상의 작용이며 빵을 먹다가 조금 긁힌 것을 가지고 그런다고 판단하고, 빵을 토하게 하고 토해 낸 속에 몰래 꼬부라진 바늘을 집어넣었다. 이 여인은 그것을 토해 냈다고 생각하고, 바로 아픔이 없어진 것을 느꼈다.

내가 아는 한 사람은 자기 집에서 잔치를 베풀고 나서 사나흘 후에, 장난으로(그런 것은 안했지만) 참석했던 이들에게 음식에 고양이 고기를 넣었다고 말했다. 그랬더니 그들 중의 한 아가씨는 그만 기절을 해서 위가 뒤집히고 열이 나, 구원할 길이 없었다.

짐승들도 사람과 같이 상상력에 지배당한다. 그 증거로, 개들 중에는 주인이 죽으면 슬퍼서 죽어가는 놈도 있다. 어떤 개는 꿈꾸다가 짖고 꿈틀거리며, 어떤 말은 자다가 울고 허우적거린다.

이런 것은 모두 정신과 육체의 작용이 서로 통하고 있는 밀접한 연결에서 일어나는 일이라고 해석할 수 있다. 상상력이 어느 때는 자기 육체뿐 아니라 다른 사람의 육체에까지 작용하는 것은 경우가 다르다. 페스트나 천연두나 눈병이 이 사람에게서 저 사람으로 전염되듯, 한 육체가 이웃에 병을 던져 주는 것과 똑같다.

> 안질을 쳐다보면 눈이 똑같이 나빠지며
> 여러 질병은 몸에서 몸으로 전염된다.   (오비디우스)

마찬가지로 상상력은 맹렬히 동요되면 외부의 대상을 침범하는 수가 있다. 옛말이 전하는 바에는, 스키타이 여인들은 어떤 자에게 원한을 품고 악이 받치면 눈흘김만으로도 그를 죽일 수 있었다 한다. 거북과 타조는 눈으로 쳐다보기만 하는 것으로 알을 깐다. 거기에 방사하는 효능이 있는 증거이다. 그리고 마술사들은 눈으로 쳐다보기만 해도 남을 침범하는 해로운 힘이 있다고 한다.

> 어떤 눈이 내 유순한 어린 양들을 홀려가는지 모르겠다.   (베르길리우스)

마술사들이란 내게는 달갑지 않은 권위자들이다. 그러나 우리는 경험으로 이런 족속들이 사방에 있어서 여자들이 공상으로 품은 것이 배 속의 어린애에게 표적으로 남는 것을 본다. 검둥이를 낳은 여자가 그 증거이다. 보헤미아 왕이며 황제인 카를 앞에 어떤 자가 피사 근처의 소녀를 데려왔는데, 그 애는 숭숭 솟은 털로 덮여 있었다. 그 어미의 말로는 침대 위에 걸린 세례 요한의 화상을 보고 그 아이를 가졌다는 것이다.

동물들 중에도 이와 같은 일이 있다. 그 증거로 야곱의 양들이 그렇고, 메추리, 토끼 따위는 산에 눈이 오면 색이 희어진다. 요즈음 바로 내 집에서 사람들이 본 일이지만, 고양이 한 마리가 나무 위 높이 앉은 새를 노려보며 얼마 동안 서로 시선을 고정시켜 응시하고 있더니, 새는 자신의 상상력에 취했는지 아니면 고양이에게 끌어오는 어떤 힘이 있었는지, 죽은 듯이 고양이 발 앞에 떨어지고 말았다.

사냥을 좋아하는 사람들은, 매 사냥꾼이 공중의 소리개를 눈독 들여 쳐다보아서 그 시선의 힘만으로도 그 새를 아래로 내려오게 한다고 장담하는 말을 들었다. 그리고 실제로 그렇게 한다는 것이다.

나는 여기 빌려 온 이야기의 진위 여부를 그것을 따 온 사람들 저마다의 양심에 맡겨 둔다. 그것에 관한 고찰은 내가 한다. 이성으로 따져보는 것이지 경험에서 얻지는 않았다. 누구라도 자기 실례를 내놓을 수 있다. 이런 실례가 없는 사람들에게 이 사건들이 너무 잡다하게 많은 것으로 보아, 그런 일이 있었다고 믿지 말아 달라는 말은 아니다. 내가 주석을 잘하지 못하는 것이라면 누구든지 내 대신 주석을 잘해 주기 바란다.

그런 만큼 우리들의 습관이나 동작에 관해서 내가 취하는 연구에 나오는 가공적인 발언들은 그것이 가능한 일이라면 진실한 이야기가 된다. 파리에서건 로마에서건 쟝에게나 피에르에게나, 이런 일이 일어났건 안 일어났건, 그것은 늘 인간 능력의 재주이며, 나는 거기서 얻은 보도를 쓸모있게 이 이야기에 사용했다. 나는 그것을 보며 그것이 진짜이건 그림자이건 똑같이 유익하게 사용한다. 그리고 이러한 이야기들이 흔히 주는 여러 교육 가운데 가장 희한하고 기억에 남는 것을 이용하기로 한다.

작가들 중에는 사건의 이야기를 목적으로 하는 사람들이 있다. 내 이야기는 가능하다면 일어날 수 있는 일을 말해야 했을 것이다. 학문 연구에서는 진실을 파악하지 못했을 때 그와 비슷한 일을 상상해 보는 것이 정당하게 허용된다. 그렇지만 나는 그렇게는 하지 않는다. 그리고 이 방면에서는 미신과 같이 조심스럽게 누구보다도 더 이야기의 진실성을 지켰다. 내가 들었거나 말했거나 여기 내가 인용한 예들은, 그중에 가장 가볍고 부질없는 일을 가지고도 나는 고쳐서 말하기를 꺼린다. 내 양심은 종지부 하나도 바꿔 쓰지 않는다. 내 지식은 보장하지 못한다.

이 점에서 생각해 보면, 역사를 쓰는 일은 철학자나 신학자, 기타 미묘하고 정확한 양심과 예지를 가진 사람에게 마땅한 듯싶다. 어떻게 보통 사람들의 신실성을 보증으로 자기들의 성실성을 담보할 수 있을 것인가? 어떻게 모르는 사람들의 사상에 책임을 지고 그들이 추측하는 바를 현금으로 받아들일 것인가? 자기들 앞에서 일어난 여러 갈래의 복잡한 행동을 갖고도, 한 재판관이 그것을 확인하려고 맹세시킬 때에 그들은 증명해 주기를 거절할 것이다. 아무리 친밀한 사이라도 남의 마음속 의향까지 완전히 책임질 수는 없는 일이다. 나는 지난 일을 쓰는 것이 현재를 쓰기보다 위험성이 적다고 본다. 그것은 필자가 빌려 온 진리에 대한 책임밖에 지지 않기 때문이다.

어떤 이는 내가 쉽게 여러 당파의 수뇌부와 접근할 수 있는 터이므로, 다른 사람만큼 편견에 사로잡히지 않고 현시대의 일을 볼 수 있으리라고 생각하고,

나에게 내 시대의 사건들을 써 보라고 종용한다. 그러나 그들은 내가 살루스티우스의 영광을 얻는다 해도, 그런 수고를 하지 않을 것이라는 말은 하지 않는다. 책임지는 것과 부지런하기와 꾸준하게 일하기는 나와는 상극이며, 광범위하게 이야기하는 것은 내 성미에 아주 맞지 않는 일이기 때문에 이야기를 끌어 나가기가 숨차서 자주 끊으며, 일상의 사물에 쓰는 문장이나 어휘는 어린애보다 더 가진 것이 없기 때문에 구문이나 설명이 도무지 쓸 만하게 되지 않는다. 그래서 나는 내 힘에 맞춰서 재료를 조절하며, 내가 말할 수 있는 것을 말해 가는 것이다.

만일 나를 지도해 줄 자의 방식에 따른다면 내 격식은 그의 격식과는 어긋날 것이다. 내 자유가 너무 방자하기 때문에 내 생각대로 사리를 따라 해도 법적이지 않고 처벌당할 판단을 했을 것이다. 플루타르크의 문장 속에 그가 해 놓은 일에 관해 인용한 예들이 어느 것이건 모두 진실한 이야기라면, 그 공은 남의 것이고, 그것이 후세에 유익하고 사람들에게 도덕의 길을 밝혀 주는 영예를 지고 나왔다고 하면, 그 영예는 자기가 한 일이라고 기꺼이 말할 것이다. 옛날 이야기에 무엇이 이렇고 저렇다고 말하는 것은, 의사의 처방전이 어떻다는 식으로 아무런 위험할 여지가 없는 일이다.

22
한 사람에게만 이로운 것은 다른 사람에게 해롭다

아테네인 데마데스는 장례에 쓰는 물품을 파는 시민 한 사람을 처벌했다. 그 이유는 너무 많은 값을 요구하며, 이 이익은 많은 사람들이 죽지 않으면 그에게 올 수 없다는 것이었다. 그런데 누가 이득을 보면 다른 자가 반드시 손해를 보게 되어 있으니, 그렇게 하면 모든 종류의 이득은 처벌해야 하는 만큼 이 판결은 잘못된 것으로 보인다.

장사는 청년들의 낭비가 없으면 되지 않는다. 농군은 곡식이 비싸야 하며, 건축가는 집이 무너져야 하고, 재판소 관리는 사람들이 소송과 다툼을 해야 하며, 성직자들의 영광과 직무까지도 우리의 죽음과 악덕이 있어야만 된다. 의사는 자기 친구가 건강한 것도 좋아하지 않으며, 군인은 자기 도시의 평화조차 좋게 보지 않는다고 옛날 그리스 희극 작가는 말한다. 다른 일도 다 마찬가지이다. 더 언짢은 일로, 우리 각자가 자기 속을 뒤져 보면, 우리 마음의 소원은 대부분 다른 사람의 손해가 생겨나 커지는 것이다.

이런 점을 고찰해 본 나는, 대자연이 이 점에서 그의 전반적인 행정을 게을리 하는 바가 없구나 하는 생각이 들었다. 왜냐하면 자연법학자들은 개개의 사물의 출생과 양육과 성장은 다른 사물의 변질과 부패라고 해석하고 있기 때문이다.

어떤 사물이 변화하여 그 한계에서 떠나면
바로 그것이 전에 존재하던 사물의 죽음이 되기 때문이다.　　(루크레티우스)

23
습관에 대하여, 그리고 이어받은 법을 쉽사리 변경하지 않음에 대하여

이 이야기를 처음으로 꾸며 낸 사람은 습관의 힘을 아주 잘 이해한 듯하다. 한 시골 여인이 송아지 한 마리를 낳았을 때부터 두 팔에 안고 쓰다듬어 주는 버릇이 생겨 이 일을 계속했더니, 그것이 습관이 되어 큰 황소가 된 뒤에도 거뜬히 안을 수 있었다는 것이다. 습관이란 것은 사실 배신적인 맹위를 떨치는 훈장인 까닭이다. 그것은 우리 속에 은밀히 그 권위의 발판을 닦는다. 그러나 시작은 순하고 잔잔하게 하다가 시간의 도움을 받아 발판을 닦아 자리잡고 난 뒤, 얼마 안 가 맹렬한 폭군의 얼굴을 드러낼 때, 우리는 거기 대항해서 눈을 쳐들 힘도 없어진다. 우리는 습관이 자연법칙의 모든 방면에 침범하는 것을 본다.

습관은 모든 사물들 가운데 최강의 윗사람이다.　　(플리니우스)

나는 이에 관해서 플라톤의 《국가론》에 나오는 동굴 이야기[10]를 믿으며, 의

---

10) 플라톤의 동굴, 즉 사람은 마치 동굴 속에서 안쪽 벽만 바라보게 묶여 있는 꼴이다. 이 세상의 모든 현상은 밖의 진실된 세상이 입구를 통해서 이 벽에 비쳐진 그림자와 같은 것이라고

사들이 흔히 기술에 관한 이유는 제쳐두고 습관의 권위만 존중하는 것과 한 왕[11)]이 이 습관의 방법으로 독약을 먹고 지내도록 자기 위장을 단련했다는 이야기, 알베르투스가 말하는 한 소녀가 습관이 되어서 거미를 먹고 살았다는 이야기를 믿는다.

저 새로운 인도(새로 발견한 아메리카 대륙)의 세상에는 큰 민족이 여러 지방에서 거미를 먹고 그것을 저장해서 키우며, 또 여치·개미·도마뱀·박쥐 등도 기르고 있고, 식량이 떨어졌을 때에는 두꺼비 한 마리가 6에퀴에 팔린 일이 있고 이것을 구워서 여러 가지 소스로 조미해 먹는 것이 발견되었다. 거기서 발견된 다른 종족들에게는 우리가 먹는 살코기나 식료품은 치명적인 독이 되는 것이었다.

습관의 힘은 크다.
수렵인들은 눈 속에 철야하며 산악의 그을리는 햇볕을 참아 낸다.
경기자들은 철장갑에 맞아 상처를 입어도
소리를 지르지 않는다.

(키케로)

이런 이국의 예들은 우리가 평상시에 보는 것으로, 습관이 얼마나 우리들의 감각을 둔하게 만드는가를 고찰해 보면 이상할 것도 없다. 나일강 폭포수 근처에 사는 주민들을 찾아갈 필요도 없다. 그리고 철학자들이 천체의 음악에 관해서 말하는 바, 그 원형 물체들은 고체이기 때문에 굴러갈 때 비비며 마찰하여 경이로운 화음을 내지 않을 수 없으며, 그 화음의 선율과 음조에 따라 별들의 궤도와 변하는 형상을 조절해 간다는 것이다. 그런데 생명의 청각은 이집트인들처럼 계속해서 울리는 음향에도 쉽게 잠들고 마비되어서 아무리 소리가 커도 들리지 않는다는 말은 따져볼거리도 못된다. 대장간·방앗간·병기 공장의 공인들이 우리처럼 소리에 놀란다면, 그들의 귀에 울리는 음향을 찾아내지 못할 것이다.

한 유명한 우화.
11) 이 왕은 흑해 연안 폰투스 왕국의 미트리다토스. 기원전 121~63년. 소아시아를 정복하여 큰 왕국을 세웠으나 로마와 오랫동안 전쟁하다가 망함.

내 옷깃에 뿌린 향수는 코에 상쾌하다. 그러나 사흘만 계속해서 입고 다니면 그것은 옆 사람의 코에만 소용이 있을 뿐이다. 더 이상한 일로 이런 습관은 오랜 간격과 중단이 있어도 우리 감각에 그 인상이 준 효과를 가질 수 있다. 종루의 근처에 사는 주민들이 겪는 바가 바로 그렇다. 나는 내 집의 한 탑 속에 살고 있는데, 새벽이나 저녁에는 대단히 큰 종이 날마다 '아베마리아'를 울리고 있다. 이 소란스러운 소리는 내 탑까지 뒤흔든다. 처음에는 참을 수 없었던 이 종소리가 얼마 안 가 거기 길들여지고, 이제는 들어도 괴롭지 않고 흔히 잠도 깨지 않는다.

플라톤은 한 아이가 도토리를 가지고 놀고 있는 것을 보고 그러지 말라고 책망했다. 그 아이가 "대단찮은 일로 책망하시네요"라고 대꾸하자 "습관은 대단찮은 일이 아니다"라고 플라톤이 대꾸했다. 우리의 가장 큰 악덕은 연약한 소년 시절에 주름잡히는 것이며, 우리의 가장 중요한 훈육은 유모의 손에 달렸다고 생각한다. 어린애가 암탉의 목을 비틀고 개나 고양이에게 상처를 주며 날뛰는 꼴을 보는 것이 어머니들의 소일거리가 되고, 어떤 아버지는 바보처럼 아들이 자기 몸을 방어할 줄 모르는 농민이나 하인을 정당하지 못하게 때리고 있는 것을 보고 기사 정신을 가진 때문이라고 생각하며, 배신과 속임수로 자기 동무를 농락하는 것을 보면 재롱을 피운다고 강조한다. 그렇지만 이런 일은 잔인과 폐악과 배반의 씨앗이며 뿌리이다. 그런 것이 싹이 트고 부끄러움을 모르는 채 자라나 습관의 손에서 힘차게 득세한다.

이러한 비열한 경향을 아이의 나이가 어리고 경솔한 탓으로 돌리며 변명해 주는 일은 매우 위험한 교육 방법이다. 첫째 이것은 천성이 하는 말이니, 이때 그 천성은 더 약한 만큼 그 소리는 더 순수하고 강력하다. 둘째로 속임수의 더러움은 금화와 푼돈과의 차이에 달려 있는 것이 아니고, 그 자체에 있다. 나는 그들이 말하는 대로 '푼돈을 다룰 때에만 그렇지, 금화를 다룰 때는 결코 그렇지 않다'는 식보다는, '푼돈으로 속일 바에야 어째서 금화로는 못 속여?'라고 결론짓는 편이 더 옳다고 본다. 어린애들에게는 조심해서 그 꾸밈 자체를 미워하도록 가르쳐 주어야 할 일이다. 또 그들이 단지 행동에서 뿐 아니라, 특히 마음에서 이 악덕을 피하도록 본래의 나쁜 점을 가르쳐 주어야 하며, 악덕이 어떤 가난을 뒤집어쓰고 있어도 그런 생각마저 징그럽게 보여 주어야 한다.

나는 어릴 적부터 항상 크고 평탄한 길을 걷도록 가르침받았고, 또 어린애 장난에라도 속임수나 야바위 따위를 섞을 때에는 분노를 느껴왔기 때문에(진실로 어린애들 장난은 장난이 아니고, 그들에게는 가장 신중한 행동이라고 간주해야 하는 만큼), 아무리 가벼운 심심풀이라도 속이는 일에는 마음속에서부터 극도의 혐오를 느꼈다. 나는 카드놀이를 하면 푼돈을 걸더라도 황금 두 닢을 건 것과 같이 하고, 진짜 노름에서나 아내와 딸을 데리고 할 때나 잃고 따는 데 차이를 두지 않는다. 어느 경우라도 나는 모든 일에 충분히 눈으로 내 처신을 살피며, 내 눈보다 더 가까이서 나를 감시하는 것이 없고 내 눈보다 내가 더 존경하는 것이 없다.

나는 요즈음 낭트 출신의 태어날 때부터 기형의, 팔이 없고 키가 작은 한 사람을 보았다. 그는 발을 어찌나 잘 놀리는지 손으로 할 것을 모두 발로 하며 발 본연의 용도는 반은 잊어버리고 있었다. 그뿐더러 자기 발을 손이라고 부르며, 칼로 깎고, 권총에 탄알을 재어서 쏘며, 바늘에 실을 꿰고 바느질을 하며, 글씨를 쓰고, 모자를 벗고 머리를 빗으며, 카드놀이를 하고, 주사위를 던지고, 다른 어느 누가 하는 것만큼 재주 있게 잘 흔든다. 내가 그에게 준 돈을(그는 이렇게 재주를 보이며 돈을 벌고 있었기에), 우리가 손으로 하는 것처럼 발로 집어갔다. 나는 어릴 적에 또 한 사람을 보았는데, 그는 두 손으로는 칼 하나를 갖고 재주를 부리고, 남은 손이 없으니 턱 밑의 주름으로 삼지창을 집어 이것을 공중에 치올렸다가 다시 받고, 단도를 던지고, 프랑스의 여느 마부보다도 채찍질을 더 잘했다.

우리의 마음은 습관의 영향으로 그것에 잘 저항하지 못하기 때문에 그 효과를 더 잘 알 수 있다. 습관이 우리의 판단력과 신념에까지도 무슨 일이든 못할 것인가? 아무리 해괴한 사상이라도(많은 국민들과 능력 있는 인물들이 잘 빠지는 여러 종교의 속되고 고약한 사기술은 제쳐둔다. 왜냐하면 이 부문은 우리 인간의 이성이 닿지 않는 곳이며, 하늘의 은총으로 비상하게 도에 통달하여 있지 않은 자들이 거기 탐혹하는 것은 용서될 수 없는 일이기 때문이다), 또 모든 사상들 중에서 아무리 괴상하다고 해도 습관이 마음에 내켜서 지배하고 싶은 지방에 자기 법칙을 세워 보지 못할 정도로 괴상한 사상이 있을 수 있겠는가? 옛말에 "자연의 관찰과 탐구가 직책인 자연 철학자로서, 습관에 의해서 편협하게 된 정신들에 진리의 증거를 구해 보며 수치도 느끼지 않는다"(키케로)라고 부르짖는 것은 아주 당연한 일이다.

나는 아무리 허황된 생각이라도 실제로 대부분의 사람들에게 실천되는 예를 찾아볼 수 없을 정도로, 그리고 우리들의 이성이 지탱하고 근거를 세워 줄 수 없을 정도로 해괴한 사상은 인간의 상상력 속에 들어올 수 없다고 생각한다. 어떤 나라에서는 인사할 때 뒤돌아서고, 존대하는 사람을 결코 쳐다보지 않는 국민들이 있다. 또 어떤 곳에서는 왕이 침을 뱉을 때 그 궁전에서 가장 총애받는 부인이 손을 내미는 곳이 있다. 또 어떤 나라에서는 그의 주위에서 가장 명망 높은 자들의 오물을 사람들이 땅에 엎드려서 걸레로 치우는 곳이 있다.

여기 한 가지 더 이야기할 거리를 마련하면, 프랑스의 한 귀인은 늘 손으로 코를 풀었다. 우리 습관으로는 대단히 천한 짓이다. 그래서 그가 자기 하는 짓에 변명하는 말이(점잖은 사람들 사이에 유명하게 되었지만), 이 더러운 오물이 무슨 특권을 가졌기에 그것을 받으려고 곱고 보드라운 헝겊을 준비하고, 더욱이 이것을 싸서 소중히 간직하느냐고 내게 반문하며, 그렇게 하는 일은 우리가 다른 오물을 처리하듯 아무 데서나 던져 버리는 것보다도 오히려 더 가슴 뭉클해지는 징그러운 일이라고 말했다. 나는 그의 이야기가 전혀 이치에 닿지 않는 말은 아니라고 생각했다. 그래서 이것이 다른 나라의 일이라면 대단히 추하게 보였을 테지만, 습관이 된 다음에는 그것을 그다지 괴상하다고 생각지 않고 눈에 거슬리지 않게 되었다.

기적은 우리가 자연에 대해서 무지하기 때문에 있지, 그것이 자연의 본질은 아니다. 버릇이 되면 우리들의 판단력은 마비된다. 야만인들은 우리가 그들 눈에 비친 것보다 그들이 우리 눈에 더 괴상하게 보일 것도 없으며, 더 그러할 이유도 없다. 만일 각자가 이런 사례들을 두루 살펴보고 나서, 자신의 처지를 반성하며 이런 것을 건전하게 생각해 볼 줄 안다면 이렇게 고백할 것이다. 인간의 이성은(그것이 어떠한 형태로 되어 있건) 우리의 모든 생각과 풍습과 대체로 같은 무게로 물들여진 채색이다. 이성의 재료도 잡다하고 종류도 잡다하다.

다시 원래 이야기로 돌아가자. 어느 나라에서는 왕에게 말할 때 그의 아내와 자녀들을 제외하고는 관(管)을 통하지 않고는 이야기하지 못한다. 바로 그

나라에서 처녀들은 부끄러운 부분을 드러내놓고 다니며, 결혼한 여자들은 그것을 조심스레 감추고 있다. 그리고 다른 지방의 다른 습관도 이것과 관련이 있다. 거기서는 정조는 결혼을 위해서밖에 존중되지 않는다. 왜냐하면 미혼녀들은 자유로이 몸을 내맡길 수 있으며, 아이를 가지면 사람이 보는 데서 약을 써서 아이를 지운다. 그리고 다른 곳에서는 장사꾼이 결혼할 때에는 결혼식에 초대받은 모든 장사꾼들이 신랑보다 먼저 신부와 잔다.

게다가 그 수가 많을수록 여자는 더욱 당차고 능력이 있다는 명예와 칭찬을 얻는다. 장교가 결혼해도 같은 절차를 밟으며, 귀족도 그와 같고, 다른 사람들도 같은데, 농민과 천민들만이 다르다. 그때에는 성주가 하도록 되어 있다. 그렇지만 결혼 생활을 하는 동안은 굳게 정절을 지키는 것을 장려하는 데 빈틈이 없다.

남자 공창이 있는 데도 있고, 남자들끼리의 결혼이 있는 곳도 있다. 여자가 남편과 함께 전쟁에 나가며 전투에서만 아니라 지휘하는 직위를 갖는 곳도 있다. 반지를 코에 꿸 뿐 아니라 입술이나 볼, 발가락에도 끼며, 무거운 황금 막대기를 젖꼭지와 볼기짝에 끼우는 곳도 있다. 식사하면서 손을 허벅다리나 불알이나 발바닥에 문대는 곳도 있다. 아들 딸이 상속하는 것이 아니라 형제나 조카가 상속하는 곳이 있고, 다른 곳에서는 왕의 상속을 빼놓고는 조카들만이 하는 곳도 있다. 재산의 공동 관리가 지켜지고, 어떤 공동 관리는 전반적으로 토지의 경작을 관리하고 각자의 필요에 따라서 생산품을 분배하는 직책을 맡아 본다. 어린이가 죽으면 슬퍼하고, 노인이 죽으면 잔치를 베푸는 곳도 있다. 잠잘 때 열이나 열두엇이 그들의 여자들과 함께 자는 곳도 있다. 어떤 곳에서는 여자들의 남편이 횡사하면 재가할 수 있고 그렇지 않으면 못 한다. 여자들의 조건이 너무나 나빠서 딸을 낳으면 죽여 버리고, 필요할 때는 이웃 나라들에서 여자를 사오는 곳도 있다. 남편이 아무런 이유도 없이 아내를 쫓아내는 곳도 있다. 아이를 낳지 못하는 여자를 팔아 버리는 권리를 남편이 갖고 있는 곳도 있다.

죽은 사람의 시신을 삶아 짓찧어 죽을 만들어 술에 타서 먹는 곳도 있다. 어떤 데서는 가장 바라는 장례가 개에게 뜯어 먹히는 것이고, 다른 데서는 새들에게 쪼아 먹히는 것이다. 그리고 어떤 곳에서는 행복한 영혼들은 자유로이 좋은 것이란 좋은 것은 모두 가지고 안락한 전원에 살고 있고, 우리가 듣는 메아리는 그 영혼들의 소리라고 믿고 있다. 어떤 곳의 사람들은 물속에서 싸우는데, 헤엄치며 활을 정확하게 쏜다. 어떤 데서는 복종의 표시로 어깨를 쳐들고 머리를 숙이며, 왕의 앞에 나갈 때에는 신을 벗어야 한다. 어떤 데서는 내시들이 수녀들을 지키고 있으며, 사랑을 받지 못하도록 코와 입술을 없앤다. 그리고 제관(祭官)들은 귀신과 사귀고 신탁(神託)을 내리기 위해서 눈알을 뺀다. 어떤 데서는 각기 제 마음대로 신(神)을 고른다. 사냥꾼은 사자나 여우를, 고기잡이는 어떤 물고기를 신으로 삼고, 인간의 행동이나 정열까지도 우상으로 삼는다. 해·달·땅은 주요 신들이며, 맹세하는 형식은 해를 쳐다보며 땅을 만지는 일이고, 고기와 생선을 날로 먹는다.

어떤 데서는 중대한 맹세를 할 때에는 나라에서 명망이 높았던 죽은 인물의 무덤을 만지고 그 이름을 부른다. 어떤 곳에서는 왕이 그 신하인 후작·백작들에게 내리는 새해 선물로 불을 보낸다. 그것을 가져오면 그 전의 불은 모두 꺼 버린다. 그리고 이 후작과 백작에 매어 있는 백성들은 각기 이 새 불에서 자기 불을 받아 가야 한다. 그렇게 하지 않으면 불경죄가 된다.

어떤 데서는 왕이 깊은 신앙생활에 들어가려고(이런 일은 자주 있다) 퇴위하면 그 상속인도 똑같이 해야 하고, 왕국의 권리는 제3의 상속자에게 넘어간다. 어떤 데서는 사세(事勢)의 필요에 따라서 정치 체제를 변혁하며, 아무 때나 왕을 퇴위시키고 노인들이 국가의 정치를 맡아보며, 때로는 그것을 국민의 손에 넘긴다. 어떤 데서는 남자와 여자들이 할례를 받으며, 동시에 세례를 받는다. 어떤 데서는 군인이 한 군데나 여러 군데의 전투에서 적의 머리 일곱 개를 베어 왕에게 바치면 귀족이 된다.

어떤 데서는 영혼이 죽어서 없어진다는 진기하고도 무례한 사상을 품고 산다. 어떤 곳에서는 여자들이 두려움 없이 울지도 않고 어린애를 낳는다. 어떤 곳에서는 여자들이 양쪽 다리에 구리테를 끼우고 있다. 그리고 이가 물면 용감한 자의 의무로 이것을 다시 깨물어 반격하게 되어 있고, 왕이 원할 때는 그에게 처녀를 바치지 않고는 결혼하지 못한다. 어떤 데서는 인사할 때 손가락으로 땅을 짚고 이것을 다시 하늘로 쳐든다. 어떤 데서는 남자들이 짐을 머리에 이고, 여자들은 어깨에 지며, 여자들은 서서 소변을 보고 남자들은 구부리고 앉아서 본다. 어떤 데서는 우정의 표시로 자기 피를 보내고, 그들이 존경하려는 인물에게는 신의 앞에서 하듯 향을 피운다. 어떤 데서는 사촌까지만이 아니라 친척의 더 먼 촌수와도 결혼이 허용되지 않는다. 어떤 데서는 어린아이에게 네 살까지 젖을 먹이고, 어떤 데는 열두 살까지도 간다. 그런데 바로 그 고장에서는 태어난 첫날 어린애에게 젖을 주면 죽는 것으로 알고 있다. 어떤 데서는 아비는 사내아이들의 징벌을 맡고, 어미는 여자애들을 맡고 있다. 그리고 징벌은 거꾸로 매달고 연기를 쐬게 하는 것이다. 어떤 곳에서는 여자에게 질 입구 주름 절개 수술을 한다. 어떤 데서는 무슨 풀이든지 나쁜 냄새가 나는 것만을 빼놓고는 모두 먹는다. 어떤 데서는 집이 아무리 아름답고 부유하다 해도 모두 열어 놓고, 문도 없고, 창문도 없으며, 담아 둘 궤짝도 없다. 그리고 도둑들은 다른 데서보다 갑절로 처벌받는다. 어떤 데서는 잔나비같이 이를 물어서 죽이고, 손톱으로 뭉개어 죽이는 것을 보면 징그럽다고 한다. 어떤 데서는 한평생 머리도 손톱도 깎지 않는다. 다른 데서는 오른손 손톱은 깎고, 왼손 손톱은 기르는 것이 점잖다고 한다. 어떤 데서는 신체의 오른쪽 털은 모두 기르고, 자라는 대로 놓아 두며, 왼쪽은 깎는다. 그리고 그 이웃 나라에서는 앞면의 털을 기르며 또 다른 지방에서는 뒷면만을 기르고 그 반대편을 깎는다. 어떤 데서는 손님들에게 즐기라고 돈을 받고 아비는 아이들을, 남편은 아내를 빌려 준다. 어떤 데서는 어미에게 아이를 갖게 하는 것이 점잖은 일이고, 어버이들은 딸이나 아들과 육체관계를 맺는다. 어떤 데서는 향연의 회합에서 서로 아이들을 빌려 준다.

이 고장에서는 사람의 살을 먹고 살며, 저 고장에서는 아비의 나이가 어느 정도 되었을 때 죽이는 것이 효도가 된다. 다른 데서는 아비들이 어린애가 아직 배 속에 들어 있을 때, '이 애는 기르고 저 애는 버려라. 죽여라' 하고 명령한다. 다른 데서의 늙은이들은 아내를 젊은이에게 이용하라고 빌려 준다. 다른 곳에서는 여자를 공동 소유로 해도 죄가 되지 않는다. 즉 그녀들이 경험해 본 남자들의 수만큼 털실 방울을 옷깃에 달고 많이 달수록 그만큼 더 영광의 징표가 된다. 습관은 여자들의 국가를 따로 만들어 놓지 않았던가? 그녀들 손에 무기를 쥐어 주지 않았던가? 군대를 편성해서 전쟁을 시키지 않았던가?

철학이 가장 현명한 사람들의 머리에 심어 넣지 못하는 것을, 습관은 단지 명령만으로 가장 우둔한 속인들에게 가르쳐 주는 것이 아닌가? 왜냐하면 우리는 국민 전체가 죽음을 경멸할 뿐 아니라 치하하고 있는 나라들을 알고 있으니 말이다. 일곱 살 먹은 어린아이가 죽도록 매를 맞아도 얼굴도 꼼짝 않는 곳이 있다. 어떤 데서는 부유함이 오히려 경멸받아 도시의 가장 평범한 시민도 돈지갑을 줍기 위해서 손을 내밀려고 하지 않는다. 그리고 우리는 생활품이 가장 풍부한 지방에서, 그리고 가장 일반적이고 맛 좋은 식사가 빵과 개구리 다리와 물로 되어 있는 곳을 안다.

습관은 키오섬에서 7백 년 동안 아내들이나 처녀들이 잘못을 범한 기억 없이 지냈다는 기적을 실현하지 않았던가? 결국 내 생각으로는 습관이 하지 않는 일이나 하지 못할 일은 없다. 그리고 핀다로스가 습관을 우주의 여제라고 불렀다고 하는 것은 지당한 일이다.

제 아비를 때리던 자가 대답하기를, 그것은 자기 집 습관이라고 했다. 그 아비는 그 조부를 그렇게 때렸고, 그 조부는 그 증조부를 때렸다는 것이다. 그리고 아들을 가리키며, 이 애도 내 나이쯤 되면 나를 때릴 것이라고 했다. 아들이 거리에서 아비를 잡아당기며 끌고 돌아다니다가, 어느 문 앞에 와서는 아비가 아들에게 멈추라고 명령했다. 왜냐하면 그는 아비를 거기까지밖에는 끌고 가지 않았던 것이다. 여기까지가 아들들이 습관적으로 버릇이 되어서, 그 가정에서 아비들에게 모욕적인 취급을 하던 한계였다.

여자들이 병 때문에 털을 뽑고 손톱을 깨물고 숯이나 흙을 먹는 것만큼 자주, 남자들은 천성보다도 습관 때문에 남자들끼리 서로 교접한다고 아리스토텔레스는 말한다.

양심의 법칙은 천성으로 타고난다고 우리는 말하지만, 그것은 습관에서 나온다. 각자는 주위 사람들이 승인하고 받아들인 생각과 풍습을 내심으로 존경하고 있기 때문에, 후회 없이는 그것을 벗어던지지 못하고 찬양하며 거기 응한다.

옛날에 크레테인들은 누구를 저주하려고 할 때에 그가 나쁜 버릇을 갖게 해 달라고 신에게 축원했다.

그러나 습관의 힘이 가진 주요 효과는 우리를 너무 강력하게 움켜잡아 옴아넣고 있는 까닭에, 명령하는 것을 생각해 따져보기 위해 그 지배에서 벗어나

제 정신을 차려 볼 수가 거의 없다는 점에 있다. 참으로 우리는 태어나 젖먹이 때부터 이 습관을 들이마시며, 처음 세상을 인식할 때 세상은 이 습관이 보여 주는 방식으로 드러나기 때문에 우리는 이 길을 따라가야 하는 조건으로 세상에 나온 것처럼 생각된다. 그리고 우리 주위의 사람들에게 신뢰받고, 조상들에게 씨를 받아서, 우리 마음에 주입되어 있는 공통의 사상은 그것이 보편적이며 자연스러운 사상인 것같이 보인다.

그래서 사람들은 습관의 테두리에서 벗어나는 것을, 이성의 테두리 밖으로 벗어난 일이라고 믿게 된다. 대개의 경우 이 얼마나 이치에 벗어나는 일인가!

우리가 자신을 연구해서 자신이 할 일을 배워 온 바와 같이, 각자가 한 정당한 말을 들으며, 즉시 왜 그것이 그대로 자기에게 맞는가를 살펴본다면, 각자는 이것이 좋은 말로 보이기보다도 대개 자기 권한의 어리석은 점을 매질하는 것같이 따끔하게 느껴질 것이다. 그러나 사람들은 진리의 충고와 그 교훈은 일반인에게 보낸 것이고, 결코 자기에게 한 것이 아니라고 생각한다. 그리고 그것을 자기 처신에 적용하지 않고 저마다 아주 어리석고 쓸모없게도 기억에만 담아 둔다.

습관의 영역으로 돌아와 보자. 자유 속에서 자신들을 지배하며 성장한 국민들은 다른 모든 형식의 정치를 괴상하고 천리에 어긋난 것으로 간주한다. 군주 정치에서 살아온 사람들도 똑같이 생각한다. 그리고 국민들이 대단한 고난을 겪고 군주의 귀찮은 속박에서 벗어났을 때에도 아무리 운이 그들에게 쉽게 변혁할 기회를 준다 하여도, 그들은 똑같은 고민을 하며 새로운 군주를 세우기를 서두르며 통치받는 일 자체를 싫어하고 꺼려할 생각은 하지 못한다.

다리우스는 어느 그리스인에게 얼마의 상금을 주면 인도인같이 그들의 죽은 부모 시체를 먹겠느냐고(이것이 그곳 습관이었다. 그들은 자기들 배 속보다 더 나은 장지가 없다고 생각했던 것이다) 물어보았다. 그러자 그들은 세상을 다 내어주어도 그 짓은 못하겠다고 대답했다. 그러나 다시 인도인에게 그들 방식을 버리고 부모의 시체를 불에 태우는 그리스 방식을 따르라고 했더니, 그들은 그것을 더한층 해괴망측하게 보았다. 누구나 다 이렇다. 습관이 사물의 진실한 모습을 보지 못하게 하는 것이다.

첫 번째 접근에 아무리 위대하고 경탄스럽게 보이는 것도
두고 보아서 차츰 놀랍지 않게 보이지 않는 것은 없다. (루크레티우스)

그전에 나는 우리 주위에 결정적인 권위로 널리 받아들여지는 관례 중의 하나를 검토해 볼 필요가 있었다. 그래서 그것을 현재 실시되는 대로 법률과 본보기의 힘으로만 세우기를 원치 않고, 반대로 그 근원까지 이유를 캐어 보았더니, 그 근거가 너무나 빈약함을 발견하고 다른 사람들에게 그 사실을 확인해 주려던 내가 오히려 거기에 싫증이 나는 것을 참아내기 힘들었다.

플라톤이 자기 시대의 타락된 연애 풍조를 몰아내려고 시도한 것 가운데 가장 훌륭한 방법은 곧 일반 여론이 그것을 비난하고 시인들이나 그 밖의 모두가 거기에 대한 언짢은 이야기를 하게 하는 것이었다. 그것은 가장 예쁜 딸들이 아비의 사랑을 끌지 않고, 미모가 출중한 형제들이 자매들의 사랑을 끌지 않게 하는 방법이며, 튀에스테스나 오이디푸스나 마카레우스의 이야기까지도, 그 노래의 쾌감과 아울러 어린애들의 연약한 머리에 이런 유익한 신념을 주입하는 것이었다.

참으로 정조는 아름다운 덕성이며, 그 필연성은 잘 알려져 있다. 그러나 이것을 잘 다루어 천성대로 효과를 내기는 어려운 반면에, 습관과 법과 교훈으로 효과를 내기는 쉽다. 근본적이며 보편적인 이치는 탐구하기에 어렵다. 우리 스승들은 그런 것을 스쳐 넘겨 버린다. 또는 그런 것은 감히 건드려 보지도 못하고 단번에 습관 속에 뛰어들며, 안전책을 찾아서 잘난 체하고 값싸게 자부한다. 그러나 근본적인 원칙에서 벗어나오기를 원치 않는 자들은 더한층 실수를 범한다. 마치 크리시푸스가 그 사정이야 어떻든 간음적인 결합들을 좋게 보지 않는 것을, 그의 문장 속의 그렇게 많은 곳에서 상관없다고 하는 것과 같다.

습관이라는 맹렬한 편견에서 벗어나고자 하는 자는 거의 의심할 여지없이 확실한 것으로 인정되는 여러 사물들을 발견할 것이다. 그런데 이런 것은 거기 따라붙는 습관이라는 백발의 수염과 오그라진 주름살밖에 아무 근거도 없는 일들이다. 그러나 이런 가면을 벗기고 사물들을 사리로 따져서 그 진실대로 보면, 그는 자기 판단의 전부가 둘러엎어지는 것 같을 것이다. 하지만 그 대신 훨씬 더 확고한 상태에 놓이는 것을 느낄 것이다. 예를 들어, 한 국민이 자기 가

정의 일, 즉 결혼·증여·유산 상속·물건의 매매 등에 자기들 말로 성문화되지도 않고 공포된 일도 없으며, 그가 알 수도 없고, 그 해석과 적용 방법을 알 필요가 있으면 돈을 치르고 물어봐야 하는 어떤 규칙에 매여서 들어 보지도 못하던 법률을 좇아야만 하게 되어 있으니, 이보다 더 괴상한 일이 어디 있는가? 그것은 자기 왕에게 신하들의 교역과 흥정을 세금 없이 자유롭게 해서 이익을 보게 놓아두고, 금전에 관한 분쟁과 싸움에는 무거운 헌납금을 바치게 하라고 충고한 소크라테스의 교묘한 의견을 좇는 것이 아니고, 괴이한 의견을 좇아서 이성 자체를 흥정하고 법률을 상품으로 취급하는 식이다. 나는 운명의 신에게 감사하는 바이지만, 역사가들의 말에 의하면, 처음으로 라틴의 제국법을 우리들에게 적용하라고 한 샤를마뉴 대제에게 처음 반대한 이는 우리 고장 사람인 가스코뉴 귀족이었다는 것이다.

　한 국가에서 합법적인 습관으로 재판하는 직책이 매매되고, 판결할 때는 알짜 현금으로 보수를 받고, 돈을 치를 수 없는 자에게는 합법적으로 재판이 거부된다. 이 장사가 대단한 신용을 얻어서 옛날의 세 계급인 교회와 귀족과 평민들 외에 소송 사무를 취급하는 제4계급이 정부 안에 생기고, 이 계급은 법의 직책과 재산과 생명에 관해서 최대의 권한을 가지고, 귀족 계급 외에 다른 계급을 만든다. 그래서 명예의 법[12]과 정의의 법이라는, 여러 사물에 아주 반대되는 2중의 법이 생겨서(전자는 무안을 당하고 참고 있는 때에, 그리고 후자는 그런 경우에 보복하는 때에 똑같이 엄격한 처단을 받고 있다) 무기를 드는 의무에서, 전자는 모욕을 당하고 참고 있으면 명예와 지위가 떨어지고, 후자는 민사의 의무로서 보복 행위를 한 경우에 극형의 처단을 받는다니(자기 명예에 보상을 당하고 법에 호소하는 자는 수치스러운 행위를 하는 것이며, 거기 호소하지 않는 자는 법률에 의해서 처벌당하고 징계받는다), 이보다 더 야만적인 일이 어디 있는가? 그리고 이렇게도 성질이 다른 두 부문이 한 우두머리(왕)에게서 오며, 하나는 평화의 유지가 임무이고 하나는 전쟁을 하는 것이 직책이며, 하나는 소득을 올리고 하나는 명예를 얻으며, 하나는 지식을 찾고 하나는 용덕을 가지며, 하나

---

12) 중세기에 성행하던 결투는 법률상으로 금지되었다. 그러나 귀족이 모욕을 받았을 때 결투하지 않으면 귀족의 명예에 관한 문제가 된다. 16세기부터 엄하게 금지하기 시작한 결투 금지법을 두고 말하는 것임.

는 구변에 능하고 하나는 용감성을 가지며, 하나는 사리를 갖고 하나는 힘을 가지며, 하나는 긴 옷(재판관 제복), 하나는 짧은 옷(무사의 군복)을 차지하다니 말이다.

이런 것과는 아무 상관 없는 사물들로, 의복 같은 것을 참된 목적에 맞추어 입고자 하는 자이면, 그것은 몸에 맞고 편리하게 만들어야만 여기에 그 우아함과 독특하게 점잖은 태가 난다. 내 생각이지만 사람이 꾸밀 수 있는 가장 괴상한 것으로는 우리가 쓰는 네 뿔 모자와 여자들이 머리에 달고 다니는 주름잡은 비로드의 긴 꼬리에 잡색의 장식을 한 것, 그리고 우리가 점잖게는 불러 보지도 못한 기관(器官)의 저 헛된 모양의 쓸모없는 조각, 그것을 일반인들 앞에 자랑스레 보여 주고 다니는 꼴을 나는 들어 보고 싶다.

이런 고찰은 그렇다고 지각 있는 사람이 보통 사람들이 하는 식을 버리게 하지는 않는다. 그와는 반대로 동떨어지게 특수한 태도는, 진실한 이성에서보다도 미친 수작과 야심적인 허식에서 나오는 것처럼 보인다. 그리고 현자는 자기 마음을 군중으로부터 자기 속으로 끌어들이고 사물들을 자유로이 판단하는 자유와 힘을 갖게 하는 반면에, 밖으로는 완전히 우리가 받아 온 태도와 형식을 좇아야 할 것이라고 생각한다. 공공의 사회는 우리의 사상과는 아무 상관이 없다. 그러나 사상과는 다른 우리들의 행동, 일, 재산, 생활 자체 같은 것은 사회의 봉사와 공공의 여론에 맡겨두어야 할 것이다. 마치 저 착하고 위대한 소크라테스가, 비록 법이 부적합하고 불공평했으나 그 법의 권위에 복종치 않음으로써 자기 생명을 구제하기를 거부한 것과 같이 할 일이다. 왜냐하면 자기가 사는 고장의 법을 지킨다는 것은 규칙들 중의 규칙이고 법 중의 일반적인 법이기 때문이다.

사람은 조국의 법을 지켜야 한다.   (그리스 격언집)

이렇게 보면 이야기가 다르다. 한 정부는 다른 여러 조각들을 모아서 지어 놓는 건물과 같아서, 그중의 하나만 건드려도 온 몸체가 영향을 받지 않고 있을 수 없도록 연결되어 있는데, 법이 어떻게 만들어졌든, 그것을 움직인다는 것은 언짢은 일인 이상, 우리가 받아 온 법을 고쳐서 그렇게 명백한 이익이 있을 수 있을까에는 큰 의문이 있다. 투리아의 입법자는 누구든지 옛 법 가운데 하나를 폐지하거나 새로운 법을 세우려고 하는 자는 목에 밧줄을 걸고 일반인들 앞에 나오라고 명령했다.

그것은 이 개혁이 시민에 의해서 승인되지 않을 경우에는 그를 즉각 교살당하게 하기 위함이었다. 그리고 라케다이모니아의 입법자는 시민들에게서 자기 명령을 어기지 않겠다는 확실한 약속을 받으려고 일평생을 보냈다. 프리니스가 악기에 첨가한 두 줄을 난폭하게 끊어 버린 에포로스(라케다이모니아 관리)는 그 줄 때문에 악기가 더 좋아졌다거나 조화가 더 풍부해졌다는 것은 거들떠보지도 않는다. 그것이 옛 방식의 변경인 것만으로도 처단하기에 족하다. 마르세이유의 녹슨 정의의 칼은 이것을 의미하던 것이다.

나는 새것이라면 그것이 어떤 것이건 싫다. 그것은 내 생각이 옳다. 왜냐하면 그 결과가 극히 해롭다는 것을 보았기 때문이다. 벌써 여러 해 전부터 우리들을 압박하는 새 풍조(종교 개혁 운동을 말함)는 그것이 전부 저지른 일은 아니지만, 다음에는 그 풍조에 관계없이, 오히려 거기 반대해서 일어나는 불행과 파괴까지 모두 그 새 풍조가 부수적으로 만들어 내고 생겨나게 한 것임은 분명하다. 이것은 이 풍조 자체에 책망이 갈 일이다.

  아아, 나의 창이 나에게 상처를 주도다.   (오비디우스)

국가에 동요를 일으키는 자들은 가장 먼저 그 패망 속에 몰입되기 쉽다. 동란의 결과는 결코 그것을 도발한 자에게 머무르지 않는다. 그것은 다른 낚시꾼에게도 훼방이 되게 물을 치고 뒤흔들어 놓는다. 이 왕조의 통일과 조직, 이 큰 기구는 특히 그 노쇠기에 와서 새 풍조에 의해서 부서지고 풀어져서, 이러한 침범에 대해 벌어진 구멍을 얼마든지 열어 놓았다. 한 고인은 국왕들의 존엄이 절정에서 중간으로 내려오기는, 중간에서 바닥으로 굴러떨어지기보다도 더 어려운 일이라고 말했다.

그러나 발안자들이 끼친 해독이 더 크다 하여도, 이런 일의 흉측하고 사악한 면을 느끼고 그것을 처벌한 바로 그런 사례에 자기가 투신한다는 것은 더욱 악덕스러운 일이다. 그리고 이런 악을 행하는 데도 어느 정도의 영광이 있다고 하면, 이 모방자(신교도의 행악을 탄압하려고 잔혹한 수단을 쓰는 구교도를 말함)들은 발안의 영광과 첫걸음을 내디던 노력의 용기를 발안자들에게 양보해야 한다.

모든 종류의 새로운 방자함은 좋아라 하며 이 첫 번의 풍부한 원천에서 우리 국가를 동요시키는 본보기와 모범을 받아 온다. 사람들은 시작되는 악을 교정하려고 만들어진 우리 법률에서도 모든 종류의 간악한 기획의 수련과 변명이 되는 조항을 읽어 본다. 그리고 투키디데스가 자기 시대의 내란에 관해서 말한 바, '공공의 악덕을 옹호하려고 달콤하고 새로운 문구로 이런 악덕을 꾸며가며, 법률의 진실한 성격을 나약하게 타락시키는 일'이 우리에게도 일어난다. 그러나 그들의 말로는 이것이 우리들의 양심과 신념을 개조하려는 것이라고 한다.

"구실은 정직하다."(테렌티우스) 그러나 새로움은 구실이 아무리 좋다 해도 극히 위험하다. "구제도에서 초래된 어떠한 변혁도 찬성할 가치가 없음은 너무나 확실한 진실이다."(티투스 리비우스) 그래서 솔직하게 말하면, 자기 의견을 존중하고 확립하기 위해서 공공의 평화를 교란하고, 내란에서 일어나는 많은 불가피한 불행과 그렇게도 흉측스러운 풍속을 이끌어 오며, 국가의 변혁이라는 중대한 사태를 바로 자기가 살고 있는 나라에 일으켜야 한다는 것은, 그들의 자존심과 교만이 엄청나기 때문이라고 생각한다. 이론의 여지가 있고 논란거리가 될 사회의 과오를 타파하기 위해서 그 확실하고도 잘 알려진 많은 악덕을 장려한다는 것은 졸렬한 처사가 아니고 무엇인가? 양심과 타고난 이해력을 공격하는 것보다 더 나쁜 종류의 악덕이 또 있을까?

종교 관리에 관한 문제로 원로원과 국민들 간에 일어난 논쟁에서, 메디아 전쟁 때 델포이인들에게 내린 신탁을 본따서 원로원이 "자기들보다도 더 신들에 관한 문제이니, 신들이 자기들 신앙에 대한 모독을 방지할 것이다"라는 임시변통의 답변을 쓰다니 당돌한 일이었다. 메디아 전쟁 때 페르시아군의 침입을 두려워한 델포이인들은 사원에 있는 신성한 보배들을 옮겨 놓아야 할 것인가, 감춰 두어야 할 것인가를 신에게 물어보았다. 그 신탁에서 신은 그들에게 대답하기를, "아무것도 움직이지 마라. 너희들은 너희들 걱정이나 하라. 신은 자기에게 해당하는 일은 자기가 대비할 능력을 가졌다"라고 했다.

기독교는 궁극의 정의와 유익성의 모든 표적을 가지고 있다. 그러나 당국에 대한 복종과 정치 형태의 유지를 엄격히 권장하는 것보다 더 명백한 표적은 없었다. 인류의 안녕과 질서를 세우고, 죽음과 죄악에 대항하여 신의 영광스러운 승리를 끌어오기 위해서, 다만 우리들의 정치 질서에 그 일을 맡겨 두었다. 또 그 진전과 그렇게도 고매하고 세상의 구제에 유익한 목표의 달성을 우리의 부당하고도 맹목적인 습관과 풍속에 맡겨 두어서, 신이 총애하는 하고많은 이스라엘 백성들의 무고한 피를 흘리게 했다. 이 측량할 수 없이 소중한 열매를 성숙시키는 데 오랜 세월의 손실을 참아내고 계시는 신의 예지는 얼마나 훌륭한 본을 우리에게 보여 주는가!

자기 나라의 격식과 법을 좇고 있는 자들의 원칙과 이런 일들을 지배하여 변혁하려고 하는 자들의 원칙 사이에는 큰 차이가 있다. 전자는 순박함과 복종과 시범을 자기변명으로 내세운다. 무슨 짓을 해도 그것은 악의가 될 수 없다. 기껏해야 불운에 그친다. "사실 가장 명확한 증거로 증명되고 확립된 고대를 존경하지 않은 자 누구인가?"(키케로)

그것은 "결함은 과함보다 절제에 큰 몫을 차지한다"라고 한 소크라테스의 말과는 다르다. 후자가 더 곤란한 입장에 있다. 왜냐하면 자기가 택해서 변혁하려는 일에 끼어들어 간섭하는 자는 비판하는 권위를 억지로 빼앗는 것이며, 그들이 몰아내는 편의 잘못을 찾아내고 자기들이 들여오려는 제도의 장점을 본따고 자부해야 하기 때문이다. 나는 이 평범한 고찰에서 내 자리를 확고히 지키게 되고, 좀 더 패기 있던 내 청춘 시절의 탈선을 억제했다. 그것은 내가 이렇게도 중대성을 띤 지식에 관해서 책임을 지려고 하지 않을 일이다. 그리고 건전한 판단력을 가지고 나는 이편으로 교육을 받아 왔고, 그 면에서 좀 상스럽게 비판해 보아도 아무 폐단이 없는 수련들 중의 가장 쉬운 일을 가지고도 감히 못할 것을 그 부문에서 행한다는 무거운 짐을 내 어깨에 짊어지지는 않을 것이다. 공적으로 변할 수 없는 제도와 관습을 개인 자격으로서 불안정한 망상에 굴복시키려고 하며(개인적인 일의 이유는 사적인 합법성밖에 갖지 못한다), 어떤 정부도 민사법에 대해서 개혁을 감행치 못하는 터에 거룩한 법을 개혁하려고 하는 것은 내게는 매우 부당한 일로 보였다. 이 민사법은 인간 이성이 거기에 훨씬 더 많은 교섭을 가지고 있지만, 그래도 이 시민들의 법은 재판관 가운데 최고 재판관이며, 사람들의 궁극적인 능력은 기껏해야 법이 용인한 사용법을 설명하고 부인하는 데 있지, 그것을 변경하고 개혁하는 데 있는 것이 아니다.

어느 때 신의 섭리가 필연적으로 우리를 제어하는 규칙을 눈감아 주는 일이 있다 하여도, 그것은 우리에게 그 제약을 면제해 주지는 않는다. 그것은 우리가 모방해야 할 일이 아니고 감탄해야 할 거룩한 수법이며, 그 전능한 힘을 증명하기 위해서 우리의 범주와 역량을 넘어서 신의 뜻이 우리에게 제공하는 기적의 종류다. 또한 그 권한의 특수한 표징이 박혀 있는 비상한 사례들이며, 그것을 이해하려고 시도하는 것부터가 미친 수작이고 불경건한 태도이니, 그것은 좇을 일이 아니라 관찰하여 경탄할 일이다. 그것은 신이 할 행위이고, 인간의 행위가 아니다.

코타는 적절하게 반발한다. "종교 문제에서 늘 나의 권위자는 제논이나 클레안테스, 또는 크리시포스가 아니고, 코룬카니우스, 스키피오, 스카에볼라 등의 대사교장(大司敎長)들이다."(키케로)

하느님은 아시지만, 현재 우리들의 논쟁에는 중대하고 심각한 조합들로 백 가지는 뺄 것과 넣을 것이 있는 터이다. 그런데 이 두 당파의 사리와 논거들을 정확히 알았다고 자랑할 수 있는 자가 몇이나 될까? 이런 것도 수라면, 그런 수는 우리들을 괴롭힐거리는 아무것도 없었을 것이다. 그런데 저편의 다른 군중들은 모두 어디로 가는 것인가? 어느 깃발 아래로 따로 들어가려는 것인가? 그들의 의약은 효력이 약하고 잘못 복용된 다른 약들같이 되었다. 이 약으로 우리 몸에서 씻어 내려고 하는 병은 이 싸움으로 열을 내고 격화되어 급성으로 변해 그대로 우리 안에 남아 있다. 이 약은 효력이 약하기 때문에 우리의 속을 훑어 내지 못하고, 그러는 동안 우리가 그것을 비워 낼 힘이 없게 되도록 우리를 약화시켜 놓았다. 우리는 그 작용에서 고질적인 괴로운 속병을 얻었을 뿐이다.

아무튼 운은 항상 우리의 추리가 미치지 못하는 저 너머에 그 권위를 보유하고, 어느 때는 우리에게 너무나 긴박한 필요를 보여 주기 때문에, 법률들이 그 권위 앞에 어느 정도 자리를 양보해야 한다.

폭력으로 밀고 들어오는 혁신 세력의 증가에 대항할 때에는, 이 행동의 주도권을 쥐고 마음대로 자기 기도를 진행시키며, 자기 이익밖에 다른 법이나 질서를 좇을 줄 모르는 자들에 대항해서 모든 자리와 일에 규칙을 지키고 자제하고 있다는 것은 위험한 의무이며 형세가 불리한 일이다.

배신을 신용하기, 그것은 그에게 해하는 수단을 맡기는 것이다. 〈세네카〉

건전한 상태에 있는 국가의 평범한 규율은 이런 비상사태에 대비하고 있지 않는 만큼, 이 규율은 그 본체가 주요 부분들과 그 역할들로 유지되고, 그 규율을 준수하고 복종한다는 일반의 동의가 있음을 예상한다. 합법적인 태도는 냉철하고 무게 있고 제약된 태도이기 때문에 방자하고 광분한 태도를 버티어 내기에는 적당치 못하다.

옥타비우스와 카토가 전자는 실라의 내란에서, 후자는 카이사르의 내란에서 법을 희생해서라도 국가를 구제하지 않고, 법률의 한 조항이라도 움직이는 데에 반대하여 자기 조국이 극단의 사태를 겪게 했기 때문에, 이 두 위대한 인물들에게도 책임이 올 것을 사람들은 안다. 실제로 도저히 버틸 도리가 없는 이러한 극단의 경우, 아무것도 풀어지지 않게 하려고 힘에 넘치게 덤벼들다가 폭력이 모든 것을 유린할 기회를 주기보다는 차라리 고개를 숙이며 조금 얻어맞는 편이 더 현명할지도 모른다. 그리고 어차피 법이 하고자 하는 것을 못 하고 있으니, 할 수 있는 대로 법에게 맡겨 두는 편이 나을 것이다.

법으로 스물네 시간 잠자고 있으라고 명령한 자[13]와 이번 한 번만은 달력의 날을 뒤흔든 자, 또 하나 6월을 둘째 5월[14]로 한 자는 그렇게 한 것이다. 라케다이모니아인까지도 그렇게 경건하게 자기 나라의 법을 지키는 자들이었다. 이들은 같은 인물을 두 번 제독으로 선출함을 금지하는 법의 제한을 받고, 그들의 모든 사정이 다음에도 리산데르가 이 직책을 맡아 보게 되었을 때, 그들은 아르쿠스라는 자를 제독으로 하고, 리산데르는 해군 총감독으로 했다. 그리고 이

---

13) 아게실라오스는 전쟁에 져서 패잔병이 너무 많아 법대로 처벌할 수 없게 되자, 스물네 시간 잠을 재우라고 명령했다고 함.
14) 알렉산드로스 때 선왕들의 관습으로 6월에는 전쟁을 할 수 없다고 하자, 그럼 둘째 5월로 부르라고 명령했다는 고사.

와 똑같은 솜씨로 대사 한 명이 아테네로 파견되어 어느 조약의 개정을 요구할 때, 페리클레스가 법문이 적혀 있는 표찰을 떼어 놓는 것은 금지되었다고 핑계를 대자, 그것을 뒤집어 놓는 것은 금지 사항이 아니니 좀 돌려놓으라고 했다. 그 때문에 플루타르크는 필로포에멘을 칭찬한다. 그는 권리능력을 시작한 권한으로 명령하게 되어 있어, 법에 따라서 명령할 줄 알았을 뿐 아니라, 공적인 필요성이 그것을 요구할 때에는 법 자체를 명령할 줄 알았다.

24
같은 결심에서 일어나는 여러 가지 다른 결과

프랑스 왕실 사제장 쟈크 아미오가 어느 날 우리나라의 어느 태공을 찬양하며 내게 들려 준 이야기이다(그는 외국인[15] 출신이지만 태공이 될 정당한 자격이 있었다). 우리나라 동란 초기 루앙의 성을 공격했을 때 이 태공은 왕의 모후인 대비께서 보내온 편지를 통해, 그의 생명을 노리는 음모가 있다는 것과 그 음모의 장본인은 앙쥬나 르 망의 귀족이며, 당시 이 목적으로 태공의 저택에 출입하고 있는 자라는 것을 알게 되었다. 하지만 태공은 이 사실을 아무에게도 알리지 않았다.

그 이튿날 우리 포병이 생트 카트린산에 진을 치고 루앙성에 포격을 가하며(마침 우리 군대가 그 도시를 포위하고 있었다), 위에 말한 사제장과 다른 주교 한 분을 데리고 진지를 거닐고 있을 때, 태공은 그 지적받은 귀족이 거기 있는 것을 발견하고, 그를 불러오게 했다. 태공은 그가 앞으로 나오며 양심의 가책을 받고 안색이 변하여 떨고 있는 것을 보고 말했다. "이보시오, 경은 내가 당신을 어떻게 생각하는지 알고 있소? 당신 얼굴에 빤히 보이오. 당신은 내게 아무것도 감출 것이 없소. 당신의 일은 내가 오래전부터 알고 있는 터이니 숨기려고 해봐야 당신에게 불리할 뿐이오. 당신은 이러저러한 일을 잘 알고 있소(그것은 이 음모 사건의 가장 비밀에 속하는 조항의 여러 내역이었다). 생명이 아깝거든 이 계획의 진실을 모두 자백하오." 이 가련한 자는 다 탄로 나서 꼼짝할 수 없음

---

15) 외국인이라고 한 것은, 공작 프랑수아 드 기즈가 로레에느 가에 속하며 당시 프랑스에 대해서는 외국인이었음을 말함.

을 알자(왜냐하면 이 사건 전부를 공모자 가운데 하나가 대비께 고한 것이다), 그는 두 손을 합장하고 자비와 용서를 구하려 태공의 발 밑에 꿇어엎드리려고 했다. 그러나 태공은 그러지 못하게 막고는 말을 계속하며 "이보시오, 내가 당신에게 그 전에 무슨 언짢은 일이라도 했소? 내가 특별히 당신 편의 누구를 미워하여 모욕했소? 내가 당신을 안 지 3주일밖에 안 되는데 어째서 당신은 나를 죽이려고 했소?"라고 했다. 그러자 그 귀족은 떨리는 목소리로 대답하며, 그것은 결코 개인적인 혐의로 한 것이 아니라 자기 당파 전체의 이해 문제로 한 계획이며, 어떤 자가 자기를 설득해서 무슨 방법으로든지 자기들 종교의 대적인 태공을 제거하는 일은 신앙에 가장 보람찬 거사라고 했다는 것이었다. 태공은 이어 말했다. "그러면 내가 믿는 종교가 당신이 주장하는 종교보다 얼마나 더 온화한가를 보여 주겠소. 당신 종교는 당신에게 내 말을 들어 보지도 않고 당신을 모욕한 바도 없는 나를 죽이라고 권고했소. 그런데 나의 종교는 당신이 아무 이유없이 나를 살해하려고 한 것을 확신하면서도 당신을 용서하라고 명령하오. 가시오. 물러나시오. 다시는 내 앞에 나오지 마시오. 그리고 당신이 철이 났다면, 이제부터는 무슨 계획을 할 때 그런 자들보다 더 선량한 사람들의 충고를 받도록 하시오."

아우구스투스 황제가 갈리아에 왔을 때, 그는 루키우스 킨나가 자신을 향한 음모를 꾀한다는 보고를 받았다. 그는 복수할 생각을 하고, 그 목적으로 다음날 친구들의 회의를 소집했다. 그러나 그날 밤은 양갓집의 청년인 폼페이우스의 조카되는 사람을 죽여야 한다는 생각으로 매우 큰 불안 속에 보냈다. 그리고 한탄하며 여러 가지 생각을 하며 혼잣말을 했다. "무슨 말이냐. 나는 공포와 경악 속에 잠겨 있고, 내 살인범은 태평하게 걸어다니게 둔다는 말이냐? 바다로 육지로, 여러 전쟁과 내란에서 죽지 않고 지켜 온 내 생명을 그자가 공격하고도, 말 없이 지낼 수 있단 말이냐? 세계 평화를 확립해 놓은 나를 살해할뿐 아니라 희생으로 바치겠다고 음모를 하고도, 그놈이 죄를 받지 않는단 말이냐?" 음모에는 아우구스투스가 신에게 희생을 바치는 동안에, 킨나가 그를 죽이기로 되어 있었다.

그다음에 그는 잠시 동안 잠자코 있다가 더 억센 소리로 다시 자신을 책망하고 있었다. "하고많은 사람들에게는 내가 죽어야 하는 일이 중요하다면, 너는 왜 살려고 하나? 너의 복수와 잔인성에는 끝이 없을 것이냐? 네 생명에는 그 많은 손해를 사람들에게 끼쳐 가며 보존해 갈 값어치가 있느냐?" 그의 아내 리비아는 그가 이렇게 고통당하고 있는 것을 보고 "여자들의 조언도 거기 받아들일 수 있나요?" 하며 물었다. "의사들이 여느 때 쓰던 처방이 듣지 않을 때 하는 식으로 하세요. 그들은 반대 처방을 써 봅니다. 당신의 엄하고 모진 처사로는 이제까지 아무런 소득도 얻지 못했습니다. 살비디에누스 다음에 레피두스가 따르고, 레피두스 다음에 무레나가, 무레나가 다음에는 카에피오가, 카에피오 다음에는 에그나티우스가 나왔습니다. 온화하고 너그럽고 후한 처사를 쓰면 다음의 결과가 어찌 될 것인지 시험해 보세요. 킨나는 확증이 나왔습니다. 그를 용서하세요. 당신을 해칠 생각을 다시는 못 할 것입니다. 그리고 이것은 당신의 영광에 보탬이 될 것이에요."

아우구스투스는 자기 마음의 변호인을 발견하고 아주 마음이 흐뭇했다. 그는 아내를 내보내고 회의에 친구들을 소집한 것을 철회하고 나서, 킨나 혼자 자기 앞으로 오라고 명령했다. 그러고는 사람들을 모두 방에서 내보내고 킨나에게 자리를 내어 준 다음, 그에게 이런 태도로 말했다. "처음에는 단지 네게 잠자코 들어 달라고 요구하겠다. 킨나, 내 말을 끊지 마라. 다음에는 네가 충분히 대답할 시간과 여유를 주겠다. 너는 알지, 킨나. 나는 적의 진에서 너를 잡아왔으며, 너는 단순히 내 적이었을 뿐 아니라 출생할 때부터 내 적으로 태어난 너인데도 불구하고, 나는 너를 살려 주었고 너의 재산을 모두 돌려주었다. 그리고 결국 너를 편하고 안락하게 만들어 주었더니, 승리자들이 패자의 조건을 부러워하게까지 되었다. 제례의 직책을 네가 요구하기에 나는 항상 나와 같이 전투해 오던 전우들의 자제가 서로 달라고 청하는 것을 거절하고, 네게 이 직책을 맡겼다. 나는 이렇게 대단한 은혜를 입혔는데 너는 나를 죽이려고 하는구나."

이때 킨나가 소리 지르며 그런 나쁜 생각은 해 본 일이 없다고 주장했다. "너는 내게 약속한 바를 지키지 않는구나, 킨나." 아우구스투스는 이어 말했다. "너는 내 말을 끊지 않겠다고 약속했다. 그렇다. 너는 어느 곳에서 어느 날 누구누구와 이러저러한 방법으로 나를 죽이려고 계획했다."

그가 이런 말을 듣고 아연실색해, 잠자코 있겠다는 약속을 지키기 위해서가 아니라 양심에 압박을 받고 침묵하는 것을 보고, 아우구스투스는 계속해서 말했다. "왜 너는 그런 짓을 하지? 황제가 되고 싶은가? 네가 이 제국을 차지하지 못하게 막는 것이 나 혼자뿐이라면, 정말 나라를 위해 언짢은 일이다. 너는 네 가문도 지키지 못하고 최근에는 변변찮은 해방 노예의 압력 때문에 한 소송 사건에도 패소했다. 너는 카이사르가 될 계획밖에는 딴 수단도 능력도 없느냐? 네 희망을 막는 것이 나 혼자뿐이라면, 내가 황제를 내놓겠다. 너는 파울루스 가(家), 파비우스 가, 코세아 가 사람들이, 세르빌리아 가 사람들이 너를 용납할 줄로 생각하느냐? 그리고 많은 귀족들, 이름만 귀족일 뿐 아니라 그들의 용덕으로 가문에 영광을 세운 귀족들이?"

그는 다른 여러 사연들을 말한 다음에(그는 두 시간 이상을 그에게 말했다) 말했다. "자, 가거라 킨나. 옛날에 내 원수였던 너를 살려 준 것처럼, 지금 배반자요 시역범(弑逆犯)인 너를 살려 준다. 오늘부터 우리 둘 사이에 우정이 시작되어야 한다. 우리 둘 중에 누가 더 나은 신의로, 나는 네게 생명을 주었고 너는 생명을 받았나를 시험해 보자."

이런 말로 그들은 헤어졌다. 얼마 뒤에 그는 왜 이런 요구도 감히 못했느냐고 책망하며, 킨나에게 집정관의 직책을 맡겼다. 그는 다음부터 그와 절친한 친구가 되었고, 그를 자기 전 재산의 단독 상속자로 삼았다. 이것은 아우구스투스가 40세 때의 일이었는데, 이 사건이 있은 다음에는 결코 그를 반대하는 음모나 계획이 없었고, 이로써 그의 관대한 처사는 정당한 보상을 받았다. 그러나 우리나라의 경우는 이와 똑같이 되지 않았다. 왜냐하면 드 기즈 태공의 온화한 처사[16]는 이러한 배반의 올가미에 걸리지 않게 몸을 보장해 주지 못했다. 인간의 예지란 너무나도 헛되고 가벼운 것이다.

우리의 계획이나 충고나 조심성과는 거꾸로, 사건의 결과는 언제나 운에 달려 있기 때문이다. 우리는 의사들이 치료한 결과가 좋으면, 그들의 운이 좋았다고 말한다. 마치 그들의 기술이 그 자체만으로는 유지될 수 없으며, 그 자체의 힘에 의지하기에는 기초가 너무 약할 뿐이고, 이 기술은 그 시행에 운의 도움을 받을 필요가 있다는 식이다. 나는 의술에 관해서는 좋다거나 나쁘다거나 사

---

16) 프랑수아 드 기즈의 경우는 그가 적을 용서해 준 일이 있은 후, 1563년 2월 18일, 폴트로 드 메레에게 암살당했다.

람들 소원대로 믿어 준다.

왜냐하면 고마운 일로 우리 사이에는 아무런 교섭이 없기 때문이다. 나는 다른 사람들과는 반대이다. 언제나 의술을 경멸하기 때문이다. 내가 병들었을 때에는 그것과 화해해 볼 생각은커녕, 도리어 의술을 미워하고 두려워하기 시작한다. 그리고 나에게 약을 먹으라고 재촉하는 사람에게 적으나마 그들의 약을 써서 생길 위험을 무릅쓸 노력을 할 수 있도록 건강과 힘을 회복할 때까지 기다려 달라고 대답한다.

나는 자연에 맡겨 둔다. 그리고 자연은 몸의 구조가 부서지게 하는 일은 피하고 있으니, 이 구조를 유지하기 위해서 자기에게 닥쳐오는 공격을 방어할 이빨과 발톱을 지니고 있다고 생각한다. 나는 약이 신체를 구제하기는커녕, 그것이 질병과 아주 긴박하게 맞붙어 싸우고 있는 만큼 신체가 아니라 그의 적을 거들어 주며 신체에 새 일거리를 덮어씌우지나 않을까 두려워한다.

그런데 나는 의술뿐 아니라 더 확실성 있는 여러 기술도 운에 매이는 수가 많다고 생각한다. 시상이 떠올라 작가가 황홀한 무아경에 실려가며 시를 읊는 경우에는 왜 운을 탔다고 하지 못할까? 이러한 영감은 자기 능력과 힘에 넘치는 일이며, 그것은 자기 자신 밖에서 오는 힘인 것을 작가 자신도 인정한다. 웅변가들도 비상한 동작과 흥분에서 자기가 의도하던 것보다 넘치는 말을 할 때에 그것이 자기 능력이 한 일이라고 하지 않는다. 미술도 그와 같으며, 때로는 화가의 필법을 벗어나서 그의 구상과 지식을 초월하는 작품이 나오면 화가 자신도 감탄과 놀라움에 사로잡히게 된다. 그러나 운은 이런 모든 작품들에 그가 차지하고 있는 몫을 작가의 의도뿐 아니라 지식 없이 이루어지는 그 작품의 우아함과 아름다움 속에 더 명백하게 보여 준다. 능력 있는 독자는 흔히 다른 사람의 문장 속에 작가 자신이 그런 점을 알아보며 거기 넣은 것과는 다른 완벽성이 있는 것을 발견하고, 거기에 더 풍부한 의미와 양상을 찾아 준다. 군사적인 작전으로 말하면, 운이 거기에 얼마나 큰 몫을 차지하고 있는가는 각자가 보는 일이다.

우리의 충고와 고찰에도 그 속에 운과 요행이 섞여 있어야 할 일이다. 왜냐하면 우리의 예지가 할 수 있는 것은 대단하지 않으며, 예지는 예민하고 생동할수록 그 자체에 더욱 허약성을 발견하며, 그 자체를 경계하게 되기 때문이다.

나도 실라와 같이 생각한다. 전쟁의 가장 영광스러운 공적들을 가까이서 주의해 보면, 전쟁을 지휘하는 자들은 형식적으로만 숙려하고 궁리하는 것이며, 그 작전의 대부분은 운에 맡겨 두고 운이 도와줄 것을 믿으며, 형편 닥치는 대로 사색의 모든 한계를 넘어서 행동하는 것을 보는 듯하다.

그들이 해나가는 중에 우연히 마음이 유쾌해지며, 여느 때 없던 맹위가 솟아나서 언뜻 보기에는 아주 근거가 약한 행동을 취하는데, 그것이 사리로는 생각되지 않게 그들의 용기를 고취한다. 그래서 위대한 많은 장수들은 이러한 과감한 의견에 신뢰를 얻게 하려고, 부하들이 어떤 징조를 경험하는 것으로 앞 일이 내다보이는 영감을 받고 있는 것처럼 보이게 하는 일이 자주 있었다.

그러니 사건 하나의 잡다한 내용과 사정이 끌어오는 곤란한 문제에 무엇이 가장 유리한 일인가를 택할 능력이 없는 데서 오는 이 불확실성과 곤혹에 대해서, 다른 고찰로 인한 무슨 묘안으로 대책을 세워 볼 수 없을 때 가장 확실한 길은, 더 점잖고 공명정대한 방침을 잡아가는 일이다. 그리고 가장 빠른 길은 늘 의심스러운 길이니, 항상 올바른 길을 택해야 한다. 그것은 내가 방금 든 이 두 가지 예에서, 침해를 받은 자가 다른 수단을 쓰기보다는 용서해 준 편이 더 아름답고 너그러운 일이었다는 것은 의심할 여지가 없다. 용서해 준 편에게 일이 언짢게 되었다 해도, 그는 이 착한 의도를 가지고 한탄할 것은 없고, 그가 반대의 방향을 취했을 경우, 운이 좋아서 마땅히 당해야 할 일을 면할 수 있었다 해도, 그는 특기할 만한 선행의 영광을 얻지 못했을 것이다.

역사상 많은 사람들이 이런 공포에 사로잡혔다. 그래서 이런 사람들 대부분은 자기를 모함하여 꾸며진 음모에 정면으로 대들며, 원수를 갚거나 고통스러운 형벌을 주거나 한다. 그러나 이 방법이 유리했던 경우를 나는 거의 보지 못했다. 로마의 그 많은 황제들의 예를 보아도 그렇다. 음모를 당할 위험을 느끼는 자는 실력으로도, 경계 조치로도 안전을 기대하지 못한다. 왜냐하면 적이 나를 가장 잘 보살펴 주는 친구의 가면을 쓰고 올 때 적에 대해서 내 안전을 도모하는 것, 그리고 우리들을 보좌하는 자들의 의지와 마음을 알아보기란 얼마나 어려운가? 아무리 외국인을 호위병으로 고용하고, 무장한 사람들로 늘 담을 쌓고 있어도 소용없다.

자기 생명을 하찮게 여기는 자는 그 누구라도 언제나 남의 생명을 마음대로 처치할 것이다. 그리고 왕들이 줄곧 의심을 품고 세상 사람들을 모두 수상쩍다고 보게 되면, 그것이 그에게는 어찌해 볼 수 없는 고통스러운 형벌이 될 것이다.

그러나 디온은 칼리푸스가 그를 죽일 기회를 노리고 있다는 보고를 받고도, 결코 마음에 담아 두려고 하지 않았다. 그는 자기 적들뿐 아니라 친구에게서도 자기를 지켜야 하는 그런 비참한 꼴로 살기보다는 차라리 죽는 편이 낫다고 생각했다. 알렉산드로스는 이 마음씨를 더 생생하고 굳건하게 실제로 보여 주었다. 그는 자기가 가장 신임하는 의사 필리포스가 다리우스에게 매수되어 자기를 독살하려고 한다는 것을 파르메니온의 편지로 알고, 그 편지를 필리포스에게 내어 보이는 동시에 필리포스가 그에게 내어 주는 약을 들이마셨다. 이것은 만일 자기 친구들이 그를 죽이고 싶으면 죽여도 좋다는 동의의 결심을 보여 주는 것이 아닐까? 이제 왕은 모험스러운 행동으로 가장 존경받는 사람이다. 그러나 그의 평생에 이보다 더한 강직성과 이렇게 찬란한 미덕을 보여 준 일이 있는지 나는 알 수 없다.

왕공(王公)들에게 신변의 안전을 확보한다는 핑계로 사람을 믿지 말라고 아주 조심스레 설교하는 자들은 그들의 패망과 참기 힘든 모욕을 설교하고 있는 것이다. 고귀한 일 가운데 위험 없이 되는 일은 없다.

내가 아는 한 사람(앙리 드 나바르)은 전투적인 용맹함과 패기를 가지고도 그 주위의 인물들이 그에게 신변을 부하들로 꼭 둘러싸고, 옛날 적들과의 어떠한 화해도 들어주지 말고 늘 외따로 떨어져 있어서, 누가 어떠한 약속을 하고 어떠한 이익이 있음을 보여도 더 강한 세력과 인연을 맺지 말라고 하는 식으로 설복하며 그의 행운을 손상시키고 있다. 또 다른 사람[17]은 그와 정반대의 의견을 좇았기 때문에 뜻밖의 행운으로 출세했다. 사람들이 탐해서 영광을 찾는 방법으로 쓰는 과감성은, 필요한 때에는 갑옷 속에서뿐 아니라 예복을 입고서라도, 또 전쟁터에서뿐만 아니라 사무실에서도 팔을 쳐들었거나 내렸거나 똑같이 훌륭하게 나타낼 수 있다. 지나치게 상냥하고 잘 살펴보는 예지는 고매한 사업에는 치명적인 적이다.

---

17) 앙리 드 기즈. 1550~1588. 신교도를 탄압하여 여러 번 무훈을 세워 왕권을 능가하는 세력을 가짐. 왕위 찬탈을 기도했으나 앙리 3세에게 유인되어 발루아성에서 살해당함.

스키피오는 시팍스를 자기편으로 만들려고 군대를 남겨 두고, 새로 정복해서 치안이 아직 의심스러운 스페인을 떠나서 아프리카 땅으로 건너가던 때에, 단지 배 두 척을 가지고 적의 땅[18]이며 야만인 왕의 세력권이고 신의도 믿을 길 없는 곳에, 아무 보증도 없이 인질도 잡아 두지 않고, 다만 자신의 위대한 용기와 자기 행운과 높은 희망이 약속하는 바를 믿고 뛰어들었다. "우리가 보여 주는 신념은 신의를 불러온다."(티투스 리비우스)

대망을 품은 고명한 인물의 경우는 그와 반대로 수상쩍은 일이 생겨날 여유를 주지 말고 단호하게 탄압해야 한다. 의구심과 불신은 침해를 초대하여 불러들인다. 우리나라 왕들 중에도 사람을 믿지 않던 왕은 사무를 처리하는 데 있어 자기 생명과 자유를 적의 손에 맡겨 두다시피 하며, 신임을 얻기 위해서 그들을 전적으로 신임하는 태도를 보였다. 카이사르는 자기에게 반란을 일으키려고 무장한 군단 앞에 그의 얼굴의 권위와 자기 말투의 위풍만으로 대항했다. 그는 자기 역량과 행운에 철저한 자신을 갖고 있었기 때문에, 반란을 일으키고 모반하려는 군대에게 자기 운명을 맡기고도 두려워함이 없었다.

> 과감하고 강직한 용모로
> 그는 풀언덕 위에 우뚝 서 조금도 두려움이 없었기에
> 남의 두려워함을 받을 만했다.   (티투스 리비우스)

그러나 이런 강력한 자부심은 결국은 있을지도 모르는 죽음, 또는 그보다 더 무서운 일이 있을지 모른다는 의구심에 아무런 공포도 일으키지 않는 사람만이 솔직하게 보여줄 수 있다. 왜냐하면 중요한 화해를 이루자는 마당에, 그것을 의심스럽고 불확실한 일로 생각하며 벌벌 떨고 있다가는 필요한 일도 이루지 못한다. 남의 마음과 신용을 얻는 데는, 그것이 자유로이, 그리고 필요에 몰린 그 어떤 강제도 없이, 또 얼굴에는 적으나마 조심스러운 기색을 벗어던지고 순수하고 깨끗한 신임을 줄 수 있는 조건으로 한다면, 자기가 자진해서 몸을 굽히고 상대편을 믿어 주는 것이 가장 좋은 방법이다.

---

[18] 루이 11세가 그의 숙적인 부르고뉴 공작 샤를 르 테메레르와 적지 공플랑에 가서 회담하던 사적을 말함.

나는 어릴 적에 대도시의 사령관이던 귀족[19]이 광분한 군중의 난동에 몰려서 압도당하는 것을 보았다. 그는 소란의 불꽃을 무마해 보려고 자기가 있던 안전한 장소를 떠나서 이 요란한 군중들이 있는 데로 가기로 결심했다. 그런데 일이 잘못되어서 그는 거기서 무참하게 살해당한 것이다. 나는 사람들 대부분이 그가 안전한 장소에서 나간 것을 책망하고, 그가 유약과 굴복의 길을 취한 것이고, 지도함이 아니라 추종했고, 꾸짖는 것이 아니라 구걸해 가며 이 광분을 달래어 보려고 한 것이라고 추억하며 비난하는 것같이, 그가 성에서 나간 것이 잘못이라고는 생각하지 않는다. 그때 그가 우아하면서도 엄격하게 과단과 자신감으로 충만한 군사력을 지휘하며, 자기 지위와 직분의 위엄에 합당하게 처신했더라면 결과가 더 나았을 것이며, 적으나마 더 명예롭고 점잖게 일이 끝났으리라. 이런 괴물들에게서는 인간성이나 온화성만큼 기대할 수 없는 일은 없다. 도리어 존경심과 공포심을 일으키게 하여 다루는 편이 쉬울 것 같다. 나는 차라리 그가 과감하다기보다 도리어 용감한 결말을 내려, 이렇게 미쳐 날뛰는 인간들의 광풍노도로 뒤덮이는 바닷속에 허약하게도 평복을 입고 뛰어들었다는 것을 책하겠다.

그는 차라리 일 전부를 당해 내며, 자기의 품격을 버리지 말아야 할 일이었다. 그런데 그는 위험을 인식하고는 혼비백산해서 그가 기도하던 자기 지위를 떠나서, 아첨하는 용모를 놀라 떨어진 얼굴로 바꾸며 경악과 고민으로 목소리와 눈 빛깔이 달라지게 되었다. 그리고 도망해 숨으려다가 오히려 군중들의 분노에 불을 지르고 그들의 광분을 자기에게 미치게 했던 것이다.

한번은 각종 무장 부대의 총열병식[20] 거행에 관한 문제가 논의되고 있었다 (이것은 비밀의 복수를 수행하는 절호의 기회이고, 이보다 더 안전하게 일을 해치울 기회는 다시 없었다). 여기 이 부대들을 사열하는 데 주임무를 맡고 있던 어떤 인물에 관해서 극히 좋지 못한 기세로 공공연하게 나타나는 징조가 있었다. 그

---

19) 왕의 대관 드 모냉 경이 1548년 보르도 시에서 일어난 소금세 반대 민중 폭동에서 살해당한 사건.
20) 몽테뉴가 보르도 시장으로 있을 때인 1585년에 시행한 열병식. 전임자 드 마티뇽 원수에게 샤토 트롬페트 사령관 직위를 박탈당한 가톨릭교도동맹파 바이야크의 선동으로 일어날 뻔했던 모반 사건을 말함.

래서 대단히 중대한 사태가 벌어질 곤란한 사정에 처했을 때에 잘 나오듯, 여기 각가지 의견이 백출했다. 내 의견은 사람들이 이런 의심을 가졌다는 태도를 전혀 보이지 않고, 모두 대열 속에 섞여서 고개를 쳐들어 얼굴을 드러내놓고 있을 것이며, 격식은 아무것도 생략하지 말고(다른 사람들은 이 생략하자는 의견을 가장 많이 주장했었다), 그 반대로 부대장들에게 명령해서 참관인들을 위하여 병사들에게 화약을 아낄 것 없이 주어 유쾌하고 멋들어지게 일제 사격을 시켜 보자는 것이었다. 이것은 의심받던 군대에 대한 신임의 표시가 되었고, 그 후에는 상호 간에 유익한 신뢰감이 생겨났다.

카이사르가 택한 방법은 사람이 취할 수 있는 가장 좋은 방법으로 보인다. 먼저 그는 관대하고도 온후한 마음으로 자기 적에게까지 사랑받으려고 했고, 그에 대한 음모가 발견되었을 때에도 그저 자기도 그 말을 들었다고 공표했다. 그리고 나서 그는 품위 높게 두려움도 근심도 없이 자기에게 일어날 일을 기다리기로 결심하며, 일신의 안전 보장은 제사로 모시는 신들과 운에 맡겨 두었다. 이것이 그가 살해당했을 때의 태도였다.

한 외국인이 시라쿠사의 폭군 디오니시우스에게 돈만 많이 주면 그의 신하들이 그를 해치려고 꾸밀 음모를 확실하게 알아낼 방법을 가르쳐 주겠다고 공언하고 다녔다. 그러자 디오니시우스는 그 말을 듣고 자기 생명을 보존하는 데 필요한 그 대단한 기술을 알려 달라고 그를 불러오게 했다. 그러자 이 외국인은 별다른 방법은 없다고 하면서, 다만 자기가 그에게 한 재주를 가르쳐 주어서 이상한 비밀을 배웠다고 자랑하고 다니라는 것이었다. 디오니시우스는 이 방법을 좋다고 여기고는, 그에게 6백 에퀴의 상금을 주게 했다. 그가 대단히 필요한 일을 배운 것에 대한 상금이 아니면, 알지도 못하는 사람에게 그러한 거금을 줄 이유가 없었다. 그리하여 이 소문은 그의 적들에게 공포심을 품게 하는 데 사용되었다(그러므로 누가 그들을 해치려고 음모를 꾸미고 있다는 말을 들었을 때에는 자기가 이런 일을 모두 알고 있으며, 왕공들의 귀에 들어가지 않는 일은 꾸며 낼 수 없다고 생각하도록 이런 사실을 공표한 것은 현명한 일이다).

아테네 공작은 그가 최근에 플로렌스에서 펼친 폭군 정치에서 어리석은 일을 많이 했다. 특히 이 국민들이 음모를 꾸미고 있다는 첫 소식을 그들의 공모자인 마테오 드 모르조에게서 듣고도 이 소문을 없애고, 그의 도시 내에서 자기의 정당한 정권을 괴롭힐 자는 아무도 없다고 느끼게 하려고 이 밀고자를 살해한 것이 그 가운데 하나다.

나는 옛날에 어느 로마인의 이야기를 읽은 생각이 난다. 그는 권세 있는 인물이었으나, 삼두 정치의 학정을 피하며 재주껏 꾀를 써서 수없이 여러 번 그를 박해하는 자들의 손에서 벗어났다. 어떤 날은 그를 잡으러 오는 말 탄 사람의 무리가 그가 웅크려 숨어 있는 나무덤불을 지났기 때문에 자칫하면 발각될 뻔했다. 그러나 그는 이런 지경에서 사람들이 끊임없이 자기를 샅샅이 찾아다니는 것을 피하려고 그때까지 겪어온 고난과 이 인생에서 바랄 수 있는 흥미가 거의 없음과 언제까지나 이런 공포 속에 머무르기보다는 차라리 마지막 선을 넘는 편이 얼마나 나은가를 생각했다. 그리고 스스로 그들에게 숨은 자리를 알려주고, 자진하여서 그들의 잔인성에 몸을 맡기며, 그들과 자기의 오랜 고생을 제거해 버렸다. 적의 손을 청한다는 것은 좀 유쾌한 생각이다. 그런 만큼 나는 면할 수 없는 팔자를 늘 열에 들떠 근심하고 있기보다는 차라리 이런 방도를 취하는 편이 훨씬 낫다고 생각한다. 그러나 거기에 대비할 조심성이 불확실하고 불안스러울 뿐이라면, 오히려 단호한 결심으로 일어날 수 있는 모든 일에 마음을 준비해서 사람에게는 무슨 일이 일어날지 모른다는 생각으로 위안을 삼는 편이 나을 것이다.

25
학식이 있음을 자랑함에 대하여

나는 어릴 적에 이탈리아 희극에서 선생님들이 언제나 엉터리로 취급되어 선생이라는 별명이 우리들 사이에 조금도 영광스러운 의미를 갖지 않음을 알고 부아가 났었다. 그들의 지도와 보호를 받고 있는 터에 내가 어찌 그들의 평판에 관해서 고심하지 않을 수 있단 말인가? 나는 여느 속인들과 드물게 탁월한 직책과 지식을 가진 인물들 사이에 있는 본연의 불균형을 들어서, 선생님들을 변명해 보려고 했다. 그러나 가장 활달한 인사들이 그들을 가장 경멸하는 자들이고 보니, 나는 결국 무엇이 무엇인지 알 수가 없어졌다. 그 증거로 성품이 좋은 우리의 뒤 벨레도 이렇게 말한다.

나는 특히 현학적 지식을 미워한다.

이 버릇은 옛날부터 있는 것이다. 플루타르크의 말에, 그리스 말과 문자란 말은 로마인들에게는 비난과 경멸을 의미하던 것이었다고 한다.

그 뒤에 나이가 들어가면서 나는 여기 당연한 이유가 있고, '가장 위대한 학자는 가장 위대한 현자가 아님'(라블레)을 알았다. 그러나 그렇게도 많은 사물들에 풍부한 지식을 가진 인물이 어째서 그것으로 더 생기 있고 사리에 밝아지는 것이 아니며, 또 천하고 상스럽고 비속한 인간이 세상이 가져 볼 수 있었던 가장 탁월한 사상과 판단력을 지니고 있으면서도 그 자격이 개선되지 않는 일이 있을 수 있는가 나는 아직도 의문을 품고 있다.

그것은 다른 사람들의 강력하고 위대한 지식들을 너무 많이 받아들이다가(우리 공주님들 중의 으뜸가는 한 소녀가 어느 인물을 두고 내게 이야기한 말이지만), 남의 지식에 밀려서 자기 판단력은 짓눌리고 억압되어 오그라져 버리는 것이다.

나는 식물이 습기가 너무 많으면 질식하고 등에 기름이 너무 가득하면 불이 꺼진다는 식으로 말하고 싶다. 그와 같이 정신 작용은 공부와 지식과 재료가 너무 과하면, 아는 일이 잡다하게 많아서 거기에만 사로잡혀 당혹해 버리고 사리를 풀어 볼 방법을 잃으며, 이 무게 때문에 학자는 허리가 굽어지고 곱사가 되는 것이라고 본다.

그러나 일은 그렇지도 않다. 왜냐하면 우리 심령은 속이 찰수록 더 커진다. 그리고 옛날의 사례들에서 보면, 그와는 반대로 일을 처리하는 데 능숙한 인물들과 위대한 장수들과 국사의 위대한 고문관들은 모두 학식이 풍부했다. 그리고 모든 공직을 멀리 하는 철학자들로 말하면, 그들 역시 어떤 때는 그 시대의 방자한 기풍의 노리개로 경멸당했고, 그들의 사상과 태도가 그들을 우습게 만들었다.

그들에게 한번 어느 소송 사건의 권리 문제나 인간의 행동에 관해서 심판을 시켜 볼까? 그들은 "기다리고 있었소!" 하고 시작한다. 그런데 그들은 아직도 생명이라는 것이 있는지, 운동이라는 것이 있는지, 인간이 황소와는 다른 사물인지, 작용함과 작용당함은 무엇이고, 법률과 정의, 재판 제도는 어떻게 생긴 짐승인가를 논하고 있다. 행정관에 관해서 말하거나 행정관에게 말하는 태도는 어떠한가? 거기에는 공손치 못하고 무례한 자유가 넘쳐난다. 누가 자기들의 왕공이나 왕을 칭찬하는 소리를 듣는다면? 그것은 그들에게는 양치기이다. 양치기같이 한가로우며, 양들의 젖을 짜내고 털을 깎는 데 골몰하며, 양치기보다 훨씬 더 혹독하게 거짓으로 돈을 빼앗는 인간이다. 누가 땅을 2아르팡 가졌다고 그대가 그를 더 큰 인물로 본다면? 그들은 비웃는다. 그들은 세상 전체를 자기 차지라고 보는 버릇이 있다.

그대가 조상들 중에 부자가 일곱이나 있어 문벌이 훌륭하다고 자랑하면, 그들은 그대가 대자연의 보편적인 모습을 생각해 보지 못하고 우리 각자가 조상들 중의 부자들, 가난뱅이들, 왕들, 하인들, 그리스 사람들, 야만인들 등 얼마나 많은 조상들을 가졌던가는 염두에 두지 않는다고 우리를 변변찮게 본다. 그리고 그대가 헤라클레스의 50대손이라고 해도, 그대가 이 행운의 선물을 밑천으로 삼는 것을 그들은 헛된 일로 본다.

그래서 속인들은 이런 초보적이고 공통적인 사물도 모르며 건방지고 거만하다고 그들을 경멸한다. 그러나 플라톤에 나오는 학자의 묘사는 우리네 학자들의 묘사와는 거리가 멀다. 그런 철학자들은 보통의 방식보다는 위에 처하고, 공적 행동을 경멸하며, 평범함을 초월한 고매한 사상으로 조절되며, 남이 본뜰 수 없는 특수한 생활의 훈련을 받는 것이라고 사람들이 선망했다. 이런 자들은 보통의 방식 이하로 놀며, 공공의 사무를 맡길 수 없고, 속된 무리의 뒤를 따라 그 비굴하고 천한 생활과 행동 습관을 답습하고 있다고 사람들은 경멸한다.

말로만 철학자요, 행동이 비굴한 자를 나는 미워한다. (파쿠비우스)

내 말이지만 저쪽 철학자들로 말하면, 학문에 위대했던 만큼 모든 행동에 더 위대했다. 사람들이 말하는 저 시라쿠사의 기하학자(아르키메데스, 기원전 287~212)가 바로 그렇다. 아르키메데스는 자기 나라를 방어하기 위해서 잠시 학문 연구를 제쳐 두고 그 일부를 실천에 옮겼다. 그래서 금세 사람들이 상상해 볼 수도 없는 무서운 기계를 발명해서 가동시켰다. 그러나 그 자신은 자기가 만들어 낸 이런 것을 모두 경멸하며, 이것 때문에 자기 학술의 존엄을 타락시켰다고 생각했다. 그는 이 기계를 자기 학문의 실습이며 장난감으로밖에 보지 않았던 것이다. 그 때문에 이런 작자들은 어느 때 사람들이 그 학문을 실제 행동으로 시행해 보면, 그들은 마치 날개가 돋쳐 높이 하늘을 날 듯 사물들의 지식으로 그들의 마음과 심령이 경탄할 만큼 커지고 풍부해진 것을 보여 주었던 것이다.

그러나 어떤 자들은 국정의 직위를 무능한 인간들이 차지하고 있는 것을 보고, 그런 일에서 물러 나갔다. 누가 소크라테스에게 언제까지 철학을 하겠느냐고 묻자, '마부 따위가 우리 군대를 지휘하지 않게 될 때까지'라는 것이 그의 대답이었다. 헤라클레이토스는 왕위를 자기 동생에게 물려 주었다. 그리고 그가 왜 사원 앞에서 어린애들과 놀며 시간을 보내느냐고 에페소스인들이 책망하자, 그는 "당신들과 함께 정치하는 것보다 이런 짓을 하는 것이 더 낫지 않느냐"고 대답했다. 다른 자들은 현세의 영달 따위를 초월한 곳에 사상을 두며, 재판관의 직위나 왕위까지도 천하고 비굴한 것으로 보고 있다. 그리고 엠페도클레스는 아그리겐툼인들이 그에게 제공하는 왕위를 거절했다. 탈레스가 가끔 사람들이 세간살이와 집안 살림살이를 다스리는 것을 가지고 속썩이는 것을 비판하자, 사람들은 그에게 자기가 하지 못하기 때문에 여우처럼 입을 놀리는 것이라고 책망했다. 그는 심심풀이로 실험해 볼 생각으로 그의 학문을 굽혀서 돈을 벌고 재산을 만드는 데 이용하기로 하고, 무역을 시작해서 1년 동안에 가장 경험 많은 사람이 한평생 벌어도 못 벌 만큼의 재산을 만들어 놓았다.

아리스토텔레스가 말한 일이지만, 어떤 자들이 탈레스나 아낙사고라스와 그의 동류들이 더 유익한 일에 마음을 쓰지 않았다고 그들을 현명하고 신중하지 못한 자들이라고 부른 것에 대해, 나는 이 말의 차이를 알지 못할뿐더러 내가 말한 자들을 위한 변명도 되지 않는다. 그들이 천하고 곤궁한 생활에 만족하고 있는 꼴을 보면, 우리는 차라리 두 가지 상황에서 모두 그들이 현명한 자들이 아니라고 말해야 할 일이다.

나는 이 첫째 논리는 버려 두고 이러한 결함은 그들이 학문을 잘못 다루는 데서 온다고 하는 것이 더 좋다고 생각한다. 그리고 우리가 공부해 온 방식으로는, 학생들이나 선생들이 아무리 그것으로 더 박학해진다 하여도 더 숙련되지 않는 것은 놀랄 일이 아니다. 우리 부친들이 하는 근심과 노력은 우리 머리를 학문으로 채우는 것밖에 안 된다. 판단력과 도덕에 관해서는 관심이 적다. 우리 고장을 지나가는 사람에게 "오, 학자님!" 하고 소리쳐 보라. 또 다른 자에게 "오, 착하신 분!" 하여 보라. 첫 번째 사람에게 존경으로 고개가 돌아가지는 않을 것이다. 세 번째 사람이 나와서 "오, 말뚝 대가리들!" 하고 소리쳐야 할 일이다. 우리들은 곧잘 "저자가 그리스어를 아나? 라틴어를 아나? 시를 쓰나? 산문을 쓰나?" 하며 물어본다. 그러나 그 사람이 더 나아졌는지 총명해졌는지 하는 것이 중요한 문제인데, 이것은 뒤로 돌린다. 여기서는 더 많이 아느냐 하는 것보다 더 잘 아느냐 하고 물어보아야 할 일이다.

　우리는 기억력을 채울 생각만 하고, 이해력과 양심은 빈 채로 둔다. 마치 새들이 모이를 찾으러 나가서 그 모이를 새끼에게 먹이려고 맛보지 않고 입에 물어 오는 것과 똑같이, 우리 학자님들은 여러 책에서 학문을 쪼아다가 입술 끝에만 얹어 주고, 뱉어서 바람에 날려 보내는 짓밖에는 하지 않는다.

　이 어리석은 수작이 얼마나 내 경우에 들어맞는지 참으로 놀라운 일이다. 내가 여기 글을 쓰는 것도 똑같은 수작이 아닐까? 나는 이 책 저 책, 내 마음에 드는 문장을 도둑질해 다니며, 그것을 담아 둘 곳도 없어서, 내게 저장해 두지 못하고 여기다 옮겨놓는 것이다. 사실 이 문장들은 전에 있던 자리에서나 마찬가지로 여기에서도 내 것이 아니다. 우리는 현재의 지식으로만 배우는 것이고, 과거의 것은 미래의 것과 똑같이 지식이 되지 않는다고 생각한다.

　그런데 더욱 언짢은 일은 그들에게 배우는 학생이나 어린것들은 그것을 소화해서 살로 만드는 것도 아니다. 학문이 오로지 자랑거리로 남에게 보여 주고 말해 보고 이야기해 주는 목적밖에 없어, 마치 계산해 보고는 내던지는 것밖에 다른 데는 아무 쓸모가 없는 모형 화폐처럼, 이 손에서 저 손으로 넘어가기만 한다.

　"그들은 자신에게 말하는 것이 아니라 타인들에게 하는 화법을 배웠다."(키케로)—"말하는 것이 문제가 아니라 키(舵)를 조정하는 것이 문제이다."(세네카)

　대자연은 그가 조종하는 것에 상스러운 일은 없다는 것을 보이기 위해서, 기술 교육을 덜 받은 국민에게서 가장 예술적인 산물에 못지않은 정신적 산물이 나오게 한다. 피리 노래에 나오는 가스코뉴 격언에 '불어라, 많이 불어라. 그러나 우리 손가락을 잘 맞춰 움직여야지' 하는 목동이 부는 피리 소리는 내 문제에 얼마나 멋지게 들어맞는가.

우리는 '키케로는 이렇게 말했다. 이것이 플라톤의 도덕이다. 이것이 바로 아리스토텔레스의 말이다'라는 식으로 말할 줄 안다. 그러나 우리 자신으로는 뭐라고 말하나? 우리는 어떻게 판단하는가? 우리는 무엇을 하는 것인가? 앵무새도 이만큼은 할 것이다.

이런 방식[21]은 저 부유한 로마인이 하던 수작을 생각나게 한다. 그는 많은 비용을 들여 애써 모든 학문에 능한 사람들을 찾아가서, 늘 자기 옆에 데리고 다니며 친구들과 이러저러한 일들을 이야기하게 될 때 '이 사람은 이런 말, 저 사람은 호메로스의 시구 한 구절을' 하는 식으로 각자가 자기 전문에 따라 제공해 주게 하며, 이런 지식은 자기 부하들의 머리 속에 있으니 자기의 것이라고 생각하고 있었다. 마치 자기능력을 자기 집에 있는 풍부한 도서실에 담아 둔 자들이 하는 수작이다.

"당신이 아는 것이 무엇이오?" 하고 물어보면, 책을 달라고 해서 찾아보고 가르쳐 주며, 궁둥이에 옴이 나도 사전을 찾아보지 않으면 옴이 무엇인지, 궁둥이가 무엇인지도 모르는 자를 알고 있다.

우리는 다른 사람들의 의견과 지식을 받아 담는다. 그것뿐이다. 지식은 내 것으로 만들어야 한다. 우리는 불이 필요해서 이웃집에 불을 얻으러 가서는, 거기서 따뜻하게 피어오르는 불을 보고 멈춰서 쬐다가 얻어 온다는 것을 잊어버리는 자와 같다. 배 속에 음식을 잔뜩 채워 보았자, 그것이 소화가 안 되고 우리 안에서 변화하지 않으면, 또 우리들을 더 키워 주고 힘을 주지 않으면, 무슨 소용이 있는가? 학식이 많아서 경험이 없이도 그렇게 위대한 장수가 되었던 루쿨루스는 우리의 방식으로 지식을 섭취했다고 생각하는가?

우리는 너무 심하게 남의 팔에 매달려 다니다가 결국 우리 자신의 힘마저 없애고 만다. 내가 죽음의 공포에 대비할 생각을 가지면? 나는 겨우 세네카의 사상에서 꺼내올 뿐이다. 내가 자신이나 또는 남을 위해서 위안의 말을 찾아보고 싶으면? 나는 그 말을 키케로에게서 빌려온다. 사람들이 나를 그 지식으로

---

[21] 이 이야기는 세네카에 나오는 칼비시우스 사비누스라는 자가 한 것이다.

단련시켜 주었던들, 나는 그것을 자신에게서 찾아 가졌을 것이다. 나는 남에게 의지해서 구걸해 온 능력은 달갑지 않게 여긴다. 남의 지식으로 학자가 되어도 적으나마 자신의 예지가 아니면 우리는 현명해지지 못한다.

　　나는 자신을 위해 현명하지 못한 지식인을 증오한다.　　　　(에우리피데스)

　　그리하여 엔니우스도, 학문이 자기를 이롭게 하지 못하면
　　현자의 지식도 허망하다고 말한다.　　　　　　　　　　　　(키케로)

　　만일 에우가네아의 어린 양보다 더 빈약하고
　　허영되고 비속하다면.　　　　　　　　　　　　　　　　　(유베날리스)

　　지식의 준비만으로 족하지 않다.
　　그것을 이용할 줄 알아야 한다.　　　　　　　　　　　　　(키케로)

　　디오니시우스는 오디세우스의 불행은 알아보려고 애를 써도 자기의 불행은 모르고 있는 문법학자와, 피리의 음조는 잘 맞추어도 자기 행실은 맞출 줄 모르는 음악가, 또 옳은 일을 말하는 법을 배워도 행할 줄 모르는 웅변가를 경멸했다.
　　우리 마음이 잘 움직여 주지 않는다면, 우리가 더 건전한 판단을 갖지 못한다면, 나는 차라리 내 학생이 공이나 가지고 나가 시간 보내는 것을 더 좋아할 것이다. 적어도 그 아이의 신체는 더 쾌활해질 것이다. 15, 6년 동안 공부하고 돌아오는 꼴을 좀 보라. 어떤 일에 부딪쳤을 때에 이보다 쓸모없는 인물이란 없다. 거기에서 소득이라고 볼 수 있는 것은, 단지 그가 그리스어와 라틴어를 안다고 집에서 떠날 때보다 더 잘난 체하고 거만해진 것밖에 없다. 그는 마음속을 채워 돌아와야 했을 터인데, 마음속에 바람만 가득 채워서 돌아온다. 키워 온 것이 아니라 부풀어졌을 뿐이다.
　　이런 따위의 선생들은 플라톤이 그들의 사촌뻘인 궤변가들에 대해 말하듯, 모든 사람들 중에 인간에게 가장 쓸모 있기를 약속하는 자들이다. 그런데 사

람들 중에 그들만이 목수나 석수장이와 같이 자신에게 맡긴 일을 잘 들어주지 않을뿐더러, 일은 더 나쁘게 해 놓고 그 값을 받아 가는 자들이다.

프로타고라스가 자기 제자들에게 제안한 바 "내가 말한 대로 수업료를 내든지, 사원에 가서 내 교육에서 얻은 소득이 얼마나 된다는 것을 맹세하고, 거기에 따라 나의 수고에 보답하라"고 한 규칙이 준수된다면, 선생들은 이렇게 맹세하고 실험하는 결과에 의지하다가는 낙담할 것이다.

우리 페리고르 지방의 상말로는 이런 학자들을 '글벼락 맞은 자'라고 아주 재미나게 부른다. 마치 '글에 얻어맞은 자'라는 식으로, 문자가 그들에게 망치로 일격을 가했다는 말투이다. 참으로 그들은 대부분의 시간을 상식 이하의 생각에 잠겨 있기가 일쑤다. 농민이나 구두 수선공은 단순하고 순박하게 살아가며, 자기가 아는 대로 말한다. 그런데 이 배운 자들은 공통의 껍데기에 떠도는 지식으로 무장하고 잘난 체하느라고 줄창 말이 막히며, 제 말에 얽힌다. 그들은 멋진 말도 더러 내놓지만, 그것을 주워서 쓰는 것은 다른 사람들이다. 그들은 갈레노스[22]를 잘 안다. 그러나 병자의 일은 전혀 모른다. 그들은 법률의 말투로 사람의 머리를 채워 주었지만, 소송 사건은 아직 요점도 찾지 못한다. 그들은 모든 사물에 대한 이론은 알고 있지만, 그 가운데 그것을 활용할 줄 아는 자가 있는가 찾아보라. 나는 집에서, 내 친구 하나가 이런 자와 상대하며 심심풀이로 이 식자가 여기저기서 따온 말귀를 둘러맞춰 요점도 없는 말을 얼버무리고, 사투리를 흉내 내며 싸움을 걸어 온 종일 흥겨워하며 이 바보를 재미나게 놀려 대자, 이자가 그것을 자기를 반대하는 논법에 대답하는 줄 생각하고, 대꾸랍시고 진땀만 흘리는 꼴을 보았다. 훌륭한 학자복을 입은 평판 좋은 학자라는 꼴이 이러했다.

오, 가문의 혈족들이여! 그대들 뒤통수에는 눈이 없으니
등 뒤에서 조소하지 않을까 조심하라.   (페르시우스)

세상에 널리 퍼져 있는 이런 종류의 인간들을 옆에서 자세히 관찰해 본 사

---

22) 고대 로마 시대의 유명한 의사이자 해부학자. 129~199.

람은, 천성이 처음부터 그들을 달리 만든 것이 아니면 대부분의 경우 그들은 자기도 이해하지 못하고 기억하는 것만을 충실하지만 판단력도 결여된 채 되지 않는 말을 하고 있다는 것을 알아볼 것이다. 이런 사람에는 또 다른 예가 있다. 내가 본 아드리아누스 투르네부스(또는 튀르네브, 1512~1565. 프랑스의 헬레니스트. 많은 그리스 고전을 번역했다)는 글밖에 배운 것이 없고, 그 점에서는 천년 이래로 가장 위대한 인간으로 보인다. 그렇지만 그의 옷차림과 어떤 외면적 태도에는 학자 티가 전혀 없었다. 외면적인 태도는 궁신(宮臣)들식으로 깨인 멋은 없었으나, 그런 것은 아무것도 아니다. 그리고 나는 마음이 비뚤어진 사람은 무관하게 대하면서 남의 옷차림이 다른 것은 참아내지 못하고, 절하는 법이나 몸치장, 구두 따위를 보고 인물이 어떻다고 평가하는 자들을 싫어한다. 왜냐하면 마음을 보면 이 학자는 세상에서 가장 세련된 인간이었기 때문이다. 때때로 내가 그가 습관적으로 하는 일과 관계가 없는 일을 화제로 삼아 말해 보니, 그는 이것을 빨리 이해하고 아주 건전하게 판단하며, 전쟁이나 국무 같은 것 외에 다른 일은 하지 않는 사람처럼 사리를 분명하게 보고 있었다. 이런 인물은 천성이 훌륭하고 강하다.

> 프로메테우스(그리스 신화에 나오는 신, 흙으로 사람을 만들어 냈다고 한다)는 그를 위해 더 좋은 점토를 써서
> 그의 우아한 기술로 오장(五臟)을 만들어 준다.　　　　　　(유베날리스)

그런 사람은 나쁜 교육을 받아도 자기를 잘 지켜 나간다. 그런데 교육은 우리들을 타락시키지 않는 것만으로 족하지 않다. 교육은 우리들을 더 낫게 변화시켜 주어야 한다.

우리 재판정의 어떤 분들은 관리들을 채용할 때 단지 그들의 학문만을 심사한다. 다른 분들은 그 지각을 실시하며, 어떤 사항에 관한 판단을 맡겨 본다. 이런 분들은 훨씬 더 나은 방법을 쓰는 것으로 보인다. 이 두 방법은 대단히 필요하며, 두 가지가 다 병행되어야 할 것이지만, 사실 학문의 방법은 판단력의 방법보다 못하게 평가된다. 판단력이 있으면 학문은 없어도 된다. 그러나 학문은 판단력 없이는 안 된다. 왜냐하면

마음이 들어 있지 않은 지식은 아무것도 아니다. 　　　　(스토바에우스)

라는 그리스 시구가 말하듯, 이해력이 없을 때 학문이 소용 있을까? 원컨대 우리나라 재판 제도의 확립을 위해서 이런 기구의 인원들은 학문과 아울러 양식을 갖추었으면 얼마나 좋을까! "인생을 위함이 아니라 학교를 위해서 교육한다."(세네카) 그런데 학문은 마음에 매어 주어서는 안 된다. 거기에 합체시켜야 한다. 퍼부어서는 안 된다. 학문으로 마음을 물들여 주어야 한다. 그리고 마음이 변해서 그 불완전한 상태를 좋게 만들어 주는 게 아니면 확실히 그만두는 편이 훨씬 낫다. 학문은 마음이 약하고 그것을 사용할 줄 모르는 자의 손에 들어가면 '배우지 않은 편이 나은'(세네카) 위험한 무기로, 오히려 그 주인에게 훼방이 되며 손해를 끼친다.

아마도 우리와 교회가 다 같이 여자들에게 많은 학문을 요구하지 않는 것은, 거기에 원인이 있을 것이다. 장 5세의 아들인 드 부르타뉴 공작 프랑수아는 스코틀랜드 왕의 공주 이사보와 혼인 말이 나왔을 때, 그녀가 아무것도 배운 것 없이 단순하게 성장했다는 말을 듣고 이렇게 대답했다. "그편이 더 좋다. 여자란 남편의 셔츠와 윗도리를 분간할 줄 알면 된다."

그런 만큼 우리 조상들이 학문을 그렇게 중시하지 않고, 오늘에 와서도 학문은 왕들의 중요한 자문에는 겨우 어쩌다가 오르는 정도며, 그리고 오늘날 오로지 치부하는 수단으로 나오는 법학·의술·교육, 그리고 신학까지도 신뢰를 유지하지 못하고 있다. 그대에게 이전이나 마찬가지로 변변찮게 보인다고 해도, 그것은 사람들이 떠들어 대는 것처럼 해괴한 일이 아니다. 이런 학문이 우리들에게 잘 사색하고 행동하는 법을 가르쳐 주지 못하다니, 참 딱한 일이다. "학식 있는 자들이 나온 이래로 선인들을 볼 수 없게 되었다."(세네카)

선(善)에 대한 지식이 없는 사람에게 다른 모든 지식은 유해하다. 내가 아까 찾아보던 이유가 아마도 여기 있지 않은가 싶다. 즉, 프랑스에서는 잇속을 찾는 직분보다 천성으로 너그러운 직분에 맞게 태어난 사람들이 서적을 탐독하거나 공부한 기간이 너무 짧은 상태에서(아직 그 취미를 얻기 전에 서적과는 전혀 관계 없는 직업에 매여서) 물러난 사람들을 제하고는, 이 공부라는 것은 이득을 보자는 것밖에 다른 목적이 없다. 대개는 공부에 전심하기에는 재산이 넉넉지 못하기 때문에 공부하는 것으로 생계를 도모하려는 사람들밖에 남아 있지 않기 때문이다.

그리고 이런 사람들의 마음은 그 천성과 가정 교육과 본보기의 성분이 좋지 못한 까닭에, 학문의 효과를 잘못 적용한다. 왜냐하면 이 학문은 빛이 없는 마음에 빛을 주는 것이 아니고, 볼 줄 모르는 장님에게 볼 힘을 주는 것이 아니기 때문이다. 그 직분은 그에게 시각을 공증하는 것이 아니라 시력을 단련하는 것이고, 그가 꼿꼿하고 능력 있는 팔다리를 가진 자라면, 그의 자세를 조절해 주는 것이다.

학문은 좋은 약이다. 그러나 어떠한 약도 그것을 담는 병이 나쁜 경우에는 변하고 썩지 않게 보존될 만큼 강력한 것은 없다. 사람은 눈은 잘 보이지만 똑바로 보지 못한다. 따라서 선을 보고도 좇지 않으며, 학문을 보고도 사용할 줄 모른다. 플라톤이 그의 《국가론》에서 가르치는 주요한 교훈은 시민들에게 그들의 천성에 따라 직책을 주는 점에 있다. 대자연은 모든 일을 할 수 있고, 모든 일을 한다. 절름발이는 신체 훈련에는 적합지 않다. 절름발이가 된 마음은 정신의 훈련에 적합하지 않다. 비굴하고 속된 마음은 철학할 자격이 없다. 나쁜 구두를 신고 있는 사람이 구두 수선공이라도 우리는 놀라지 않는다. 마찬가지로 경험은 우리에게 의사로서 의사답지 못하고, 신학자로서 마음이 곧지 못하고, 학자로서 어느 누구보다도 능력이 없는 자들을 보여 주는 것 같다.

키오스의 아리스톤이 옛날에 철학자들이 청중에게 해를 끼친다고 말한 것은 옳은 생각이다. 왜냐하면 학문은 좋게 쓰이지 않으면 나쁘게 쓰이는데, 사람들의 마음은 대부분 이러한 학문에서 이득을 얻기에 적당치 못하기 때문이다. "아리스티포스(탐욕주의자)의 학교에서는 방탕아가 나오고 제논(금욕주의자)의 학교에서는 야만인이 나왔다고 한다."(키케로)

크세노폰이 페르시아인들의 제도라고 말하는 저 훌륭한 교육 방법에서는, 다른 나라에서 글을 가르치듯 어린이들에게 도덕을 가르치고 있는 것을 본다.

플라톤은 왕위 계승을 할 왕자는 다음과 같이 교육받는다고 했다. 아이를 낳으면 여자에게 맡기지 않고 왕이 데리고 있는 가장 도덕심이 있는 내시들에게 맡긴다. 이들은 그의 신체를 아름답고 건전하게 가꾸며, 일곱 살이 지나면 말타기와 사냥을 가르친다. 열네 살이 지나는 해에 그들은 이 아이를 그 나라에서 가장 박학한 자, 가장 정의로운 자, 가장 절도 있는 자, 가장 용감한 자 네 사람에게 넘겨준다. 첫 번 사람은 그에게 종교를 가르치고, 둘째 번 사람은 그를 항상 진실하게, 셋째 번 사람은 탐욕을 억제할 수 있게, 넷째 번 사람은 아무것도 두려워함이 없도록 그를 가르친다.

리쿠르고스의 탁월한 정치에서 보면, 참으로 완벽함이 기적과 같아서 어린 아이들의 교육을 국가의 주요한 책임으로 삼으며, 시신(詩神)들의 신전에서 교육이 실시되고, 학문이라는 것이 언급되지 않는 것은 극히 주목할 가치가 있다. 이 용감하고 너그러운 청소년들은 도덕 이외의 다른 제약을 경멸하기 때문에, 그들에게는 우리들처럼 지식을 가르치는 선생 대신에 다만 용기와 예지와 정의감을 가르치는 선생을 제공해야 된다는 식이다. 플라톤의 법은 여기서 본받은 것이다. 그들의 교육 방법은 인간들과 그들의 행동에 관해서 판단하라는 질문을 주며, 그들이 어떤 인물이나 행동을 비난하거나 칭찬하려면, 그 이유를 말해야 했다. 그리고 동시에 이 방법으로 이해력을 단련하고 바른 길을 배우는 것이었다.

크세노폰의 작품에서 아스티아게스가 키루스에게 그의 마지막 학과에 관해서 말하라고 했을 때, 키루스는 이렇게 이야기한다.

"우리 학교에서 키가 큰 아이는 바지가 작아서 그것을 동무 중 키 작은 아이에게 주고 그 아이가 입었던 더 큰 것을 빼앗았습니다. 우리 선생님은 내게 이 싸움을 판결하라고 하기에 나는 그대로 두는 것이 좋고, 양쪽이 다 이렇게 하는 편이 맞아 보인다고 판결했더니, 그는 내가 잘못 생각했다고 꾸짖었습니다. 왜냐하면 나는 잘 맞는다는 것을 고려하기에 그쳤다는 것이었습니다. 나는 먼저 정의를 좇아야 했으며, 정의는 자기 소유물에 관해서 아무것도 남의 침해를 받는 일이 없기를 요구한다고 말했습니다."

그리고 그는 학교에서 '나는 친다'라는 동사의 제1부정과거의 변화를 외우지 못했을 때처럼 매를 맞았다고 한다.

내 선생은 자기 학교가 그만한 값어치가 있다고 나를 설복하기에 앞서 직설법으로 아름다운 연설을 할 것이다. 그들은 처음부터 지름길을 잡으려고 했다. 그리고 학문이란 직접 받는 경우에도 예지와 신중과 결단을 가르치는 일 외에는 못하는 이상, 그들은 어린아이들이 바로 행위하도록 하며, 얘기가 아니라 행동으로 시험해 가르치며, 교훈과 언어로만 하는 것이 아니라 주로 실례를 들고 작품을 보여서 생기 있고 새롭게 형과 틀을 만들어간다. 그래서 학문이 마음속의 지식이 되는 것이 아니고 체질과 습관이 되게 하며, 교육을 찾아서 얻는 것이 아니라 저절로 자기 것이 되게 하려고 했다.

이 문제에 관해 누가 아게실라우스에게 어린아이들의 교육에 관한 의견을 물었더니, '그들이 어른이 되어서 해야 할 일'이라고 대답했다. 이러한 제도가 옛날에 그만큼 경탄스러운 성과를 이룬 것은 놀라운 일이 아니다.

사람들은 수사학자(修辭學者)나 화가나 음악가를 만나려 그리스의 다른 도시로 찾아다녔다는 것이다. 그러나 라케다이모니아에서는 입법자와 관리와 군지휘관을 찾아갔었다. 아테네에서는 말하는 법을 배웠고, 여기서는 행동 잘하기, 저기서는 궤변의 논법 풀기와 사람을 옭아넣는 엉클어진 말의 사기술 부수기, 여기서는 탐락의 유혹을 이겨내고 억센 용기로 운명과 죽음의 위협을 깨트리는 법을 배웠으며, 저편 사람들은 말하는 법을 배우려고 분주했고, 이편 사람들은 일을 알려고 쫓아다녔으며, 저기서는 혓바닥의 끊임없는 훈련이 있었고, 여기서는 마음의 끊임없는 훈련이 있었다. 그러므로 안티파테르가 그들에게 어린이 50명을 볼모로 요구했을 때, 그들은 우리가 한 것과는 반대로 성인들을 두 배로 보내주는 편이 낫다고 대답했다. 그만큼 그들은 자기 나라 교육의 손실을 두려워했던 것이다.

아게실라우스가 크세노폰에게 그의 아이들을 스파르타에 보내서 키우라고 청한 것은 수사학이나 변증법을 배우게 하려던 것이 아니고, 학문 중에서 가장 좋은 학문인 복종하고 명령하는 학문을 배우게 하기 위함이었다.

소크라테스가 자기 식으로 히피아스를 조롱한 것은 대단히 재미있다. 히피아스는, 특히 시칠리아의 어느 작은 마을에서 교사로 돈을 벌었는데, 스파르타에서는 한 푼도 못 벌었다고 한다. 그들은 잴 줄도 헤아릴 줄도 모르며, 문법도 음률도 존중하지 않고 다만 왕들의 계통과 국가의 흥망 성쇠 같은 이야기 나부랭이나 좋아하는 바보들이라고 한 것이다. 그 말을 듣고 소크라테스는 상세한 사실을 들어서 그들 국가의 정치 형태가 탁월하고 생활이 행복하고 도덕적인 것을 자백시키고 나서, 그 결론으로 그자의 기술이 쓸데없는 것임을 깨닫게 했다.

무예를 중히 여겨 받드는 정치와 이와 비슷한 제도에서 보이는 본보기들로 우리는 도리어 학문을 배우는 것이 용기를 다져서 억세게 만들기보다 마음을 약화시키고 옹졸하게 만든다는 것을 알 수 있다. 현재 이 세상에서 가장 강력하게 보이는 나라는 튀르키예이다. 그들은 무기를 숭상하고 글을 경멸하도록 교육된 국민이다. 나는 로마인들이 학문이 성해지기 전에는 더 용감한 국민이었다고 들었다. 우리 시대에 가장 호전적인 국민은 가장 상스럽고 무지한 부류들이다. 스키타이족이나 파르티아족이나 티무르[23]가 이것을 증명한다. 고트족이 그리스를 빼앗았을 때, 모든 도서관이 불타 없어지는 것을 면하게 한 것은, 고트족 중에 하나가 이런 것을 그대로 남겨 두어 적들이 군사 훈련할 생각을 내지 않고, 정착하여 한가로운 일에 매여 있기를 즐기게 해야 된다는 의견을 퍼뜨렸기 때문이었다. 우리 왕 샤를 8세가 칼집에서 칼도 뽑지 않고 나폴리 왕국과 토스카나 왕국 대부분의 주인이 되었을 때, 이탈리아 왕공들과 귀족들이 억세고 호전적이기보다 약하고 학문하기를 즐겼기 때문에 왕이 인솔한 귀족들이 이 나라들의 정복을 의외로 쉽게 했던 것이다.

26
아이들의 교육에 대하여

드 귀르송 백작 부인 디아느 드 포아에게

  자기 아들이 아무리 옴생이거나 곱사등이라도 아비로서 그를 아들이라고 인정하지 않는 자를 나는 본 일이 없습니다. 그러나 애정에 도취되지 않았다면, 이런 결함을 알아보지 못하는 것은 아닙니다. 그렇다 해도 내 아들은 내 아들입니다. 그래서 나 역시 여기 말하는 것이 어릴 적에 작문의 껍데기밖에 핥지 못하고, 그 똑똑지 못한 일반적인 모습만 기억하며, 프랑스인처럼 무엇이든지 건드려 보나, 하나도 철저하게 아는 것이 없는 자의 잠꼬대에 지나지 않음을 어느 누구보다도 잘 알고 있습니다. 결국 나는 한 의학이 있고, 한 법학이 있고,

---
[23] 첩목아(帖木兒), 1336~1405. 칭기즈칸의 먼 친척으로 러시아, 아프가니스탄, 이집트 등에 원정하여 아시아 서부에 대제국을 건설한 정복자.

수학에 네 부문이 있고, 그것이 대강 무엇을 목표로 하는가를 알고 있습니다. 그리고 또 우리 인생에 소용되기 위해서 학문이 무엇을 의도하고 있는가를 알고 있습니다. 그러나 거기 더 깊이 캐어 들어가거나, 근대 학설의 시조인 아리스토텔레스를 공부하느라고 손톱을 물어뜯고 지내거나, 또 다른 학문에 기를 써 본 일은 전혀 없었으며, 인생을 묘사하는 그림의 윤곽 하나 그려 볼 기술도 가져보지 못했습니다.

또 나는 중류 계급의 어린애가 처음 배워 보는 학과를 적어도 그 학과식으로 다시 살펴볼 지식도 없는 터이니, 그런 어린애라도 나보다 더 유식하다고 말하지 못할 아이는 없습니다. 그리고 나에게 억지로라도 해 보라면, 서투르게나마 보편적인 범위에서 어떤 재료를 끌어내어 그 아이의 타고난 판단력을 심사해 보지 않을 수 없습니다. 그들의 학과가 내게 아주 낯설 정도로, 이런 학과는 그들에게는 전혀 낯설 것입니다.

나는 견실한 서적과도 친해 보지 못했습니다. 겨우 있다는 것이 플루타르크와 세네카의 것이며, 마치 다나이데스같이 거기서 길어 내어 끊임없이 채우며 비워 버립니다. 거기서 얻은 몇 가지를 여기 적어 봅니다만, 내게 담아 둔 것이란 거의 없습니다.

역사는 내가 가장 좋아하는 읽을거리이고, 시 역시 특별히 즐겨서 읽습니다. 왜냐하면 클레안테스가 말하듯, 마치 소리가 나팔의 좁은 홈으로 몰려서 빠져나갈 때 더 날카롭고 힘차게 나오는 것처럼, 문장은 시의 형식과 음률의 수에 억제되어 더 박차게 솟아 나오며, 내게 더 강하게 감명을 주기 때문입니다. 그것을 여기 시험해 보는 바인데, 내가 타고난 자질로 말하면, 이런 무거운 책임은 지기 힘든 일입니다. 내 생각과 판단은 모색하며, 요동하며, 발에 채며, 헛디디며, 간신히 나가기밖에는 못하고, 내가 할 수 있는 한 해 보아도 나는 전혀 만족을 느끼지 못합니다.

내게는 아직도 저 너머의 나라가 보이는데, 그 시야가 혼탁하고 몽롱해서 아무것도 풀어 보지 못합니다. 그리고 내 공상에 떠오르는 것을 아무것이나 무턱대고 말하려고 하며, 여기 내 고유의 타고난 방법만 쓰기로 하고, 흔히 일어나는 일이지만 좋은 작품들 중에 내가 취급하려는 것과 같은 제재를 우연히 만나 볼 때에는(내가 방금 플루타르크에서 그의 상상력의 힘에 관한 설화에 부딪친 것처럼) 이런 사람들에 비하여 내가 얼마나 약하고, 허술하고, 둔하고, 잠들어 있는가를 깨달으며, 나 자신이 가련해지고 못나 보이게 됩니다.

역시 나는 내 상념이 흔히 그들의 의견과 부합되는 경우에 부딪치는 영광을 가지고, "정말 그렇구나!" 하고 말해 보며, 적으나마 멀리서라도 그들의 뒤를 따르고 있다는 것이 기쁩니다. 그리고 또 누구나 다 하지 못하는 일로 나는 그들의 의견과 내 의견 사이에 대단한 차이를 알아보는 것이 기쁩니다. 그렇지만 나는 허약하고 천한 작품을 이렇게 비교해 보고 발견한 결함을 교정하거나 덮어씌우지 않은 채, 내가 지어 낸 그대로 세상에 내보냅니다. 이런 인물들과 맞서 가려고 하려면, 허리가 상당히 단단해야 합니다. 우리 시대의 철부지인 작가들은 그들의 허황된 작품 속에 옛 작가들의 문장을 그대로 실어 놓고 그것을 자기의 영광으로 삼는데, 사실은 그 반대입니다. 이런 문장들이 발하는 광채는 그들의 것을 너무 무색하고 흐리고 추한 모습으로 보여 주기 때문에, 얻는 것보다 잃는 것이 더 많습니다.

거기에는 두 가지 대조되는 심상이 있습니다. 철학자 크리시포스는 자기 저서에 다른 작가들의 문장뿐 아니라 작품 전체를 넣었고, 그 하나에는 에우리피데스의 《메데아》를 넣었습니다. 그래서 아폴로도로스가 말하기를, 거기서 다른 사람의 글을 빼버리면 그의 종이는 희어질 것이라고 했습니다. 에피쿠로스는 그 반대로 자기가 남긴 3백 권의 작품에, 남의 것은 단 하나도 따오지 않았습니다.

어느 날, 나는 이런 문장에 부딪쳤습니다. 나는 프랑스어의 핏기 없고, 살이 붙지 않고, 속 비고, 의미 없는 글을 흥미 없이 읽어 가자니, 그것은 확실히 프랑스어일 뿐이었습니다. 그렇게 오랫동안 권태를 느끼며 읽어 가다가 갑자기 고매하고 풍부하며 기개가 하늘에 솟는 한 문장에 부딪쳤습니다. 만일 그 내리막이 순하고 오르막이 좀 길게 보였다면, 그것은 변명될 수 있었을 겁니다. 여기 와서는 절벽이 낭떠러지로 깎아지른 듯 첫 번 여섯 글귀로 나는 내 몸이 다른 세상으로 날고 있음을 느꼈습니다. 거기서 나는 전에 읽은 것이 너무나 얕고 깊은 구렁텅이임을 깨닫고, 다시는 그리로 내려갈 생각이 나지 않았습니다. 만일 내가 이런 풍부한 약탈품을 가지고 내 글 한 장만 장식했다면, 다른 장들이 얼마나 졸렬한 것인지 너무 잘 밝혀졌을 것입니다.

나 자신의 결함을 남의 작품 탓으로 돌리는 것은, 내가 늘 하듯이 남의 잘못을 내게 책망하는 것과 같은 점이 있습니다. 이런 것을 발견할 때마다 적발하여 모면할 여지를 주지 말아야 합니다. 그래서 나는 비판자들의 분간해 내는 눈을 속여 보고 싶은 당돌한 희망이 없는 것도 아니지만, 나 자신이 어느 때나 내 글을 다른 데서 표절해 온 글과 대등하게 만들려고 하며, 그들과 나란히 가려는 수작이 얼마나 건방진 짓인가를 알고 있습니다. 그러나 이것은 내 착상과 문장력의 덕보다는 내가 적용하는 글의 덕입니다. 그리고 대체로 옛날의 이런 명수들과 맞대들어 싸우자는 것이 아닙니다. 다만 잘고 가볍게 되풀이해서 할퀴어 보렵니다. 거기 부딪혀 보려는 것이 아닙니다. 나는 그들을 더듬어 볼 따름입니다. 그러나 사실 내가 하겠다고 생각하는 것만큼 하지도 못합니다.

내가 그들에게 맞서서 대들 수 있다면 나는 점잖게 해 보겠습니다. 왜냐하면 나는 그들의 가장 경직한 곳만 찾아서 시도해 볼 테니까요.

남이 하는 일을 보고 행하며, 남의 무기로 무장하고, 내 것이라고는 손가락 끝도 내보이지 않으며, 학자들이 여느 재료를 가지고 잘 하는 식으로, 옛날 사람들이 생각해 낸 것을 여기저기서 따다가 꿰매서 자기 계획을 세워 가며, 그러고도 이런 것을 감추고 자기 것으로 보이려고 하는 일은, 첫째 자기가 무슨 값어치 있는 것이라고는 지어 낼 거리가 없기 때문에 남들의 값어치로 자기를 보이려고 하는 비열하고 부정한 수단입니다. 이것은, 속임수로 무지한 속인들의 갈채를 얻기에 만족하고, 남에게서 빌려다 박아놓은 것을 지각 있는 사람들(그들의 칭찬만이 무게가 있습니다)이 코웃음 치며 본다고 원망하는 어리석은 수작입니다.

나로서는 그런 짓을 할 생각은 눈곱만큼도 없습니다. 나는 그만큼 더 내 말을 하기 위한 것이 아니면, 남의 말을 하지 않습니다. 이것은 편찬한 작품으로 발표되는 편저를 지어 내는 것이 아닙니다. 옛사람들은 그만두고, 우리 시대에도 매우 재능 있는 인사들을 보았습니다. 그중에도 카필루푸스라는 이름이 있습니다. 이런 저자들은 여기저기서 볼 수 있습니다. 립시우스의 해박한 역작의 편저 《정치논총(政治論叢)》 같은 것이 그렇습니다.

어쨌든 나는 아무리 서투르다고 해도, 지금 대머리가 되고 백발이 되어 가는 화가가 이것을 완벽한 얼굴로 만들지 않고 자기 것을 그리는 것이나 마찬가지로, 아무것도 감출 생각이 없습니다. 왜냐하면 이것이 글 속의 내 심정이며 내 견해이기 때문입니다. 나는 나 자신을 그만큼 더 많이 말하기 위해서밖에는 남을 말하지 않습니다. 어떻게 생각해야 할 것이라는 식으로 내놓은 것이 아니고, 내가 생각하는 것으로 내놓습니다. 나는 여기 나 자신을 드러내 보일 생각밖에 하지 않습니다. 새로운 일을 배워서 내가 변해 간다면, 나 자신은 아마도 내일쯤 달라질 것입니다. 나는 다른 사람에게 신임받을 권한도 없고, 그것을 바라지도 않습니다. 다른 사람을 가르치기에는 나 자신의 교양이 부족하다는 것을 느끼니까요.

그런데 어떤 분이 앞에 나온 내 글을 읽어 보고 어느 날 찾아와서 말하기를, 내가 마땅히 아동의 양육에 관한 이론을 전개해 보아야 한다고 했습니다. 그래서 부인, 내게 이런 문제를 다룰 능력이 있다면, 그럼 이것을 얼마 안 가서 백작 부인의 옥체에서 멋지게 세상에 나와 보겠다고 위협하고 있는 그 조그만 친구에게 선물로 드리는 일이 가장 좋은 일이라고 생각합니다(부인께서는 너그럽고 후덕하신 덕으로 응당 첫아들을 낳으셔야 합니다). 왜냐하면 나는 부인께서 결혼하실 때 가까이 참여한 처지로, 거기서 일어날 아이의 위대성과 번영에 관심을 가질 권한이 있기 때문입니다. 그 밖에도 이전부터 받들어 섬겨온 충복의 처지에서도 응당 부인께 관계되는 모든 일에 영광과 행복과 이익을 축원해 드릴 의무를 지고 있습니다. 그러나 참으로 나는 인간 학문의 가장 크고 중대한 난점은 다른 무엇보다 어린아이 키우기와 그 교육을 다루는 점에 있다고 봅니다.

농사짓는 일에서와 똑같이, 심기 전의 일처리와 심는 일은 마찬가지로 확실하고 쉽습니다. 그러나 심은 것이 생명을 가지고 나오면, 그것을 가꾸기에는 가지각색의 방법과 어려움이 있습니다. 그와 같이 사람에 있어서도 심는 데는 그리 기교가 안 들지만, 출생한 다음에는 여러 가지 조심성이 필요하며, 기르고 가르치기에 숱한 일거리와 근심이 있습니다.

나이가 어릴 때는 그들의 경향이 너무 연약해서 잘 드러나 보이지 않고, 그 싹이 너무나 불확실하게 나타나기 때문에, 거기에 확실한 판단을 내리기가 힘듭니다.

키몬이나 테미스토클레스나 다른 여러 인물들을 보십시오. 그들은 얼마나 기질이 고르지 못한가요. 곰이나 개의 새끼들은 자연 그대로의 영향을 보입니다. 그러나 사람은 즉시 습관·세론·법률 등에 잡혀서 쉽사리 달라지며 변모합니다.

하지만 타고난 성향을 고치기는 너무 어려운 일입니다. 그래서 자기 길을 잘 잡지 못한 탓으로 사람들은 늘 헛수고를 하며, 오랜 세월을 낭비하여 어린애들이 기반을 닦을 수 없는 일에 쓸데없이 아이들을 훈련하는 일이 일어납니다. 그런 어려움에 대해서 제 견해로는, 어린애들을 항상 가장 좋고 유익한 일로 지도하며, 우리가 어릴 적의 아이들 동작을 보고 경솔하게 짐작하고 예측하는 바를 적용해서는 안 된다는 것입니다. 플라톤도 그의 《국가론》에서 이런 데 너무 권위를 주는 것같이 보입니다.

부인, 학문이란 것은 훌륭한 장식이며, 특히 부인께서 맡게 되신 그런 위대한 운명으로 길러 내시게 된 인물에게는 경이로운 일을 성취하는 도구가 됩니다. 사실 천하고 비굴한 인간에게는 학문이 참된 결과를 내지 못합니다. 학문은 변증적 논법을 세워 보거나, 소송 사건을 변호하거나, 환약 뭉치를 조제하기보다는 더 오만하게 전쟁을 지휘하고 국민을 지배하고, 한 왕공이나 외국과의 우호 관계를 실천하는 데 그 방법을 빌려 줍니다.

그래서 부인, 부인께서는 몸소 학문의 감미로운 진미를 맛보셨고, 그리고 독학의 가문에 계시니(우리는 부인의 부군 되시는 백작과 부인의 선조이신 옛날 여러 대의 드 포아 백작들의 문장을 가졌고, 부인의 숙부 되시는 프랑수아드 캉달르 경은 날마다 다른 문장을 써내시므로, 그것은 댁의 가문이 지닌 이 소질에 관한 지식은 몇 세기 뒤까지 뻗칠 것입니다), 댁에서 이 부분을 소홀히 하지 않으실 것을 믿기 때문에, 보통의 습관과는 반대되는 나의 생각을 하나만 말씀드리고자 합니다. 이것이 이 문제에 관해서 제가 부인께 해 드릴 수 있는 전부입니다.

부인께서 그(아기)에게 주실 사부를 택하시는 데 아이 교육의 모든 결과가 달려 있습니다마는, 거기에는 여러 갈래의 중요한 문제가 있습니다. 그러나 이 점에는 나는 쓸 만한 말을 할 거리가 없으니 언급하지 않겠습니다. 이 조항에 관해서 제가 주고자 하는 조언은, 그가 좋다고 보는 한도로 받아 줄 일입니다. 명문가의 자손 되는 분이 소득을 위해서가 아니고(이런 추잡한 목표는 뮤즈(詩神)의 호의와 은총을 받을 가치가 없고, 또 그것은 남과 관계되고 남에게 의존하는 일입니다), 외면적인 편익을 도모함도 아니며, 단지 학문 자체를 위해서 학문하고, 학자가 되기보다는 원숙한 인간이 되고자 하며, 내면적으로 자신을 풍부히 장식하기 위해서 학문을 하는 경우에는, 그를 위해서 지도자를 택할 때에 머리가 가득 찬 사람보다는 머리가 잘된 사람을 조심해 택해야 할 것이며, 이 두 가지를 모두 요구할 것으로되, 거기에 학문보다는 습관과 이해력을 가지고 새로운 방법으로 자기 직책을 수행하게 해야 할 것입니다.

우리 선생님들은 마치 깔때기에 물을 부어 넣듯 줄곧 우리 귀에 대고 소리칩니다. 그리고 선생의 직책이란, 사람이 말한 바를 되풀이하는 것밖에 없습니다. 나는 선생이 이 방법을 고쳐서 처음부터 그가 다루고 있는 아이의 능력에 따라 사물들을 음미해 보고, 아이가 사물들을 택하고 식별해 보게 하여 그 자질을 시험하게 하는 것으로 시작하며, 어느 때는 그의 길을 열어 주고, 어느 때는 자기가 길을 열어 가게 하기를 바랍니다. 나는 선생이 혼자서 생각하고 말하기를 원치 않습니다. 나는 제자가 제 차례가 되어 말하는 것도 선생이 들어주기 바랍니다. 소크라테스와 아르케실라스는 먼저 제자들에게 말을 시키고, 다시 다음에 자기들이 말했습니다. "가르치는 자의 권위는 흔히 교육받고자 원하는 자를 해한다."(키케로)

제자의 수준을 판단하고 그의 힘에 맞추기 위해서 자기의 자세를 어느 정도로 낮춰야 할까를 판단하려면, 먼저 자기 앞에 그를 걸어 보게 하는 것이 좋습니다. 이러한 조정이 없기 때문에 모든 것이 잘못됩니다. 이 조정의 비율을 찾아서 정도에 맞게 지도할 줄 아는 것이 제가 알기로는 가장 힘든 일입니다. 그리고 어린아이의 유치한 자세로 자기를 굽혀서 지도할 줄 아는 것은, 고매하고도 극히 강력한 심령이라야 성취할 수 있는 일입니다. 나는 내리막길보다 오르막길을 더 확실하고 단단하게 걷습니다.

우리 습관이 그렇듯, 그 능력과 척도와 형태가 서로 너무나 다른 여러 제자들을 똑같은 학과와 똑같은 행위의 척도로 조절하려고 할 때, 그 많은 어린아이들 중에서 그들의 훈육에 응당한 성과를 올리는 아이가 겨우 두서넛 있을까 말까 하다 해서 이상할 것은 조금도 없습니다.

선생은 제자에게 학과의 글자가 아니라 그 의미와 실질을 설명해 보라고 요구할 일이며, 그가 얻은 소득을 기억으로 증명하는 것이 아니고, 생활의 실천으로 판단해야 할 일입니다. 그가 배운 바를 스승은 제자에게 시켜서 여러 모습으로 보여 주고, 그만큼 여러 가지 제목에 적용해 보게 하며, 플라톤의 교육 방법의 진도를 본받아 그가 배운 바를 진실로 이해해서 자기 것으로 만들었나를 볼 일입니다. 음식을 처음에 삼킨 그대로 내놓는 것은 제대로 소화를 못한 증거입니다. 사람이 소화하라고 준 것을 그 형체와 조건을 변화시켜 놓지 않았다면, 위장이 그 작용을 하지 않은 것입니다.

우리의 정신은 자신의 말을 믿기 전에는 움직이지 않습니다. 남의 헛생각에 대한 욕심에 매이고 구속되면, 그 가르침의 권위 밑에 잡힌 노예가 되기 때문입니다. 우리는 너무 남의 끄나풀에 얽매여 지내므로 자유로운 자세가 없습니다. 우리의 정력과 자유는 사라졌습니다. "그들은 항상 후견 하에 있다."(세네카) 나는 피사에서 개인적으로 한 점잖은 분을 만났는데, 그는 아리스토텔레스에 심취해 있었습니다. 그의 학설에서 가장 보편적인 요점은 견고한 상상력과 진리의 시금석과 법칙은 아리스토텔레스 학설과 합치하는 것에 있으며, 그 밖에는 모든 일이 헛생각이며, 불건전한 사상이고, 그만이 모든 것을 보고 모든 것을 말했다고 생각하는 점이었습니다. 이 제언은 너무 부당하게 넓게 해석되었던 탓으로, 그는 이전에 오랫동안 거추장스럽게 로마의 종교 재판에 회부되어 있었습니다.

스승은 제자에게 모든 것을 체로 쳐서 걸러내고 자기 머리에 있는 단순한 권위와 신용만으로는 아무것도 받지 말게 해야 합니다. 아리스토텔레스의 원칙이건 스토아학파나 에피쿠로스학파의 원칙이건, 그것이 자기 원칙이 되어서는 안 됩니다. 제자에게 여러 가지 다른 판단을 보여 줄 일입니다.

할 수 있으면 택할 것이고, 그렇지 않으면 의문을 붙여 둘 일입니다. 무엇이 확실하고 확정적이라 보는 자는 미친 자들뿐입니다.

> 의심함은 아는 것과 똑같이 내게 즐겁다. (단테)

왜냐하면 그가 자기 생각으로 크세노폰이나 플라톤의 의견을 가진다면, 이것은 그들의 의견이 아니고 자기 의견이 되기 때문입니다. 다른 이를 좇는 것은 아무것도 좇는 것이 아닙니다. 그는 아무것도 탈피하지 못하니, 실로 그는 아무것도 찾지 못합니다. "우리는 같은 왕 아래 사는 것이 아니다. 자기 일은 각자가 처리할 일이다."(세네카) 그는 적어도 자기가 안다는 사실만은 알아야 합니다. 그들의 교훈을 배울 것이 아니고 사고 방식을 체득해야 합니다. 하고 싶으면 그가 누구에게 지식을 얻었는가는 과감하게 잊어버리고, 자기가 스스로 적용할 줄 알아야 합니다. 진리와 이치는 각자에게 공통입니다.

그리고 그것은 처음에 말한 자의 소유가 아니며, 뒤에 말하는 자의 것도 아닙니다. 내게 의한 것도 아닌 만큼, 플라톤에 의한 것도 아닙니다. 왜냐하면 그와 내가 똑같이 이해하고 보고 하는 것이니까요. 꿀벌들은 여기저기 꽃에서 꿀을 가져옵니다마는, 다음에는 그것을 자기들 것인 꿀로 만듭니다. 그것은 사향초 꿀도 박하 꿀도 아닙니다. 이렇게 다른 데서 따온 것으로 그는 배운 것들을 변형시켜서 자기 것인 작품을, 바로 자기의 판단을 만들 일입니다. 그의 교육, 노력과 공부의 목표는 이렇게 자기 것을 만드는 데 있습니다.

그는 도움을 받아 온 근원은 모두 숨기고, 그것으로 자기가 만든 것만을 내놓을 일입니다. 표절자들이나 차작자(借作者)들은 남에게서 끌어낸 것이 아니라 그들이 꾸며 놓은 것, 그들이 사들인 것을 그대로 뽐내 보입니다. 부인께서는 대법원의 한 재판관이 무엇을 받는가를 보지 않습니다. 그가 얻은 인척 관계와 그 자손들에게 전해 줄 명예를 봅니다. 아무도 자기가 받은 것은 공개하지 않습니다. 누구나 다 자기가 가진 것을 공개합니다.

우리의 공부가 주는 이익은, 그것으로 자기가 더 나아지고 더 현명해졌다는 일입니다.

에피카르모스는 보고 듣는 것은 오성(悟性)의 일이고, 모든 것을 이용하고 모든 것을 처리하고 행동하고 지배하고 다스리는 것도 오성의 일이며, 그 외 다른 모든 일들은 맹목적이고 몽매하고 혼백이 없다고 했습니다. 우리는 오성에게 제 마음대로 하는 자유를 주지 않았기 때문에 그것을 비굴하고 겁많게 만듭니다. 도대체 자기 제자에게 키케로의 어느 문장의 수사학과 문법을 어떻게 보느냐고 물어본 자가 있었던가요? 그들은 이런 문장을 그 글자와 철음(綴音)이 사물의 실질로 되어 있는 신화나 되는 것처럼, 날개털까지 붙여 가지고 우리의 기억 속에 안겨 줍니다. 외워서 아는 것은 아는 것이 아닙니다. 그것은 남이 주는 것을 기억 속에 보관해 두는 수작입니다. 똑바로 아는 것은 그 스승을 쳐다볼 것 없이, 책을 들여다볼 것 없이 자기가 처리합니다. 순수하게 책에 의한 역량은 비참한 역량이지요! 나는 그런 것은 장식으로나 쓰지, 기본으로 삼지 말기를 바랍니다. 플라톤이 말하듯, 확고성과 신념과 성실성이 진실한 철학이고, 모든 다른 학문, 또는 다른 것을 목표로 하는 학문은 매흙질에 지나지 않습니다.

나는 요즈음 현대 무용의 명수로 이름난 팔류엘이나 폼페에[24]게, 마치 이 학자들이 이해력을 움직이지 않고 우리에게 이해력을 가르치듯, 우리를 자리에서 움직이게 하지 않고 춤을 가르쳐 보라고 하고 싶습니다. 또는 이 선생들이 말하는 것도 판단하는 훈련도 시키지 않고 우리에게 말 잘하고 판단 잘하기를 가르치려고 하듯, 누가 말(馬)이나 창이나 피리를 다루는 법을 훈련하지 않고 가르쳐 보라고 하고 싶습니다. 그런데 이 수업에서는, 우리 눈앞에 보이는 모든 것이 충분히 책의 역할을 합니다. 사동(使童)의 심술궂은 장난, 하인의 어리석은 수작, 식탁에서 하는 한마디, 이런 것 모두가 가르치기 위한 새로운 재료가 됩니다. 그러므로 사람들과의 교제는 이 교육에 적절한 일이며, 외국을 여행하는 것도 그렇습니다.

그것은 우리 프랑스 귀족들이 하는 식으로 단지 바티칸의 산타 로톤다의 길이가 몇 자 된다든가, 시뇨라 리비아(아마 몽테뉴 당시의 로마 무용가인 듯)의 잠방이가 얼마나 찬란하다든가, 또는 다른 자들이 하는 것처럼 어떤 곳의 옛 폐허에서 나온 네로 초상이 다른 데서 나온 메달의 초상보다 얼굴이 더 크다든가 길다든가를 살펴보라는 말이 아니고, 거기서 주로 이런 국민들의 기질이나 생활 방식을 배워 와서 다른 자들의 지식으로 자신의 뇌수를 닦고 연마하라는 것입니다. 나는 제자를 아주 어릴 적부터 데리고 다니며, 먼저 일거양득으로 우리와 말이 다른 이웃 나라에 가서 일찍 배우지 않으면 혀가 잘 돌지 않는 외국어를 배워 두게 했으면 합니다.

그런 만큼 어린애는 부모의 무릎 위에서 키워서는 안 된다는 것은 누구나 다 인정하는 견해입니다. 타고난 애정 때문에, 가장 현명한 부모라도 아이 앞에 마음이 감동되며 약해집니다. 그들은 마땅히 해야 할 일이지만, 어린애의 잘

---

[24] 팔류엘(루도비코 팔발리)과 폼페에(폼페오디 오보노)는 프랑스의 궁정에 와 있던 유명한 밀라노 무용 교사.

못도 징계하지 못하고 거칠고 위험하게 아이를 훈육하는 것을 그냥 보고 있을 수 없습니다. 그들은 어린애가 훈련에서 먼지를 뒤집어쓰고 돌아오는 것도, 뜨거운 것이나 찬 것을 마시는 것도, 험한 말을 타거나 거친 격검 선생 앞에 격검대를 들고 맞서는 것도, 처음으로 화승총을 드는 솜씨도 차마 보지 못합니다. 왜냐하면 여기에는 어찌해 볼 도리가 없으니까요. 훌륭한 남아로 길러내려면 어린 나이에 몸을 아껴서는 안 됩니다. 그리고 자주 의술의 법칙을 무시해야 됩니다.

> 그를 대기 속에, 그리고 불안 속에
> 살아가게 하라. (호라티우스)

그의 마음을 견고하게 하는 것만으로는 족하지 않습니다. 근육도 견고하게 해 주어야 합니다. 심령은 신체의 도움을 받지 않으면 일이 너무 벅차서 혼자 양쪽 모두를 보살피기가 힘겹습니다. 나는 연약하고 감수성이 예민한 신체가 너무 심하게 얹혀 오는 것을 데리고, 내 심령이 여간 고생이 아닌 것을 알고 있습니다. 그리고 나는 글을 읽어 나가다가, 스승들이 그 문장 속에 피부가 두툼하고 뼈가 굵어서 더 잘 감당하는 행동을 기개와 담력의 본으로 평가하고 있는 것을 자주 봅니다. 나는 남자나 여자나 어린아이까지도 이렇게 몽둥이찜질을 손가락 퉁기는 것만큼밖에 느끼지 않으며, 두들겨 맞아도 눈 깜짝 않고 소리 하나 지르지 않는 자들을 보았습니다. 경기 선수들이 참을성으로 철학자를 본받는 것은, 마음보다도 오히려 근육의 힘입니다.

그런데 이런 수고를 참아 내는 단련은 고통을 참아 내는 단련입니다. "노동은 고통에 대하여 피부를 강인케 한다."(키케로) 어린아이는 탈골이나 담석증의 거센 아픔이나 화형·투옥·고문 같은 고역을 견뎌 내도록 길들이기 위해서 거칠고 힘든 운동으로 몸을 단련시켜야 합니다. 왜냐하면 이런 고통스러운 형벌은 요즈음 같은 시절에는 악인이나 마찬가지로 때에 따라서는 착한 사람도 언제 받을지 모르기 때문입니다. 우리는 시대의 시련을 받고 있습니다. 법과 싸우는 자들은 누구나 다 가장 착한 사람을 매와 밧줄로 위협합니다.

그리고 아동에게 으뜸가는 권리를 가져야 할 스승의 권위는, 부모가 있기 때문에 중단되고 제한당합니다. 거기 덧붙여서 가족들이 그를 애지중지하는 것, 자기 가정의 권세와 위대성을 인식시키는 것 등은, 내 생각으로는 이 나이에 적지 않은 장애가 됩니다.

인간과 상대하는 이 학교에서는 이런 결점이 자주 눈에 뜨입니다. 즉, 다른 사람들에 관한 지식을 얻으려고 하는 것이 아니고, 우리는 자신을 알려 주려고만 애쓰며, 새 지식을 얻기보다는 내 지식을 팔아먹기에 분주합니다. 침묵과 공손은 사회에서의 교제에 대단히 편리한 소질입니다.

이 아동은 충분한 능력을 얻고 난 다음에도 자기 역량을 아껴서 간직하게 하고, 자기 앞에서 어리석은 말이나 허황된 이야기가 나와도 그것을 문제로 삼지 않게 훈련받을 것입니다. 왜냐하면 우리 구미에 맞지 않는다고 모두 공격하는 것은 무례한 간섭이기 때문입니다. 자신의 잘못을 고치는 것만으로 만족하고, 자기가 하기를 거절하는 것을 남이 한다고 책망하거나, 자기가 일반의 습관에 반대하는 것으로 보이게 하지는 말아야 할 일입니다. "사람은 과시 없이, 오만 없이 현명할 수 있다."(세네카) 훈계조의 무례한 태도도 피하고, 자기는 다르다고 세련된 체하거나 남을 책망하거나, 또는 새로움을 즐기는 유치한 야심을 버릴 일입니다. 예술적으로 방자하게 노는 것은 대시인이나 할 일인 만큼, 일반의 습관을 초월하는 특권은 위대하고 혁혁한 심령이 아니면 용인될 수 없는 일입니다. 소크라테스나 아리스티푸스가 "늘 하던 습관에서 이탈하는 일이 있다고, 자기도 그렇게 하면서 좋다고 생각해서는 안 된다. 그들에게는 탁월하고 성스러운 자격으로 이러한 방자가 용인된다."(키케로)

이 아이에게는 자기와 싸울 가치가 있는 적을 보았을 때에만 토의나 논쟁을 하도록 할 것이며, 그때에도 자기가 쓸 수 있는 모든 솜씨를 다 드러내는 것이 아니고, 사용에 가장 유리한 재주만을 쓰게 할 일입니다. 그로 하여금 논거의 취택과 선별에 예민하며, 적절한 것, 따라서 간명한 것을 즐기게 할 일입니다. 무엇보다도 그는 진리 앞에서는 그것이 적수의 손에 밝혀졌건 자기가 생각을 돌려서 깨달았건, 알아보는 대로 즉시 그 앞에 항복하고 무기를 버리도록 가르칠 일입니다. 또 반드시 미리 작성된 강의를 하기 위해 강단에 오르게 해서는 안 됩니다. 그는 자기가 인정하는 것 이외의 어느 원칙에도 매이지 않을 일입니다. 또는 회개하고 자기 잘못을 인정하는 자유를 순수히 현금으로 팔아먹는 직업을 갖지 말 일입니다. "어떠한 가난도 명령으로 규정된 사상을 옹호하도록 그를 강제하지 못한다."(키케로)

만일 그의 스승이 내 심정과 같다면, 그가 자기 왕에게 극진히 충성되고 애정을 바치고 용감히 섬기는 신하가 되게 그 아이의 의지를 가꾸어 줄 것입니다. 그러나 왕에 대해서는 공적 의무에 의한 것 이외에는 다른 애착심을 갖는 욕망을 없애게 할 일입니다. 이런 개인적인 은고를 받으면 우리의 지위를 손상시키는 여러 가지 다른 불편을 살뿐더러, 남에게 매수당해서 매여 지내는 인간의 판단은 온전하고 자유로운 것이 못 되든지, 또는 경망과 배은망덕으로 더럽혀집니다.

어떤 훌륭한 궁신은 왕이 많은 신하들 속에서 그를 골라내어 자기 손으로 먹여살려 키우고 있기 때문에, 그는 그 왕에게 유리하게만 말하고 생각하는 권한이나 의지를 가지게 됩니다. 이런 은고와 이익 때문에 그의 자유의사가 부패되고 현혹당하는 것도 무리가 아닙니다. 그래서 우리는 대개 이런 사람들의 말투가 그 나라의 다른 사람들의 언어와는 판이하게 다르고, 이런 일에 그렇게 신임할 수 없음을 보게 됩니다.

이 아이의 양심과 도덕은 그의 언행 속에 빛나며 이성에 의해서만 지도되게 할 일입니다. 자기가 반성해서 자기 사상 속에 발견할 잘못은 비록 아직 자기 밖에 그것을 아는 사람이 없다 해도, 이것을 솔직하게 고백하는 것이 그의 성실성과 판단력의 성과이고, 그것이 그가 찾고 있는 주요 목표입니다. 이런 일을 감싸 두려고 고집하며 반박하는 것은 천한 사람들에게서 볼 수 있는 범속한 소질이고, 무슨 일에 열중하다가 생각을 돌려서 자기 행동을 고치고 나쁜 편을 버리는 것은 희귀하고 강력하며 철학적인 소질이라는 것을 이해시킬 일입니다.

어떤 회의에 참석할 때에는 사방으로 모든 일을 두루 살피게 할 일입니다. 왜냐하면 높은 좌석은 대개 그리 능력을 갖지 못한 사람들이 차지하는 법이고, 세도가 대단하다는 것은 능력과는 결합되어 있지 않기 때문입니다.

나는 사람들이 식탁의 저편 상좌에서 융단의 아름다움이나 말부아지 포도주(16세기에 유명하던 그리스 펠로폰네소스의 말부아지산 포도주) 맛을 가지고 이야기하는 동안, 그 좌석의 다른 편 끝에서 나오는 재치 있는 말의 묘미가 헛되게 사라지는 것을 보았습니다.

그는 목동이건 미장이이건 길손이건 각각의 재능을 측정해 볼 일입니다. 그는 또 모든 것을 사용해 보고 그 하나하나를 그 품질에 따라 빌려다 볼 일입니다. 참으로 모두가 살림살이에 소용됩니다. 다른 사람의 어리석은 수작이나 약점까지도 자기에게 훈계가 될 것입니다. 사람들은 각자의 우아함과 그 태도들을 비교 조절해 보며, 좋은 것은 선망하고 나쁜 것은 경멸할 생각이 날 것입니다.

그에게 모든 사물에 대해서 알아보려는 점잖은 호기심을 염두에 두게 할 일입니다. 건물·우물·인물·옛 전쟁터·카이사르나 샤를마뉴가 지나간 곳 등, 자기 주위에 있는 무엇이든 범상치 않은 사물들은 그의 눈에 뜨일 것입니다.

　　어느 땅이 혹한에 마비되고 다른 곳이 작열로 흙먼지가 이는지
　　어느 바람이 이탈리아로 뱃머리를 돌리기에 적합한지.　　(프로페르티우스)

그는 이 왕공 저 왕공의 행동 습관·계략·결연 관계 등을 알아볼 일입니다. 이런 일은 배우기에도 재미있고, 알아 두면 매우 유익합니다.

인간과의 이런 교유에 나는 특히 서적의 기억에만 살아 있는 사람들도 포함시킵니다. 이 아동은 역사를 공부해서 여러 훌륭한 시대의 위대한 심령들과 교유해 볼 일입니다. 어찌 보면 이것은 헛된 공부이겠지요. 그러나 어찌 보면 평가할 수 없는 지대한 성과를 거둘 수 있는 공부입니다. 그리고 플라톤이 말한 바 라케다이모니아 인들이 자기들 몫으로 단 하나 중하게 보던 공부입니다. 이 아동은 우리 플루타르크를 읽고, 이 방면에 무슨 소득인들 못 얻겠습니까? 그러나 우리 지도자는 자기 직책의 목적이 어디 있는가를 상기해야 합니다. 그리고 제자들에게 카르타고가 망한 날짜를 기억시키기보다는 한니발과 스키피오의 성격을 알려 주고, 마르켈루스가 어디서 죽었는가를 기억시키기보다는 어째서 그가 거기서 죽은 것이 자기 의무에 어긋나는 일인가를 이해시켜야 합니다.

역사 자체를 가르치기보다도 역사를 비판하는 법을 가르쳐야 합니다. 이것이 내 생각으로는 무엇보다도 정신을 여러 방면에 적용시키는 재료입니다. 나

는 티투스 리비우스의 작품 속에 다른 사람이 읽지 못한 수백 가지 사물들을 읽었습니다. 플루타르크는 이 작품 속에 내가 읽을 수 있었던 것 외에도 수백 가지 사물들을 읽었고, 아마도 작가가 생각하던 것 이상의 사연을 읽었습니다. 어떤 사람에게는 그것이 순수한 문법상의 공부이지만, 다른 사람들은 그 속에 우리들 천성의 가장 심오한 부분들이 침투되어 있는 철학의 분석을 공부하게 합니다.

플루타르크의 작품에는 참으로 알아 둘 만한 광범위한 논변이 많이 있습니다. 내 생각으로는 그는 이런 일에 으뜸가는 대가입니다. 그러나 그가 단지 건드리기밖에는 하지 않은 일도 수없이 있습니다. 그는 우리가 가고 싶다면 우리가 가야 할 방향을 단지 곁눈질만 해 줍니다. 그리고 어느 때는 가장 요점이 되는 것을 건드려 두기만 합니다.

그런 점을 꺼내 와서 적당히 전개시켜 보아야 합니다. 그가 한 말 가운데 아시아의 주민들이 '농'(아니)이라는 낱말 한마디를 발음하지 못했기 때문에 단 한 사람을 섬기게 되었다고 한 말에서, 드 라 보에티는 《임의의 노예적 봉사》를 쓸 재료와 기회를 얻었던 것입니다. 그리고 또 그가 한 인물이 일생에서 한 행동이나 말을 추려 내는 것을 보면, 그것은 대단치 않은 말로 보이지만, 이것이 바로 하나의 사상입니다. 이해심 깊은 인물들이 그토록 간편함을 즐기는 것은 유감된 일입니다. 아마도 그들은 그 때문에 명성이 오를 것입니다. 그러나 우리는 손해를 봅니다. 플루타르크는 우리가 그의 지식보다도 그의 판단을 추어올리는 것을 좋아합니다. 그는 우리에게 포만을 주기보다도 그를 읽고 싶어 하는 욕망을 남겨 주기를 즐깁니다. 그는 좋은 일을 말하기에도 말이 지나칠 수 있다는 것을 알았습니다. 그래서 알렉산드리다스는 에포르스(스파르타의 중대한 국사와 민사를 취급하던 다섯 명의 민선 재판관)에게 좋은 말이지만 너무 길게 말하는 자를 책망하여 "오! 외래인이여! 그대는 지당한 말을 지당하지 않게 말하오"라고 했습니다.

몸이 홀쭉한 자들은 옷 속을 채워서 뚱뚱하게 보이려고 합니다. 재료가 빈약한 자는 그것을 말로 채웁니다.

세상 사람들을 많이 알아 두면 판단력에 경탄할 만한 빛을 얻습니다. 우리는 모두 우리들 속에 뭉쳐 죄어서 자기 코앞을 내다보지 못합니다. 누가 소크라테스에게 어디서 왔느냐고 묻자, 그는 '아테네에서'라고 대답하지 않고 '세상에서'라고 대답했습니다. 남달리 상상력이 충만하고 드넓던 그가 세상을 자기 도시와 같이 생각하고, 인류 전체에게 자기 지식과 교유와 애정을 베푼 것은 우리가 발아래밖에 못 보는 것과는 다릅니다.

우리 동네에서 포도덩굴이 된서리를 맞으면, 신부님은 그것을 하느님의 분노가 인류에 가해졌다고 하며, 식인종들이 벌써 구갈증에 걸렸다고 판단합니다. 우리의 내란을 보면, 세상이 둘러엎어지고 최후 심판의 날이 우리 목덜미를 잡고 있다고 누가 고함치지 않겠습니까? 그는 이보다 더 나쁜 일도 있었던 것과, 그리고 세상의 한 부분인 우리 땅 밖의 다른 1만 갑절의 부분들이 멋대로 재미보고 있다는 것은 생각도 않습니다. 나는 그들이 방자하게 놀아도 벌받지 않는 것을 보면, 모든 일이 이렇게 부드럽고 순하게 되어가는 일에 감탄합니다.

머리 위에 우박을 맞고 있는 자는 지구 반쪽이 전부 폭풍우에 휩쓸리는 줄 압니다. 저 사보아인[25]은 말하기를, 저 등신 같은 프랑스 왕이 자기 운명을 잘 개척할 줄 알았다면 사보아 공작의 집사쯤 될 만한 인물이라고 했습니다. 그의 상상력으로는 자기 윗사람보다 더 높은 것을 생각해 볼 수 없었기 때문입니다. 우리들은 모두 부지불식간에 이런 과오에 빠집니다. 그 결과 중대한 편견에 빠집니다. 그러나 풍경화 속에서와 같이 어머니 같은 우리 대자연의 위대한 영상을 그 장엄성 속에 생각해 보는 자, 또 대자연의 모습 속에서 보편적이고 언제나 꾸준한 다양성을 읽어 보는 자, 그리고 그 속에 자기가 아니라 왕국 전체를 극히 가는 붓끝으로 그려 낸 점 하나쯤으로 보는 자는 그 많은 사물들을 정당한 크기로 관찰하는 것입니다.

이 위대한 세상을 어떤 자들은 유(類) 밑에 종(種)으로 분류해 봅니다마는, 그것은 우리 자신을 알기 위해서 곁눈질로 들여다보아야 할 거울입니다.

요약하면, 이 대자연이 우리 학생에게 읽혀야 할 책이 되기를 바랍니다. 하고 많은 기분이나 종파들, 판단·의견·법·습관들은 우리에 관해서 건전하게 비판하기를 가르쳐 주며, 우리 판단력에게 그 자체가 천성으로 불완전하며 허약하

---

[25] 사보아 왕국. 알프스산 속에 있는 옛날의 공작령. 후에 프랑스에 편입되었음. 우물 안 개구리와 같다는 비유.

다는 것을 가르쳐 줍니다. 그것은 변변찮은 수업이 아닙니다.

국내의 하고많은 동요나 공공의 정세 변화는 우리의 신세를 큰 기적으로 여기지 말라고 가르칩니다. 이미 망각 속에 묻혀 버린 그 많은 이름들, 그 많은 승리와 정복한 성과들은 우리가 겨우 이름도 없는 성을 하나 함락시키고, 열이 조금 넘는 소총수를 잡고서 자기 이름을 영원히 남기려는 희망을 품는 어리석음을 보여 줍니다. 외국에서의 거만한 위풍을 보이는 그 많은 화려한 예식들, 여러 궁전들이나 세력가들의 그렇게도 뽐내는 위엄은 우리 시대의 휘황한 위풍들을 눈도 깜짝하지 않고 버티어 볼 눈을 단단히 다져 줍니다.

수천수만의 인간들은 그렇게도 많이 우리보다 먼저 땅에 묻혀서, 우리에게 저 세상에 가서 좋은 동무를 만나 보기를 두려워하지 않게 마음을 돋우어 줍니다. 모든 일이 이렇습니다.

우리 인생은 장대한 올림픽 대회의 큰 모임과도 비슷하다고 피타고라스는 늘 말했습니다. 어떤 자들은 경기의 영광을 얻으려고 거기서 신체를 단련합니다. 또 다른 자들은 돈을 벌기 위해 상품을 팔러 가져갑니다. 그중엔, 이것이 가장 나쁜 자는 아니지만, 여러 사물들이 각기 어떻게, 그리고 어째서 되어지는가를 관찰하며 다른 인간들의 생활을 관객으로서 비판하며, 그것으로 자기 인생을 조절하는 것밖에 다른 소득을 찾지 않고 있습니다.

철학의 가장 유익한 교훈들은 바로 이런 예에 맞추어 조화해 갈 수 있을 것입니다. 그러고 인간의 행동들은 그 규칙처럼 철학에 맞추어 가야 합니다. 이 아이에게 말씀해 주십시오.

> 그의 소원으로 허용된 것은 무엇인가,
> 그렇게 벌기 힘든 금전은 어디 쓸 것이며
> 어느 정도로 사람은 조국과 동포들에게 헌신해야 하며
> 신께서 그대에게 주기를 원하는 천직은 무엇이며
> 신이 이 사회에서 그대에게 지정한 역할은 무엇이며,
> 우리는 무엇인가. 또 무엇 때문에 태어났는가.
> (페르시우스)

안다는 것과 모른다는 것은 무엇이며, 공부의 목적은 무엇이며, 용기·절도·

정의는 무엇이며, 대망과 탐욕, 노예와 신하, 방자함과 자유 사이에는 무슨 차이가 있는가, 진실하고 견고한 만족은 무슨 표지로 알 수 있는가, 죽음과 고통과 수치는 어느 정도까지 두려워해야 하는가 등을 말해 주어야 합니다.

   어떠한 방식으로 노고를 피하거나
   또는 감내할 것인가. (베르길리우스)

또 어떠한 힘이 우리를 움직이며, 우리에게 있는 잡다한 충동들의 원인은 무엇인가를 말해 주어야 합니다. 왜냐하면 학생에게 그 이해력을 윤택하게 축여 줄 제일의 가르침은 버릇과 감각을 조절하여, 그가 자기를 알게 하고 잘 살고 잘 죽는 방법을 가르치는 사상들이기 때문입니다. 인문과학 중에서 우리들을 해방시키는 사상부터 시작합시다.

다른 모든 사물들도 어느 점에서는 여기에 쓰이지만, 학문은 전부 어느 점에서 우리 인생의 계발과 봉사에 소용됩니다. 그러나 직접적으로, 공개적으로 거기 소용되는 학문을 택해 봅시다.

우리가 우리 인생에 속하는 사물들을 그 정당한 본연의 한계 속에 제한할 수 있다면, 지금 흔히 사용되는 학문들의 대부분은 우리에게 소용된다는 것을 알게 될 것입니다. 그리고 소용되는 학문 중에도 너무 쓸모없는 넓이와 깊이를 가진 학문은 치워 두고, 소크라테스의 교육을 따라서 우리의 필요를 채우지 못하고 있는 학문에만 공부의 범위를 제한하는 것이 좋을 것입니다.

   감히 현명하여라.
   시작하라, 잘 살아 볼 시간을 미루는 일은
   강을 건너려고 물이 다 흘러가 버리기를 기다리는 촌사람 격이니라.
   그동안 강물은 흐르며, 영원히 흘러갈 것이다. (호라티우스)

우리 어린아이들에게

   물고기자리의 영향과 사자자리의 불길의 표징과

헤스페리드[26]의
바다에서 목욕하는 염소자리의 영향은 어떠한가.　　　　　(프로페르티우스)

를 가르치며, 점성술의 학문과 여덟 번째 천구의 운동 등을 가르치느라고 아이들 자신의 작문을 뒤로 미룬다는 것은 어리석은 일입니다.

좀생이별 별자리가 내게 무엇이며
황소자리 별자리가 내게 무엇인가?　　　　　　　　　　　(아나크레온)

아낙시메네스는 피타고라스에게 쓴 편지에서 "내 눈앞에 죽음과 굴욕의 위험이 늘 임박해 오는데, 어떻게 내가 별들의 비밀에 흥거워할 수 있겠소?"(왜냐하면 당시 페르시아 왕은 그 나라에 대해서 전쟁을 준비하고 있었기 때문입니다)라고 했습니다.

각자는 모두 "야심과 탐욕과 당돌함과 미신으로 속을 썩이며, 그리고 내 속에 생명의 이러저러한 다른 적들을 지니고 있는데, 내가 우주를 흔들어 볼 생각을 하겠는가?"라고 말해야 합니다.

그 아이를 더 현명하고 나아지게 하는 데 필요한 것을 말해 주고 난 다음에 논리학이나 물리학·기하학·수사학이 무엇인가를 이야기해 주어야 합니다. 그러면 이미 판단력이 생겼기 때문에 이 아이는 택한 학문에 바로 통달할 것입니다. 그의 학과는 때로는 이야기로, 때로는 책으로 가르치게 될 것입니다. 때로는 스승이 이 아이의 교육 목적에 적합하도록 바로 어느 작품 속의 문장을 보여 주어야 합니다. 때로는 그 작품의 진수와 완전히 이해된 내용의 골자를 가르쳐 주어야 합니다. 그리고 만일 스승이 의도하는 효과를 거두도록 작품들 속에 있는 하고많은 아름다운 문장들을 찾아낼 수 있을 정도로 서적들에 관한 소양이 충분치 못하다면, 그에게 다른 학자를 데려다주어서 필요할 때마다 적당한 재료를 제공해 주어 그 아동의 훈육에 맞게 베풀어 주어야 합니다. 그러면 이 학과가 가자(15세기에 이탈리아로 피난해 온 그리스 학자)의 학과보다 더

---

26) 고대 그리스인들에게는 이탈리아, 로마인에게는 스페인을 가리킴.

쉽고 자연스럽다는 것을 누가 의심하겠습니까? 이런 학과에 쓰고 있는 것은 가시 돋고 재미없는 교훈이며, 헛되고 멋쩍고 잡힐 건더기가 없는 문구들이기 때문에 사람의 머리를 깨우쳐 주지 못합니다. 우리 방법에서는 심령이 물어뜯고 씹어 볼 거리를 찾아냅니다. 이 성과는 비교할 수 없이 크며, 그래서 학문은 더 빨리 성숙할 것입니다.

우리 세기에는 철학이 이해력 있는 사람에게도 사상으로나 효과로나 아무 쓸모도 값어치도 없는 허망하고 헛된 이름에 불과하게 되었다는 것은 중대한 사태입니다. 이것은 철학에 들어가는 모든 길을 장악하고 있는 꽤 까다로운 말투들에 그 원인이 있다고 생각합니다. 철학이 어린아이들에게는 이해될 수 없으며, 심술궂고 음침하고 무서운 것이라고 보여주는 일은 대단히 큰 잘못입니다. 누가 나에게 그것을 이런 창백하고 징그러운 가짜 모습으로 덮어씌운 것일까요? 그보다 더 상쾌하고 화창하고 밝은 것은 없습니다. 거의 까불거린다고까지 말하고 싶습니다.

철학은 재미와 놀이밖에 설교하지 않습니다. 슬프고 핼쑥한 얼굴은 여기가 들어올 곳이 아니라는 것을 보여 줍니다. 문법학자 데메트리우스는 델포이 신전에서 함께 앉아 있는 철학자들 한 패를 보고 말했습니다. "내가 잘못 보았는지요. 당신들의 얼굴이 아주 평화롭고 유쾌한 것을 보면, 당신들끼리 그렇게 대단한 사상을 말하고 있는 것이 아니구려" 하자, 그들 중의 하나인 메가라 인 헤라클레온이 대답했습니다. "그것은 $βάλλω$(던지다)라는 동사의 미래의 $λ$가 둘인가, 비교급 $χειρον$(더 나쁘다)과 $βελτιον$(더 낫다)과, 그 최상급 $χειλιστον$과 $βελλιστον$는 어디서 나왔는가를 알려고 이맛살을 찌푸리며 토론하는 자들의 일이오. 그러나 철학의 가르침으로 말하면, 그것을 취급하는 자들을 짜증 나고 슬퍼지게 하는 것이 아니고, 마음을 늘 유쾌하게 즐겁게 해 주는 것이오."

  그대는 몸 속에 감춰진 병든 마음의 고민을 파악하고
  동시에 그 희열을 파악한다.
  그리하여 얼굴빛은 서로의 성격을 나타낸다.
                 (유베날리스)

철학이 깃든 마음은 그 건전성으로 신체까지 건강하게 만들어 주어야 합니다. 마음은 그 여유와 편안을 밖에까지 빛내야 하며, 자기 틀에 맞춰서 외면의 풍채를 만들고, 따라서 우아한 위풍과 활동적이고 경쾌한 몸가짐과 만족스럽고 온화한 용모로 자태를 무장해야 합니다. 예지가 가장 잘 드러나는 표정은 꾸준히 즐거운 마음을 가지는 것입니다. 그 상태는 항상 명랑한 달나라 너머의 일들 같습니다. 바로코와 바랄립톤(스콜라 학파에서 쓰고 있는 논리학의 인조어, 그 모음이 삼단 논법을 가리킴)의 삼단 논법이 그들의 제자들을 더럽고 충충하게 만드는 것이지, 철학이 그렇게 한 것은 아닙니다. 그들은 철학을 들은풍월로만 알고 있습니다. 어째서요? 철학은 마음의 폭풍 같은 격동을 진정시키고 굶주림이나 열병 따위를 웃어넘기는 일을 맡으며, 그것도 어느 공상적인 에피시클르[27]에 의함이 아니라, 자연스럽고 손에 잡히는 이성의 힘으로 하는 것입니다.

철학의 목적은 도덕입니다. 이것은 학교에서 말하는 것과는 달리, 험하고 기복이 심하며 올라가 볼 수 없는 산꼭대기에 꽂힌 것이 아닙니다. 도덕에 접근한 자들은 반대로 그것이 기름지고 꽃피는 아름다운 평원에 있으며, 거기서 감히 모든 사물들을 눈아래로 내려다본다고 생각합니다. 그러나 그리로 가는 길을 알기만 하면, 창공의 길이 그렇듯 그늘지고 풀밭 있고 재미나게 꽃피어 향기롭고 반반하며, 가기 쉽게 경사진 길로 거기에 도달할 수 있습니다. 이 아름답고 우아하고 사랑스럽고 감미롭고 또한 용감하며, 불쾌감과 번민과 공포, 강제 따위와는 화해하여 볼 수 없는 공공연한 적이며, 천성을 지도자로 갖고 운세와 탐락을 동무로 삼고 있는 이 최고의 도덕, 이 도덕을 자주 사귀지 못했기 때문에, 그들은 자기의 약점을 따라 슬프고 게걸대고 울분을 품고 위협하며 골탕 먹이는 어리석은 꼴로 도덕을 가장시켜서 저 높이 절벽 꼭대기 가시덤불 속에 올려놓고, 놀라게 하는 귀신처럼 만드는 것입니다.

우리 선생님들은 제자의 의지를 도덕에 대한 존경심만큼, 또 늘 존경심보다도 더 많이 도덕에 대한 애정으로 채워 주어야 할 것을 알고 있으니, 제자에게 시인들은 일반의 심정을 좇고 있다는 것을 말해 주고, 신들은 팔라스(여신 미네르바. 학문·공예·전쟁의 여신)의 궁전보다는 차라리 비너스의 침실로 가는 길을 더 고생되게 만들어 놓았다는 것을 체험시켜 주어야 합니다. 그리고 제자가 사

---

27) 고대 천문학술어. 천구상에서의 행성들의 운행궤적. 이심점을 중심으로 하는 이심원의 원궤도를 따라 원을 그리며 돈다고 하여 주전원(周轉圓)이라고 함.

랑을 느끼기 시작할 때에는, 즐길 애인으로 브라다망이나 안젤리크(브라다망과 안젤리크, 아리오스토 작 《광분한 롤랑》에 나오는 두 여주인공)를 내놓습니다. 그런데 그것은 연약하고 가식적이고 가냘프고 꾸며놓은 것이 아니라, 순박하고 활발하고 관대하고 후덕하며, 남장미인 격이 아닌 사내다운 미인입니다. 하나는 남자 복장으로 가장시켜 번쩍이는 투구를 씌우고, 또 하나는 여자 복장에 진주로 장식한 모자를 씌워서 내놓았을 때에 이 소년이 저 프리기아의 뼈 없는 목동과는 전혀 다르게 골라잡는다면, 그는 제자의 사랑까지도 씩씩하다고 판단할 것입니다.

그는 제자에게 새로운 교육법으로 진실한 도덕이 가지는 고매한 가치는 그 실천이 쉽고 유익하고 쾌감을 느끼게 하는 점에 있으며, 어려운 일과는 동떨어져 있어 어린아이나 소박한 자나 세련된 자나 아무라도 할 수 있다는 것을 가르쳐 줄 것입니다.

절제는 도덕의 도구이지 도덕의 힘은 아닙니다. 도덕의 첫째 아들인 소크라테스는 일부러 힘든 것을 버리고 소박하고 순탄한 길을 찾아 도덕으로 향해 갑니다. 도덕은 인간적 쾌락의 어머니입니다. 쾌락을 정당화함으로써 쾌락을 확실하고 순수하게 만들어 줍니다. 도덕은 쾌락을 조절함으로써 이 쾌락을 늘 생생하고 맛있게 해 줍니다. 도덕이 거부하는 쾌락들을 제거함으로써 도덕이 남겨주는 쾌락을 예민하게 느끼게 하며, 천성이 원하는 모든 쾌락에 물리기까지는 아니라고 해도 포만을 느끼도록 자애롭게 남겨 줍니다(만일에라도 술꾼이 만취하기 전에 멈추고, 탐식객이 소화불량이 되기 전에 멈추고, 호색한이 대머리가 되기 전에 멈추게 하는 섭생을 쾌락의 적이라고 말하려는 것이 아니라면 말입니다).

만일 도덕이 일반적인 행복을 얻지 못하더라도 도덕은 그런 것에 초연하거나 그것 없이 해 나가며, 그보다는 떠다니거나 유전하지 않는, 완전히 자기 것인 행동을 만들어 갖습니다. 도덕은 부하고 강하고 박식할 줄 알며, 사향 냄새 풍기는 이부자리에서 잠잘 줄 압니다. 도덕은 인생을 사랑하며, 미인과 영광과 건강을 즐깁니다. 그러나 도덕의 특수하고 고유한 직분은 이런 보배를 절도 있게 사용할 줄 알며, 이런 것을 잃고도 지조를 지키는 데 있습니다. 고생되기보다는 훨씬 고상한 직분이며, 그것 없이는 인생의 모든 흐름은 변질되고 소란해지고 변형되며, 그런 경우에는 저 암초나 가시덤불이나 괴물 같은 위험한 것을 정당하게 결부시켜 볼 수 있습니다.

  만일 이 제자가 타고난 본성이 아주 괴상해서, 스승의 말을 들을 때에 좋은 여행 이야기나 현명한 담화보다는 헛된 옛날이야기를 좋아하거나, 또는 그의 동무들의 정열을 무장시키는 군대의 북소리를 피하고 곡마단이나 노름판으로 불러가는 다른 소리의 꾐에 빠져 간다면, 또 그가 자기 소망으로 정구나 무도회에 나가 그런 경기로 상을 타오는 재미보다 전쟁터에서 승리를 거두며 먼지를 덮어쓰고 돌아오는 것을 더 유쾌하고 흥이 나게 보지 않는다면, 차라리 스승은 보는 증인이 없거든 그의 목을 틀어 죽이든지, 그렇지 않으면 그가 아무리 공작의 아들이라도 어린애는 그 부모의 소질을 보아서가 아니라 그 자의 마음씨의 소질을 보아서 길러야 한다고 말한 플라톤의 교훈을 따라서, 그를 어느 도시의 빵집 직공으로 보내 버리는 수밖에 다른 교정 방법이 없다고 생각합니다.

  철학은 살아가는 방법을 가르치는 학문이며, 거기에는 유년 시절이라도 다른 연배들과 마찬가지의 학과가 있는 이상, 어째서 소년에게 그것을 가르쳐서 안될 일입니까?

    점토는 부드럽고 축축하다. 어서어서 서두르자.
    끊임없이 돌아가는 틀바퀴에 넣어 형체를 만들자.   (페르시우스)

  사람들은 인생이 끝날 무렵에 인생을 가르칩니다. 수백의 학생들이 아리스토텔레스의 절제에 관한 학과를 배우기 전에 매독에 걸려 버립니다. 키케로는 두 사람 몫의 생명을 살아도 서정 시인들을 배울 여가가 없으리라고 말했습니다. 그래서 나는 이런 궤변가들이 무용지물이라는 것을 더욱 절실하게 느낍니다. 우리 아동은 더 급합니다.

  그의 교육은 열대여섯 살 때까지만 해 두면 됩니다. 이렇게 짧은 세월은 더 필요한 일을 가르치는 데 사용합시다. 이런 짓은 시간 낭비입니다. 변증법의 그 가시 돋친 농간은 모두 치우세요. 그런 것으로 우리 인생은 나아지지 않습니다. 철학의 단순한 가르침을 선택하십시오. 알맞게 택하며 다룰 줄 아십시오. 이런 가르침은 보카치오의 이야기보다도 이해하기 쉽습니다. 이런 것은 어린애가 유모의 손에 있을 때부터 글 읽기와 쓰기를 배우는 것보다 더 잘 배울 수 있습니다. 철학에는 인간의 노쇠기를 위한 것뿐만이 아니라 인간의 출생을 위한 학과도 있습니다.

나도 플루타르크의 생각과 같습니다. 아리스토텔레스는 그의 위대한 제자 (알렉산드로스 대왕)를 가르칠 때, 삼단 논법을 꾸미는 기교나 기하학의 원리보다도 용기와 담력과 호방과 절제, 그리고 아무것도 두려워하지 않는 자신을 갖게 하는 교훈을 가르쳐 그 제자의 흥을 돋우어 주었습니다. 그리고 이 제자가 이런 수련을 받은 다음, 아직 어린 몸으로 단지 보병 3만, 말 5천 필, 그리고 돈 4만 2천 에퀴를 가지고 세계 제국을 정복하러 나가게 했습니다. 알렉산드로스는 다른 기술과 학문들도 그 좋고 탁월한 점을 높이 받들어 숭배했지만, 기껏 거기 흥미를 가져 본 결과로 그는 쉽사리 그런 학문을 실천하고 싶은 심정에 끌려들지 않았다고 플루타르크는 말합니다.

젊은이와 늙은이들이여, 이제부터 그대들 마음에 확고한 목표를 세워서
    비참한 백발 때의 지팡으로 삼아라. (페르시우스)

이것은 에피쿠로스가 매니케오스에게 보내는 편지 서두에 한 말입니다. "가장 젊은 자도 철학을 피하지 말 것이며, 가장 늙은이도 거기 물리지 말지어다." 그렇게 하지 않는 자는 아직 행복스럽게 살 때가 오지 않은 자이거나, 또는 벌써 때가 지난 자라고 말하는 것 같습니다.

무엇이 어떻든 나는 아이를 가두어 두어서는 안 된다고 말합니다. 아이를 혹독한 학교 선생의 우울한 기분에 맡겨 두기를 바라지 않습니다. 그를 사람들이 하는 식으로 짐꾼들같이 하루에 열너댓 시간이나 고역과 노동에 매어 두어서, 그 아이의 정신을 퇴락시키고 싶지 않습니다. 그리고 외롭고 우울한 기분에 잠겨서 서적 공부에 철없이 너무 열중하게 하고, 이런 기분을 가꾸어 주는 것도 좋다고 보지 않습니다. 그러다가는 사람과의 교제에 서투르고, 더 좋은 직무를 회피하게 됩니다. 우리 시대에 분에 넘치게 학문을 탐하다가 천치가 된 사람을 얼마나 많이 보고 있습니까! 카르네아데스는 학문 탐구에 너무 미쳐서 머리를 깎고 손톱을 단장할 여가도 없었습니다. 그리고 나는 남들의 무례하고 상스러

운 버릇 때문에 그의 너그러운 행동 습관을 그릇되게 하기를 원치 않습니다.

옛 격언에 말하기를, 프랑스의 예지는 일찍 총명해지고 오래 지속하지 않는다고 했습니다. 사실 우리는 프랑스의 어린애만큼 귀여운 것은 없다고 생각합니다. 그러나 그들은 대개 사람들이 품고 있던 희망을 배반해서, 어른이 된 뒤에는 아무런 탁월한 점을 보이지 않습니다. 나는 우리 어린이들이 그처럼 많은 학교에 다니기 때문에 이렇게 바보가 된다고 지각 있는 사람들이 하는 말을 들었습니다.

어린이들을 위해서는 아이들 방에서나 정원에서나, 식탁에서나, 잠자리에서나, 혼자 있을 때나, 동무와 함께나, 아침이나 저녁이나, 모든 시간이 한가지이며, 어디 있어도 공부가 될 것입니다.

왜냐하면 철학은 주요 학과가 판단력과 습성을 만드는 요소로 되어 있어서, 모든 일에 참석하는 특권을 가집니다. 웅변가인 소크라테스는 어느 잔치에서 그의 기술에 관해 말해 달라는 청을 받고 "지금은 내가 할 줄 아는 것을 할 때가 아닙니다. 지금 이 자리에서 해야 할 일을 나는 할 줄 모릅니다"라고 대답했는데, 모두들 옳다고 생각했습니다. 왜냐하면 웃으며 좋은 음식을 먹으려고 모인 자리에서 수사학의 연설이나 토론을 내놓는다면, 너무 심한 부조화의 혼합이 되고 맙니다. 다른 모든 학문에 관해서도 이렇게 말할 수 있습니다. 그러나 철학은 조금 다릅니다. 철학이 인간과 그의 의무와 직분을 취급하는 부문을 가지고 서로 이야기하는 재미로 보아서도, 철학은 연회석에서나 운동 경기 때나 거부될 수 없다는 것이 모든 현자들의 의견입니다. 그리고 플라톤은 《향연》에서도 이것을 화제로 삼았으니, 우리는 철학이 아무리 고상하고 사람에게 유익한 논제를 끌어내도, 때나 자리에 맞춰 모여 있는 사람들에게 얼마나 부드러운 흥취를 돋우는가를 알 수 있습니다.

> 그것은 가난한 사람이나 부자에게나 똑같이 유익하기 때문에
> 이것을 소홀히 하면 노소 없이 후회하리라.　　　　　　　(호라티우스)

그러니 이 아이는 정녕 다른 아이들보다 덜 게으를 것입니다. 그러나 복도를 거닐 때의 식으로 걸어가면 지정된 길의 세 배의 거리를 가도 피로하지 않는

것처럼, 마찬가지로 우리의 학과는 우연히 일어나는 일같이 진행되기 때문에, 시간과 장소의 제약도 받지 않고 우리의 모든 행동에 섞여 들게 되며, 부지불식간에 흘러들어 올 것입니다. 경주·권투·음악·무용·사냥·승마와 무기 다루기 등 유희와 운동까지도 그가 공부하는 많은 부분을 차지할 것입니다. 외부에 대한 체면과 사람 대할 때의 몸가짐, 그리고 신체의 훈련까지도 마음과 함께 다루어져야 합니다. 길들이는 것은 마음만이 아닙니다. 그것은 사람입니다. 두 가지로 다루어서는 안 됩니다. 그리고 플라톤이 말하듯이 하나하나 따로 길들일 것이 아니라, 한 멍에에 매인 한 쌍의 말과 같이 동일하게 다루어야 합니다.

그리고 그의 말을 들어보면, 신체 단련에 더 많은 시간과 더 많은 정성을 들이며, 그것으로 정신도 동시에 단련되게 되는 것이고, 그 반대가 아닌 것같이 보이지 않습니까?

그뿐더러 이 교육은 늘 있는 식이 아니고 엄격한 온정으로 다루어져야 합니다. 사람들은 어린애들이 글을 배우게 유도하는 대신에, 징그럽고 잔혹한 심술로 남을 해롭게 하는 행위밖에 내놓지 않습니다. 폭력과 강제는 그만두십시오. 내 의견으로는 이보다 더 심하게 점잖은 집 아이를 둔하고 어리석게 만드는 짓은 없습니다. 그가 수치와 징벌을 두려워하게 만들고 싶더라도 거기에 굳어지게는 하지 마십시오. 땀과 추위, 바람, 태양, 위험들을 가소롭게 보도록 단련시키십시오. 입은 옷과 잠자리, 먹는 것과 마실 것은 무엇이든지 보드랍고 맛 좋은 것을 물리치고, 무슨 일이라도 당해 내도록 길들이십시오. 예쁘장한 멋쟁이를 만들지 말고 발랄하고 억센 사내가 되게 하세요.

나는 어렸을 때나 성인이 되었을 때나 늙어서나 늘 똑같이 생각하고 판단했습니다. 그러나 무엇보다도 우리나라 대부분의 학교에서 하는 교육은 늘 내 비위에 맞지 않았습니다. 관대함에 기울어졌다면 이렇게 피해를 입도록 실패하지는 않았을 것입니다. 학교란 정말로 어린애를 가두어 두는 감옥입니다. 그들이 방탕아가 되기 전에 처벌하여 방탕아를 만듭니다. 그들이 공부할 때 학교에 가보세요. 들리는 것은 고초받는 어린애들의 울음소리와, 화가 치밀어 정신을 잃은 선생들의 고함뿐입니다. 이렇게 연하고 겁 많은 어린 마음들을 손에는 채찍을 들고 시뻘겋고 무서운 얼굴로 지도하다니, 이것이 아이들에게 공부할 생각을 일으키게 하는 방법이겠습니까? 부당하고 해로운 방법입니다. 그뿐더러

퀸틸리아누스가 적절히 지적했듯, 이런 강압적인 권위는 위험한 결과를 초래합니다. 특히 우리의 처벌 방법이 그렇습니다. 교실은 피 묻은 회초리 동강이보다도 꽃과 잎새를 깔아 장식하는 것이 얼마나 아담한 일입니까. 나 같으면 철학자 스페우시포스가 학교에서 하던 식으로, 거기다가 기쁨·즐거움·플로라(꽃의 신을 가리킴)·우아의 여신들을 그려 붙이게 하겠습니다. 이익을 얻는 곳에 즐거움도 있어야 합니다. 어린애에게 유익한 음식에는 설탕을 섞고 해로운 음식에는 쓸개즙을 섞어 주어야 합니다.

플라톤이 《법률편》에서 젊은이들의 희락과 여가에 마음 쓰며, 그들의 경주·유희·노래·뛰기·춤 등에 유의하며, 고대인들이 이런 사항의 지도와 수호를 아폴로·뮤즈·미네르바 등의 신들에게 위임했다는 사실을 지적하고 있는 것은 얼마나 탄복할 일입니까. 그는 이것을 학교에서의 교육을 위해서 수많은 교훈으로 전개시킵니다. 문학에 관해서는 그렇게 관심이 없습니다. 그리고 음악을 위해서밖에는 시가(詩歌)를 특히 권장하는 것 같지 않습니다.

우리들의 행위나 습성 중에서 색다른 것과 특이한 것은 모두 사회생활에서 대인 교섭에 적합치 않는 부자연한 것으로 보고 피해야 할 일입니다. 알렉산드로스의 집사 데모폰의 체질이 햇볕에서는 떨고 그늘에서는 땀 흘리는 것을 보고 괴상하다고 하지 않을 자가 누구이겠습니까? 어떤 사람은 총탄이 날아오는 것보다도 사과 냄새가 무서워 도망가고, 또 어떤 사람은 생쥐를 보고 놀라며, 어떤 자는 크림을 보면 게우고, 어떤 사람은 마치 게르마니쿠스가 수탉을 보거나 그 울음소리 듣기를 참아 내지 못하던 식으로 새털처럼 뭉실뭉실한 것을 두려워하는 것을 보았습니다. 아마 거기에는 무슨 신비한 소질이 있을지도 모릅니다.

그러나 일찍부터 노력하면 그런 괴벽은 없앨 수 있다고 생각합니다. 이것은 힘이 들지 않는 것도 아니지만, 나는 교육의 힘으로 맥주를 제외하고는 사람이 먹을 수 있는 음식은 무엇이든지 들 수 있습니다. 이런 이유로 몸이 아직 유연할 때에 모든 방식과 풍습에 몸을 단련시켜야 합니다. 사람이 욕망과 의지를 제어할 수 있는 이상, 젊은이는 과감하게 어느 나라나 어느 사회에서도 편리하게, 즉 필요하다면 문란함과 과도함에도 견디게 만들어 놓아야 합니다. 행위는 습관을 따릅니다. 그는 모든 일을 할 수 있으며 그러고도 착한 일만 하기를 즐겨야 합니다.

철학자들도 칼리스테네스가 술 마시기에 맞서지 못해서 알렉산드로스 대왕의 은총을 잃은 것은 칭찬할 일이 못된다고 보았습니다. 그는 자기 왕과 함께 웃으며 장난하며 방탕도 해야 했습니다. 나는 젊은이가 방탕하는 데도, 정력과 견고성이 동무들보다 뛰어나서 나쁜 짓을 하기에도, 주먹깨나 쓰기에도, 학문을 하기에도 못할 것 없지만, 다만 그렇게 할 의사가 없어 하지 않기를 바랍니다. "악을 행하기를 원치 않음과 할 줄 모름 사이에는 큰 차이가 있다."(세네카)

나는 프랑스의 다른 어떤 분보다도 과도한 일을 하지 않는 한 귀족에게, 그분을 판단하는 것으로 생각하며, 독일에 가서 왕의 일 때문에 필요해서 몇 번이나 만취해 보았느냐고 물어보았습니다. 그는 자랑삼아서 대답하기를, 세 번 그런 일이 있었다고 이야기해 주었습니다. 나는 어떤 분이 이런 소질 없이 그 나라에 가서 일을 하다가, 대단히 고생한 것을 알고 있습니다. 나는 알키비아데스가 자기 건강을 해하지 않고 쉽사리 다른 방식으로 생활을 바꾸며, 어느 때는 페르시아 방식보다도 더 풍부하고 호화롭게 지내고, 어느 때는 엄격하고 소박하기가 라케다이모니아 사람보다도 지나치며, 이오니아에서 탐락을 즐기는 만큼 스파르타에서 절제를 지킨 그 놀랄 만한 소질을 가끔 주목하며 감탄했습니다.

> 아리스티푸스는 모든 겉모양, 지위, 상태에 적응했다. (호라티우스)

> 나는 학생을 이렇게 훈련시키고 싶습니다.
> 누더기를 입든 비단옷을 입든 태연히
> 그때그때의 환경의 변화에 순응하며, 이 두 역할을
> 소홀함 없이 연기해 낼 자를 나는 찬양하리. (호라티우스)

이것이 내 교훈입니다. 이런 것을 아는 자보다도 이런 것을 행한 자가 내 교훈을 더 잘 이용한 것입니다. 그의 모습이 있는 곳에 그의 말이 있습니다. 그의 말이 있는 곳에 그의 행실이 있습니다.

"참으로 철학한다는 것이 여러 가지 일을 알아서 기술을 토론함이 아니기를!" 하고 플라톤에서 어떤 자가 말합니다.

"공부에 의해서보다도 행동 습관에 의해서, 그들은 기술 중에도 가장 위대한 기술인 잘 사는 기술에 통달한 것이다."(키케로)

플리아시아인들의 왕 레온이 폰투스의 헤라클리데스에게 무슨 학문, 무슨 기술을 직업으로 삼겠느냐고 묻자 "나는 기술도 학문도 모르오. 그러나 나는 철학자요"라고 말했습니다.

누가 디오게네스에게 무식하다면서 어떻게 철학에 참견하느냐고 책망하자, 그는 "그러니까 더욱 적절하게 거기 참견하지"라고 말했습니다.

헤게시아스가 그에게 어떤 책을 읽어 달라고 하자, "당신도 괴짜요. 당신은 그림의 무화과가 아니라 천연의 진짜 무화과를 집으면서, 왜 글로 쓸 것 말고 진짜 자연의 훈육을 택하지 않소?"라고 그는 대답했습니다.

그 아이는 학과를 말로만 배우지 않고 실제로 행할 것입니다. 그는 학과를 행동으로 복습할 것입니다. 그가 기도하는 것에는 신중성이 있는가, 그의 행위는 착하고 올바른가, 말하는 것에 판단력이 있고 우아미가 있는가, 병에 걸렸을 때에도 강단이 있는가, 살림살이에 질서가 있는가, "지식을 자기 학문을 전시하는 도구로 삼지 않고 인생의 규칙으로 삼으며, 자신에게 순종하고 자신의 원칙을 준수할 줄 아는 자인가"(키케로), 탐락에 절도가 있는가, 고기건 생선이건 포도주건 물이건 입맛에 가리는 것은 없는가를 살펴볼 일입니다.

우리들 사색의 귀감은 우리들 일상의 생활입니다.

제우크시다모스는 어째서 라케다이모니아인들은 용감한 행동에 대한 규정을 글로 적어 놓지 않고, 또 젊은이들에게 읽을 책을 주지 않느냐고 누가 물어보자 '그들에게 말이 아니라 행동으로 습관 지어 주려고 하는 것'이라고 대답했습니다. 열대여섯 해 뒤에 그와 같은 세월을 두고 단지 학교에서 말하는 법만 배워 온 라틴어 학생 하나를 이자와 비교해 보십시오. 세상은 떠벌이에 불과합니다. 당연히 덜 해야 할 말을 더 붙여서 말하지 않는 자를 본 일이 없습니다. 그렇지만 우리는 인생의 반세월을 이런 짓에 낭비해 버립니다. 우리는 4, 5년 동안 낱말을 배워 그것을 꿰매어서 글귀를 만드는 데 매여 지냅니다. 또 그만한 세월을 글귀를 네댓 부분으로 펼쳐서 긴 문장을 꾸며 보는 일에, 그리고 다시 적어도 5년은 글귀를 묘한 방식으로 간결하게 꾸미고 엮어 보느라고 보냅니다. 이런 수작은 드러내 놓고 그것을 직업으로 삼는 자들에게 맡깁시다.

어느 날 오를레앙에 갔다가, 나는 클레리에 못 미쳐 평원에서 선생님 둘이 서로 50보가량 떨어져서 보르도 쪽을 향해 오는 것을 보았습니다. 더 멀리 그들 뒤에 사람들 한패가 그들의 윗사람인 라 로슈푸코 백작을 선두로 해서 오는 것을 보았습니다. 내 집 하인 하나가 그 선생님 한 분에게 뒤에 오는 귀인이 누구냐고 물어보았습니다. 그는 자기 뒤에 오는 패들을 보지 못하고 자기 동무를 말하는 줄만 알고 웃으며, "그는 귀인이 아니고 문법 학자요, 그리고 나는 논리 학자요"라고 대답했습니다. 그런데 우리는 그 반대로 문법 학자나 논리 학자가 아니고 귀인을 만들려고 하는 것이니, 이런 자들은 저희들 멋대로 시간을 낭비하게 두십시오. 우리 일은 딴 곳에 있습니다. 우리 제자는 사물을 잘 알고만 있으면 말은 얼마라도 따라옵니다. 말이 따라오지 않으면 그가 말을 끌고 갈 것입니다. 나는 표현을 잘 못한다고 변명하면서, 머릿속에는 말할 거리가 얼마든지 있는데, 웅변이 모자라 명확하게 내놓지 못하는 체하는 사람을 봅니다. 그것은 속임수입니다. 그것이 무슨 수작이라고 내가 생각하는지 아십니까?

그것은 어떤 그림자같이 떠오르는 흐리멍덩한 생각을 그들 마음속에 풀어서 밝혀 보지 못하기 때문에 밖으로 내놓지도 못하는 것입니다. 그들은 스스로도 아직 이해하지 못합니다. 이들이 말을 끌어낼 때 더듬거리는 꼴을 보세요. 그들의 노력은 말을 끌어내는 데 있지 않고 생각을 꾸며내는 데 있으며, 그들은 이 불완전한 재료를 핥는 것 외에는 아무것도 하지 않고 있습니다. 나로서는 소크라테스도 그렇게 가르치지만, 자기 마음속에 생기 있고 맑은 생각을 가진 자는 베르가모 사투리(이탈리아 롬바르디아의 도시. 사투리가 가장 심한 곳으로 보임)로라도, 또는 벙어리일 때는 몸짓으로라도 표현해 낼 것입니다.

사물을 알아보면, 언어는 부르지 않아도 따라온다 (호라티우스)

그리고 어떤 자는 산문을 이렇게 시적으로 표현하며 "사물이 정신을 잡으면 언어는 저절로 따라 온다"(세네카)라고 말했습니다. 그리고 다른 자는 "사물은 언어를 이끌어 온다"(키케로)고 말했습니다. 제자는 탈격 조사도 접속사도 명사도 문법도 모릅니다. 그의 하인도, 작은 다리(파리 샤틀레 앞의 생선 시장) 청어 장수 마누라도 이런 것은 모릅니다. 그러나 하고 싶기만 하면 실컷 이야기해 볼 것입니다. 그리고 아마 프랑스의 어떤 훌륭한 문법 학자에게도 지지 않게, 또 언어의 규칙에 위배되지 않을 것입니다. 그는 수사학을 모르며, 서문으로 공평한 독자님(16세기 저작의 서문에 잘 나오던 말투)의 호의를 살 줄도 모르고, 그것을 알 생각도 않습니다. 진실로 아무리 아름다운 그림이라도 단순하고 순진한 진리의 밝은 빛 앞에는 바로 무색해져 버립니다. 타키투스의 책에 나오는 아페르가 뚜렷이 보여 주듯, 이런 약은 재주는 소담하고 든든한 음식을 섭취할 능력 없는 속물들에게나 사용됩니다. 사모스의 대사들이 장문의 훌륭한 연설을 준비해 스파르타 왕 클레오메네스에게 와서 폭군 폴리크리테스에 대해 전쟁을 하도록 충동하여 보려고 했습니다. 그들이 실컷 말하게 두고 나서 그는 대답하기를 "당신들이 말하는 처음과 서론은 벌써 잊어버렸소. 따라서 중간도 생각 안 나오. 그러나 그 결론으로 말하면 나는 그렇게 할 생각이 없소"라고 했습니다. 이것이야말로 훌륭한 대답이었고, 연설꾼들의 코가 납작해졌다고 나는 생각합니다.

이자는 또 어떻습니까? 아테네 인들은 두 건축가 중에서 한 명의 큰 공사를 지휘할 사람을 택하게 되어 있었습니다. 첫 번 사람은 뽐내며, 이 공사에 관해서 미리 생각한 언변을 가지고 나와서 시민들의 판단을 자기에게 유리하게 이끌고 있었습니다. 그러나 또 한 사람은 서너 마디로 "아테네의 여러분들, 이 사람이 말로 한 것을 나는 실제로 행하겠소"라고 말했습니다.

키케로의 웅변이 한참 열을 올릴 때에, 여러 사람들은 여기에 이끌려 감탄했습니다. 그러나 카토는 그저 웃기만 하며 "우린, 참 재미나는 집정관을 가졌군" 하고 말했습니다. 앞에 오건 뒤에 오건 유치한 격언이나 멋들어진 말귀는 언제나 멋이 있습니다. 그것이 앞에 오는 것에 맞지 않고 뒤에 오는 것에 맞지 않아도 그 말 자체는 좋습니다. 나는 고운 운율이 좋은 시를 만든다고 생각하는 축이 아닙니다. 운율에게 제멋대로 짧은 말도 길게 뽑아 보라고 하세요. 그것은 상관없습니다. 구상이 좋고, 정신과 판단력이 할 일을 다했다면, 나는 "이것 참 훌륭한 시인인데, 시법은 서투르군" 하고 말하겠습니다.

> 그의 시구는 조잡하나 시상(詩想)은 묘하다. (호라티우스)

호라티우스는 말하기를, 자기 작품에 꿰맨 자리와 순서를 없애 보라고 했습니다.

> 운율과 박자와 시구의 순서를 바꾸어
> 전구(前句)로 있는 것을 후구로, 말미를 앞에 옮겨 보라.
> 그래도 흩어진 조각들 속에서 시인을 발견하리라. (호라티우스)

그 때문에 가치가 없어지지는 않을 것입니다. 그 단편들 자체가 아름다울 것입니다. 이것은 메난데르가 대답한 말인데, 그는 희곡을 지어 놓겠다고 약속한 날이 가까워서도 아직 손도 대고 있지 않다고 사람들이 책망하자 "그것은 다 꾸며서 준비되었으나, 아직 시로 꾸며 놓지 않았을 뿐이오"라고 했습니다. 사물들과 재료들을 마음속에 배치해 놓고는, 나머지는 대수롭지 않게 여겼던 것입니다. 롱사르와 뒤 벨레가 프랑스 시가(詩歌)에 신용을 세워 놓은 다음에는, 어느 풋나기치고 거의 그들만큼 글자를 과장해 표현하고 운율을 정리해 놓지 못하는 자를 보지 못했습니다.

"의미보다 소리가 더하다."(세네카) 속인들이 보기엔 시인들이 이렇게 많이 나온 일은 없었습니다. 그러나 운을 맞추기가 쉬운 것에 비해서, 롱사르의 풍부한 묘사나 뒤 벨레의 가냘픈 묘미를 모방할 솜씨를 가진 자는 없었습니다.

누가 그에게, "햄은(짜서) 물을 마시게 한다. 물을 마시면 갈증이 풀린다. 따라서 햄은 갈증을 푼다"는 식으로 삼단 논법의 궤변적인 잡술(雜術)을 내어 보라고 하면 어찌할까요? 코웃음 치라지요, 그 따위에 대답하기보다는 코웃음 치는 편이 더 술법이 높습니다.

그는 아리스터포스에게서 "묶여 있어도 나를 귀찮게 구는데, 왜 일부러 풀어 놓아?"라고 한 재미나는 대꾸를 빌려올 일입니다. 누가 클레안테스에게 변증법의 농간을 걸어 오자, 크리시포스는 그에게 "그런 잡술은 어린애하고나 하라. 어른의 신중하고 정직한 사상을 그런 따위로 헷갈리게 하지 마라"고 말했습니다. '이런 왜곡된 고난의 궤변'(키케로) 따위 어리석은 말을 보고 우리 학생이 거짓말에 감복하게 된다면 위험합니다. 그러나 그런 것이 아무 효과가 없고, 그에게 단지 코웃음만 자아내게 한다면 조심시킬 필요가 없다고 봅니다.

개중에는 멋들어진 말 한마디 찾아보려고 3마장쯤은 딴 길을 돌다가 오는 어리석은 자도 있고, '또는 어구를 사물에 맞추지 않고, 반대로 자기 어구에 적합하도록 외부의 사물들을 끌어대는 자들'(퀸틸리아누스)도 있습니다. 그리고 또 한 작자가 말하듯, "어느 경우에는 매력적인 언어에 끌려서 의도하지 않은 사물을 쓰는 자도 있다"(세네카)는 것입니다. 나는 멋진 말귀를 들어서 내 생각에 맞춰 쓰기는 하지만, 좋은 말귀에 맞추려고 생각의 실마리를 비꼬아 놓지는 않습니다. 그와는 반대로, 말마디가 따라와서 봉사해 주어야 합니다. 그리고 프랑스어로 부족하거든 가스코뉴 사투리라도 가져와야지요. 나는 말의 핵심인 사물 자체가 드러나서, 듣는 자의 생각을 채워 주고 그 표현된 말을 그가 기억해 주지 않기를 바랍니다. 내가 좋아하는 화법은 입으로 내는 것이건 종이 위에 실린 것이건, 단순하고 순박한 화법이며, 멋이 풍부하고 줄기차고 간결하고 속이 찬 것으로, 묘하고 매끈하기보다는 강렬하고 무뚝뚝한 것입니다.

　　오로지 감명을 주는 표현만이 명문장이다.　　　　(루카누스의 묘비명)

지리한 것보다는 어려운 것이 낫고, 뽐내는 수작과는 인연이 멀며, 분방하고 풀어지고 과감해서 조각 하나하나가 모두 몸체를 가지며, 현학적인 것도 설교적인 것도 변호사조(調)도 아니고, 차라리 수에토니우스가 카이사르를 두고 말하듯 군인조로 된 화법입니다. 그렇지만 나는 그가 이 글을 왜 그렇게 부르는지 잘 알 수가 없습니다.

나는 젊은이들의 옷차림에서 보이는 난잡한 태도를 즐겨 모방했습니다. 망토는 숄 모양으로 걸치고, 한 어깨에는 두건을 얹고, 양말은 늘어진 채로, 요즈음 그 모든 외국식 장식을 경멸하며 오만과 기교를 무시하는 태도가 좋았습니다. 그러나 이런 격식은 화법에 쓰면 더 좋다고 봅니다. 더욱이 프랑스의 자유롭고 유쾌한 취향에는, 가식은 신하의 멋에 맞지 않습니다. 그리고 왕국에서는 모든 귀족들이 신하들 방식으로 훈육되어야 합니다. 그 때문에 우리는 좀 소박하고 소홀한 자세로 기우는 편이 낫습니다.

나는 훌륭한 신체에 뼈마디와 핏줄을 헤아려 볼 수 있어서는 안 되듯, 이어 댄 데와 꿰맨 데가 보이는 꾸밈을 싫어합니다. "진리를 말하는 문장은 기교 없이 단순해야 한다."(세네카)

"가식적으로 말하기를 원하는 자 아니면, 누가 어법에 신경을 쓸 것인가?"(세네카) 웅변 자체로서 마음을 끄는 웅변은 사물들의 표현에 해가 됩니다.

옷차림에서 어떤 괴이하고 유별난 방식으로 시선을 끌려는 것이 못난 수작이듯, 마찬가지로 언어에서도 잘 알려지지 않은 문장과 말마디를 즐겨 찾는 것은 유치하고 현학적인 야심에서 옵니다. 나로서는 파리의 시장 바닥에서 사용되는 말투밖에 쓰지 않았으면 합니다! 문법 학자 아리스토파네스는 이것을 도무지 이해하지 못하고, 에피쿠로스가 언어의 투철성만을 언변 기술의 목표로 삼으며 쓰던 단순한 문장을 책망했던 것입니다. 화법의 모방은 쉽기 때문에 온 국민이 즉시 터득합니다. 판단력과 구상의 모방은 그렇게 빨리 되지 않습니다. 독자들 대부분이 입은 옷이 똑같다고 해서 몸뚱이도 똑같다고 보는 것은 그릇된 생각입니다. 힘과 체력은 빌려 올 수 없습니다. 하지만 장식품과 망토는 빌려 올 수 있습니다.

내게 찾아오는 사람들 대부분은 내 《수상록》에 관해서 같은 말을 합니다. 그러나 그들이 생각하는 바도 같을지는 모르겠습니다.

아테네인의(플라톤이 말하기를) 장점은 조심해서 풍부하고 우아하게 말하는 데에 있고, 라케다이모니아인은 간결하게 말하는 데에 있고, 크레타인은 언어보다도 사상을 풍부하게 갖는 데 있는데, 마지막 것이 가장 우수하다고 했습니다. 제논은 그에게는 두 부류의 제자가 있다고 말했습니다. 하나는 필로로고우스라고 사물들을 배우는 데 관심을 가진 자라고 부르며 그가 귀여워하는 자들이고, 다른 하나는 필로필로우스라고 말 잘하는 데밖에는 생각이 없는 자들이었습니다. 이것은 말을 잘하는 것이 좋은 일이 아니라는 뜻이 아니고, 말을 실행하는 것만큼은 좋지 못하다는 말입니다.

그러나 나는 우리가 한평생을 이런 짓에만 골몰해 있는 것에 불만입니다. 나는 먼저 내 언어와 우리와 평상시에 교섭이 있는 이웃 나라 언어를 잘 알아 두고 싶습니다. 그리스어와 라틴어는 아주 아름답고 훌륭한 장식품입니다마는, 사람들은 그것을 너무 비싸게 사들이고 있습니다. 나는 여기 어느 것보다도 더 값싸게 배우는 방법으로, 내가 시도한 것을 말해 보겠습니다. 하고 싶은 사람은 실행해 볼 일입니다.

나의 선친께서는 사람이 할 수 있는 모든 수단을 강구하여 학식 있고 이해력 있는 분들에게 가장 탁월한 교육 방법을 문의해 보고 나서, 흔히 사용하는 교육 방식에는 결함이 많다고 생각하게 되었습니다. 그리고 첫날 그리스, 로마인은 돈 한 푼 들이지 않고 배운 언어를 우리는 너무 오랜 세월을 두고 배워야 하는 것이, 그들이 가졌던 위대한 마음과 지식을 갖지 못하는 유일한 원인이라는 말을 들었습니다. 나는 이것이 그 유일한 원인이라고는 생각하지 않습니다. 아무튼 부친이 찾아낸 방법은 내가 아직 혀도 풀리지 않고 유모의 손에 있었을 때에 한 독일인에게 나를 맡기는 일이었습니다.

그는 유명한 의사로 그 뒤에 프랑스에서 죽었는데, 우리 말은 전혀 몰랐고, 라틴어에 능숙했던 분입니다. 부친은 그를 일부러 불러와서, 보수도 상당히 많이 주었으며 그는 나를 줄곧 팔에 안고 지냈습니다.

부친은 또 그보다 학문이 좀 못한 사람들도 데리고 와서, 나를 따라다니며 첫 번 분을 거들어 주게 했습니다. 이 사람들은 라틴어로밖에는 나와 이야기하지 않았습니다. 우리 집의 다른 사람들, 즉 부친도 모친도 하인도 침모도 각자 나하고 더듬거리려고 배운 라틴어로밖에는 내게 말하지 않는 것이 불가침의 규칙으로 되어 있었습니다.

각자가 이렇게 해서 얻은 성과는 놀랄 만했습니다. 부친과 모친은 충분히 알아들을 수 있을 정도로 라틴어를 배워서, 또 필요할 때 그것을 사용할 충분한 능력을 얻었고, 내게 매여 있던 하인들도 그러했습니다.

결국 우리는 아주 라틴화해 버리고, 우리 마을 주변까지 이 습관이 퍼져서 지금까지도 직장(織匠)이나 연장 따위를 라틴어로 부르는 버릇이 남아 있습니다. 나로 말하면 6년 동안이나 프랑스어, 페리고르어, 아라비아어 등을 들어 본 적이 없었습니다. 그래서 기술도, 책도, 문법도, 규칙(교훈)도 없이, 매질도 눈물도 겪지 않고, 우리 학교 선생님이 아는 것만큼 순수하게 라틴어를 배웠습니다.

왜냐하면 나는 그것을 섞거나 다르게 말할 수 없었기 때문입니다. 만일 시험으로 학교에서 하는 방식으로 숙제를 내주려면, 다른 사람에게는 프랑스어로 내주고 내게는 틀린 라틴어로 내주어서 정확한 말로 고치게 했습니다. 그리고 《데코미티이스 로마노룸》을 쓴 니콜라 그루시나 아리스토텔레스를 주해(註解)한 기욤 게랑트, 스코틀랜드의 위대한 시인 조지 뷰카난, 당시 프랑스와 이탈리아가 최대의 웅변가로 알아주던 마르크 앙토아느 뮈레와 나의 가정 교사들은, 내가 어릴 적에 라틴어에 숙달했었기 때문에 내게 와서 말을 걸어 보기가 두려웠다고 자주 말했습니다. 뷰카난은 그 뒤에 고인 드 브리사크 원수를 모시고 있을 때 만나 보았습니다만, 그는 다음에 내 사례를 들어서 아동 교육론을 써보겠다고 말했습니다. 왜냐하면 그는 당시, 후일에 그렇게도 큰 용덕과 호방함과 의협심을 보여준 저 브리사크 백작을 보살펴 주고 있었기 때문입니다.

나는 그리스어를 거의 알지 못합니다만, 부친께서는 나에게 이 언어도 기술적으로, 그러나 새 방법을 선택해서 토론과 연습의 형식으로 가르쳐 보려고 시도했습니다. 우리들은 어미변화를 탁자 위에서 장난해 가며 수학과 기하를 배우는 식으로 주고받고 했습니다. 부친께서는 무엇보다도 내게 학문과 숙제를 내주는 데도 내 의사를 강제하지 않고 나 자신의 의욕으로 맛보게 하며, 혹독한 강제 없이 내 마음을 순하고 자유로이 가꾸라는 의견을 선택했습니다.

그리고 어떤 분의 어린애가 아침에 잠자는 것을 폭력을 써서 깜짝 놀라게 하여 깨워 일으킴으로써 뇌수를 혼란케 했다는 말을 듣고(어린애들은 우리보다 훨씬 더 깊이 잠드니까요), 부친은 악기를 연주시키며 그 음악 소리로 내 잠을 깨웠습니다. 그리고 내게는 이런 일을 해 주는 사람이 하루도 없는 적이 없었습니다. 이 예만으로도 나머지를 모두 판단해 보고, 그리고 이렇게도 착한 부친의 조심성과 애정을 칭송하기에 족합니다. 그가 이런 미묘한 교육 방법을 써주신 보람도 없이 아무런 성과도 거두지 못했다고 해도, 그를 원망할 수는 없습니다.

그 원인에는 두 가지가 있었습니다. 첫째로는 내 바탕이 척박하고 부적당했습니다. 왜냐하면 나는 아주 뛰어난 건강체였고, 성질도 순하고 취급하기 쉬웠습니다마는, 워낙 둔하고 유약하고 흐리멍덩해서, 장난을 쳐 보려고 해도 원래 게으른 성미를 깨우쳐 일으킬 수 없었습니다.

나는, 내가 보는 것은 잘 보았습니다. 그러나 이 둔중한 기질을 가지고, 내 나이에 넘치는 과감한 사상과 관념들을 가꾸고 있었습니다. 정신은 느려서 사람이 지도하는 대로 따라가지 못했습니다. 이해력은 둔하고 구상력은 허술하고, 무엇보다도 기억력이 믿을 수 없을 만큼 부족했습니다. 이런 사정에서 내 정신이 값어치 있는 아무런 일도 내놓지 못한 것은 놀랄 거리가 아닙니다.

둘째로는, 마치 병이 낫기를 몹시 원하는 자가 모든 종류의 권고에 끌려 가는 식으로, 이 착하신 분은 자기가 그렇게까지 전심하는 일이 실패로 돌아갈까봐 극도로 염려했습니다. 그래서 마침내 두루미처럼 늘 앞서는 자의 뒤를 따르는 일반의 의견을 좆으며, 당시에는 그가 이탈리아에서 받아왔던 첫 번 계획을 충고해 준 분들이 옆에 없었기 때문에, 일반적인 습관을 좆았던 것입니다. 그래서 내가 여섯 살쯤 되던 때에, 당시 대단히 번성하며 프랑스에서 가장 훌륭하던 귀엔 중학교에 나를 보냈습니다.

거기서는 그가 가졌던 생각에 조력해 줄 아무런 것도 없었고 유능한 가정교사를 찾아볼 수 없었으며, 중학교에서 쓰는 방법과는 달리 그가 생각해 낸 여러 가지 독특한 체계의 교육 방법도 쓸 수 없었습니다. 그러나 어떻든 이것은 중학교였습니다. 나의 라틴어는 바로 악화되고, 그 후에는 잊어서 쓸 줄도 모르게 되었습니다. 그리고 내가 받은 이 새로운 교육은 단번에 나를 6학년 학급에 넣은 것밖에 아무런 소용이 없었습니다. 왜냐하면 나는 열세 살 때(그들이 말하는) 학업을 마치고 학교를 나왔는데, 실은 거기서 얻은 소득이란 아무것도 없었습니다.

나는 책을 읽는 첫 취미를 오비디우스의 《윤회》 이야기에서 얻었습니다. 왜냐하면 열여덟 살쯤에는 이것을 읽느라고 다른 재미를 버렸던 것입니다. 그 언어가 내 모어(母語)가 되었고, 그리고 이것이 내가 알기에 가장 쉬운 책이었으며, 그 재료가 어린 내 나이에 가장 알맞았기 때문입니다. 나는 어린아이들이 잘 읽는 《호수의 란슬로》나 《아마디스》나 《유옹 드 보르도》 등 기타의 책 나부랭이는 그 이름도 몰랐으며, 아직도 그 내용을 알지 못합니다. 그만큼 나의 훈련은 엄격했습니다. 지정받은 다른 학과는 어슬렁거리며 배워 갔습니다. 여기서 나는 그 이해심 있는 가정 교사와 공부한 것이 아주 다행스럽게 맞았던 것입니다. 그는 교묘하게도 내가 공부는 않고 딴짓만 부리는 이 수작과 저 수작을 못 본 체하고 넘겼습니다. 왜냐하면 이 작품을 거쳐서 나는 단숨에 베르길리우스의 《아이네이스》를 읽었고, 다음엔 테렌티우스, 그다음엔 플라우투스,

그리고 이탈리아 희극을 읽어 갔는데, 모두 이야기의 재미에 유혹되었던 것입니다. 만일 내 선생이 미친 수작으로 이런 짓을 못하게 막았던들, 귀족들이 모두 그렇듯 나도 학교에서 책에 대한 염증밖에 얻지 못했을 것입니다. 그는 여기서 교묘하게 유도했습니다. 아무것도 보지 않는 체하면서도, 그는 그런 책들을 몰래 탐독하도록 의욕을 돋구어 주고 규정된 공부도 힘들지 않게 하도록 했던 것입니다. 왜냐하면 부친이 나를 맡겨 둔 선생들에게 요구하는 주요 소질은 마음의 호방하고 안이한 기풍이었습니다. 그런 만큼 내 심정에는 느리고 게으른 것밖에 다른 결점은 없었습니다.

부친의 염려는 내가 나쁜 일을 하지 않을까에 있지 않고 아무것도 하지 않을까에 있었습니다. 아무도 내가 악인이 되리라고 예언하는 자는 없었으나, 쓸모없는 인간이 되리라고 보았습니다. 사람들은 내 기질을 보고 악인은 아니고 건달이 되리라고 예측했던 것입니다.

나는 일이 그와 같이 된 것을 느낍니다. 내 귀에 따갑게 들려오는 불평은 이런 것입니다. '게으르고, 친구나 친척 간의 일에, 그리고 공공의 일에 냉담하며, 사람이 너무나 괴짜'라는 것입니다. 가장 욕되는 말이란, "왜 그런 것은 가져갔어? 왜 값을 치르지 않았어?"가 아니라, "왜 빚을 갚지 않아? 왜 더 주지 않아?"라는 것입니다.

나는 사람들이 내게 이런 가욋돈밖에 요구하지 않는 것을 고맙게 받겠습니다. 그들은 자기들이 빚지고 있는 것을 자신에게 요구하는 것보다 훨씬 더 엄격하게 내가 빚지지 않은 것을 내라고 요구하니, 그들이 잘못입니다. 내게 그런 것을 강요함으로써 그들이 해 준 행동의 혜택과 내가 해야 할 감사의 마음을 사라지게 합니다. 그보다도 내게 아무것도 좋은 일을 해 준 것이 없음을 생각해 보면, 내 손으로 적극적으로 해 준 좋은 행동은 더한층 무게를 가져왔을 것입니다. 나는 재산이 내 것이면 내 것일수록 더 자유로이 처분할 수 있습니다. 그렇지만 내가 내 행동을 채색하는 자였던들, 아마도 나는 이런 책망을 굉장히 반박했을 것입니다. 그리고 내가 그렇게 하지 않으니까 그렇지, 하기만 하면 어떤 자는 호되게 모욕을 느끼리라는 것을 그들에게 가르쳐 줄 것입니다.

그동안 내 마음은 그 자체로서 확고한 움직임과 내가 알고 있는 주위 사상들에 관한 명백하고 확실한 판단을 가지고 있던 것이며, 누구와의 상의 없이 그런 것을 혼자서 이해하여 갔습니다. 그리고 진실로 내 마음은 무엇보다도 권세와 폭력 앞에는 전혀 굴할 수 없었으리라고 믿습니다.

내 유년 시절의 소질로, 내가 맡은 역할의 표정에 자신을 갖고, 목소리와 자세가 부드러웠던 것을 아울러 말씀드릴까요?

겨우 내가 열두 살이 되었을 무렵　　　　　　　　　　　(베르길리우스)

나는 뷰카난·게랑트·뮈레의 라틴어 비극에 등장하는 주요 인물의 역할을 맡고 귀엔 중학교에서 당당히 연기했던 것입니다. 여기서도 우리 교장 선생님인 앙드레아스 고베아뉘스는 그의 직책상 비길 바 없이 프랑스에서 제일가는 교장이었습니다. 나는 숙달된 명수로 불리었습니다. 그리고 이 연극은 점잖은 집 어린이들에게 권장하지 못할 것이 아닌 훈련입니다. 그리고 우리나라 왕공들도 고인(古人)을 본받아서 점잖고 칭찬을 받아 가며 몸소 거기에 열중하는 것을 보았습니다.

그리스에서는 귀족 출신들이 이것을 직업 삼아 해도 좋았습니다. "그는 자기 계획을 비극 배우 아리스톤에게 고백한다. 그는 가문과 재산으로 명망이 있는 인물이었다. 그의 직업은 결코 수치가 되지 않았다. 왜냐하면 그리스에서는 이것이 결코 수치가 되지 않았기 때문이다."(티투스 리비우스)

나는 이런 오락을 책망하는 자들을 무례하다고 비난했고, 점잖은 우리 도시에서도 대접받을 만한 배우들이 들어오는 것을 거절하며, 시민들이 이런 공공의 오락을 갖는 것을 부당하게 시기하는 자들을 늘 책망했습니다. 우수한 정부는 종교의 엄숙한 의식 때와 같이 이런 경기와 연극에도 시민들을 집합시켜 합동으로 실시하는 데 유의합니다. 그것으로 교제와 우정이 도타워지는 것입니다.

그리고 사람들이 있는 데서, 그리고 바로 관리 앞에서 하는 이런 오락보다 더 절도 있는 오락을 제공할 수도 없습니다. 관리와 왕공들이 자기들 비용으로 시민들에게 부친다운 애정과 호의로 이런 상연을 보여 주며, 그리고 인구 많은 도시에 숨어서 하는 나쁜 짓에서 마음을 돌리도록 이런 행사를 보여 주는 지정된 장소를 둔다는 것은 지당한 일이라고 봅니다.

내 이야기로 돌아와서, 어린애의 교육에는 욕망과 애정을 돋우어 주는 것보다 더 좋은 방법은 없습니다. 그러지 않으면 책을 짊어진 당나귀밖에 만들지 못합니다. 사람들은 그들을 매질해서 그 주머니에 학문을 잔뜩 넣어 줍니다만, 이 학문을 잘 하려면 담아 두기만 해서는 안 됩니다. 자기 것을 만들어야 합니다.

27
우리들의 능력으로 진위를 가린다는 것은 어리석은 수작이다

남의 말을 바로 믿고 잘 설복당하는 것을 지각이 단순하고 무식한 탓으로 돌리는 것은 아마도 이유가 없는 일은 아닐 것이다. 왜냐하면 믿는다는 것은 우리 마음속에 만들어진 '인상' 같은 것이며, 그리고 마음이 부드럽고 저항력이 적을수록 어떤 사물의 인상을 주기는 더 쉬운 일이라고 나는 옛날에 배운 듯하기 때문이다. "중량이 놓이면 접시저울이 필연적으로 기우는 것같이, 마음은 확증 앞에 굴한다."(키케로) 속이 비어 대항할 추가 없으면 그만큼 마음은 사소한 설복의 무게에도 눌린다. 그 때문에 어린애들, 속인들, 여자들, 그리고 병자들은 귀로 들은 것에 끌리기 쉽다.

그러나 한편에서는 내게 진실하게 보이지 않는다고 가짜라 비난하며 경멸하는 것은 역시 어리석은 자부심이다. 이것은 일반인들보다도 좀 더 능력이 있다고 생각하는 자들이 흔히 가지고 있는 결함이다. 나도 옛날엔 그러했다. 그리고 귀신이 나온다거나, 내일의 일에 관한 이야기를 듣거나, 도깨비에 홀린다거나 마술사의 이야기, 또는 내가 이해할 수 없는 다른 이야기를 듣거나,

꿈, 마귀 환상의 공포, 기적, 마술사
밤의 유령, 그리고 테살리아의 다른 경이들을   (호라티우스)

들으면 이러한 헛된 소리에 속는 가련한 평민에게 동정이 갔다. 그런데 지금은 그때의 나 자신도 적으나마 똑같이 가련하게 여겨야 할 것이었다고 본다. 그것은 경험으로 나의 초기 신념과 다른 무엇이라도 보았다는 것이 아니고(그리고 내 호기심의 결함에 의한 것도 아니지만), 다음에 나는 이성으로 어떤 사물을 이렇게 결단적으로 그릇되고 불가능하다고 단정하는 것은 하느님의 의지와 우

리 어머니인 대자연의 힘에 한계와 제한이 있다는 생각으로 자기를 우월한 처지에 두는 수작이며, 그리고 이런 일을 우리의 능력과 역량의 척도로 다룰 수 있다고 보는 일은 세상에서도 가장 두드러지게 미친 수작이라는 것을 알게 된 까닭이다.

우리의 이성이 이해할 수 없는 것을 괴물이나 기적이라고 부른다면, 얼마나 많이 그런 일이 우리 눈앞에 나타나는 것인가! 우리 손에 잡히는 대부분의 사물들에 관한 지식이라는 것은, 그것을 알게 되기까지 장님이 손으로 더듬듯 얼마나 컴컴한 구름 속을 거쳐서 잡게 되었던 것인가를 생각해 보라. 참으로 우리는 지식보다도 습관에 의해서 이런 일이 이상하게 보이지 않는다는 것을 알게 될 것이다.

> 하도 보아 싫증이 나서 이제는 어느 누구도
> 빛나는 창공을 쳐다볼 생각도 않는다. (루크레티우스)

그리고 이런 사물들을 처음으로 우리에게 보여 주었더라면, 우리는 다른 어느 것만큼이나 또는 그보다 더 이런 일이 믿을 수 없이 보였을 것이다.

> 이제 이 사물이 처음으로 인간들 앞에 나타나서
> 마치 그것이 갑자기 그들 눈앞에 놓였다고 상상하라.
> 이보다 더 기적에 비할 만한 일이 있을까?
> 그것을 보기 전에는 상상도 못 했을 일이다. (루크레티우스)

강물을 한 번도 본 일이 없는 자가 처음으로 강 앞에 나왔을 때, 그는 그것이 대양인 줄 알았다. 이와 같이 우리가 알고 있는 가장 큰 사물들은 그것이 자연이 만들어 낸 극한이라고 생각한다.

> 분명 큰 강이 아닐지라도
> 그보다 더 큰 것을 못 본 자에게는 크게 보인다.
> 한 나무와 한 인간을 두고도 그러하니, 모든 종류에게

> 각자가 본 가장 큰 것은 거대하게 보인다. (루크레티우스)

> 눈에 익혀 습관이 되면 우리 정신은 사물들과 친근해진다.
> 눈은 항상 보는 사물에 놀라지 않으며
> 그리고 그 원인을 탐구해 보지 않는다. (키케로)

우리는 사물들의 크기보다 그 새로움에서 원인을 찾아보고 싶어진다. 대자연의 무한한 힘은 더한층 존경심을 가지고, 또 우리가 무식하고 허약하다는 인식을 가지고 판단해야 한다. 믿을 만한 사람이 증명한 것으로서, 진실일 듯싶지 않은 사물들이 얼마나 많은가. 그런 것을 믿지 못하겠거든, 적어도 판단을 유예해 두어야 한다. 왜냐하면 그런 일을 불가능하다고 결단을 내리는 것은 당돌한 자부심이며, 가능성의 한계가 얼마나 되는지 알고 있다고 잘난 체하는 것이다. 불가능과 범상치 않음 사이의 차이, 그리고 자연의 흐름이라는 질서에 반대되는 것과 일반 사람들의 의견에 반대되는 것 사이의 차이를 충분히 이해한다면, 또 경솔하게 믿지 않고 쉽사리 믿지 않지도 않는다면, 사람들은 킬론이 권장하는 '아무것도 지나치지 않게'라는 규칙을 지키게 될 것이다.

프로아사르의 작품에서 장 드 카스티유 왕이 쥬베로트에서 패배한 것을 그 일이 있은 다음 날에 드 포아 백작이 베아른에서 알았다고 한다. 그것을 알게 되었다고 말하는 내력을 읽어 보면, 우리는 그런 말을 비웃을 수도 있다. 그리고 우리 《연대기》(1223년 니콜르 질르의 것)가 말하는 바, 교황 호노리우스가 필리프 오귀스트왕이 망트에서 죽던 바로 그날, 그의 장례식을 거행하게 하고, 이탈리아 전국에 추도식을 올리라고 통고했다는 이야기도 그렇다. 왜냐하면 이런 이야기의 진위에 관한 신빙성은 우리들을 믿게 할 만한 권위가 없다. 그러나 어찌 하나? 플루타르크는, 그가 고대에 관해서 들었다는 여러 예는 그만두고, 도미티아누스 황제 때 안토니우스가 독일에서 패전한 소식이 바로 패전한 그날 로마에서 공포되고 온 세상에 전파되었다는 것을 며칠 뒤에 확인한 소식으로 들었다고 말하고, 카이사르가 소문이 사건보다 먼저 도달하는 일이 있었다고 주장한다면, 우리는 이런 단순한 사람들이 우리만큼 통찰력이 없어서 속인들을 따라 속아 넘어갔다고 말해야 할 일인가? 그리고 플리니우스가 머리를 쓸 때 그의 판단보다 더 미묘하고 명료하고 새로운 것이 있단 말인가? 그보다 더 경솔함과 인연이 먼 일이 있단 말인가? 내가 그렇게 평가하지 않는 그 지식의 탁월성은 제쳐두고라도, 이 두 가지 소질들 중의 어느 부문에서 우리가 그보다 우수하다고 할 수 있을 것인가? 그러나 아무리 어린 학생이라도 자신에 관한 학문의 발전을 두고, 그의 말이 거짓이라고 설복하며 강의해 보려고 하지 못할 자는 없다.

부셰의 책에서 우리는 생 틸레르 유해의 기적을 읽어 보고는 그냥 넘겨 둔다. 그는 우리가 그의 말에 반박하려는 자유를 포기할 만큼 신뢰를 받고 있지는 않다. 그러나 단적으로 이와 비슷한 이야기를 모두 부인한다는 것은 확실히 건방지다고 본다. 저 위대한 성 아우구스티누스는, 밀라노에서 성 제르베즈와 성 프로타시우스의 유골로 한 눈먼 어린애가 시력을 회복했고, 카르타고에서는 새로 영세받은 한 여자가 성호를 그어 주어서 위암이 나았고, 자기 친척인 헤스페리우스는 우리 주의 무덤에서 조금 가져온 흙으로, 그때까지 자기 집에 해를 끼치던 귀신들을 쫓아냈고, 이 흙을 다음에 교회로 가져가 한 중풍환자가 그것으로 바로 병이 나았고, 어떤 여인은 한 행렬에서 꽃다발로 성 스테파누스의 성합(聖盒)을 건드리고 이 꽃다발로 눈을 비비니까 그때까지 잃었던 시력이 회복되는 것을 보았다고 증언하며, 다른 기적들이 일어난 여러 곳에 자신이 참석했었다고 말한다. 어떻게 우리는 그와 그가 증인으로 부르는 거룩한 호렐리우스와 막시미누스 주교님 두 분을 비난할 수 있을 것인가? 무지하다고 할 것인가, 단순하다고 할 것인가, 잘 속는다고 할 것인가, 또는 악의를 가졌거나 사기할 마음이 있었다고 할 것인가? 우리 세기에서 도덕이나 신앙심, 지식, 판단력, 자부심으로 그들과 비교할 수 있다고 생각할 만큼 뻔뻔한 사람이 있을까? "그들이 아무 이치에 맞지 않는 말을 한다 해도, 그들은 자신의 권위만로도 우리를 설복할 것이다."(키케로)

우리가 생각해 볼 수 없는 것을 경멸하는 것은, 어리석은 당돌함을 품을 뿐더러 위험하고 중대한 결과를 이끄는 분수 넘친 월권이다. 왜냐하면 그대의 훌륭한 이해력에 따라서 내가 진리와 허위의 한계를 세우고 나서, 그대가 부인하는 것보다도 더한층 괴이한 일들도 필연적으로 믿어야 하는 일이 생기면, 그대는 벌써 그대가 세운 이 한계들을 버리지 않을 수 없기 때문이다.

그런데 우리가 현재 처해 있는 이 종교의 반란에서 우리 양심에 그토록 심한 혼란을 가져오는 것으로 보이는 일은, 가톨릭교도들이 그들 신앙 일부를 면제하는 일이다. 그들은 논쟁의 초점이 된 조목 중 몇 가지를 적에게 넘겨주며, 자기들은 절도 있고 이해력이 있다고 생각하는 것 같다. 그러나 그 밖에도 적에게 양보하고 뒤로 물러나는 것이 자기를 공격하는 자에게 얼마나 유리하게 해 주는 일인가를 보자. 그것이 얼마나 적이 공격을 속행하는 데 활기를 주는 것인가 말고도, 그들이 가장 가벼운 일로 택하는 이런 조항은 가끔 중대한 결과를 초래하는 것이다. 우리는 완전히 교회 정책의 권위에 순종하든지, 그렇지 않으면 완전히 이탈해야 한다. 우리 교회에 어느 정도로 복종해야 할 것인가를 결정하는 것은 우리가 할 일이 아니다.

그뿐더러 나는 이것을 경험했으니 말할 수 있다. 전자에 내가 개인적으로 택하고 골라내는 자유를 가지고 우리 교회가 명하는 바를 지키는 데 좀 헛되고 괴상하게 보이는 어느 부분을 허술히 하다가, 이 말을 어느 학자에게 상의해 보았는데, 그때 나는 이런 일이 거창하고도 대단히 견고한 근거를 가졌고, 또 그런 점을 다른 것보다 덜 존경하며 받아들이는 일은 우리가 어리석고 무지한 탓임을 알았다. 어째서 우리는 우리의 판단 자체에서 느끼는 모순된 점을 생각해 보지 않는가?

어제까지 신앙의 사항으로 삼던 사물이 얼마나 많이 오늘은 헛된 이야기로 되는가? 오만과 호기심은 우리 마음에 대한 두 가지 천벌이다. 호기심은 우리들이 무슨 일이건 참견하려 하게 하고, 오만은 우리에게 아무것도 결정하지 않고 확실하지 않은 채 두지 못하게 한다.

28
우정에 대하여

나는 집에 데리고 있는 화가가 일하는 경과를 보고 있다가 그를 본뜨고 싶은 생각이 났다.

그는 벽면 하나하나의 한복판 가장 좋은 자리를 택해 온 역량을 기울여 그림을 그려 놓는다. 그리고 주위의 빈자리는 괴상한 것, 잡다하고 괴이할 뿐 우아한 빛이라고는 없는 광상적인 그림으로 채워 넣는다. 그런데 실은 나의 모든 일들이 역시 아무렇게나, 질서도 맥락도 조화도 없이 뚜렷한 형태도 갖지 못하고, 여러 가지 조각들을 붙여 놓은 괴기하고도 우스꽝스러운 덩어리 외에 무어란 말인가?

　　상체는 미녀인데 하체는 물고기로 끝난다.　　　　　　(호라티우스)

　나는 둘째 부분에서는 이 화가를 따라서 해 본다. 그러나 첫 번의 다른 더 나은 부분에는 따라가지 못한다. 왜냐하면 내 능력은 예술적으로 꾸며진 풍부하고 매끈한 그림을 감히 시도해 볼 만큼 능숙하지 못하기 때문이다. 나는 이 글의 나머지를 빛내 줄 에티엔 드 라 보에티에게서 묘사 하나를 빌려 올 생각이 났다. 그것은 그가 《임의의 예속》(1576년에 신교도들이 이 작품을 불온한 팸플릿 속에 끼워서 출판했다)이라고 제명한 논문이다. 그러나 모르는 자들은 이 작품을 더 적당하게 《반전제론(反專制論)》이라고 명명했다. 그는 폭군에 대한 자유의 옹호를 위해 이것을 논문 형식으로 썼다.
　이 논문은 오래전부터 이해력 있는 사람들에게 읽히고 있는데, 마땅히 권장할 가치가 대단히 높은 문장이다. 왜냐하면 이것은 훌륭하고 속이 찬 작품이기 때문이다.
　하지만 이것이 그가 할 수 있는 최선의 작품이 아닌 것은 말할 나위도 없다. 그리고 더 나이 들어서, 내가 그를 알게 된 연대에 내가 하는 것과 같은 의도를 가지고 그의 머리에 떠도는 생각을 글로 써 둘 생각이 났더라면, 그는 귀중한 작품들을 많이 남겨서 우리를 고대의 영광에 더 접근시켜 줄 수 있었을 것이다. 왜냐하면 특히 본성의 소질에 관한 부문에서 나는 그에 비길 만한 사람을 알지 못하기 때문이다. 그러나 그가 써 놓은 것으로는 이 논문밖에 남지 않았으며, 그것도 우연히 된 일이고, 그는 이것이 그의 손에서 사라진 이후 이를 다시는 보지 못했으리라고 생각한다. 그리고 또 하나, 우리 내란 때문에 유명해진 《정월 칙령》(1562년 정월에 내린 관용의 칙령)에 관한 비망록 몇 편이 있는데, 이것은 아마 다른 사람의 손에 의해 그 진가를 빛내고 있을 것이다. 이것이 내가 그의 유작으로 찾아낼 수 있었던 전부이다. 그는 운명할 때, 애정에 찬 유언은 물론 그의 유서에서, 내가 출판한 그의 작품 소책자 말고도 나를 그의 장서와 서류의 상속자로 지정해 주었던 것이다.

그리고 이 작품은 우리가 처음 알게 된 인연을 맺어 주었기 때문에, 나는 여기에 그만큼 더 특별한 애착을 느낀다. 왜냐하면 그를 만나기 오래전에 이 작품을 읽어 보고 처음으로 그의 이름을 알았기 때문이다. 또 하느님이 원하시는 동안 우리는 일찍이 이와 같이 완전한 것은 책에도 나온 일이 없고 인간들 사이에 실천되어 본 자취가 없는 우정을 가꾸도록 했기 때문이다. 이런 우정을 이루기에는 많은 사람들이 서로 만나 보아야 하며, 이런 행운은 3세기 동안에 한 번 이루어질까말까 한 희귀한 우정이었다.

본성이 우리를 사교성보다 다른 방향으로 가게 하는 것으로 보이는 일은 없다. 아리스토텔레스는 우수한 입법자들은 정의보다도 우정을 더 가꾸었다고 했다. 그런데 우정의 마지막 완성점은 이러하다. 왜냐하면 대개 탐락이나 이익, 공적으로나 사적인 필요성으로 가꾸는 모든 우정은 그 때문에 우정 자체보다도 다른 원인이나 목적과 보상을 우정에 혼합하기 때문에, 그만큼 아름답지도 너그럽지도 않으며, 그만큼 우정답지도 못하다.

옛날 것으로 자연적·사교적·주객 인연적(主客因緣的)·성적(性的)인 이 네 가지 교제는 따로 떼어서건 한데 합쳐서건, 이 말에는 일치하지 않는다.

어린애들의 부친에 대한 마음은 존경심에 가깝다. 우정은 의사소통으로 가꾸어지는 것인 바, 그들 사이에는 차이가 너무 심해서 우정은 있을 수 없으며, 아마도 그것은 자연의 의무에 위배될 것이다. 왜냐하면 부친이 가진 비밀스러운 생각들을 자녀에게 터놓고 전달하는 것은 격에 맞지 않는 친밀성이며, 우정의 일차적인 봉사 가운데 하나인 잘못을 나무라고 바로잡는 일은 자녀들이 부친에게 행사할 수 없는 일이다. 어느 나라에서는 관습으로, 그들 사이에 일어날 수 있는 장해를 피하기 위해서 아들이 아비를 죽이고, 다른 데서는 아비가 아들을 죽였다. 그래서 당연한 일로 한 편이 잘 되려면 다른 편이 없어져야만 했다. 철학자 중에는 이 자연적인 결연을 경멸하는 자도 있었으니, 아리스티포스가 그런 예이다. 어느 때 사람이 그에게, 자식은 그에게서 나왔으니 자식에게 애정을 가져야 한다고 했다. 그랬더니 그는 침을 탁 뱉으며 "이것도 자기에게서 나왔다. 이와 벌레들도 사람에게서 나온다"고 했다. 그리고 또 어떤 이는 플루타르크가 그의 형제와 화해시키려고 하자, "같은 구멍으로 나왔다고 해서, 나는 그를 크게 존중하지 않는다"고 말했다.

형제라는 이름은 자애에 찬 아름다운 이름으로, 그런 이유에서 그와 나는 형제의 결맹을 맺었다. 그러나 재산의 혼합과 분배, 그리고 하나가 부유하려면 하나는 빈한하게 된다는 사정은 형제간의 맺음을 놀라울 만큼 약화시키고 풀어지게 한다. 형제들은 한 길과 한 줄을 타서 앞길을 개척해 나가야 하기 때문에, 서로 밀어젖히고 충돌하지 않을 수 없다.

하물며 그들 사이에 이런 진실하고 완벽한 우정이 나오게 되는 의기 투합과 친분이 생길 수 있는 일인가? 부친과 아들은 기질이 심하게 다를 수 있으며, 형제간도 그렇다. 이자는 내 아들, 이자는 내 친척이다. 그러나 그는 사귀기 힘든 자이거나 악한이거나 등신이다. 그리고 이들 사이의 관계는 자연의 법칙과 의무가 명령하는 우정인 정도로, 우리의 선택이나 자유의사의 요소가 더 희박해진다. 대체로 우리의 자유의사는 애정과 우정을 생산하는 것보다 더한 자기 고유의 생산을 갖지 못한다. 그렇다고 나는 이런 친척 관계에 있을 수 있는 가장 아름다운 애정을 경험해 보지 않은 건 아니다. 더욱이 내 부친은 노령에 이르기까지 세상에 있던 부친 중 가장 훌륭한 부친으로 대단히 관대했으며, 부자 윗사람으로 유명한 가문에서 났고, 또 형제간의 우애라는 점에서 모범적이었다.

> 그리고 내 자신
> 내 동생들에 대한 아버지 같은 애정으로 알려졌다. (호라티우스)

여기 여자에 대한 우정을 비교해 보면, 우리의 선택에서 나오지만, 그것을 우정의 범주에 넣을 수는 없다.

> 사랑의 근심에 쓰디쓴 감미를 섞는 여신도
> 나를 모르는 바 아니로되 (카툴루스)

더 활발하고 태우는 듯 더욱 격렬하다. 그러나 이것은 절도가 없고 경박하고 동요하는 잡다한 불꽃이며, 작열하다가 수그러지기 쉽고, 우리의 한구석밖에 잡지 못하는 열병의 불꽃이다. 우정은 전반적이고 보편적이며, 그러면서도 절제 있고 고른 열이고, 견고하고도 침착한 열이며, 거기에는 거칠고 찌르는 것이 없이 아주 보드랍고 매끈한 심정이다. 더욱이 사랑의 열은 우리에게 빠져 달아나는 것을 잡으려고 뒤쫓는 강제된 정욕이 있을 뿐이다.

> 수렵자는 추위와 더위에도
> 산으로 계곡으로 산토끼를 쫓아간다.
> 그는 포획한 것은 이미 거들떠볼 생각이 없고
> 달아나는 짐승에게만 욕망이 생긴다.　　　　　(아리오스토)

사랑은 우정의 경계, 다시 말하여 의지들의 화합으로 들어가게 되면 바로 사라지며 수그러진다. 거기는 육체라는 목표가 있고, 포만에 빠지는 성질이 있기 때문에, 사랑은 향락에 의해서 소멸된다. 우정은 그 반대로 정신적이며 그 실천으로 마음이 세련되기 때문에 욕구함에 따라서 기쁨이 오며, 오직 그 향락에 의해서만 일어나고 가꾸어지고 성장한다. 나는 한때 이 완벽한 우정의 지배를 받고 있는 동안에 이런 경박한 애정이 내 속에 자리를 차지한 일이 있었다. 내 친구(라 보에티를 말함)는 자기 시에 이런 심정을 너무 많이 고백하고 있으니, 그의 일은 말할 것도 없다. 그리하여 이 두 가지 정열들은 내 속에 들어와서 서로 알고 지내게 되었으나 결코 비교될 거리는 아니었다. 우정은 고매하고 숭고한 비상으로 그 향하는 길을 유지하며, 사랑이 멀리 저 아래 길을 뚫고 가는 것을 경멸하며 내려다보고 있다.

결혼으로 말하면, 그것은 들어갈 때가 자유로운 흥정일 뿐인 것 말고도 (그것은 속박과 강제에 의해서 지속되며, 우리의 의사보다는 바른 곳에 매여 있는 것이다) 보통 다른 목적으로 이루어지는 흥정이기 때문에, 거기는 새로운 애정의 줄을 끊고 애정의 흐름을 혼탁시키기에 족한 수많은 외부적 사정이 뒤섞여 있어 이런 것을 풀어 나가야 한다. 그런데 우정에는 그 자체밖에는 아무런 일도 흥정도 없다. 그뿐만 아니라 진실을 말하자면, 여자들의 일반적 능력은 이 거룩한 결연을 가꾸어 가는 화합과 친교에 적합한 소질이 아니며, 그녀들의 심령은 이 밀착해서 지속되는 결연의 포옹을 지탱해 갈 만큼 충분히 단단한 것 같지도 않다. 그리고 사실 남녀 간의 애정이 그렇지 않고, 마음이 완전한 향락을 가질 뿐 아니라 신체도 그 결합에 참여하며, 인간이 전적으로 매이는 자유롭고 임의적인 친교가 설 수 있다면, 우정은 그 때문에 더욱 충만하고 완벽하게 될 것이 확실하다. 그러나 여성들은 어떤 예를 가지고도 아직 거기 도달해 본 일이 없다. 그리고 옛날의 학파들은 전반적으로 여성을 우정에서 제외하는 데 의견이 일치한다.

그리고 그리스의 이 다른 방자한 풍습(동성애를 말함)은 우리 풍속에 의해 정당하게 혐오되고 기피되고 있다. 그뿐더러 이 결연은 그들의 습관에 따라 애인들 사이에 필연적으로 나이의 차가 심하고 봉사하는 성질이 다르기 때문에, 여기서는 우리가 요구하는 우정의 조건인 완전한 결합과 조화를 충분히 성취시키지 못할 것이다. "사실 이 우정의 사랑은 무엇인가? 어째서 그것은 못생긴 청년에게도 잘난 노년에게도 결부되지 않는가?"(키케로) 아카데미아(플라톤의 학교)가 그것을 그려 보이는 묘사 자체도 내가 생각하는 바를 뒤집지는 않을 것이라고 생각한다. 즉, 비너스의 아들이 어린 청춘의 꽃다운 모습을 하고 애인의 마음에 일으켜 주는 초기의 미친 듯한 열정에는, 절도 없는 정열이 일으킬 수 있는 당돌한 미치광이 같은 태도가 섞여 있지만, 그것은 단지 육체적으로 그릇된 영상인 외형의 미에 근거를 두고 있었다. 왜냐하면 정신은 지금 겨우 돋아나는 상태에 있으며 싹이 틀 나이가 되기 전이고, 정신의 모습은 가리워져 있기 때문에 그 우정은 정신에 작용하지 못하는 것이었다. 이 미친 듯한 열정에 잡힌 자가 천한 마음을 가졌다면, 그가 사랑을 추구하는 방법은 재산·선물·직위·승진에 관한 은혜, 기타 이런 따위, 대개 사람들에게 비난받는 천한 대가로 흥정하는 것이었다. 만일 더 너그럽고 후덕한 용덕을 가진 자에게 이러한 정열이 찾아오면, 그 방법은 철학적 교양과 종교를 숭앙하는 훈육, 법률의 준수, 조국을 위한 살신 보국, 용감성의 본보기, 예지, 정의감 등 그 사귐은 더 고상한 방법을 쓰게 되며, 이미 신체의 미가 퇴색된 다음에도 그의 심령이 우아하고 아름다움으로 애인에게 용납될 수 있도록 노력하며, 이런 정신적 교제로 더 견고하고 지속적인 관계가 세워지기를 희구하는 것이다.

이러한 추구가 철맞춰 성과를 얻게 될 때에는(왜냐하면 그들은 사랑하는 자에게는 여유 있는 시간과 신중한 사려를 이 추구에 사용하기를 요구하지 않으나 사랑받는 자에게는 이것을 엄격하게 요구한다. 그는 이 알기 어렵고 가리워져서 잘 발견되지 않는 내적인 미를 판단해야 되기 때문이다), 그때는 사랑받는 자에게 한 정신적 미의 중개로 정신적 상념의 욕망이 생겨나는 것이었다. 이것이 여기서의 중요한 요소였다. 육체적 사랑은 우발적인 제2차적 요소였다. 그것은 사랑하는 자와는 정반대였다. 이런 이유에서 그들은 사랑받는 자를 더 애중한다.

그리고 제신들도 그편을 중시한다고 증명하며, 시인 아이스퀼로스가 아킬레우스와 파트로클레스의 사랑에서, 그리스에서도 가장 미남자이며 그때 청년 초기의 새파란 나이에 있던 아킬레우스에게 사랑하는 자의 역할을 맡긴 것을 심하게 책망하고 있다.

이러한 친교가 세워진 다음에는 더 강조되고 품위 있는 부분이 그 기능을 발휘하며 우세하기 때문에, 거기서 사적으로나 공적으로나 대단히 유익한 결과가 이루어졌다고 그들은 말한다. 그리고 이러한 우정은 그 실천이 용납되는 나라들의 힘이 되며, 여기서 평등과 자유 수호의 주요한 힘이 솟아났다고 한다. 그 증거로 하르모디오스와 아리스토게이톤의 건전한 사랑을 볼 수 있다. 그 때문에 그들은 이 사랑을 신성하고 거룩하다고 본다. 그들 생각으로는 폭군들의 포학과 시민의 비굴성만이 그들의 적이다. 아무튼 아카데미아를 칭송해 말할 수 있는 것은 거기서 실천되던 이런 사랑이 우정으로 끝맺던 일이었으며, 그것은 스토아학파의 사랑의 정의와도 어지간히 부합되는 일이었다. "사랑은 미모에 끌려서 우정을 조절하려는 시도이다"(키케로)를 나는 더 공평하고 정당한 종류의 우정으로 묘사해 보련다. "인간은 나이 들어 성격이 형성되어 굳어진 후가 아니면 우정에 관해서 충분히 판단할 수 없다."(키케로)

대체로 보통 친우 또는 우정이라 부르는 것은 어느 기회에 편의상 맺어져서 우리 마음이 서로 사귀는 친교와 친밀성에 불과하다. 내가 말하는 우정에서는 마음이 아주 보편적인 혼합으로 뒤섞여 융합되기 때문에, 그들을 맺는 매듭이 지어져서 알아볼 수 없게 된다. 누가 내게 왜 그를 사랑하느냐고 물어본다면, 나는 그것을 표현할 수 없음을 느낀다. 다만 '그가 그였고, 내가 나였기 때문'이라고밖에는 대답할 길이 없다.

여기에는 나의 모든 사유를 넘어서, 내가 개인적으로 말할 수 있는 것을 넘어서, 이 결합의 매체를 무엇이라고 설명할 수 없는 운명적인 힘이 있다. 우리는 서로 사람됨을 풍문으로 듣고 있었던 인연으로써, 그것은 풍문으로 들었다는 이유가 지니는 것보다 더한 힘이 우리 마음에 작용함으로써, 아마도 하느님이 정해 주신 바에 의해서 만나기 전부터 서로 찾고 있었다는 것을 나는 믿고 있다. 우리들은 이름으로 서로 포옹하고 있었다. 그리고 우리가 처음 만난 것은 우연히도 시내의 어느 큰 연회석에서 많은 사람들이 함께 있던 자리에서의 일인데, 너무나 온전히 마음이 맺어지며 서로 잘 알고 있고 서로 마음을 써주는 사이가 되어서, 그때부터 세상에 우리 둘 보다 더 가까운 사이가 없었을 정도였다. 그는 훌륭한 라틴어 풍자시를 하나 지었다. 그것은 출판되었다.

여기서 그는 우리의 이해가 그렇게도 급격하게 완벽에 도달한 것을 설명하며 그 빠른 내력을 밝히고 있다. 이 우정의 기간은 너무나 짧아야 했다. 시작이 그렇게 늦었기 때문이다. 우리는 다 성인이 되었고, 그의 나이가 몇 살 더 했으니, 시간을 낭비할 여유도 없었으며, 다른 우정들처럼 그전에 오래 두고 교섭을 가져 조심하면서 상대하고, 미리 교제하다가 이루어지는 정상적인 유약한 우정의 본을 따를 것도 없었다. 이 우정은 그 자체밖에 다른 생각이 없었고, 그 자체밖에 인연 지을 수 없었다. 그것은 특별한 하나의 고려도, 둘, 셋, 넷, 천의 고려도 아니었다. 그것은 무엇인지 모르는 이 모든 것을 혼합한 정수였으며, 내 모든 의지를 사로잡아서 그의 의지 속에 몰입시켜 지워 버렸고, 그의 모든 의지를 사로잡아서 하나의 갈망으로 똑같은 경쟁에서 내 의지 속에 몰입시켜 지워 버렸던 것이다. 지워 버렸다고 말했지만, 실은 우리 자신의 것이라고는, 또 그의 것도 나의 것도 남긴 것이 없었다.

로마의 집정관들이 티베리우스 그라쿠스에 대해 선고를 내리고, 그와 내통하던 자들을 소추하고 있던 자리에서, 라엘리우스가 카이우스 블로시우스(그는 그라쿠스의 친구들 중의 으뜸이었다)에게, 그가 그라쿠스를 위해서 무슨 일을 하겠느냐고 심문하게 되었을 때, 그는 "모든 일을" 하고 대답했다. "뭐? 모든 일? 그래, 그가 그대에게 우리 사원에 불을 지르라고 했다면?" 하고 이어 말하니, "그는 결코 그런 일을 요구하지 않았을 것이오"라고 블로시우스는 대꾸했다. "그러나 했다면?" 하고 라엘리우스가 말하니, "복종했을 것이오"라고 그는 대답했다. 역사에서 말하듯, 그가 그렇게도 완벽하게 그라쿠스의 친구였다면 그는 이 마지막의 과감한 고백으로 집정관들을 모욕할 필요가 없었을 것이며, 그가 그라쿠스의 의지에 대해서 가진 확신을 버려서는 안 될 일이었다.

그렇지만 이 대답을 도발적이라고 비난하는 자들은 우정의 신비를 이해하지 못하고, 블로시우스가 현실대로 우정의 힘과 이해에 의해서 그라쿠스의 의지를 소매로 잡고 있었다는 것을 짐작하지 못한 것이다. 그들은 시민이기보다 더한 친우였고, 자기 나라의 친구나 적이라기보다도, 야심이나 반란의 친구라기보다 더한 친우였다. 서로가 완전히 마음을 맡겼기 때문에 그들은 완전히 상대편 의향의 고삐를 잡고 있었던 것이다. 그리고 이성의 힘과 지도에 의해서 이 질마를 몰게 되어 있기 때문에(그리고 그것 없이 이 우정을 멍에지울 수 없었을 것이니), 블로시우스의 대답은 당연히 했어야 할 대답이었다. 만일 그들의 행동이 서로 어긋났던들, 그들은 내가 말하는 척도에 의한 친우가 아니었으며, 그들 자신에게도 친우가 아니었을 것이다.

그뿐더러 이 대답은, 누가 나에게 "만일 당신의 의지가 당신 딸을 죽이라고 명령한다면 그렇게 하겠소?" 하고 묻는 말에 내가 동의했으리라는 대답이나 다름없이 진실처럼 들리지 않는다. 왜냐하면 나는 내 의지에 대해서, 그리고 친우의 의지에 대해서 똑같이 의심을 품을 여지가 없는 까닭에, 이것은 조금도 그런 행동을 하는 데 동의한다는 증명이 되지 않기 때문이다. 이 세상의 어떠한 변론의 힘을 가지고도 내 친우의 의향과 판단력에 대해 가진 내 확신을 버리게 할 수는 없다. 그의 행동이 어떠한 모양으로 보여도, 그 동기를 알아보지 못할 것도 없다. 우리의 심령은 너무나 하나로 뭉쳐 있고 너무나 열렬한 애정으로 각자의 오장육부까지 서로 드러내 놓은 똑같은 애정으로 서로 살펴 주고 있기 때문에, 나는 그의 마음을 내 것같이 알고 있을 뿐 아니라, 내 일에 나를 믿기보다도 확실히 그를 더 기꺼이 믿어 주었을 것이다.

다른 대수롭지 않은 우정들 따위는 우리의 우정과 같은 계열에 넣지 말 일이다. 나는 어느 누구보다도 우정에 관해서, 그리고 그 종류의 가장 완벽한 것도 잘 알고 있으나, 이 두 가지 우정의 규칙을 혼동하라고 충고하지는 않는다. 거기에는 오해가 생길 것이다. 이런 다른 우정에서는 고삐를 손에 잡고 조심하고 주의해서 나가지 않으면 안 된다. 그 결합은 서로 믿지 못할 일이 아무것도 없도록 맺어져 있는 것은 아니다.

"어느 날 그를 미워할 것같이 그를 사랑하라. 어느 날 그를 사랑해야 할 것이라고 생각하며, 그를 미워하라"고 킬론은 말했다. 주장되고 있는 최고의 우정에 너무나 가증하게 울리는 이 교훈은 보통 흔히 있는 우정의 실천에서는 건전한 생각이지만, 이런 경우에는 아리스토텔레스가 종종 이야기하던 "오, 내 친구들이여, 친구란 없다"라는 말을 적용해야 할 일이다.

이런 고상한 교제에서는, 다른 우정들을 가꾸어 내는 봉사와 혜택 따위는 고려할 가치가 없다. 우리 의지의 그러한 충만한 혼동이 그 이유이다. 왜냐하면 내가 자신에 대해서 가진 우정은 스토아학파들이 무슨 말을 하건 내가 필요할 때 자신에게 주는 도움 때문에 증가하지도 않고, 내가 자신에게 해 주는 봉사에 아무 감사도 느끼지 않는 것과 마찬가지로 이러한 친우들의 결합은 완전하기 때문이다. 이 우정은 그들 사이에 이러한 의무의 관념을 없애고 은혜·의무·감사·간청·치사 따위의 분리와 차별을 의미하는 말을 쓰기를 혐오하고 배척하게 한다. 사실 그들 사이에는 의지·사색·판단·재산·여자·어린애·명예·생명 등 모두가 공통이며, 그들의 화합은 아리스토텔레스의 극히 정당한 정의에 의하면, 한 심령이 두 육체에 있는 것인 까닭에 서로 무엇을 빈다든가 준다든가 할 수가 없다. 그 때문에 법을 만드는 자들이 결혼에 이 거룩한 결합과의 상상적 유사성으로 명예를 주기 위해서 남편과 아내 사이에 증여 행위를 금지하고 있는 것은, 모든 것이 각자의 것이 되며 둘이 아무것도 쪼개 갖거나 떼어 갖지 못하게 하려고 하는 것이다.

내가 말하는 우정에는 만일 한 편이 다른 편에게 무엇을 주는 수가 있다면 그것을 받아 주는 일은 은혜가 되고, 그의 동무에게 감사의 마음을 지울 것이다. 왜냐하면 각자가 무엇보다도 상대편에 더 좋은 일을 해 주고 싶어 하는 터이니, 그런 재료와 기회를 대어 주는 자가 자기 친우에게 그가 가장 바라는 일을 대신 해주며 그에게 만족을 주는 너그럽고 후덕한 일을 한 것이 된다. 철학자 디오게네스는 돈이 떨어졌을 때, 친구들에게 달라고 하지 않고 돌려달라고 했다. 그리고 이런 일이 실행되는 실상을 보여 주려고 나는 여기 옛날의 기특한 예를 하나 들어 보겠다.

코린트인 에우다미다스에게는 시키온인 카리크세노스와 코린트인 아레테우스라는 두 친우가 있었다. 자기는 가난한 처지로 죽어 가고, 그의 친우들은 부유하니, 그는 이렇게 그의 유언을 작성했다. "나는 아레테우스에게 내 모친을 봉양하고 그 노후를 보살펴 줄 일을 상속한다. 카리크세노스에게는 내 딸을 결혼시키고, 그의 힘닿는 한의 지참금을 줄 것을 상속한다. 그리고 그중에 하나가 죽게 될 때에는, 살아 남은 자에게 이 권리를 대행시킨다." 이 유서를 처음 본 자들은 이를 비웃었다.

그러나 그 피상속자들은 그 말을 듣고 만족을 느끼며 수락했다. 그러다가 그중의 하나 카리크세노스가 닷새 뒤에 죽자, 그것을 대행하는 권리가 아레테우스에게 돌아가니, 그는 이 모친을 잘 보살펴 봉양하고, 자기 재산으로 가졌던 5탈렌트 중에서 2탈렌트 반은 자기 외딸에게 주고 나머지 2탈렌트 반은 에우다미다스의 딸에게 주며, 같은 날 결혼식을 올리게 했다.

이 예는 한 조건, 즉 친구가 여럿이 있다는 조건을 제하고는 완전하다. 왜냐하면 내가 말하는 완벽한 우정은 불가분이기 때문이다. 각자는 자기 전체를 친우에게 맡기는 까닭에, 다른 데 분배해 줄 거리가 없다. 그 반면에 그는 자기가 둘, 셋, 넷이 있지 못하고 여러 심령과 여러 의지를 갖지 못해서, 이 모두를 이 한 대상에 넘겨줄 수 없는 것이 한이 된다.

일반의 우정들은 분할될 수 있다. 이 사람에게는 미모를 사랑하고, 저 사람에게는 그 허물없음을, 또 다른 자에게는 너그럽고 후덕함, 저 사람에게는 친척됨을, 또 다른 사람은 형제니까 라는 식으로 사랑하는 방향이 다를 수 있으나, 우정은 심령을 소유하여 으뜸가는 권리를 가지고 지배하는 만큼 그것이 이중으로 되기는 불가능하다. 만일 둘이 동시에 구원을 청한다면 어디로 향해 갈 것인가? 만일 그들이 그대에게 반대되는 봉사를 요구하면, 어느 것을 명령으로 받아야 할 것인가? 만일 한 사람은 알고 싶어 하는 것을 다른 사람은 비밀로 붙여 달라고 한다면, 어떻게 이 일을 해결할 것인가? 유일하며 주체되는 우정은 다른 모든 의무를 면제해 준다. 아무에게도 밝히지 않겠다고 네가 맹세한 비밀. 나와 다른 자가 아닌 그자에게는 맹세를 어김없이 알려줄 수가 있다. 그는 나다. 자기가 이중으로 된다는 것은 하나의 큰 기적이다. 자기를 삼중으로 한다고 말하는 자는 이 우정의 높이를 이해하지 못한다. 대등한 것이 있는 절정이란 있을 수 없다. 그리고 그들 중에 내가 어느 편이나 똑같이 사랑하고, 그들도 내가 사랑하는 것만큼 서로 사랑하고 나를 사랑한다고 예상하는 자는, 가장 유일하고 안일한 것으로 되어 있으며, 단 하나라도 이 세상에서 가장 찾아보기 힘드는 일인데, 이런 우정을 조합으로 여럿을 만드는 것이다.

이 이야기의 다른 부분은 내가 말하던 것에 아주 잘 들어맞는다. 왜냐하면 에우다미다스는 자기 친우들을 자기가 필요한 대로 이용하는 것을 그들에게 은혜를 베푸는 것과 혜택을 주는 일로 삼기 때문이다. 그는 그들을 자기의 관대함과 후덕함의 피상속자로 삼는다. 관대하고 후덕하다는 것은 자기에게 혜택을 줄 방법을 주는 일이다.

그리고 우정의 힘은 아레테우스에서보다도 그에게서 더 풍부하게 나타난다. 이것은 우정을 맛보지 않은 자들에게는 상상할 수 없는 행동이다. 그리고 이 때문에 나는 한 젊은 병사가 키루스에게 한 대답을 훌륭한 대답이라고 칭찬한다. 키루스가 그 병사에게 경기에서 승리한 말을 얼마 주면 팔겠느냐고, 왕국을 주면 그 말과 바꾸겠냐고 물어보자, "못합지요, 전하. 그러나 내가 친우로 맺을 수 있는 사람을 하나 발견 한다면 친우를 얻기 위해서 이것을 내놓겠습니다"라고 했다.

그는 '내가 하나 발견한다면'이라고 제대로 말했다. 왜냐하면 아무라도 피상적으로 사귀기에 적당한 사람은 쉽게 찾아내는 것이다. 그러나 마음 속속들이 터놓고 행동하며, 서로 남겨 둔 것이 없는 우정에서는 진실로 행동의 모든 원천이 완벽하고 명료하고 확실해야만 할 일이다.

한끝으로밖에 매어 있지 않은 결맹에서는, 특히 이 한끝에 관계되는 불완전한 것만의 보충을 받을 뿐이다. 그리고 나와 나를 심기는 자들이 세우는 가족적인 친지 관계에서는 나도 같은 수작을 한다. 내 의사나 변호사의 종교가 무엇이건 내게는 상관이 없다. 이런 일은 그들이 내게 해 주어야 할 우정의 봉사와는 관련되는 점이 없다. 그리고 나와 나를 섬겨 주던 자들이 세우는 가족적인 친지 관계에서는 나도 그와 같이 한다. 나는 하인이 정숙한가는 그렇게 따져 보지 않는다. 그가 부지런하기만을 요구한다. 그리고 마부가 노름을 하건 잡짓을 하건, 내 요리사가 욕을 잘하건 무식하건 꺼리지 않는다. 나는 세상에서 해야 할 일은 어떻고 어떻다고 말참견하지 않는다(다른 사람들은 잘 참견한다). 나는 내가 하는 일만 참견한다.

> 나는 내 일을 이렇게 처리하오,
> 그대는 그대 일이 잘 되도록 행하오. (테렌티우스)

나는 식탁에서의 친밀성에는 신중성보다 재미를 결부시키고, 침대에서는 착한 것보다도 예쁜 것을, 토론의 자리에서는 정직성이 없더라도 능력을 결부시켜 본다. 다른 일에도 이와 같다.

막대기(막대기 말. 아게실라오스의 고사故事)를 말이라고 걸터타고 아이들과 함께 놀고 있다가 들킨 후, 이 꼴을 본 자에게 그도 자신이 아비가 되기까지 아무 말도 하지 않고 있다고 하면, 그때는 그의 마음속에 애정이 일어나서 이런 행동의 공평한 비판자가 되리라고 생각한 자와 같이, 나 역시 내가 말하는 것을 경험해 본 사람들에게 말해 보고 싶다. 그러나 이러한 우정이 흔히 있는 것과는 얼마나 인연이 먼 일이며, 얼마나 드문 일인가를 잘 알고 있으니, 나는 이에 대한 정당한 비판자를 찾아보리라고 기대하지 않는다. 왜냐하면 이 문제에 관해서 옛날부터 내려온 이야기도 내가 우정에 대해서 가진 심정에 비하면 느즈러진 것같이 꼬이기 때문이다. 그리고 이 점에서 그것은 철학의 교훈보다도 훨씬 더 훌륭하다.

> 내가 양식(良識)을 가진 한
> 좋은 친구와 비교될 것은 아무것도 없다. (호라티우스)

옛날 메난데르는 단지 친우의 그림자라도 만나 볼 수 있는 자는 행복한 자라고 말했다. 그것은 옳다. 그것이 경험에 의한 것이라면 그렇게 말할 만했다. 사실 내가 그다음의 일평생을 비교해 볼 때, 하느님 덕택에 내 일평생을 편안하고 순탄하게 보냈으며, 이러한 친우를 잃은 것 외에는 심한 고통이 없었고, 그 대신 아무 다른 재미를 찾을 것 없이 내가 본성으로 가지고 있던 재미만을 얻어 왔지만, 사실 내 일평생을 이 인물과 함께 감미로운 사귐으로써 지내며 누릴 수 있던 4년 동안의 세월에 비교해 본다면, 이 한평생이 구름과 안개에 싸인 컴컴하고 지루한 밤에 지나지 않았다. 내가 그를 잃은 날부터—

내가 항상 눈물 흘리며 칭송하기를 그치지 못할 날이여
　　　이것이 그대들의 의지였느니, 오, 제신들이여!　　　　　(베르길리우스)

　나는 힘없이 쇠잔할 뿐이다. 그리고 내게 오는 쾌락들마저 나를 위로하기는 커녕 그를 잃은 설움을 더한층 느끼게 한다. 우리들은 전체의 반쪽이었다. 나는 내가 그의 몫을 빼앗고 있는 것 같다.

　　　내가 나와 생명을 나누어 갖던 자와 같이 있지 못하는 한
　　　나는 어떠한 쾌락도 더 가질 수 없다고 결심했다.　　　　(테렌티우스)

　나는 이미 어느 곳에서나 그의 반신(半身)으로 있기로 되어 있어, 그것이 버릇이 되어서, 나는 이제는 반쪽으로밖에 살아 있지 않는 것 같다.

　　　일찍이 죽음의 타격이 내 영혼의 반을
　　　빼앗아 간 이래로, 나머지 반인 나는 어째서
　　　여기 어물거리고 있는가.
　　　이제는 아까운 목숨도 아니고 살아 보람 있을 목숨도 아닌데
　　　그날이 우리 서로의 마지막이었노라.　　　　　　　　　(호라티우스)

　행동에서건 사상에서건, 그가 있었더라면 모든 일이 잘될 것 같아서, 그의 없음이 원통해시시 않는 것이 없다. 왜냐하면 그는 다른 모든 능력과 덕성으로 나보다 무한한 거리로 탁월했던 것과 아울러 우정의 의무에서도 그러했기 때문이다.

　　　그렇게도 소중한 생명을 잃은 통한(痛恨) 앞에
　　　수치니 절제니 있을 수 있나?　　　　　　　　　　　　(호라티우스)

　　　오! 불행할꺼나, 형제여, 그대를 잃다니
　　　그대의 달콤한 우정이, 인생에 가다듬던 우리 희열은 모두

그대와 더불어 단번에 사라진다.
그대 죽음으로써 내 온 행복은 부서진다.
형제여! 그대와 더불어 우리 심령은 무덤으로 내려가고
그대 죽은 이후
나는 공부와 내 심령의 모든 열락을 내 마음에서 쫓아냈다.
그대에게 다시는 말도 못 할 것인가?
그대 목소리 다시는 듣지 못할 것인가?
다시는 그대를 볼 수 없을 것인가?
생명보다도 더 소중하던 형제여!
나는 언제까지나 그대를 사랑하리라.　　　　　　　　(카툴루스)

　그러나 나이 열여섯 살 된 이 소년의 말을 좀 들어 보자.
　이 작품은 그 후에 우리 정치의 상태를, 그것이 개선될 것인가는 염두에도 두지 않고, 이 상태를 혼란시키고 변혁하려고 애쓰는 자들의 손에 나쁜 목적으로 출판되어서, 그들 투의 다른 문장들 속에 섞어 놓았기 때문에, 나는 그것을 여기에 같이 실어 볼 생각을 포기했다. 그리고 이 작가의 추억이, 그의 사상과 행동을 가까이서 잘 관찰하지 않은 자들 때문에 손상을 받지 않게 하려고 나는 그가 유년 시절에 연습으로 서적들의 수많은 장소에서 따온 범속한 재료를 가지고 이 작품을 꾸며 냈다는 것을 그들에게 알려 준다. 왜냐하면 그는 장난으로 하면서도 거짓말은 하지 않을 정도로 충분히 양심적이었기 때문이다. 그리고 내가 더 알고 있는 것은, 그가 택할 수 있었더라면 그는 사를라크에서보다도 차라리 베네치아에서 출생했기를 좋아했을 것이다. 그것은 당연하다. 그러나 그에게는 자기 마음에 지극히 감명받은 다른 교육이 있었다. 그것은 자기가 출생할 나라의 법률에 대단히 경건하게 복종하고 예속하려는 의지이다.
　그보다 더 선량한 시민은 없었다. 그보다 더 국가의 안녕을 위해 근심한 자 없었고, 더 자기 시대의 동요와 개혁 사상에 반대하는 자는 없었다. 그는 그들을 더 격려시킬 거리를 제공하기보다도 차라리 그것을 종식시키기에 자기 능력을 사용하고 싶었을 것이다. 그는 이 세기보다도 옛 시대의 틀에 자기 정신을 박아 냈던 것이다.

그러면 이 신중하고 정직한 작품 대신에 한 다른 작품을 대치해 놓겠다. 이것은 그와 같은 연대에 쓴 것으로서 더 쾌활하고 희롱조이다.

29
에티엔 드 라 보에티의 짧은 시 스물아홉 편

드 기상 백작 부인 드 그라몽 부인께
부인, 나는 여기에 아무것도 내 것을 드리지 못합니다.
그것은 내 것이 이미 부인 것이 되어 있사옵거나, 또는 그것이 부인께 드릴 가치가 없는 까닭입니다.
그러나 저는 이 시들이 누가 읽어 보건 그 앞머리에 부인의 이름을 실어, 그것으로 이 작품들이 위대한 코리장드 당두앵[28]을 옹호자로 갖는 영광을 얻게 하기 위한 것입니다.
이 선물은 부인께 드릴 만하다고 생각되었습니다. 프랑스의 부인으로, 이 작품을 더 잘 비판할 수 있고 마땅하게 감상할 분이 부인밖에 없는 까닭에, 그리고 대자연이 부인께 증여한 수천의 다른 아름다운 소질들 중에도 부인께서 미려하고 풍부한 음악에 맞추어 하시는 것같이 이 시를 생기 있고 흥이 나게 읊어 줄 분이 없는 이상, 이 선물은 부인께 드리는 것이 지당한 일로 보였습니다.
부인, 이 시는 부인께서 애송하여 주실 만합니다. 왜냐하면 부인께서도 저처럼 가스코뉴에서 이보다 더 묘하고 얌전한 시가 나온 일이 없었고, 더 능숙한 손으로 지어진 것이 없다고 생각하실 것이기 때문입니다.
그리고 이것 말고 다른 작품을 부인의 착하신 부친 드 푸아 경의 이름으로 인쇄시켰다고 샘내지는 말아 주십시오.
왜냐하면 그 작품은 작가가 가장 젊은 시절에 지은 것인 만큼, 거기는 무엇인지 더 힘차게 끓어오르며, 아름답고 고상한 정열이 충만해 있기 때문이며, 그

---

28) 디안 당두앵 드 기즈 및 드 그라몽 백작 부인. 1555~1621년. 앙리 드 나바르가 프랑스 왕이 되기 전 그의 애인이며 충고자. 이 여인은 몽테뉴의 의견을 받아서 왕에게 유익한 충고를 주었다고 함. 아마디스드 고올르라는 소설을 애독하고 그 속의 코리장드라는 이름을 따서 호로 했다.

것은 어느 날 부인의 귀에 대고 말씀드리오리다.

다른 것은 그 뒤에 그가 결혼하려고 애쓰던 때에 자기 아내를 위해서 쓴 것인데, 벌써 무엇인지 남편으로서의 냉랭한 맛이 느껴집니다.

그리고 나는 시라는 것의 좀 까불고 방자한 제목만큼 사람을 웃기는 것은 없다고 생각하는 자들의 축에 듭니다.

이 시[29]들은 다른 곳에 실려 있다.

30
절도(節度)에 대하여

우리의 접촉이 불결한 일인 것같이, 우리가 조작하기 때문에 그 자체로는 아름답고 좋은 사람들을 부패시키고 있다. 너무 거칠고 맹렬한 욕망으로 도덕을 포섭하면, 우리는 그것을 가지고 악을 만드는 식으로 도덕을 파악하는 수가 있다. 도덕에는 결코 과분한 일이 없다고 말하는 자들은, 만일 과분함이 있으면 도덕이 아니니 그렇다고 하지만, 그것은 말로 농간을 부리는 수작이다.

> 만일 도덕에 절도를 잃으면
> 현자(賢者)는 몰상식한 사람으로
> 정의자도 불의자로 불릴 만하다.   (호라티우스)

이것은 철학상의 미묘한 고찰이다. 사람은 도덕을 사랑함이 지나칠 수 있고, 정당한 행동이 지나칠 수 있다. "필요 이상으로 현명하지 말고, 검소하게 현명하라"고 한 성서의 말씀은 틀린 것을 옳다고 주장하는 것에 일치한다.

나는 어느 권세 있는 분이 자기 지체에 있는 다른 분들의 예에서 벗어나는 신앙심을 보이다가, 언짢은 평판을 듣는 것을 보았다.

나는 절도 있는 중용의 마음씨를 좋아한다. 선을 행함에도 절도가 없으면,

---
29) 시는 1588년 판이나 1592년 판에 수록되어 있을 것인데, 그 뒤에 이 판이 발견된 것이 없고, 1595년 판에는 또 삭제되어 있음.

역겹지 않다 해도 그것은 나를 놀라게 하며, 그것을 무어라고 불러야 좋을지 모르게 한다. 파우사니아스의 모친이 자기 아들이 죽은 소식을 가장 먼저 알려 주고 그 무덤에 최초의 돌을 날랐다든가, 집정관 포스투미우스가 자기 아들이 젊은 혈기로 먼저 대열을 벗어나 적진에 쳐들어가 성과를 올렸다고 그를 죽이게 한 것 따위는, 내게는 정당하다기보다는 괴상하게 보인다. 그래서 나는 이렇게 천하고 희생이 심한 도덕을 좇으라고는 권하고 싶지 않다.

과녁 너머로 활을 쏘는 자는 화살이 과녁에 못 미치는 자와 똑같이 실패한다. 눈은 캄캄한 속으로 내려가는 때나 너무 밝은 빛 속에 나가는 때나 똑같이 혼란을 느낀다. 플라톤에 나오는 칼리클레스는 극도의 철학은 해롭다고 하며, 이익이 있는 정도를 넘어서 거기 빠지지 말라고 충고한다. 철학을 절도 있게 대하면 유쾌하고 유익하지만, 마침내는 사람을 황당하고 악덕스럽게 만들고, 일반의 종교와 법률을 경멸하고, 사람들과의 교섭을 회피하며, 인간적인 해학을 적대시하고, 모든 정치적 사건의 처리나 남을 도와주는 일이나, 자기를 지키는 일도 불가능하게 되며, 뺨을 얻어맞아도 대항 못하는 인간이 되게 한다고 말한다. 그의 말이 옳다. 왜냐하면 철학이 과도하고 지나치게 풍부하면 우리의 타고난 자유를 속박하며, 배운 꾀가 탈이 되어서 오히려 자연이 우리에게 그어 준 좋고 탄탄한 길에서 벗어나게 한다.

우리가 아내에게 갖는 애정은 극히 정당하다. 그런데 신학은 이 애정도 억제해서 제한하기를 꺼리지 않는다. 나는 전에 성 토마스의 글 가운데 촌수 안의 친척 간에 금지된 결혼을 비판하는 조목에서, 여자에 대하여 지니는 애정이 절도를 잃게 된다는 것을 무엇보다도 큰 이유라고 한 것을 읽은 듯싶다. 당연히 그래야 하지만, 만일 남편의 애정이 완전하다면, 친척으로서 갖는 애정은 넘치게 되어 과도한 부담이 되고, 이러한 남편은 이성의 한계를 벗어나게 될 것이 틀림없다는 것이다.

실학이나 철학과 같이 인간의 행동 습관을 규율하는 학문은 모든 일에 참견한다. 아무리 사사롭고 겉으로 드러나지 않는 행동이라도 그들의 심사와 비판을 면하는 것은 없다. 그들의 자유를 비판하는 것은 아주 풋내기의 소리이다. 여자들이란 남자와 통하려면 얼마든지 몸을 내놓으면서도, 의술의 치료를 받으려면 수치심 때문에 못한다. 그러므로 나는 만일 너무 거기에 열중하는 자가 있다면, 또 그들이 아내들과 함께 맛보는 쾌감에도 절도를 지키지 않는다면, 그것은 책망을 받을 일이며, 거기에는 불법의 교제에서와 같이 방자하고 음탕한 짓으로 실수할 거리가 있다는 점을 말하고 싶다.

우리의 최초 열기로 이런 장난에 쓰게 되는 몰염치하고 지나친 행동은 아내들에 대해서 점잖지 못할 뿐 아니라, 해롭게 실천되는 것이다. 여자들은 이러한 몰염치는 적으나마 다른 데서 배울 일이다. 그녀들은 언제나 우리의 필요를 위해서 충분히 잠 깨어 있다. 나는 여기 자연스러운 단순한 방법밖에 쓰지 않았다.

결혼은 신앙적인 경건한 결합이다. 그 때문에 거기서 얻는 쾌감은 조심스럽고 신중하고 정직하며, 어느 점에서는 엄격성에 관련이 있는 쾌감이라야 한다.

그것은 어느 면으로는 신중하고 양심적인 철학이라야 한다. 그리고 주요 목적이 출산에 있는 까닭에 여자가 늙었다든가 잉태한 경우처럼 우리가 그 성과를 얻을 희망이 없을 때에도 여자의 포옹을 탐할 수 있는가 의심을 품는 자들도 있고, 그것이 플라톤이 말하는 행위이다. 회교 국가에서는 잉태한 여자와 관계하는 것을 몹시 꺼려한다. 또 여러 나라에서는 월경 중에 상관(相關)하는 일을 꺼린다. 제노비아[30]는 그의 남편을 한 번밖에 받아들이지 않았고, 일이 끝나고 잉태 중에는 사뭇 남편이 마음대로 돌아다니게 두며, 해산이 끝난 뒤에만 다시 시작하는 권한을 주었다. 결혼 생활에서의 장하고도 후덕한 시범이다. 이것은 플라톤이 오랫동안 이 쾌락에 궁하고 굶주렸던 어느 시인에게서 빌려 온 이야기이다. 주피터 신(이 이야기는 호메로스의 《일리아드》에 나온다)은 어느 날 자기 아내에게 너무 심하게 대드느라고, 그녀가 침대까지 가는 것도 참지 못하여 마룻바닥에 뉘어 놓았고, 그 쾌감이 너무 맹렬했기 때문에 하늘의 궁전에서 다른 신들과 방금 결정한 대단히 중한 큰 일까지 잊어버렸다. 그리고 이번 짓은 그가 처음으로 부모 몰래 그녀의 처녀성을 빼앗던 때만큼이나 좋았다고 자랑했던 것이다.

페르시아의 왕들은 향연 모임에 아내들을 불러냈다. 그러나 술이 취해 열이 오르며 탐락을 억제할 수가 없게 되면, 그들은 이 절도 없는 정욕을 보여 주지

---

[30] 기원전 2세기 팔미라 여왕. 아울레리아누스 황제에게 사로잡힘. 정숙한 여성으로 잘 인용된다.

않기 위해서, 아내들을 사실(私室)로 올려보내고는, 그녀들 대신에 존경의 의무를 느끼지 않는 여자들을 데려오는 것이었다.

쾌락과 혜택이 모든 사람에게 잘 맞는 것은 아니다. 에파미논다스는 방탕한 사내아이 하나를 감옥에 집어넣었다. 필로피다스가 자기를 보아서 그 아이를 방면해 달라고 간청해도 거절하고는, 방면을 간청해 온 자기 집 소녀를 보아서 허락했다. 그리고 이런 일에는 여자들이 청하는 것이나 들어줄 일이지, 장수의 청으로는 들어줄 일이 아니라고 말했다. 소포클레스는 그가 페리클레스와 함께 집정관으로 있었을 때에 마침 미소년이 지나가는 것을 보고, "야, 저 아이 참 예쁘구나" 했다. 그러자 페리클레스는 "집정관이 아닌 다른 사람 말이라면 좋소. 그렇지만 집정관은 손뿐 아니라 눈도 깨끗해야 하오"라고 말했다.

아엘리우스 베루스 황제는, 그가 다른 여자들의 뒤를 쫓아다닌다고 아내가 불평하자 그녀에게 대답하기를, 결혼 생활은 명예와 품위를 지켜야 하는 것이며 장난으로 하는 외설한 간음이 아닌 이상, 그는 양심적인 동기에서 다른 여자들과 희롱하는 것이라고 했다. 그리고 옛날의 종교가들은 여자가 자기 남편의 외설되고 절도 없는 사랑에 응하지 않고 오히려 쫓아낸 것을 명예로운 일이라고 이야기하고 있다. 결국 절도 없고 과도한 것으로 책망받지 않는 타락이란 없을 것이다.

그러나 사실 말이지, 인간이란 가련한 동물이 아닌가? 그는 자연스러운 조건으로 단 하나라도 완전하고 순결한 쾌락을 맛보게 되면, 바로 다시 수고 해 가며 사색으로 그것을 억제해야만 한다. 기교와 연구를 해 가며 자기 불행을 보태지나 않으면, 그의 신세는 가엾기나 덜할 것이다.

우리는 운명의 비참을 증가시키는 데 자기 기술을 사용했다.

(프로페르티우스)

인간의 예지는 불행을 색칠하고 분칠해서 그 심정을 줄이려고 꾀를 쓰는 데는 유리하고 교묘하지만, 자기 차지인 쾌락의 수와 그 좋은 맛을 깎아내리려고 기교를 부리는 일엔 정말 어리석다. 내가 여기 결정권을 가졌다면 나는 보다 더 자연스러운 다른 길을 택했을 것이다. 진실을 말하면, 그편이 더 편리하고 신성한 것이다. 그리고 자신을 충분히 강하게 하며, 그런 것을 제한하는 수작은 하지 않았을 것이다.

정신적 또는 육체적 의사들이 마치 그들끼리 음모를 꾸민 듯, 고초와 고통과 고생에 의해서밖에 육체나 정신의 질병을 고쳐 줄 아무런 치료 방법도 발견하지 못하다니 무슨 말인가. 밤새우기, 단식, 말총 셔츠, 고독하고 먼 곳으로의 추방, 연속적인 감방 생활, 매질, 그리고 다른 고통들이 이 때문에 도입되어 왔다. 그런데 이것은 참된 고통이며, 찌르는 듯한 아픔이 있어야 하고, 갈릴레오가 당한 일이 오지 않게 하는 조건으로 하는 것이다.

갈릴레오는 레스보스섬에 추방당한 뒤, 그가 거기서 편히 지내며 그에게 고통이 되라고 한 처사가 오히려 그에게 편하게 되었다는 소문이 로마에 들려왔다. 그러자 그들은 생각을 고쳐서 그에 대한 처벌과 그의 느낌이 일치되게 하려고, 그를 다시 자기 집 아내 옆으로 데려와서 거기 가만히 있으라고 명령했다. 왜냐하면 단식이 오히려 건강과 쾌활성을 회복하고 생선이 고기보다 더 맛이 있다는 자에게는, 다른 치료법에서 약을 좋다고 맛있게 먹는 자에게 그 약의 효험이 없듯, 이런 처사는 조금도 건강에 좋은 처방이 못되기 때문이다. 쓴맛과 고난이 있는 사정들이 그들 처사에 도움이 된다. 대황(大黃)을 먹는 버릇을 가진 자에게는 그것을 써보아도 효용이 없다. 위를 고치려면 위를 자극하는 약을 써야 한다. 그래서 사물들은 그 반대되는 사물로 고쳐진다는 고통의 법칙은 여기서는 성립되지 않는다. 왜냐하면 여기서는 악이 악을 고치기 때문이다.

이런 관념은 어떤 점에서 옛사람들의 생각과 일치한다. 그들은 우리의 학살과 살인 행위로 하늘의 비위를 즐겁게 해 준다고 하며, 이런 일은 어떤 종교에서도 실천되어 왔다. 우리 조상들 시대에도 아무라드(무라드)는 이스트모스를 함락시켰을 때, 그리스 청년 6백 명을 자기 부친의 망령에 바쳐서 이 피로 고인의 죄를 속죄해 주기를 바랐다.

그리고 우리 시대에 발견된 신대륙, 우리 땅에 비하면 처녀지인 그곳에서는 이 습관이 도처에서 용납되고 있다. 그들은 모든 우상들에게 사람의 피를 부어 주는데, 그 같은 끔찍하고 잔혹한 실례가 없지 않다. 그 고장에서는 사람들을 생으로 태우고 반쯤 구어졌을 때 불에서 꺼내어 심장과 내장을 뽑아 낸다. 다른 자들, 즉 여자들은 산 채로 껍질을 벗겨서 그 피가 흐르는 사람 가죽을 다른 사람들에게 입히고 씌워 준다. 더욱이 여기에는 그에 못지않게 본받을 만한 지조와 결심이 있다. 이렇게 희생되는 사람들은 노인·여자·어린애 할 것 없이 며칠 앞서 그들 자신이 신에게 바칠 재물을 얻으러 다니며, 거기 참석하는 자들과 함께 춤추고 노래하며 도살장으로 나아가는 것이다.

멕시코 왕의 대사들은 페르난도 코르테즈에게 자기들 왕의 위대성을 말하면서, 그에게는 각기 10만 명의 전사를 모을 수 있는 봉토를 받은 신하 30명이 있고, 하늘 아래에 가장 아름답고 강력한 도성에 살고 있다고 말했다. 그 후 그는 신들에게 1년에 5만 명의 인간을 희생으로 바친다고 덧붙여 말했다. 진실로 그들은 자기 나라 청년들을 훈련시키기 위해서뿐 아니라, 전쟁에서 사로잡은 포로들로 그의 희생에 바칠 거리를 장만하기 위해서 이웃의 큰 나라와 전쟁을 일삼고 있는 것이었다. 다른 도성에서는 앞에 말한 코르테즈를 환영하기 위해서, 한때 50명의 인간을 희생으로 바쳤었다.

나는 이런 이야기를 또 하나 말하겠다. 그곳 어느 나라에서는 그에게 패하고 나서 그와 친교를 맺으려고 사신(使臣)들을 보냈다.

그들은 세 가지 종류의 선물을 이런 방식으로 그에게 제공했다.

"전하, 여기 노예가 다섯 명 있습니다. 그대가 살과 피를 먹고 사는 오만한 신이거든 이들을 자시오. 우리는 그만큼 더 그대를 사랑하리다. 그대가 호방한 신이라면 여기 분향과 날개깃이 있소. 그대가 사람이라면 여기 가져온 새와 과실을 드시오."

31
식인종에 대하여

피로스왕이 이탈리아로 건너갔을 때, 그는 로마인들이 그와 맞서 싸우기 위해 보낸 군대의 질서 정연한 대열을 정찰해 보고, "이자들은 어떤 야만인(왜냐하면 그리스 사람들은 외국인을 모두 야만인이라고 불렀다)인지 모르겠으나, 내가 보는 이 군대의 배열은 결코 야만인이 아니다"라고 말했다. 그리스 사람들은 플라미니우스가 그들의 나라에 보낸 군대를 보고, 그와 마찬가지로 말했다.

그리고 필리오스도 높이 쌓은 망대 위에서 자기 왕국을 향해 진격해 오는 푸블리우스 술피키우스 갈바가 지휘하는 로마군 진영의 질서와 배열을 보고, 그렇게 말했다. 그러니까 속인들의 의견에 매여 지내는 일이 없어야 하며, 그런 것을 일반 여론에 의함이 아니라 이성의 방법으로 판단해야 한다.

나는 우리 세기에 발견된 신대륙에서 빌르게뇽이 상륙해서 남극의 프랑스라고 명명한 지방에 10년 내지 13년 동안 살아온 사람을 오랫동안 데리고 있었다. 이 끝없는 나라의 발견은 고찰해 볼 가치가 있다. 나는 다음에도 마찬가지로 다른 대륙이 발견되지 않는다고 보장할 수 있을지 알 수 없다. 우리보다 더 훌륭한 많은 사람들도 이런 대륙이 있는 것을 몰랐던 것이다. 나는 우리가 위장보다 더 큰 눈을 가지고 있고, 능력 이상의 호기심을 가지고 있는 것이나 아닌지 염려된다. 우리는 모든 것을 포옹해 본다. 그러나 잡히는 것은 바람뿐이다.

플라톤은 솔론이 이집트의 사이스시(市)의 제관(祭官)들에게서 들은 이야기라고 하며, 옛날 대홍수가 나기 전에 지브롤터 해협 바로 앞에 아틀란티스[31]라고 부르는 큰 섬이 있었는데, 거기엔 아프리카와 아시아를 합친 것보다 더 많은 나라들이 있었고, 그곳 왕들의 땅은 그 섬뿐 아니라 본토에까지 넓게 뻗쳐서 그 폭은 아프리카에서 이집트까지의 넓이였고, 그 길이는 유럽에서 토스카나까지의 거리와 같았다 한다. 그런데 그들은 아시아까지 건너가서 지중해를 면하고 있는 모든 나라들을 정복하고는 흑해 만까지 도달하려고 했으며, 이 목적으로 스페인을 지나 고올르, 이탈리아를 거쳐 그리스까지 쳐들어갔고, 거기서 아테네인들이 그들의 진격을 막아 줬다는데, 얼마 뒤에 대홍수가 나서 아테네인들도 성도 모두 물속에 빠져 버렸다는 이야기를 소개한다.

바다가 시칠리아를 이탈리아에서 끊어 냈다고 사람들이 생각하듯, 홍수의 파괴력은 사람 사는 육지에 경천동지의 대이변을 일으킬 수도 있을 만한 일이다.

옛적 다만 한 개의 대륙을 형성하던 이 육지들은
어느 땐가 격심한 지진으로 서로 분리되었다고 한다.   (베르길리우스)

---

[31] 대서양 속에 묻혔다는 아틀란티스 대륙에 관한 전설을 새로 발견된 신대륙에 결부시켜 해석하려는 시도가 이 시대에 있었다. 홍수의 전설은 노아의 홍수와 결부된다.

키프로스는 시리아에서, 네그르퐁섬은 보이오티아의 육지에서 떨어져 나왔고, 다른 데서는 떨어져 있던 땅들의 사이를 지진과 모래로 메워붙였다.

옛날에는 노를 저을 수 있었던 불모의 늪이
지금은 많은 인근 도시를 양육하며 무거운
차량의 짐을 지탱한다. (호라티우스)

그러나 이 섬이 바로 우리가 새로 발견한 대륙이라고 보아야 할 근거는 희박하다. 그 섬은 거의 스페인에 닿아 있었다고 하는데, 대홍수의 결과로 1천 2백 류우나 밀려나갔다고 하는 것은 믿을 수 없는 일이다. 그뿐더러 현대 항해술이 거의 밝혀 낸 바에 의하면, 그것은 섬이 아니고 육지로 된 대륙이며, 한편에는 동방의 인도에 닿아 있고, 다른 편에는 남북 양극의 육지에 닿아 있는 땅이며, 거기에 떨어져 있다고 하여도 그 해협의 간격이 너무나 좁아서 그 때문에 섬이라고 부를 만하지 않다는 것이다. 이 커다란 덩어리들에는 우리 신체와 같이 어느 것들은 본성으로, 다른 것들은 열병으로 움직이는 운동이 있는 것 같다.

내가 우리 고장 도르도뉴강의 압력이 내 시대에 오른편 강변을 파고들어가서, 20년 동안에 여러 건물들의 주춧돌을 뽑는 것을 본 바에서 고찰하면, 이것은 심상치 않은 큰 변동이었음을 알 수 있다. 미래에까지 이렇게 사물이 변해 간다면, 이 세상의 형태는 완전히 변화될 것이다.

그러나 하천에는 변화가 있다. 어느 때는 그것은 한쪽으로, 다른 때는 다른 쪽으로 퍼져 가며, 어느 때는 그대로 있다. 나는 우리가 그 원인을 손에 잡듯이 보는 급격한 홍수라고 말하지 않는다. 메도크는 바다에 연한 땅인데, 나의 형님 아르사크 경은 바다가 토해놓은 모래로 자기 땅이 묻히는 것을 보았다. 어떤 건물들의 꼭대기는 아직도 보인다.

그의 영토와 농지는 변변찮은 목장으로 변해 버렸다. 그곳 주민들이 말하는 바로, 얼마 전부터 바닷물이 심하게 밀려와서 그들은 4류우의 땅을 잃었다고 한다. 이 모래들은 그 선발대이다. 그리고 저 큰 모래 언덕들이 5류우나 앞으로 밀려 들어오며 이 고장 땅을 빼앗고 있는 것을 우리는 보고 있다. 또 하나 이 신대륙 발견과 관련시켜 보고 싶은 옛날의 고증이 아리스토텔레스의 글에서 보인다. 이 《들어본 적 없는 불가사의들》이라는 소책자가 그의 작품이라면 말이다. 그가 여기 이야기하는 바로, 카르타고인들이 지브롤터 밖 대서양으로 나가서 오래 항해한 끝에, 마침내 모든 육지에서 멀리 떨어진 곳에 있는 크고 비옥한 섬을 발견했는데, 거기는 크고 깊은 강물이 흐르고 있었다.

그런데 그들과 다른 사람들이 그 뒤 그 땅의 비옥하고 살기 좋은 맛에 끌려서, 처자를 데리고 건너가서 살기 시작했다. 카르타고의 성주들은 자기 나라의 인구가 점점 줄어드는 것을 보고, 누구든지 그곳에 가는 자는 사형에 처한다고 금지했다. 또 그곳 새 주민들이 때가 지나면 수가 증가하여 자기 자리를 빼앗고 나라를 망칠까 두려워하여, 그들을 모두 몰아냈다고 한다. 아리스토텔레스가 이야기한 것도 이 신대륙과는 합치하지 않는다.

내가 데리고 있던 한 인물은 인품이 단순하고 속되어서 사실과 진실을 증언하기에 적당한 성격을 가졌다. 왜냐하면 세련된 인간들은 더 많은 호기심을 가지고 사물들을 관찰하며, 그것을 비판하고, 그리고 자기들의 해석을 그럴듯하게 붙여 보며, 사람들을 믿게 하려고 이야기를 좀 다르게 꾸미고 싶어 하는 마음을 참지 못하기 때문이다. 그들은 결코 사물을 순수하게 그대로 보지 않는다. 사물에 관해서 자기들이 본 모습으로 그것을 굽히고, 가면을 씌우며, 자기들의 판단에 신용을 주고, 사람들의 마음을 그리로 끌고가기 위해서 한편으로 사실에 덤을 붙여 말하며, 그것을 늘이고 키우고 한다.

남의 이야기를 믿으려면 그 사람이 아주 신실하거나 사람이 아주 단순해서, 거짓으로 꾸며 댄 이야기를 그럴듯하게 보이려고 조작할 머리가 없고, 거기 아무런 생각도 붙여 볼 재간이 없는 자의 말이라야 한다. 내 집에 있는 사람은 그런 인물이었다. 그뿐더러 그는 여행 중에 알게 된 뱃사람들과 장사꾼들을 여러 번 내게 소개했다. 그래서 나는 우주학자들이 말하는 것을 꼼꼼히 따져 보지도 않고, 이 사람이 전해 주는 것으로 만족한다.

우리는 자기들이 가 보고 온 지방을 개인적으로 말해 주는 지정학자들이 필요할 것이다. 그러나 이런 학자들은 팔레스타인을 보고 왔다는 자랑을 하며, 세상의 다른 모든 지방을 이야기하는 특권도 누리려고 한다. 나는 사람들이 각기 자기가 아는 것을 쓰고, 그가 그것을 알고 있는 만큼 그것뿐만 아니라 다른 모든 문제에 관해서도 써 주었으면 한다. 왜냐하면 그는 다른 일에는 누구나 다 아는 것밖에 모르지만, 강물이나 샘물의 성질에 관한 지식이나 경험을 특별히 가지고 있을 수 있기 때문이다. 그렇지만 그는 이 조그만 한편을 내놓기 위해서 물리학 전체를 써 내려고 할 것이다. 이 못된 버릇에서 수많은 혼란이 생겨난다.

그만 본론으로 돌아오기로 하자. 사람들이 내게 전해 준 것에 의하면, 자기 습관이 아닌 것은 모두 '야만적'이라고 하는 이유 외에, 나는 이 나라에 아무것도 야만적이며 상스러운 점이 없다고 본다. 우리에게는 자기가 사는 고장 사람들의 풍습이나 의견에서 얻은 사례나 관념밖에 진리나 이성의 규범은 없는 것으로 보인다. 거기에만 항상 완전한 종교, 완전한 정치, 모든 사물들의 완전하고 완벽한 습관이 있다. 그들을 '야만'이라고 부르는 것은 자연이 그 자체로 여느 상태로 나가며 이루어 놓은 성과를 야만이라고 부르는 의미에서 하는 말이다. 그러나 사실은 오히려 우리의 기교로 사물을 그 평범한 질서에서 틀어 변경해 놓은 것들을 차라리 야만이라고 불러야 할 일이다. 그리고 전자에는 참답고 유용하고 자연스러운 도덕과 소질들이 생생하고 강력하게 있는데, 우리는 그런 것을 이 후자의 부류에서 악화시켜 다만 우리의 부패한 취미의 쾌락에 맞춰 놓고 있는 것이다.

그러나 저 문화가 없는 나라의 사람들이 이루어 놓은 여러 성과에는 우리의 취미로 보아서, 우리 것에 비해서 그 묘미와 맛까지도 탁월한 것이 있다. 인간의 기술이 우리의 위대하고 강력한 어머니인 대자연보다 나은 영광을 차지한다는 것은 당치 않은 말이다. 우리는 자연이 내놓은 작품의 풍부한 미를 우리가 꾸며 낸 기교로 너무 덮어씌워서, 자연의 순진미를 전부 질식시켜 놓고 있다. 그렇지만 자연의 순진성이 빛나고 있는 곳에는 어디서나 자연은 우리의 경박하고 헛된 기도들을 말 못 할 수치 속에 묻히게 한다.

    덩굴은 배양치 않아도 절로 무성하며
    소귀나무는 외따른 동굴 가에 커서 더 아름답고
    새들의 노랫소리는 꾸밈이 없어 더욱 감미롭다.   (프로페르티우스)

우리의 모든 노력은, 저 허약한 거미가 짜내는 거미줄은 말할 것도 없고, 가장 작은 새들이 지어 놓은 아름답고 편리한 새집의 구조 하나도 꾸며 내지 못한다. 플라톤은 "모든 사물들은 자연·우연, 또는 기술에 의해서 만들어진다. 가장 위대하고 아름다운 것은 자연과 우연에 의하며, 가장 못나고 불완전한 것은 기술에 의해서 만들어진다"고 했다.

그러니 저 나라 사람들은 인간 정신에서 얻은 방법이라고는 대단히 적고, 그들 본연의 순박성에 훨씬 더 가깝기 때문에, 내게는 그렇게 야만으로 보이는 것이다. 그들은 인간의 법률에 의해서 나쁜 방향으로 바뀐 바가 대단히 적기 때문에 아직도 자연의 법률에 지배되고 있다. 그러나 그들의 순결한 상태를 보면, 나는 어느 때는 먼 옛날의 인간들이 우리보다 그들을 더 잘 판단할 수 있었던 시대에 이 지방이 사람들에게 알려지지 않은 일이 안타깝다. 리쿠르고스나 플라톤이 그들을 알지 못한 것이 안타깝다. 왜냐하면 우리가 이런 나라에서 실지로 관찰하는 것은 우리의 시가(詩歌)에 아름답게 묘사되던 황금시대의 일이나, 또는 사람들이 상상해 내는 모든 행복스러운 상태들뿐 아니라, 철학이 생각해 내는 행복한 상태의 개념이나 욕망 자체보다도 더 아름다운 것으로 보이기 때문이다.

시인들은 우리가 거기서 경험하는 만큼 순수하고 단순한 소박성을 상상해 보지 못하고, 인간 사회가 그렇게도 인간적인 꾸며댐 없이 유지될 수 있으리라고 상상해 보지 못했던 것이다. 나는 플라톤에게, 이 나라에는 어떤 종류의 교역이라는 것도 없고, 문자라는 것도 전혀 알려지지 않았으며, 수학의 학문도 없고, 관리의 직명도 없고, 정치적인 우월성도 없으며, 부자나 가난한 자의 제도도 없고, 계약이라든가 상속, 분배 같은 일도 없고, 직업이라는 것도 힘 안 드는 것밖에 없으며, 친척 간의 관계도 없고, 모두가 공통이며 의복도 없고, 농사도 없고, 금속도 없고, 포도주나 곡식의 사용도 없다는 사실을 말해 주고 싶다. 거짓말·배반·은닉·탐욕·시기·비방·용서 등을 의미하는 언어 자체를 들어 본 일 없는 고장이다. 내가 자기가 상상해 낸 '이상국'이 그 완벽함에 있어서, '신의 손에서 방금 나오는 인간들'(세네카)이 만든 사회인의 고장만 못한가를 알아보았을 것인가!

이것이 대자연이 내어 준 최초의 법률들이다. (베르길리우스)

그뿐더러 그들은 기후도 좋고 대단히 온화한 나라에 살고 있다. 그래서 보고 온 자들의 말에 의하면, 그곳에는 앓는 사람을 보는 일이 드물다는 것이다. 그곳에는 벌벌 떠는 자, 눈곱 낀 자, 이 빠진 자, 늙어서 몸이 굽어진 자를 볼 수 없다고 그들은 확언했다. 그곳 주민들은 바닷가를 따라 자리 잡고 사는데, 한편에는 크고 높은 산으로 막혀 있고, 그 사이 넓이는 폭이 약 1백 류우는 된다.

그들은 우리 고장에서는 볼 수 없는 생선과 짐승 고기를 풍부하게 가졌으며, 굽는 것밖에는 다른 인공을 가하지 않고 먹는다. 처음 그곳에 말을 타고 들어간 자는, 다른 데서도 여러 곳의 여행에 사용해 왔는데, 그곳 주민들은 그 모양을 보고 아주 흉하게 생각하여, 그것이 무엇인지 알아보지도 않고 그 자리에서 활로 쏘아 죽였다. 그들의 건물은 대단히 길어서 2, 3백 명이 들어갈 수 있고 큰 나무 껍질로 씌웠으며, 우리의 광 모양으로 꼭대기에서 서로 떠받혀 있고, 그 지붕이 땅까지 덮어서 옆벽이 된다. 그들에게는 극히 단단한 나무가 있어 그것을 베어 깎아 칼도 만들고 고기 굽는 꼬챙이도 만든다. 그들의 침대는 무명으로 만들어서 천장에 매달아 놓은 것이 마치 선박의 침대와 같고, 한 사람이 하나씩 차지한다.

왜냐하면 여자들은 남자와는 따로 떨어져서 자기 때문이다. 그들은 해가 뜰 무렵에 일어나며, 일어나서 바로 식사한다. 그들에게는 아침 식사밖에 다른 식사가 없다. 그들은 수이다스가 동양의 어느 국민들은 먹고 나서 술을 마시더라고 말하는 식으로, 식사 때 술을 마시는 것이 아니고 하루에 몇 번이고 실컷 마신다. 그들의 술은 어느 나무뿌리로 만들었으며, 빛깔은 우리 고장의 순한 포도주와 같다. 그들은 이것을 미지근하게 데워서 마신다. 이 술은 이틀이나 사흘밖에 보존이 안 되며, 톡 쏘는 맛이 있고, 열이 오르지 않고 위장에 좋다. 그리고 처음 마시는 사람은 배 속을 훑어내리는 듯하지만, 늘 마시는 사람에게는 대단히 맛 좋은 음료수이다. 그들은 빵 대신 고수의 씨를 절인 것 같은 흰 물질을 사용한다. 나도 그것을 맛보았는데 단맛은 나지만 맛이 없다.

그들은 하루 종일 춤추며 보낸다. 젊은 사람들은 활을 들고 사냥을 나간다.

일부 여인들은 그동안 술을 데워 놓는데, 이것이 그녀들의 주요 직분이다. 거기서는 노인들 중의 하나가 아침 식사를 하기 전에 광 안에다 모두 모아 놓고 설교를 한다. 그는 이 끝에서 저 끝으로 걸어 다니며 한 구절을 여러 번 되풀이하면서 한 바퀴를 돌아온다(왜냐하면 이 건물들은 적어도 백 걸음은 되기 때문이다). 그가 타이르는 말은 이 두 가지밖에 없다. 그것은, '적에 대해서 용감히 싸워라. 자기 아내들에게 정답게 해 주라'고 하는 말이다. 그리고 덧붙여 하는 말로, 그들을 위해서 술을 맛있게 담그고 데워 주고 하는 것이 이 아내들이라는 점을 반드시 주의시켜서 감사한 마음을 잊지 않게 한다.

그들의 침대·밧줄·칼, 그리고 싸우러 나갈 때 손목을 보호하는 나무로 된 팔찌, 기다란 수수깡, 한끝이 비어서 그리로 내는 소리의 가락에 맞추어서 춤추는 악기 등은 여러 곳에서 볼 수 있으며, 내 집에도 있다. 그들은 언제나 머리를 삭발하고 있으며, 나무나 돌로 된 면도칼밖에 없는데, 머리칼은 우리보다 훨씬 더 깨끗이 깎고 있다. 그들은 영혼이 영생한다고 믿으며, 하느님의 은총을 받을 만한 영혼들은 하늘의 해 돋는 곳에 있고, 저주받은 영혼들은 해지는 곳에 있다고 믿는다.

그들에게는 제관(祭官)이나 예언자 같은 자들이 있는데, 산속에 살고 있어, 사람들 앞에 나오는 일은 극히 드물다. 그들이 내려오면 큰 잔치가 벌어지며, 여러 동네(광 하나하나는 내가 묘사한 바와 같이, 그것이 한 동네를 이루며 서로 각기 프랑스 거리 단위로 1류우씩 떨어진 거리에 있다) 사람들의 대집회가 개최된다. 이 예언자는 집회에서 그들에게 도덕과 의무를 지키라고 권장한다. 그러나 그들의 윤리적 학문에 품은 것은 전쟁에 대한 용기와 아내에게 대한 애정이라는 두 가지 조목밖에 없다. 예언자는 그들에게 장차 무슨 일이 일어날 것인가, 그리고 그들이 계획하는 일의 결과가 어떻게 될 것인가를 예언하며, 전쟁을 하라거나 하지 말라거나를 판단한다. 그러나 만일 그의 예언한 바가 맞지 않거나 사건이 다르게 일어나면, 가짜 예언자로 지목되어 도끼에 맞아 천 조각이 나서 죽는다는 조건으로 한다. 그 때문에 한 번 말을 잘못한 자는 두 번 다시 나타나지 않는다.

점치는 법은 하느님의 선물이다. 그 때문에 속임수를 쓰는 것은 사기로 처벌받는다. 스키타이족들 사이에는 점쟁이가 어쩌다 예언에 실패하면, 그의 손발을 쇠사슬로 묶어 가시덤불을 잔뜩 실은 수레 위에 뉘고 황소로 끌게 하여, 그 위에서 태워 죽인다. 인간의 능력으로 이루어질 수 있는 일을 다루는 자들은 자기가 할 수 있는 일을 하는 것이니 용서받을 수 있다. 그러나 우리가 알 수 없는 일을 알아내는 비상한 능력을 갖춘 자들이 사람을 속이고, 그들이 약속한 바를 지키지 못할 때는 당연히 처벌받아야 할 일이 아닌가?

그들은 육지로 더 들어가서 산 너머에 있는 나라들과 전쟁을 한다. 그들은 맨발로 거기 달려가며, 무기라고는 활이나 나무 끝을 뾰족하게 깎은 창과 나무 칼밖에 가진 것이 없다. 그들이 싸움에 다부지게 대드는 용감성은 놀랄 만한 일이며, 피를 흘리고 사람을 죽여야만 끝난다. 왜냐하면 도망친다든가 무섭다는 것이 무엇인지 모르기 때문이다.

각자는 자기가 죽인 적의 머리를 전리품으로 가져와서 자기 집 문에 매달아 둔다. 그들의 포로는 오랫동안 잘 대접해 주고 그들이 생각할 수 있는 모든 편의를 보아준다. 그러고 나서 그 주인 되는 자는 자기 친지들 모임을 소집해 놓고, 포로의 한 팔을 밧줄로 동여매어, 그 끝을 손에 잡고 덤벼들지 못하도록 몇 걸음 떨어져 있게 하고, 다른 팔 하나는 마찬가지로 동여매어 그의 가장 친한 친구에게 내어준다. 그리고 그는 모인 사람들 앞에서 포로를 칼로 쳐서 죽인다. 그러고 나서 그것을 구워서 함께 먹고, 오지 않은 친구들에게 조각을 보낸다. 이것은 사람들이 생각하는 것처럼 옛날 스키타이족들이 하던 식으로 먹기 위한 것이 목적이 아니라 극단적인 복수를 보여 주기 위한 일이다.

이것이 사실인 증거로, 그들은 자기 적과 손을 잡은 포르투갈인들이 자기들 편을 잡았을 때 그들을 죽이는 데 다른 방식을 썼다. 즉, 사람을 허리까지 땅속에 묻고, 나온 부분에다 화살을 많이 쏜 다음 매달아 죽이는 것을 보고는(다른 세상에서 온 이 사람들은 이웃 사람들에게 많은 악덕의 지식을 전파시켜 놓는 자들이다), 이런 모든 악덕의 행동에는 그들이 자기들보다 훨씬 더 뛰어난 솜씨인 것을 보고, 이런 종류의 복수가 이유 없는 일이 아니고 자기들 방법보다 훨씬 더 혹독하다고 생각했다. 그때부터는 예전 방법을 버리고, 이런 새 방식을 좇기 시작했다.

나는 이러한 행동이 흉측하고 야만적인 행위인 것을 주목하며 언짢게 생각하고 싶지는 않다. 오히려 우리가 그들의 잘못은 잘 비판하면서, 우리의 야만스러운 행위는 주목하지 못하는 일이 슬프다. 나는 산 사람을 잡아먹는 일이 사람을 죽여서 먹는 것보다 더 야만스럽다고 본다. 아직도 아픔을 온전히 느낄 수 있는 신체를 고문과 고통스러운 형벌로 찢고, 불에 달군 쇠로 지지고 개나 돼지에게 물어 뜯겨 죽게 하는 일이(우리는 이런 일을 글에서 읽었을 뿐 아니라 생생하게 우리 눈으로 보았고, 그것은 옛날이 아니라 우리 이웃 사람들, 같은 시민들 사이에서 일어났으며, 더 나쁜 일로는 종교의 경건한 신앙심에서 그런 짓을 하고 있었다) 사람을 죽인 뒤에 구워서 먹는 것보다 더 야만스러운 행동이라고 생각한다.

스토아학파의 수령인 크리시푸스와 제논은 썩은 시체를 아무 데라도 우리가 필요로 하는 곳에 사용하여, 그것으로 식량을 생산해 내어도 나쁠 것 없다고 말했는데, 그것은 잘한 생각이다.

우리 조상들도 알렉시아시에서 카이사르에게 포위당했을 때 늙은이, 여자들, 그리고 싸움에 쓸모없는 다른 인간들의 시체를 이용해서 이 포위전의 기아 상태를 지탱해 내려고 결정했던 것이다.

  가스코뉴 사람들은 이 식량으로
  그들의 생명을 연장시켰다고 전한다.　　　　　　　　　　(유베날리스)

그리고 의사들은 우리의 건강을 위해서 약으로 쓰거나, 모든 종류의 용도에 사람 고기를 사용하는 것을 꺼리지 않는다. 그러나 우리가 예사롭게 저지르고 있는 배신·불성실·포학·잔인성 등 도리에 어긋나는 행위는 어떠한 이유로도 변명될 수 없다. 그러므로 우리는 이성의 법칙에 비추어서 그들을 야만인이라고 부를 수는 있지만, 우리와 비교해서 그들을 야만인이라고 부를 수는 없다. 모든 야만성에서 우리가 그들보다 훨씬 더 심하기 때문이다.

그들의 전쟁은 지극히 고상하고 용감하다. 그리고 인간의 이 병폐가 가질 수 있는 한의 변명과 장점을 지니고 있다. 전쟁은 그들에게는 용덕(勇德)의 시새움 밖에 다른 근거가 없다. 그들은 새 땅을 정복하려고 싸움을 걸지 않는다. 왜냐하면 그들은 아직도 대자연의 풍요를 누리며, 노동도 수고도 없이 그들에게 필요한 모든 것을 풍부하게 공급받고 있기 때문에, 영토를 넓힐 필요가 없는 것이다. 그들은 아직도 그들의 본성이 필요를 느끼는 정도밖에 욕심내지 않는 행복한 상태에 있다. 그 정도를 넘는 것은 그들에게는 모두 쓸데없다. 그들은 대개 같은 나이면 서로 형제라고 부르고, 나이가 아래면 아이라고 하고, 늙은이들은 모두에게 아버지가 된다. 이 노인들은 그 공동 피상속자들에게 대자연이 그 소생들을 세상에 내놓으며 아주 순수하게 그들에게 준 것밖에 아무런 다른 자격을 보지 않고, 이 공유 재산의 온전한 소유권을 넘겨준다.

이웃 나라 사람들이 산을 넘어 공격해 와서 승리를 거두면, 승리자의 소득은 용덕으로 한수 위라는 우월감과 영광뿐이다. 달리 해 보았자 패배자의 재산이란 아무 소용도 없는 것이다. 그들은 자기 나라로 돌아간다. 거기는 그들에게 필요한 것에 부족함이 없고, 더욱이 저 위대한 조목, 즉 자기들은 행복을 누리고 있고, 그것으로 족하며, 한편으로 소질도 부족하지 않은 것이다. 이편 사람들도 자기들로서 똑같이 한다. 그들은 포로들에게 패배했다는 고백과 그 사실을 인정하는 것밖에 다른 배상금을 요구하지 않는다. 그러나 그들 중에는 체면으로나 말로나 굽히지 않는 위대한 용기로 차라리 죽기를 택하지 않을 자는 백 년을 두고 하나도 없다. 살려 달라고 애걸하기보다는 살해당해서 잡아먹히기를 더 좋아하지 않을 자는 보이지 않는다.

그들은 포로들에게 생명이 얼마나 소중한가를 느끼게 하기 위해서 그들을 아주 자유롭게 취급한다. 그리고 대개 그들에게 장차 죽일 것이라는 위협과 그들이 당해야 할 고초, 그리고 이 목적을 위해서 준비하는 시설과 그들의 사지가 찢어질 것, 그들의 죽음으로 이루어질 향연 등에 관해서 이야기해 준다. 이 모든 일은 단지 그들의 입에서 조금이라도 유약하고 비굴한 말을 끌어내거나, 또는 도망갈 생각을 하게 해서 놀라게 하고, 그들의 지조를 꺾었다는 만족을 얻기 위한 목적으로 하는 것이다. 왜냐하면 잘 생각해 보면 역시 진실한 승리는 단지 이 점에 있기 때문이다.

　　적이 스스로 패배를 인정케 하기 전에는
　　달리 진실한 승리는 없다.　　　　　　　　　　　　　(클라우디아누스)

　　헝가리인들은 대단히 호전적인 전사들이다. 그들은 적을 항복시키기 위한 목적 외에는 더 이상 공격을 계속하지 않았다. 완전히 패했다는 고백을 얻고 나면, 그들은 적을 해치지도 않고 배상금도 받지 않고 놓아 보내며, 기껏해야 이후부터는 그들에게 대항해서 무기를 들지 않겠다는 서약을 시키는 정도였다.

우리는 적들에 대해서 상당한 우세를 얻고 있는데, 그것은 빌려 온 우세이고, 우리의 것은 아니다. 팔과 다리가 더 건강하다는 것은 짐꾼의 소질이지 도덕의 소질은 아니다. 날쌔다는 것은 생명 없는 육체적인 소질이다. 태양 광선을 반사시켜 적들을 눈부시게 하여 실수토록 하는 것은 운명의 소관이다. 검술에 능숙하다는 것은 꾀와 기술의 재간이며 비겁하고 못난 자도 할 수 있는 일이다. 한 인간의 품위와 가치는 그 마음과 의지로 이루어진다. 여기 그의 진실한 영광이 있다. 용감성은 팔이나 다리가 아니고, 마음과 심령의 견고성이다. 그것은 우리의 말이나 무기의 가치에 있지 않고 우리 자신에게 있는 것이다. 자기 용기에 고집하여 쓰러지며, '쓰러져도 무릎으로 서서 전투하는'(세네카) 자, 아무리 죽음의 위험이 임박해도 태도를 조금도 늦추지 않는 자, 숨을 넘기면서도 경멸하는 확고한 눈초리로 적을 쏘아보는 자는 패하여도 우리에 의해서가 아니라 운명에 패한 것이다. 그는 살해당한 것이지 패한 것은 아니다.

가장 용감한 자는 때로는 가장 불행한 자이다. 그러므로 개선 못지않은 패배도 있다. 태양이 그의 눈으로 보아 온 중에 가장 아름다운 승리인 살라미스·플라타에아·미칼라·시칠리아 등 4대 승리의 영광 전부를 뭉쳐 보아도, 테르모필레 협곡에서의 레오니다스[32]와 그의 부하들이 전멸당한 영광에 감히 대항할 수 없을 것이다.

명장 이스콜라스의 패배보다, 어느 누가 더 승리하려는 야심과 영광스러운 적개심으로 전투에 돌격한 일이 있었던가? 그가 죽음으로 얻은 것보다 어느 누가 더 교묘하고 처절하게 자신의 안전을 확보할 수 있었던가? 그는 아르카디아인들에 대항해서 펠로폰네소스의 어느 길목을 막을 책임을 맡고 있었다. 그는 이 일을 수행하기가, 그 장소의 여건과 전력의 불균형 때문에 전혀 불가능한 것을 보고, 적군에 대항할 자들만이 필요상 그 자리에 머물러 있어야 한다

---

32) 기원전 5세기의 스파르타 왕. 페르시아 대군이 그리스에 침입해 온 것을 테르모필레 협곡에서 소수의 군사들을 이끌고 막아 내다가 전멸당했으나, 그동안 그리스군에게 태세를 정비할 시간을 주어 페르시아군에 대한 승리를 얻을 수 있게 했다.

고 결심했다.

한편 그는 자기 임무를 수행하지 못한다는 것은 자신의 용덕 및 담대성과 아울러 라케다이모니아의 이름을 더럽히는 일이라고 생각하며, 이 두 극단에서 그 중간 방도를 취했다. 즉, 자기 부대에서 가장 젊고 팔팔한 자들은 그들 조국의 방어에 봉사하게 하려고 아껴서 돌려보냈다. 그리고 그는 죽어도 좀 덜 아까운 자들과 함께 이 통로를 막아, 그들의 죽음으로 힘닿는 한 적군에게 가장 값비싼 희생을 치르게 하려고 궁리했다. 일은 그렇게 되었다. 그는 바로 아르카디아인들에게 사방에서 포위당했으나 수많은 적들을 살육하고 나서, 그와 그의 부하들 모두가 장렬하게 적의 칼끝에 찔려 죽었던 것이다. 승리자들에게 지정된 전리품으로서, 패자들이 받아야만 하는 것에 지당하지 않는 것이 있는가? 진실한 승리는 그 역할이 싸움에 있지, 안전에 있는 것은 아니다. 그리고 용덕의 영광은 싸움에 있고, 패배시킴에 있지 않다.

다시 우리 이야기로 돌아와서, 이 포로들은 항복하기는커녕 그들에게 무슨 짓을 해 보아도 두서너 달 감금되고 있는 동안 오히려 사뭇 유쾌한 모습으로 지낸다. 그들은 승자들에게 어서 자기들에게 시련을 가하라고 재촉한다. 그들은 승리자들에게 도전하며, 욕설하고, 비굴하다고 책망하며, 그들이 자기들에게 몇 년의 전투에 패했다고 말한다. 나는 한 포로가 지은 노래를 알고 있다. 거기는 이런 도전의 말이 있다. '그들은 모두 용감하게 닥쳐와서 함께 모여 자기를 먹어 치우라. 자기들은 그들의 아비와 할아비를 잡아먹고 컸으니, 그들은 자신의 아비와 할아비를 함께 먹을 것'이라는 뜻이다.

"이 근육, 이 살점, 이 심줄은 너희들의 살이다. 가련한 미치광이들아, 너희들은 조상의 사지의 실체가 아직도 내 살 속에 있는 것을 알지 못한다. 글쎄, 잘들 맛 보아라. 너희들 자신의 살맛이 여기 있다"라고 그는 말한다. 도저히 야만이 느껴지지 않는 시상(詩想)이다.

그들이 죽어가는 것을 진술하며 사람들이 그들을 때려눕힐 때의 정경을 보여 주는 자들은, 포로가 자기를 죽이는 자들에게 침을 뱉으며 입을 삐죽 내미는 모습을 묘사하고 있다. 참으로 그들은 마지막 숨을 거둘 때까지 대항하며 말과 표정으로 도전하기를 그치지 않는다. 거짓말이 아니라 우리와 비교하면, 이거 참, 그들이 야만인들이군! 정말 그들이 진짜로 야만인이든지, 그렇지 않으면 우리가 야만인이라야만 한다. 그들의 성격과 우리 성격 사이에는 굉장한 거리가 있다.

거기서는 남자들은 아내를 여럿 데리고 있다. 그리고 용감성의 평판이 높을수록 더 많은 수의 여자를 갖는다. 그들의 결혼 생활에서 두드러지게 아름다운 점은, 우리 고장 여자들은 우리가 다른 여자들에게서 사랑과 친절을 받지 못하도록 악을 쓰는 데 비해, 거기서는 남편에게 다른 여자의 애정을 끌어 주려고 그만큼 애써 주는 것이다. 그곳 여자들은 다른 어느 일보다도 남편의 명예에 조심하며, 이것이 남편의 용덕을 증명하는 만큼 아무쪼록 그녀들의 동무가 많기를 원한다.

우리 여자들은 기적이라고 소리 지를 것이다. 그러나 기적도 아무것도 아니다. 이것이 바로 그들 결혼의 도덕이다. 다만 가장 높은 단계의 도덕이다. 성서에서도, 리아와 라헬과 사라와 야곱의 아내들은 예쁜 하녀들을 남편에게 제공한다.

리비아는 자기는 손해를 보면서도 아우구스투스의 정욕을 거들어 주었다. 그리고 데이오타루스왕의 아내 스트라토니카는 자기 남편에게 즐기라고 자기가 부리는 미소녀인 침모를 제공했을 뿐 아니라, 그 아이들을 성심껏 기르고 그들이 부친의 나라를 상속하도록 도왔다.

이 모든 것이 단순히 그들의 습관에 매인 노예적인 의무로 하는 것이라고, 그들의 옛 풍습에서 받은 권위 사상의 교양에서 한 것이라고, 또 아무 생각과 판단력 없이 한 것이라고, 그리고 그녀들이 너무나 어리석어서 다른 행동을 취하지 못한 것이라고 생각하지 않도록, 여기 그들 능력의 한 예를 들어주겠다. 앞에 그들이 부르는 전쟁의 노래 하나를 이야기한 것 외에도 나는 다른 종류의 사랑 노래 하나를 알고 있다. 그것은 이렇게 시작한다.

"살모사야, 거기 멈춰라, 거기 멈춰라, 살모사야, 우리 동생이 네 모습에 본을 떠서 훌륭한 끈 장식을 만들어 주거든 우리 님께 선사하련다. 그러면 어느 때나 우리 님은 네 예쁘고 날쌘 맵시를 다른 뱀들보다 더 좋아하리라."

이 첫 절은 한 가요의 후렴이다. 그런데 나는 이 시를 감상할 만큼은 넉넉한 소양을 가졌다. 이 시의 상상력에는 아무런 야만적인 것도 없을 뿐 아니라 이 시가 아나크레온식인 것을 알 수 있다. 그뿐더러 그들의 언어는 보드라운 언어이며, 소리도 듣기 좋고 그리스 말 어미에 닮은 점이 있다. 그들 중의 세 명은 이쪽 땅의 부패한 풍속에 대한 지식이 다음에 그들의 안녕에 얼마나 값비싼 희생을 치르게 할 것인지도 알지 못하고, 이 구대륙(舊大陸) 사람들과 사귀다가 자기들의 멸망이 올 것도 알지 못하고(그것은 이미 상당한 정도로 진척되었다고 나는 생각하지만), 가련하게도 새것을 보고 싶은 욕망에 속아서, 그들의 온화한 풍토를 버리고 우리 땅을 구경하러 건너왔다. 돌아가신 샤를 9세가 루앙에 있을 때에 거기 와 있었다.

왕은 그들과 오래 이야기해 보았다. 사람들은 그들에게 우리의 생활 방식과 화려한 의식과 아름다운 도시의 형태 등을 보여 주었다. 그다음에 누가 그들에게 의견을 물어보고, 그들이 무엇을 보고 가장 감탄했는가를 알려고 했더니, 그들은 세 가지를 대답했는데, 아깝게도 나는 그중의 마지막 것은 잊어버렸다. 그러나 두 가지는 아직도 기억에 남아 있다. 그들은 첫째로 가장 이상하게 본 것은 왕의 주위에 수염을 기르고 힘세고 무장한 많은 훌륭한 사람들이(그들은 아마도 왕을 지키고 있는 스위스 병정들을 말하는 성싶었다) 한 어린아이에게 복종하고 있으며, 자기들 중에서 지휘자 하나를 뽑아내지 않고 있는 것이 대단히 이상하다 했다. 둘째로 (그들은 자기들이 말하는 방식으로 사람들 상호 간에 타인을 서로 반쪽이라는 이름으로 부른다), 우리들 중에 모든 종류의 좋은 것을 혼자서 잔뜩 차지하고 있는 사람들이 있는데, 그들 문 앞에 찾아오는 반쪽들은 배고픔과 가난으로 바싹 말랐으며, 또 이 반쪽들은 이렇게 곤궁한 속에서 어떻게 이 부정의를 참아 낼 수 있는가, 어째서 그들은 다른 자들의 멱살을 잡든지, 그 집에 불을 지르지 않는지 이것이 대단히 이상하다고 했다.

나는 그들 중의 하나와 오래 이야기해 보았다. 그러나 통역이 바보 같아서 내 뜻을 잘 설명하지 못했고, 내 생각을 알아듣지 못했기 때문에, 나는 여기에서 조금도 재미를 보지 못했다. 그가 자기 나라 사람들 중에서 차지하고 있었던 우월한 지위에는 어떠한 특권이 있었느냐고 물어보았더니(왜냐하면 그는 무장(武將)이었고, 우리 뱃사람들은 그를 왕이라고 부르고 있었다), 그는 전쟁 때에 앞장서서 나가는 권리라고 했다. 그리고 얼마나 부하들을 가졌느냐고 했더니, 그는 한 장소를 가리키며 그 속에 들어설 수 있는 인간의 수를 말했다. 그것은 4, 5천 명은 될 듯싶었다. 그럼 전쟁이 끝나면 그의 권한은 없어지느냐고 물어보았더니, 그가 거느리는 마을들을 찾아가려고 할 때, 사람들이 숲 속의 덤불 사이로 오솔길을 닦아서, 그가 편하게 갈 수 있도록 만들어 주는 대우가 남아 있다고 말했다.

이것 모두 언짢은 일이 아니다. 그런데 웬 말인가, 그들은 양복바지도 입지 않고 있다니!

32
거룩한 절차의 비판에는 참견을 조심할 것

사기 수단의 진실한 활약 무대이며 그 재료가 되는 것은 미지의 사물이다. 그것은 우선 이야기가 괴상하기 때문에 바로 믿고 싶어지며, 그다음은 우리들의 범상한 이치로 알 수 없는 일인 까닭에 우리는 그런 일을 반박할 방도가 없는 것이다. 그 때문에 플라톤은 제신의 성질을 두고 말하는 것이 인간의 일을 가지고 말하는 것보다 더 사람에게 만족을 주기 쉽다고 했다. 왜냐하면 듣는 자들이 알지 못하는 일인 까닭에, 사실을 얼마든지 멋들어지게 조작해 꾸며 보일 수 있기 때문이라는 것이다.

그래서 사람들은 잘 알지 못하는 일이 가장 확실하다고 믿고 싶어지며, 우리에게 거짓말을 꾸며 대는 연금술사들, 예언자들, 점성가들, 해몽점술사들, 의사들 같은 '모든 이런 따위 족속들'(호라티우스)만큼 신임을 받는 자들은 없다. 여기 첨가해서 말해도 좋다면, 하느님의 의도를 전하는 해설자들과 비평자들도 수두룩하게 각 사건의 원인을 찾아보고, 하느님이 그 거룩하신 의지의 비밀 속에 하신 일의 이해되지 않는 동기들을 알아보기를 직업으로 삼으며, 잡다하게 일어나는 사건들이 계속적으로 어긋나고, 이런 해석이 이 구석 저 구석, 동쪽 서쪽에서 틀어져 가도 그들은 자신이 해 온 수작을 모르고, 같은 연필로 검게도 희게도 그려 놓는 것이다.

인도의 어느 나라에서는 이런 특이한 계율이 준수되고 있다. 그들은 무력 충돌이나 전투에서 패배당하면, 공공연하게 자기들의 신인 태양에게 자기들 잘못에 관한 용서를 빌며, 행운이나 악운을 하느님의 뜻으로 돌리고, 자기들의 사색과 판단을 그 밑에 승복시키고 있다.

기독교도로서는 모든 일을 하느님이 하신 일이라고 생각하며, 그 거룩하고 측량 못할 예지에 감사하고, 일이 어떻게 되어 왔건 그것은 하느님의 분부라고 좋은 의미로 받아들이면 족하다. 그러나 내가 보는 바 우리의 기도하는 일이 운이 좋아 잘 되어 가는 것을 이유로 들어서, 우리 종교를 강화하고 지지하려는 것은 좋지 못한 일이라고 생각한다. 우리의 신앙은 사건의 권위를 세워 주지 않아도 다른 근거를 충분히 가지고 있다. 왜냐하면 시민들이 자기 비위에 맞게 그럴듯하게 말하는 논법을 믿는 것이 버릇이 되다가, 만일 사건이 이번에는 반대로 그들에게 불리하게 일어나면, 그들 신앙이 동요될 위험이 있기 때문이다.

우리들이 종교 때문에 하고 있는 전쟁에서와 같이, 로슈라베이유[33]에서 갑자기 적들과 맞닥뜨려 벌어진 전투에서 승리를 얻은 자들은 이 행운을 가지고 하느님이 자기들 편을 드는 것이라고 요란스럽게 떠들어 대다가 다음에 몽콩툴과 자르나크에서 패전한 것을 변명하려고 그것은 하느님 아버지께서 매질하시며 징벌을 내리시는 것이라고 말한다면, 그들이 시민들을 온전히 그들 마음대로 할 수 있는 것이 아니라면, 이것은 한 자루의 가루를 빻는 데 삯을 두 번 받는 식이고, 같은 입으로 더운 김과 찬 김을 뿜어내는 수작이라고 생각하기에 알맞은 일이다.

그보다는 차라리 진리의 진실한 근거를 말해 주는 편이 더 나을 것이다. 몇 달 전(1571년 1월 7일 레판토 해전에서 스페인·베네치아·교황청 연합 함대가 튀르키예 해군에 승전했다)에 돈 환 드 오스트리아 제독이 지휘하는 해군이 튀르키예군에 승전한 것은 참 훌륭한 해전이었다. 그러나 옛날에는 하느님께서 우리 편에 불리하게 일을 만들어 주신 예들도 있었다.

결국 하느님에 관한 일들을 손상시키지 않고, 인간적 저울대를 가지고 헤아리기는 곤란한 일이다. 그리고 저 요사스러운 종교의 두목이던 아리우스와 교황 레온은 괴상하게도 각기 다른 시대에 똑같은 방식으로 죽은 사실(왜냐하면 둘 다 교리 논쟁을 하다가 배탈이 나 화장실로 들어가 갑자기 숨을 거뒀다)의 이유를 설명하며, 그것은 이 장소의 사정으로 하느님께서 보복한 것이라고 과장해 말

---

33) 신교들은 1569년 자르나크에서 패전한 것은 잊어버리고, 1569년 5월에 로슈라베이유에서 승전한 것만으로 이런 논법을 세웠다가, 같은 해 10월에 몽콩투르에서 다시 패전했다.

한다면, 화장실에서 살해당했던 헬리오 가발루스의 죽음 역시 여기 첨가해 말할 수 있을 것이다. 한데 어떻게 된 일인가? 이레나에우스도 같은 운명을 맞고 있다.

하느님께서는 우리에게 이 세상의 운이 좋고 나쁜 것은 상관없이, 착한 자들은 따로 바랄 만한 희망을 가졌고, 악한 자들은 따로 두려워할 거리를 가졌다는 것을 가르치기를 원하시며, 사건들을 그의 은밀한 의향에 따라서 만들어 처리하시고, 우리가 어리석게도 그것을 이용하게 두지 않으신다. 그리고 하느님의 일을 인간의 이성으로 이용하려고 하는 자들은 당치 않은 일을 하는 것이다.

그들은 여기서 한 점을 딴다면 반드시 두 점을 잃는다. 성 아우구스티누스는 이것을 그의 논쟁 적수들에 대한 훌륭한 증거로 내놓는다. 이것은 이성의 무기보다도 기억력의 무기에 의해서 결정되는 싸움이다.

우리는 태양이 광선을 통해서 우리에게 보내 주는 대로의 빛으로 만족해야만 한다. 그리고 누구든지 태양의 실체에서 바로 빛을 얻으려고 눈을 쳐드는 자는, 그 오만의 죄과로 시력을 잃는다고 해도 이상한 일로 보아서는 안 된다. "인간들 중에 신의 의도를 누가 알 수 있으며, 주께서 원하시는 바를 누가 추측할 수 있을 것인가?"(묵시록)

33
생명이 아깝거든 감각적 탐락을 피할 것

나는 진실로 대부분의 옛사람들의 의견이 이 점에 합치하는 것을 보았다. 사람이 살아가는 데 좋은 일보다도 나쁜 일이 더 많을 때에는 죽을 시기가 온 것이며, 우리의 생명에서 고통과 불편을 막아 낸다는 것은 바로 자연의 법칙에 위반하는 일이라는 점에서 일치하는 것을 우리는 잘 보아 왔다. 옛날의 교훈은 이것을 이렇게 말하고 있다.

안온한 생활 아니면 행복한 죽음을 얻을지니라.
생명이 짐이 될 때에는 죽는 편이 나으니라.
불행 속에 살기보다는 살지 않음이 더 나으니라.　　　　　(그리스 격언)

그러나 죽음에 대한 경멸은 우리가 행운에 속하는 것으로 부르는 명예·부유·권세, 기타 다른 은총과 재물에 대한 관심을 버리기 위해 이것을 사용할 정도로 강조한다. 마치 이성에게 이 새 짐을 지우지 않고는 이성의 힘만으로 우리가 이런 것을 버리게 하지 못할 것같이 보는 것은, 세네카의 문장을 읽어 보기까지 나는 이런 일이 권장 또는 실천되는 것도 본 일이 없었다.

거기서 세네카가 다시 황제의 측근자로 큰 권력을 누리던 세력가 루킬리우스적인 화려한 생활 방식을 고치고, 이 세상의 야심에게 그의 탐락을 버리고 한적하고 고요하고 철학적인 생활로 은퇴하라고 충고했다.

그때 루킬리우스가 몇 가지 곤란한 점을 들어 핑계하자, 세네카는 말했다. "나는 그대가 이런 생활을 버리거나 그렇잖으면 생명 전체를 버리는 일에 찬성한다. 나는 진실로 그대에게 더 순한 길을 잡아서, 그대가 그렇게도 나쁘게 맺어 놓은 것을 부수기보다는 차라리 풀어 놓으라고, 만일 달리 풀어 놓을 길이 없거든 부수라고 권한다. 항상 매달려 근뎅거리고 있기보다는 차라리 떨어지기를 원치 않을 만큼 비겁한 자는 없다."

나는 이 충고가 스토아학파의 원칙에는 맞는다고 보고 싶다. 그러나 이 사상을 에피쿠로스의 글에서 따왔다는 것이 이상하다. 그는 이런 문제로 아주 똑같은 말을 이도메네우스에게 했던 것이다.

그런데 나는 우리나라 사람들 중에도 이와 비슷한 처신을, 다만 기독교적 절도를 지키며 하는 것은 주목할 만하다고 생각한다. 요사스러운 종교의 아리우스의 강적인 포아티에 주교 생 틸래르가 시리아에 가 있었을 때, 그의 아내와 함께 고향에 두고 온 외딸 아브라는 아주 잘 자라난 예쁘고 부유하고 한창 피어오르는 나이의 처녀였다. 그래서 국내에서 가장 문벌 좋고 소문난 귀족들에게서 청혼이 잇달아 들어온다는 소식을 듣고 그는 딸에게 편지하여(다음에 보면 알 일이지만), 사람들이 제공하는 이런 쾌락과 편익에 대한 애착심을 버리고, 자기가 여행 중에 훨씬 더 훌륭하고 마땅한 배필을 발견했는데, 그는 전혀 다른 종류의 권세와 훌륭함을 지닌 남편으로, 그녀에게 더할 수 없이 귀중 옷과 보배를 선물로 줄 것이라고 알렸다. 그의 의도는 딸을 온전히 하느님께 맺어 주기 위해서, 그녀에게 세속적 쾌락에 대한 욕심과 습성을 버리게 하려는 것이었다.

그러나 그러기 위한 가장 가깝고 확실한 방법은 딸의 죽음이라고 보았기 때문에, 그는 끊임없는 축원과 간청과 설교로 딸을 이 세상에서 불러 가시라고 하느님께 탄원하기를 마지않았더니 일은 그대로 되었다. 왜냐하면 그가 귀국한 바로 뒤에 그녀는 그를 위해서 죽었기 때문이다. 그래서 그는 대단히 기쁜 빛을 보였다. 이 인물이 처음부터 이런 방법으로 호소하는 것은, 사람들이 곁다리로 하는 일을 그는 자기 외딸을 두고 한 일인 만큼 다른 사람들보다 뛰어난 것으로 보인다.

이것은 딴 말이지만, 나는 이 이야기의 끝을 맺지 않은 채로 두고 싶지는 않다. 생 틸래르의 아내는 자기 딸의 죽음이 남편의 의도와 의지에 의해서 인도된 것이며, 딸이 이 세상에 있는 것보다도 저승으로 떠나서 더한층 행복하다는 사실을 그에게서 듣고, 하늘의 영원한 행복이라는 생각에 깊이 사로잡혀서 자기도 딸과 같이 해 달라고 간곡히 청했다. 그래서 하느님은 그들이 함께 올리는 기도를 받아들여서 얼마 뒤에 곧 그녀를 하늘로 불러 올렸으니, 이것은 기특하게도 모두를 만족시켜 준 죽음이었다.

34
운은 가끔 이성의 움직임과 같다

운의 줏대 없는 온갖 움직임은 우리에게 여러 종류의 모습을 보여 준다. 다음과 같은 것보다 더 명백하게 정의로운 행동이 또 있는가? 드 발란티노아 공작은 추미경 아드리앙 드 코르네트를 독살하려고 결심하고, 그의 부친인 교황 알렉산드르 6세와 바티칸에 있는 그의 집으로 저녁 식사를 하러 가면서 앞서 독약을 넣은 포도주 몇 병을 보내 놓고, 요리사를 시켜서 그것을 조심스레 보관하라고 명령했다. 교황이 아들보다 먼저 와서 마실 것을 청하자 요리사는 이 포도주가 호의로 보내온 것인 줄로만 알고, 그것을 교황에게 내주었다. 그리고 공작이 마침 간식 시간에 도착해서 자기가 보낸 포도주는 잘 보관하고 있을 것이라고 안심하고, 그 술을 마셨다.

그래서 그 부친은 그로 인해 급사했고, 아들은 오랫동안 병석에서 고생하다가 더 나쁜 운명을 당하도록 목숨만 부지하고 있었다. 어떤 때는 운명이 꼭 알맞은 때 우리에게 농간을 부린다.

　당시 드 방도므 대군의 기수이던 데스트레 경과 다스코 공작의 부관이던 드 리크 경은 각기 당파는 달랐지만, 둘 다 풍그젤르(푸크롤르) 경의 누이에게 청혼했는데(이런 일은 국경 지방의 이웃 간에 흔하다), 드 리크 경이 승리했다. 그런데 그는 바로 결혼식 날, 아직 신부와 동침하기도 전에 신부를 위해 창을 하나 꺾고 올 생각이 나서 생 토메르 근처로 싸움을 걸러 나갔다. 그러나 전력이 더 강한 데스트레 경에게 사로잡히고 말았다. 딱하게도 신부는

　　한두 겨울의 긴긴 밤이
　　그들 사랑의 탐욕을 만족시키기 전에
　　신랑의 포옹에서 강제로 떨어지게 되어　　　　　　　　　　(카툴루스)

　그녀 자신이 예절을 갖춰서 그에게 남편을 돌려 달라고 간청해야만 했다. 일은 그대로 되었다. 프랑스의 귀족은 결코 부인들의 요청을 거절하는 일이 없었다.

　다음과 같은 것은 교묘한 운명이라고 보이지 않는가? 헬레나의 아들 콘스탄티누스는 콘스탄티노플 제국을 세웠다. 그리고 수백 년 뒤에 헬레나의 아들인 콘스탄티누스는 이 제국의 막을 내렸다.

　어느 때는 운은 즐겨 기적과 솜씨를 다툰다. 우리가 들은 바에 따르면 클로비스왕이 앙굴레므성을 포위하고 공격하자, 성벽은 하느님의 은총으로 저절로 무너졌다고 한다. 그리고 부세가 다른 작가로부터 인용하는 말에 의하면, 로베르왕은 한 도성을 포위하여 공격하다가 포위진에서 빠져 나와 오를레앙에 가서 생 테냥의 축제를 엄숙하게 거행하고 있자니, 그가 신앙의 절차를 올리고 있을 때 미사가 진행되는 어느 시각에 이르자, 포위된 도시의 성벽이 아무 힘도 없이 무너져 사라졌다고 한다.

　우리 군대가 밀라노를 공격했을 때에는 일이 거꾸로 되었다. 렌조 부대장이 우리 편을 들어 아로나시를 포위 공격하며 성벽의 커다란 벽면 밑에 지뢰를 묻어 터뜨렸더니, 성벽은 갑자기 커다란 덩어리로 쳐들렸다가 똑바로 제자리에 내려앉아서, 포위당한 자들에게는 아무런 탈도 없었다.

　어떤 때는 운은 약이 된다. 페레스의 자손은 가슴에 농양을 앓다가 의사들

도 손을 들었다. 죽어서라도 고통을 없앨 생각으로 그는 적국의 밀집 부대 속으로 정신없이 돌격해서 몸을 관통당하는 부상을 입었는데, 결국 몸속의 종기가 터져서 병이 나았다.

화가 프로토게네스의 경우에는 운이 그의 기술적 지식보다 더 기술적이 아니었던가? 그는 피로해서 기진맥진한 개의 그림을 한 곳만 빼놓고 그가 만족할 만큼 완성해 놓았는데, 단지 개거품만은 자기 소원대로 표현할 수가 없었다. 그래서 그는 울화가 치밀어 모두 지워 버릴 작정으로, 여러 물감이 배어 있는 해면을 그림에다 집어던졌다. 그랬는데 운 좋게도 그 던진 것이 개의 입에 맞아 완성하지 못하던 것을 완성해 주었다.

운은 어느 때는 우리의 생각을 교정해 주는 것이 아닐까? 영국 여왕 이자벨은 자신의 남편에 대항해서 싸우는 아들을 지원하려고 군대를 거느리고 젤란드에서 자기 왕국으로 건너가게 되었을 때, 만일 그녀가 예정했던 대로 항구에 도착했더라면 패망했을 것이다. 적군이 기다리고 있었기 때문이다. 그러나 운은 그녀의 뜻과는 반대로 다른 곳으로 그녀를 밀어다 놓았기 때문에, 그녀는 무사히 상륙할 수 있었다. 그리고 한 옛사람은 돌을 집어 개를 후려갈긴 것이 그의 계모를 죽게 했다.

한데 그는—

우연은 우리 자신보다 더 잘 일을 결정한다.　　　　　(메난데르)

운은 우리보다 더 나은 의견을 가졌다고 하는 이 시구를 읊는 것이 지극히 당연하지 않은가?

이케테스는 두 병사를 부추겨서 시칠리아의 아드라나에 체류하고 있는 티몰레온을 죽이려고 했다. 그들은 티몰레온이 희생을 바치는 시간을 거사의 시작으로 정했다. 그리고 군중 속에 섞여 들어 그들이 적당한 기회가 왔다고 서로 눈짓하고 있을 때, 갑자기 제삼자가 튀어나와서 칼을 휘둘러 그들 중 하나의 머리를 쳐서 쓰러뜨리고 달아났다. 그의 공범자는 사건이 발각되어 자기도 잡혀 죽을 것이라고 생각하고 제단으로 달려가서, 사실을 모두 대겠으니 목숨만 살려 달라고 애걸했다. 이렇게 그가 음모의 사실을 진술하는 동안에 제삼자가 잡혀 왔다. 군중들이 이자를 살인범이라고 잡아서 군중 속으로 떠밀며, 티몰레온과 이 군중들 중의 유력자들이 있는 곳으로 끌고 왔다. 거기서 그자는 살려 달라고 고함지르며, 자기는 부친의 살해범을 정당하게 죽인 것이라고 말했다.

마침 운 좋게 그 자리에 있던 증인들에 의해서, 레온티움인들의 도시에서 이자의 부친이 그 피살자에 의해서 살해당했고, 이자가 지금 그 부친의 원수를 갚은 것이라는 사연이 입증되었다. 그래서 그는 자기 부친의 원수를 갚았기 때문에 그것으로 시칠리아인들의 어버이인 티몰레온의 죽음을 면하게 했다고 10 아티카 미나에의 상금을 받았다. 이처럼 운은 그 규정으로 인간 예지의 법칙을 초월하고 있다.

끝으로 하나, 이 사실을 보면 운은 은총과 호의와 특수한 경건심을 지니고 있는 것이 명백하지 않은가? 이그나티우스 부자는 로마의 삼두 집정관들의 체포령을 받고 장하게도 서로 생명을 자기들끼리의 손에 넘겨줌으로써 폭군들의 잔인성을 헛되게 하려고 결심했다. 그들은 서로 칼을 빼들고 대들었다. 칼날은 끝이 서서 똑같이 치명적인 상처를 주었다. 아름다운 애정의 영광으로 그들은 피투성이가 된 팔에 남은 힘으로, 상처에서 칼을 뽑아내고 나서 이 상태로 서로 어찌도 굳게 껴안고 있었던지, 사형 집행인들은 그들의 머리를 한 칼로 쳐서 베었으나 몸은 한 모양으로 껴안은 부자는 상처에 상처를 맞대고 서로가 피와 생명의 나머지를 들이마시고 있었다.

35
정치의 결함에 대하여

나의 선친은 단지 경험과 천성의 도움만 받고 있는 처지로서는 매우 명석한 판단력을 가진 분이었다. 그가 어느 때 내게 도회지 같은 데서 지정된 한 장소를 두고, 가령 내가 진주를 팔고 싶다든가, 팔려고 내놓은 진주가 없나 찾고 있다든가 하는 식으로, 무슨 일이 있는 사람들은 거기 가서 이런 일을 맡아보는 관리에게 자기 볼 일을 신고할 수 있는 시설을 운영해 보았으면 한다고 말씀하셨다. 어떤 자는 파리에 갈 동행을 구하고, 어떤 자는 무슨 기술을 가진 하인을 구하고, 누구는 주인을 구하고, 누구는 직공을 구하고, 누구는 이것, 누구는 저것 하며 각기 자기 일을 신고하게 한다는 것이다. 이렇게 우리가 필요한 일을 서로 알려 주는 방법을 쓴다면 사람들의 일 주선에 적지 않은 편익이 있을 것으로 보인다. 왜냐하면 사람들은 언제나 서로 소용되는 일들이 있는데, 서로 알지 못하기 때문에 모두 대단한 불편을 느끼고 있기 때문이다.

나는 우리 시대의 가장 수치스러운 일이, 학문의 성과로 대단히 훌륭한 인물인 이탈리아의 릴리우스 그레고리우스 자랄두스[34]와 독일의 세바스티아누스 카스탈리오[35] 두 분이 우리 눈앞에서 먹을 것이 넉넉지 못해 굶주려 죽었다는 말을 들은 것이다. 만일 이런 일이 세상에 알려졌더라면, 아주 유리한 조건으로 그들을 초청했거나, 그들 있는 곳에 가서 구원해 주었을 사람이 천 명이라도 있었을 것이라고 나는 믿는다.

어떤 종류의 희귀하고 걸출한 재능과 덕을 겸비한 인물이 가끔 극도의 곤궁에 빠지는 경우, 신수가 좋아서 충분한 가산을 물려받은 자가 이런 인물들을 곤궁에서 면하게 해 주고, 적으나마 그렇게 해 주어도 불만이라면 그들의 생각이 부족한 탓이 되겠지만, 큰 호의를 가지고 구원해 줄 사람이 있는 것을 내가 알지 못할 뿐이지, 세상이 썩은 것은 아니다.

가정 경제의 관리에는 나는 내 부친을 찬양하지만 결코 그대로 따라 해 보지 못하는 제도를 쓰셨다. 그것은 살림살이의 여러 가지 자디잔 계산·지출·물품 구매 등 공증인의 손을 빌 필요가 없는 일은 집사 하나를 시켜서 장부에 기록하게 하는 것 외에, 그는 집 사람들 중 글을 쓸 줄 아는 자 하나를 시켜서, 무슨 일은 언제 시작했었나? 언제 끝났나? 어느 분의 행차가 있었나? 얼마 동안 머물러 있었나? 언제 여행했고 언제 집에 있었고, 결혼·죽음·좋은 소식 또는 나쁜 소식 받은 일, 하인을 교체하게 된 일 따위의 주목할 만한 일이 있다면 모두 일지에 적어 넣게 하며, 그날그날의 자기 집 역사의 비망록을 기록해 두게 해서, 다음에 그 기억이 사라지기 시작할 때에 다시 들여다보면 대단히 재미나며, 늘 적잖이 수고를 덜어 주게 한다. 이것은 옛날 습관인데, 각자가 자

---

34) 이탈리아의 시인이며 박학한 고고학자. 1552년 빈궁 속에 죽었다.
35) 자유로운 종교 사상을 가져서 칼빈파와 가톨릭파 양편에서 배척받은 학자. 1567년에 독일어를 쓰는 스위스 바젤시에서 빈궁 속에 죽었다.

기 식으로 다시 시작해 보아도 좋은 일이다.

그리고 내가 그렇게 못하는 것이 어리석다고 본다.

36
옷 입는 습관에 대하여

나는 무슨 짓을 하려고 해도 습관의 장벽을 넘어야 한다. 그만큼 조심스레 습관은 나의 모든 행동을 제한하고 있다. 최근 발견된 나라들에서 추운 시절에 습관상 사람들이 알몸뚱이로 다니는 것이, 우리가 인도인이나 아프리카인을 두고 말하듯 공기의 더운 온도 때문에 불가피하게 하는 방식인지, 또는 그것이 인간의 본연의 상태인지 생각해 보았다. 성경 말씀에 따르면, 하늘 아래 있는 모든 것이 동일한 법의 지배를 받고 있는 이상, 이해력 있는 사람들은 이러한 법들을 고려해서 거기 본연의 법과 인위의 법을 식별해 내며, 아무것도 꾸며 낸 것이 있을 수 없는 이 세상의 보편적인 질서에 의거하는 습관으로 되어 있다.

그런데 모든 생물은 그 존재를 유지하기 위해서 정확한 분량의 실과 바늘이 공급되어 있는 데도, 인간들만이 결함 있고 다 갖추어지지 않은 상태로 태어나서 외부의 도움 없이는 자기 몸을 유지할 수 없는 상태에 있다고는 믿을 수 없는 일이다. 그래서 나는 식물들이나 살아 있는 모든 것은, 더위나 추위 같은 계절의 침해에 대한 대비를 위해서 자연적으로 충분한 피복을 갖추고 있는 것으로 생각한다.

> 이런 이유에서 거의 모든 존재들은
> 피부·머리털·조개껍데기·외골격 또는 나무껍질 등으로 덮여 있다.
>
> (루크레티우스)

우리 역시 그러했다. 그러나 인공적인 빛을 지우는 자들과 같이, 우리는 빌려 온 방법을 가지고 우리가 타고난 방법을 지워 버린 것이다.

그리고 불가능이 아닌 것을 불가능하게 만드는 것이 습관의 조화임은 알기 쉬운 일이다. 왜냐하면 의복에 관해서 아무것도 아는 것이 없는 이런 국민들 중에는 우리와 같은 기후의 환경 속에 살고 있는 국민들도 있기 때문이다. 그리고 우리 신체의 가장 연약한 부분은 눈·입·코·귀 등 우리가 늘 내놓고 다니는 부분들이다. 우리 고장 농민들은 우리 조상들처럼 가슴과 배를 내놓고 다닌다. 우리가 치마나 그리스 남자 치마를 입어야 할 조건 아래에 출생했다면, 자연은 우리 신체가 계절의 시달림을 받게 될 부분들을 손가락 끝이나 발바닥과 같이 더 두터운 피부로 무장해 주었으리라는 것을 의심해서는 안 된다.

어째서 그것이 믿기 어렵다는 말인가? 내가 옷을 입는 방식과 내 고장 농민의 방식 사이에는, 농민의 방식과 자기 피부만 입고 있는 인간들 사이보다 더 큰 차이가 있는 것을 나는 본다. 하고많은 사람들이, 특히 튀르키예에서는 신앙심으로 벌거벗고 다니지 않는가?

누가 그랬는지 모르지만 어떤 자가 겨울에 셔츠 바람으로 다니는 거지가 귀까지 수달피 가죽으로 싸고 다니는 자만큼이나 유쾌하게 지내는 것을 보고, 어떻게 참아 내느냐고 물어보았다. "한데 나리, 어떠시오?" 하고 그는 대답했다. "나리도 얼굴은 벗었지요. 나는 전체가 얼굴이오." 이탈리아인들이 플로렌스 공작의 어릿광대를 두고 한 말인 듯싶다. 그의 주인이 자기도 추위를 감내하기 어려운 데, 그는 옷도 못 입고 어떻게 참아 내느냐고 물어보자, "내가 하는 식으로, 나리님도 가지고 있는 옷을 모두 걸쳐 보십시오. 나보다 더 추울 것 없으리다"라고 그는 말했다. 마시니사왕은 노령에 이르기까지 춥거나 바람이 불거나 비가 오거나, 머리를 덮고 다니지 않았다. 세베루스 황제도 그러했다고 한다.

이집트인들과 페르시아인들 사이에 일어난 전쟁에서, 헤로도토스는 자기도 다른 사람과 같이 보았다며, 거기 죽어 쓰러진 자들을 보니, 이집트인의 머리가 페르시아인의 것보다 비교가 안되게 더 단단한데, 그 이유는 페르시아 사람은 머리에 늘 모자를, 다음에는 터번으로 감고 있으며, 이집트 사람은 어릴 적부터 머리를 깎고 맨머리로 다녔기 때문이라고 한다.

그리고 아게실라오스왕은 노쇠할 때까지 겨울이나 여름이나 똑같이 옷을 입는 습관을 지켰다. 카이사르는 언제나 부대의 선두에 서서 해가 뜨거나 비가 오거나 대개는 맨머리와 맨발로 걸어다녔다고 수에토니우스는 말한다. 한니발도 똑같이 했었다고 사람들은 말한다.

> 그때에 그는 맨머리에
> 억수 같은 폭우를 얻어맞았다.   (실리우스 이탈리쿠스)

한 베네치아인이 페구 왕국(페루)에 가서 오래 있다가 근래 돌아와서 쓴 글이 있다. 거기서는 남자와 여자들은 다른 부분은 옷을 걸쳤지만, 발은 언제나 벗고 다니며 말을 탈 때에도 맨발이라고 한다.

그리고 플라톤은 몸 전체의 건강을 위해서 발과 머리에는 자연이 준 것 외에는 다른 것을 걸치지 말라고 탄복할 만한 충고를 준다.

우리 왕[36]이 폴란드를 떠나온 후, 그곳 국민들은 자기들의 왕은 진실로 우리 세기의 가장 위대한 왕 중의 한 분이었다고 말했다. 또 그는 결코 장갑을 끼는 일이 없고, 겨울이건 날씨가 어떻건 집 안에서 쓰는 모자를 바꿔 쓰지 않았다고 했다.

내가 단추를 끼지 않거나 끈을 풀고 다니지 못하는 것과 마찬가지로, 내 이웃 농민들은 그런 차림으로는 몸을 결박하고 다니는 것같이 느낄 것이다. 우리가 신이나 높은 관리 앞에 나갈 때 모자를 벗도록 명령받은 것은, 존경의 이유에서보다도 우리의 건강과 기후에 영향을 받지 않게 몸을 단단히 하려고 그렇게 하는 것이라고 바로[37]는 주장한다.

이왕 추위에 관한 말이 나왔고, 우리 프랑스인들은 색깔 있는 옷을 입는 버릇이 있으니(내 말이 아니다. 나는 부친을 본받아 검성과 흰 옷밖에 입지 않는다), 다른 이야기를 붙여 말하자. 마르탱 뒤 벨레 부대장은 룩셈부르크로 진군했을 때 추위가 너무 심해, 얼어붙은 포도주를 도끼로 깨 군사들에게 나누어 주었으며, 포도주 덩어리를 광주리에 담아 가져갔다고 한다. 그리고 오비디우스도 거의 비슷하게 말한다.

---

[36] 앙리 2세가 프랑스 왕이 되어 1574년에 돌아오기 전에는 폴란드 왕이었다. 그 뒤는 스테판 바토리가 왕위를 계승했다.
[37] Varro(B.C.116~B.C.27) 고대 로마의 철학자·저술가. 로마 최초의 공공 도서관장으로 역사, 지리, 법학, 문학, 의학, 건축의 여러 분야에 걸쳐 연구했다. 저서에 《농업론》 따위가 있다.

포도주는 술병 밖으로 꺼내어도 그 형체를 보존한다.

이것은 액체 음료가 아니라 먹으라고 내주는 고체 조각이다.　　(오비디우스)

팔루스 마에오티데스만(아조프 바다)의 얼음은 대단해서, 미트리다테스 부관은 발을 적시지 않고 전쟁을 하여 승리한 바로 그 자리에서, 여름에는 해전으로 승리했다.

로마군들은 플라첸티아 옆에서 카르타고군에 전쟁을 걸었을 때, 극히 불리한 처지에 빠졌다. 왜냐하면 로마군은 추위에 피가 얼고 사지가 오그라붙으면서 접전에 들어갔는데, 한니발은 그 반대로 자기 진영 전부에 불을 피워서 군사들을 따뜻하게 하고 기름을 배급해 주어 몸에 바르게 하여 근육을 더 부드럽고 풀리게 하며, 땀구멍을 막아서 불어대는 찬바람에도 견디어 내게 했기 때문이었다.

바빌론(크세노폰의 원정군의 회군 이야기)에서 자기 나라로 돌아오던 그리스인들의 철군에서 그들이 극복해 온 역경은 유명한 이야기이다. 그들은 아르메니아 산중에서 무서운 눈보라를 만나 길을 잃었다. 그래서 그 고장이 어디며 길이 어딘지도 모르고 사방에서 눈에 포위당한 채 하루 낮 하루 밤을 먹지도 마시지도 못했다. 말들은 대부분 얼어 죽고, 수많은 사람들 중에 어떤 자는 죽고 어떤 자는 눈보라와 눈 빛에 눈이 멀고, 어떤 자는 손끝 발끝이 얼어붙고, 어떤 자는 정신은 멀쩡하나 추위에 온몸이 마비되어 빳빳해져 움직이지도 못했다.

알렉산드로스가 어떤 나라에 가보니, 겨울에는 과일나무를 땅에 묻어서 얼어 죽지 않게 하고 있었다.

옷 입는 문제에 관해서 멕시코 왕은 하루에 네 번씩 갈아입는데, 결코 그 옷을 다시 입지 않으며, 버리는 옷은 아랫사람에게 상으로 내주었으며, 그의 부엌이나 식탁에 쓰인 항아리·접시·도구 등도 두 번은 쓰는 일이 없었다.

37
작은 카토에 대하여

나는 자기 마음대로 남을 판단하는 식의 사람들의 공통된 잘못을 저지르지 않는다. 나는 다른 사람에 관한 일은 나의 일과는 다른 점이 있음을 쉽게 이해한다. 내가 어떤 형식에 매여 있다고 해서, 모두가 하는 식으로 세상 사람들을 거기 매여 지내게 하지는 않는다. 그리고 인생에는 수없이 색다른 형식이 있음을 생각하며 이해한다. 그리고 일반과는 반대로 우리들 사이의 유사한 점보다도 상이한 점을 더 쉽게 받아들인다. 나는 사람들의 소원대로, 내 생활 태도와 원칙을 다른 사람에게 씌우는 일은 하지 않으며, 나와 관련 없이 그를 단순히 그 자신으로 고찰하고, 그의 고유한 전형을 따라 옷을 입혀 놓는다. 내가 혹여 무절제한 인간이라고 해도 퓌이앙파(시토오(Citeaux) 파에서 1577년에 갈라져 나간 종파. 엄격한 수도를 지킴)나 카퓌생파(성 프란체스코 종파. 청빈 생활을 실천함)들이 절도를 잘 지킨다는 것을 성심으로 고백하고, 그들의 처신을 잘한다고 생각해 마지않는다. 나는 상상으로 곧잘 나 자신을 그들의 입장에 서게 해 본다.

그리고 나는 그들이 나와 다르기 때문에 그만큼 더 그들을 좋아하고, 그들을 찬양한다. 나는 특히 사람들이 우리 각자를 따로따로 판단하고, 나를 일반의 예에 따라서 보아 주지 말기를 바란다.

내가 허약하다고 해도 그것은 평가해 줄 가치가 있는 사람들의 힘과 정력에 관해서 내가 가져야 할 의견을 변경하게 하지는 않는다. "사람들 중에는 자기가 모방할 수 있는 것밖에 칭찬하지 않는 자들이 있다."(키케로) 비록 진창 속에 굴러도, 나는 하늘 꼭대기에 이르듯 도저히 모방할 수 없게 고매한 몇몇 영웅적 심령들을 주목하지 않는 것은 아니다. 나의 실천은 거기 미치지 못한다 해도 내게는 조절된 판단력이 있으며, 또 적으나마 이 부분은 부패하지 않은 채 가지고 있는 것만으로도 나로서는 장한 일이다. 다리가 말을 듣지 않아도, 선량한 의지를 가졌으면 그 정도로도 쓸 만한 일이다. 우리가 살고 있는 이 세기는 적으나마 우리 풍토에서는 너무나 침울해서, 나는 도덕을 실행하라고까지는 말하지 않는다. 도덕을 생각해 주는 일까지도 없다. 그리고 이 말은 학교에서나 쓰는 사투리밖에 아무것도 아닌 듯하다.

그들은 도덕이 낱말에 지나지 않으며
신성한 수림은 잡목 숲에 지나지 않는다고 본다.   (호라티우스)

"그들은 그것을 이해하기 불가능할지라도 존중해야 할 일이다."(키케로) 그것은 장롱에 매다는 바늘집이거나 귀에 매다는 귀걸이같이, 혀끝에 매달아 두는 장식품인 셈이다.

요즈음 도덕적 행동이라는 것은 찾아볼 수가 없다. 그리고 도덕의 꼴을 가진 것도 그 본질을 가지고 있지 않다. 왜냐하면 이익·영광·공포·습관 또는 다른 외부적 원인이 우리에게 그런 것을 만들어 내게 하기 때문이다. 정의·용기·호방 같은 것을 우리가 그때 실행한다면 이런 것은 다른 사람들로 보아서, 또 그런 것이 공적으로 지니는 모습에서 그렇게 불릴 수도 있으나, 행하는 자에게는 도덕이 아니다. 거기엔 다른 목적이 있으며, 그 동기가 되는 다른 이유가 있다. 그러나 도덕은 그 자체에 의해서, 그 자체를 위해서 이루어지는 것밖에 시인하지 않는다.

파우사니아스의 지휘하에 그리스군이 마르도니우스와 페르시아군에 대항해서 승리한 포티다이아의 대전투에서 승리자들은 습관에 따라 그들 사이에 전공의 영광을 분배하기로 되어, 이 전투에서 용기의 탁월성은 스파르타로 돌아갔다. 도덕을 심판하는 일에 탁월한 스파르타인들은 이날 가장 잘 싸웠다는 영광이 누구에게 돌아가야 할 것인가를 결정하기로 했을 때, 아리스토데모스가 생명을 내걸고 가장 용감하게 싸운 것을 발견했다.

그렇지만 그들은 그에게 상금을 주지 않았다. 왜냐하면 그의 용덕은 테르모필레의 공훈 때 그가 받은 책망에 대해 속죄하자는 욕망에 자극되어, 자기 과거의 수치를 깨끗이 씻고 용감하게 죽어 보자는 의욕으로 분발한 것이기 때문이었다.

우리의 판단력은 병들어서 타락한 풍속을 좇고 있다. 우리는 대부분 우리 시대의 정신들이 옛사람들의 행동을 비굴하게 해석하고 그들에게 헛된 사정과 원인들이나 꾸며 붙이며, 고대의 아름답고 후덕한 행적들의 영광을 더럽히는 약은 꾀만 쓰는 것을 본다.

위대한 재간이지! 글쎄, 가장 훌륭하고 순결한 행동을 내놓아 보라. 그러면 나는 거기 그럴듯하게 50가지 나쁜 의향을 꾸며 댈 것이다. 거짓말을 펴 보려고 하는 자에 의해서, 우리 속마음의 의도가 얼마나 여러 가지 모양으로 변해 갈 것인가는 하느님만이 아신다. 그들은 남을 모함하는 데는 심술궂기보다도 더 둔중하고 상스럽게 재간을 부린다.

　사람들이 이런 위대한 이름들을 깎아내리는 데 쓰는 수고로, 그와 똑같이 방자하게 나는 이런 이름들을 높이는 데 수고하며 어깨를 빌려 줄 것이다. 그 희귀한 모습들은 현자들의 동의를 얻어서 세상의 모범으로 추려낸 것이니, 나는 이 이름들에 영광을 다시 살려 주기 위해서 내가 할 수 있는 한 능력을 다하며, 유리한 사정으로 해석해 보기를 주저하지 않을 것이다. 그러나 우리의 사색 노력은 그들의 가치를 이해할 힘이 너무나 부족하다고 생각해야 한다. 세상에 있을 수 있는 가장 아름다운 도덕을 묘사하는 일은 착한 사람들의 임무이다. 그리고 이렇게 거룩한 모범을 위해서 감격하며 열중하는 것은 우리에게 맞지 않는 일도 아니다.

　요즈음 사람들이 이와 반대로 하는 수작은 악의로 하거나, 또는 지금 내가 말한 바 인물들의 신용을 자기들 수준으로 끌어내리려는 악덕에서 하거나, 또는 차라리 이렇게 생각해 보고 싶지만, 찬란한 도덕을 그 소박한 순결성대로 생각해 볼 수 있을 만큼 이해력이 강력하고 명석하지 못하고 그러한 훈련도 받은 일이 없는 탓이다. 마치 플루타르크가 말하는 바, 그의 시대에 어떤 자들이 작은 카토의 죽음의 원인을 카이사르가 무서워서 그랬다고 하는 따위이다. 거기에 대해서 플루타르크가 분개한 것은 당연하다. 그리고 이것으로도, 이 죽음을 야심뿐이라고 해석하는 자들에 대해 그가 얼마나 분개하고 있는가를 짐작할 수 있다. 아름답고 후덕하고 정당한 행동을 그는 영광을 얻기 위해서보다는 차라리 세상의 추악함을 더럽게 생각하여 버렸을 것이다.

　이 인물은 진실로 인간의 도덕과 지조가 어느 정도까지 도달할 수 있는가를 보여 주기 위해 대자연이 골라 놓은 시범이었다.

　그러나 나는 바로 여기 이 풍부한 제재를 취급하려고 하는 것이 아니다. 나는 다만 5명의 라틴 시인들이 카토를 칭송한 시구를 들어서, 카토의 명예를 위해, 그리고 이왕이면 그들의 명예를 위해서 서로 경쟁시켜 보려고 한다. 그런데 교육을 잘 받은 아이는 첫 번 두 시인은 다른 시인들에 비해 기세가 없고, 셋째는 더 생기가 있지만 제 자신의 허망한 힘에 쓰러졌다고 보아야 할 것이다.

　그러나 여기서 넷째에 도달하려면 한 단계 두 단계 더 높은 사상이 있어야 한다고 생각할 일이며, 이 정도에 이르면 그는 손을 마주잡고 감탄만 할 따름

일 것이다. 마지막 시인에 가서는 그것은 어느 정도 거리를 둔 제1인자인데, 이 거리는 어떠한 인간 정신으로도 채울 수 없는 일이라고 그는 맹세하며 몹시 놀라 넘어져 실신할 지경에 이를 것이다.

여기 바로 경이가 있다. 우리는 시가(詩歌)의 심판자와 해설자보다도 더 많은 시인들을 가졌다. 시는 이해하기보다 짓기가 더 쉽다. 얕은 수준에서는 시가가 교훈과 기술로 판단할 수가 있다. 그러나 좋은 시, 과분하고 거룩한 시는 규칙이 이치를 초월한다. 확고하고 침착한 눈으로 시의 아름다움을 식별할 수 있는 자는 번갯불의 찬란한 빛깔을 마주 보지 못하듯 그것을 보지 못한다. 시는 판단력을 설복하는 것이 아니다. 황홀케 하며 정신을 잃게 한다. 시의 의미에 침투할 줄 아는 자를 흥분시키는 것은 그가 시를 읽어 읊어 가는 모습으로 제삼자에게까지 깊은 감명을 준다. 자석처럼 바늘을 이끌 뿐 아니라 이 시가 사람을 이끄는 소질을 더욱이 남에게까지 주입해 준다.

이것은 극장에서 더 뚜렷하게 볼 수 있다. 시신(詩神)들의 거룩한 영감은 먼저 시인을 분격과 고민과 증오심으로 충격을 주고, 시신들이 원하는 대로 시인의 혼백을 홀려 가며, 그 시인이 다시 배우에게 감명을 주고, 배우는 결과적으로 국민 전체에게 감명을 준다. 이것은 자석에 줄지어 매달린 바늘과 같은 식이다. 시에는 내가 아주 어릴 적부터 내 폐부를 찌르며 흥분시키는 것이 있었다. 그리고 내가 타고난 천성으로 심히 생동하게 느끼는 이러한 감명은, 그 잡다한 형식으로 잡다하게 이루어졌으며, 높게도 될 뿐 얕게 되는 것이 아니고(왜냐하면 그것은 항상 각각의 종류 중에도 가장 높은 것이었다), 마치 색채가 다른 격이었다. 처음엔 유쾌하고도 교묘한 유동성이며, 다음에는 예민하게 높이 오르는 미묘성이며, 마지막에는 성숙하고 견실한 힘이었다. 오비디우스·루카누스·베르길리우스 등의 예를 들어 보면 더 잘 이해될 것이다. 그러나 여기 우리 시인들이 등장한다.

살아 있는 카토가 카이사르보다도 위대하여라. (마르티알리스)

라고 하나는 말한다.

불굴의 카토는 죽음을 굴복케 한다.　　　　　　　　　(마닐리우스)

　　또 하나는 말한다. 그리고 다른 하나는 카이사르와 에페이우스 사이의 내란을—

　　제신은 승자의 편을 든다.
　　그러나 카토는 패자의 편을 든다.　　　　　　　　　　(루카누스)

이렇게 노래하고, 넷째 시인은 카이사르를 칭송하며—

　　불굴의 심령인 카토를 제하고
　　우주 전체가 그 발밑에 굴하다.　　　　　　　　　　(호라티우스)

그리고 저 마음의 스승은 온갖 위대한 로마인들의 이름을 그의 묘사 속에 전개하고 나서, 이런 식으로 끝맺는다.

　　그들에게 법을 제정해 주는 카토로다.　　　　　　　(베르길리우스)

38
우리는 같은 일로 울기도 웃기도 한다

　　옛날에 안티고노스의 아들이 그때 대적해서 싸우던 숙적 피로스왕의 머리를 베어 바치자, 안티고노스는 몹시 슬퍼하며 심하게 통곡하기 시작했다고 한다. 그리고 르네 드 로레느 공작은 그가 싸워서 이긴 샤를르 드 부르고뉴 공작이 죽었다는 소식을 듣고, 심히 슬퍼서 그의 장례에 상복을 입었다고 한다. 또 브르타뉴 공작령을 쟁탈하기 위한 오로아 전투에서, 드 몽포르 백작이 자기 적수인 샤를르 드 블로아를 격파하여 승전했을 때에 이 승자는 죽은 적의 시체에 대하여 정중한 조의를 표했다는 이야기를 역사에서 읽어 보고 나서 갑자기—

마음은 때로는 희열하고 때로는 침통하는 모습으로
서로 반대되는 겉으로 드러난 모습 아래
자기 격정을 숨긴다. (페트라르카)

이렇게 부르짖을 일이 아니다.
카이사르 앞에 폼페이우스의 머리를 가져왔을 때, 그는 추악하고 불쾌한 광경을 보는 것같이 시선을 비켰다고 역사가들은 말한다. 그들 사이에는 공무를 취급해 가는 데 상당히 오랜 양해와 교제가 있었고, 하고많은 공통된 운명을 겪었고, 서로 봉사와 연락이 있었으니 그의 이 안색이 다음 시인이 생각하는 식으로 꾸민 얼굴이었다고 생각해서는 안 된다.

그는 그때부터
양부(養父)의 심정을 표명하는 것이 현명하다고 생각하고
심중에서는 희열을 느끼면서도 억지로 눈물 흘리고 앓는 소리를 자아낸다.
(루카누스)

사실 우리의 행동은 가끔 가다가 진실해질 수도 있지만—대부분 가면과 허식이다.

상속자가 흘리는 눈물의 가면 밑은 웃음이다. (루카누스)

이런 사례들의 판단에는 우리 마음이 얼마나 자주 온갖 격정에 뒤흔들리고 있는 것인가를 고찰해야 한다. 그리고 우리 신체에는 잡다한 기질들이 서로 모여 있는데, 그중에 우리 체질에 따라 가장 흔하게 우리 내부를 지배하는 것이 주장된 기질이라고 사람들이 말하듯, 마찬가지로 우리 마음에는 그것을 뒤흔드는 여러 가지 움직임이 있지마는, 그 분야에 판치는 움직임이 그중에 하나 있어야만 한다.
그러나 그것은 전적으로 우세한 것만은 아니며, 우리 마음이 너무나 가볍고 부드럽기 때문에, 그 가장 허약한 움직임들도 어쩌다가 역시 자리를 차지하며,

짧은 충격을 주는 일이 없지 않다. 그 때문에 우리는 어린아이들이 똑같은 일을 가지고 천성대로 순진하게 웃다가 울다가 하는 것을 볼 뿐 아니라, 우리 중에도 누구든 자기 소원대로 어떠한 여행을 해 보아도, 자기 가족과 친구들과 고별하는 마당에선 마음속이 찌르르 떨리는 것을 느끼지 않는다고 장담할 자는 아무도 없다. 눈물까지 흘리지는 않더라도 그는 적어도 우울하고 쓸쓸한 얼굴로 발을 말등자에 얹을 것이다.

그리고 아무리 달콤한 불길이 점잖은 집 소녀의 가슴을 불태워도, 그녀를 신랑에게 내어 줄 때에는 그 착한 배필이 아무리—

> 비너스 여신이 새색시들에게 싫고 밉단 말인가?
> 신방 문지방에 쏟아놓는 이 모든 거짓 눈물로
> 그녀들은 부모의 기쁨마저 조롱한단 말인가?
> 이런 비탄이 진실이라면 내가 죽을 노릇이다!
>
> 〈카툴루스〉

이렇게 말해도, 모친의 목에 매달린 그녀들을 떼어놓기엔 힘이 든다. 그러니 결코 살려 두고 싶지 않은 자라도 죽이고 나서 슬퍼하는 것은 괴상한 일이 아니다. 나는 하인을 꾸짖을 때에는 진심으로 꾸짖는다. 진짜 마음으로 하는 것이고 결코 가짜는 아니다. 그러나 이 울화가 지나고 나면, 그가 내게 일이 있으면 나는 진심으로 대한다. 나는 그 즉시 기분을 돌린다. 내가 그를 바보나 소 같은 놈이라고 부른다 해도, 나는 그 별칭을 영원히 그에게 꿰매 붙이지는 않는다. 얼마 후에 그를 좋은 사람이라고 불러도 내 말을 뒤집은 것이 아니다. 어느 소질도 우리에게 순수하게 보편적으로 배어 있는 것이 아니다.

혼자 지껄이는 것이 미친 자의 수작이 아니라면, 내가 혼자 투덜대며 "바보, 천치!" 하고 욕하는 것이 들리지 않는 날이 없다. 그렇다고 이것이 나의 정의라고 생각지는 않는다.

내가 아내에게 냉담하다가도 금세 상냥해지는 것을 보고, 누가 그중에 하나는 가짜 심정이라고 한다면 그는 바보이다. 네로는 제 어미를 물에 빠뜨려 죽이러 보내느라고 작별하면서, 그래도 이 모친와의 이별에 마음이 동요되어 끔찍하고 측은하게 느꼈다.

태양빛은 계속된 줄기가 아니라고 한다. 그러나 태양은 새 빛을 끊임없이 짙게 연달아 투사하기 때문에 그것을 따로따로 알아보지 못한다.

> 빛의 풍부한 원천인 태양은
> 끊임없이 재생하는 빛을 하늘에 쏟으며
> 연달아 광선을 계속적으로 투사하기 때문이다. (루크레티우스)

이렇게 우리의 마음은 알까 말까 하게 가지각색으로 그 빛을 투사한다.
아르타바노스는 자기 조카 크세르크세스의 얼굴빛이 갑자기 변하는 것을 눈치채고 그를 책했다.
그는 그리스 침공 계획을 수행하기 위해 헬레스폰토스 해협을 건널 때의 군대 형세를 고려하고 있는 중이었다. 그는 처음에는 그렇게도 방대한 군사들이 자기 지휘하에 든 것을 보고 안심하는 마음으로 뿌듯했다. 그래서 얼굴에 유쾌하고 기쁜 빛을 보였다. 그러다가 갑자기 바로 그 순간에, 다음 한 세기 동안 사뭇 얼마나 많은 생명들이 사라질 것인가 하는 생각이 떠올라 상을 찌푸렸다. 그리고 눈물이 핑 돌 정도로 가슴이 아파왔다.
우리는 단호한 의지로 우리가 받은 모욕에 대한 복수를 추구했고, 그 승리에 아주 큰 만족을 느꼈다. 그러나 우리는 그 때문에 눈물을 흘린다. 소망을 성취한 것에 대해 우는 것이 아니라 살아 뜻을 이루지 못한 한에 대해 눈물을 흘린다.
그러나 우리 마음은 사태를 다른 눈으로 쳐다보며, 그것을 다른 모습으로 본다. 왜냐하면 사물에는 각기 여러 사연이 있고 여러 양상이 있기 때문이다. 인척 관계와 예부터의 친교와 우정이 우리 마음속에 솟아오르며, 그 사정에 따라서 당장은 깊은 감동을 일으킨다. 그러나 그 전환은 너무나 급격해서 우리는 그것이 무슨 영문인지 모르게 된다.

정신이 어떤 행동을 제안하여 그 집행을 시작함보다 더 신속한 것이 없음은 확실하다. 그러므로 마음은 우리 눈앞에 놓이고 우리 감각으로 파악되는 어느 사물보다도 기민하게 움직인다. (루크레티우스)

그리고 이런 이유에서 우리는 이러한 변화를 하나로 보려고 하지만, 잘 되지 않는다. 티몰레온이 그렇게까지 심사 숙고하여 용감하게 수행한 살인 행위를 가지고 울었을 때, 그는 조국의 자유를 찾는 것이 슬퍼서 우는 것도 아니다. 폭군의 죽음 때문에 우는 것도 아니다. 그는 자기 형의 죽음 때문에 운다. 그의 의무는 끝났다. 이젠 그에게 다른 의무를 실행하게 두라.

39
고독함에 대하여

외롭고 쓸쓸한 생활과 활동적인 생활의 지루한 비교는 치워 두자. 그리고 야심의 탐욕이 뒤집어쓰는 말투로, 우리는 개인을 위해서 세상에 나온 것이 아니라, 공공을 위해서 나왔다고 하는 저 훌륭한 말투는 과감하게 그런 일로 춤추는 자들에게 맡겨 두자. 반대로 자격이니 직무니 하며 소란 떠는 세상 일이 공공의 일에서 개인적인 이익을 끌어내고 있는 것이 아닌가 하는 것은 그들에게 양심과 드잡이 하게 두어 두자. 우리 시대 사람들이 나쁜 방법을 써 가며 제 앞길을 가는 것을 보면, 그 목적에 그런 가치가 없다는 것이 충분히 드러난다.

야심에게는 그 야심 자체가 우리에게 외롭고 쓸쓸함에 취미를 북돋아 준다고 대답하자. 왜냐하면 야심은 사람과의 융화를 피하는 것이 아닌가? 제멋대로 한다는 것만큼 야심이 갈망하는 것이 있는가? 좋은 일 나쁜 일 할 것들은 사방에 있다. 그러나 비아스의 말이 진실이라면, 나쁜 사들이 대다수이며, 전도서가 가르치는 바 사람이 천 명이라도 착한 자는 하나도 없는 것이니—

> 선인은 희귀하다. 그 수는 테베시 성문만큼
> 또는 고작해야 나일강 하구의 수만큼이다. (유베날리스)

군중 속의 전파는 대단히 위험하다. 사람은 악인들을 모방하든지 미워하든지 해야 한다. 그러나 이 두 가지가 다 위험하다. 그들의 수가 많으니 많아질까 두렵고, 우리와는 너무 다르니 너무 많이 미워할 일이 두렵다.

그리고 바다로 나가는 장사꾼들이, 같은 배에 탄 자들의 마음이 각색이라 욕되게 하는 자가 아닌가, 악인들이 아닌가 살펴보는 것은 지당한 일이다. 그런 자들과 동행함은 불길하다고 생각하는 것이다.

그래서 비아스는 자기와 함께 큰 폭풍우를 겪으며 하느님께 구원을 호소하는 자들을 보고, 농담조로 "잠자코 있소. 당신들이 여기 나와 함께 있는 것을 신들이 알면 아니되오"라고 말했다.

더 적절한 예로, 포르투갈의 에마뉴엘왕을 대리하는 인도 총독 알뷔케르크는 바다에서 폭풍우를 만나 위험한 지경에 처하자, 어린 사내아이를 어깨에 얹고는 그 아이와 자기 운명을 한데 묶음으로써, 아이의 순진함이 하늘의 은총을 받아, 아이가 구제되는 덕택에 자기 생명도 보장되기를 바랐다.

현자는 어디서나 만족스럽게 살아볼 수 없다는 말이 아니다. 궁전 안의 군중들 속에서도 고독하게 살 수 있다. 그러나 택할 수 있다면 그런 것을 보는 일까지도 피할 것이라고 그는 말한다.

그는 필요하다면 쓸쓸함을 참고 지낼 것이다. 그러나 자기 마음대로라면 그는 그것을 피할 것이다. 그가 아직도 다른 자들의 악덕과 싸워야 한다면, 그에게는 자기가 악덕에서 충분히 면제된 것으로 보이지 않는 것이다.

카론다스는 나쁜 자들과 사귀는 증거가 있는 자들을 나쁜 자로서 처벌했다. 사람만큼 서로 나빠지고 좋아지기 쉬운 것은 없다. 악덕으로 의가 나빠지고 천성으로 의가 좋아진다.

안티스테네스는 악인들과 교제한다고 책망하는 자에게, 의사들은 병자들과 함께 잘 지내더라고 하는 말로 그들을 만족시키지는 못했다. 왜냐하면 그들이 병자들의 건강을 회복시키는 데 힘이 된다 해도, 병자들을 치료하다가 그들 자신이 전염되어 건강을 해하는 일이 있기 때문이다.

그런데 고독함의 목적은 모두 더 한가로이 편안하게 살자고 하는 결론에 도달한다고 생각한다. 그러나 사람들은 언제나 그 길을 잘 찾는다. 사람들은 제 반사를 저버렸다고 생각하지만, 일거리를 바꾸는 것에 지나지 않는다. 가정 하나를 보살피는 것과 국가를 다스리는 것 사이에는 고초가 더할 것도 덜할 것도 없다. 어디에 마음이 매여 있건, 사람은 거기에 전부 매인다. 그리고 가정일이 덜 중요하다고 해도 귀찮기가 덜할 것은 없다. 그뿐더러 궁전이나 장사일에서 풀려나왔다 해도, 우리는 인생의 고초에서 풀려나온 것은 아니다.

    비애를 없애는 것은 이성과 예지이다.
    망망한 바다를 내다보는 기슭이 하는 일이 아니다.   (호라티우스)

야심·탐욕·불안·공포·음욕 등은 우리가 딴 나라에 가 있다고 해서 우리를 놓아 주지 않는다.

    음산한 비통은 기사의 말 뒤 엉덩이에 따라 오른다.   (호라티우스)

이러한 사물들은 흔히 수도원 속에도, 철학하는 학교에도 우리를 따라온다. 사막에서도, 절벽 밑 암굴에서도, 고행도, 단식도 우리를 풀어 주지 않는다.

    치명적인 화살은 허리에 박혀 있다.   (베르길리우스)

누가 소크라테스에게 아무개가 여행을 다녀왔지만 조금도 나아진 것이 없더라고 말하자 "그는 자기를 짊어지고 갔다 온 것이지" 하며 소크라테스는 말했다.

    다른 태양이 비치는 지역
    찾아간들 무엇하리? 조국을 피했다고
    자기 자신에게서도 피할 수 있는 일인가?   (호라티우스)

먼저 자기 마음을 억누르는 짐을 내려놓지 않으면, 몸을 움직일수록 마음은 더욱 억눌린다. 배에 실은 짐들이 동요되지 않을 때 짐도 방해되지 않는 법이다. 병자의 자리를 옮겨 주면, 그에게 좋기보다는 더 언짢게 된다. 말뚝을 움직이고 흔들면 더 굳게 박히듯, 몸을 움직이면 그대 병은 더 깊어진다. 그러므로 사람들에게서 떨어져나오는 것만으로 족하지 않다. 자리를 옮겨도 족하지 않다. 자기에게서 사람들의 조건을 물리쳐야 하며, 자기 자신을 격리시켜서 다시 찾아야 한다.

나는 사슬을 끊었다고 하시겠지요.
그렇소, 마치 개가 오랜 싸움 끝에 사슬을 끊듯이.
그러나 달아나 보면, 그의 긴 쇠사슬 한 끝은 목에 달고 있지요.

(프로페르티우스)

우리는 쇠사슬을 함께 짊어지고 다닌다. 그것은 완전한 자유가 아니다. 우리는 버리고 온 고장으로 고개를 돌리며, 마음은 늘 그 생각으로 가득 차 있다.

마음이 정화되지 않으면, 얼마만 한 투쟁과 위험을
소득 없이 겪어야 할 것인가? 얼마만 한 수고와 공포로
정열에 사로잡힌 인간이 찢겨야 할 것인가?
오만·음탕·분노는 얼마만 한 파멸을 일으킬 것인가!
방종과 나태는 또한 얼마나!

(루크레티우스)

병은 마음속에 우리를 가두고 있다. 그런데 마음은 그 자신을 벗어나지 못한다.

병은 결코 자신에게서 이탈하지 못하는 마음에 있다. (호라티우스)

그러므로 마음을 끌어내어 제 자신에 돌려주어야 한다. 그것이 진정 외롭고 쓸쓸함이다. 이것은 도시의 한복판이나 왕들의 궁전에서도 누릴 수 있다. 그러나 마음은 따로 떨어져서 더 잘 자기를 누린다. 그래서 우리는 홀로 살며 사람들과 교섭 없이 지내려고 하는 만큼, 우리에게 만족이 매여 있게 하자. 우리를 타인에게 얽매이게 하는 모든 연결을 물리치고, 정말 홀로 살며 편안하게 살아갈 능력을 얻기로 하자.

스틸폰은 자기 도시의 화재를 피해 나오며 거기서 아내도 어린것들도 재산도 잃었다. 데메트리우스 폴리오클레테스는 그가 조국의 그 참혹한 파멸에 처

하여 얼굴빛도 변하지 않는 것을 보고, 손해를 본 것이 없느냐고 물어보자, 그는 없다고 대답했다. 고마운 일로 자기 것은 잃은 것이 없다고 했다.

철학자 안티스테네스가 사람은 물 위에 뜨는 장비를 가지고 난파할 때 헤엄쳐 나갈 차비를 하고 있어야 한다고 농담조로 말한 것은 바로 이 뜻이다.

실로 이해심 있는 사람은 자신을 잃지 않으면 아무것도 잃은 것이 없다. 놀라시가 야만족들에게 파괴되었을 때 그곳 주교이던 파울리누스는 거기서 모든 것을 잃고 포로가 되어, 하느님께 이렇게 기도드렸다. "주여, 이러한 손실을 느끼지 않게 하여 주옵소서. 왜냐하면 그들은 내게 속한 것은 아무것도 손대지 않았음을 주께서는 아시지 않습니까." 그를 부하게 만들던 재산, 그를 착하게 만들던 보배, 그런 것은 모두 온전했다. 이것이 진실로 손실을 면할 수 있는 보배를 택하는 것이다. 그리고 이 보배를 아무도 갖지 못하는 곳에 감추는 방법이다. 그것은 우리 자신이 아니면 아무도 도둑질해 갈 수 없는 보배이다.

할 수만 있다면 아내·아이·재물 그리고 무엇보다도 건강을 지녀야 한다. 그러나 우리 행복이 거기에 매여 있게까지 집착해서는 안 된다. 자기 자신에게 남이 침범하지 않는 아주 자기 고유의 것인 뒷방을 가지고, 그 속에 진실한 자유와 은둔처를 마련해 둘 일이다. 여기서 우리 자신과의 일상의 대화가 이루어질 것이다. 그리고 너무나 사사로워서, 외부와의 어떠한 관련이나 교섭도 그곳에는 미치지 못하게 할 일이다.

아내도, 어린애도, 재산도, 다른 사람도, 하인도 없는 듯 그곳에서 혼자 생각하며 웃고 지내며, 그런 것들을 잃는 경우에 부딪혀도 그런 것들 없이 살더라도 아무런 별다름이 없게 할 일이다. 우리는 자기 자신으로 돌아들 수 있는 마음을 가졌다. 그것은 자기를 동무 삼을 수 있다. 마음은 공격할 거리, 방어할 거리, 줄 거리와 받을 거리를 가졌다. 이러한 고독함 속에서 할 일 없이 괴롭다고 오그라들까 두려워 말자.

　　고독함 속에 그대 자신이 한 군중이 되라.　　　　　　　　(티불루스)

도덕은 그 자체로 만족한다. 규율도 언어도 행위도 필요로 하지 않는다고 안티스테네스는 말했다.

우리의 습관이 된 행동들은 천 가지 중에 하나도 우리에게 상관있는 것이 없다. 이 사람은 광분하여 정신없이 총질의 목표가 되며 무너진 성벽을 기어올라가고, 저 사람은 상처투성이로 기진하여 굶주리고 얼굴은 새파랗게 나자빠져 죽는 한이 있더라도 적에게 성문을 열어 주지 않으려는 것을 보며, 그대는 그들이 제정신으로 그렇게 한다고 생각하는가? 그들은 결코 만나 본 일도 없이 그들의 사정에는 아무 걱정도 않고, 그동안 한가로이 자기 재미에만 탐닉하고 있는 자들을 위해서 그렇게 한다.

이 사람이 콧물을 흘리며 눈곱이 끼고 때가 꼬질한 채 한밤중에 연구실에서 나오는 꼴을 보고, 그는 책을 뒤져서 더 만족하고 현명하고 착한 사람이 되려고 한다고 그대는 생각하는가? 그럴 가능성은 없다. 그렇게 해서 목숨을 줄일 뿐이다. 잘해 보았자 그는 후세에 플라우투스의 압운(押韻)이나 라틴어 낱말 하나의 올바른 철자나 가르칠 것이다. 우리 용도에 가장 쓸모없고 헛된 물건인 명성이나 영광을 위해서, 건강과 안락과 생명을 즐겨 바꾸지 않을 자 누구인가? 우리는 죽음만으로 두려움이 부족한가? 우리의 아내·아이·가족들의 죽음까지 짊어지자. 우리의 일만으로 수고가 부족한가? 우리 이웃사람이나 친구들의 일까지 맡아서 속을 썩이고 골치를 앓자.

웬 말인가, 한 인간이 무슨 사물을
자신보다 더 사랑한다는 생각을 머리에 두다니! (테렌티우스)

고독함은 탈레스의 본을 따서 자기 활동기의 화려한 세월을 세상에 바친 자들에게 더 적합하고 온당한 것같이 보인다.

남을 위해서 실컷 살아 보았으니, 적으나마 인생의 말기에는 자기를 위해 살아 보자. 우리의 사상과 의향을 자신의 안락을 위해 돌아보자. 확실하게 은퇴할 자리를 잡는 것은 가벼운 시도가 아니다. 은퇴해 보면 다른 일에 참견 하지 않아도 할 일이 상당히 많이 생긴다. 하느님께서 우리에게 이사해 갈(죽을) 채비를 할 여유를 주시는 이상, 그 채비를 하자. 짐짝을 꾸리자. 일찍 사람들과 작별하자. 우리를 다른 데 매이게 하고 자신에게서 물러나게 하는 가혹한 속박에서 벗어나자. 이러한 강력한 속박에서 풀려나와 이제부터는 이것저것 즐겨 보며, 무엇보다도 자신 외에는 위하지 말 일이다. 다시 말하면 다른 사물들이 우리 것이 되게 하자. 그러나 그것이 너무 우리의 피부에 달라붙어 살점이 떨어지거나 자신의 한쪽이 무너져 내리지 않고는 떼어 버리지 못하게 되지는 말게 하자. 세상에 가장 중요한 일은 자기 자신으로 있을 줄 아는 일이다.

이제는 사회에 보태 줄 거리도 없으니 우리가 사회에서 물러날 때가 왔다. 그리고 남에게 빌려 줄 거리가 없는 자는 남의 것을 빌려 오려고 생각지 말자. 힘은 빠져가고 있다. 힘을 뽑아다 우리 자신에게 담아두자. 우정의 봉사와 동료의 봉사를 자신에게 쏟아 넣고, 뒤섞을 수 있는 자는 그렇게 할 일이다. 자기를 다른 사람들에게 쓸모없고 걷어차이는 존재가 되게 하는 이 보잘것없음에서, 자기 자신에게도 걷어차이며 둔중하고 쓸모없는 존재가 되지 말게 하라. 자기를 추어올리며 애무해 주라. 자기 이상과 양심을 존경하고 두려워하며, 그들 앞에 잘못하면 면목이 없다고 생각하고, 무엇보다도 자기를 다스리라. "사실 자신을 충분히 존중하는 것은 희귀한 일이다."(퀸틸리아누스)

소크라테스는 말하되, 젊은이는 교육을 받아야 하고, 성인은 일을 잘 해야 하고, 노인은 모든 시민적, 군사적 직무에서 물러나서 어떤 정해진 일에 얽매임 없이 마음대로 살아가야만 한다고 했다.

다른 사람들보다 은퇴의 교훈에 더 맞는 기질을 가진 사람들이 있다. 이해하는 능력이 무르고 늘어진 기질들, 연약한 감성과 의지를 가진 자들, 그리고 쉽사리 굴할 줄도 부림을 당할 줄도 모르는 자들. 나는 타고난 생활 조건과 사상으로 그들 축에 들지만, 이런 자들은 활동적이고 부지런하며 모든 일에 참견하고, 사방에 걸려들어 모든 일에 열중하며, 나서서 일하고, 기회를 찾아서 일에 몰두하는 마음을 가진 자들보다 더 이 의견에 기울어질 것이다. 우연히 우리들 밖에 생겨서 우리에게 편익을 주는 일들이 재미난다면 이용해야 하겠지만, 그것을 우리 생활의 기초로 삼아서는 안 된다. 그것은 기초가 아니다. 이성도 천성도 그것을 원치 않는다. 어째서 자기 법칙에 반해서 우리의 만족을 남의 힘에 굴복시킬 것인가?

많은 사람들이 신앙심에서, 그리고 철학자들은 사색에 의해 운의 변고를 미리 예측하며, 내 손에 잡히는 편익도 잡지 않고, 자기 자신을 부려 일을 시키고, 딱딱한 자리에 잠자고, 눈을 빼어 세상을 보지 않고, 재산을 강물에 내던지고,

몸의 고통을 찾아서 당하지만(어떤 자들은 이승의 고통으로 저승의 행복을 구하며, 어떤 자들은 새로운 몰락이 있을 수 없게 하려고 가장 하층의 생활에 처하지만), 이런 짓은 과분한 도덕이다. 가장 견고하고 강력한 천성을 가진 자들은 그들의 은둔처까지 영광스럽고 모범적이게 만들어 볼 일이다.

> 가난할 때는
> 나의 극히 작은 소유로 안전한 생활을 자랑하고
> 그 적은 것으로 만족할 줄 안다. 그러나 운이
> 잘 돌아서 내가 좀 더 유복하게 될 때는
> 찬연한 옥토(沃土) 위에
> 금전의 기반 위에 서 있는 자들만이 행복하다고
> 나는 주장한다. (호라티우스)

　내가 그렇게까지 앞질러 생각하지 않아도 일거리는 충분히 많다. 나는 운이 좋은 편이니, 언짢아질 경우를 대비하며, 지금 생활이 편안하니 상상력이 미치는 한으로 불행이 올 수 있다고 상상해 본다. 그것은 우리가 창술 시합이나 무술 시합에 단련되어, 평화 때 전쟁을 모방하는 식이다.
　나는 철학자 아르케실라우스가 자기 재산이 허용하는 대로 금과 은 기구를 사용했다고 해서 그가 수양이 부족하다고는 보지 않는다. 그런 것을 쓰지 않은 것보다도 절도 있고 후하게 사용했기 때문에 그를 더 평가한다.
　나는 인간 본연의 필요성이 어느 한계까지 도달하는가를 안다. 그리고 자주 내 집 문 앞에 찾아오는 가련한 거지가 나보다 더 유쾌하고 건강한 것을 보고, 나는 나 자신을 그의 자리에 놓아 보며 내 마음에 그의 굳어진 성질을 씌워 본다. 그리고 이렇게 다른 예를 좇아 보며, 죽음·가난·경멸·질병 등이 내 뒤꿈치를 따라오는 것으로 생각하지만, 나보다 못한 자들이 그렇게 참을성 있게 견디어 내는 것을 보고는, 그런 것은 두려워할 거리가 못 된다고 쉽게 결심한다. 그리고 이해력이 약한 것이 강한 것보다 더한 일을 한다거나, 사색의 성과가 습관의 성과에도 미치지 못한다고 생각해 볼 수는 없다. 그리고 인생의 이런 부속적인 편익들이 대단한 것이 아님을 알고 있는 까닭에, 나는 그런 것을 실컷 누리며, '내게서 나오는 재물만으로 만족하게 하여 주옵소서' 하고 하느님께 간청하여 마지않는다. 나는 쾌활한 젊은이들이 감기에 걸렸을 때 쓰려고 늘 가방 속에 약봉지를 가지고 다니며, 그 약을 가지고 있다고 생각하기 때문에 병을 그만큼 덜 두려워하는 것을 본다. 그래야만 한다. 더욱이 그보다 더 심한 병에 걸릴 수 있다고 느낀다면, 그런 부분을 마취시켜 잠재워 줄 약을 준비하고 있어야 할 일이다.

인생에서 택해야 할 직업은 힘도 들지 않고 권태롭지도 않은 것이라야 할 일이다. 그렇지 않으면 이 세상에 와서 체류할 작정을 하는 것이 소용없는 일이다. 그것은 각자의 개인 취미에 달려 있다. 내 것은 조금도 살림살이와 조화되지 않는다. 자기 직업을 좋아하는 자는 절도 있게 거기에 열중해야 한다.

> 사물을 자기에게 종속시키고
> 자기를 사물에 종속시키지 말기를.   (호라티우스)

그렇지 않으면 살루스투스가 말하듯, 살림살이라는 것은 노예적 고역이 된다. 크세노폰이 말한 바, 키루스가 직업 삼아 했다는 정원사 같은 것이라면 할 만하다. 그리고 어떤 자들에게 볼 수 있듯 이런 걱정거리로 마음을 가득 채우고 긴장시키는 체하고 비천한 일거리에 열중해 들어가는 태도와 다른 자들이 하는 식인 극단의 무관심으로 모든 것을 방치해 두는 태도 사이에는, 중용의 길을 찾아볼 수 있다.

> 양 떼는 데모크리투스의 논밭과 수확물을 망치는데
> 그의 정신은 신체를 떠나 멀리 공간을 분망하게 떠돈다.   (호라티우스)

젊은 플리니우스가 이 고독함에 관해서 그의 친구에게 주는 충고를 들어 보자. "나는 그대가 처한 그 충만하고 풍부한 은퇴 속에서, 그 천하고 더러운 살림살이는 그대 집 사람들에게 내맡기고, 문장 연구에 몰두하며, 거기에서 완전히 그대의 것인 무엇을 끌어내라고 충고한다." 그는 명성에 관해서 말한다. 그것은 키케로가 공공 사무에서 물러난 뒤 외로움과 휴식을 이용해서 문장으로 영원의 생명을 얻고자 한다고 말했던 것과 같은 기분이다.

> 웬 말인가! 그대의 지식은 다른 사람이 알아주지 않으면
> 아무 짝에도 소용이 없단 말인가? (페르시우스)

여기서는 세상에서의 은퇴를 말하고 있는 만큼, 사람은 세상 밖을 내다보는 것이 옳은 듯이 보인다. 이런 자들은 반밖에 은퇴하는 것이 아니다. 그들은 자기가 없어졌을 때를 위해서 자기 태도를 결정한다. 그러나 그들은 우스운 모순으로 자기들이 이미 없을 때 그들 의도의 성과를 이 세상 밖으로 끌어내겠다고 주장한다.

신앙심으로 외로움을 찾는 자들의 사상은 저승에 가서 하늘의 약속에 대한 확신으로 가득 차 있으니, 그것은 더 건전하고 조리에 맞는다. 그들은 그 착함으로나 힘으로나 똑같이 무한의 대상인 신을 자기 앞에 제시한다. 마음은 거기서 완전히 자유롭게 자기 욕망을 만족시킬 거리를 얻는다. 고통과 번민은 영원한 건강과 향락을 얻기 위해서 사용되기 때문에 그들에게는 이익이 된다. 죽음은 완벽한 상태로 넘어가는 통로로서 소원되는 것이다. 그들의 엄한 생활 규칙은 바로 습관에 의해서 평탄해진다. 그리고 육체적 욕망은 배척되며 그들의 거부로 진정된다. 왜냐하면 그들의 생활은 수련과 실천으로밖에 잡혀 있는 곳이 없기 때문이다. 다른 세상에 있을 영원한 행복의 생활이라는 이 유일한 목표는, 우리가 이 세상의 편하고 달콤한 생활을 저버려 가며 신실하게 찾아볼 만한 가치가 있다. 이 생기 있는 신앙과 희망의 열정으로 진실하고 꾸준하게 자기 마음을 불태울 수 있는 자는 인생의 다른 모든 형식을 넘어서 외로움 속에 탐락적인 생활을 세우는 것이다.

그러므로 플리니우스의 이 충고는 그 목적도 방법도 나를 만족시키지 않는다. 우리는 늘 열병에서 불의의 병으로 다시 떨어진다. 이 독서의 직무는 다른 모든 일처럼 힘들며 건강에 해롭다. 그러나 건강만은 가장 고려하고 있어야 한다. 그리고 거기서 얻는 쾌락에 마취되어서는 안 된다. 절약가나 인색한 사람이나 탐락자나 야심가를 망치는 것은 바로 이 쾌락이다. 현자들은 우리가 자기 욕망에 배반당하지 않는 진실하고 완전한 쾌락을, 고통이 섞여 있고 잡색으로

된 쾌락들 중에서 식별해 내는 방법을 잘 가르쳐 준다. 왜냐하면 대부분의 쾌락은 이집트인들이 필리스타스라고 부르던 도둑들처럼 우리를 간지럽히고 포옹해 주며 우리 목을 조여올 것이라고 그들은 말하기 때문이다. 만일 취하기 전에 머리가 아파진다면, 우리는 처음부터 과음하지 않을 것이다. 악을 탐하는 것은 우리를 속이느라고 먼저 나오며, 다음에 올 것은 숨겨 둔다. 책은 재미있다. 그러나 책과 너무 가깝게 지내다가 우리에게 최선의 부분인 쾌활성과 건강을 잃고 만다면, 아무리 좋은 책이라도 저버리자. 나는 책을 읽는 결과가 이러한 손실을 보충하지 못한다고 생각하는 사람 중의 하나이다.

 마치 어떤 병으로 몸이 약해졌다고 오래 느껴온 사람이 마침내 약에 몸을 맡기며, 생활의 어떤 규칙을 기술적으로 정해 놓고 다시는 이 규칙을 위배하지 않는 것같이, 평범한 생활에 물리고 싫증이 나서 은퇴하는 자는 자기 생활을 이성의 규칙에 따라 꾸미며, 예측과 사색으로 조절해 가야 한다. 그는 어떠한 형태로건 모든 종류의 힘든 노동과 작별하고, 신체와 마음의 안정을 방해하는 정열은 모두 피하며, 자기 기분에 맞는 길을 택해야 한다.

  각자는 자기 길을 택할 줄 알아야 한다.   (프로케르티우스)

 살림살이에서나 공부에서나, 사냥에서나 다른 모든 훈련에서도, 쾌락의 극한까지 가보아야 한다. 그러나 고통이 섞여들기 시작하는 곳에서는 더 이상 걸려들지 말아야 한다. 우리는 다만 자신을 긴장시키기에 필요할 정도로, 그리고 마음이 늘어져 졸게 되는 게으름이라는 다른 극단을 뒤에 끌어오는 폐단을 막기에 필요할 정도로 일거리와 직무를 갖고 있어야 한다. 학문 중에는 척박하고 가시 돋친 것이 있으며, 대부분은 민중을 위해서 꾸며 낸 것이다. 그런 것은 세상 일에 봉사하는 자들에게 맡겨 둘 일이다. 나로서는 재미나고 쉽고 내 기분을 돋워 주거나 내 죽음을 조절하도록 위안을 주며 충고하는 서적들밖에 좋아하지 않는다.

  건강에 좋은 수풀 속을 묵묵히 거닐며
  현자와 선인(善人)의 관심을 끌 가치 있는 문제를

사색하며. 　　　　　　　　　　　　　　　　　　　　(호라티우스)

　현명한 사람들은 강하고 굳센 마음을 가졌기 때문에, 극히 정신적인 휴식을 가질 수 있다. 내 마음은 평범하기 때문에 나를 지탱해 가는 데 육체적 편익의 도움을 받을 필요가 있다. 그리고 지금은 나이가 들어서 하고 싶은 재미도 볼 수 없게 되었으니, 늙은 나이에 더 맞도록 남아 있는 재미나 찾으려고 내 욕망을 단련하여 북돋우고 있다. 우리 나이가 주먹에서 하나씩 빼앗아 가는 인생의 쾌락과 향유를 놓치지 말도록, 우리 이빨과 발톱으로 꼭 잡아 두어야 한다.

　　쾌락을 취하자. 생명만이 우리의 것이다.
　　때가 지나면 잿더미·그림자·이름밖에 남지 않는다. 　　　(페르시우스)

　그리고 플리니우스와 키케로가 영광에 관해서 우리에게 제안하는 결론으로 말하면, 그것은 내 생각과는 거리가 멀다. 은퇴와 가장 반대되는 심정은 야심이다. 영광과 안정은 같은 자리에 깃들 수 없는 사물들이다.
　내가 보는 바로는 이자들은 팔과 다리만을 군중들 밖에 내밀고 있다. 그들의 의향은 전보다 더 세상에 묻혀 있다.

　　늙은이여, 그대는 남의 귀를 즐겁게 해 줄 재료만
　　수집하는가? 　　　　　　　　　　　　　　　　　　　(페르시우스)

　그들은 다만 더 잘 뛰기 위해서, 그리고 더 강력한 동작으로 더 생기 있게 군중 속에 돌입하기 위해서 물러난 것이다. 그들이 한 낟알의 길이가 부족하게 화살을 맞히지 못하는 꼴이 보고 싶은가? 학설이 판이한 두 학파의 철학자의 의견을 각기 접시저울에 달아보자. 하나(에피쿠로스)는 그의 친구 이도메네우스에게, 또 하나(세네카)는 친구 루킬리우스에게 편지를 써 보내며, 번거로운 직무와 권세의 지위를 버리고 외로움 속으로 은퇴하도록 권고했던 것이다.
　"그대는 이제까지 헤엄치며 둥둥 떠 살아왔다. 항구로 죽으러 돌아오라. 그대는 다른 생명을 모두 빛에게 주었다. 남은 생명은 어둠에게 주라. 생명의 열매를 버리지 않는다면 직무를 버리기는 불가능하다. 이 목적으로 명예와 영광을 위한 모든 근심을 버려라. 그대 과거 행동의 빛은 너무 과하게 그대를 밝혀 주며 그대의 은둔처까지 따라올 위험이 있다. 다른 탐락들과 아울러 남들의 칭찬에서 오는 쾌락을 버려라. 그대의 학문과 능력으로 말하면, 걱정하지 마라. 그 성과는 잃어버린 것이 아니다. 그만큼 그대 자신에 더 값어치가 생긴다. 사람들이 결코 알아줄 수 없는 기술을 가지고, 무엇 때문에 그렇게 고생하느냐고 누가 물어보자 "아는 자, 얼마 없어도 족하다. 하나라도 족하다. 하나도 없어도 족하다"고 대답한 자의 일을 상기하라.

그는 진실을 말했다. 그대와 동무 하나만 있으면, 그대들 둘이 충분히 인생의 무대가 된다. 또 그대와 그대 자신만으로 족하다. 세상 사람들이 그대에게는 하나이며, 그대 하나가 그대에게 민중 전체가 되게 하라. 한가하게 집에 있거나 은둔에서 영광을 끌어내려고 하는 것은 비굴한 야심이다. 자기 굴에 들어가는 문턱에서 발자국을 지우는 산짐승의 본을 떠야 한다.

세상 사람들이 그대의 말을 해 주기를 찾는 것이 그대에게 필요한 일이 아니다. 그대가 어떻게 그대 자신에게 말해야 할 것인가를 찾으라. 자신에게 은퇴하라. 그러나 먼저 그곳에 그대를 받아들일 차비를 하라. 그대가 그대를 지배할 줄 모른다면 자신을 믿는다는 것이 미친 수작이다. 외로움 속에서도 사람들과 있을 때나 마찬가지로 실패하는 수가 있다. 그대가 그 앞에 감히 실수하지 못하는 자가 되기까지, 자신에게 부끄러움과 존경을 느낄 때까지 "그대 마음에 선한 이상을 수호하라."(키케로) 그대 마음에 늘 카토와 포키온과 아리스티데스를 그려 보라. 그들 앞에서는 미친 자들까지도 자기 잘못을 감추더라. 그들을 그대의 모든 의향의 조정자로 삼으라. 만일 이 의향들에 헛길이 들어가면, 그들에 대한 존경심이 길을 잡아 주리라. 그들은 그대가 자신으로 만족하는 길을 지키게 하며, 자신에서밖에 아무것도 빌려 오지 않게 하며, 그대 마음을 확실하고 한정된 사색에 멈춰 다져지게 하며, 그리고 사람들이 이해하면서 더욱 즐기는 진실한 보배를 이해하고 나서, "생명이나 명성을 연장시킬 욕망 없이, 그것만으로 만족하게 하는 올바른 길에 그대를 잡아 둘 것이다"라고 말한다.

이것이 바로 진실하고 순진한 철학의 충고이다. 첫 번의 철학자처럼 번질거리며 말이 많은 식의 철학이 아니다.

40
키케로에 대한 고찰

　이러한 사람들의 비교에 또 한 가지 특색이 있다. 키케로와 플리니우스(그의 성격은 내 생각으로는 그의 숙부와 별로 닮지 않았다)의 문장에는 과분하게 야심적인 성질이 있었다는 증거가 무수히 나온다. 그중에도 그들은 세상 사람들이 모두 알 듯 그들 시대의 역사가들이 자기들 일을 기록에서 빼놓지 않기를 축원하고 있다. 그래서 운은 심술이 난 듯, 문제의 그 역사 기록이 이미 없어진 지 오랜 뒤에까지 이러한 허영에 찬 요구를 우리에게 전해 주고 있다. 그러나 이러한 지위에 있는 인물들로서 말을 많이 하는 것과 군소리를 무슨 중요한 영광으로 삼으려고 하고, 자기 친구들에게 개인적인 편지까지 써 보내며 청탁하는 짓은 도에 넘치게 천한 일이다.

　그리고 어느 것은 때를 놓쳐서 보내지도 못하고 잠도 자지 않고 애써 지은 문장을 잃어버리고 싶지 않다는 점잖은 구실로 이것을 출판하고 있는 것이다. 그들은 자기들이 모국어를 잘 알고 있다는 평판을 듣고 싶었던 것이다. 한가로운 시간을 얌전하게 훌륭한 편지를 정리해 묶어 놓는 데 사용하는 것이 세계 제국의 최고 관리인 로마의 두 집정관의 직위에 있는 자들로서 격에 맞는 일이 아닌가? 훈장질로 벌어먹는 학교 선생인들 이보다 못한 짓을 할 것인가? 크세논과 카이사르는 그들의 업적이 웅변보다 훨씬 훌륭하지 못했었다 해도, 이런 글을 썼으리라고는 생각되지 않는다. 그들은 자기들의 말이 아니라 행적을 추천하고 장려하려고 했다.

　만약에 말 잘하는 완벽성이 위대한 인물에 맞을 만한 무슨 영광을 가져 올 수 있다면, 스키피오와 라엘리우스[38]도 그들의 희곡과 그 모든 우아하고 매력 있는 라틴어 문장을 썼다는 영광을 일개 아프리카 노예에게 넘겨주지는 않았을 것이다. 왜냐하면 이 작품이 그들의 것임은 그 문장의 탁월하고 우미한 품이 충분히 주장하고 있으며, 그리고 테렌티우스 자신이 그것을 고백하고 있다. 누가 내게서 이 신념을 뽑아낸다면 불쾌한 일이다.

---

38) 로마의 집정관으로 스키피오의 친구. 시인 테렌티우스는 카르타고 출생의 해방 노예였다. 몽테뉴는 그의 작품을 스키피오와 라엘리우스가 쓴 것이라고 주장한다.

그것은 달리 보면 칭찬할 만한 근거가 있다 해도, 자기 지체에 맞지 않는 소질과 자기에게 주요한 것이 될 수 없는 소질을 가지고 어떤 인물을 높이 평가하려고 하는 것은 일종의 조롱이고 모욕이다. 마치 한 왕을 가지고 훌륭한 화가라느니, 훌륭한 건축가라느니, 또는 훌륭한 포수라느니, 마상 경쟁의 고리따기 선수라느니 하는 식이다. 이런 칭찬은 평화시에나 전쟁 시에 정의와 학문을 가지고 자기 국민들을 지도한다는 식으로, 그들의 고유한 소질을 칭송한 뒤에 아울러 내놓은 것이 아니면 영광이 되지 못한다. 그래서 키루스 대왕이 농사를 짓고, 샤를르마뉴 대왕이 웅변가요 문장가였다고 하는 것은 영광이 된다.

나는 우리 시대에 글을 쓸 줄 알아서 자격과 지위를 얻은 분들이 글 쓰는 수련을 특별히 강력한 태도로 부인하며, 문장을 서투르게 쓰고 이런 천한 소질에는 무식한 체하며, 백성들도 그들이 결코 학자들 축에 들지 않는 것으로 믿게 하고, 자기들은 더 훌륭한 소질을 가진 인물로 처신하는 것을 보았다.

데모스테네스의 친구들은 필리포스왕에게 사신으로 갔다 와서, 그 왕이 미남자요 웅변가며 호주가라고 칭찬했다. 그러자 데모스테네스는 이것이 여자나 변호사나 주정꾼에게 해 줄 칭찬이지, 왕을 칭송할 말은 못된다고 했다.

  그는 지도하며, 저항하는 적을 정복하며
  타도당한 적에게 관대할 일이다.   (호라티우스)

  사냥을 잘하거나 춤출 줄 아는 것은 그의 직분이 아니다.

  어떤 자는 소송 사건을 변호할 것이다.
  어떤 자는 컴퍼스를 사용하여 찬란한 천체와
  별의 운동을 묘사할 것이다.
  그의 처지로는 국민을 지휘할 줄만 알면 된다. (베르길리우스)

플루타르크는 더 심하게 말하며, 필요하지 않은 이런 일에 탁월한 재주를 보이는 것은 오히려 자기 여가와 공부를 잘못 사용했다는 증거가 되는 까닭에, 그런 여가는 차라리 필요하고 유용한 일에 사용되어야 했을 것이라고 말한다.

그래서 마케도니아 왕 필리포스는, 자기 아들인 위대한 알렉산드로스가 연회석에서 우수한 음악가들과 어울려 노래한다는 말을 듣고, "그렇게 노래를 잘하는 것이 부끄럽지 않은가?" 하고 말했다. 그리고 바로 이 필리포스가 한 음악가에게 그의 소질에 관해서 토론을 하자, "폐하께서 이런 일을 저보다 더 잘 아셔도 언짢은 일이 오지 않으시도록 하느님께서 가호가 계셨으면 하옵니다"라고 음악가는 말했다.

어느 웅변가가 이피크라테스에게 "글쎄, 그대가 그렇게 용감해서 무엇하오? 그대가 무인이오? 그대가 궁수요? 그대가 창수(槍手)요?" 하는 식으로 욕설을 퍼부었을 때 이피크라테스는 "나는 아무것도 아니오. 그러나 나는 이 모든 사람들을 지휘할 줄 아는 자요" 하는 식으로 제왕이 대답할 줄 알아야 한다고 대답했다.

그리고 안티스테네스는, 사람들이 이스메니아가 탁월한 피리의 명수라고 칭찬하는 논법을 그의 인격을 훼손하는 것으로 간주했다.

누가 내 《수상록》의 언어에 얽매임을 받고 있다는 말을 들으면, 그는 그런 말을 하지 않는 편이 좋았을 것이라 생각한다. 내 글은 현실과 거리가 멀기보다는 더 직통으로 표현하는 만큼, 그것은 이 문장을 추어올리는 일이 아니고 그 의미를 깎아내리는 일이다. 내가 잘못 알았는지 모르지만, 다른 작가들은 결코 나보다 더 많은 재료를 다루고 있지 않다. 어떻든 그것이 나쁘건 좋건, 어느 작가들이건, 종이 위에 나보다 더 많은 재료를 실어 놓는다든가 적어도 더 빽빽하게 뿌려 놓지는 않았다. 나는 더 많이 실으려고 재료의 첫머리에 해당하는 부분만 실어 놓는다. 만일 내가 여기에 그다음을 붙여 간다면, 나는 이 책을 몇 갑절로 만들어 냈을 것이다. 정말로 나는 여기 이야기만 내놓고 말은 하지 않을 것을 얼마나 많이 뿌려 놓은 셈인가. 누가 이것을 좀 교묘하게 풀어서 써 나간다면 그는 이것으로 무한정의 《수상록》을 내놓을 것이다. 이런 이야기나 내 인용문은 언제나 늘 예시와 권위와 장식만으로 쓰이는 것이 아니다. 나는 이런 것을 단지 내가 사용하는 용어로만 보는 것이 아니다. 이 이야기들은 내 제목 이외에 더 풍부하고 과감한 재료의 싹을 지니고 있으며, 그리고 더 많이 표현하기를 원하지 않는 나 자신이나 내가 생각하는 것을 파악하는 자들에게는, 좀 현실과 거리가 멀게 더 미묘한 어조를 울려 준다.

말의 효능 문제로 돌아와서 나는 나쁘게밖에 말할 줄 모르는 것과 말을 잘하는 것밖에 모르는 것 사이에 큰 차이를 발견하지 못한다. "과하게 공들인 장식은 남자의 장식이 아니다."(세네카)

현자들은 지식으로 보면 철학밖에 할 일이 없고, 행동으로 보면 일반적으로 모든 단계와 질서에 적합한 도덕밖에 찾을 것이 없다고 말한다.

이와는 다른 이 두 철학자(에피쿠로스와 세네카를 가리킴)에게는 무엇인지 같은 점이 있다. 왜냐하면 그들은 자기 친구들에게 써 보내는 편지에도 영원성으로 약속하고 있기 때문이다. 그러나 이것은 방식이 다르며, 좋은 의도에서 한 것이 다른 사람의 허영심에서 한 일과 합치된다. 왜냐하면 그들은 친구들에게 쓰기를, 장차 올 시대에 이름을 남기고 명성을 얻고 싶은 생각 때문에 아직도 일처리에 매여 지내며, 자기들이 그들에게 권하는 은퇴와 외로운 생활을 두려워하는 것이라면, 그런 수고는 하지 말라고 했기 때문이다. 또 자기들은 이미 후세에 충분한 신용을 얻고 있으니, 자기들이 그들에게 써 보내는 편지만으로도 그들이 맡은 공적 직책으로 할 수 있는 것만큼, 그들의 명성을 세상에 알리고 유명해지게 할 것을 책임지고 말할 수 있다고 했다. 이러한 차이 외에도 그들의 문장은 낱말을 교묘하게 꾸며 가며 일정한 자리에 운을 규칙적으로 맞추고 정리해서 겨우 지탱하는 속 비고 메마른 글이 아니고, 그것으로 우리가 웅변가가 되는 것이 아니라 더 현명해지고, 그것이 우리에게 말 잘하는 법을 가르치는 것이 아니라 착한 행동을 하게 가르치는 예지의 아름다운 사상으로 채워져 있다. 사물을 말함이 아니고 웅변조만 추구하는 웅변이 무슨 소용이 있을까? 키케로의 경우와 같이, 극도의 완벽에 달해서 웅변 자체가 실체를 이루고 있는 경우가 아니라면 말이다.

나는 여기 또 우리가 이 문제에 관해서 그의 글에서 읽은 이야기를 붙여 말하며, 그의 본성에 접촉해 보겠다. 그는 대중 앞에서 연설하게 되었을 때, 바빠서 마음 놓고 준비할 시간이 없었다. 그때 그의 노예 에로스가 와서, 집회가 다음 날로 연기되었다고 알려 주었다. 그는 너무나 기쁜 나머지 좋은 소식을 전해 준 상으로 그 노예에게 자유를 주었다.

이 편지 쓰는 제목에 관해서 내가 말하고 싶은 것은, 나도 마음만 먹으면 쓸 만큼 쓴다고 내 친구들이 생각하는 일이다. 나도 누구한테 글을 써 보낼 상대가 있었다면, 기꺼이 이 편지 형식을 취해서 내 필치를 발표해 보았을 것이다. 그러기 위해서는 내가 옛날에 가졌던 바와 같이, 누구와 어떤 교섭이 있어서 내 마음을 끌고 나를 지지하고 내 정신을 북돋아 주는 사람이 있어야만 했다. 왜냐하면 다른 사람처럼 허공과 교제하는 것은 나로서는 꿈속에서나 할 일이기 때문이다. 게다가 가식과는 비위가 맞지 않는 나는 헛된 이름을 꾸며서 신중하고 정직한 사물을 이야기해 볼 수는 없었던 것이다. 내게 힘차고 친밀한 상대가 있었다면, 사람들의 잡다한 취미를 관찰해 가며, 내가 지금 하는 것보다 더 조심하며 더 믿음직하게 써 갔을 것이다. 그리고도 의도하는 반만큼 되지 못했다면 실망할 일이다.

내 문체는 본시 해학조의 허물 없는 말투이다. 그것은 어느 때나 내 언어가 갖는 버릇이지만, 공적인 교제에는 부적당하다. 그러나 그것이 내 형식이다. 내 문체는 아주 압축되고 흐트러지고 빽빽하고 독특하다. 그리고 얌전한 구절을 예쁘게 꿰어 맞춘 것 외에 실속 없는 의식적인 문장은 내 비위에 맞지 않는다.

나는 저 심정이 줄줄 흐르며 남의 일을 돌보아 준다는 식의 기다란 말투에는 소질도 취미도 없다. 나는 그런 말을 그대로 믿지 않는다. 그리고 내가 생각하는 것 외에 더 많이 말하는 수작이 싫다. 이것은 요즈음 하는 행위와는 너무나 다르다. 왜냐하면 지금같이 예절이 더럽고 비굴하게 타락한 적이 없었기 때문이다. 생명·영혼·헌신·찬미·노예 따위의 말들이 너무 속되게 유행되기 때문에 그들이 더 명백하게 품는 존경심을 상대편에게 느끼게 하려고 할 때에는, 그것을 표현할 방법이 없다.

나는 아첨꾼으로 보이는 것은 죽어도 싫다. 그래서 내 말투는 자연히 뻣뻣하고 뭉툭하고 생소하게, 대체로 내 말투를 모르는 사람에게는 좀 경멸조로 보인다. 나는 가장 존경하지 않는 자를 가장 존대한다. 그리고 내 마음이 가장 경쾌하게 향하는 자에게는 체면을 차리지 않고 말한다. 그리고 내가 매여 지내는 분에게는 변변찮게, 그리고 오만하게 존대어를 쓴다. 가장 많이 내 마음을 바친 분에게는 존대어를 쓰지 않는다. 그들은 내 마음속을 읽어야 할 것이며, 내가 말로 표현한다면 내 생각을 잘못 이해시킬 것 같다.

잘 왔느냐고 말하기, 작별하기, 감사하기, 인사하기, 일을 거들어 드리겠다고 하기 등 이런 따위의 의식적인 법칙의 말로 하는 인사치레에서 나만큼 말이 서투른 자를 나는 알지 못한다.

그리고 무엇을 간청하거나 당부하든지 하는 편지인 경우, 그 편지를 받아 볼 사람이 멋쩍고 기운 없다고 보지 않을 편지를 써 본 일이 없다.

이탈리아인들은 편지를 인쇄하는 것을 대단히 좋아한다. 이런 서한집이 내게 백 가지는 있다고 생각한다. 안니발레 카로의 것이 가장 좋은 것 같다. 내가 옛날에 여자들에게 보내려고 종잇장에 지저분하게 긁적거린 것이 모두 그대로 남아 있다면, 그때는 내 손이 정열 때문에 날뛰고 있었으니 개중에는 아마도 요즈음 할 일은 없고 이런 혈기로 싱숭생숭해진 젊은이들에게 보여 줄 만한 글도 더러 있었을 것이다.

나는 편지를 언제나 급하게 쓴다. 너무 서두르기 때문에 도무지 읽을 수 없이 나쁘게 써 나가지만, 다른 사람의 손을 빌기보다는 내 손으로 쓰기를 좋아한다. 왜냐하면 내 생각을 좇아서 쓸 수 있는 자도 없으며, 나는 편지를 결코 다시 베껴 쓰지 않기 때문이다.

나는 나를 알고 있는 높은 분들에게도 박박 지우고 줄을 긋고, 접지도 않고 여백도 없는 편지를 참고 읽어 주도록 버릇을 들여놓았다. 가장 힘들게 쓴 편지는 가장 가치 없는 편지들이다. 편지를 질질 끌며 쓰는 것은 벌써 편지가 되지 않는다는 표시이다. 나는 아무 계획도 없이 붓대를 든다. 그러면 첫 번 생각에 다음 생각이 끌려 나온다. 요즈음의 편지는 수식과 서문 치레뿐이고, 알맹이는 없다. 나는 편지 하나를 써서 접고 봉하기보다는 차라리 편지를 두 통 쓰는 편이 좋으니, 이 일을 늘 남에게 맡긴다. 마찬가지로 말할 재료를 다 말한 다음에는, 끝에다 붙이는 기다란 연설조 제안, 간청 따위는 남에게 해 달라고 맡기고 싶다. 그리고 습관이 변해서 이런 일은 없애 버렸으면 좋겠다.

또 직위와 칭호의 목록을 적어 넣는 경우는 실수할까 봐 쓸 생각을 포기한 일이 여러 번 있었다. 특히 재판관이나 재무관에게 하는 편지가 그러했다. 하고 많은 직무의 변동이 있었고, 잡다한 명예 칭호들이 그렇게도 곤란한 분배와 조정이 있었으며, 이런 칭호는 그들이 상당히 값비싸게 사들인 것이기 때문에, 칭호를 바꿔서 쓰거나 잊어버리고 써주지 않으면 그들은 모욕을 느끼지 않을 수 없다. 나는 우리가 인쇄해서 내는 서적의 겉장과 속의 첫 페이지에 적어 넣는 이름에 붙이는 칭호도 똑같이 기분 나쁘게 본다.

41
자신의 영광을 양보하지 말 것

　세상 사람들이 갈피를 못 잡고 헤매는 상태에서 가장 보편적으로 용납되는 것은 명성과 영광을 얻으려고 하는 심정이다. 그 때문에 우리는 재산·휴식·생명·건강 같은 가장 효과적이며 실질적인 재화와 보물도 버리고 실체도 없고 잡히지도 않는 이 헛된 그림자와 단순한 목소리를 추구하는 것이다.

　　명성은 그 달콤한 소리로 오만한 인간들을 매혹하며
　　그다지도 예쁘게 보이지만, 그것은 한 메아리
　　한 꿈에 지나지 않는다. 아니, 살랑 스치는 바람에도
　　불려 사라지는, 꿈의 그림자에 지나지 않는다.　　　　(토르콰토 타소)

　그리고 인간들의 가장 주책없는 기분들 중에서, 철학자들까지도 다른 무엇보다 여기서 풀려나는 일이 가장 느리며 마음이 괴로운 것같이 보인다. 이것은 가장 억세고 고집스러운 습성이다. "왜냐하면 명성은 도덕의 길로 상당히 나아간 자들까지도 유혹하기를 그치지 않는다."(성 아우구스티누스) 이것만큼 명백하게 이성이 그 허영됨을 비난하는 것은 없다. 그러나 이 야심은 우리 속에 너무도 생생하게 뿌리를 박고 있기 때문에, 누구 하나 이것을 깨끗이 벗어던진 자가 있을지 모르겠다. 그대는 이런 생각은 없다고 단단히 말하고 굳게 믿고 나서도, 명예욕은 그대의 이성에 거슬러 내장에까지 사무치는 경향을 나타내는 까닭에 여기에 어떻게 당해 낼지 방도가 어렵게 된다.
　키케로가 말한 바와 같이, 이런 사상을 배격하는 자들까지도 그런 말을 써내는 그들의 책 겉장에 자기 이름을 붙인다. 그들이 영광을 경멸했다는 것으로 영광을 얻기를 바라기 때문이다. 다른 모든 일들도 흥정 속에 들고 만다.
　우리는 친구에게 필요한 때에는 재산과 생명까지 빌려 준다. 그러나 남에게 자기 명예를 전해 주고, 자기 영광을 선사하는 일은 없다. 카툴루스 룩타티우스는 킴부리아인들과의 전쟁에서, 자기 군사들이 적 앞에서 도망치려는 것을 막으려고 온갖 노력을 다한 끝에, 그 자신이 도망병들 사이에 끼어서 겁쟁이 흉내를 내며, 군사들이 적을 피한다기보다는 차라리 자기 대장을 따라간 것같이 보이려고 했다. 이것은 남의 수치를 덮어 주기 위해서 자기 명성을 버린 일이다.

황제 카를 5세가 1537년에 프로방스 지방으로 들어갔을 때, 안토니오 데 레이바는 자기 왕이 이 원정을 결심한 것을 보고, 이것으로 그에게 큰 영광이 돌아갈 것이라고 생각하면서도, 여기에 반대하는 의견을 말하며 이 원정 계획을 포기하라고 간해 올린다. 그것은 그가 다른 사람들의 의견에 반대인데도 이렇게 훌륭한 원정을 수행할 정도로 황제의 판단과 예측이 탁월했다고 사람들이 말하게 하여, 이 계획의 모든 영광과 명예가 자기 윗사람에게로 돌아가게 하기 위해서 한 일이라고 한다. 이것은 자기 명예를 희생함으로써 그에게 영광을 주는 일이었다.

트라키아인의 사절단이 브라시아스의 모친 아르길레오니스에게 아들의 죽음을 위문하러 가서, 그에 비견될 자는 없었다고 말할 정도로 높이 칭찬하자, 그녀는 이렇게 개인적으로 개인에게 하는 칭찬을 거절하고 그 명예를 대중에게 돌려 주었다.

"그렇게 말하지 마시오. 우리 스파르타에는 그보다 더 위대하고 용감한 자들이 많은 것을 나는 아오."

크레시 전투에서 영국 황태자는 아주 젊은 나이로 전위대를 지휘하고 있었다. 이 전투에서 주요 공방은 이 지점에 집중되고 있었다. 그를 따르던 귀족들은 전투가 대단히 격렬한 것을 보고 에드워드에게, 빨리 자기들을 구원하러 와 달라고 청했다. 왕은 자기 아들의 사정을 물어보고, 그가 살아서 말 위에 있다는 대답을 듣고는 "그가 이렇게 오래 버티고 있는 전투에, 그 승리의 영광을 지금 가서 빼앗는다는 것은 옳지 않은 일이오. 어떠한 위험을 겪어도 승리의 영광은 전부 그의 것이 되어야 하오"라고 말했다. 그리고 자기도 가지 않고 다른 사람도 보내지 않았다. "사실 언제든지 최후의 증원이 승리를 이룬 것같이 보인다."(티투스 리비우스)

로마에서는 많은 사람들이 스키피오의 공적 일부분은 라엘리우스의 힘을 입고 있다고 생각하며, 일반적으로 이 말이 돌고 있었다. 그런데 라엘리우스는 늘 스피키오의 위대성과 영광을 옹호하여 밀어주며, 자기 영광은 생각도 않고 있었다. 또 스파르타 왕 테오폼포스는, 누가 자기에게 그가 지휘를 잘 해서 국가가 반석 위에 놓여 있다고 말하자, "그것은 국민이 잘 복종하니까 그렇소" 하고 대답했다.

귀족의 칭호를 상속하는 부인들이 여성임에도 불구하고 귀족들의 법률에 속하는 사건에 참석해서 의견을 말할 권한이 있듯, 교회의 귀족들 역시 그들의 직무에도 불구하고 전쟁이 일어났을 때는 그들의 친구와 종자들뿐 아니라, 그들이 몸소 왕을 구원해 주어야 하는 것으로 생각하고 있었다. 보베 주교는 필리프 오귀스트왕과 함께 부비느의 전투에 나가 대단히 용감하게 싸움에 참가했다. 그러나 그는 유혈이 낭자한 맹렬한 전투의 성과와 영광에 참여해서는 안 된다고 생각했다. 그는 이날 자기 손으로 여러 적들을 굴복시키고는 그들을 목졸라 죽이든지 포로로 하든지 하라고 만나는 귀족들 아무에게나 내어 주었다.

그는 그 집행을 모두 포기했던 것이다. 그리고 그는 이렇게 잡은 기욤 드 살스베리 백작을 장 드넬르 경에게 넘겨주었다. 다른 행적도 그의 양심에서 한 일이다. 그는 타살하려고는 했지만, 칼은 쓰지 않았다. 그래서 그는 몽둥이만 들고 싸웠다. 우리 시대에 어떤 자가 신부에게 손을 댔다고 왕이 책망하자, 그는 이 일을 강력하고 단호하게 부인했다. 사실 그는 신부를 몽둥이로 때려 눕히고 발로 짓밟았던 것이다.

42
우리들 사이에 있는 불평등에 대하여

플루타르크는 어디에선가 짐승 사이에는 사람과 사람 사이만큼 거리가 보이지 않는다고 했다. 그는 마음의 능력과 내적 소질에 관해서 말한다. 사실 내 생각으로는 에파미논다스는 내가 알고 있는 어떤 사람들(상식을 가진 사람들 말이지만)보다는 너무나 거리가 먼 인물들이기 때문에, 나는 이것을 플루타르크보다 더 강조한다. 그리고 어느 한 사람과 한 짐승보다도 한 사람과 한 사람 사이의 거리가 더 멀다고 생각한다.

>아아, 한 인간이 다른 한 인간보다 이다지도 탁월한가!　　　(테렌티우스)

그리고 사람들의 정신과 정신 사이에는 땅에서 하늘까지만큼 헤아릴 수 없는 층계가 있다.
그러나 인간들의 평가를 두고 하는 말이지만, 우리들 말고는 어느 사물이건 그 자체의 소질만으로밖에 평가되지 않는다는 것은 이상한 일이다. 우리는 말 한 필을 두고, 그 힘차고 숙달된 것을 칭찬하는 것이며,

>우리는 한 준마(駿馬)를, 그 속력을 보아
>저 소란한 경마장 속에 환호를 받으며
>쉽게 얻은 수많은 종려나무를 보아서 칭찬한다.　　　(유베날리스)

그 안장을 보고 칭찬하는 것이 아니다. 사냥개는 그의 속력을 보고 칭찬하는 것이지 목띠를 보고 칭찬하는 것이 아니며, 보라매는 그 날개를 보고 칭찬하지, 그것과 방울을 보고 칭찬하는 것이 아니다. 그런데 우리는 어째서 한 인간을 마찬가지로 그 자신의 것을 보아서 평가하지 않는가? 그는 따르는 사람이 많고 훌륭한 궁전을 가졌고 신용이 있고 연수입이 많다. 이 모든 것은 그의 주위에 있다. 그에게 있는 것이 아니다. 그대는 자루 속에 넣은 고양이를 자루만 보고 사지 않는다. 말을 흥정할 때는 그 장비를 벗기고 맨몸을 드러내서 보며, 또는 옛날에 왕공들에게 팔려고 내놓을 때 하듯 말을 덮어씌워 놓은 때에는 좀 필요성이 적은 부분을 덮으며, 털이 곱다든가 엉덩이가 크다든가에 현혹되지 않고, 주로 가장 유용한 부분인 다리와 눈과 발을 유의해 본다.

>왕들에게는 이런 습관이 있다. 말을 구입할 때는
>옷을 입혀서 심사한다.
>그것은 흔히 일어나듯
>말이 화사한 얼굴과 유약한 다리를 가졌을 때

그 미려한 엉덩이, 섬세하고 기묘한 머리 모양
오만한 목에 현혹되는 폐단을 막기 위함이다. (호라티우스)

어째서 사람을 평가할 때 그대는 싸잡아 묶어 놓고 평가하는가? 그는 자기 것이 아닌 부분밖에는 내보이지 않으며, 그를 진실로 평가하며 판단할 자료가 되는 부분은 감춰 두고 있다. 칼의 가치를 보아야 할 일이지 칼집은 볼 것이 못 된다. 그것을 벗기고 보면 아마도 한 푼이라도 주기가 아까워질 것이다. 그 자체로 평가해야지 그 장식을 보고 평가해서는 안 된다. 그리고 옛사람이 아주 재미나게 말하듯 "당신은 그의 키가 어째서 커 보이는지 아시오? 당신은 그 신발의 높이를 계산에 넣으시오"라는 식이다.

받침돌은 조각이 아니다. 말놀이용 대막대는 제쳐놓고 재어 보라. 부귀와 명예는 제쳐놓고 셔츠 바람으로 나오게 하라. 그가 경쾌하고 건강하여 직무에 적합한 신체를 지녔는가? 그의 마음은 어떤가? 마음이 건전하며 그 모든 부분이 유능하고 잘 하게 보이는가? 그 마음이 자기 것으로 풍부한가? 또는 남의 것으로 풍부한가? 요행으로 얻은 것은 없는가? 뽑아든 칼을 눈을 똑바로 뜨고 쳐다볼 수 있는가? 입으로건 목으로건 어디로 생명이 달아나도 꼼짝도 않는지, 마음이 침착하고 공평하고 만족하는지를 봐야 하며, 이런 것으로 우리들 사이에 있는 극도로 많은 차이를 판단해야 한다.

그는 현명하고 자제심이 있는가?
가난도 죽음도 쇠사슬도 그를 전율케 못 하는가?
그는 자기 정열을 억제하며 명예를 경멸할 수 있는가?
완전히 자신 속에 유폐되어, 마치 어떠한 외적 물체도
그 굴러가는 것을 막지 못하게 둥글고 매끈한 공과 같이
운의 뭇 침해에도 태연자약하고 동요함이 없는가? (호라티우스)

이러한 사람은 왕국이나 공작령 위에 5백 발은 높이 처하며, 그 자신이 자기 제국에 들어앉아 있다.

현자는 실로 자신의 행복을 만든다. (플라우투스)

그에게 더 이상 무슨 소원이 있겠는가?

천성은 우리들에게 고통 없는 신체와
걱정이나 공포 없는 행복의 심정을 누릴 수 있는
마음밖에 요구하는 바가 없음을 보지 않는가? (루크레티우스)

군중이 어리석고 천하고 비굴하고 지조 없이 잡다한 정열의 폭풍우에 이리 밀리고 저리 밀리며 끊임없이 떠돌고 있는 꼴과, 이 현자의 자태를 비교해 보라. 하늘과 땅 사이보다 더한 거리가 있다. 그러나 우리는 습관적으로 맹목적이 되어서 이러한 차이를 거의 고려하지 않는다. 그런데 만일 우리가 어떤 농군과 왕, 귀족과 상민, 관리와 개인, 부자와 가난한 자를 관찰해 보면, 갑자기 극도의 불평등이 우리 눈앞에 보이는데, 그것은 그들이 입은 잠방이 차이밖에 아니다.

트라키아에서 왕은 재미나게 매우 과장된 방식으로 국민과 구별하고 있었다. 그는 자기만의 종교, 자기 혼자만의 신을 갖고 있었으며, 국민들은 그것을 숭배할 수 없었는데 그것은 메르쿠리우스였다. 그리고 그는 국민들의 신인 마르스·바쿠스·디아나 등을 경멸했다.

그러나 이런 것은 아무런 본질적인 차이를 이루지 않는 색칠에 불과하다. 왜냐하면 연극배우들과 같이, 그들은 무대 위에서 공작이나 황제의 가면을 쓰고 나오는 것이다. 그러나 얼마 뒤에는 하인이나 가련한 짐꾼이 되고 마는데, 이것이 그들 본연의 타고난 모습이다. 그런 만큼 화려한 장식이 사람들의 눈을 휘황하게 하지만, 황제는

황금 장식을 뒤집어쓰고
가장 광택 나는 굵직한 옥 장신구가 그 몸에 번쩍이며,
매일 매의 깃털색을 지닌 아름다운 의복을 휘감고
비너스의 땀인 향수를 바르고 있는 까닭으로 훌륭하게 보인다. (루크레티우스)

막의 뒤에 가서 보라. 그것은 평범한 한 인간에 불과하며, 아마 그 신하 가운데 가장 변변찮은 사람보다도 더 비굴한 인간이리라. "신하는 내적 행복을 향유한다. 황제는 표면의 행복을 향유함에 불과하다."(세네카)

비겁·혼미·야심·울분·시기심이 다른 자나 마찬가지로 그를 뒤흔든다.

> 왕실 보배도, 집정관의 도끼도
> 금박 칠한 벽면도, 언저리에 떠도는 걱정과
> 마음의 비참한 동요를
> 흩어져 사라지게 하지 못한다. (호라티우스)

자기 군대 한복판에서도 근심과 공포가 그의 목덜미를 잡고 있으며

> 진실로 인간들의 공포와 그들을 압박하는 걱정은
> 무기의 소음도 살인의 창검도 두려워하지 않는다.
> 이런 것들은 과감하게 제왕들과 세력가들 속에 살며
> 황금의 눈부신 빛도 그들을 동요시키지 못한다. (루크레티우스)

열병과 두통·통풍 등은 황제에게는 면제되는 것인가? 노령이 그의 어깨를 누를 때, 그 호위대의 궁수는 그의 짐을 내려 줄 것인가? 죽음의 공포가 그를 실신시킬 때, 그의 방에서 시중드는 귀인들의 구원으로 그는 안심할 것인가? 그가 질투를 느끼고 변덕이 생겼을 때 우리가 큰절을 하면, 그 질투가 없어질 것인가? 황금과 진주로 장식되어 부풀어 오른 관 뚜껑은 심한 복통을 진정시킬 아무런 효험도 없다.

> 열병의 열이, 수놓은 자줏빛 비단 이부자리에 누웠다고
> 평민의 방석에 누운 것보다 더 속히 내리진 않는다. (루크레티우스)

알렉산드로스 대왕의 아첨꾼들은 그가 주피터의 아들이라고 믿게 하려고 했다. 어느 날 그는 상처에서 피가 흐르는 것을 보고, "이게 어쩐 일인가?" 하

고 말했다. "이거, 시뻘거니 순수한 인간의 피가 아닌가? 이것은 호메로스가 신들의 상처에서 흐르게 하는 피의 형태가 아닐세."

시인 헤르모도로스는 안티고노스들 위해 시를 짓고 그를 태양의 아들이라고 불렀다. 그런데 그는 반대로 말하며 "내 침실의 변기를 비우는 자는 내가 그렇지 않은 것을 안다"고 했다. 요컨대 모두 단순한 사람이다. 만일 그 자신이 천한 집에서 태어났었다면, 우주의 제국도 그에게 달리 옷을 입혀 보지 못했을 것이다.

> 소녀들이 그를 서로 빼앗으려고 대들게 하라.
> 그의 밟는 발 밑에 장미꽃이 피게 하라. (페르시우스)

마음이 나쁘고 어리석은 인간이니 그런 것을 다 무엇하나? 탐락도 행복도 정력과 정신 없이는 받아들일 수 없다.

> 사물들은 소유자의 심성(心性)에 따라 가치가 생긴다.
> 사용할 줄 아는 자에게는 그것이 좋다.
> 잘 사용할 줄 모르는 자에게는 나쁘다. (테렌티우스)

운으로 얻은 재산은 있는 그대로를 맛보려면 마음이 있어야 한다. 그것을 소유함이 아니고, 누릴 줄 알아야만 행복하게 된다.

> 가옥이나 토지, 청동이나 황금 더미가
> 소유자의 걱정이나 신체의 열을 치유함이 아니다.
> 그 소유자가 건전해야만 획득한 재물을 잘 누린다.
> 그가 욕심이나 공포로 고민한다면
> 그의 재산은 눈병 환자에게 그림 격이고
> 통풍 환자에게 향유 격이다. (호라티우스)

그는 바보요, 그의 취미는 둔중하고 멍청하다. 그는 코감기에 걸린 자가 그리스 포도주 맛을 모르듯, 장식한 말안장을 말이 누리지 못하듯, 마찬가지로 아무것도 즐기지 못하며, 플라톤이 말하듯 건강·미모·힘·부유·기타 재물이라고 부르는 모든 것이 정당한 자에게 행운이 되듯, 부당한 자에게는 화가 된다. 그리고 재화는 거꾸로 된다.

그리고 신체와 정신이 나쁜 상태에 있다면 이런 외부적 편익이 무슨 소용이 될 것인가? 바늘에 조금 찔리거나 마음이 정열에 사로잡히면, 세상의 쾌락이 다 뭉쳐 와도 소용없다. 통풍을 앓기 시작만 하면 재상이니 대왕이니 다 소용없다.

　　금이나 은으로 전부 뒤집어 써 보아도.　　　　　　　　　　(티불루스)

그의 궁전과 위대함의 추억을 잃어버리는 것이 아닌가? 화가 난다면 그의 태공령(太公領)이 그가 미친 사람같이 얼굴을 붉으락푸르락하고 이를 가는 것을 막을 것인가? 그런데 그가 훌륭한 천성을 가지고 품격이 있는 분이라면, 왕이 된다고 그의 행복에 보탬이 될 것은 별로 없다.

　　만일 그대의 위장·폐장·수족이 건전하다면
　　제왕의 부를 통틀어도 그대의 행복에 보탤 것이 없다.　　(호라티우스)

그는 이런 것이 허식이며 속임수인 것을 안다. 그렇다. 아마도 그는 셀레우스 왕이 말한 바 "홀(笏)의 가치를 모르는 자는 그것이 땅에 떨어진 것을 보아도 주울 생각도 하지 않을 것이다"라고 한 의견에 따를 것이다. 이것은 착한 왕에게 있어서 중대하고 어려운 책임을 말하는 것이다. 정히 남을 보살펴 줘야 한다는 것은 그리 쉬운 일이 아니다.

하기는 우리 자신을 지배하기에도 하고많은 어려움이 생기는 것이다.

그런데 사람을 지배하는 것은 대단히 감미로운 일 같지만, 사실 인간의 판단력이 허약하고, 새롭고 의심스러운 사물들을 선택, 결정하기가 얼마나 곤란한 일인가를 생각해 보면, 지배하기보다는 복종하기가 훨씬 쉽고 재미나며, 닦아진 길만 지켜가며 자기 자신의 일밖에 책임질 일이 없다는 것은 자기 정신에 큰 휴식이 된다고 나는 믿는다.

> 그러므로 나라를 통치하는 책임을 지기보다는
> 조용히 복종하는 편이 훨씬 나은 일이다.   (루크레티우스)

그뿐더러 키루스는 지배받는 자보다 더 낫지 못한 자에게는, 지배하는 일은 맡기지 못한다고 말하고 있었다.

그러나 크세노폰에 나오는 히에론왕은 한층 강하게, 그들은 편안하고 안일한 생활 속에 있기 때문에 탐락을 즐기는 일에서도 새콤달콤한 맛까지 맛보지 못하는 만큼, 보통 사람들보다 더 나쁜 조건에 있다고 했다.

> 너무 걸쭉하고 강렬한 사랑은 다시 우리를 싫증나게 하며
> 감미로운 음식이 위장을 해하는 격이다.   (오비디우스)

우리는 합창대 아이들이 음악을 대단히 즐긴다고 생각하는가? 너무 많은 음악들로 그들은 오히려 물리고 있다. 향연·춤·가면 무도·무술 시합 등은 그런 것을 자주 본 일이 없고, 보고 싶어 하는 사람들을 즐겁게 해 준다. 그러나 그런 것을 대수롭지 않은 일로 아는 자에게는 멋쩍고 재미없다. 여자도 실컷 즐기는 자에게는 유쾌할 것이 없다. 목마를 틈이 없는 자는 물 마시는 쾌감도 알지 못할 것이다. 광대들의 희극은 보기에 재미있다. 그러나 광대들에게는 이것이 고역이다. 그 증거로 이따금 자기 지체를 떠나 천한 서민들의 생활을 가장해 보는 것이 왕들에게는 무엇보다 큰 기쁨이며 즐거움이 되기 때문이다.

> 흔히 변화는 권세가들에게 기쁨을 준다.
> 융단도, 붉은 자줏빛 비단도 없는 가난한 자의
> 지붕 밑에서 드는 수수하고 깔끔하게 차린 식사는
> 걱정스러운 그들의 용모의 주름을 펴주었다.   (호라티우스)

풍부함보다 더 거북하고 싫증나는 일은 없다. 아무리 욕망이 큰들, 튀르키예

태수가 후궁을 지니고 있는 것같이 3백 명의 여자가 자기 마음대로 된다면 싫증이 나지 않을 자 있겠는가? 조상들 중에 7천 명의 매 사냥꾼을 데리고 가지 않으면 들로 나가지 않던 자는 무슨 취미로 사냥을 했을까?

그뿐더러 이런 휘황한 위대성은 좀 더 온화한 쾌락을 즐기는 데 적지 않는 불편을 가져올 것으로 생각된다. 그들의 행동은 너무 드러나고 너무 많은 눈이 쳐다본다. 그리고 언제 그럴지 모르지만, 사람들은 이런 세도가들에게 그들의 잘못을 더욱 감추고 숨겨 두기를 요구한다. 왜냐하면 우리에게는 단순히 실수로 보이는 일도 그들이 하면 포학이며 법률을 무시하고 경멸하는 일이라고 국민이 판단하기 때문이다. 악덕에 기울어지는 경향 외에도, 그들은 공공의 규칙을 무시하고 발밑에 짓밟는 일에 더욱 쾌감을 느끼는 것같이 보인다.

플라톤은 그의 《대화편》에서, 폭군은 국가에서 자기가 하고 싶은 모든 일을 방자하게 행하는 자를 말한다고 정의한다. 그리고 흔히 이 때문에 그들의 악덕을 드러내 보이고 공표하는 것은, 악덕 이상으로 그들의 명예를 손상시킨다. 각자는 누가 엿보고 감독하는 것을 두려워한다. 국민 전체가 그들을 비판할 권한과 관심을 가졌다고 생각하기 때문에, 그들은 태도나 사상에서도 이런 일을 겪는다. 그뿐더러 모든 사람이 쳐다보는 높은 자리에 앉으면, 작은 결함도 커지며, 이마의 점 하나나 자국 하나도 다른 사람의 칼맞은 자국만큼이나 크게 나타나는 것이다.

그 때문에 시인들은 주피터의 사랑이 그가 한 것과는 다른 모습으로 실천되었다고 상상한다. 그리고 주피터가 했다고 시인들이 생각하는 그 많은 연애 중에 그의 장엄한 위대성에 맞는 것은 하나밖에 없었다고 나는 생각한다.

그러나 히에론의 이야기로 되돌아오자. 그는 역시 자기가 왕위에 앉았기 때문에 자유롭게 여행도 못하고, 자기 나라 영토 안에 감금된 죄수처럼 여간 불편을 느끼지 않으며, 또 모든 행동이 늘 귀찮은 군중들의 시선 아래 놓여 있다고 말한다.

참으로 우리 왕들이 혼자 식탁에 앉아 그 많은 이야기꾼들과 낯 모르는 자들이 쳐다보는 속에 포위당하고 있는 것을 보면, 나는 그들이 부럽기보다 오히려 가련한 생각이 자주 들었다.

알폰소왕은 이 점에서는 당나귀가 왕보다 낫다고 했다. 주인은 당나귀들을 풀어 편안하게 풀을 뜯어먹게 놓아 둔다. 그런데 왕들은 하인들에게서 이런 대접도 못 받는다는 것이다.

그리고 나는 지각 있는 사람의 생활에서 그가 화장실에 갈 때 감시자들이 스무 명이 있다거나, 연수입이 1만 리브르나 된다거나, 카살레 성새(이탈리아의 포 강가의 요새)를 공략했다거나, 또는 시에나시(이탈리아 토스카나 지방의 유명한 종교 예술 도시)를 방어했다는 인물이 섬겨 주는 것이, 경험 많은 착한 하인이 섬겨 주는 것보다 더 편하고 받아들이기 쉬운 무슨 특기할 만한 편익이라고 생각해 본 적은 없었다.

왕들의 호강이라는 것은 거의 공상 속의 호강이다. 신하의 계급 하나하나에는 어떤 점에서는 왕의 모습이 있다. 카이사르는 자기 시대에 프랑스에서 법을 시행하는 제후들을 모두 작은 왕들이라고 불렀다. 왕이라는 이름자를 제하고는, 어떤 자들은 우리 왕들과 상당히 닮은 행세를 한다. 조정에서 멀리 떨어져 있는 시골을 보라. 한 예로 브르타뉴를 들어 보자. 한 귀족이 은퇴하여 집에 들어앉아서 하인들 속에서 살아갈 때, 그 종자들·신하들·무관들의 여러 직책과 봉사와 의식 등을 보라. 그리고 또 그의 공상이 비약하는 것을 보라. 그보다 더 왕다운 일은 없다. 그는 자기 주인인 프랑스 왕에 관해서 말하는 일은 마치 페르시아 왕의 일인 것처럼 1년에 한 번쯤 들으며, 그의 집사가 적어 놓은 기록에 의해서, 먼 사돈의 팔촌 격으로밖에 알지 못한다. 우리 법률은 상당히 자유로워서 왕권의 무게는 프랑스의 귀족에게는 기껏해야 한평생에 두 번밖에 미치지 않는다. 본질적이며 실제적인 주종 관계는 우리들 사이에는 자기 비위에 맞고, 이러한 봉사로 명예를 얻고 부자가 되고 싶은 자들밖에는 관심이 없다. 왜냐하면 자기 집에 틀어박혀 싸움이나 소송 없이 집안 살림이나 살필 줄 아는 자는 베네치아 공만큼이나 자유롭기 때문이다. "노예성에 결박당하는 자는 드물다. 다수는 자진해서 예속한다."(세네카)

그러나 특히 히에론이 강조하는 것은 왕은 인간 생활에서 가장 완벽하고 감미로운 효과를 이루는 우정과 상호 간의 교제를 하지 못한다는 점이다. 왜냐하면 그가 원하건 원하지 않건 그가 할 수 있는 모든 일이 그에게 매여 지내는 자에게 무슨 애정과 호의의 표시를 얻을 수 있을 것인가? 그가 왕에게 아무것도 거절할 수 없는 처지인데, 공손하게 말하고 예절 바르게 인사한다는 것을 중하게 여길 거리가 되는가? 우리를 두려워하는 자에게서 받는 영광은 영광이 아니다. 이런 존경은 왕이기 때문에 얻는 것이지 순수한 인간에 대해서 하는 것은 아니다.

> 왕위의 최대의 이점은
> 국민이 그 군주의 행동을 받아들여야 할 뿐 아니라
> 그것을 칭송해야 하는 점에 있다. (세네카)

악한 왕이건 착한 왕이건, 사람들이 미워하는 자건 사랑하는 자건, 존경받기는 똑같다는 것을 보아오지 않았는가? 똑같은 모양과 똑같은 의식으로 나의 조상 세대는 섬김을 받았고, 나의 후대에도 섬김을 받을 것이다. 나의 신하들이 나를 기억하지 않는다 해도, 그것은 무슨 애정을 느껴서 하는 일이 아니다. 그들이 기억하고 싶어도 못 할 처지인데, 내가 어떻게 그리 생각할 것인가? 아무튼 그와 나 사이에 우정이 있어서 내게 복종하는 것이 아니다. 상호 간에 거의 교분도 교섭도 없는 사이에는 우정을 맺어 볼 수가 없을 것이다. 높은 지체가 사람들과 교섭할 수 있는 영역 밖에다 둔다. 거기에는 지나치게 심한 불평등과 불균형이 있기 때문이다. 그들은 예의와 습관으로 나를 좇는다. 또는 자기들의 지체를 올려보려고, 나보다는 차라리 내 지체를 좇는다. 그들이 내게 말하고 행하는 것은 모두 겉치레이다. 그들의 자유는 내가 그들에게 가지고 있는 권력에 의해, 사방에서 억제되고 있기 때문에, 나는 내 주위에 덮어 씌운 것과 가면밖에 아무것도 보지 못한다.

어느 날, 신하들이 율리아누스 황제에게 일처리를 공정하게 한다고 칭송하자 "나는 언짢은 행동을 감히 비난하고 책망할 수 있는 자들에게서 이런 칭찬을 듣는다면, 그것을 기꺼이 자랑삼겠다"고 말했다.

왕들이 가지고 있는 편리함은 지체가 중류인 인간들과 교제하는 것이다(날개 돋친 말을 타고 신에게 바쳐진 음식물을 먹는 것은 신들이나 할 일이다). 그들은 결코 우리와 다른 식욕과 수명을 가진 것이 아니다. 그들의 강철은 우리가 무장하는 칼보다 더 굳은 것이 아니다. 그들의 왕관은 태양이나 비를 가려 주지 않는다. 디오클레티아누스는 아주 존경과 숭배를 받고 행운이 있는 왕관을 쓰고 있다가, 개인 생활의 재미를 보려고 황제의 직위를 내던지고 물러나왔다. 얼마 뒤에 국가 사무의 필요로 그에게 다시 직책을 맡아 달라고 요청하자, 그는 간청하는 자들을 보고 "당신들은 내가 집에 심어 놓은 예쁘게 정리된 나무들과 내가 가꾼 듬직한 수박들을 보았더라면, 그렇게 나를 설복하려고 들지 않았을 것이오"라고 대답했다.

아나카르시스에 따르면 가장 잘 된 상태란, 다른 일들은 공평하고 인간의 나음과 못함만이 도덕으로 평가되는 상태일 것이라고 했다.

피로스왕이 이탈리아로 원정하러 가려고 기도하고 있을 때, 그의 현명한 고문관 키네아스는 그의 야심이 얼마나 허영된 것인지 느끼게 하기 위해서, "글쎄, 전하" 하고 물어보았다. "전하는 무슨 목적으로 그런 큰 계획을 세우십니까?" "이탈리아의 영주가 되련다"고 그는 갑자기 대답했다. "그리고 그것이 성취된 다음에는요?" 하며 키네아스는 말을 이었다. "골과 스페인으로 가겠다" 하고 왕은 말했다. "그다음엔요?" "나는 아프리카를 정복하러 가겠다. 그리고 마지막에 세상을 정복하여 내 영토로 만든 다음에는, 나는 만족하고 편안하게 살겠다." 키네아스는 다시 질문했다. "그런 소원이시면 어째서 전하께서는 지금 그렇게 편히 살지 않으시려는지 말씀해 주십시오. 전하께서 원하신다는 그런 생활을 지금 이 시간에 하고, 이 두 나라 사이에 그만한 수고와 위험을 면제해 주지 않으시렵니까?"

> 그것은 명백히 그가 자기 소유욕에 두어야 할 한계와
> 진실한 쾌락은 어느 점에서 성장을 다하는 것인가를
> 모르기 때문이다.
> (루크레티우스)

이 문제에 관해서 특히 묘하게 표현된 옛 시구로 이 글을 끝맺겠다.

"각자의 성격이 각자의 운을 만든다." (코르넬리우스 네포스)

43
사치 단속법에 대하여

우리 법률이 식탁이나 의복에, 미친 수작으로 낭비하는 것을 억제하려고 시도하는 방법은 오히려 그 목적에 반대되는 일로 보인다. 진실한 방법은 사람들에게 황금과 비단 같은 것을 헛되고 쓸데없는 물건이라고 경멸하는 마음을 갖게 하는 데 있을 것이다. 그런데 우리는 그런 것의 가치를 올려 주고 있으니, 사람들이 그것에 싫증이 나게 하는 방법으로는 서툰 짓이다. 왜냐하면 왕공들만이 새우를 먹고 비단과 황금실로 장식한 옷을 입고 국민에게 그것을 금지한다는 것은, 이런 물건의 가치를 더 높이고 그것을 써 볼 욕심을 더 나게 하는 것이 아니고 무엇인가?

왕공들이 과감하게 결정을 내려 이런 권세의 표시를 없애버릴 일이다. 그런 것이 아니라도 얼마든지 좋은 방식이 있다. 이런 과분함은 다른 누구보다도 왕에게는 용서되지 않는다. 여러 나라들의 예를 보면, 우리는 그 목적으로 이러한 부패와 불편을 명백하게 가꾸어 가지 않아도 외부적으로 우리들과 우리 계급(이것은 진실로 한 국가에 대단히 필요하다고 나는 생각한다)을 구별하는 좋은 방식을 얼마든지 배울 수 있다. 습관이 이런 무관한 일들을 쉽게, 그리고 급격하게 권위의 발판을 닦아 놓는 것을 보는 것은 참 놀라운 일이다. 우리가 앙리 2세의 옷을 만들기 위해 궁정에서 천을 쓴 것이 겨우 1년이 될까 말까 한 때의 일인데, 이미 일반 사람들에게는 비단이 아주 천한 것으로 알려져 있어, 그것을 입은 사람을 보면 대번에 어느 평민이라고 즉석에서 단정해 버릴 정도였다. 예전에 비단은 내과 또는 외과의사만이 입는 것으로 되어 있었다. 그리고 비슷한 것을 입게 되었다고 해도, 그래도 다른 것으로 사람들의 직업이 명백히 구별이 되었다. 우리 군대에서 얼마나 갑자기 모직과 마직의 더러운 옷이 유행하고, 우아하고 풍부한 의복이 경멸과 책망을 받았던가!

이런 낭비는 왕들부터 버리기 시작해야 한다. 그러면 칙령도 명령도 내릴 것 없이 한 달이면 일은 잘될 것이다. 우리는 모두 뒤따를 것이다. 법률은 그 반대로, 짙은 분홍과 금은 장식은 광대나 창녀들을 제외하고는 모든 사람에게 금지되었다고 말할 일이다. 셀레우코스는 로크리스인들의 부패한 풍습을 이런 구상으로 바로잡았다. 그의 명령은 이러했다. "자유로운 신분의 여자는 술 취했을 때 이외에는 침모를 하나 이상 데리고 다니지 못한다. 그리고 밤에는 시외로 나가지 못한다. 그리고 창녀나 매음녀가 아니면 자기 몸에 황금 장식이나 수놓은 옷을 입지 못한다. 방탕아가 아니면 손가락에 황금 반지를 끼거나 밀레토스시에서 짜낸 천 같은 고운 옷을 입지 못한다." 그래서 그는 교묘하게 국민들을 쓸데없는 것과 위험한 탐닉에서 마음을 돌리게 했다.

명예와 야심으로 사람들을 복종하도록 이끄는 것은 대단히 유익한 방법이었다. 왕들은 이러한 외부적인 개혁은 무엇이든지 할 수 있다. 그들의 행동 습관은 여기서는 법이 된다. "왕공들이 하는 일은 그들이 명령하는 일로 보인다." (퀸틸리아누스) 프랑스에서는 어디서든지 궁전에서 하는 규칙을 규칙으로 삼는다. 감춰 두는 부분을 너무 드러내 놓는 저 천한 바지, 우리를 아주 딴 사람으로 만들며 무장하기에 거북한 저 무겁고 뚱뚱한 통저고리, 저 나약하게 기다란 머리채, 옛날에는 왕에게만 하던 의식을 지금은 누구나 친구들에게 인사할 때 내미는 손에 키스하는 버릇, 그리고 귀족이 점잖은 곳에 나갈 때 마치 화장실에서 나오듯 아무렇게나 차리고 옆에 칼도 차지 않고 나오는 버릇, 그리고 조상들 때부터 지켜 오던 프랑스 귀족들의 특수한 자유와는 반대로, 그들 주위에서는 아주 먼 곳에서도, 그들의 손자뻘이나 증손자뻘 등의 수많은 사람들 앞에서도 그들 옆에서와 같이 모자를 벗고 있어야 하는 관례, 그리고 이런 따위의 다른 좋지 못한 새로운 버릇들은 즉시 비난받고 없어져야 할 일이다. 이런 것은 겉으로 드러나는 잘못이다. 그리고 좋지 못한 징조이다. 우리 벽면의 칠이 갈라져서 일어나는 것은, 속의 몸체가 무너져가는 것을 알려 주는 일이다.

플라톤은 그의 《법률편》에서 청년들의 행동·댄스·훈련·노래 등에서 이 형식 저 형식으로 자유롭게 의상을 바꿔 입게 놓아두는 일은, 자기 나라를 위해서 세상에 그보다 더 해로운 폐단이 없다고 생각했다. 이런 차림은 이렇게, 저런 차림은 저렇게 사람의 판단을 흔들며, 새것을 좇고, 그런 것을 꾸며 낸 자를 숭배하게 하며, 그래서 풍습은 타락하고 사람들은 모든 옛 제도를 경멸하고 업신여기게 된다는 것이다.

다만 나쁜 일만은 제외하고 모든 일에서 변화는 두려워해야 한다. 계절·바람·식량·기분 등의 변화가 다 그렇다. 하느님께서 어느 정도 오래 계속하게 두어서, 아무도 그 근본이 어떠했던가, 그 전에 따르던 일이 있었던가를 모를 정도로 된 법밖에는 어떠한 법도 진실한 신용을 얻지 못한다.

44
잠에 대하여

이성은 우리에게 항상 같은 길을 가라고 명령하지만, 그렇다고 같은 보조로 가라는 것은 아니다. 현자는 인간의 정열이 바른 길에서 벗어나게 두어서는 안 되는 반면, 자기 의무와는 무관하게 정열이 걸음을 서두르거나 늦추도록 시키게 두고, 거인모양 움직이지 않고 무감각하게 박혀 있지 않아도 된다. 도덕이 사람의 몸으로 나온다 해도 전투에서 공격하러 나갈 때에는 식사하러 갈 때보다 맥이 더 힘차게 될 것이다. 참으로 도덕은 열도 나고 감동도 해야 한다. 이런 점에서, 나는 위대한 인물들이 가장 큰 기도와 중대한 사무를 처리하는 경우, 아주 침착한 태도를 취하고 잠자는 시간도 줄이지 않는 것을 보고, 이런 것을 드문 일이라고 주목했다.

알렉산드로스 대왕은 다리우스에 대한 맹렬한 전투를 결행하기로 결정된 날, 아침 늦게까지 너무 깊이 잠이 들어서 파르메이온이(싸움에 나갈 시간이 임박했기 때문에) 방에 들어가서 그의 이름을 두서너 번이나 불러야만 했다.

오토 황제는 자살하려고 결심하고, 바로 그날 밤에 집안일을 정리해 놓고, 금전을 신하들에게 나누어 주고, 결심한 것을 결행하기 위한 칼날도 잘 갈아 놓고, 다만 그 친구들이 안전하게 물러간 것을 알려고 기다리다가, 그만 아주 깊이 잠이 들어 그의 코 고는 소리가 하인들에게까지 들릴 정도였다.

이 황제의 죽음에는 저 위대한 카토의 죽음과 닮은 점이 많았다. 왜냐하면 카토는 자살할 준비가 다 되었고, 그가 물러 가게 한 원로원 의원들이 우티카 항구에서 멀리 떠났다는 소식이 오기를 기다리는 동안, 너무나 깊이 잠들어 그의 숨소리가 이웃 방에까지 들려왔기 때문이다. 그리고 그가 항구로 보낸 사자가 돌아와서 그를 깨우며, 원로원 의원들이 폭풍 때문에 돛을 올리지 못하고 있다고 말하자, 그는 또 다른 자를 보내 놓고 다시 이불 속으로 기어들어가서,

그자가 돌아올 때까지 또 깊이 잠들어 버렸다.

이 사실 역시 알렉산드로스의 이야기와 비교해 볼 수 있다. 그것은 카틸리나의 음모 사건 때 호민관 메텔루스가 에페이우스와 그의 군대를 이 도시로 소환하는 명령을 공포하고, 카토를 압도하려고 충동한 데서 일어난 매우 위험한 소동이었다. 이 명령에 카토만이 반대하여, 원로원에서 그와 메텔루스 사이에 큰 논쟁이 벌어지고 무서운 협박이 오갔다.

그러나 일의 결행은 다음 날 광장에서 하기로 되어 있었다. 거기서 메텔루스는 시민들과 당시 폼페이우스 편을 들어 음모하던 카이사르의 지지를 얻은 것 말고도 수많은 외국 노예들과 생명을 내던지고 대드는 검객들을 데리고 나올 예정이었다. 그런데 카토는 자기 지조만을 믿고 있어, 그의 부모나 집안 사람들, 그리고 많은 점잖은 사람들이 대단히 근심하고 있었다. 그를 노리며 준비되고 있는 위험한 사태 때문에, 몇몇은 함께 모여서 음식을 피하고 잠도 안 자며 밤을 지새우고 있었다.

그의 아내와 누이동생들까지도 집에서 울며 고민하고 있었는데, 그는 반대로 모든 사람들을 안심시키고 있었다. 그리고 여느 때와 같이 취침하러 들어가서는 아침까지 너무 깊이 잠들어 있었기 때문에, 호민관부의 동료 한 사람이 찾아와서 같이 싸우러 가자고 그를 깨워야만 했다. 이 사건 외에 그의 평생 행적으로 우리가 알고 있는 이 인물의 위대한 의지로 보아서, 이것은 그의 마음이 이런 사건들을 초월해서, 평상시 사건들과 똑같이 조금도 머리에 담아 두지 않았기 때문이라고 확신을 가지고 판단할 수 있다.

아우구스투스가 섹스투스 폼페이우스에 대해 승전한 시칠리아의 해전에서 곧 싸우러 나가려고 할 때, 그는 너무 깊은 잠에 빠져서 그의 친구들이 와서 전투 개시 신호를 내려 달라고 그를 깨워야만 했다. 이것은 안토니우스가 다음에(그는 단지 군대의 배치를 눈뜨고 볼 용기도 없어서) 아그리파가 와서 적군에게 승리한 소식을 알려 줄 때까지 감히 군대 앞에 나가 보지 못한 것이라고 그를 책망할 구실을 주었다.

그러나 젊은 마리우스의 경우에는 더욱 언짢은 일로(그는 실라와 대항해서 싸우던 마지막 날에 그의 군대에게 전투 명령과 신호를 내린 다음, 나무 그늘에 누워 너무 깊이 잠들어 그의 군대가 패주할 때에야 겨우 잠이 깨어 싸움을 보지도 못했다), 너무 심한 피로와 수면 부족을 그의 몸이 감당해 내지 못했다는 말도 있다.

　이 점에서 보면, 수면이 생명을 좌우할 정도로 대단히 필요한 일인지 의사들은 생각해 볼 일이다. 왜냐하면 마케도니아의 페르세오스왕은 로마에 사로잡혀 왔을 때, 잠을 못 자게 해서 죽게 한 것을 우리는 알고 있다. 그러나 플리니우스는 잠을 자지 않고 오래 산 사람의 이야기를 하고 있다. 헤로도토스의 이야기에는 사람들이 반년은 잠을 자고 반년은 깨어 있는 나라가 있다고 한다. 그리고 현자 에피메니데스의 전기를 쓴 자들은, 그가 57년 동안 계속해서 잠을 잤다고 말한다.

45
드뢰 전투에 대하여

　드뢰 전투에서는 희귀한 사건이 많이 있었다. 그러나 드 기즈 경의 평판을 그다지 좋게 말하지 않는 자들은, 군대의 사령관인 원수(元帥)의 부대가 적의 포화를 받고 분쇄되고 있는 동안, 그가 자기 부대는 정지시키고 정세만 관망하던 것은 변명할 길이 없다고 말한다. 그리고 적을 배후에서 치게 될 유리한 정세를 기다리느라고 그렇게 심한 타격을 받게 두기보다는, 먼저 모험하여 측면에서 적을 공격하는 편이 나았을 것이라고 주장한다. 그러나 결과가 증명한 것은 그만두고라도, 아무런 감정 없이 이 문제를 토의하려는 자는, 내 생각에는 대장뿐 아니라 병사 하나하나의 목표와 목표물이 전체로 보아서 승리를 안목에 두어야 할 일이고, 거기에 어떠한 개인적인 관계가 있더라도, 또 어떠한 특수한 사정이 있더라도 그것을 이 목적에서 벗어나게 해서는 안 된다는 것을 쉽사리 고백할 것이다.

　필로포에멘은 마카니다스와 갑작스럽게 벌어진 전투에서 첫 번째 전투를 시작하려고 상당한 수의 궁수와 창수(槍手) 부대를 앞에 보냈는데, 적은 그들을 공격하여 달아나게 하고 승리의 여세를 몰아 전속력으로 추격하여, 바로 필로포에멘이 있던 본부대 옆을 지나갔다. 군사들이 동요하고 있는데도 그는 자리에서 움직일 생각을 않았고, 자기 부하들을 구원하려고 적 앞에 나가지도 않았다. 그러다가 적이 눈앞에서 흩어져 달아나는 자기 부대를 추격하는 것을 보고 나서, 적의 기병 부대가 사라진 뒤 그들의 보병 부대를 습격했다. 적은 라케다이모니아 사람들로 자기편이 완전히 승리했다고 생각하고 질서가 문란해지기 시작했고, 그즈음에 습격했기 때문에 그는 쉽사리 목적을 달성했다. 그러고 나서 그는 마카니다스를 추격하기 시작했다. 이 경우에는 드 기즈 경의 이야기와 사촌뻘은 된다.

아게실라오스의 보이오티아군에 대한 맹렬한 전투에서는 크세노폰이 참가했고, 그가 겪은 중에 가장 격렬한 전투였다고 한다. 그런데 거기서 아게실라우스는 보이오티아군 부대를 지나가게 두고 그것을 배후에서 공격하도록 하는, 행운이 가져다 주는 이 좋은 기회를 잡으려고 하지 않았다. 그는 여기에서 확실한 승리가 예측되었다 해도, 용감성보다는 기술이 더 필요하다고 생각했다. 그래서 그는 용감함을 보이기 위해서 오히려 정면에서 공격하는 편을 택했다. 그러나 거기서 패하고 부상을 입고는 마침내 몸을 빼내고, 처음에 생각했던 방법을 취하지 않을 수 없게 되었다. 부하들은 전열을 열어, 세차게 흐르는 물 같은 보이오티아군이 지나가게 두었다. 그리고 그들이 아무 위험이 없어진 줄 알고 승리에 도취해 무질서하게 지나가는 대열을 유의해 보고, 그들을 추격해서 측면에서 공격하게 했다. 그러나 이것으로도 그들을 완전히 궤멸시킬 수는 없었다. 그들은 악을 써서 싸우며 조금씩 퇴각해서 마침내 안전한 지대에까지 물러가고 말았다.

46
이름에 대하여

아무리 야채의 종류가 많다고 해도, 그것은 모두 샐러드라는 이름 속에 포함된다. 마찬가지로 이름에 관한 고찰에서, 나는 여기에 갖가지 조항의 잡탕을 만들어 보련다. 모든 나라들은 어쩐 일인지 나쁜 의미로 쓰이는 몇 가지 이름을 가지고 있다. 우리에게는 장·기욤·브노아 등이 그렇다.

왕들의 족보에는 운명적으로 문제를 일으키는 이름들이 있다. 이집트의 왕들에서 프톨레마이오스가 그렇고, 영국에서는 헨리가 그렇고, 프랑스에서는 샤를이 그렇고, 폴란드에선 보두앵이 그렇고, 옛날 아키테에느에서는 기욤이 그렇다. 이 이름에서 귀엔이라는 지명이 나왔다고 한다. 사실 플라톤에게도 똑같이 생생한 예는 아니라고 해도, 흡사하게 일치되는 것이 있다.

　다음 것은 변변찮은 일이지만, 그 이야기가 괴기하고 또 직접 본 사람이 써놓은 일이니 기억해 둘 가치가 있다. 즉, 영국 왕 헨리 3세의 아들인 노르망디 공작 헨리는 프랑스에서 향연을 베풀었는데, 거기에 모여든 귀빈들이 하도 많아서, 시간을 보내려고 많은 이름들끼리 패를 지어 보았다. 제1단에는 기욤(윌리엄) 패였는데, 지체가 낮은 귀족들과 하인들은 제하고도 기사(騎士)로 이 이름을 가지고 식탁에 앉은 사람이 1백 10명이나 되었다.

　게타 황제가 음식 이름의 첫 글자를 보아서 식탁을 차리게 했던 식으로, 식탁에 앉은 사람들에게 그 이름에 따라서 음식을 분배해 주는 것도 재미있다. 그는 M자로 시작하는 살코기, 양(mouton), 돼지고기(marcassin), 대구(merlus), 돌고래(marsouin)식으로 차려 냈다.

　좋은 이름을 가지면 좋다는 말이 있다. 바로 신용과 명성을 얻는다는 것이다. 그뿐더러 사실 발음하기 쉽고 듣기 좋은 아름다운 이름을 갖는다는 것은 편리한 일이다. 왜냐하면 왕공들과 세력가들이 더 잘 기억해 주고, 쉽사리 잊어버리지도 않기 때문이다. 그리고 섬기는 자들까지도 이름이 바로 입에서 나오는 자들에게 더 자주 명령도 내리고 일도 시킨다. 내가 본 바에 의하면, 앙리 2세는 가스코뉴 지방 출신인 한 귀족의 이름을 한 번도 정확하게 발음하지 못했다. 그리고 여왕의 한 시녀에게 자기 가문의 성을 붙여 주는 것이 좋다는 의견이었다. 왜냐하면 그녀 부친의 성이 그에게는 너무 괴팍하게 들렸던 것이다.

　소크라테스는 어린애들에게 좋은 이름을 지어주는 것은 아비 된 자로서 마음을 써야 할 일이라고 생각했다.

　사람들 말에 의하면, 포아티에의 노트르담 라 그랑드 대 사원의 창설은, 이곳에 살고 있던 한 방탕한 청년이 어떤 말괄량이 여자를 만나서 대뜸 그 이름을 물어보다가 마리아라는 대답을 듣고, 갑자기 우리 구세주의 어머니 되시는 거룩하신 성녀(聖女)와 같은 이름에 존경심과 신앙심이 생생하게 솟아나는 것을 느끼고는, 바로 그 여자를 쫓아 버렸을 뿐 아니라, 한평생을 속죄 생활로 보냈다는 것이다. 그리고 이 기적을 기념해서 이 청년의 집이 있던 자리에 노트르담이라는 이름의 사원을 세우고, 그것이 후에 우리가 지금 보는 교회당이 되었다는 것이다.

음성과 청각과 신앙심에 의한 개과천선이 바로 마음에 도달한 것이다. 또 하나 그와 같은 종류의 이야기인데, 이것은 육체적 감각에 의해서 침투해 들어간 것이다. 피타고라스는 청년들과 한자리에 있을 때, 그들이 잔치로 흥분되어 정숙한 여인의 집을 침범하러 가려는 것을 느끼고, 악사에게 명해서 둔중하고 엄숙한 가락의 음악을 연주시켜 고요히 그들의 열기를 가라앉혀 진정시켰다.

오늘날의 종교 개혁파는 세상의 잘못과 악덕을 타도하고 신앙심과 겸양과 복종과 평화와 모든 종류의 도덕으로 세상을 채웠을 뿐 아니라, 우리가 옛날부터 전해 받은 세례명인 샤를·루이·프랑수아 등을 타도하고 마투살렘·에스겔·말라기 따위의 훨씬 더 신앙심이 느껴지는 이름들을 세상에 펼쳐 놓기까지 했다. 그러니 이 개혁은 미묘하고 정확했던 것이라고 후세는 말하지 않을 것인가? 내 이웃에 사는 한 귀족은 우리 시대보다도 옛날 풍습이 편리했다고 생각하며, 동 그뤼메당·퀴드라캉·아제실랑 등, 그 시대 귀족들의 이름이 존대하고 장엄하던 것을 잊지 않고 있었다. 그리고 그 말소리가 울리는 것을 듣기만 해도 그는 옛사람들이 피에르·기욤·미셸 따위보다는 아주 다른 사람들이었던 것같이 느껴진다는 것이었다.

나는 자크 아미요가 프랑스어로 된 강의록에 라틴어 이름을 프랑스어 음조로 물들여 고치지 않고, 원어대로 남겨 둔 것을 고맙게 생각한다. 처음에는 그것이 좀 어색하게 보였으나 이 용법은 그의 《플루타르크 전》으로 이미 신용을 얻었고, 귀에 익으시 조금도 이상하게 들리지 않는다. 나는 라틴어로 역시를 쓰는 분들이 우리 이름을 부르는 그대로 써 주었으면 하고 바랐다. 왜냐하면 보드몽을 발레몬타누스로 쓰고, 이것을 그리스식 또는 로마식으로 변조하여 장식해 가기 때문에, 우리는 어디가 어디인지, 무슨 이야기인지 알지 못하게 되고 만다.

이런 이야기는 그만 끝내기로 하자. 우리 프랑스 사람들이 각자의 토지와 영지(領地)의 이름으로 부르는 것은 비굴하고도 대단히 나쁜 결과를 가져오는 버릇으로, 세상에서 자기 혈족을 혼란시키고 알아보지 못하게 하는 수작이다. 같은 영토로 토지를 가졌고, 그 땅 이름으로 세상에 알려지고 존경을 받아 오던 지체 있는 집의 차남 이하는 정당하게 그 이름을 버릴 수 없는 일이다. 그런데 그가 죽은 지 3년 뒤에는 그 땅은 다른 사람의 손으로 넘어가고 이번에는 그 사람이 그 이름을 사용한다. 그럼 어떻게 해야 이 사람들을 알아볼 것인지 생각해 보라. 이것은 다른 예를 찾으려 할 것도 없이, 우리 왕의 집안만 보아도 족하다. 거기서는 땅을 분배해 주면 그만큼 이름이 생긴다. 그럭저럭하는 동안 그 줄기의 근본은 잡아 볼 길이 없어진다.

이런 변화에는 자유가 너무 심해서 우리 시대에도 운이 좋아서 엄청나게 높은 지위에 오른 사람 가운데 즉시 자기 조상의 이름은 무시하고 새 족보의 칭호를 따서 유명한 족보에 접붙이지 않는 것을 한 번도 보지 못했다. 그리고 요행히 이름 없는 가문일수록 꾸며 뜯어고치기에 적당하다. 그들 계산으로는 대체로 프랑스에 왕의 집안이 얼마나 많다는 것인가? 다른 집안보다도 더 많다고 나는 생각한다.

내 친구 하나가 이것을 멋지게 말하지 않았던가? 한 노인이 다른 분과 말다툼하는 자리에 여러 사람이 몰려와 있었다. 그 다른 분은 그저 평범한 귀족보다는 높은 집안에서 커서, 칭호와 인척에 우위를 차지하고 있었다. 이 우위 문제로 각자는 상대편에게 대등하려고 애쓰며, 하나가 한 근원을 말하면 하나는 다른 근원을 말하고, 하나가 이름의 닮음을 말하면 하나는 그 집안을 상징하는 문장(紋章)을, 또 하나가 오랜 집안의 족보를 드러내는 식으로, 그중에 가장 못한 것이 어느 먼 바다 건너 왕의 손자뻘이라는 식이었다.

식사 때 이분은 자기 자리를 찾아가 앉는 대신 큰절을 하고는 물러서서 회중에게 용서를 간청했다. 자기가 당돌해서 이제까지 그들과 동무하고 지내왔는데, 이제 그들의 장구한 문벌을 알아 그는 등급에 따라 그들을 존경하기 시작했으니, 이날 저녁에 이렇게 많은 왕공들 사이에 앉아 있을 수는 없다고 했다. 이렇게 쓸데없는 말을 마치고는 그는 그들에게 수없는 욕설을 퍼부으며, "하느님이 무섭거든 당신들 조상이 만족하던 바와 같이 자기가 처한 현실에 만족하시오. 그것만 잘 유지해도 충분하오. 우리 조상들의 운명과 지위를 부인하지 맙시다. 그리고 건방지게 큰 것을 주장하는 자들이 으레 갖고 있는 어리석은 공상은 버립시다"라고 했다.

문장도 이름만큼이나 확실치 못하다. 우리 집 문장은 감색에 금빛 클로버가 뿌려 있고, 같은 빛깔의 사자 앞발 발톱이 붉은색으로 가운데 새겨져 있다. 이 그림이 특히 내 집에 머물러 있을 무슨 특권을 가졌는가? 사위 하나는 이것을 다른 집안으로 가져갈 것이다. 어떤 변변찮은 자가 이것을 매수하면, 자기 집 첫 문장으로 삼을 것이다. 이보다 더 변화와 혼란이 심한 것은 만나 볼 수 없는 일이다.

그러나 이러한 고찰에서 나는 다른 면으로 옮겨 가지 않을 수 없다. 좀 더 가까이서 살펴보자. 그리고 제발 세상이 야단법석을 하는 영광이나 명성이 어떤 기반에 결부되어 있는지 고려해 보자. 우리가 그렇게 고생해 가며 찾고 있는 이 명성을 어디에 갖다 둘 셈인가? 결국 이것을 가지고 보관하며 거기 관심을 두는 자는 피에르가 아니면 기욤이다. 오! 덧없는 한 인생이 한순간의 생명 속에 무한·광대·영원 등을 찬탈케 하는 인간의 희망이라니, 용감한 소질이로다. 대자연은 여기 우리에게 재미나는 장난감을 주었다. 그런데 이 피에르건 기욤이건, 기껏했자 한 목소리밖에 더 무엇인가? 또는 서너덧 번 붓대를 끼적거린 글자다. 첫째로 아주 변하기 쉬운 것이니, 그렇게 많은 저 승리의 영광은 누구에게로 돌아가느냐, 게스캥(뒤 게클랭(Du Guesclin)이 여러 가지로 잘못 전해진 이름을 들어 본 것임)에게냐, 글레스캥에게냐, 또는 게아캥에게냐 하고 물어보고 싶다. 이런 일은 루키아노스의 M이 T에게 소송을 걸었다는 문법 소송보다도 더 피상적이다.

> 장난삼아 걸어놓은 하찮은 상(賞)을 가지고 경쟁함이 아니다.　　(베르길리우스)

거기에는 중대한 문제가 있다. 이 글자들의 어느 것에 그 유명한 원수의 많은 도성 공격과 전투, 부상과 투옥, 프랑스 왕가에 대한 충성 등의 명예가 돌아가야 하느냐 하는 것이 문제되기 때문이다. 니콜라 드니즈(16세기 롱사르가 영도하던 브리가드파 시인의 일원)는 자기 이름의 글자만을 문제 삼고, 이 글자를 바꿔 맞춰 알시노아의 이야기를 지어서 자기의 시와 묘사로 이 이름에 영광을 주었다.

그리고 역사가 수에토니우스는 자기 이름자의 뜻만을 사랑하고, 그 부친의 이름이던 레니스(고요하다는 뜻)를 떼어 버리고 트란킬루스(고요하다는 뜻)를 자기 문장의 상속자로 했다. 베이야르 장군[39]은 그가 피에르 테라이유의 공적에서 얻어 온 것밖에 다른 명예가 없었다고 한들 누가 믿을 것인가? 그리고 앙투안 에스칼랭[40]은 그렇게 많은 바다의 항해와 육지에서의 공격을 풀랭 선장과 드 라 가르드 남작이라는 이름으로 자기 눈앞에서 도둑맞게 둔다고 하면 누가 정말이라고 곧이들을 것인가?

둘째로, 이런 것은 수많은 사람에게 공통적인 문제이다. 수많은 혈족들에 동성 동명이 얼마나 많은가? 그리고 잡다한 민족·시대·국가에도 또 얼마만큼 많은가? 역사상에는 소크라테스가 셋, 플라톤이 다섯, 아리스토텔레스가 여덟, 크세노폰이 일곱, 데메트리오스가 스물, 그리고 테오도르가 스물 있었다.

이 외 역사에 알려지지 않은 것은 얼마나 될 것인가 짐작해 보라. 그리고 내 집 마부가 폼페이우스 대장군의 이름으로 불린들 누가 막을 것인가? 결국 내 집 마부나 이집트에서 목이 잘린 저 다른 인물에게 그들이 이득을 보도록 결부시키며, 그들에게 이렇게 칭송된 음성과 붓대로 그린 이 명예로운 글줄을 연관시켜 볼 방법이 무엇이 있는가?

그것이 죽은 자들의 유해나 망령들에게
무슨 상관이 있다고 생각하는가?   (베르길리우스)

에파미논다스는 그를 위해 전해 오고 있는 이 영광스러운 시구―

내 공훈으로 라케다이모니아의 영광을 무색케 한다.   (키케로)

그리고 아프리카누스(스키피오)를 위한 다른 시구―

태양이 뜨는 곳에서 보에오티스호(湖)의 너머까지

---

39) 1473~1520. 15, 6세기에 걸쳐 이탈리아 원정, 기타 혁혁한 전공을 세운 프랑스의 무장, 테라이유는 그 조상의 이름.
40) 대단찮은 무관에서 1544년에 해군 부사령관이 된 인물, 드 라 가르드 남작 등은 같은 인물의 딴 이름.

아무도 그 공훈으로 내게 어깨를 나란히 할 자 없다. (키케로)

사람들 사이에 그 용감성을 인정받아 지도권을 잡고 있는 이 두 동료는 어떠한 심정을 가지고 있는가?

살아 남은 자들은 이런 이름의 달콤한 말을 혼자서 좋아한다. 그리고 이런 것으로 질투와 욕망을 품고, 주책없는 공상으로 자신들의 심정을 죽은 자들에게 옮겨 놓으며, 자기들의 희망에 속아서 자기들도 그런 일을 할 수 있다는 생각에 잠긴다. 이것이 될 말인가! 그렇지만—

그 때문에 희망은
로마·그리스, 그리고 야만국 장군들을 분기시켰고
그 때문에 그들에게 수없는 위험과 노고를 겪게 했다.
그런 만큼 인간이 도덕보다 더 영광을 탐하는 것은 참으로 진실하다.

(유베날리스)

47
판단력의 불확실성에 대하여

이것은 바로 이 시구가 말하고 있다.

좋게나 나쁘게나, 말할 방법은 얼마든지 있다. (호메로스)

옳건 그르건 간에 여러 면으로 말하는 법은 많이 있다. 예를 들면—

한니발은 로마군을 이겼다. 그러나 그는
이 승리를 이용할 줄 몰랐다. (페트라르카)

이 사고 방식에 찬성해서 최근 몽콩투르에서 얻은 승리를 추격하지 않은 과오를 잘했다고 보거나, 스페인 왕이 우리 군대에 대하여 생 캉탱에서 얻은 승리를 이용할 줄 몰랐다고 비난하는 것은, 자기 행운에 마음이 도취되고, 이 행운의 시작에 배가 차서 벌써 그가 획득한 것을 소화하기가 힘에 겨워 그것을 키워 갈 취미를 잊은 데서 나온 것이라고 말할 수 있다. 그는 한아름 잔뜩 껴안아서 더 잡을 능력이 없었으니 운이 그의 눈에 이러한 좋은 수를 담아 줄 가치가 없었던 것이다. 그런데도 만일 그가 적에게 다음에 다시 기운을 차릴 방법을 준다면, 여기 무슨 이득을 느낄 수 있을 것인가? 적군이 완전히 분쇄되어서 놀라 흩어졌는데도 감히 추격할 수도 없었던 자가, 어떻게 적군이 다시 뭉쳐 재기해서 울분과 복수의 마음으로 무장하고 나오는 것을 또다시 공격을 행하리라 희망을 가질 수 있을 것인가?

운이 전부를 끌어갈 때, 전부가 공포에 눌렸을 때.　　(루카누스)

그러나 결국 그가 방금 잃은 것밖에 더 나은 무슨 일이 있으리라고 기대할 수 있을 것인가? 그것은 타격 수로 승리가 결정되는 격검과는 다르다. 적이 제 발로 걸어가는 한, 다시 똑같은 싸움을 해야 한다. 전쟁은 끝맺지 않으면 승리한 것이 아니다. 카이사르는 오리쿰시 근처에서 겪은 최악의 고전에서 폼페이우스의 군사들을 보고, 만일 그들의 부대장이 승전하는 방법을 알았더라면 자기가 패했을 것이라고 그들을 책망했다. 그리고 자기 차례가 왔을 때는 전혀 다른 방법으로 적을 추격해 갔다.

그러나 반대로, 그것이 자기 욕심에 한계를 두지 못할 만큼 만족할 줄 모르는 조급한 정신으로 생긴 일, 하느님이 그 은총에 정해 놓으신 척도를 물려 내게 한다는 것은 하느님의 은총을 남용하는 것이며, 승리 뒤에 위험에 뛰어든다는 것은 승리를 또 한 번 운의 바람에 내맡기는 짓이며, 전술의 가장 큰 예지 가운데 하나는 적을 절망에 몰아넣지 않는 일이라고 어째서 말하지 못할 것인가?

실라와 마리우스는 사회 전쟁에서 마르시족들을 무너뜨리고 난 뒤에, 남아 있는 부대가 절망적으로 광분한 맹수와 같이 그들에게 돌격해 오는 것을 보고, 그들을 기다려서 싸울 생각을 하지 않았다. 드 푸아 경의 경우, 만일 그가 라벤나의 승전에서 너무 심하게 열기를 내며 패잔군을 추격하지 않았더라면, 죽음으로써 그 승리에 오점을 남기지는 않았을 것이다. 그러나 지난 일의 기억이 너무 생생했기 때문에 당기앵 경은 세리졸르의 승전에서 그런 참변을 면할 수 있었다. 사람이 무기를 들 수밖에 달리 도리가 없을 때까지 공격하는 일은 위험하다. 왜냐하면 불가피성이란 사나운 교사이기 때문이다. "필사적인 궁지에 몰리면 약자도 강자가 될 수 있다."(포르키우스라트로)

　죽음에 도전하는 적을 치기에는 승리의 대가가
　크고도 무겁다.　　　　　　　　　　　　　　　(루카누스)

그 때문에 파락스는 라케다이모니아 왕이 만티네아인들에게 승리를 얻은 날, 패전의 궤멸을 온전히 면한 천 명의 아르고스인들을 추격해서 도전하지 못하게 막고, 그냥 자유로이 달아나게 두어서 패배에 분격한 용맹을 떨쳐 보려고 대들게 하지 않도록 했다. 아키테에느 왕 클로도미르[41]는 부르고뉴의 왕 공드말에게 승전하고, 그가 패배해서 도주하는 것을 추격하다가, 마침내는 고개를 돌려 싸우지 않을 수 없게 만들었다. 그러다가 적이 악착스레 대들었기 때문에 자기 승전의 성과를 잃었다. 왜냐하면 자기가 그 싸움에서 죽었기 때문이다.

마찬가지로 자기 군사들을 화려하고 웅장하게 무장시킬 것인가, 또는 그저 필요한 정도로만 무장시킬 것인가, 둘 중에서 택해야 할 자는 전자의 편을 유리하게 생각할 것이다. 이것은 세르토리우스·필로포에멘·브루투스·카이사르와 기타 다른 사람들이 취한 길이다. 군사들을 화려하게 장식해 주면, 명예욕과 영광욕에 자극을 주어 자기 무기를 재산이나 상속품처럼 아끼기 때문에, 전투에 부딪칠 때 더 악착스레 싸운다. 크세노폰은 말하기를, 이 때문에 아시아인들은 전쟁할 때 그들의 가장 소중한 재물과 아울러 그들의 아내와 첩들도 데리고 간다고 했다.

그러나 한편에서는 군사들에게 자기 생명을 보전할 생각을 키우기보다는, 오히려 이런 생각을 버리게 해야 하는 수도 있을 것이다. 왜냐하면 이런 방법으로는 병사들이 2중으로 모험을 무릅쓰기가 두려워질 것이기 때문이다. 그뿐

---

41) 클로비스의 둘째 아들, 오를레앙 왕, 511~524. 부르고뉴군과 싸우다 죽음.

더러 적에게는 이 풍부한 전리품을 목표로 승리할 욕심을 북돋아 주는 일이 된다. 그래서 옛날에 로마군이 삼니트족과 대전했을 때 그것이 놀랄 만큼 로마군의 사기를 돋워 주었던 일이 주목되고 있다. 안티오쿠스는 한니발에게, 자기가 로마군에게 대항시키려고 준비한 군대의 장비가 모든 점에서 화려하고 훌륭한 것을 보여 주며, 그에게 "로마군들은 이 군대로 만족할 것인가?" 하고 물어보았더니, "그들이 만족하다니? 그렇고 말고! 그들이 아무리 탐욕이 심하더라도 말이야"라고 대답했다. 리쿠르고스는 자기 부하들의 장비를 화려하게 하는 것뿐 아니라 패배한 적을 약탈하는 것조차 금지하며, 싸움 잘하는 것과 아울러 빈한과 수수함이 빛나기를 원한다고 말했다.

도시나 다른 데서 적에게 공격하는 경우, 우리가 군사들에게 달려들며 온갖 욕설을 퍼부어 모욕하고 경멸하는 것을 마음대로 하게 두는 것은 터무니없는 일은 아니다. 왜냐하면 그들이 그렇게 모욕한 자에게서 기대할 거리가 없을 것을 깨닫게 하며, 적이 사정과 체면을 보며 싸우리라는 희망을 없애버리고, 자기들이 살아날 방도는 승리의 길밖에 없다는 것을 알게 하는 것은 작은 일이 아니기 때문이다. 그러나 비텔리우스의 경우는 그렇게 되지 않았다. 그는 오토와 대전했을 때, 그편 군사들은 전쟁을 오랫동안 해본 일이 없었고, 도시의 유쾌한 생활에 물들어 용기가 약해져 있었다. 그래서 그가 그들에게 로마에 두고 온 여자들이나 잔치놀이 생각만 하는 겁쟁이라고 욕을 퍼부으며 놀려 대 약을 올렸는데, 이것이 다른 어떤 방법으로는 이룰 수도 없을 정도의 용기를 그들의 뱃속에 부어 넣었다. 그래서 적의 주먹을 자신에게 끌어와서는 그들을 밀어 낼 도리가 없었다.

참으로 가슴 저리게 모욕을 받으면, 자기 왕의 싸움을 위해서는 비굴하게 굴던 자들도 자기 싸움으로 삼고 열을 내어 싸우기 쉽다.

한 군대의 지휘관이 모든 사람들이 그를 중시하고 거기 의지하고 있으며, 적의 목표가 주로 그의 머리를 노리고 있는 만큼, 그의 안전을 보장하는 일이 얼마나 중요한가를 생각하면, 여러 위대한 장수들이 한창 치열하게 싸우는 마당에 의상을 바꾸어 변장하는 술책을 취하는 것은 우리가 보아 온 바에는 의심을 품을 수 없는 중요한 일이다. 그러나 이런 방법을 쓰기 때문에 방해가 되는 것은 그것을 써서 불편을 피하는 소득보다 적을 것도 없다. 왜냐하면 부하들이 자기 지휘관을 알아보지 못해서, 그가 옆에 있는 줄 알면 그를 따라서 솟아날 용기도 이 경우 생겨나지 않으며, 그리고 어느 때 보던 그의 특징과 표지를 알아보지 못하기 때문에, 그들은 그가 죽었든가, 또는 전투 중에 절망해서 도망쳤다고 생각할 수도 있다. 그리고 경험으로 보면, 장수는 어느 때는 이편을 찬성하고 다른 때는 다른 방도를 취하고 있다.

피로스가 이탈리아에서 집정관 라에비누스와 싸우던 때 당한 사건은 이것을 두 가지 면에서 생각하게 한다. 왜냐하면 그는 데모가클레스의 갑옷으로 자기를 감추고 그에게 자기 갑옷을 대신 입힌 탓으로, 자기 생명은 확실히 구했으나 그날의 전투는 패할 뻔한 다른 폐단을 겪었다. 알렉산드로스와 카이사르와 루쿨루스는 전투할 때 특별히 찬란한 색채의 화려한 옷차림과 무기로 자신을 드러내 보이기를 즐겼다. 아기스와 아게실라오스, 그리고 저 위대한 귈리포스는 반대로 제왕의 장식 없이, 드러나 보이지 않게 차리고 전장으로 나갔다.

파르살리아의 전투에서 폼페이우스는 다른 책망보다도 그의 군대를 우두커니 세워 두고, 적이 오기를 기다리게 한 것으로 비난을 받는다. 왜냐하면(그것은 나는 여기에 바로 플루타르크의 말을 빌린다. 그편이 내 말보다 낫다) "달음질이 첫 번 타격에 주는 격렬성을 약화시키고, 동시에 고함 소리와 달음질로 그들의 용기를 북돋우며 서로 억세게 맞부딪치게 될 때 대개 무엇보다도 그들의 마음을 맹위와 광분으로 채우는 저 전사들 상호 간의 힘차게 진군하는 기세를 없이하고, 말하자면 군사들의 열기를 식히고 얼리게 하기 때문이다." 이것은 그가 이 경우를 두고 한 말이다. 그러나 만일 카이사르가 패했던들, 그 반대로 가장 강력하고 견고한 자세는 한 자리에 꽉 박혀서 이렇게 전진하는 것을 멈추고, 힘은 필요한 때에 쓰려고 자신에게 압축해서 아껴 두었다가, 저편에서 먼저 움직여 달음질쳐 오는 동안에 벌써 숨결의 반은 소모된 자들에 대항해서 싸우는 것이 훨씬 유리하다고 누가 말하지 못했을 것인가?

그 외에도 군대는 하고많은 여러 조각으로 구성된 단체인 까닭에, 군대가 이 광분 통에도 정확하고 한결같은 동작으로 움직이고, 그로 인하여 질서가 변하거나 무너지지 않고, 활발한 자가 지원군들이 오기 전에 먼저 대들어 싸우지 않기는 불가능하다. 페르시아의 두 형제의 더러운 싸움에서, 키루스 편의 그리스 군사들을 지휘하던 라케다이모니아 인클레아르코스는, 자기는 서두르지 않고 공격하러 군대를 그냥 데리고 가다가, 약 50보 앞에 와서 달음질하게 만들고 이렇게 뛰는 거리를 단축해서 그들의 질서와 숨결을 아껴 주었다. 그리고 그 반면에 군사들의 무기 사용에 최대의 능률을 발휘하게 했던 것이다. 다른 자들은 그들의 용병에 관한 이 의문점을 이런 방식으로 조절했다. 즉, 적군이 달려서 대들면 가만히 서서 기다리는 것이고, 그들이 가만히 기다리고 있으면 이편이 달음질쳐 가는 것이다.

황제 카를 5세가 프로방스에 원정해 왔을 때, 프랑수아왕은 이탈리아에 가서 그를 맞이해 싸우거나 자기 땅에서 기다리고 있거나, 그의 마음에 달려 있었다. 그는 자기 나라에 전쟁의 동란이 미치지 않게 국토를 온전히 깨끗하게 보존해 두고, 자기 군대에 필요한 금전과 물자를 공급해 주는 편이 훨씬 유리한 줄 잘 알고 있었다.

그리고 전쟁은 그때마다 불가피하게 파괴를 일으키는 것이며, 그뿐더러 자신의 재산을 온전히 두고 할 수는 없는 일이라, 농민들은 적이 하거나 자기편이 하거나 이런 강제로 빼앗는 것을 얌전히 참고 있지 않고 나라 안에서 반란을 일으킬지도 모를 일이었다. 도둑질과 약탈하는 자유는 자기 나라에서는 허락할 수 없는 일이지만, 전쟁 당시 병사들은 심심풀이로 이런 짓이라도 하지 않고는 못 배기는 법이며, 급료밖에 바랄 게 없는 자들로서 보면, 처자와 자기 집 가까이서는 군대 복무를 충실히 하기 어려운 일이다.

식탁은 그것을 차려내는 자가 흔히 그 비용을 물게 되는 법이며, 공격하는 편이 방비하는 것보다 더 유쾌한 일이다. 그리고 우리 국토에서 전투에 패하는 날이면 그 충격은 너무나 크다. 공포심만큼 전염되기 쉬운 것은 없고, 이런 일같이 사람들이 잘 믿고 급격히 번져나가는 것도 없는 만큼, 그 충격으로 군대 전체가 붕괴되지 않기는 어려운 일이다.

도시들 중에 이런 폭풍우의 굉장한 소문을 성문 앞에서 듣고 부대장이나 병사들이 헐레벌떡 벌벌 떨며 몰려오는 것을 맞아들이게 되면, 이러한 격동 중에 주민들이 나쁜 짓을 꾸미지나 않을까도 대단히 우려되는 일이다. 그러나 하여간 왕은 산 너머 이탈리아 땅에 두었던 군대를 돌려와서 적이 오기를 기다리기로 작정했다.

왜냐하면 그는 영토 안에서는 자기편에 둘러싸여 있으니, 모든 편리함을 실수 없이 풍부하게 얻을 것이고, 강물이나 통로는 자기에게 충성을 바치며 식량과 자금을 안전하게 운반해 줄 것이고, 신하들은 위험이 가까운 만큼 자기에게 더 헌신하게 될 것이며, 또 자기방어를 위해서 많은 도시와 요새가 있으니 기회와 편익에 따라서 싸움을 걸고 안 걸고 할 수 있을 것이라 판단했기 때문이다. 또 좀 지체할 필요가 있을 때에는 성안에 들어앉아 편안하게 있는 동안, 적군은 적대하는 땅에서 앞이나 뒤나 옆이나 자기에게 싸움을 걸지 않는 것이란 없고, 자기 군대를 교체하거나 확대할 아무런 방법도 없고, 병이 나돌게 되면 부상자들을 재우고 치료할 집도 없고, 금전도 식량도 창끝으로 약탈해 와야만 하고, 휴식하여 숨 쉬게 할 여가도 없으며, 복병이나 기습을 막기 위해 그 고장 그 나라 지세를 잘 아는 자도 없어 이러한 어려움에 진력이 나서 적군은 저절로 붕괴될 수도 있었다. 만일 전투에 패하는 날이면 남은 군대는 수습할 길도 없는 사정이라고 생각할 수도 있는 것이었다. 그리고 이편이나 저편이나 예가 없는 것이 아니었다.

  스키피오는 자기 땅을 지키며 자기가 있는 이탈리아에서 적과 싸우기보다는 아프리카로 건너가서 적군의 땅을 공격하는 편이 낫다고 생각했는데, 그것은 잘한 일이었다. 그러나 반대로 한니발은 그 전쟁에서 자기가 정복한 나라를 버리고 자기 땅을 지키러 가다가 패했다. 아테네인들은 자기 땅에 적군을 남겨 두고 시칠리아로 건너갔다가 반대의 운명에 부딪쳤다. 그러나 시라쿠사 왕 아가토클레스는 자기 고장의 전쟁은 놓아두고 아프리카로 건너가서 행운을 얻었다. 그렇기 때문에 사건과 결과는, 특히 전쟁에서는 대부분 운에 달려 있고, 그 운은 우리 생각이나 조심성에 따라서 도는 것이 아니라고 우리가 버릇처럼 말하는 것이 지당한 일이다. 다음 시도 그것을 말한다.

> 흔히 소홀한 조치가 성공하고, 조심하다가 실수한다.
> 운은 반드시 행운을 받을 가치 있는 자에게
> 승인과 원조를 주는 일 없이, 피차를 가리지 않고 돌아간다.
> 그것은 우리들 위에 군림하여 우리를 지배하는 특별한 힘이 있어
> 모든 인생의 사물들을 그의 법 아래에 두기 때문이다.   (마닐리우스)

그러나 잘 생각해 보면, 우리 의도와 고려가 거기에 많이 달려 있으며, 역시 운이 사고방식을 혼돈시키고 불확실하게 만든다.

우리는 허둥지둥 분별없이 추리한다. 우리와 같이 우리의 사고력은 대부분 우연에 매여 있기 때문이라고 《플라톤》 속에서 티마에오스는 말한다.

48
군마에 대하여

언어라고는 들은풍월로밖에는 배우지 않았고, 이것이 형용사인지 접속사인지 탈격 조사인지 모르는 내가 이제 문법학자가 된 것 같다. 나는 이런 말을 들은 것 같다. 로마인들은 필요한 때 새로운 기분으로 타도록, 다른 용도나 역마로 부리던 말을 '푸날레스'나 '덱스트라리오스'라고 부르고 있었다. 거기서 우리가 부리는 군마를 '데스트리에'라고 부르게 되었다. 그리고 우리나라 말로는 동반한다는 것을 보통 '아데스트레'라고 말한다. 또 말 한 쌍이 서로 매어져 고삐도 안장도 없이 전속력으로 달음질하게 길들인 것을 곡예하는 말(desultorios equos)이라고 부르며, 로마 귀족들은 전신을 무장하고 한창 달음질하다가 이 말에서 저 말로 뛰어 건넜다.

누미디아의 무사들은 손으로 두 필의 말을 끌고 가다가 치열한 전투 중에 갈아탄다. "이 말에서 저 말로 뛰어 건너는 우리 기사들같이, 그들은 말 두 필을 전장에 몰고 가는 습관이 있었다. 그리고 전투가 가장 심할 때 그들은 흔히 전신 무장을 하고, 지친 말에서 기운 찬 말로 갈아탄다. 그만큼 그들은 민첩했으며 그들의 말은 온순했다."(티투스 리비우스)

말들 중에는 적이 칼을 뽑아 들고 나올 때 주인을 구하려고 달려들어, 공격해 오는 자들을 발로 차고 이빨로 물어뜯게 훈련된 것도 많다. 그러나 말은 적보다 자기편을 해치는 수가 더 많다. 더욱이 말이 한번 싸우기 시작하면 쉽게 그들을 떼어 놓지도 못한다. 페르시아군의 대장 아르티비우스가 살라미스 왕 오네실로스와 단둘이 싸울 때, 이렇게 훈련된 말을 탔다가 참혹한 불행을 당했다. 말이 그의 죽음의 원인이 되었던 것이다. 그의 말이 오네실로스에게 용솟음쳐 대들 때 오네실로스의 부하가 초승달 모양의 언월도로 그의 어깨를 내리쳤다.

 그리고 이탈리아인들이 말하는 바, 포르누오바 전투에서는 왕의 말이 달려드는 적들을 발로 차고 짓밟아서 그를 빠져나가게 했다. 그렇지 않았더라면 그는 죽었을 것이다. 사실이라면 그는 대단히 운이 좋은 편에 든다.

 맘루크(노예로 구성된 이집트·튀르키예 혼성 민병단. 그들이 다음에는 이집트의 실권을 잡는다)는 세상의 기사들 중에서 가장 재간 있는 말을 가지고 있다고 자랑한다. 그들은 말들이 그 천성과 습성으로 한창 싸우는 마당에서도 신호와 어떤 소리로 주인을 식별해 찾아내고, 이빨로 큰 창과 투창을 주워서 주인에게 바치며, 적을 알아보고 구별하도록 길들이고 있다는 것이다.

 카이사르와 대 폼페이우스는 다른 훌륭한 소질들 외에도 말을 다루는 데에 탁월한 선수였다. 카이사르는 젊었을 때 말 위에 바로 누워서 고삐도 잡지 않고 손을 등에 돌려 말이 마음껏 달리게 놓아두었다고 한다.

 대자연은 이 인물과 알렉산드로스를 군사 기술상의 기적으로 세상에 내놓기로 한 바, 그들에게 비상한 무력을 갖추어 주려고 애썼다고 말하고 싶다. 알렉산드로스의 말 부케팔로스의 머리는 황소를 닮았고, 주인밖에 아무도 등에 태우지를 않았으며, 이 말이 죽은 뒤 그 영예를 받들어 그 이름으로 한 도시가 세워졌기 때문이다. 카이사르 역시 앞 발이 사람의 발과 같고 발굽이 손가락같이 갈라진 말 한 필을 가지고 있었는데, 카이사르 말고는 그 말을 타거나 다룰 사람이 없었다. 그는 이 말이 죽은 뒤 초상화를 여신 비너스에게 바쳤다. 나는 말을 타면 내리고 싶지 않다. 건강할 때나 아플 때나 그 앉은 자리가 내게 가장 편하기 때문이다. 플라톤은 승마가 건강에 좋다고 권하며, 플리니우스도 이것이 위와 관절에 좋다고 권한다.

 이 이야기가 나왔으니 더 더듬어 보자. 크세노폰의 저서에는 말을 가진 사람은 보행으로 여행하는 것이 법으로 금지되었다는 말이 있다.

 트로구스와 유스티누스는, 파르티아족들은 전쟁할 때뿐 아니라 모든 공적인 일이나 개인적인 일을 말을 타고 하며, 흥정과 대화, 소풍도 말을 타고 한다고 했다. 그리고 자유민과 노예의 가장 드러난 차이를, 자유민은 말을 타고 다니고 노예는 걸어다닌 것으로, 이것은 키루스왕이 만든 제도라고 한다.

 로마 역사에는(수에토니우스는 특히 카이사르의 장에서 이것을 지적한다) 기병들을 지휘하는 지휘관들은 사정이 급박하게 되었을 때 부하들을 말에서 내리라고 하여 도망칠 가능성을 없애고, 이런 전투에서 거둘 수 있는 장점을 최대한 발휘시키려고 한 예가 많이 있다. "이 점에서 로마인은 정녕 탁월했다"고 티투스 리비우스는 말한다.

정복한 민족들의 반란을 진압하는 데 사용되는 첫째 조치가 있다면, 그것은 승마와 무기 휴대를 금지하는 일이었다. 그래서 우리는 카이사르가, '그는 무기를 내놓고 말을 몰아오고 인질을 제공하라고 명령'(카이사르)한 것을 자주 본다. 튀르키예 황제는 오늘날에도 자기 제국 안에 있는 기독교도와 유대인에게 승마와 말 소유를 허가하지 않는다.

우리 조상들은 특히 영국인들과의 전쟁 때, 또 모든 엄숙한 전투와 중대한 행사에는 거의 어느 때나 생명이나 명예와 같이 소중한 일에는 말에서 내려서 하며, 자신의 용기와 사지의 정력과 힘에만 의존하게 했다. 크세노폰에 나오는 크리산테스가 뭐라고 말해도, 그대 용기와 덕, 그리고 그대 운은 말에 달려 있다. 말이 부상하든지 죽든지 하면, 그 결과는 바로 그대에게 미친다. 말의 공포나 그 정기는 그대를 비겁하게 또는 과감하게 만든다. 말이 고삐나 박차(拍車)의 명하는 바를 듣지 않으면, 그대의 명예가 책임을 져야 한다. 그 때문에 나는 내려서 하는 전투가 말을 타고 전투하는 것보다는 더 견실하고 맹렬하다는 것을 이상하게 보지 않는다.

　　승군이나 패군이나 한 번 퇴각했다가는
　　다시 양쪽이 다 전투장으로 매진했다.
　　그리고 쌍방이 패하여 달아날 줄을 몰랐다.　　　　(베르길리우스)

옛사람들의 전투는 오래 승강이하며 잘도 싸웠다. 요즈음 하는 것은 대번에 패주가 있을 뿐이다. "첫 번 함성, 첫 번 돌격이 승패를 결정한다."(티투스 리비우스)

사회의 가장 큰 위기라고 볼 수 있는 일은 우리의 힘에 달려 있어야 한다. 그래서 나는 무기로 우리가 잘 책임질 수 있는 가장 짧은 연장을 택하라고 권하고 싶다. 권총에서 튀어나가는 탄알보다는 우리의 손에 쥔 칼이 더 믿음직하다.

권총에는 화약·부싯돌·방아쇠 등 여러 부분이 있어서, 그중에 하나만 고장이 나도 그 때문에 운명이 결딴난다. 공기가 실어다 주는 것으로는 그 타격이 그렇게 확실치 못하다.

> 그들이 타격의 방향을 바람결에 맡기게 할 때
> 장검은 병사의 힘이다. 모든 전투 국민은
> 장검으로 싸운다. (루카누스)

그러나 이 무기에 대해 말하면, 옛날 무기와 우리 무기를 비교해 보면 더 제대로 말할 수 있다. 그리고 귀를 놀라게 하는 것밖에는, 총도 이제는 모두들 예사로 여기게 되어서 대단치 않지만, 나는 총이 그렇게 효과 있는 무기로 보이지 않으며, 어느 때건 그 사용이 폐지되기를 바란다.

이탈리아인들이 사용하던 투석기와 화기는 더 가공할 무기였다. 그들은 팔라리카라고 부르는 일종의 투창을 가졌는데, 그 끝은 발이 세 쪽으로 갈라진 쇠로 되어 있어 무장한 사람도 쉽게 관통할 수 있었다. 그리고 어느 때는 적을 향해 손으로 던지게 되어 있고, 어느 때는 포위당한 성을 방어하기 위해 기계로 사용하게끔 되어 있다. 자루는 수지와 기름이 밴 삼베 조각으로 감겨 있기 때문에 날다가 불이 일어나고 사람의 신체나 방패에 꽂혀서 무기나 팔다리를 쓸 수 없게 만들었다. 그러나 백병전에서는 공격하는 편에도 방해가 되고, 전쟁터에 불타는 나무토막이 흩어져서 이 접전은 쌍방에게 불편을 주었다.

> 예리한 소리를 발하며 팔라리카는 강력히 투척되어
> 벽력같이 낙하했다. (베르길리우스)

그들은 이런 데 경험이 없는 우리가 생각해 볼 수 없는 다른 장치들을 가지고 있고 그 사용법에도 익숙해서, 우리가 화약과 탄환을 갖지 못한 점을 보충하고 있었다. 그들은 중투창(重投槍)을 대단한 힘으로 던지며, 순간 방패 두 개와 무장한 사람 둘을 뚫어 산적같이 꿰어 놓는다. 그들의 팔매질도 못지않게 멀리 정확하게 도달했다. "해상에서 돌팔매질하는 훈련을 받아 먼 거리에서도 좁은 과녁을 관통하며, 적의 머리에 명중시킬 뿐 아니라 노리는 얼굴의 부위를 정확하게 강타하는 것이었다."(티투스 리비우스) 그들의 폭격 장치는 우리 것만큼 소음과 효과를 내고 있었다. "폭격 아래 성벽이 진동하는 무서운 소리에 공포와 공황이 포위된 성을 지키는 군사들을 압도했다."(티투스 리비우스)

아시아에 있는 사촌뻘인 골리아인들은 더 큰 용기를 가지고 손으로 맞부딪쳐 싸우게 훈련받았기 때문에, 이런 비겁한 투척 무기를 증오했다. "상처가 큰 것은 그들을 겁내게 하지 않았다. 부상이 크고 깊으면 그들은 영광으로 삼았다. 그러나 화살이나 투석이 그들의 살 속에 박히고 표면에 가벼운 상처밖에 남긴 것이 없으면, 그때 그들은 이렇게 작은 상처로 죽는다는 생각에 광분과 수치로 땅 위에서 구르는 것이었다."(티투스 리비우스) 우리의 화승총 묘사와 비슷하다.

저 1만 명의 그리스군이 그 유명한 장거리 후퇴 작전에서 부딪힌 한 민족은 크고 억센 활과 화살을 써서 싸웠기 때문에 그들에게 심한 피해를 입혔다. 그 화살은 너무 길어서 손으로 잡아 투창식으로 던질 수 있을 정도이며, 방패와 무장한 사람을 꿰뚫는 것이었다. 디오니시우스가 시라쿠사에서 발명한 굵직한 창과 엄청나게 큰 돌을 던지는 장치는, 대단히 먼 거리를 강력하게 날아서 우리 발명품과 거의 비슷한 성능을 가졌다.

또 신학 박사인 피에르 폴이라는 학자가 당나귀에 얹혀서 다니던 재미나는 이야기도 잊어서는 안 된다. 그는 그 위에 여자들처럼 옆으로 걸터앉아 파리 시내를 거니는 버릇이 있었다고 몽스트를레(1390~1453. 15세기의 연대기 작가. 프루아사르의 《연대기》를 이어 자신만의 《연대기》를 지음)는 이야기한다. 그는 또 다른 데서 가스코뉴인들은 질주하다가 바로 돌아서는 무서운 말을 가졌다고 말하며, '그런 것을 본 일이 없던'(이것은 바로 그의 말이다) 프랑스·피카르디·플랑드르·브라방 사람들은 그것을 무슨 큰 기적같이 보았다.

카이사르는 스웨덴인(스웨덴인이란 독일 스바비아인인 것을 몽테뉴가 잘못 알았음)의 이야기를 하며 "말 타고 하는 접전에서 그들은 보행으로 싸우려고 말에서 뛰어내리는데, 그들의 말은 그동안 움직이지 않고 제자리에 있게 길들여져 필요하면 그들은 재빨리 다시 말에 뛰어오른다. 그리고 그들 습관에 의하면, 안장이나 방석을 쓰는 것같이 천하고 비굴한 것은 싫다고 생각해 그것을 쓰는 자들을 경멸하며, 자기들의 수가 훨씬 적어도 그런 자들 다수를 공격하기를 두려워하지 않는다"고 말한다.

내가 그전에 보고 감탄한 일이지만, 말의 고삐는 귀에 걸어 둔 채 막대기 하나로 마음대로 조정할 수 있는 것은 마실리아인들에게는 대수롭지 않은 일이며, 그들은 안장도 고삐도 없이 말을 부리고 있었다.

　　마실리아인은 안장 없는 말을 타며
　　재갈을 쓸 줄 모르고, 조그만 채찍으로 말을 다루었다. 　　(루카누스)

　　그리고 누미디아인은 굴레 씌우지 않은 말을 탄다. 　　(베르길리우스)

"재갈을 물리지 않은 그들의 군마는 보기에 불쾌한 자세였고, 목이 굳세고 곧으며 머리는 앞으로 내밀고 있었다."(티투스 리비우스)

에스파냐에 혁대, 또는 장식띠 기사단을 세운 알폰소왕은 다른 규칙보다도 암탕나귀나 수탕나귀를 못 타게 하며, 위반자에게는 1마르크 은전의 벌금을 물게 하는 규칙을 세웠다는 것을 나는 게바라(1480~1545. 스페인 역사가. 황제 카를 5세의 전기 작가)의 글에서 읽었는데, 그들을 황금 기사단이라고 부르는 자들은 나와는 아주 달리 판단하고 있다.

《궁신(宮臣)》(이탈리아 작가 카스틸리오네 작, 그 번역본이 프랑스에 유행함)이라는 책에서는, 이전에는 그런 것을 타면 귀족인 경우 문책당했다고 한다. 아비시니아인들은 반대로 그들의 윗사람인 프레트 장[42]에게 더 승진할수록 당나귀 타기를 명예로 삼는다.

크세노폰은, 아비시니아인들은 그들 말이 너무나 거세기 때문에 늘 집에다 매어두며, 말을 풀어 안장을 지우기에는 너무 시간이 걸리기 때문에 적들이 기습해 오면 시간을 끌다 손해를 볼까 두려워하여, 진영에는 반드시 참호를 파고 성을 쌓아 들어가 있었다고 한다.

---

42) 요한 신부, 중세기 전설에 동방에 있다는 강력한 기독교 국가의 제왕. 유럽인들이 회교 국가에 대항해서 같이 싸우려고 오랫동안 연락을 시도했으나, 찾아내지 못한 가상적 인물. 지금의 에티오피아 황제의 조상으로 추측됨.

그가 섬기던 키루스는 승마술의 대가로 말을 친구처럼 다루며, 땀이 나도록 훈련시키지 않고는 먹을 것을 주지 않았다.

스키타이인들은 전쟁 때 먹을 것이 궁하면, 말의 피를 뽑아서 마시며 살아갔다.

또 말 피를 먹고 사는 사르마티아인들이 온다.　　　　(마르티알리스)

크레테인들은 메텔루스에게 포위당했을 때, 기아에 허덕이며 마실 것이 아무것도 없어서 말 오줌을 사용해야만 했다.

튀르키예 군대가 우리 군대보다 더 저렴한 비용으로 유지되는 것을 증명하는 일로, 그 나라 군사들은 맹물밖에는 마시지 않고, 쌀과 절인 고기를 가루로 만들어 놓은 것밖에 먹지 않고, 그것으로 한 달 간의 식량을 휴대하고 다니는 것 말고도, 타타르족과 모스크바족같이 말 피로 살아갈 줄 알고 그것을 소금에 절여 둔다.

인도(아메리카 대륙)의 새 땅에 스페인인들이 갔을 때, 사람들은 사람이나 말이나 똑같이 보고, 그것이 신이 아니면 동물인데, 천성이 그들보다 더 고귀한 것으로 생각했다. 어떤 자들은 패배하고 난 뒤, 사람들에게 평화와 용서를 구하러 황금과 고기를 가지고 와서 말에게도 그 만한 것을 바치고, 사람에게 하듯 똑같은 이야기를 하며, 말이 '이히힝' 하고 울면 그것이 강화와 휴전하자는 말이라고 생각했다.

동방의 인도에서는 옛날에 코끼리를 타는 것은 공후(公侯)나 왕이 갖는 첫 번째 명예였고, 둘째는 말 네 필이 끄는 마차를 타는 일이었으며, 셋째는 낙타를 타는 일이었고, 마지막 가장 천한 등급은 그저 말 한 필을 타고 가거나 수레를 타는 것이었다.

우리 시대의 어떤 사람은 그 땅 어느 나라에서, 황소에 안장을 지우고 등자(발걸이)와 고삐를 달고, 말과 같은 자세로 타고 다니는 것을 봤다고 쓰고 있다.

퀸투스 파비우스 막시무스 루틸리아누스는 삼니트족을 칠 때, 그의 기병들이 너덧 번의 돌격으로 적군 부대를 돌파하려다 실패하는 것을 보고, 기병들이 말고삐를 놓아주고 힘껏 박차를 가하게 하라는 의견을 채택하게 했다. 그 결과 아무도 그 말들의 돌진을 막지 못했고, 무기와 사람들이 쓰러지는 곳으로 보병 부대에 길이 열려서 피비린내 나는 살육을 완수하게 했다.

퀸투스 풀비우스 플라쿠스도 그와 같이 켈티베리아인에 대적하여 부대를 지휘했다. "그대들이 말고삐를 놓아주고 적군을 향하여 돌격시키면, 그들에게 더한층 강력하게 타격을 줄 것이오…… 이 조련법은 로마 기병이 자주 사용하여 성공하고 그들에게 영광을 주었소……. 그들은 말의 고삐를 놓아주고 돌격하여 적군의 진열을 뚫고 다시 적진을 횡단하여 되돌아오며, 적병의 창을 모두 분쇄하며 대살육을 감행했소."(티투스 리비우스)

모스크바 공작은 옛날에 타타르인들이 그에게 사절을 보낼 때, 그들 앞으로 걸어 나가서 말젖 항아리를 제공하며(이것은 그들이 즐기는 음료였다), 그들이 마시다가 몇 방울이 말의 갈기에 떨어지면 핥아먹으며 그들에게 경의를 표해야 했다. 러시아에서는 바자제트 황제가 그곳에 보낸 군대가 너무 심한 눈보라에 시달려서, 많은 사람들이 몸을 덮고 추위를 피하려고, 말을 죽여 배 속을 비워내고 그 속에 들어가 몸을 녹였다.

바자제트는 그가 티무르에게 패한 그 무서운 전투 뒤에, 아라비아 말을 타고 전속력으로 도주하고 있었다. 그때 그가 냇물을 건너다가 말에게 물을 실컷 마시게 하여 그 때문에 말의 배가 쿨렁쿨렁해지고 몸이 식어 그 뒤를 추격해 오는 자들에게 손쉽게 사로잡히지만 않았더라도 목숨은 구했을 것이었다. 말은 오줌을 누고 나면 기운이 빠진다고 한다. 그러나 물을 마시게 하는 것은 오히려 말에게 갈증을 가시게 해 더 기운이 나게 했을 것이라고 생각하고 싶다.

크로이수스는 사르디스시의 주변을 지나다가, 한 황무지에 수많은 뱀이 우글거리는 것을 보았다. 그의 군마들은 이 뱀들을 탐하여 잡아먹었다. 그런데 이 일은 그의 사업에 대한 불길한 징조였다고 헤로도토스는 말한다.

우리는 갈기와 귀를 가진 말을 완전한 말이라고 한다. 그리고 다른 것들은 좋은 말로 보이지 않는다. 라케다이모니아인들은 시칠리아에서 아테네인들을 패배시키고 나서, 시라쿠사로 화려하게 개선하여 돌아오며, 다른 위세보다도 패자의 말갈기를 깎고, 그 말들을 개선 행진에 몰고 다녔다.

알렉산드로스는 '다하에'라는 나라를 쳤는데, 그들은 둘씩 쌍을 지어 말 하나에 타고 전장에 나왔다. 그러나 백병전에서 하나씩 번갈아 말에서 내려 도보로 싸우다가는 다시 말을 타고 싸우곤 했다.

　나는 승마의 능력과 우아미로는 어느 나라도 우리를 이기지 못한다고 생각한다. 숙련된 기사는 우리가 늘 하는 말로는 기교보다도 용기를 가리키는 것 같다. 내가 알기로는 말에 관해 가장 박식하고 확실하고 이치에 맞게 다루는 대가는, 앙리 2세를 섬기던 카르느발레 경이다.

　나는 안장 위에 두 발로 서서 달리다가 안장을 내려놓고, 돌아올 때 그 안장을 다시 끌어 올려놓고 앉아, 늘 고삐를 내린 채로 질주하며 사람들의 모자 위를 뛰어넘어서 뒤돌아서며, 그것을 활로 쏘아 맞히기도 하고, 한 발은 등자에 걸어 둔 채 다른 발로 뛰어내려서 줍고 싶은 것을 주우며, 그리고 다른 종류의 이런 재주로 살아가는 사람을 보았다.

　콘스탄티노플에서는 두 사람이 말 하나를 타고 전속력으로 달려가며, 둘이 번갈아 뛰어내리고 다시 안장에 올라타고 하는 것을 볼 수 있었다. 그리고 하나는 이빨로 고삐를 물고, 마구도 갖춘다. 또 하나는 두 마리의 말에 걸터타고, 한 발은 한편 안장에, 한 발은 다른 편 안장을 디디고서, 한 사람을 팔에 안고 전속력으로 달려가며, 이 안긴 사람은 그의 위에 빳빳이 서서 말을 달리며 활을 쏘아 과녁을 맞히는 것이었다. 많은 사람들은 두 다리를 공중에 쳐들고 신월도(新月刀)를 매어 놓은 안장에 머리를 박고 달려갔다. 내가 어릴 적에 술모나 태공은 나폴리에서 거친 말을 온갖 방법으로 조정하며 앉은 자세가 안정하다는 것을 보여 주려고 무릎 밑과 발가락 아래에 동전을 끼웠는데, 그것은 마치 거기에 못 박힌 듯이 붙어 있었다.

49
옛 관습에 대하여

　나는 우리 국민에게 자기 자신의 풍속과 습관밖에 달리 자기 완성을 위한 스승과 규칙이 없다는 것을 변명하려고 한다. 왜냐하면 사람들은 출생할 때부터 받아 온 길로 그들의 목표와 한도를 정하는 것이, 속인들뿐 아니라 거의 모든 사람의 공통된 결함이기 때문이다.

　나는 그들이 파브리키우스나 라엘리우스를 볼 때, 이런 인물들이 우리와 같은 방식으로 옷을 입지 않고 모습도 같지 않기 때문에, 용모와 태도가 야만적이라고 할 것을 생각하면 마음이 흐뭇해진다. 그러나 그들이 유달리 현재 습관의 권위에 분별없이 속아 넘어가서 판단력을 잃고, 습관에 맞으면 매달 의견이나 생각을 고치며, 자신을 잡다하게 판단하는 것을 슬퍼한다.

자기 젖가슴 사이에 윗도리 가슴받이를 뗄 때에는, 그것이 바른 자리에 있다고 열렬히 주장하더니 몇 해 안 가서 그것은 허벅다리까지 내려가며, 이제는 그 전의 달랐던 습관을 조롱하고, 그때의 것은 참을 수 없는 부적당한 습관이었다고 본다. 현재의 옷 입는 방식은 옛날 것을 당장 잘못된 방식으로 만든다. 그것은 너무나 강력한 결정이며, 전반적으로 인정받고 있는 상황이기 때문에, 이런 일은 사람의 이성을 뒤집어엎는 일종의 광증이라고 말하고 싶다.

우리의 변화가 너무 급격하고 신속해서, 많은 재단사도 미처 새것을 꾸며 낼 겨를이 없을 정도이기 때문에, 세상사는 불가피하게 현재의 경멸받던 형식이 바로 뒤에 다시 신용을 얻게 되고, 유행하던 방식이 바로 뒤에 경멸받게 되는 경우가 자주 일어난다. 그래서 15년이나 20년 사이에 두 가지, 서너 가지로 달라질 뿐 아니라 반대되는 판단까지 갖게 되는 것은, 생각해 볼 수 없을 정도로 주책없고 경솔한 일이다. 우리 중에는 이런 모순에 속아서 부지불식간에 외부 세계를 보는 눈뿐 아니라 내부적인 눈이 헛보이게 되지 않을 정도로 총명한 자는 없다.

나는 내 기억에 남아 있는 대로, 어떤 것은 우리 것과 같고 다른 것은 우리와는 다른 몇 가지 옛날의 하던 식을 들어서, 인간 사물의 계속적인 변천을 성찰하며 우리의 판단력을 더 밝히고 견고하게 하고자 한다.

우리가 칼과 망토로 싸운다고 말하는 것은 로마 사람들에게도 그 습관이 있어서, 카이사르는 "그들은 왼손을 망토로 두르고 칼을 뽑는다"고 말했다. 그리고 그는 그때부터, 지금도 아직 우리나라에 있지만 우리가 길에서 만나는 사람을 멈춰 세우고 강제로 누구냐고 물어보며, 만일 대답을 않으면 욕설하고 생트집을 잡는 버릇이 있었던 것을 지적하고 있다.

옛날 사람들은 날마다 식사하기 전에 목욕하며 우리가 찬물에 손을 씻듯 자주 씻었지만, 처음에는 팔과 다리밖에는 씻지 않았다. 그러나 대부분의 나라에서 여러 세기 동안 계속된 습관으로, 그들은 향수를 뿌려놓은 물에 벌거벗고 씻었으며, 맹물에 씻는 것은 문화가 극히 소박한 증거로 삼고 있었다.
    가장 까다롭게 뽐내는 자들은 하루에 서너덧 번씩이나 온몸에 향수를 뿌렸다. 그들은 얼마 전부터 우리 프랑스 여자들이 이마를 다듬는 식으로 자주 털을 뽑곤 했다.

    너는 자신의 가슴·다리·팔의 털을 뽑는다.   (마르티알리스)

물론, 거기에 적당한 기름을 바르기는 했다.

    그녀는 피부에 으아리를 바르거나
    건조한 백분 가루를 칠한다.   (마르티알리스)

    그들은 푹신한 이부자리를 즐겼다. 그리고 담요 위에서 자는 것을 참을성이 있는 증거로 삼았다. 그들은 거의 우리 시대에 튀르키예인들이 하는 자세로 침대에 누워서 식사했다.

    그때 침대 위에서 점잖은 아이네이스는
    이런 말로 시작했다.   (베르길리우스)

    그리고 소(小) 카토에 관해서 사람들은, 파르살리아의 전투 이래 국가 사정이 불길해 속을 썩이며, 그는 신중하고 정직한 생활로 지내고 항상 앉아서 식사했다고 한다. 그들은 세도가들을 존대하고 아첨하느라고 손에 키스했다. 그리고 친구들끼리는 베네치아인들처럼 인사할 때 서로 키스를 주고받았다.

    그대를 축하하며
    감미로운 언어와 함께 입맞춤을 주겠노라.   (오비디우스)

    그리고 세도가에게 간청하거나 인사할 때는 그 무릎을 만졌다. 크라테스의 동생인 철학자 파시클레스는 무릎에 손을 대는 대신 생식기에 손을 가져갔다.

그가 말을 건 상대자가 화를 내며 물리치자, 그는 "어째 그러시오? 이것도 무릎과 같이 당신 것이 아니오?"라고 말했다.

그들은 우리와 같이 식탁을 물러날 때에 과일을 들었다. 그들은 뒤처리로 (언어의 헛된 사양은 여자들에게나 맡겨 둘 일이다) 해면을 이용했다. 그래서 해면 (spongia)은 라틴어로는 외설한 뜻을 가지며, 이것은 막대 끝에 달려 있었다. 그 증거로, 어떤 이는 민중들 앞에 맹수의 밥으로 던져질 신세가 되어서 달리 자살할 방도가 없자, 뒤를 보러 가겠다고 청하여 이 해면 달린 막대를 목구멍에 쑤셔 박고 질식해 죽었다는 이야기를 보아도 알 수 있다. 그들은 일을 마친 다음에 남근(男根)을 향수를 뿌린 털실로 닦았다.

    네게 아무 일도 않겠다.
    그러나 네 그것을 양모로 닦고 난 다음엔……　　　　　　(마르티알리스)

로마의 네 거리에는 독과 조그만 통이 놓여서 소변보는 데 사용되었다.

    어린애들은 잠에 빠져 오줌 누는 그릇에
    오줌을 누라고 옷을 쳐들었다고 생각한다.　　　　　　(마르티알리스)

그들은 식사 중간에 간식을 들었다. 그리고 여름에는 포도주를 차게 하라고 얼음을 파는 상인이 있었다. 그리고 겨울에도 포도주가 충분히 차지 않다고 눈을 쓰는 사람들이 있었다. 세도가들에게는 술을 따르고 고기를 썰어 주는 하인이 있었으며, 또 재미를 주려고 어릿광대가 있었다. 그들은 겨울에는 식탁 위에 풍로를 올려놓고 음식을 데워 먹었다. 나도 그것을 보았지만, 가지고 다니는 요리 기구가 있어서, 어디에 갈 때는 그것을 들고 갔다.

    이런 식사는 그대들이 가져라. 부유한 탐락가여
    우리는 휴대용 요리상을 원치 않노라.　　　　　　(마르티알리스)

여름에 그들은 아래층 큰 방에서 자고, 맑은 물을 홈통에 흘러내리게 하고,

그 속에 살아 있는 물고기를 많이 길러 참석자들이 손으로 골라잡아 각자가 자기 입에 맞게 요리시켰다. 지금도 그렇지만, 생선은 세도가들이 언제나 그 조리하는 방법을 알아 둔다는 특권을 가지고 있다. 그래서 적어도 내게는 생선 맛이 살코기 맛보다 훨씬 낫다.

그러나 모든 종류의 장엄한 것, 방탕, 탐락의 고안, 연약한 행동 습관, 풍성한 것의 취미에는, 사실 로마인들에 대등하려고 우리가 할 수 있는 일이라면 모두 하고 있다. 왜냐하면 우리의 의지도 그들에 못지않게 부패되었기 때문이다. 그러나 우리 능력은 거기 따라가지 못한다. 우리들의 힘이 도덕적인 면이나 타락한 면에서 그들에게 따라갈 수 없는 것이다. 왜냐하면 이 두 면이 정신의 힘에서 나오는 것인데, 이 점은 그들이 우리와 비교도 안 되게 훨씬 위대했기 때문이다. 그리고 마음은 점차로 약해져 감에 따라서 아주 잘 하기도 못 하기도 하는 만큼 방법에 서툴러지는 것이다.

그들 식탁에서 상석은 가운데 자리이다. 그 외 왼쪽이나 오른쪽 자리는 편지 쓸 때나 말할 때나 아무 존경의 의미가 없다. 그것은 그들의 문장에서도 볼 수 있으니, 오피우스와 카이사르라고 쓰거나 카이사르와 오피우스라고 쓰거나 마찬가지이며, 너와 나라고 하거나 나와 너라거나 상관이 없다.

그 때문에 나는 이 전에 프랑스어 번역판 플루타르크의 《플라미니우스의 생애조(生涯條)》에서 작가가 아에톨리아인들과 로마인들 사이에 그들이 공동으로 이룬 전쟁의 승리에 관한 영광을 시기하는 것을 말하며, 그리스의 노래에 아에톨리아인들을 로마인들보다 먼저 부르는 점을 중시하고 있는 것에 주목했다.

여기 프랑스어로 옮길 때 의미가 혼동되지 않았으면 말이다.

부인들은 한증막에 들어갈 때 남자들을 만나고 바로 거기서 남자 하인에게 몸을 씻게 하고 기름을 바르게 했다.

> 그대가 나체로 온탕에서 목욕할 때
> 노예 하나는 사타구니에 검은 앞가리개를 걸치고
> 그대 명령을 기다린다.
> (마르티알리스)

그녀들은 어떤 가루를 뿌려서 땀을 닦았다. 옛날의 골족들은 앞머리털만 남기고 뒤는 깎았다고 시도니우스 아폴리나리스는 말한다. 이 버릇은 지금 이 시대의 풍습이 나약하고 비굴해져서 다시 유행하고 있다.

로마인들은 배를 타러 갈 때 뱃사공에게 뱃삯을 치렀다. 그것을 우리는 항구에 들어갈 때 치른다.

뱃삯 받기와
당나귀에 길마 지우기에 온 시간을 보냈다.   (호라티우스)

여자들은 침대의 벽 속에서 잤다. 그래서 사람들은 카이사르를 '니코메데스 왕[43]의 침대벽'이라고 불렀다.

그들은 쉬어 가며 술을 마셨다. 그들은 포도주에 이름을 붙였다.

어떤 젊은 노예가
이 팔레르니아 포도주의 열기를
우리 옆에 흐르는 이 물에 식혀 주려나?   (호라티우스)

그리고 우리 하인들의 건방진 모습은 그들에게도 있었다.

오, 야누스여, 아무도 그대 뒤에서 두 뿔을 세워 보거나
당나귀 귀를 만들거나 아풀리의 목마른 개 헛바닥 같은
긴 혀끝을 내밀며 비웃는 자 없는 그대여.   (페르시우스)

아르고스와 로마의 여인들은 흰 상복을 입었다. 그것은 우리 고장 부인들도 전에 하던 일로, 내 말을 들을 생각이면 지금도 그래야 할 일이다.

그러나 이 문제는 그것만으로 쓴 책들이 몇 권이나 있다.

---

43) 니코메데스 3세, 소아시아 흑해 연안의 비튜니아 왕국 왕. 카이사르는 젊었을 때 그의 궁전에 머물렀다. 이 왕은 후에 자기 왕국을 로마에 넘겨주었다.

50
데모크리토스와 헤라클레이토스에 대하여

판단력은 모든 문제에 사용되는 도구이며, 모든 일에 참견한다. 그 때문에 나는 여기서 해 보는 수상록에 모든 종류의 기회를 사용한다. 그것이 내가 이해하지 못하는 제목이라면, 그 때문에라도 나는 아주 멀리서부터 여울목을 더듬어 보며 시도한다. 그리고 내 키에 비해 물이 너무 깊은 것을 보고는 물가에 머무른다. 그리고 이 물을 건너갈 수 없다는 것을 알아보는 일이 바로 그 노력의 한 특징이며, 진실로 자랑할 거리의 하나이다. 나는 어느 때는 헛되고 허무한 제목을 가지고 그 논제에 실속이 있는가, 그것을 지지하고 옹호할 재료를 찾아볼 수 있는가를 알아보려고 시도한다. 또 어느 때 나는 사람들이 많이 떠들어 댄 고상한 문제로 판단력을 움직여 보는데, 거기는 남이 찾아본 것을 다시 찾아보는 것 외에 이미 할 거리가 없을 정도로 모든 것이 밝혀져서, 판단력을 움직여 볼 재료가 없다. 그래서 판단력은 그중에서 어느 것이 가장 나은 방법인가를 골라 보려고 시도하며, 수많은 방법들 중에서 이것 또는 저것이 가장 잘 택하여진 방법이라고 말한다.

나는 되는 대로 아무 논법이나 잡아 본다. 어느 제목이든지 똑같이 좋다. 그리고 이런 논법을 결코 전면적으로 전개시키지는 않는다. 왜냐하면 나는 어떤 것도 그 전체를 보지 않는다. 무엇을 전반적으로 보여 준다고 약속하는 자들로서 그렇게 해 주는 자는 없다. 사물들이 각기 가지고 있는 백 갈래 부분들과 모습들 중에서, 나는 어느 때는 그중의 겨우 하나를 잡아서 훑어보며, 어느 때는 겨우 스쳐보기만 한다. 그리고 때로는 뼈까지도 찔러본다. 나는 거기에 침을 찌른다. 넓게 하는 것이 아니고, 내 힘닿는 대로 깊게 한다. 그리고 나는 전에 해 보지 않은 관점에서 잡아 보기를 잘한다. 내가 나 자신을 좀 덜 알았더라면 무슨 재료를 속속들이 캐어 보려고 모험했을지도 모른다. 그들의 저서에서 따온 문장들을 여기 한마디 저기 한마디 흩어뿌려 놓으며, 어떠한 계획도 약속도 없이, 그것을 보장해 볼 생각도 없고, 내 마음 내키는 때에도 의견은 변하지 않고, 내 자신이 거기 집착해 있을 생각도 없으며, 의문과 불확실성과 나의 주요 소질인 무지에 항복하련다.

모든 동작은 자기 속을 내보인다. 파르살리아의 전투에서 명령하고 지휘하는 데 드러내 보였던 카이사르의 심령은 그가 한가롭게 연애하던 솜씨에도 드러난다. 말을 알아보려면 경마장에서 다룰 때뿐만 아니라 천천히 걸어갈 때와 마구간에서 쉴 때에 보아서도 판단된다.
　심령의 기능들 중에는 비천한 면이 있다. 그 면을 보지 못하는 자는 그 전부를 완전히 알지 못한 것이다. 그리고 심령은 마음이 가장 상할 때 가장 잘 식별된다. 그것은 높이 비상할 때 더 잘 정열의 바람에 사로잡힌다. 그뿐더러 심령은 사물 하나하나에 완전히 몰두해서 거기에 매이며, 한 번에 결코 하나 이상 다루지 못한다. 그리고 재료를 그 재료에 따라서 다루는 것이 아니고 자기에 따라서 취급한다.
　사물들은 그 자체로서 무게와 척도와 조건들이 있다. 그러나 심령은 내면으로는 우리 속에서 사물들의 이런 소질을 자기가 이해하는 대로 재단해 간다. 죽음은 키케로에게는 두려워할 일이고, 카토에게는 바랄 만한 일이고, 소크라테스에게는 무관심한 일이다. 건강·양심·권위·학문·부유·미 등과 그 반대되는 것들은 심령 속에 들어갈 때 옷을 벗고 심령에게서 옷을 받으며 갈색·녹색·밝은 빛·음침한 빛·신 것·단 것·심오한 것·피상적인 맛 등, 심령이 좋아하는 색·빛깔과 맛을 받는다. 그리고 심령들 각자의 마음에 드는 것이다. 왜냐하면 심령들은 이런 사물들의 체재·규칙·형체 등을 공동으로 심사해 보지 않았기 때문이다.
　심령은 자기 영역에서 여왕이다. 그러므로 우리는 사물들의 외적 소질을 가지고 변명을 삼지 말 일이다. 그것을 실명하는 일은 우리가 할 일이다. 우리의 행, 불행은 오로지 우리 자신에게 달려 있다. 우리가 신에게 바치는 제물과 축원을 우리 자신에게 바치자. 운에게 바칠 일이다. 반대로 우리의 행동 습관이 운을 뒤에 끌고 다니며 운을 자기들 형태로 박아 낸다.
　어째서 나는 알렉산드로스를 그가 식탁에 앉아서 실컷 마시며 이야기하는 모습으로 판단하지 못하는가? 그가 장기를 두고 있다면 그의 정신의 어느 줄이건 이 어리석고 유치한 장난을 즐기며 조종하지 않는 줄이 있을 것인가?(이 장기라는 것은 변변한 놀이가 못 되며, 마음을 거기 너무 골똘하게 쏠리게 하기 때문에, 다른 좋은 곳에 쓸 만한 주의력을 거기 쏟는 것이 부끄러워서 나는 장기를 싫어하고 피한다.) 알렉산드로스는 인도 원정의 영광스러운 진군 계획을 세우는 데 이것보다 더 머리를 쓰지 않았으며, 또 이 비범한 분도 인류의 안녕이 거기 매여 있는 문장을 해석하는 데, 여기서보다 더 마음 졸인 것이 아니다. 우리의 심령이 이 가소로운 장난을 얼마나 부풀어 올리고 키워 가는가를 보라. 온 심줄이 얼마나 거기 긴장하는 꼴인가. 얼마나 충만하게 이 장난이 각자에게 자기를 알고 자기를 올바로 판단할 기회를 만들어 주는 것인가를 보라.

나는 다른 어떤 처지에서도 이보다 더 철저하게 나를 보며 심사하는 일이 없다. 이 장난에서 어느 정열이고 우리를 마구 구사하지 않는 것이 있는가? 이런 일에는 분노·울분·증오·조바심, 이겨 보자는 맹렬한 야심 등을 갖기보다는 지려는 야심을 갖는 편이 더 용서될 만하다. 왜냐하면 이런 부질없는 일에서 범인의 능력을 넘어 희귀하게 탁월하다는 것은 명예로운 인물에게 합당치 않은 일이기 때문이다. 내가 말하는 것은 다른 모든 일에도 적용될 수 있다. 한 인간의 부분 하나하나, 하는 일 하나하나가 다른 어느 것이나 똑같이 이것을 지적하며 끄집어 드러내 보인다.

데모크리토스와 헤라클레이토스는 철학자였다. 그중에 데모크리토스는 인간 조건을 헛되고 가소롭게 보며, 밖에 나갈 때에는 늘 웃으며 조롱하는 상을 가졌고, 헤라클레이토스는 우리의 바로 이 조건을 연민과 동정심으로 보았기 때문에, 얼굴이 늘 슬픈 상이었으며, 눈에 눈물을 글썽거리고 있었다.

> 그들이 집 밖에 발을 내디디면 바로 하나는 웃고
> 또 하나는 울고 있었다.
> 　　　　　　　　　　　　　　　　　　　　　　(유베날리스)

나는 차라리 첫 번째의 기분을 택한다. 웃는 것이 우는 것보다 더 유쾌해서가 아니라 그편이 더 경멸조이며, 다음 것보다 더 우리를 문책하는 까닭이다. 우리의 가치대로 보면, 우리는 아무리 경멸당해도 과하지 않다고 본다. 연민과 동정에는 가련히 생각하는 사물에 대해 어느 정도 평가하는 심정이 섞여 있다. 사람은 조롱하는 사물들은 가치 없다고 본다. 나는 우리의 불행이 허영심만큼 크다고도, 악의가 어리석음만큼 크다고도 생각하지 않는다. 우리는 악의보다도 무위로 가득 차 있다. 우리 팔자는 참담하다기보다도 비천한 것이다.

그래서 디오게네스는 술통을 굴리고 혼자서 어슬렁대며 알렉산드로스를 코웃음 쳤고, 인간들을 바람이 가득 찬 오줌보로 보고 있었으니, 그는 내가 보기에는 인간의 증오자라는 별명을 가진 티몬보다도 한층 더 신랄하고 예리했으며, 한층 더 공정한 심판자였다. 왜냐하면 사람이 미워한다는 것은 마음에 걸리는 것이 있기 때문이다. 이 티몬은 우리가 불행하기를 바랐고, 우리의 파멸을 열망했고, 사람들과의 교섭을 위험하고 흉악하고 타락된 것으로 보고 피했다. 디오게네스는 우리를 너무 무시했기 때문에, 우리에게 감동해서 동요하거나 변질되는 일 없이, 우리와의 교제를 두려워하는 것이 아니라 그것을 경멸해서 우리를 제쳐놓고 있었다. 그는 우리를 좋은 일도 나쁜 일도 할 수 있는 존재로 보지 않았다.

브루투스가 스타틸리우스에게 카이사르를 처치하는 음모에 같이 참가하라고 말했을 때, 그가 한 대답도 같은 성질이다. 그는 이 시도를 정당하다고는 보았으나, 도대체 인간이라는 존재가 그들을 위해서 그런 수고를 해 줄 값어치가 있다고는 보지 않았다. 자기만이 그것을 위해 일해 줄 값어치가 있으므로 현자는 자기를 위한 일밖에 해서는 안 된다고 하는 헤게시아스의 교훈과, 현자가 자기 나라의 이익을 위해서 위험을 무릅쓰는 일은 부정당하며, 미친놈들 때문에 예지를 위태롭게 하는 일이라고 말한 테오도로스의 교훈을 좇은 것이다.

우리 고유의 특수한 조건은 우스꽝스러울 뿐 아니라 가소롭다.

51
언어의 허영됨에 대하여

지난 시대의 한 수사학자는 그의 직업은 작은 일을 가지고 크게 보이게 하고 큰 것으로 생각하게 하는 일이라고 했다. 그것은 작은 발에 큰 구두를 만들어 줄 방법을 아는 구두 수선공과 같다. 이런 속임수의 기술을 직업으로 삼는 자를 스파르타에서는 매질했을 것이다. 그곳 왕이던 아르키다모스는 투키디데스의 대답을 듣고는 놀라지 않을 수 없었으리라 생각된다. 이 왕이 투키디데스(이것은 역사가 투키디데스의 말이 아니고, 페리클레스의 정적인 귀족 당수 밀레시오스의 아들 투키디데스의 말이다)에게 페리클레스와 그, 둘 중에 누가 더 잘 싸우겠느냐고 물어보았더니, "그것은 증명하기 어렵죠. 왜냐하면 내가 씨름으로 그를 쓰러뜨리면, 그는 그것을 본 자들에게 그가 쓰러진 것이 아니라고 설복하고 상은 그가 타오"라고 말했다. 여자들에게 가면을 씌워서 분칠하는 자들의 일은 그보다는 덜 나쁘다. 왜냐하면 여자들을 본 얼굴대로 보지 않는 것은 대단한 손실이 아니기 때문이다. 그런데 이자들은 우리의 눈을 속이는 것이 아니라, 판단력을 속여서 사물들의 본질을 악화시키고 부패시키는 일을 직업으로 삼는다. 정치가 잘 되고 정돈된 국가에서는 크레테와 라케다이모니아에서와 같이, 웅변가들을 그렇게 존중하지 않았다.

아리스톤은 수사학을 현명하게 정의하여 '사람들을 설복하는 학문'이라고 했다. 소크라테스와 플라톤은 이것을 '속이고 아첨하는 기술'이라고 했다. 그리고 일반적인 정의로 이것을 부인하는 자들은 사방에서 그들의 교훈으로 이것을 증명한다.

회교도들은 어린애에게 수사학이 불필요하다고 그런 것을 가르치는 것을 금지한다. 그리고 아테네인들은 이 수사학이 그들 도시에 대단히 유행해서 너무 심한 해를 끼치는 것을 보고, 그 주요 부분인 사람의 마음을 격동시키는 대목과 서론과 결론은 제거하도록 규정했다.

이것은 질서 없는 군중과 시민들을 조종하고 선동하려고 꾸며 낸 연장이며, 약과 같이 병든 국가 외에는 사용되지 않는 연장이다. 아테네·로데스·로마인들 같이 속인들과 무식꾼들인 전체 국민들이 모든 일을 처리할 수 있어, 사물들이 항상 혼란 상태에 빠져 있는 나라로 웅변가들은 몰려갔다. 그리고 이런 나라에서는 웅변의 도움 없이 큰 신임을 받아 온 자가 극히 드물다. 폼페이우스·카이사르·크라수스·루쿨루스·렌툴루스·메텔루스 등은 그들이 도달한 큰 권세에 이르는 데에 이 방법으로 큰 힘을 얻었고, 가장 훌륭했던 시대의 여론과는 반대로 무기보다 여기에 더 많은 도움을 받았다. 왜냐하면 볼룸니우스는 파비우스와 데키우스를 집정관으로 당선시키기 위해 대중에게 말하길 "이 사람들은 전쟁을 위해 출생했고, 행동력이 위대하다. 말씨름에는 서투르나 정말로 집정관다운 정신의 소유자들이다. 꾀바른 자들, 웅변가들, 학자들은 도시 생활을 위해 법률을 맡아보는 재판관으로나 적당하다"고 했다.

웅변술은 로마 정국이 가장 나쁜 상태에 있고 내란이 세상을 뒤흔들 때 가장 번창했다. 사람이 손대지 않고 놀리고 있는 밭의 풀은 아주 무성하게 자란다. 그 때문에 왕정에 의존하는 국가에서는 다른 나라들보다 그런 인물들의 필요가 적은 것 같다. 왜냐하면 어리석고 속기 쉬운 민중들 속에서 잘 볼 수 있는 성질로, 이 웅변이 보이는, 귀에 달콤하고 조화로운 소리에 쉽사리 조종되고 지배되는 것 때문에, 이성의 힘에 의해 사물의 진리를 저울질하여 이해하지 못하기 때문이다. 사실 이렇게 쉽게 넘어가는 인간은 단 한 사람, 왕에게는 그렇게 쉽사리 찾아볼 수 없는 일이다. 그리고 그는 좋은 제도와 좋은 의견에 의해서 이 해독의 영향을 받지 않도록 자신을 보호하기가 더 쉬운 일이다. 마케도니아나 페르시아에서는 이름난 웅변가라고는 나온 것을 본 일이 없다.

내가 지금 이야기한 것은 작고한 카라파 추밀경이 죽을 때까지 요리사로 그를 섬겨 왔던 한 이탈리아인과 방금 내가 이야기한 데서 생각난 것이다. 내가 그에게 자기 직책에 관해서 이야기해 보라고 하자, 그는 마치 신학상의 큰 문제를 가지고 다루듯 장중하고 점잖은 태도로 요리의 학문에 관해서 이야기했다. 그는 식욕의 여러 가지 양상에 관해서 설명하며, 굶다가 먹을 때의 식욕, 둘째와 셋째 번에 내놓는 음식의 맛, 어느 때는 그저 입맛에 맞추는 법, 어느 때는 입맛을 돋우도록 자극을 주는 법 등을 말했다. 그리고 소스 조미법에 대해서도 먼저 일반적 방법을 말하고, 다음에는 그 재료의 성질과 그 효과를 분류했다. 그리고 계절에 따라서 샐러드의 차이, 데워서 차려내야 하는 것, 차게 차려내야만 되는 것, 보기 좋게 만들기 위해서 장식하고 미화하는 방법 등을 설명했다. 그리고 나서는 미려하고 장중한 고찰로 충만하게 음식 차려내는 순서의 장으로 들어갔다.

> 실로 토끼를 자르는 방법과
> 영계를 자르는 방법을 구별하기란
> 여간 중요한 일이 아니다.
> 〈유베날리스〉

그리고 이것이 모두 풍부하고 장중한 말로 확대되어, 마치 한 제국의 정치를 다루는 데 쓰는 말투로까지 사용되는 것이었다. 나는 내가 좋아하는 작가의 생각이 문득 솟아났다.

> 이것은 짠맛이 지나치고, 이것은 구운 것이 지나치고, 이것은 맛없고
> 저것은 참 맛있다! 다음번에도 이와 같이 맛나게 유의하라.
> 나의 빈약한 지식이 허용하는 한, 이런 것을 조심스레 교시하련다.
> 여하튼 데메아여
> 나는 그들에게, 거울에 비치듯
> 음식이 그릇에 반영되게 하도록 권하며
> 필요한 제반사를 알려준다.　　　　　　　　　　　　(테렌티우스)

　그리스인들까지도 파울루스 아에밀리우스가 마케도니아에서 돌아와 그들에게 베푼 향연에서 지키던 질서와 규모를 대단히 칭찬했다. 그러나 나는 여기서 그 행동을 말함이 아니고, 언어에 관해서 말한다. 다른 사람도 나와 같은지 모르겠으나, 나는 건축가들이 아무리 벽기둥·주초·주두(柱頭)라든가, 코린트식, 도리아식이라는 따위 전문어로 엄청난 말을 끌어내도 마치 아폴리돈 궁전[44]에 관한 것같이, 내 상상력으로는 파악해 볼 수 없다고 말하지 않을 수 없다. 그리고 사실 이런 것은 내 집 부엌 문간의 변변찮은 부분들을 가지고 하는 말인 것을 나는 안다.
　전유법(轉喩法)·은유법 혹은 우의법(寓意法)이라고 문법학자들이 붙이는 이런 따위 이름들을 들어 보라. 무엇인지 희귀하고 괴상한 언어 형태를 말하는 것 같지 않은가? 이것은 그대 집 침모가 나불거리는 말법에 관해서 붙인 명칭이다.
　우리나라의 직무를 로마 사람들의 장엄한 칭호로 부르는 것은, 그 사이에 아무런 닮은 점도 없고 더욱이 그만한 위엄과 권능도 없는 터이니, 지금 말한 것과 비슷한 속임수이다. 또 당치 않게도 옛날 수백 년 동안에 한두 사람에게만 바친 가장 영광스러운 이름을 우리가 하고 싶은 대로 아무에게나 사용한다는 것은, 다음에 보면 우리 시대의 특이한 어리석음을 드러내 놓는 증거가 될

---

44) (15세기 스페인 소설 《아마디스》에 나오는 경이의 궁전.

것이라고 나는 생각한다. 플라톤은 아무도 시기할 수 없이 거룩한 것으로 모두가 승인하는 이 이름을 차지했다. 그런데 이탈리아인들은 일반적으로 자기 시대의 다른 나라 사람들보다 더 민첩한 정신과 건전한 사상을 가졌다고 자랑하고 있는 터에 아레티노에게 이 이름을 주고 있는데, 사실 이 작가는 말법이 과장되고 재치가 들끓으며, 교묘하지만 너무나 뽐내고 공상적이며, 결국 웅변조라는 것 외에 자기 시대의 보통 작가보다 낫다고 할 점은 보이지 않는다. 어디에도 이 옛날의 거룩한 작자에게 미칠 것이라곤 아무것도 없다. 그리고 '대왕'이라는 칭호를 우리는 서민의 위대성보다 아무것도 더 나을 것 없는 왕들에게 붙여 주고 있다.

52
옛사람들의 인색에 대하여

아프리카에 원정한 로마군 대장인 아틸리우스 레굴루스[45]는 카르타고군에 대한 승리와 영광에 싸여 있을 때, 자기 집 전재산인 농토 7아르팡을 관리하라고 남겨 둔 하인이 농기구를 가지고 도망쳤으니, 자기 처자를 보살피기 위해서 집으로 돌아가야 하겠다고 본국에 휴가를 청했다. 원로원은 그의 재산을 관리할 사람을 따로 제공하고 도둑맞은 것은 도로 찾아주고, 그의 처자는 국비로 양육하도록 명령했다.

대 카토는 스페인 집정관으로 있다가 귀국할 때, 자기 말을 배에 싣는 비용을 절약하려고 그 말을 팔아 버렸다. 사르디니아 정부에 가시는 그의 의복과 제물을 바칠 때 쓰는 항아리 하나를 들고 다니는 공화국 보병 장교 한 명만 데리고 도보로 방문하며 다녔다. 그리고 자기 고리짝은 자기가 들고 다녔다. 그는 10에퀴 이상의 옷을 가져 본 일이 없으며, 하루에 10수 이상의 찬거리를 사기 위해 사람을 장터로 보낸 일이 없고, 매흙질하여 회칠한 집을 별장으로 가져

---

[45] 기원전 267~156. 전형적인 고대 로마 무장. 카르타고군과의 해전에 승리했다. 그러나 스파르타 군에 패전해 사로잡혀서 카르타고로 넘겨진 후, 포로 교환을 교섭하라고 본국에 돌려보내졌을 때에 그는 로마에 와서 포로 교환의 불가함을 역설한 후, 가족과 친지들의 만류에도 다시 카르타고로 돌아가 무참하게 처형당했다.

보지 않았다고 당연한 듯 자랑했다.

　스키피오 아에밀리우스는 두 번 승리하고 두 번 집정관이 된 다음, 겨우 하인 일곱을 데리고 외교 사절단으로 떠났다. 호메로스는 하인을 하나 이상 둔 일이 없었다고 하며, 플라톤은 셋, 스토아학파의 수령인 제논은 하나도 없었다고 한다.

　티베리우스 그라쿠스는 당시 로마의 제1인자이며, 국무의 책임을 띠고 사절단으로 떠날 때, 하루에 5수 반밖에 받지 않았다.

53
카이사르의 말 한마디

　만일 우리가 가끔 자신을 고찰하기 위해 시간을 보내며, 다른 사람들의 일을 살펴보고 우리 주변의 사물들을 알아보는 데 쓰는 시간을 우리 자신을 살펴보는 데 사용한다면, 우리는 우리의 구조가 얼마나 약하고 실패하기 쉬운 부분들로 이뤄져 있는가를 쉽게 느낄 것이다. 우리 마음이 아무것에도 만족해 안정되지 못하고, 욕망과 공상 때문에 우리에게 필요한 것을 택할 힘도 갖지 못한다는 것은, 우리가 불완전하게 생겼다는 특이한 증거가 아니고 무엇일까? 철학자들이 인간의 최고선(最高善)을 찾기 위해 항상 싸웠으나 해결도 합의도 없이 아직도 계속되고 있으며, 영원히 계속될 이 굉장한 논쟁이 이것을 충분히 증명하고 있다.

　　우리가 욕구하는 사물이 자기 것이 되기 전에는
　　그것은 다른 일보다 중대하게 보이며
　　그것을 향유하게 되면, 다른 갈망이 솟아나와서
　　우리는 똑같은 갈증에 사로잡힌다.　　　　　　　　(루크레티우스)

　우리의 인식과 향락에 들어오는 것은 무엇이건 만족을 주지 못함을 우리는 느낀다. 그리고 현재가 우리를 포만시키지 않는 만큼, 우리는 장차 오게 될 알지 못하는 사물들을 우두커니 바라고 있다. 내 생각으로는 그것은 사물들이 우리를 만족시킬 거리가 못 되기 때문이 아니라, 우리가 병적이고 혼란된 상태로 사물들을 파악하기 때문이다.

> 그는 인간에게 요구하는
> 거의 모든 사물들이 필요를 위하여 준비되고
> 인간들이 부와 명예와 명성으로 충만하며
> 자녀들의 좋은 평판을 자만하고 있었으나
> 집에서는 번민으로 가득하며
> 마음은 괴로운 암투에 강제된 것을 보았을 때에
> 그때에 결함은 마음의 그릇에서 우러나는 것이며
> 이 결함이 피부에서 들어오는 모든 선을
> 내부에서 부패시키고 있는 것을 깨달았다.　　　(루크레티우스)

우리의 욕망은 결단성 없고 불확실하다. 그것은 아무것도 좋은 방식으로 보유하지도 향락하지도 못한다. 인간은 이것을 사물들의 결함으로 간주하며, 자기가 알지 못하고 이해하지 못하는 사물들로 자기를 채워 기르고 거기다가 자기 욕망과 희망을 적용하며, 그런 일을 영광으로 삼고 존중한다. 카이사르의 말처럼 "대자연의 대수롭지 않은 악덕으로 우리는 보지 않은 사물, 우리에게 은폐되어 알지 못하는 사물들을 더 신뢰하고 무서워하고 두려워하는 수가 있다."

54
헛된 묘기에 대하여

사람들에겐 경박하고 헛된 묘기가 있어서 때로는 그런 방편으로 자기를 좋게 보이려고 한다. 그것은 마치 똑같은 글자로 시작하는 시구로 한 작품 전체를 꾸며가는 신인들 같은 식이다. 우리는 옛날에 그리스인들이 그들의 시구에 다는 운을 어느 한 형식에 맞추어 길어지게도 하고 짧아지게도 지어, 달걀·공·날개·도끼 같은 형상들을 만들어 내는 것을 본다. 이런 것은 알파벳 글자를 얼마나 많은 종류로 배열해 놓을 수 있는가 헤아려 보기를 흥겨워하며, 플루타르크의 작품에 나오듯 그 엄청난 수를 찾아내던 자들의 학문이다.

나는 좁쌀을 손으로 집어던져서 실수 없이 바늘 구멍으로 빠져 나가게 하는 재간꾼을 한 인물에게 소개하며 그 재주를 보여 준 다음, 이런 희한한 재주에는 무슨 상을 주어야 좋으냐고 물어보았다. 그러자 그는 재미있게도 이런 기술은 훈련을 않고 내버려두어서는 안 되는 재주이니, 그자에게 좁쌀 두서너 미노(단위. 말의 일종)를 주라고 명령했다는 의견에 찬성한다. 어느 사물이 특별히 좋거나 유용한 점이 없는 데도 불구하고, 그것이 희귀하든가 새롭다든가 또는 어렵다든가 하는 점에서 그것을 권장하는 일은 우리의 판단력이 얼마나 약한가를 보여 주는 좋은 증거이다.

우리는 방금 내 집에서 맨 끝이 서로 마주치는 사물들을 누가 더 많이 찾아 내나 하는 놀이를 하고 난 후이다. 예를 들면 Sire(왕, 첨지)는 우리나라에서 최고의 인물인 왕에게 쓰이고, 속인이나 장사꾼에게도 사용되지만 중간치에는 쓰이지 않는다. 점잖은 부인들은 담(Dames)이라고 부르고, 중급은 다모아젤(Damoiselles)이고, 가장 얕은 계급 역시 담(Dames)이다.

탁자 위에 던지는 주사위는 왕공들의 집이나 주막집에서밖에 쓰지 못한다.

데모크리토스는 신들과 짐승들은 중급에 있는 인간들보다 더 예민한 감성을 가졌다고 했다. 로마인들은 초상과 명절에 같은 옷을 입었다. 극도의 공포와 극도로 열이 오른 용기에는 똑같이 배에 자극이 가서 뒤가 마렵게 되는 점이 있다.

나바르의 왕 상쇼 12세가 받은 '떨보'라는 별명은 용기가 공포와 마찬가지로 우리의 사지를 떨게 하는 것임을 알려 준다. 자기를 무장시켜 주던 부하가 상관의 피부가 떨리는 것을 보고 곧 닥쳐올 위험이 대단한 것이 아니라고 안심시키려고 하자, "너희들은 나를 잘 알지 못한다. 내 근육은 내 용기가 방금 그를 어디로 데려가는가를 알게 되면 금세 진정될 것이다"라고 말했다.

비너스가 하는 장난의 냉담과 혐오에서 오는 음경 발기 불능은 맹렬한 욕정과 너무 심한 열에서도 온다. 극도로 찬 것과 극도로 뜨거운 것은 똑같이 지지며 굽는다. 아리스토텔레스는 순수한 납덩이는 극도로 뜨거울 때와 같이 겨울의 혹심한 추위에도 녹는다고 한다. 정욕과 포만은 탐락의 위와 아래 단계를 고통으로 채운다.

　우둔과 예지는 인생에서 재앙으로 생긴 불행을 참아 내는 마음과 결단성에서 같은 점에 도달한다. 현자들은 악을 제하고 지배한다. 우둔한 자는 악을 모른다. 후자는 말하자면 사건에 못 미쳐 있고, 전자는 그 너머에 있다.

　현자들은 사건들의 성질을 잘 저울질해 보고 고찰하고 나서 건강한 용기의 힘으로 그 위를 뛰어넘는다. 그들은 강력하고 견고한 심령을 가졌기 때문에 인생의 재앙들을 경멸하며, 발밑에 짓밟는다. 그들에게는 운명의 화살이 쏟아져 와도 도로 튀어서 끝만 뭉툭해지고, 그 신체에 아무런 자국도 남겨 주지 않는다. 평범한 인간의 조건은 이 양 극단의 중간에 처해서 불행을 알아보고 느끼며 그것을 참아 내지 못한다. 유년기와 노쇠기는 두뇌의 허약함에서 일치한다. 인색과 낭비는 끌어와서 차지하려는 욕망에서 일치한다.

　학문에 앞서서 ABC의 무식이 있고, 또 하나는 학문의 뒤에 오는 박사님의 무식이 있다는 것도 그럴듯한 일이라고 말할 수 있다. 학문은 첫 번 무식을 풀어서 부수는 것과 마찬가지로, 다음 무식은 학문이 만들어 낸다.

　호기심이 적고 교양이 없는 허약한 정신에서, 존중과 복종으로 단순히 얻고 법을 잘 지키는 선량한 기독교인이 만들어진다.

　정신의 중질되는 힘과 중질되는 능력에서 잘못된 사상이 생겨난다. 그들은 그럴듯하게 보이는 첫 번 생각만 좇으며 공부에 의해서 그런 일을 잘 알고 있지 않은 우리가 고대의 풍습만 고수하고 있는 것을 보고, 이것을 소박하고 어리석은 노릇이라고 해석할 자격을 갖는다. 위대한 정신은 더욱 침착하고 명석하기 때문에, 다른 방식으로 선량한 신자가 된다. 이런 사람들은 오랜 신앙적 탐구에 의해서 성경의 더 심오하고 난해한 의미에 침투하게 되고, 교회 제도의 신비롭고 거룩한 비결을 감지한다. 그렇지만 우리는 어떤 자들이 이 둘째 방법에 의해서 경탄스러운 성과와 신념으로 기독교 교리의 극한과 같은 이 최후의 단계에 도달하고, 위안과 독실한 감사와 개선된 행동 습관과 겸손한 마음을 가지고 승리를 누리는 것을 본다.

　그러나 나는 자기들이 잘못한 것에 관한 혐의를 씻기 위해서, 그리고 그들에 관해 우리들을 안심시키기 위해서 우리가 교리를 실천해 가는데 극단적이고 조심성 없고 부당하게 행동하며 폭력을 쓴다는 극도의 비난을 받게 함으로써,

교리에 오점을 남기는 자들을 이 계열에 넣고 싶은 생각은 없다.

순박한 농민들은 선량한 사람들이며 철학자들도 선량한 사람들이다. 적어도 우리 시대에 유익한 학문의 폭넓은 교양을 풍부히 쌓고 천성이 강직하고 명철한 학자들 말이다. 농민들의 배우지 못하고 알지 못함을 경멸하지만, 학자가 되는 길에 이르지 못한 얼치기들은(두 안장에 엉덩이를 걸친 격이니 내가 그들이며, 세상에는 이런 축들이 많다) 위험하고 어리석고 주체 못할 인간들이다. 이들이 세상을 혼란시킨다. 그 때문에 나로서는 될 수 있는 한, 농민 천성의 바탕으로 물러간다. 나는 그 무식의 처지에서 빠져 나가려 한 적이 없었다. 민중들의 자연스러운 시가(詩歌)는 순박성과 우아미를 가졌기 때문에, 그 점에서 기술에 의한 완전한 시가의 주류인 미와 비교된다. 가스코뉴 지방의 전원시인 빌라넬르(목동가)나 아무 학문도 문자조차 모르는 국민들로부터 전해 오는 가요에 이런 점이 있다. 이 두 가지 사이에 머무는 진부한 시가는 명예도 가치도 없이 경멸받는다.

그러나 이것은 마음의 길이 트인 다음에는 대수롭지 않게 일어나는 일이다. 하지만 아무것도 아닌 것을 가지고 실천하기 어려운 희귀한 일이라고 잘못 본 일이 있었고, 이를 내가 알게 되었고, 그리고 우리의 구상력에 열이 오르면, 그 따위 예는 수없이 발견되는 것을 알았다. 나는 이것만 붙여 말해 두련다. 이 《수상록》은 비판해 볼 값어치가 있다 해도, 내 생각으로는 이것이 평범하고 속된 인간들에게도, 특이하고 탁월한 사람들에게도 결코 비위에 맞지 않으리란 것이다. 속된 인간들은 충분히 이해를 못할 것이며, 탁월한 사람들은 너무나 속속들이 알아볼 것이다.

55
냄새에 대하여

어떤 사람들은 알렉산드로스 왕의 경우와 같이, 어떤 희귀하고 심상치 않은 체질로 인해 그들의 땀이 달콤한 냄새를 풍기고 있다는 말을 한다. 플루타르크와 다른 사람들은 그 원인을 탐구해 보고 있다. 그러나 보통 사람의 신체는 그 반대이다. 그리고 가장 좋은 상태라는 것은 냄새가 없는 경우이다. 아주 건강한 어린애의 숨결같이 가장 순결한 입김의 부드러운 냄새도, 우리를 역하게 하는 아무런 냄새도 없는 것보다 조금도 더 나을 것이 없다. 그 때문에 플라우투스는 말하기를—

 여자는 냄새가 나지 않아야 좋은 향기이다.   (플라우투스)

 마치 여자의 행동에서 가장 좋은 냄새는 그 행동이 눈에 띄지 않으며 소문이 없는 경우라고 하는 것과 같이, 여자의 가장 완벽한 향취는 아무 냄새도 나지 않는 것이다. 그리고 누가 색다른 좋은 향료를 쓴다면 그것을 사용하는 자들이 이 방면에 무슨 결함을 감추려고 사용하는 것이 아닌가 수상쩍게 생각해 볼 만한 이유가 있다. 그 때문에 옛날 시인들의 시구에 '냄새가 좋다는 것은 악취가 난다는 말'이라는 구절이 있다.

 향기가 없다고 그대는 우리를 비웃는가, 코라키누스여
 좋은 냄새를 피우기보다 냄새 없음이 더 좋으니라.   (마르티알리스)

그리고 다른 데서는—

 언제나 좋은 향기를 내는 자는, 포스트무스여
 좋은 향기를 냄이 아니다.   (마르티알리스)

 그렇지만 나는 좋은 냄새가 맞이해 주는 것이 대단히 좋으며, 악취는 극도로 싫어한다. 나는 그런 것을 누구보다도 멀리서 맡는다.

 폴리푸스여, 멧돼지의 고약한 냄새로
 그 숨어 있는 굴을 민감하게 색출하는 사냥개보다도 더한층
 내 코는 노린내 나는 숫양 냄새를 맡는 데
 독특하게 예민하다.   (호라티우스)

좀 더 단순하고 자연스러운 냄새가 내게는 더 기분 좋게 느껴진다. 특히 부인들의 경우에 그렇다. 가장 둔한 야만족으로 스키타이 여인들은 목욕하고 나서 그들 땅에서 나는 어느 향기 있는 약품으로 전신과 얼굴에 가루를 뿌리고 발랐다. 그리고 남자를 가까이 하려면 이 가루를 털어서 살결은 매끈해지고 향기를 냈다.

이상하게도 내게는 어떤 냄새건 잘 배어 오며 내 피부는 그것을 잘 흡수한다. 운이 좋지 않아 코에 향기를 담아 두는 장치를 타고나지 못했다고 천성을 탓하는 자는 잘못이다. 향취는 저절로 온다. 그러나 특히 내게는 텁수룩하게 난 콧수염이 향기를 담아 준다. 만일 내가 장갑이나 손수건을 거기 갖다 대면 그 냄새는 하루종일 머물러 있다. 이 냄새로 내가 어디서 오는지 발각된다. 젊었을 적에는 열렬한 키스를 하고 난 후면, 그 탐스럽고 끈적거리는 맛이 여러 시간 동안 거기 남아 있었다.

그러나 이 때문에 나는 사람들과의 접촉에서 공기로 전염하여 오는 돌림병에 더 잘 걸렸다. 그래서 나는 우리 도시나 군대에 여러 가지로 돌고 있는 돌림병을 피해 다녔다.

소크라테스에 관해서 이런 말이 책에 나온다. 그는 아테네에서 나가 본 일이 없었으며, 페스트가 그렇게도 여러 번 돌고 있는 동안에도 그만은 결코 걸리지 않았다.

의사들은 이런 향기로 더 많은 효과를 얻을 수 있을 것이다. 왜냐하면 나는 향기가 내 기분을 편하게 하며, 그 향기에 따라서 내 정신에 다르게 작용하는 것을 느꼈기 때문이다. 그래서 옛날부터 모든 나라의 종교에 널리 실천되는 것으로, 교회당에서 분향과 향료를 사용하는 것은 그것으로 우리의 감각을 자극하고 즐겨 주고 정화해서, 정신을 더욱 명상에 적당하게 만드는 것이라고 사람들이 말하는 것에 나도 찬성한다.

그것을 판단하기 위해서, 나도 조미료를 가지고 특이한 향취를 조화시킬 줄 아는 요리사들의 기술을 배웠으면 싶다. 특히 이것은 우리 시대에 카를 대제와 회견하기 위해서 나폴리에 상륙한 튀니스 왕의 식탁에서 사람들이 주목한 것이다. 그의 음식은 향기 있는 약품을 칠했고, 사치스럽게도 그들 방식으로 공작새 한 마리와 꿩 두 마리를 차려 내는 데 백 뒤카의 돈이 들었던 것이다. 그리고 그 살점을 들어 내자, 큰 방뿐 아니라 궁전에 있는 모든 방과 이웃집에까지 아주 달콤한 향취가 번져 나가서 바로 없어지지도 않았다.

내가 숙소를 정할 때에 주로 마음을 쓰는 것은 악취나는 답답한 공기를 피하는 일이다. 베네치아나 파리 같은 아름다운 도시들은 하나는 물웅덩이 냄새, 하나는 진흙 냄새 때문에 내가 가진 호의에 흥을 깨뜨린다.

56
기도에 대하여

나는 학교에서 의심스러운 문제를 가지고 의견을 발표하며 토론을 시작하는 자들처럼, 여기 꼬투리도 없고 결론지을 수 없는 허황된 생각을 내놓는다. 그것은 진리를 세우기 위함이 아니고 진리를 찾기 위한 말이다. 그리고 내 행동과 문장뿐 아니라 내 사상을 조정하는 일을 많은 분들의 판단에 맡기는 바이다. 내가 무식하거나 세상 물정을 몰라 여기에 교회의 신앙 속에서 출생하여 그 속에서 죽어갈 우리 가톨릭적, 사도적(使徒的) 로마 교회의 거룩한 명령에 반대되는 말을 했다면, 그것은 버려야 할 일이라고 생각하며, 내 견해에 반대하거나 또는 동의하는 의견은 똑같이 내게 용납될 만하고 유익할 것이다. 그리고 그 때문에 나는 항상 내게 완전한 권한을 가진 그들의 검열 권위에 복종하며, 여기서와 같이 모든 문제에 이토록 당돌하게 참견하는 것이다.

내가 잘못 알았는지는 모르지만, 거룩하신 신의 은혜로 어떤 형식의 기도하는 법이 하느님의 입으로 한마디 한마디 불려져서 규정되어 있는 것인 만큼, 그것은 우리가 하고 있는 것보다도 더 정상적으로 실행해야 할 일이라고 항상 생각되었다. 그리고 내 말이 옳다면, 우리가 식탁에 앉을 때나 물러날 때, 아침에 일어날 때와 밤에 잠잘 때, 그리고 기도를 올리며 하는 습관이 된 모든 특수한 행동에서 하는 기도에는, 기독교도들이 그것만 해서는 안 된다고 하더라도 적어도 항상 파트노트르(하느님 아버지)를 사용했으면 한다. 교회는 교육의 필요에 따라서 기도를 여러 가지로 확대해 갈 수 있다. 왜냐하면 그것은 언제나 같은 실체요, 같은 사물인 것을 나는 잘 안다. 그러나 파트노트르의 기도는 민중들이 끊임없이 입에 올리는 특권을 가져야 할 것이다. 왜냐하면 이

기도에는 필요한 말이 모두 들어 있으며, 그것은 모든 경우에 아주 적합한 까닭이다. 이것은 내가 어디서든지 쓰는 유일한 기도이며, 변경하는 대신에 되풀이하여 쓰고 있다. 그래서 나는 이것 하나밖에 다른 기도는 기억해 두지 않고 있다.

나는 지금 어째서 우리는 모든 의도와 계획에서 하느님의 구원을 청하며, 기회가 옳은가 그른가는 따져보지도 않고, 우리가 허약해서 하느님의 도움을 받고 싶을 때면 어느 경우든지 모든 필요에 하느님을 부르며, 우리가 어떤 상태에서 무슨 행동을 하고 있건, 그것이 아무리 악덕스러운 일이라도 하느님의 권력에 호소하며, 그 이름을 부르짖는 따위의 이런 잘못이 어디서 오는가를 생각하고 있었다.

그는 단 한 분뿐인 유일한 보호자이며 모든 일에서 우리를 도와주실 수 있다. 그러나 그가 이 부자 간의 상냥한 결연으로 굽어살펴 우리에게 영광을 내리신다 하여도, 그가 착하시고 강력하신 만큼 그는 올바르시다. 그러나 그는 자기 능력보다 더 자주 정의를 사용하며 우리의 요구를 받아서가 아니라 정의란 이유로 우리에게 은총을 내리신다.

플라톤은 《법률편》에서 신들에 대한 세 가지의 모독적 신앙을 들고 있다. 그것은 신들이 없다고 생각하는 일, 그들이 우리 일에 간섭하지 않는다고 생각하는 일, 그리고 우리가 간청, 공물(供物), 희생을 바치면, 그들은 아무것도 거절하지 않는다고 생각하는 일이다. 첫째 잘못은 그의 생각으로는 사람이 젊었을 때부터 늙을 때까지 결코 계속해 본 적이 없다. 그다음 두 가지는 그 신념이 힘들게 되는 수가 있다.

그의 정의와 능력은 불가분이다. 좋지 못한 목적으로 그의 힘을 간청해 보아도 헛일이다. 적어도 그에게 기도드리는 순간에는 심령이 깨끗해서 악덕스러운 정열은 버려야 한다. 그렇지 않으면 우리는 그에게 우리를 징벌하는 채찍을 제공하는 것이다. 우리가 용서를 청하는 분에게 무례함과 증오에 찬 심정을 바치다가는 우리는 자기 잘못을 바로잡는 것이 아니라, 그 잘못을 갑절로 늘리게 된다. 그 때문에 더 자주, 더 예사롭게 신에게 기도드리는 자들이고, 기도에 연관되는 행동의 개선과 향상을 조금이라도 보여 주지 않는다면

> 만일 밤에는 간음을 범하고
> 낮에는 그대가 머리에 골리아 고깔을 뒤집어쓴다면. (유베날리스)

나는 즐겨 그를 칭찬하지 않는다.

그러므로 패악한 생활에 신앙적 행동을 섞는 인간의 상태는, 어떤 점에서는 마음대로 살아가며 모든 행동이 해이한 상태보다 더 처단해야 할 일로 보인다. 그 때문에 우리 교회는 날마다 어떤 두드러진 악행의 완고한 행태를 가진 자들에게 가입하고 회원이 되는 은총을 거부하고 있다.

우리는 습관이나 버릇이 되어서 기도를 올린다. 더 자세히 말하자면, 우리는 기도문을 읽거나 발음한다. 그러나 그것은 결국 흉내 내는 것뿐이다.

그래서 나는 식사 전의 기도나 식후의 기도에 세 번 십자를 긋는 손짓을 보는 것이 불쾌하다.(이것은 내가 존중하고 계속적으로 실행하는 표정인데, 하품이 날 때까지도 하기 때문에 더욱 그렇다.) 그리고 하루 종일 어느 때나 그들 마음속은 증오와 탐욕과 불법 행위에 매여 있으니 말이다. 그들의 시간은 악덕에 바치며, 그 대상으로 체면상 하느님의 시간은 하느님께 바치는 격이다. 이렇게도 내용이 판이한 행동들이 하나에서 다른 것으로 넘어가는 바로 그 경계와 경향에서, 중단도 틈도 느껴지지 않게 동일한 보조로 계속되는 것을 보기는 참으로 기적 같은 일이다.

죄악과 재판관을 한 지붕 밑에서 평화스럽게 교체시키고 기르고 있으면서도 마음 편하게 지내다니, 어떠한 기적적인 양심이기에 이런 수작을 하는 것인가?

머릿속은 늘 음탕한 생각으로 웅성거리면서도 하느님 앞에서는 그것을 더러운 일로 판단하는 자가 하느님께 말할 때에는 무슨 말을 할 것인가? 그는 다시 정신을 차린다. 그러다가 갑자기 다시 타락한다.

그가 말하는 대로 하느님의 정의가 있다는 사실과 그분이 현존한다는 생각에 그의 심령이 뼈저리게 뉘우친다면, 그 깨달음이 아무리 짧은 시간의 일이라도, 바로 공포심 때문에 그의 생각은 자주 그쪽으로 돌아와서, 그는 즉시 자기 속에 버릇이 되어 용을 쓰는 이런 악덕들을 제압하고 있어야 할 일이다.

그러나 웬 말인가! 자기들의 하는 일이 극악한 죄라는 것을 알고 있으면서, 그 성과의 이득 위에 인생 전체를 세우는 자들이 있다니! 우리가 받아 온 직무들 중에 그 본질이 악덕으로 된 것이 얼마나 많은가! 어떤 자는 내게 고백하기를, 그는 자기 직책의 명예와 신용을 잃지 않기 위해서 자기 마음속에 품은 신앙과는 모순되며 자기 생각으론 저주해야 할 종교를 믿으며, 그것을 실천해 왔다고 하니, 그는 자기 마음속에 어떻게 이런 생각을 조화시켰던 것일까? 이 문제에 관해서 그는 하느님의 정의를 어떠한 언어로 말했던 것일까? 그들의 뉘우침은 눈에 보이며 손에 잡히게 뉘우쳐 고치는 실천이 있어야 하는 것이니, 그들은 하느님 앞에서나 우리에게나 그것을 주장할 길을 잃은 것이다. 그들은 만족한 실행과 회개도 없이 용서를 청할 만큼 당돌하단 말인가? 나는 앞에 말한 자들이나 이자들이나 같은 축으로 본다. 그러나 그들의 고집은 꺾기가 힘들다. 그들이 우리에게 꾸며 보이는, 그토록 급격하고 맹렬한 생각의 모순과 변덕은 내게는 기적과 같이 느껴진다. 그들은 우리에게 진정시킬 수 없는 단말마의 모습을 보여 준다.

지난 몇 해 동안에 머리에 얼마간 예지가 빛나며 가톨릭을 표명하는 사람에게 그의 신앙은 가짜며, 상대에게 영광을 준다는 뜻으로 그가 겉으로는 무슨 말을 해도 마음속으로는 자기 식으로 개혁된 종교를 믿고 있음에 틀림이 없다고 하며, 습관적으로 책망하는 자들의 사상은 얼마나 광신적인 태도였던가. 자기와 반대되는 사상을 가질 수 없다고 확신할 만큼 자기를 현명하다고 생각하는 것은 참 언짢은 병폐이다. 내세의 일에 희망과 공포를 품는 사상을 물리치고 인간에게는 현세에서의 어찌 될지 모르는 불균형한 운명밖에 없다는 식의 사상에 확신을 갖는다는 것은 더욱 언짢은 일이다. 그들은 내 말을 믿어도 좋다.

내 청춘 시절을 유혹할 무엇이 있었다면, 이 종교 개혁의 최근 기도에 수반하는 모험과 곤란성에 대한 야심이 거기에 큰 몫을 차지했어야 했을 일이다. 성령이 다윗에게 불러 준 거룩하고 신성한 찬송가를 난잡하고 당돌하고 불근신하게 사용하는 일을 교회가 금지하는 것은, 큰 이유가 없는 일이 아닌 것으로 보인다. 우리는 명예와 경건심에 찬 존경심과 조심성을 갖지 않고는 하느님을 우리 행동에 연관시켜서는 안 된다. 이 노랫소리는 우리 허파를 단련하고 우리 귀에 듣기 좋게 하기 위해서만 부르기에는 너무나 거룩하다. 이 노래는 양심에서 나와야지, 혓바닥에서 나와서는 안 된다. 상점의 점원이 경박하고 헛된 생각이나 하고 있는 중에 이 찬송가를 부르며 희롱하는 것을 용서하는 것은 옳지 않다.

우리 신앙의 거룩한 신비를 보이는 신성한 서적이 큰 방이나 부엌에서 시달리고 있게 두고 보는 것은, 참으로 옳지 못한 일이다. 옛날에는 그것이 신비였다. 지금은 이것이 장난거리이며 희롱거리가 되었다. 이렇게도 신중하고 정직하고 숭엄한 공부를 소일거리로 요란스럽게 해서는 안 된다. 그것은 미리 결정된 안정된 행동이라야 한다. 거기서는 항상 우리가 예배드릴 때의 전주인 '심금을 앙양하여'라는 말을 첨가해야 하며, 그때는 신체도 특수한 주의와 존경심을 보여 주는 태도를 갖추고 있어야 한다.

그것은 모든 사람들이 할 공부가 아니고, 하느님의 부르심을 받아서 거기에 헌신하는 사람들이 할 공부이다. 악인들, 무식꾼들은 그 공부로 더 나빠진다. 그것은 얘기해 줄 이야기가 아니고, 존경하며 두려워하며 숭배해야 할 이야기이다. 그것을 민중 언어로 옮겨 놓았다고 해서 일반인들도 다룰 수 있게 한 것이라고 생각하는 자들이 가관이다! 그들은 성경에서 읽어 보는 것을 모두 이해하지도 못하면서, 그 글자만을 중시한 것이 아닐까? 더 말해 볼까? 그들은 군중들을 이 조그만 효과에 접근시키려고 하다가 더 멀리 물리쳐 보낸다. 완전히 남의 해석에 맡기는 순수한 무식은 오만과 당돌성을 기르는 이 언어의 헛된 학문보다도 훨씬 건전하고 박식했다.

내 생각에는 그렇게도 경건하고 중대한 언어를 갖가지 방언으로 분산시키는 것을 각자의 자유로 맡기는 일은 효용보다도 위험이 더 많다고 본다.

유대인들, 회교도들, 그리고 거의 모든 다른 국민들은 창시 초부터 그들의 신비를 담아 왔던 언어를 선택하고 존중하며, 그것을 고치거나 변경하는 것이 금지되어 있다. 그럴듯하지 않은 것도 아니다. 바스크나 브르타뉴 지방에 그들의 말로 된 성경 번역을 비판할 수 있는 심판자가 있다고 생각하는가? 보편적 가톨릭 교회는 이 일보다 더 힘들고 더 엄숙한 해석, 판단이 있음을 알지 못한다. 설교하며 이야기해 나가면 그 해석은 막연하고 자유롭고 변할 수 있으며, 그 한 부분만을 말한다. 그러니 똑같은 해석이 되지 않는다.

우리 그리스 역사가들 중의 한 명이 기독교 신앙의 비결이 장바닥의 변변찮은 백성들의 손에 전파된다고 하며, 각자가 그것을 토론하며 자기 생각대로 말하고 있고, 하느님의 덕택으로 신앙심의 순수한 신비를 향유하는 우리로서 이것을 속된 무식꾼들의 입이 모독하게 두는 것은 우리의 큰 수치라고 그 시대를 비난한 것은 옳은 일이다.

그리고 이교도들은 소크라테스나 플라톤이나 가장 위대한 현자들에게도 델포이 신전의 제관(祭官)들에게 맡겨진 일을 알아보고 말하는 것을 금했다. 그는 또 군주들의 도당들도 신학의 문제에 관해선 신앙의 열성에서가 아니라 사사로운 감정으로 무장하고 있다고 하며, 신앙의 열성은 그것이 질서와 절제로 지도될 때에는 거룩한 이성과 정의를 본받지만, 인간의 정열로 지도되면 증오감과 시기심으로 변하며, 양식이 되는 밀과 포도 대신에 잡초와 쐐기풀만 무성하게 만드는 것이라고 말한다.

또 다른 역사가는 데오도시우스 황제에게 간청하여 말하기를, 교회의 분열은 토론에 의해서 진정되기보다는 오히려 사교(邪敎)를 잠 깨워 활기를 주는 것일 뿐이니, 그 때문에 모든 논쟁과 변증적 변론은 피하고 적나라하게 고대인들이 세워 놓은 신앙의 명령과 형식에 의거해야 한다고 말했다. 그리고 안드로니쿠스 황제는 그의 궁전에서, 신앙 문제에 있어 중요한 점에 대해서 두 세도가와 로파디우스가 논쟁하는 것을 보고, 그들을 질책하며, 그치지 않으면 그들을 강물에 던져 버리겠다고 위협했다.

우리 시대에는 어린애들과 여인들이 교회법에 관해서 가장 노련하고 경험 있는 자들을 지도하는 셈이다. 그런데 플라톤 《법률편》의 첫 조목은, 그들에게 신들의 거룩한 명령에 대신하는 민중 법의 이유를 캐어 보는 것까지도 금지하고 있다. 그리고 노인들에게는 그 일에 관해서 당국자와 심의하는 것을 허가하지만, 거기 첨가해서 그것을 젊은 사람들이나 속인들 앞에서 해서는 안 된다는 조건을 붙이고 있다.

한 주교님(오소리오)은 글로 써놓기를, 이 세상의 다른 끝에는 옛사람들이 디오스고리드(모잠비크 근처의 스코트라 섬)라 부르던 섬이 있는데, 거기서는 모든 종류의 나무와 실과가 풍부하고, 공기는 건강에 좋으며, 그곳 주민들은 기독교도인데, 그 교회와 제단은 다른 그림은 없이 십자가로밖에 장식되지 않았고, 모두 금식과 축제를 철저히 지키고, 신부들에게 십일조를 꼭꼭 치르며, 그 풍습이 극히 정숙해서 남자는 한평생 한 여자밖에 모르며, 그뿐더러 자기들의 삶에 아주 만족해서 바다 한가운데 살면서도 배를 사용할 줄 모르고, 극히 순박해서 그들이 정성껏 지키는 종교에 관해서는 낱말 하나도 이해하지 못한다고 한다. 이것은 이 교도들이 아주 경건한 우상 숭배자이며, 자기들의 신에 관해서는 그 이름과 조각상밖에 아는 바 없다는 사실을 모르는 자에게는 믿어지지 않을 일이다.

에우리피데스의 비극 《메날리포스》의 옛날의 글 첫머리는 이렇게 시작했었다.

오, 제우스여, 그대에 관해서는 단지
그대의 이름밖에 아무것도 모르나니,

나는 또 내 시대의 어떤 작품들이 순수하게 인간적이며 철학적이고, 신학에 관한 말은 섞지 않았다고 비난하는 것을 보았다. 반대하는 측에도 어떤 정당성이 없는 것은 아니다. 즉, 하늘에 관한 학설은 모든 일을 지배하는 왕좌와 같이 특수하게 자기 지위를 차지하며, 그것은 어디에서나 주(主)가 되고, 보좌적이거나 종속적인 것이 아니며, 문법·수사학·논리학 등의 예는 아마도 이렇게도 신성한 문제에서보다도 연극·유희·공공의 행사 등, 다른 곳에서 찾아보는 것이 적당할 것이다. 신성한 사리는 거기 인간적 사유가 겹쳐 있는 것보다는 오로지 그 자체의 방식으로 존경과 숭배를 받고 고찰되어야 하며, 고전 학자들이 너무 비신학적으로 쓴다는 잘못보다도 신학자들이 지나치게 인간적으로 글을 쓰는 잘못을 자주 저지른다고 하는 식으로, 그들과 반대로 말하는 측에도 어떤 정당성이 없는 것이 아니다.

성 크리소스토모스는 "철학은 이 거룩한 학파에서는 쓸모없는 여자 종과 같이 이미 오래전에 축출당했으며, 하늘의 일에 관한 학설의 거룩한 보고의 제단을 지나다가 단지 그 문간에서 들여다볼 자격도 없는 것으로 간주된다"고 하며, 인간적인 화법은 한층 천한 형식으로 되어 있기 때문에, 거룩한 화법이 가진 위엄과 장려와 권위를 거기 사용해서는 안 된다고 했다. 나로서는 인간적인 화법에, '인정하지 않은 어법'(성 아우구스티누스)으로 운·운명·변고, 행운과 불행, 제신들 그리고 그들 격식의 다른 말투를 사용하게 둔다.

나는 인간적이며, 내 개인적인 상념들을 의문과 변경이 불가능하게 하늘이 내린 것으로서가 아니고, 단순히 인간적 상념으로, 그리고 별개로 고찰된 것으로 내놓는다. 이것은 내 생각의 재료이지 신앙의 재료는 아니다. 나는 하느님을 따라서 믿는 것이 아니고, 어린애들이 자기 생각을 내놓듯이 내 방식으로 생각하는 것이다. 가르쳐 주기 위한 것이 아니라 가르침을 받기 위한 것이다. 속인의 방식으로 하는 것이고, 교회의 방식으로 하는 것이 아니다. 그러나 역시 신앙적으로 하는 것이다.

그리고 신앙을 명백한 직업으로 가진 분들이 아닌 모든 사람들에게는, 종교에 관해서 글쓰는 일에는 대단히 조심하라는 것 외에 간섭하지 말라는 명령은 어떤 유용성과 정당성이 있는 일이다. 사실 나 역시 여기에 대해 입 다무는 편이 옳을 것 같다고 사람들은 말하지 않을 것인가?

나는 우리 편이 아닌 자들(신교도들)이 여느 때 하는 말에는 하느님의 이름을 쓰지 않는다는 말을 들었다. 그들은 감탄조로나 고함지르거나 증명하거나 비교하는 데 사람들이 이 말을 쓰는 것을 원치 않는다. 이 점에서는 나도 그들이 옳다고 본다. 그리고 사람들과 교제하고 사귀는 데 어떤 방식으로 하느님을 부르더라도 그것은 신중하고 경건하게 해야 한다.

크세노폰의 한 문장에는, 우리는 기도하기 위해서 마땅히 처해야 하는 조절되고 개심하고 경건한 자세에 자주 우리 심령을 둘 수 있는 것이 아닌 만큼, 너무 자주 하느님께 기도해서는 안 되며, 그렇지 않으면 우리 기도는 헛되고 쓸모없을 뿐 아니라 악덕스러운 일이라고 말한 곳이 있는 듯싶다. '우리가 우리를 모욕하는 자들을 용서하듯이 우리를 용서하라'고 우리는 말한다. 이것은 우리가 상대에게 복수심도 원한도 안 가졌다고 하는 것이 아니고 무엇인가? 그렇지만 우리는 우리의 잘못을 없애 주기를 호소하며, 그의 구원을 청하고, 불의를 행하라고 신에게 간청한다.

    내밀히 하지 않으면 청탁 못할 일을 신들에게 간청하며.   (페르시우스)

인색한 사람은 자기 보배를 쓸모없이 헛되게 보조해 달라고 신에게 간청하고, 야심가는 자기 정열의 지도와 성공을 위해 기도하고, 도둑놈은 그의 나쁜 계획을 진행하는 데에 부딪치는 모험과 어려움을 극복하게 해 달라고 신의 도움을 빌려 하고, 또는 한 통행인의 목을 자르는 데 일을 쉽게 해 주었다고 신에게 감사한다. 가옥을 기어올라가거나 폭파시키려고 그 아래에 와서, 잔인성과 탐욕에 충만한 채 그들은 기도를 올린다.

> 그대가 주피터의 귀에 속삭이려는 것을 스타이우스에게 말해 보라.
> 그는 "주피터님, 맙소사! 이런 일도 있나요!" 할 것이다.
> 그런데 주피터는 똑같이 놀라지 않을 것이라고 그대는 생각하는가!
> (페르시우스)

나바르 여왕 마르그리트가 젊은 왕공에 관해서 한 이야기이다. 그 이름을 지적하지 않았어도 지체 높은 분인 까닭에 그가 누구인지 알 수 있지만, 그분은 파리의 어느 변호사 부인과 동침하러 지정된 밀회 장소로 가는데, 길이 교회를 거쳐 가게 되어서 오가는 길에 기도를 올리지 않고는 결코 지나갈 수 없었다는 것이다. 나는 하느님의 은총을 이렇게 사용하는 이 착한 마음씨로 가득 찬 그의 심령이 어떤 것인가를 그대들의 비판에 맡겨 둔다! 그러나 여왕은 이것을 신앙심이 특별히 깊은 증거라고 주장한다. 여자들이 신학의 문제를 취급하기에 부적당하다는 증거는, 이 실례만으로 그치는 것이 아니다.

진실한 기도와 우리로부터 하느님께로의 신앙적인 화해는, 바로 그 당시에 악마의 지배에 속하고 있는 불순한 심령에게는 있을 수 없는 일이다. 악덕을 행하는 중에 하느님께 자비를 호소하는 자는 소매치기가 순경에게 도움을 청하는 격이며, 거짓말을 진짜로 보이기 위해서 하느님의 이름을 내놓는 식이다.

> 우리는 입 속으로 범죄가 되는 기도를 속삭인다. (루카누스)

사람들이 신에게 비밀히 요청하는 바를 감히 밝혀 볼 사람은 드물다.

> 제단 앞에서 중얼대며 속삭이는 것과는 반대로,
> 소리 높여 드러내놓고 자기 소원을 표현하기는

각자가 할 수 있는 일이 아니다.   (페르시우스)

그 때문에 피타고라스학파들은 이와 같은 좋지 못하고 적당치 않은 일을 신에게 요구하지 못하게 하기 위해, 그 요청이 공공연하게 각자에게 들리게 해 주기를 원했다.

그는 큰 소리로 "아폴로여!" 하고 말한다. 그러고는
사람에게 들릴까 봐 입술을 떨며 말한다.
"예쁜 라베르나(로마의 도둑의 신)여
내게 속이는 힘을 내려 다오.
내가 정직하고 선량한 인간으로 보이게 하라.
내 범죄와 사기를 어두운 밤의 구름으로 은폐하라."   (호라티우스)

신들은 오이디푸스가 부당하게 간청하는 바를 들어줌으로써 그를 엄중히 처벌했다. 그는 국가의 계승을 그 아들들이 무기로 해결하도록 기원했던 것이다. 일이 그의 말대로 되어서 불행을 자초했다. 모든 사물이 우리 의지대로 되기를 바라서는 안 된다. 이치에 맞게 되기를 원해야 한다.

우리는 거룩하고 신성한 언어를 마치 무슨 잡술이나 마술적 효과에 쓰는 것처럼 일종의 사투리같이 사용하며, 그 효과가 말의 구조나 소리나 낱말들의 순서나 우리의 용모와 자태에 달려 있는 것처럼 이야기하는 것으로 보인다. 마음은 추잡한 생각으로 가득 차고, 무슨 후회하는 심정이나 하느님과 화해할 생각으로 새로 가진 것도 아니며, 우리는 다만 기억에 담아 두고 있는 말을 신에게 하여, 그것으로 우리 잘못에 대해서 속죄해 주기를 바란다.

아무리 우리가 죄인이고, 증오할 만한 인간일지라도 하느님의 법만큼 쉽고 상냥하고 유리한 것은 없다. 우리가 아무리 비천하고 더럽고 진흙투성이이며 장래에 뭣이 될지 모르더라도, 하느님의 법은 우리에게 손을 내밀며 그 무릎 위에 받아 준다. 그런 만큼 그 보답으로 우리는 그것을 좋은 마음으로 우러러보아야 한다. 더욱이 용서는 감사의 마음으로 받들어야 하며 적어도 하느님께 기도드리는 순간에는 심령이 죄와 잘못을 미워하며, 우리를 하느님께 거역하

게 하는 정열을 원수로 보아야 한다. 플라톤은 말하기를 "신들도 악인의 선물
은 받지 않는다"고 했다.

> 깨끗한 손으로 제단에 닿기만 한다면
> 풍부한 희생으로 비위 맞추어 줄 것 없이
> 거룩한 떡 한 조각, 톡톡 튀는 식염 한 덩어리로
> 페나트(로마의 터줏신)의 분노를 진정시킬 수 있다.   (호라티우스)

57
나이에 대하여

 나는 우리가 나이의 지속 기간을 정하는 방식을 용납할 수 없다. 나는 학자들이 여느 사람들의 생각에 비해 나이를 심하게 단축시키는 것을 본다. 소 카토는 자기가 자살하는 것을 막으려는 자들에게 "글쎄, 내 지금 인생을 버리기가 너무 빠르다고 책망할 수 있는 나이인가?"라고 말했다. 그러나 그는 그때 48세밖에 안 되었다. 그는 이 나이에 도달하는 자도 대단히 드문 것으로 생각하여, 자기는 매우 성숙하고 상당히 나이가 들었다고 생각하고 있었다. 그러나 어떻게 계산한 것인지 모르지만, 그것이 자연스러운 일이라고 부르며, 그보다 몇 살 더 약속하는 나이를 살겠다고 하는 생각을 품는 자들은, 만일 우리 각자가 자연스러운 굴복으로 언제 당할지 모르며, 사람들이 자기는 그만큼 살겠다고 작정하는 나이를 마음대로 중단시킬 수 있는 수많은 변고들을 당하지 않는 특권이라도 가진다면, 그만큼 살아 볼 수 있을 것이다.

 극도의 노령으로 힘이 쇠약해져서 죽기를 기대하며 생명의 이러한 지속을 목표로 삼는다는 것은, 이런 죽음이 지금은 통용되지 않고 드문 일인 바에 그 무슨 꿈을 꾸고 있는 수작인가? 우리는 마치 말에서 떨어져 목이 부러진다든지 난파선에서 숨 막혀 죽는 것, 갑자기 페스트나 폐렴에 걸려 죽는 것은 마치 자연적 죽음과는 반대되는 일이고, 우리 평상시의 조건은 이런 불길한 사건들을 제공하지 않을 것처럼, 노쇠해서 죽는 것을 자연사라고 부른다. 이런 고운 말로 좋아하지 말자. 아마도 우리는 늘 있는 보편적이고 전반적인 것을 차라리

자연이라고 불러야 한다.

늙어서 죽는다는 것은 희귀하고 특이하고 심상치 않은 죽음이며, 다른 죽음들보다도 오히려 자연스럽지 않다. 앞길이 멀면 멀수록 더욱 우리로서는 그런 생명을 바라기 힘든 일이다. 그것은 우리가 그 너머까지 넘어갈 수 없으며, 자연의 법칙이 그것을 넘지 못하게 결정해 놓은 한계이다. 그러나 그때까지 우리가 생명을 지속한다는 것은 자연이 주는 희귀한 특권이다. 그것은 이삼백 년 동안에 단 한 사람에게 특수한 은총으로 내리는 면제이며, 이 오랜 시기 사이에 운명이 다른 사람들에게 던져 주는 역경과 어려움을 그 사람에게만 덜어 주어서는 안 되는 일이다.

그래서 내 생각으로는, 우리가 지금 도달한 나이를 보면 그것은 몇 사람도 도달하지 못하는 드문 나이이다. 평범한 생애로서는 사람들은 여기까지 이르지 못하는 만큼, 이것은 우리 나이가 상당히 지난 것을 말한다. 그리고 우리가 인생의 진실한 척도인 어느 한계를 넘은 이상, 이 나이를 더 넘어 보려는 생각은 말아야 한다. 세상 사람들이 쓰러지는 것을 너무도 많이 직접 보아 왔으나 죽음의 기회를 면했으니, 보통의 관례를 벗어나서 이만큼 우리 목숨을 유지시켜 준 이 심상치 않은 운이 더 계속될 수 없다는 것을 인정해야 한다.

이러한 그릇된 공상을 해 본다는 것은 법칙 자체의 결함이다. 법률은 사람이 25세가 되기 전에 자기 재산을 관리하는 일을 원하지 않는다. 그러나 그는 그때까지 기껏 자기 인생을 관리하는 것이 고작이다. 아우구스투스는 로마의 옛날 법령에서 다섯 살을 깎아서, 법률의 직책을 맡을 수 있는 것은 30세면 족하다고 했다. 세르비우스 툴리우스는 47세를 넘은 기사들에게 전쟁에 나가는 의무를 면제해 주었다. 아우구스투스는 나이를 45세로 끌어당겼다. 55세나 60세 전에 사람을 은퇴시키는 것은 어떤 이유가 있다고는 보지 않는다. 나는 사람이 할 수 있는 한 직책과 직업을 연장시켰으면 한다. 그러나 다른 면에 잘못이 있음을 본다.

그것은 일찍부터 우리에게 직무를 맡기지 않는 일이다. 아우구스투스는 19세에 전 세계의 심판자가 되었는데, 반면에 다른 사람은 빗물 홈통을 달 자리를 판단하는 데 30세가 되어야 한다.

나로서는 우리 심령은 20세가 되면, 그것이 장차 될 싹수는 다 풀려서 할 수 있는 능력을 모두 약속해 준다고 본다. 이 나이에 자기 능력의 명백한 징조를 보여 주지 않은 심령으로서, 그 후에 그런 능력을 가진 증거를 보여준 일은 없었다. 자연의 소질과 덕성은 이 시기가 되면 그 심령이 가진 강력하고 아름다운 표시를 보여 준다. 그렇지 않으면 영원히 보여 주지 않는다.

> 가시는 돋칠 때 찌르지 않으면
> 다시는 찌르는 일이 없다.

도피네 사람들은 말한다.
내가 알고 있는 모든 아름다운 인간 행동들 중에서, 그것이 무슨 종류이건, 옛 시대나 오늘날에나 대부분은 30세 이후보다 그전에 이루어진 것을 더 많이 헤아릴 수 있다고 생각한다. 그렇다.
한 인간의 생애를 두고 보아도 그렇다. 한니발의 생애와 그의 위대한 적수인 스키피오의 생애에서도 확신을 가지고 그렇게 말할 수 있지 않은가? 생애의 아름다운 반생을 그들은 젊었을 때에 얻은 영광으로 살아 보았다. 그다음에 다른 사람들에 비교해 보니 위대했다. 그러나 그들 자신으로 비교해 보면 결코 그렇지가 않다.
나로서는 이 나이부터는 내 정신이나 육체는 불어나기보다 줄었고 전진했다기보다 후퇴했다고 확신한다. 시간을 잘 이용하는 자에게는 학문과 경험은 나이와 함께 자랄 수 있다. 그러나 활기와 민첩성과 견고성, 그리고 우리에게 있는 더 중요하고 본질적인 다른 소질들은 시들며 쇠약해 간다.

> 세월의 강력한 공격이 신체를 깨뜨려 부수고
> 우리의 체력이 둔화하여 사지가 약화될 때에는
> 판단력도 발을 절고 혀와 정신은 고장이 난다.   (루크레티우스)

때로는 신체가 먼저 노령에 항복하고 어느 때는 심령이 먼저 항복한다. 나는 위장과 다리보다도 뇌수가 먼저 쇠약해지는 것을 보았다. 그것을 겪는 자는 그 쇠약이 잘 느껴지지 않고 잘 드러나지 않는 만큼, 그만큼 더 위험하다. 나는 법률이 우리를 너무 늦게까지 일을 시키는 것을 불평함이 아니라, 더욱 오래도록 우리에게 일을 시키지 않는 것을 불평한다. 우리 인생의 연약함을 고찰하고 자연의 암초에 사람들이 얼마나 많이 부딪히는가를 생각해 보면, 우리는 인생의 대부분을 출생과 한가함과 훈련에 할당해서는 안될 일로 보인다.

제2권

1
우리 행동의 줏대 없음에 대하여

인간의 행동을 검토하는 자들은, 그 행동을 하나의 동일한 전체 모습으로 맞추어 보려고 할 때 가장 당혹하게 된다. 왜냐하면 행동들은 이상하게도 대개 서로 모순되어, 도무지 그것이 한 공장에서 만들어진 것이라 하기는 불가능해 보이기 때문이다. 소(小) 마리우스는 어느 때는 마르스 신의 아들이다가, 어느 때는 비너스의 아들이 된다. 보니파치오 교황은 직책을 맡아서 들어갈 때에는 여우 같았고, 죽을 때는 개와 같았다고 한다. 그리고 누가 그 앞에서 어떤 죄인의 사형 선고 판결문에 서명하라고 격식에 따라 내놓자, "내가 글씨를 쓸 줄 몰랐다면 얼마나 좋았을까" 하고 대답하던 자가 바로 저 잔인성의 표본 같은 네로였다는 것을 누가 믿을 수 있겠는가? 한 인간에게 사형을 선고하는 것이 그렇게까지 마음에 괴로웠다니 말이다.

모든 일에는 이런 사례가 너무나 많아 누구라도 이런 예는 얼마든지 찾아낼 수 있다. 결단성이 없는 것은 우리의 천성에서 가장 공통되게 명백한 악덕으로, 나는 지각 있는 사람들이 이런 것을 둘러맞추려고 애쓰고 있는 꼴을 보면 언제나 이상한 생각이 든다. 희극 작가 푸블리우스의 유명한 시구가 그것을 증명한다.

재고해 볼 수 없는 결심은 나쁜 결심이다.　　　　　(푸블리우스 시루스)

생활에서 가장 예사로운 특징을 가지고 사람을 판단해 보는 것은 타당하다. 그러나 우리의 행동 습관이나 사상은 그 본성부터 확고한 것이 아니기 때문에,

나는 훌륭한 작가들까지도 우리가 지조 있는 견고한 구조를 지니고 있다고 주장하며 고집하는 것은 잘못이라고 생각했다. 그들은 인간의 보편적 자세를 골라내 본다. 그리고 이 모습에 따라 인물들의 행동을 정리하여 해석하려고 한다. 그리고 어지간히 잘 꿰맞춰 볼 수가 없으면 그것을 감추는 수단까지 쓴다. 그들은 아우구스투스의 전부를 파악하지는 못했다. 왜냐하면 이 인물에겐 그의 전 생애를 통해서 행동이 너무나 명백하고 급박하며 결단력이 없었기 때문에, 가장 과감한 심판자라도 그가 어떤 인간인지 종잡을 수 없었기 때문이다. 나는 다른 모든 일보다 인간이 견실성이 있다고는 믿어지지 않으며, 오히려 줏대 없다고 생각하기가 더 쉬웠다. 인간을 단편적으로 세밀한 점을 하나하나 명확하게 판단하는 자가 더 자주 진실을 말할 기회를 가질 것이다.

고대를 통해 예지의 주요 목적인 줏대가 확고히 선 삶을 산 인간은 열두엇도 찾아보기 힘들다. 이 인생을 한마디로 이해하여 우리 인생의 모든 법칙을 하나로 파악해 보면, 그것은 항상 동일한 일을 원하거나 또는 원치 않는 일이라고, 옛사람(세네카)은 말했다. 그는 말한다. "나는 의지가 정당하다면, 하고 붙여 말할 생각은 없다. 왜냐하면 의지가 정당하다면 그것은 항상 하나로 있기가 불가능하기 때문이다."

사실 나는 지난날, 악덕이라는 것은 무질서이자 절도가 부족한 것에 불과하며, 따라서 거기에 줏대를 세우기는 불가능하다는 것을 알았다. 모든 도덕의 시초는 의논과 숙고에 있고, 목표와 완성은 지조에 있다고 한 것은 데모스테네스의 말이라고 한다. 만일 생각함으로써 확실한 길을 잡는다고 한다면 우리는 가장 아름다운 것을 잡을 것이다. 그러나 아무도 그렇게 생각한 자는 없다.

    그가 원하던 바를 그는 거부한다.
    그는 다시 포기한 바를 원한다.
    그는 항상 들떠 있으며
    그의 인생은 끊이지 않는 모순이다.   (호라티우스)

우리는 여느 때 욕망의 경향에 따라서 좌로 우로, 위로 아래로, 기회의 바람이 우리를 실어가는 대로 쫓아간다. 우리는 원하는 그 순간밖에 우리가 원하는 것을 생각하지 않으며, 마치 주변의 빛깔에 따라서 변하는 동물과 같이 변한다. 지금 이 시간에 제안한 것을 우리는 금세 변경하며 방금 걸어온 길을 되돌아간다. 우리는 의지가 없어 흔들릴 뿐이다.

> 우리는 타인의 끄나풀에 조종되는 인형같이 움직인다. (호라티우스)

우리가 스스로 가는 것이 아니다. 우리는 떠내려가는 사물처럼, 물이 물결치느냐 잔잔하느냐에 따라 때로는 순하게, 때로는 맹렬하게 실려 간다.

> 인간은 자기의 원하는 바를 모르고 끊임없이 찾으며
> 마치 이렇게 해서 자기의 무거운 짐을 벗어던질 수 있는 듯
> 계속 자리 바꾸는 것을 우리는 보지 않는가? (루크레티우스)

날마다 새 공상이며 기분은 날씨의 변화에 따라 움직인다.

> 인간의 사상은 주피터가 그들에게 보내는
> 풍부한 태양빛과 함께 변한다. (호메로스)

우리는 여러 의견 사이에 떠돈다. 아무것도 자유롭게, 아무것도 절대적으로, 아무것도 줏대 있게 원하지 않는다. 확실한 법칙과 지침을 머릿속에 결정하여 세워 놓은 자에게서 균형 잡힌 습관과 질서와 사물들 사이의 한결같은 관계가 그의 인생을 통해 빛나는 것을 볼 수 있을 것이다.

엠페도클레스가 주목한 바에 의하면, 아그리겐툼 사람들은 마치 내일 죽을 것처럼 쾌락을 탐하고, 영원히 죽지 않을 것처럼 무언가를 끊임없이 건설해 가는 모순된 습성을 가졌다.

저(법을 세워 가진) 인물의 사상은 소(小) 카토의 경우에서 보는 바와 같이 이해하기 쉬운 일이다. 그 마음의 한 줄을 튕겨 보면 모든 줄을 튕겨 본 것과 같다. 그것은 서로 어긋남 없이 극히 잘 조화된 음절들의 화음이다. 우리에게는 그 반대로 행동의 수만큼 다른 판단이 있어야 한다. 내 생각으로는 가장 확실

한 판단은 사물들을 깊이 파고들어가서 다른 결론을 내리지 말고, 이런 행동들을 그 가장 가까운 사정에 비추어 고찰해야 할 일이다.

우리나라가 불행하게도 혼란에 빠져 있을 때 다음과 같은 이야기를 전해 들었다. 내가 있는 곳에서 아주 가까이 사는 한 소녀는 자기 집에 나그네로 들어온 뜨내기 병정이 범하려 달려드는 것을 피하려고 창문 밖으로 뛰어내렸다. 떨어져도 죽지 않자 그녀는 죽으려고 자기 몸을 칼로 찔렀다. 사람들이 그 행동을 막았지만, 그 때문에 심하게 다쳤다. 그녀의 고백에 따르면, 그 병정은 다만 그녀에게 간청하며 선물을 갖다주었을 뿐, 아직 강제 수단을 쓴 것도 아니었다. 그녀는 강제 수단이 나올까 두려워했던 것이다. 말로나 행동으로나, 자신의 몸을 지키려고 생명을 걸어 피까지 흘린 이 도덕의 증거는 루크레티아가 다시 세상에 나온 것 같은 행동이었다. 그러나 알고 보니 그 여자아이는 그 전에도 그 후에도 그렇게까지 비싸게 굴지 않은 말괄량이였다. 이야기에도 있지만, 그대가 아주 미남자요 얌전하게 굴어도 그대가 여자한테 하는 수작이 성공하지 못했다고 해서, 바로 그녀가 애인이 침범할 수 없게 정조를 지키는 열녀라고 결론짓지는 말 일이다. 어떤 마부(馬夫)라도 그 요행수를 얻지 못할 일은 아니다.

안티고노스는 병사 하나가 용감하고 기백이 대단하기에 가상히 여겨서 그가 오랫동안 고생하고 있던 만성 속병을 치료해 주게 했다. 그런데 병이 나은 뒤로 직무에 태만하게 된 것을 보고, 누가 그를 이렇게 변하게 만들어 놓았느냐고 물었더니 그가 대답했다. "당신께서 하셨습니다. 내가 생명을 지푸라기같이 여기게 하던 병을 당신께서 없애 주셨습니다."

루쿨루스의 한 병사는 적에게 약탈당하고 나서 그들에게 보복하려고 용감하게 공격을 감행했다. 그가 약탈당했던 것을 되찾아오자 루쿨루스는 그를 가상하게 여겨—

> 비겁한 자라도 용기를 북돋아 일으킬 만한 말씨로   (호라티우스)

그가 생각할 수 있는 가장 좋은 말로 권하며, 그 병사를 어느 위험한 작전에 나가라고 했다. 그랬더니 그 병사는 대답했다. "적에게 약탈당한 어느 가련한 병사에게 시키시오."

아무리 촌부(村夫)일망정 그는 대답하기를
"지갑을 빼앗긴 자라면 그대 원하는 곳에 가리다."   (호라티우스)

병사는 단호하게 가기를 거절했다.
마호메드는 자기의 친위 대장인 샤산의 부대가 헝가리 군대에게 돌파당하며 싸움에 비겁하게 임하는 것을 보고 그를 호되게 나무랐다. 그러자 샤산은 아무 대답도 없이 차리고 있던 그대로 무기를 잡고는 혼자 닥치는 대로 적진 속에 맹렬하게 뛰어들어 순식간에 그 속에 말려들어 버렸다. 이 이야기를 읽어 보면, 그의 행동은 명예를 회복했다기보다 생각을 바꾼 것으로, 천성이 용맹했던 것이 아니라 그가 새로운 분노를 폭발시켰던 것이리라.
어제 대단한 모험을 무릅쓰던 자가 오늘 아주 겁보 노릇을 하는 것을 본다고 해도 이상한 일은 아니다. 그는 화가 났거나 피로에 지쳤거나, 친구 때문이거나 술이 시켰거나, 또는 나팔소리에 배짱이 생겼던 것이다. 그것은 이성의 힘으로 용감해진 것이 아니라, 사정에 몰려서 강해진 것이다. 그러나 반대로 그가 아주 딴 사람이 되었다고 해서 조금도 놀랄 것은 없다.
우리의 태도가 이렇게도 잡다하고 모순된 것을 보고, 어떤 자들은 우리가 두 가지 심령을 가졌다고 하고, 어떤 자들은 두 가지 힘이 우리들을 따라다니며 하나는 좋은 편으로, 하나는 나쁜 편으로 저마다 우리를 조종하는 것이라 하며, 이렇게도 급격한 잡다성은 도저히 단 하나의 주체에서는 나올 수 없는 일이라고 한다.
사건들은 바람처럼 휘몰아쳐 제멋대로 우리를 이끌어 간다. 뿐만 아니라 불안정한 자세 때문에 나 자신이 흔들리면 혼란에 빠진다. 그리고 조심스레 이것을 관찰한 자는 자기가 두 번 똑같은 상태에 있는 것을 보지 못한다. 나는 뒤어놓은 쪽에 따라서 내 심정을 어느 때는 이 모습으로, 어느 때는 다른 모습으로 보여 준다. 내가 나를 여러 가지로 말한다면, 그것은 내가 나를 여러 가지로 보는 까닭이다. 어떤 곳에서 어떤 방식에 따라서 모든 모순이 생겨난다. 부끄럼을 타고 건방지고, 정숙하고 음탕하고, 수다스럽고 시무룩하고, 억세고 연약하고, 약고 얼빠지고, 울적하고 온후하고, 박학하고 무식하고, 거짓말쟁이이고 정직하고, 관후하고 인색하고 낭비하는 이 모든 것을 나는 어느 점, 내가 보는 대로 알아본다. 누구든 세밀히 자기를 살펴보는 자는 자기 속에, 자기 판단력 속에도 이런 변덕과 충돌이 있음을 발견한다. 나에 대하여 나는 절대로 단순하고 견고하게, 혼란이나 혼동 없이, 또는 한마디로 말할 것도 없다. Distingo(잡다화한다)는 내 논리의 가장 보편적인 항목이다.

나는 늘 선(善)을 선이라고 말하고, 선으로 볼 수 있는 일은 좋은 편으로 해석하려고 한다. 그러나 우리 인간의 조건은 이상해서 착한 일을 하는 것이 반드시 의향으로만 판단되는 것이 아니라면, 하여튼 우리는 악덕에 몰려서 선을 행하는 일이 종종 일어날 것이다.

그러므로 어떤 용감한 행위를 보고 어느 자가 용감하다고 결론지어서는 안 된다. 진정으로 용감하게 행하는 자는 어느 때나, 어느 경우에나 용감하게 행할 것이다. 그것이 도덕에서 나온 습관이고 돌발적인 충동이 아니라면, 이 습관은 인간을 혼자 있을 때나 사람들과 같이 있을 때나, 진영(陣營)에서나 전장터에서나 모든 사건에 부딪칠 때 똑같이 결단성을 갖게 할 것이다. 사람이 어떻게 말하건, 길거리의 용감과 진영 안의 용감에 구별은 없는 것이다. 그런 사람은 병석에서 병도 용감하게 이겨 낼 것이며, 자기 집에서나 돌격전에서나 마찬가지로 죽음을 두려워하지 않을 것이다. 같은 인간이 성을 빼앗기 위한 치열한 전투에서는 용맹하게 처신하고, 소송 사건에 졌거나 아들을 잃었다고 여자같이 속을 썩이지는 않을 것이다.

모욕을 받고 비굴하게 굴고, 가난에는 굳게 견디어 내며, 외과의의 수술도 앞에서는 겁을 먹고, 적수의 칼날 앞에서는 완강하게 대할 때, 그 행동은 가상하나 그 인물은 그렇지 않다.

많은 그리스인들은 적 앞에서는 당해내지 못했으나 병에 걸리면 굳게 견디었으며, 킴브리아인들과 켈베리아인들은 그 반대였다고 키케로는 말한다. "사실 확고한 원칙에서 나오는 것이 아니면, 아무것도 인정할 수 없다."(키케로)

그 예로 보아서 알렉산드로스의 경우보다 더 극단적인 용감성은 없었다. 그러나 그것은 그의 성격 가운데 한 면에 불과할 뿐, 모든 면에서 충만한 것은 못 된다. 그는 다른 사람과는 비교할 수도 없는 용감성을 지녔지만, 그렇다고 거기에 오점이 없는 건 아니다. 그래서 부하가 자기 생명에 대해서 꾸미는 음모에는 아주 사소한 의심에라도 마음이 동요되며, 그것을 수사할 때는 공포 때문에 맹렬하고도 조심성 없게, 정당성도 잃고 타고난 이성이 뒤집힌다. 또한 너무 미신을 믿은 탓으로 그는 다소 겁쟁이의 모습까지 보인다. 그리고 클리토스를 살해하고 나서 그가 과도한 고행을 지킨 것은, 역시 그의 용기가 고르지 못한 증거이다.

우리의 행동은 여러 조각을 모아서 꾸민 것에 불과하며 '탐락을 경멸하지만 고통을 받으면 비굴해지고, 영광은 모멸하나 세평이 언짢으면 용기가 꺾이고'(키케로), 가짜 간판을 세워 놓고 영광을 얻으려 한다. 도덕은 오직 그 자체를 위해서만 추종받기를 원한다. 그리고 우리가 가끔 다른 목적으로 그 가면을 빌려 오면, 도덕은 바로 이것을 벗어 내던진다. 심령이 도덕에 잠겼을 때에는 생생하고 강력하게 물들었기 때문에 그 조각이 떨어져 나가지 않고는 빛깔이 없어지지 않는다. 그 때문에 한 인간을 판단하려면 오랫동안 그 행동의 자취를 더듬어 보아야 한다. 만일 그가 지조를, 그 자체를 위해서 견지하는 것이 아니라면 "자기가 좇고자 원하는 길을 깊이 생각하고 난 다음에 택한 자는"(키케로), 또 만일 잡다한 사정에 따라서 그가 보조를 변화시키고 있는 것이라면(나는 길이라고 말한다. 왜냐하면 보조는 빨라질 수도 무거워질 수도 있기 때문이다), 제멋대로 가게 내버려 둬라. 우리 탈보트¹⁾가 좌우명 삼아 말하듯, 그런 사람은 바람결을 따라가는 자이다.

어느 옛사람(세네카를 말함)은 우리는 우연 속에 살고 있으니, 우리에게 미치는 우연의 힘이 크다는 것에 그렇게 놀랄 일은 아니라고 했다.

자기 인생에 확실한 목표를 세워 두지 않는 자는 특수한 행동을 처리해 갈 길이 없다. 낱낱으로 된 전부의 형태가 머릿속에 가다듬어지지 않는 자는 그 조각들을 정리할 수 없다. 무슨 그림을 그릴지 모르는 자에게 물감을 주어서는 아무 소용없다. 아무도 자기 인생의 확실한 계획을 세우지 않는다. 그리고 우리는 그 한 부분밖에 고찰하지 않는다. 활을 쏘는 자는 먼저 어디를 겨눌지 알아야 한다. 거기다가 손과 활·시위·화살, 그리고 동작을 맞춰야 한다. 우리 의도는 종잡지 못한다. 거기에는 아무런 방향도 목표도 없기 때문이다. 가야 할 항구가 없는 배는 어떠한 사람도 소용없다.

나는 소포클레스의 비극 하나를 보고 나서, 그의 아들의 비난에 반대하며,

---

1) 영국의 무장. 가스코뉴 지방은 옛날 영국 왕의 영토였고, 이 무장의 활동 무대였기 때문에 몽테뉴는 그를 '우리' 탈보트라고 부르는 것이다.

소포클레스가 집안일을 살펴볼 능력이 있다고 결론짓는 사람들의 의견에 찬동하지 않는다. 그리고 밀레토스인들을 계몽하려고 파견된 파로스인들이 그들을 보고 내린 추측도 충분한 것이라고 보지 않는다. 이 섬을 찾아가 보니, 땅은 잘 경작되고 농가는 훌륭하게 관리되어 있었다. 그래서 그들은 도시 시민들의 집회에서 하던 식으로 이곳 집주인들을 등록시키고 이 주인들 중에서 이 지방의 새 장관과 관리들을 임명했다. 그것은 이 섬사람들이 자기의 일들을 잘 처리하니, 공적인 일도 잘 하리라고 판단했기 때문이다.

우리는 모두 조각들로 되어 있으며, 너무나 형편없고 잡다한 구조라서 조각 하나하나가 시시각각 제멋대로 논다.

그리고 우리와 우리 자신 사이에는 우리와 남들 사이만큼이나 차이가 있다. "항상 동일한 인간으로서 행세하기는 대단히 어려움을 명심하라."(세네카) 대망은 사람에게 용감성과 절제와 관대함과 후덕함, 그리고 정의까지 가르칠 수는 없다. 탐욕은 이름 없이 아무것도 하는 일 없는 속에 자라난 가게의 사동의 마음속에 가정의 품을 차 던지고 분노하는 해왕신과 파도의 위험에 몸을 맡겨 낡은 배를 타고 멀리 떠나가 볼 확신을 심어 주고, 지각과 조심성까지도 가르쳐 준다. 또 비너스까지도 아직 매질과 훈련을 받고 있는 젊은이에게 결단성과 용감성을 불어넣고, 모친의 무릎을 떠나지 않는 소녀의 연약한 마음에 싸워낼 힘을 주는 것인 만큼

　　비너스의 인도를 받아
　　소녀는 잠든 보호자의 감시를
　　남몰래 벗어나서
　　캄캄한 밤에 홀로 애인을 만나러 간다.　　　　　　　　(티불루스)

밖에 나타난 우리의 행동은, 단지 침착한 이성의 재주만으로 판단할 수 있는 일이 아니다. 속까지 뒤져 보아서 어떤 원동력이 사람을 움직여 행동하게 하는가를 보아야 한다. 그러나 이것은 고매하고 위태로운 시도인 만큼, 나는 그런 일에 참견하는 사람이 많기를 원치 않는다.

2
술주정에 대하여

세상은 잡다하고 서로 다른 것에 불과하다. 악덕은 그것이 어떤 악덕이든 악덕인 점에서는 같다. 그리고 스토아 학자들도 그것을 이렇게 이해한다. 그러나 이런 것이 똑같이 악덕이긴 하지만 동급의 악덕은 아니다. 그리고 그 한계를 백 보 넘어간 자가—

> 그것 너머에, 그리고 그곳 못 미처에
> 바른 길은 존재할 수 없음을.   (호라티우스)

겨우 열 걸음 못 미처에 있는 자보다 더 나쁘지 않다는 말은, 믿을 수 없는 말이다. 그리고 신을 모독하는 행위가 우리 집 뜰 안의 양배추 한 포기를 훔친 것보다 더 나쁘지 않다는 말도 그렇다.

> 이웃집 정원의 어린 양배추를 훔친 행위도
> 어두운 밤에 신들의 제단을 약탈하는 행위와 똑같은 범죄라고 함은
> 결코 이성으로 설복하지 못할 일이다.   (호라티우스)

다른 일에서와 같이 여기서도 일은 잡다하다.
죄악의 서열과 정도를 혼동함은 위험한 일이다. 그러다가는 살인범·반역자·폭군들이 너무 이득을 본다. 다른 어떤 사람이 게으르다든지, 음탕하다든지, 신앙에 열성이 부족하다고 해서 자기 양심의 책임이 줄어든다는 것은 사리에 맞지 않다. 저마다 자기 동무의 죄악은 들추면서도 자기의 책임은 덮어 둔다. 교사들까지도 죄의 경중을 잘못 다루는 것으로 보인다.
소크라테스가 "예지의 주요 역할은 선과 악의 구별에 있다"고 말한 것과 같이 우리는 기껏해야 악덕은 면치 못하는 터이니, 학문이 악덕을 식별하기 위해 있다고 말해야 할 일이다. 그것이 정확히 알려지지 않으면 도덕군자와 악인이 혼동되어 알아볼 수 없게 될 것이다.

그런데 다른 무엇보다도 술주정은 천하고 상스럽고도 짐승과 같은 악덕으로 보인다. 정신은 여기 낄 틈이 없다. 그리고 악덕 중에는, 이렇게 말해도 좋을지 모르지만, 무언가 좀 더 너그러운 것도 있다.

악덕 중에는 지식·근면·용감·조심·기교와 교묘 등이 섞이는 것이 있으나, 이런 것은 모두 육체적이며 세속적이다. 그래서 오늘날 나라들 중에 가장 야만적인 나라는 이런 것만을 숭상하는 나라(신교국 독일)이다. 다른 악덕들은 이해력을 변질시킨다. 이 술주정은 이해력을 전도시키고 육체를 둔하게 만든다.

> 술의 힘이 우리 몸에 배어들면
> 사지는 무거워지고 다리는 철쇄에 매인 듯 흔들거리며
> 혀는 굳고, 지성은 몽롱해진다. 눈빛은 흐릿해지고
> 그러다가 고함·재채기·싸움질을 하게 된다. (루크레티우스)

인간 최악의 상태는 자기 인식의 통제력을 잃은 때이다. 그래서 사람들은 포도액이 항아리 속에서 발효하여 바닥에 있는 모든 것을 위로 치밀어 올리듯, 술은 과음한 사람들에게서 그 속속들이 비밀까지 튀어나오게 한다고 말한다.

> 네가 바로 바쿠스의 유쾌한 열광 속에
> 현자(賢者)들에게서 근심과
> 가장 온화한 사상까지 빼앗아 온다. (호라티우스)

요세푸스는 적이 보낸 사신에게 술을 실컷 먹이고 나서, 말을 걸어 비밀을 토설하게 했다고 한다.

그렇지만 아우구스투스는 트라키아를 정복한 루키우스피소에게 가장 비밀되는 사물을 맡겨 주고, 티베리우스는 코수스에게 자기가 의도하는 바를 모두 일러 주었다. 알다시피 둘 다 술을 대단히 즐겼기 때문에—

> 습성으로 어제 마신 술이 아직 깨지 아니하니
> 혈관은 부풀어. (베르길리우스)

곤드레만드레된 것을 원로원에서 데리고 나와야 하는 일이 자주 있었지만, 그것 때문에 낭패를 본 일은 없었다. 사람들은 가끔 술에 취하는 킴베르를 물만 마시는 카시우스와 똑같이 믿어 주며, 카이사르를 죽이려는 계획을 그에게 터놓고 말했던 것이다. 그래서 그는 농담조로, "술도 참아 내지 못하는 나에게 폭군의 일을 입 다물고 참아 내라니!" 하며 대답했다. 독일 사람들은 술고래가 되어도 자기 부대의 구호나 자기 직위를 잊지 않는다.

> 그들이 술에 취하여 혓바닥이 굳어지고 걸음이 비틀거려도
> 그들을 넘어서기는 쉬운 일이 아니다. (유베날리스)

나는 역사책 속에서 다음과 같은 이야기를 읽어 보지 않았던들 이렇게까지 심하게 술에 취해서 정신적으로 질식되고 함몰된 이야기를 믿지 못했을 것이다. 그것은 아탈로스가 파우사니아스에게 심한 수치를 보이려고 저녁 식사에 초대했는데(그는 에파미논다스의 집에서 함께 교육받은 성과로 훌륭한 소질을 보여 준 마케도니아의 왕 필리포스를 그 뒤에 바로 이 문제로 죽였지만), 아탈로스는 그 자리에서 파우사니아스에게 술을 많이 먹여 지각을 잃게 한 다음, 그녀의 예쁜 육체를 마치 창녀처럼 마부나 자기 집 천한 하인들 여럿에게 능욕시켰다는 이야기이다.

그리고 이것은 내가 특히 존경하는 점잖은 부인에게 들은 이야기다. 보르도 근처 카스트르 쪽에 살던 과부로, 절개가 있다고 평판을 받고 있던 한 부인이 아이를 밴 기미를 느끼고, 이웃 부인들에게 자기에게 남편이라도 있으면 잉태한 것으로 생각하겠다고 농담처럼 말하고 다녔다. 그런데 날이 갈수록 이 의심은 커가고 마침내 임신이 확실함을 알게 되었다. 그녀는 교회당에서 설교할 때에 공고하여, 누구든지 이 사실을 고백하는 자는 용서하겠으며, 당사자가 마음에 있으면 결혼해 주겠다고 약속했다. 그러자 그 집 밭갈이 젊은 하인 놈이 이 공고에 용기를 얻고 말하기를, 어느 잔칫날 그 부인이 너무 과하게 술이 취해 자기 방 옆에 극히 점잖지 못한 자세로 쓰러져 깊이 잠들어 있는 것을 보고, 깨우지도 않고 그 기회를 이용했던 것이라고 자백했다. 그들은 결혼해서 아직 살고 있다.

고대에는 이 악덕이 그렇게 비난받지 않았던 것이 확실하다. 많은 철학자들

의 문장에도 이 문제는 부드럽게 취급되고 있다. 그리스의 스토아학파들까지도 때로는 실컷 마시고 취해 마음을 풀어 놓는 것도 좋다고 충고했다.

> 옛날 위대한 소크라테스는 이 고상한 경쟁에서도
> 승리관을 획득했다고 사람들은 말한다. (막시미아누스)

사람들을 가혹하게 비판하고 견책하기로 유명한 카토는 술이 과하다는 비난을 받았다.

> 사람들은 또한 대(大) 카토가 음주의 힘으로
> 용기를 돋우었다고 이야기한다. (호라티우스)

저 유명한 임금 키루스는 자기 형 아르타크세르크세스보다 자기가 술을 잘한다고 자랑했다. 그리고 가장 질서 잡히고 정치 잘되는 나라에서는 이렇게 술 잘하는 버릇이 성행했다. 나는 파리에서 온 유명한 의사 실비우스가 우리 위장의 힘을 태만해지지 않게 보존하기 위해서는 한 달에 한 번쯤 술을 많이 마셔 위를 잠 깨우고 자극을 주어 마비되는 것을 방지해야 한다는 말을 들었다. 페르시아인들은 술을 마신 뒤에 중요한 사무를 처리했다고 씌어 있다.

내 취미와 기질은 내 생각만큼 이 악덕과 사귀지 못한다. 왜냐하면 나는 옛 사람들의 권위 있는 의견에서 신념을 얻었을 뿐으로, 나는 이 음주가 비굴하고 어리석은 악덕인 줄 알지만 다른 악덕들이 직접 공공 사회를 해하는 것만큼 나쁘거나 손해 끼치는 것이라고는 보지 않는다. 그리고 사람들의 생각과 같이, 우리는 어떤 쾌락이건 대가를 치르지 않고는 얻지 못하는 법이다. 그런데 이 악덕은 다른 것보다 양심에 가책을 주지 않으며, 또 그것을 준비하기에 어려울 것도 없고, 얻어 보기도 힘들지 않다는 점에서 경시할 수 없는 문제이다.

이미 직위도 높고 나이도 지긋한 분이 내게 말하기를, 자기 인생에 남아 있는 세 가지 재미 중에 이 음주를 들었다. 그러나 그는 이것을 잘못 생각하고 있었다. 음주에는 너무 심하게 맛을 따지며 조심스레 술을 가리는 취미는 피해야 한다. 맛 좋은 것만 마시기에 탐락을 둔다면, 때로는 술 때문에 불쾌해지는 고통도 겪어야 한다. 취미는 너무 까다롭지 않고 자유로워야 한다. 술을 잘 마시려면 입천장이 보드라울 필요가 없다. 독일 사람들은 거의 아무 술이나 똑같이 유쾌하게 마신다. 그들의 목적은 맛보는 것이 아니라 삼키는 데 있다. 그 때문에 그들은 흥정에 더 유리하다. 그들의 탐락은 풍성하고 손쉬운 데 있다.

둘째로 프랑스식처럼, 식사할 때 두 차례 절도 있게 건강에 조심하며 마시는 것은 이 주신의 은총을 너무나 제한하는 일이다. 거기는 더 많은 시간과 끈기가 필요하다. 옛날 사람들은 술로 며칠 밤을 연달아 새우며, 낮에도 계속했다. 그러니 여느 때에도 더 많이 더 힘차게 마셔야 한다. 내가 본 한 세도가인 귀인은 사업도 크게 벌이고 성공한 인물인데, 그는 식사 때는 늘 힘 안 들이고 포도주 다섯 로(옛날의 한 되, 로는 4팬트)를 마셨고, 그러고 나서도 일을 현명하고 용의주도하게 처리해 갔다.

우리가 인생을 살아가는 동안 소중히 여기는 쾌락은 인생에 더 많은 자리를 차지해야 한다. 그리고 상점을 보는 아이나 노동자들처럼 술 마시는 기회를 어느 경우라도 거절해서는 안 되며, 이 욕망을 항상 염두에 두어야 할 일이다. 우리는 점점 더 이러한 욕망을 절제하는 듯하다. 그런데 우리 가정에서 내가 어릴 적에 본 바로는, 점심·저녁 그리고 간식이 더 자주 있었고, 또 그것이 보통이었다. 우리 습성이 얼마만큼 개선되어 가는 것일까? 확실히 개선되지 않았다. 하지만 그것은 우리가 조상들보다 더 색을 탐하고 있기 때문이다. 이 두 가지는 그 힘이 서로 방해하고 있는 것이다. 이 음탕한 버릇 때문에 한편으로 우리의 위가 약해졌고, 또 한편으로는 음식을 절제함으로써 우리는 더 얌전해지고 사랑의 희롱에 더 멋이 들게 된 것이다.

내 선친에게서 들은 바, 그의 시대의 정숙하던 풍습은 놀랄 만한 것이었다. 그것은 기술로나 천성으로나 부인들과의 교제에 아주 능숙한 그가 할 만한 말이었다. 그는 말수가 적었으나 말을 잘했다. 그리고 현대의 사투리, 특히 스페인어에 나오는 수사를 섞어 말했다. 그리고 스페인 서적 중에도 특히 《마르쿠스 아우렐리우스》를 읽었다. 그의 풍모에는 장중미와 공손한 겸양의 덕이 있었다. 그는 걸을 때나 말을 탈 때나 점잖게 체면을 지키려고 유난히 마음을 쓰고 있었다. 또 자기가 한 말에 특히 신의를 지켰고, 양심과 조심성은 미신적인 결벽으로까지 기울었다. 키는 작았으나 정력에 찼고, 풍채가 강직하며 모든 면에

균형이 잡혔다. 얼굴은 의젓하고 약간 갈색을 띠었다. 또 모든 고상한 유희에는 민첩하고 신묘했다.

나는 또 속을 납으로 채운 단장을 보았는데, 그는 이것을 팔 운동에 사용하며, 공이나 돌을 칠 때와 격검할 때의 준비 훈련으로 삼았고, 구두 뒤꿈치를 납으로 때워서 뛸 때나 달음질할 때에 몸이 가벼워지게 단련했다고 한다. 넓이 뛰기에서도 그는 몇몇 사람들의 기억에 작은 기적을 남겨 놓고 있다. 나는 그가 환갑이 지나서도 젊은이의 경쾌성을 무색하게 하는 것을 보았다. 그는 퉁퉁한 옷차림으로 말에 뛰어오르고, 엄지손가락을 짚고 탁자 위를 한 바퀴 뺑 돌며, 자기 방에 올라갈 때는 층계를 서너 층씩 뛰어 올라가곤 했다. 내가 물어보았더니 그는, 이 시골에 신분 있는 여인으로서 평판이 나쁘게 하는 사람은 하나도 없었다고 하며, 특히 아무 의심도 받지 않는 점잖은 여인들과 자기가 경험한 진지한 친교 이야기를 해 주었다. 그리고 자기는 결혼할 때까지 동정을 지켰다고 맹세하며 말했다. 그러고도 그는 산(이탈리아를 말함) 너머 전쟁에 오랜 동안 참가했고 공적으로 사적으로 거기서 겪은 일을 일기 형식으로 정확하게 더듬어 가며 적어 놓고 있었다.

그 때문에 그는 대단히 늦은 1528년에(그가 33세 때에) 이탈리아에서 돌아와 결혼했다. 우리, 술병 이야기로 돌아오자.

노령에 이르면 몸이 불편해져서 어디건 의탁하고 싶어지며 마실 것이 필요하게 되는 법이니, 내가 이런 재미를 찾게 되는 것도 당연한 일이다. 왜냐하면 이것은 인생의 흐름이 우리에게서 빼앗아 가는 마지막 쾌락인 까닭이다. 좋은 친구들의 말로 인간 천성의 열기가 처음으로 발에 오른다고 하나, 그것은 어릴 때의 일이다. 그 열기는 몸의 중허리로 올라가며, 오랫동안 거기에 박혀서 내가 보기에는 육체 생활의 유일하고 진실한 쾌락을 지어 준다. 다른 쾌락은 거기에 비하면 잠자는 따위에 지나지 않는다. 종말에는 그것이 올라가서 날아가는 김과 같이 열기는 목구멍에 도달하며, 거기서 마지막 자리를 잡는다.

그렇지만 나는 목마르지 않는데 술 마시는 쾌락을 연장시키고, 천성에 반하는 인공적인 욕망을 공상으로 꾸며 내는 수작은 이해할 수 없다. 내 위장이 거기까지 견디어 내지 못할 것이다. 내 위는 필요한 것을 섭취하여 완전히 소화해내기에도 버겁다. 내 체질은 식사한 뒤 외에는 음주를 중요시하지 않는다. 그 때문에 마지막을 가장 큰 잔으로 든다. 아나카르시스는 그리스인들이 식사가 끝날 때 처음보다 더 큰 잔으로 술 마시는 것을 보고 놀랐다. 독일 사람들이 그렇게 하는 것은 내 생각으로는 같은 이유에서일 것이다. 그들은 그때부터 술 마시기 시합을 하는 것이다.

플라톤은 18세 전에 술 마시는 것을 금하고 40세 전에 취하도록 마시는 것은 금했다. 그러나 40세가 넘은 자들에게는 취하기를 즐기며, 식사 때 인간에게 쾌활을 주고 노년에게 청춘을 돌려주며, 마치 쇠가 불에 물러지는 것처럼 심령의 정열을 무르고 부드럽게 해 주는 착한 신 디오니소스(酒神)의 영향을 많이 받으라고 명령한다. 그리고 그의 《법률편》에서는 술 마시는 모임을(그 집단에 우두머리가 있어 전부를 통제하고 조절한다면) 유익하다고 본다. 술에 취함은 각자의 본성을 다루기에 좋고 확실한 시련이며, 그와 아울러 나이 먹은 사람들에게 제정신을 가지고는 해 볼 생각도 못하는 춤과 음악을 즐기는 용기를 주기 때문이다. 그는 술이 마음에 절도를 주고 신체에 건강을 준다고 말한다. 그러나 그는 부분적으로 카르타고인들에게서 빌려 온 다음의 제한 규칙을 마음에 들어했다. 즉, 전쟁에 나갈 때는 삼갈 것, 모든 재판관들이 직무를 처리하는 때나 국무를 토의할 때는 술을 들지 말 것, 일을 보아야 할 낮 동안에는 거기에 시간을 허비하지 말 것, 또 어린애를 만들기로 작정한 밤에도 들지 말 것을 권한다.

철학자 스틸폰은 노령으로 쇠잔해서 독한 술을 마시다가 진짜로 명을 재촉했다고 한다. 이와 같은 원인으로 고의는 아니었으나 나이가 들어 힘이 쇠약해진 철학사 아르케실라우스는 숨을 넘겼다.

그러나 현자의 마음이 술의 힘에 질 수 있느냐 하는 것은 오래 내려온 재미나는 문제다.

> 굳은 장벽 뒤의 예지를
> 술이 제압할 수 있는지.　　　　　　　　　　　　　　(호라티우스)

우리는 얼마나 허황되게 자신에 관해서 자부심을 갖는가! 세상에서 가장 절도를 지키는 마음도 그 자체의 허약 때문에 쓰러지는 것을 막으며 버티고 서 있기에 힘겨운 일이다. 자신의 한평생 한순간에라도 태연하고 침착하게 있었던 자는 천 명 중에 하나도 없다. 도대체 심령이 인간 본연의 조건으로 그 경지에 이를 수 있다는 것이 의문이다. 그러나 거기에 지조를 결부시킨다는 일이 완성의 단계이다. 수천 가지 사건이 부딪칠 수 있는 터에 아무것도 거기 와서 부딪치는 것이 없다 해도 말이다.

저 위대한 시인 루크레티우스는 제아무리 철학하고 자제해 보아도 사랑의 술잔에는 바로 미쳐 버렸다. 소크라테스는 중풍에 걸려도 짐꾼 따위와는 다르므로 졸도하지 않으리라고 그들은 생각하는가? 어떤 사람은 병의 영향으로 자기 이름도 잊어버렸고 가벼운 부상으로 판단력을 잃은 자들도 있다.

아무리 현자라고 해도 그도 결국 사람이다. 사람보다 더 쇠잔하고 불운으로 고생하고 허망한 것이 무엇이 있는가? 예지는 우리가 타고난 조건들을 극복하지는 못한다.

> 공포의 타격으로 식은땀과 창백함이
> 온몸을 휩싸며, 혀가 굳어지고, 목소리가 막히며
> 시각이 흐려지고, 귀는 울리고
> 사지가 쇠약해서 전신이 쓰러짐을 우리는 본다. (루크레티우스)

자기를 위협하는 타격 앞에서는 눈을 깜박거려야 하며, 절벽 앞에서는 어린애같이 몸이 떨려야 한다. 천성은 그의 권위의 이런 가벼운 표적을 보존하려고 원했기 때문에, 스토아학파의 도덕으로도 이것은 극복할 길이 없어, 인간이란 부질없이 죽을 신세라는 것을 우리의 이성(理性)에게 가르쳐 준다. 인간은 공포에 눌리면 새파래지며, 수치를 당하면 새빨개진다. 심한 복통이 일어나면 절망적으로 터져 나오는 소리는 아닐지라도, 작으나마 애끓는 쉰 목소리로 꿍꿍 앓는다.

> 인간적인 것은 모두 자기에게 무관할 수 없다고
> 생각하게 하라. (테렌티우스)

자기 멋대로 공상하는 시인들도, 그들의 영웅들로부터 눈물을 없애지는 못한다.

아이네이스는 눈물 흘리며 말하고
그의 배는 돛을 한껏 달고 떠난다.   (베르길리우스)

사람은 자기 성향을 제어하고 절제하기가 고작이다. 왜냐하면 천성을 극복하는 힘이 없기 때문이다.

인간 행동의 완벽하고 탁월한 심판자인 플루타르크도 브루투스와 토르카투스가 그들의 아이들을 죽이는 것을 보고, 용덕이 여기까지 이를 수 있는가 의심하며, 차라리 이 인물들이 다른 정열 때문에 제정신을 잃은 것이 아닌가 하고 생각했다. 평범의 한계를 넘는 행동은 불길한 해석을 내릴 수 있는 것이다. 그것은 우리의 취미에 모자라는 것이다. 넘치는 것과 마찬가지로 우리 취미에 맞지 않는 까닭이다.

자존심을 터놓고 표명하는 이 다른 학파(에피쿠로스학파)는 제쳐 두자. 그러나 가장 부드럽다고 일컬어진 학파에서도 메트로도로스의 이런 허풍을 들 수 있다. "내 그대의 기선을 제압했다. 운명이여, 그리고 나는 그대를 포착했다. 나는 그대가 내게 도달할 수 있는 모든 통로를 분쇄했다."(키케로) 아낙사고라스는 키프로스의 폭군 니코크레온의 명령으로 돌구유 속에 눕혀져 쇠절구공이로 찧어 맞아 죽으면서도 그치지 않고 "때려라, 부수어라, 너희들은 아낙사고라스가 아니라 그의 껍데기를 찧고 있다"고 말했고, 순교자들은 불길 속에서 폭군에게 부르짖으며, "이쪽은 다 구워졌다. 잘라라, 먹어라, 이번엔 이쪽을 시작해라" 하고 소리쳤다.

《요셉전(傳)》에 나오는 저 어린애는 안티오쿠스의 집게에 물려서 온몸이 찢기고, 송곳에 찔리면서도 든든하고 확고한 목소리로 그에게 도전하며, "폭군이여, 그대는 헛수고를 한다. 내 마음은 언제나 편하다. 그대가 나를 위협하던 그 고통, 그 고초들이 다 어디 있는가? 내가 그대 잔인성에서 느끼는 고통보다 내 지조로 인해 그대가 당하는 고초가 더 심하다. 오, 비굴한 병정놈아, 그대가 항복한다. 나는 더 강해진다. 그대 할 수 있거든 나를 울려 봐라. 나를 굽혀 봐라.

나를 항복시켜 봐라. 그대 괴뢰들과 그대 사형 집행인들에게 용기를 북돋워 봐라. 이자들은 벌써 마음이 약해진다. 더 하지 못하는구나. 무기를 더 주어 봐라. 약을 올려라" 하며 말했다. 이런 마음들은 아무리 그것이 신성하다 하여도 얼마간 변질된 것이며, 거기에는 광분이 있다.

스토아학파들의 '탐락적이기보다는 광분하기를 원한다'는 경구나 안티스테네스의 말로 '차라리 미칠지언정 방탕을 원치 않는다'라든지, 섹스투스가 탐락보단 고통으로 못박히기를 원한다고 한 말이든지, 에피쿠로스가 휴식과 건강을 거절하고 중풍의 고통으로 애무받기를 바라며, 유쾌한 마음으로 불행에 도전하고 덜한 고통은 경멸하고, 싸우거나 투쟁하는 것을 업신여기며, 당당히 자기가 당할 만한 강력하고 찌르는 듯한 고통을 불러 축원한 일이라든지―

이 소심한 가축들에 싫증이 나, 그는 거품 뿜는 멧돼지나
산에서 내려오는 사자를 축원으로 부른다.　　　　(베르길리우스)

하는 것 등을 보면 자기 은신처 밖으로 튀어나온 용기의 받침대라고 누가 판단하지 않을 것인가? 우리의 마음은 그 자리에 앉아서 이렇게 높게까지 도달할 수는 없을 것이다. 이런 때는 마음이 자리를 떠나서 올라가며, 이로 재갈을 악물고 자기 육신을 빼앗아 너무 멀리 실어가며, 다음에는 자기 자신이 이 사실에 놀라게 될 것이다. 그것은 마치 전쟁에서 용감한 병사들이 공훈을 세울 때 싸움에 열이 올라 무의식중에 가장 위험한 경지를 돌파하고 나서 제정신으로 돌아왔을 때에는 자신도 놀라서 그의 용기에 소름이 끼치는 격이다. 그리고 또 시인들이 자기가 지은 작품에 스스로 감탄하며, 어떤 방법으로 그만큼 아름다운 줄기를 좇게 되었는지 알아보지 못하는 식이다. 그들은 이것을 자기들 속의 열기이며 광증이라고 부른다. 그래서 플라톤은 침착한 인간은 시가(詩歌)의 문을 두드려 보아도 헛일이라고 말한 것이며, 아리스토텔레스도 역시 탁월한 심령에는 광기가 섞이지 않는 예가 없다고 말한 것이다. 그 때문에 우리 고유의 판단력과 사고력을 초월하는 모든 비약은 그것이 아무리 칭찬할 만하여도, 광증이라고 불러도 옳은 일이다.

예지는 우리 심령의 질서 있는 조작인 만큼, 마음을 절도 있고 균형 있게 지

도하며 책임을 진다.

플라톤은 추론하기를 예언하는 소질은 우리의 능력을 넘는 일이며, 그것을 취급할 때는 우리 자신을 벗어 던져야 하며, 그때는 우리 이성이 졸음 또는 무슨 질병으로 질식되거나, 하늘에서 오는 황홀감에 의해서 제자리를 버리고 떠올라가야 한다고 말한다.

3
케아섬의 풍습에 대하여

사람들의 말처럼 철학함이 의문을 갖는 일이라면, 더군다나 내가 하는 식으로 어리석은 말을 끌어내며 공상하는 것은 의문을 던지는 일이어야 한다. 왜냐하면 탐구하고 토론하는 것은 배우는 자가 할 일이고, 해결은 스승이 해야 할 일인 까닭이다. 나의 스승은 우리를 모순 없이 조절하며, 우리 인간들의 헛된 주장은 초월한 지위에 있는 거룩한 의지의 화신이다.

필리포스가 손에 무기를 들고 펠로폰네소스에 들어갔을 때 누가 다미다스에게 라케다이모니아인들이 필리포스에게 용서를 간청하지 않으면 크게 고생할 것이라고 말하니, 그는 대답하기를 "그래, 이 겁보야, 죽음을 두려워하지 않는 자들이 무엇을 고생으로 삼을 것이냐?" 했다. 누가 아기스에게 사람은 어찌해야 자유로이 살 것인가 하고 물었더니, "죽음을 경멸하면 된다"라고 그는 말했다.

이런 세언과 이 문세에서 나오는 수없는 제언들은, 무엇인지 우리에게 닥쳐오는 죽음을 꾸준히 기다린다는 일 이상의 것을 알려 주고 있다. 왜냐하면 이 인생에는 죽음 자체보다도 참아 내기가 더 힘든 사건들이 많이 있기 때문이다. 그 실례로 이 라케다이모니아 소년은 안티고노스에게 잡혀서 노예로 팔렸을 때, 그 주인이 어떤 더러운 일에 그를 부리려고 하자 "그대가 누구를 샀는가를 보라. 종노릇하는 일은 나의 수치다. 나는 내 손에 자유를 가졌다"라고 말하며 그 집 꼭대기에서 뛰어내렸다. 안티파트로스가 라케다이모니아인들에게 어떤 조건을 실행시키려고 혹독하게 위협하자 그들은 "그대가 죽음보다도 더 나쁜 일로 위협한다면 우리는 기꺼이 죽어 버릴 것이다"라고 대답했다. 그리고 필리포스가 그들에게 모든 기도를 못하게 막겠다고 서면으로 알리자 "뭐! 그대는 우리가 죽는 것도 막을 수 있는가?" 했다.

'현자는 살아야 할 대로 살 일이고, 살 수 있는 대로 살아서는 안 된다'고 사람들은 말한다. 그리고 자연이 우리에게 가장 유리하게 보내 준 선물로써 우리가 우리 조건에 관해 불평을 말한 모든 방법을 없애 버리게 한 것은 우리에게 별판으로 나가는 열쇠를 준 일이라고 했다. 자연은 인생에 들어가는 길은 하나밖에 주지 않았고, 나가는 길은 얼마든지 남겨 두었다. 우리는 여기서 살아갈 땅을 얻어야 한다고 보이오카투스는 로마인들에게 말했다. 어째서 그대는 이 세상에 불평을 말하는가? 세상이 그대를 붙잡지 않는다. 그대 살기가 괴롭다는 것은 그대의 비굴함이 그 원인이다. 죽기에는 죽기를 원하는 일밖에 남은 것이 없다.

> 죽음은 사방에 있다.
> 이것은 하늘이 내린 특수한 은총이다.
> 누구든지 사람의 생명을 탈취할 수는 있으나
> 아무도 그에게서 죽음을 탈취하지는 못한다.
> 죽음으로 향하는 많은 길이 우리에게 열려 있다.   〈세네카〉

그리고 이것은 그저 단 하나의 질병에 대한 처방이 아니다. 죽음은 모든 고통에 대한 처방이다. 그것은 결코 두려워할 것이 아니며, 가끔 찾아가 볼 만한 아주 확실한 항구이다. 모든 건 하나로 돌아간다. 사람은 이것을 자기 종말로 차지하며, 또는 이것을 당한다. 그 앞으로 달려가든지, 또는 그것을 기다릴 일이다. 그것이 어디서 오든지 그것은 자기 것이다. 어느 자리에서 실오라기가 끊어지건 거기가 전부이다. 그것이 실꾸러미의 끝이다.

가장 자진해서 받은 죽음이 가장 아름다운 죽음이다. 인생은 남의 의지에 매여 있다. 그러나 죽음은 우리 의지에 달렸다. 무슨 일에도 이 죽음에 관한 일만큼 우리 기분을 맞춰 가서는 안 된다. 평판이라는 것은 이런 기도 앞에는 문제가 되지 않는다. 그런 일을 소중히 생각하는 것은 미친 수작이다. 죽음에 대한 자유가 없다면, 삶이란 노예가 되는 일이다.

치유를 향한 보통의 길은 생명에 불리하게 되어 간다. 사람들은 우리를 찢고, 지지고, 사지를 자르고, 피와 영양을 뽑는다. 한 걸음 밖으로 나가면 우리는 완전히 치유된다. 어째서 우리는 대정맥과 똑같이 소정맥을 우리 지배하에 두지 못하는가? 가장 힘든 병에는 가장 쓴 약이 있다.

문법학자 세르비우스는 중풍을 앓으며, 거기에 독약을 써서 자기 다리를 죽이는 수밖에 다른 방안이 없었다. 제멋대로 다리를 못쓰게 되건, 느끼지만 않으면 그만이지! 사는 것이 차라리 죽기보다 나쁜 상태에 있을 때는 그만하면 하느님도 우리를 방면시켜 주는 것이다.

불행해진다는 것은 약한 일이다. 그러나 불행을 기른다는 것은 미친 짓이다. 스토아 학자들은, 현자는 그가 좋은 길을 잡는다면 아직 한참 행운이 있을 때 인생을 하직하는 것이 천성에 맞게 사는 일이라고 말한다. 그리고 천성을 따른다 함은 대부분의 사물들과 조화해서 살아간다는 말이니, 자기가 비참한 상태에 있으면서도 생명에 집착한다는 것은 미친 자의 할 짓이라고 한다.

내가 내 제물을 가져가거나, 돈지갑을 끊어가는 것이 도둑질이 아닌 것처럼, 내가 내 나무를 불태울 때 방화죄를 저지르는 것이 내 생명을 없앤다고 해서, 내가 살인죄를 저지르는 것은 아니다.

헤게시아스는 생명의 조건과 마찬가지로 죽음의 조건도 우리 선택에 달려 있어야 한다고 했다.

오랜 수포증으로 고생하던 철학자 스페우시포스가 가마를 타고 지나가다가 디오게네스를 보고 "안녕한가! 디오게네스" 하고 소리쳤다. 그러자 디오게네스는 "자네는 안녕하지 못하네, 그려, 그런 상태로 고생을 하며 사니" 하고 대답했다. 정말 얼마 뒤에 스페우시포스는 인생의 고된 조건에 넌더리가 나서 자살하고 말았다.

이것은 반박의 여지가 많다. 많은 사람들은 우리를 여기에 들여놓은 분의 명령 없이는 이 세상이란 병영을 버릴 수 없다고 말한다. 우리를 이곳에 보낸 것은 우리를 위해서뿐 아니라 신을 위해서이며, 또한 그의 영광과 타인에 대한 봉사를 위해서 보낸 일인 이상, 세상을 하직하는 일도 그의 마음에 달려 있고, 우리 마음대로는 못 한다는 것이다. 우리는 우리를 위해서 출생한 것이 아니고 역시 우리나라를 위해서 출생한 것이며, 법률은 그 자체의 이익을 위해서 우리에게 책임을 따지고, 우리 자신에 대한 살인 행위를 문책하는 것이거나, 그렇지 않으면 우리는 자기 직분의 이탈자로서 이 세상과 저승에서 처벌당한다고 주장한다.

> 그 바로 옆에 비애에 지쳐, 올바른 자로서
> 자기 손으로 스스로에 죽음을 주며, 광명을 싫어하여
> 자기 영혼을 지옥에 던지는 자들이 보인다.   (베르길리우스)

우리를 잡아맨 쇠사슬을 부수기보다도 그것을 사용하는 데 훨씬 더 지조가 있으며, 카토보다는 레굴루스에게 더 견고한 시련이 있다. 무분별과 조바심이 우리의 발걸음을 재촉한다. 어떠한 사정도 활기 있는 덕성에게 등지게 하지 않는다. 이런 덕성은 불행과 고통을 자기 양식으로 참는다. 폭군의 위협·고역·박해 등은 이 도덕에게 활기와 정력을 준다.

> 비옥한 알기두스산 울창한 삼림에
> 쌍날의 도끼로 가지가 잘리는 떡갈나무같이
> 그 손실, 그 상처, 그를 치는 도끼에서까지
> 새로운 힘과 용기를 얻는다.   (호라티우스)

> 그리고 또 어떤 자는 말하기를—
> 아닙니다. 아버지, 도덕은 생각하시는 바와 같이
> 생명을 두려워함에 있지 않고 역경에 대항하여
> 등을 보이고 달아나지 않는 데 있습니다.   (세네카)

> 역경에 처하여 죽음을 경멸하는 것은 쉽다.
> 불행의 극복에는 더한층 용기가 필요하다.   (마르티알리스)

운명의 타격을 피하려고 거대한 무덤 속이나 동굴 속에 가서 웅크리고 숨는 것은, 도덕의 역할이 아니고 비겁함이 시키는 일이다. 어떠한 풍파가 일어나더

라도 도덕은 그가 가는 길과 걸음을 멈추지 않는다.

> 우주가 부서져 무너져도 이 멸망 앞에
> 도덕은 두려움 없이 버티어 낸다. (호라티우스 시의 개작)

가장 흔한 일로, 우리는 다른 장해를 피하다가 새로운 장해에 부딪히며, 어느 때는 죽음을 피하다가 죽음으로 달려가게 된다.

> 죽음이 두려워 죽다니
> 그런 어리석음이 있는가? (마르티알리스)

마치 절벽이 무서워서 뛰어내리는 식이다.

> 불행의 공포만으로 많은 자들이
> 가장 큰 위험 속에 투신했다.
> 참으로 용감한 자는 자기가 위험에 맞부딪칠 때
> 언제든지 당해 낼 각오를 하며 가능하면 그것을
> 피할 줄 아는 자이다. (루카누스)

> 죽음의 공포는 인간에게 생명과 빛에 대한
> 심한 혐오감을 일으키기 때문에
> 그들은 고통의 원칙이 바로 죽음의 공포에 있음을 잊고
> 절망의 발작에서 자신에게 죽음을 준다. (루크레티우스)

플라톤은 남들이 강제로 시킨 것도 아니고, 어떤 슬프고 피치 못할 운명적인 사건에 떠밀린 것도 아니며, 참아 낼 수 없는 수치를 당한 것도 아닌데, 무서움을 많이 타고 비굴하고 의지가 박약해서 자기에게 가장 가깝고 친한 자, 다시 말하면 자신에게서 생명과 운명의 흐름을 빼앗는 자에게 수치스러운 매장을 주라고 《법률편》에서 명령한다.

그리고 우리의 생명을 경멸한다는 사상은 그 자체가 우습다. 왜냐하면 결국 그것은 우리의 존재이며 우리의 전부인 까닭이다. 더 고상하고 풍부한 존재를 가진 사물들이라면 우리 생명을 비난할 수 있다. 그러나 우리가 자신을 경멸하며 아무렇게도 생각하지 않는다는 것은 천성에 반하는 일이다. 그것은 질병이다. 자기를 경멸하고 미워함은 다른 동물에게는 없는 일이다.

우리가 지금 있는 것과는 다른 것으로 있기를 바란다는 것은 허영이다. 이런 욕망의 결과는 그 자체가 모순되는 것이니, 그것은 우리가 해야 할 일이 아니다. 자기가 천사 같은 인간이 되기를 바라는 자는 자기를 위해서 아무것도 한 것이 아니며, 그 때문에 조금도 더 나아지지 못할 것이다. 그가 없어진다면 자기를 위한 이 보수를 누가 즐기며 느낄 것인가?

한 생명이 죽음과 고통을 느낄 수 있으려면
그 불행이 생성할 수 있는 시간 속에
그가 존재해야 한다.   (루크레티우스)

우리가 죽음의 대가로 이 인생에서 불행의 결여·무감각·무고통·안정성 등을 사들여 보아도 그것은 우리에게 아무런 편익도 주지 않는다. 휴식을 맛볼 거리가 없는 자는 고통을 피한다 해도 쓸데없다.

첫째 의견을 갖는 자들 중에는 '한 인간이 자살을 택하게 되는 데는 어떠한 사정이 그 이유로서 충분한가?' 하는 점에 큰 의문이 있었다. 사람들은 이것을 '정당한 퇴출'(디오게네스 라에르티우스)이라고 부른다. 왜냐하면 우리를 생명에 매어 두는 이유가 강하지 못한 만큼 사람들은 가벼운 이유로 죽어야만 한다고 말하지만, 그래도 거기에는 어떤 척도가 있어야 한다. 개인들뿐 아니라 온 국민들까지도 이유 없이 자살하게 밀어 넣는 허황된 기분이 있다. 나는 이 앞에 그런 사례를 들어 보았다. 그리고 우리는 옛 서적에서 그런 일들을 보았다. 밀레토스의 처녀들은 미쳐서 몰래 서로 짜고 연달아 목매달아 죽었기 때문에, 마침내 관리가 이와 같이 목매다는 처녀가 발각될 때에는 벌거벗기고 그 밧줄로 매어 시내를 끌고 돌아다니라고 명령했다.

트레이키온은 클레오메네스의 일이 언짢게 되는 것을 보고 그에게 자살하기를 권하며, 그가 방금 패한 전투에서 영광스럽게 죽는 기회를 놓쳤으니 명예로 그다음가는 다른 죽음을 받아들이며, 승리자들에게 그에게 수치스러운 죽음이나 생명을 받게 할 여지를 주지 말라고 설교했다. 클레오메네스는 라케다이모니아적이며, 스토아적인 용기로 그 권고가 연약하고 비굴하다고 거절하며, "그것은 언제라도 취할 수 있는 방법이오. 세상에 조금이라도 희망이 남아 있는 동안 사용해서는 안 될 방법이오. 산다는 것이 어느 때는 지조이며 용감성이오"라고 하고, 그는 자기 죽음이 나라에 도움이 되며, 그것으로 명예와 도덕에 맞는 일을 행하려 한다고 말했다.

트레이키온은 그때에 바로 해야 옳다고 생각하고 자살했다. 클레오메네스도 나중에 똑같이 했다. 그러나 그는 운의 마지막 기회를 시도해 본 다음에 결행한 것이다. 모든 불편은 그것을 피하기 위해서 죽고 싶어 할 정도이다. 그러고 인간의 일에는 급격한 변화가 너무나 많기 때문에 어느 점이 바로 우리 희망의 마지막 끝인가를 판단하기는 쉬운 일이 아니다.

> 잔인한 경기장에 패하여 쓰러진 검투사는
> 위협하는 군중이 죽음의 신호로 엄지손가락을 아래로 향해도
> 아직도 생명을 희망한다.　　　　　　　　　(유스투스 립시우스 인용)

옛말에 인간은 살아 있는 동안 모든 것을 바랄 수 있다고 했다(플루타르크). 세네카는 대답한다. "그렇지만 어째서 운이 죽을 줄 아는 자에게는 아무것도 할 수 없다는 생각 대신, 오히려 살아 있는 자에게 무슨 일이라도 할 수 있다는 생각을 머리에 둔단 말인가?" 요세푸스는 국민 전체가 반란을 일으켜 분명한 위험에 임박하자, 그의 계책으로는 아무런 방편도 찾아볼 수 없었다. 그렇지만 그는 자기가 말한 바와 같이 이 문제로 친구들에게서 자살하라는 권고를 받고도 아직 희망이 있다며 고집하고 있는 동안, 사정이 그에게 유리하게 되었다. 왜냐하면 운은 모든 인간적 이유를 넘어서 이 사건을 돌려놓았기 때문에, 그는 아무런 해도 입지 않고 죽음에서 해방되었던 것이다.

이와 반대로 카시우스와 브루투스는 조급하게 용감성을 보여, 시기와 사정이 닿기 전에 자살했기 때문에, 그들이 수호하던 로마의 자유에 대한 마지막

희망까지 사라지고 말았다.

나는 수없이 많은 토끼들이 사냥개의 이빨을 피해 달아나는 것을 보았다. "어떤 자는 도살자의 마수를 면했다."(세네카)

시간은 늘 그 무상한 흐름 속에 잡다한 결과로
파괴된 운명을 재건했다.
운은 늘 그가 타도한 자에게 돌아와서
희롱으로 그들을 안정된 지위에 돌려 놓는다.　　　(베르길리우스)

플리니우스는 세상에는 고통을 피하기 위해서 자살할 권리가 있는 세 가지 병이 있는데, 그중에 가장 심한 것은 방광 결석으로 소변이 막히는 병이라고 했다.

최악의 죽음을 피하기 위해서는 자기 임의로 죽음을 취하라는 의견이 있다. 아이톨리아인의 수령인 다모크리토스는 로마에 포로로 끌려 와서, 밤에 탈주할 기회를 얻었으나 수비병에게 다시 붙들리게 되자, 칼로 자기 몸을 찔렀다.

안티노우스와 테오도토스는 수도 에피로스가 로마군에게 점령당하자 국민들 앞에서 자살하자는 의견을 내놓았다. 그러나 항복하자는 의견이 득세하자, 그들은 자신을 보호하기 위해서가 아니라 적을 치기 위해서 둘이서 적진 속에 들어갔다.

고조섬이 몇 해 전에 튀르키예군에게 공략당했을 때, 한 시칠리아인은 시집 보내게 된 예쁜 딸 둘을 자기 손으로 죽이고, 그녀들의 죽음에 놀라 달려온 모친도 함께 죽였다. 그런 다음, 그는 활과 화승총을 들고 나가 맨 먼저 자기 집 문간에 접근하는 튀르키예 병사를 쏘아 죽였다. 그러고 나서 칼을 뽑아들고 싸움터로 맹렬하게 뛰어들어 즉각 포위당하여 적의 칼에 산산조각이 났다. 그래서 그는 자기 가족들의 봉변을 면하게 하고 난 다음, 자기도 노예가 되는 것을 면했다. 유대인 여자들은 안티오코스의 잔인한 행동을 피하여, 어린아이들에게 할례(割禮)를 행한 다음 함께 몸을 던졌다.

이 또한 어떤 사람에게 들은 이야기이다. 한 귀족이 잡혀서 재판소에 끌려갔는데, 그의 부모는 그가 확실히 사형 선고를 받을 것이라고 들었다. 부모는 자식이 그런 죽임을 당하는 것을 면하게 하기 위해서 한 신부를 그에게 보내, 그가 해방되는 가장 좋은 방법은 그가 이러저러한 축원을 올리며 이러한 성자에게 생명의 구제를 당부하고, 아무리 몸이 허약해져 기운이 빠지더라도 참고 8일 동안만 음식을 끊는 것이라고 말하게 했다. 그는 이 말이 옳다고 생각하고 아무 의심 없이 이 방법을 실행하여 자살로 생명과 위험을 없애 버렸다.

스크리보니아는 자기 조카 리보에게 법의 처단을 기다리기보다는 차라리 자살하라고 충고하며, 서너 달 뒤에 그를 집행하려고 데리러 오는 자들의 손에 맡기려고 생명을 보존해 두는 것은 남의 일을 해 주는 일이며, 그들의 먹을 거리가 되려고 자기 피를 보존하는 수작은 자기 적에게 봉사하는 것이라고 했다.

이것은 성경에 나오는 이야기이다. 하느님 법의 박해자인 니카노올이 당시 그 도덕의 영광스러운 별명으로 유대인들의 아버지라고 불리던 착한 노인 라시아스를 잡으려고 그의 부하를 보냈다. 이 노인은 문이 부서지고 적들이 당장 그를 잡으려고 하자, 어쩔 수 없이 악인들의 손에 넘어가서 자기 지위에 수모를 당하기보다는 차라리 죽기를 택하여 칼로 자신을 찔렀다. 그러나 너무 급하게 서둘러 칼이 잘 들어가지 않자 그는 부대를 횡단하여 달음질치며, 사람들이 물러서는 사이를 타서 벽으로 기어올라 거꾸로 떨어졌다. 그래도 아직 생명이 남아 있는 것을 느끼고는 다시 사력을 다해 피투성이에 상처투성이가 된 몸을 일으켜 군중을 뚫고 어느 깎아지른 절벽의 바위 위로 기어올랐다. 거기서 기진맥진한 채 상처 입은 곳에 두 손을 집어넣어 내장을 꺼내 산산이 찢고 비벼서 자기를 추격하는 자들에게 뿌리며, 그들에게 하늘의 복수가 내리도록 호소하고 그렇게 될 것이라고 확언했다.

양심에 가해지는 학대 중에서 피해야 할 일은, 내 생각에는 여자의 정조에 대한 폭행이다. 더욱이 여기에는 육체적 쾌감이 섞이는 까닭이다. 그리고 거기에 합의가 전적으로 없다고 할 수도 없는 일로 이 폭력 행위에는 얼마간 의지의 양보가 섞이는 것같이 보인다. 펠라기아와 소프로니아는 둘 다 성자의 반열에 올랐다. 펠라기아는 적병들의 폭행을 피하기 위해 자기 모친과 동생을 데리고 강물에 몸을 던졌고, 소프로니아는 막센티우스 황제의 폭행을 피하려고 역시 자살했다. 교회의 역사는 자기 양심에 가하는 폭군들의 폭행에 대항해서 자기를 지키려고 죽음을 자초한 경건한 인물들의 이러한 많은 공적을 존중하고 있다.

혹은 장차 올 세기에는, 특히 파리의 한 박학한 작가(앙리 에티엔느의 헤로도토스에 대한 변명이 나옴. 1528~1598)가 우리 시대 부인들에게 이러한 절망적인 상태에 빠졌을 때 이 끔찍한 계획을 수행하기보다는, 차라리 다른 짓을 하는 편이 낫다고 설복하려 애쓰는 것이 칭찬받게 될지도 모른다. 나는 이런 작가가 내가 툴루즈에서 들었던 이야기, 즉 어느 병사에게 당한 한 여인에 관한 재미나는 말을 듣지 못해서, 그가 자신의 이야기 속에 집어넣지 못한 것이 섭섭하다. 그녀는 "고마우신 하느님 덕분에 내 일평생에 한 번도 죄를 짓지 않고 실컷 즐겨 보았소" 했다.

사실 이런 잔인한 행동은 상냥한 프랑스인의 성미에 맞지 않는다. 그런 만큼 고마운 일로, 저 착한 로마의 규칙을 따라, 그짓은 하면서도 그녀들이 "안돼!" 하기만 하면 된다는 식의 가르침이 있은 이래로, 우리 풍습은 이런 일에는 무한히 밝아지고 있다.

역사에는 수많은 방식으로 고통스러운 생명을 죽음과 바꾼 이야기가 가득하다.

루키우스 아룬티우스는 미래와 과거를 피하려고 자살했다고 말했다. 그라니우스 실바누스와 스타티우스 프록시무스는 네로의 용서를 받고 난 다음에 자살했다. 그것은 악인의 은혜를 입고 살지 않기 위해서이거나, 이 폭군이 자칫하면 착한 사람들을 의심하고 고발하기 쉬운 만큼 다른 때 두 번 용서받는 고통을 면하기 위해서 한 일이다.

토미리스 여왕의 아들 스파르가피세스는 키루스가 그를 전쟁 포로로 잡았다가 다시 풀어 주자, 그는 이 은혜를 자살하는 데 사용했다. 그는 자기가 받은 자유로 사로잡힌 수치를 자신에게 복수하는 일밖에 다른 것을 생각하지 않았다.

크세르크세스왕이 임명한 에이온 총독 보게스는 키몬이 지휘하는 아테네군에게 포위당하자, 왕이 자기에게 지키라고 내린 임무를 수행하는 데 실패한 자책으로, 재산을 가지고 아시아로 가라는 제안을 거절했다. 그리고 자기 도성을 최후까지 방어하고 나서 더 이상 먹을 것이 없게 되자, 모든 황금과 적이 전리품으로 가져갈 만한 것을 모조리 스트리몬강에 던졌다. 그러고는 나뭇더미에 불을 질러 여자·어린애·첩들·하인들을 목 잘라 불 속에 집어넣고, 자신도 그 속으로 뛰어들었다.

인도의 귀족인 니나케투엔은 포르투갈의 총독이 아무런 이유도 없이 말래카에서의 그의 직책을 떼어서 캄파르 왕에게 주려는 결정을 눈치채고 혼자 결심했다. 그는 좁고 긴 대가(臺架)를 세워 기둥으로 떠받치고 융단으로 깔고 꽃과 향료로 장식하게 했다. 그러고 나서 황금빛 옷감에 값비싼 보석으로 화려하게 장식한 옷을 입고 거리로 나가서 층계를 따라 그 대가 위에 올라갔다. 그 위 한구석에는 향료 나뭇더미에 불이 붙여져 있었다. 사람들은 무슨 목적으로 전에 보지 못한 이런 설비가 되어 있나 구경하러 달려갔다. 니나케투엔은 과감하고도 불만족한 얼굴로 포르투갈 나라가 자기에게 진 의리를 문책하며, 자기가 극히 충실하게 직책을 다한 내력을 이야기하고, 명예가 자기에게는 생명보다 더 소중하다는 것을 보여 주려고, 남을 위해서 여러 번 무기를 들어 본 다음에 자기를 위해 이 명예를 버릴 자가 아니라고 말하며, 자기 신세로는 남이 자기에게 가하려는 모욕에 대항할 수단을 갖지 못했으니, 자기 용기의 명령에 따라 적으나마 국민에게는 얘깃거리가 되고, 자기만 못한 인간들에게 승리가 돌아가는 꼴을 보는 수치의 심정을 물리치려는 바라고 말하고 나서, 불 속에 몸을 던졌다.

스카우루스의 아내 섹스틸리아와 라베오의 아내 팍세아는 자기 남편들에게 닥쳐오는 위험을 피하라고 그들을 북돋웠다. 자기들은 부부의 애정 말고는 달리 상관이 없었으나, 이 최후의 순간에 모범적인 동반자가 되려고 그들을 섬기며, 자진해서 생명을 바쳤다. 그녀들이 남편들을 위해 한 것을 코케이우스 네르바는 자기 조국을 위해서 행했다. 효과는 적었으나 똑같은 사랑의 심정에서 한 일이다. 이 위대한 법률학자는 건강도 썩 좋으며 평판도 좋고 황제의 신임도 받고 있었으니, 로마 공화국의 가련한 상태에 대한 동정에서밖에 자살할 다른 이유가 없었다.

아우구스투스의 친구 풀비우스의 아내의 죽음은 그 미묘한 심정에 더 보탤 말이 없다. 아우구스투스는 그가 풀비우스에게 알려 준 중요한 비밀이 누설된 것을 알고, 그가 찾아왔을 때 대단히 언짢은 얼굴을 보였다. 풀비우스는 절망에 빠져서 집으로 돌아갔다. 그리고 가련한 얼굴로 이런 불행에 빠진 바에 차라리 자살하기로 결심했다고 아내에게 말했다. 그러자 그녀는 아주 솔직하게 "옳소. 내가 입을 다물지 못하는 것을 잘 알면서도 당신은 조심하지 않으셨소. 당신보다 내가 먼저 죽어야 하오" 하고는, 말릴 틈도 없이 자기 몸에 칼을 꽂았다.

비비우스 비리우스는 로마군에 포위당한 자기 도성의 안전에 절망하고, 그들의 자비심도 바랄 수 없는 처지에 대해 원로원의 최후 모임에서 이 문제를 토론했다. 이 상황에서 가장 좋은 길은 자기 손으로 이 운명에서 벗어난다는 것이었다. 적들도 이것을 명예롭게 볼 것이며, 한니발은 극히 충실한 친구들을 두고 떠났음을 느낄 것이다. 그는 자기 의견에 찬성하는 자들을 청하여 집에서 성찬을 베풀고 식사를 마친 다음, 거기에 내놓은 술을 가리키며 '이 술은 우리 신체를 고통에서 해방시키고, 우리 심령을 모욕에서 벗어나게 해주며, 우리 눈과 귀에 저 분노에 찬 잔인한 승리자들에게서 당해야 할 그 많은 부끄럽고 추한 불행의 꼴을 보고 듣지 않게 할 것'이라고 하며 같이 마시자고 했다. 그는 말했다. "나는 우리가 숨이 끊어졌을 때 내 집 앞 나뭇더미에 우리를 던져넣을 적당한 사람들을 불러오라고 명령해 두었소." 상당히 많은 사람들이 이 결심에 찬성했으나, 그것을 본받은 자는 많지 않았다. 원로원 의원 스물 일곱이 그의 뒤를 따랐다. 그들은 이 언짢은 생각을 술 속에 묻어 버리려고 실컷 마신 다음, 이 치명적인 음료로 그들의 식사를 마쳤다. 그리고 자기 나라의 불행을 함께 비탄하며 서로 포옹하고, 어떤 자들은 그 집을 물러가고, 다른 자들은 머물러서 비비우스의 불 속에 그와 함께 묻히려고 했다. 술기가 혈관에 가득 차서 독이 빨리 돌지 않았기 때문에 죽는 데 시간이 너무 오래 걸려, 어떤 사람은 그들이 피해 온 비참한 불행을 당했다. 바로 다음 날 적군이 카푸아로 들어와 성이 함락되는 꼴을 한 시간 가까이나 보게 되었던 것이다.

그곳 시민인 타우레아 주벨리우스는 집정관 풀비우스가 2백 25명의 살육을 자행하고 돌아오는 것을 보고, 거만하게 그의 이름을 불러 그를 멈추게 한 다음 "너, 다른 사람들을 그렇게 많이 학살한 것처럼 나도 마저 죽이라고 명령해라. 그러면 너는 너보다 훨씬 더 용감한 자를 죽였다고 자랑할 수 있을 것이다"라고 말했다. 풀비우스가 그를 미친 사람으로 보고 경멸하며, 또 방금 그의 살육 행위에 반대하는 로마에서 온 편지를 받아 본 터라 손을 쓰지 못하고 있자, 주벨리우스는 이어서 "내 나라는 정복당하고 내 친구들은 죽고, 이 파멸의 비참한 꼴을 보지 말라고 내 손으로 처자들을 죽이고 난 길인데, 나만 내 동포들의 죽음으로 죽을 수도 없게 되었으니, 내 용덕으로 이 더러운 인생에 원수를 갚아야 하겠다"라고 말하며, 감춰 두었던 칼을 꺼내 자기 가슴을 찔러 집정관 발아래 쓰러져 죽었다.

알렉산드로스는 인도의 한 도시를 포위해 공격하고 있었다. 그 안에 있던 자들은 사태가 급박한 것을 느껴, 승리의 쾌감을 적에게 주지 않기로 결심하고, 그 도시와 함께 모든 것을 모조리 불태워 버렸다. 새로운 전쟁이 벌어졌다. 적군은 모두 살리려고 싸웠으며 그들은 없어지려고 싸웠다. 그리고 사람들이 자기 생명을 살리기 위해서 하는 일을, 그들은 자기를 죽이기 위해서 했다.

스페인의 도시 아스타파는 로마군에 대항하기에는 성벽도 방비도 허약한 처지에 있었다. 그래서 그곳 주민들은 재물과 가구 등을 광장에다 쌓아놓고, 여자와 아이들을 이 산더미 위에 올려 보내고 나서, 그 주위를 나무와 불붙기 쉬운 물건들로 둘러싸고, 그 결정을 집행하기 위한 청년 50명만 남겨 놓고는 자기들이 맹세한 바에 따라서 모두 출격했다. 그리고 승리하지 못해 모두 살해당했다.

남은 50명의 청년들은 그 도시 안에 있는 모든 생명을 죽이고, 그 산더미에 불을 지르고는, 자기들 역시 그 속에 뛰어들었다. 그렇게 그들의 호탕한 자유를 고통스럽고 수치스러운 상태에 두기보다는 차라리 무감각한 상태에 두며, 자기들도 운이 좋았더라면 적들에서 승리를 빼앗을 만한 용기를 가졌다는 것을 보여 주었다. 동시에 그들은 적군의 승리를 헛되고 징그러우며, 어떤 자에게는 치명적이 되게 만들었으니, 이 승리군이 황금이 녹아 흐르는 광명에 유혹되어 접근해 왔으나, 연기에 숨 막히고 물러가자니 뒤에 몰려오는 군중에 밀려서 상당수가 불에 타 죽었다.

아비도스인들은 필리포스왕의 공격을 받고 역시 같은 결심을 했다. 그러나 왕은 너무 급히 일을 당해서 그들이 결심을 조급하게 집행하는 꼴을 심히 흉하게 보고는(그들은 보물과 가구 등을 거두어서 불에 처넣고 물에 던지고 하는 것이었다), 자기 병사들을 후퇴시키고, 그들에게 사흘 동안의 여유를 주어 마음 놓고 자살하도록 했다. 그동안 그들은 적대적인 잔인성보다 더 심하게 피흘리는 살육을 자행하며, 도망간 자는 단 한 명도 없었다.

평민층에도 이러한 결심의 사례는 얼마든지 있다. 군중들은 그 결과가 더 전반적으로 미치는 만큼 더욱 잔혹하게 보인다. 이런 행동은 분산해서 행해지는 일이 적다. 각 개인이 깊이 생각해서는 못하는 일이지만 전체로서는 이것을 결행한다. 사회적 격정은 개인적 판단력을 말살한다.

티베리우스의 시대에는 사형을 기다리는 죄수들의 재산은 몰수당하고 무덤도 없었다. 그러나 집행에 앞서 자살하는 자들은 땅에 매장되고 유언을 할 수 있었다.

사람들은 때로는 한층 더 큰 선을 희망해서 죽음을 바란다. 성 바울은 "나는 예수 그리스도와 함께 있기 위하여 죽기를 바란다" 했고, 또 "이 쇠사슬(생명을 말함)을 누가 들어줄 것인가?" 했다. 암브라키아의 클레옴브로토스는 플라톤의 《파이돈》을 읽고 나서, 내세(來世)의 생명에 들어가고 싶은 맹렬한 욕망이 생겨 아무 이유 없이 바닷물에 빠져 죽었다. 그러므로 우리는 이 임의의 해체를 절망이라고 부르는 일이 적당치 못하다는 것을 알 수 있다. 때로는 희망의 열정에서, 때로는 고요하고 침착한 명상의 판단에서 자살을 감행하는 일이 있다.

스아송의 주교 자크 뒤 샤스텔은 성 루이 왕이 바다 건너로 행차한 여행에서, 왕과 군대가 종교 문제를 불완전하게 남겨둔 채 프랑스로 돌아오고 있을 때, 그는 차라리 천당으로 가려고 결심했다. 그래서 하느님과 자기 친구들에게 말하고 나서, 모두가 보는 눈앞에서 적군 속에 뛰어들어 찢겨 죽었다.

이 새 땅(새 땅이란 여기서는 중국을 가리킴. 곤잘베즈 드 멘도자의 《중국사(中國史)》에 나오는 이야기)의 어느 왕국에서는 엄숙한 축제 행렬이 있는 날에는, 그들이 숭배하는 우상을 엄청나게 큰 수레 위에 싣고 군중 사이를 행진하는데, 그때 자기 생살을 떼어서 우상에게 바치는 자들이 많이 있으며, 광장에 꿇어엎드려 지나가는 수레바퀴 밑에 깔려 죽는 자도 있다. 이것은 죽은 뒤에 성자로서의 숭배를 받고자 하는 행위로, 사람들은 그들을 숭배한다.

손에 무기를 든, 앞에서 말한 주교의 죽음은 이 백성들보다 더 호탕하지만, 일부는 전투에 대한 정열이 마음을 끈 것이니, 믿음에서는 그만 못하다.

세상에는 자살이 어떠한 경우에 타당한가를 규정한 국가들도 있다. 우리나라 마르세이유에서는, 옛날에 국가의 비유를 써서 독미나리로 독약을 조제해 놓고, 세상을 일찍 하직하려는 자들에게 먼저 그들의 상원인 6백 명의 의원들의 심의를 거친 다음 승인받는 자에게 이 독약을 내주었으며, 그 밖에 관리의 허가를 얻었거나 정당한 이유가 아니면, 자기 손으로 자기 목숨을 끊는 일은 허용되지 않았다.

다른 곳에도 이런 법률은 있었다. 섹스투스 폼페이우스는 아시아에 갔을 때 네그르르(에우보이아)의 케아섬을 지나갔다. 우연히 그가 거기 있을 때(그와 동행한 자들의 하나가 우리들에게 말해 준 바이지만), 지체가 대단히 높은 한 여인이 시민들 앞에 나서서, 자기가 세상을 하직해야 할 이유를 설명하고 나서, 폼페이우스에게 자기 죽음을 더 영광스럽게 빛내기 위해서 그 자리에 참석해 달라고 간청했다. 그는 응낙했다.

그때 그는 아주 득의에 차서 웅변을 토하며 오랫동안 그 여인의 생각을 돌려 보려고 애썼으나, 끝내 허사로 되어서 그녀가 소원대로 하도록 둘 수밖에 없었다. 그녀는 90년 동안을 정신적으로 신체적으로 행복하게 살아 왔다. 그러나 그 순간 그녀는 여느 때보다 더 멋있게 장식한 침대에 누워서 "오오, 섹스투스 폼페이우스여, 제신들은, 그리고 내가 가서 만나 보려는 분들보다도 차라리 내가 이 세상에 남겨 두고 가는 자들은, 그대가 나 살아서의 충고자였으며, 나 죽는 자리의 증인이 된 것을 감사하여 주기를! 항상 운세가 다행한 얼굴로 나를 돌보아 주었으니 나는 너무 오래 살고 싶어 하다가 내게 반대되는 운을 당할까 두려워서, 행복한 종말로 내 영혼의 유체에 하직하고 내 두 딸과 손주들을 남겨 두고 갑니다"라고 했다.

그러고 나서 자기 가족들에게 단합해서 평화로이 살아가라고 당부하며 그들에게 재산을 나눠 주고, 터주신들은 맏딸에게 맡기고, 그녀는 독약이 든 잔을 들었다. 그녀는 메르쿠르스(商神)에게 저승에 가서 행복한 자리에 인도해 달라고 축원과 기도를 올리고 나더니, 갑자기 이 치명적인 음료를 들이켰다. 그녀는 마신 독약의 효과를 좌중에게 이야기하며 자기 신체의 부분들이 하나하나 싸느랗게 식어간다고 하고, 마침내 찬 기운이 심장과 창자에까지 도달했다고 말하며, 두 딸을 불러서 마지막 수습과 아울러 눈을 감겨 달라고 했다.

플리니우스가 이야기하는 어느 북쪽 나라는 기후가 대단히 온화해서 사람들의 생명에 끝이 없고, 일반적으로 죽음은 주민들 자신의 의사에 달려 있었으며, 다만 그들은 지극히 오래 살고 나서 인생에 피로하고 물려서 한 번 진탕 잘 먹고 난 다음, 그 목적으로 지정된 어느 바윗돌 위에 올라가서 바닷물 속에 몸을 던졌다고 한다.

참을 수 없는 고통과 극악한 죽음은 이런 기도를 변명해 줄 만한 권유가 될 수 있는 것으로 보인다.

4
사무는 내일로

내가 프랑스 작가들 중에서 자크 아미요[2]에게 영예로운 관을 바치는 것은 당연한 일이라고 생각한다. 간결하고 소박한 언어 사용면에서 다른 작가들보다 탁월하며, 오랜 노력과 자기 학문에 대한 깊은 연구로 그렇게도 거칠고 난해한 작가를 아주 적절하게 설명할 수 있었기 때문만은 아니다.(왜냐하면 남들이 내가 그리스어를 모른다는 둥 무슨 말을 해도, 나는 그가 한 번역이 대단히 아름답고 아주 문맥이 잘 닿으며 줄기가 서 있어, 그는 작가의 진실한 사상을 확실히 이해했거나, 또는 오랜 연구로 자기 마음속에 플루타르크의 마음의 전반적인 사상을 뿌리 박게 했기 때문에, 작가의 말을 그릇 전하든지 거꾸로 말하는 일은 없는 것으로 나는 본다.)

나는 그가 특히 이렇게도 가치 있고 마땅한 작품을 골라내어서 자기 나라에 선사할 수 있었던 것을 그에게 감사한다. 만일 이 작품을 자취도 없이 없어지는 위기에서 구하지 않았던들, 우리 무식꾼들에게는 구원의 길이 없었을 것이다. 이 작품 덕택으로 우리는 이 시간에 감히 말을 하고 글을 쓰고 할 수 있다. 이것이 있으니 부인도 학교 선생들에게 강론을 해 줄 수 있는 것이다. 이것은 우리의 경전이다.

만일 이 착한 분이 살아 있다면, 나는 그에게 크세노폰을 지적하며, 똑같이

---
[2] 1513~1593. 프랑스의 작가 겸 번역가로 그리스어·라틴어 문학작품 번역에 평생을 바친 것으로 유명하다.

주해를 달아 달라고 간청하겠다. 그것은 그의 나이에 더 쉽고 그만큼 더 적당한 일거리이다. 그리고 어떻게 했는지 모르지만 그는 어려운 구절들을 민첩하고 명쾌하게 풀어 나가면서도 원문에 억눌리지 않고, 평안하고 한가롭게 전개해 갈 때 그의 문체는 더욱 유려해지는 듯싶다.

나는 방금 플루타르크가 자신에 관해서 말하는 문장을 읽고 있었다. 거기에는, 자기가 로마에서 글을 낭독하고 있는 자리에 루스티쿠스도 참석하고 있었는데, 그는 이때 황제가 보내 준 소포를 받고도 낭독이 끝나도록 뜯어보기를 미루고 있었다. 그래서 좌중은 이 인물의 침착한 태도를 크게 찬양했다고 플루타르크는 말한다. 이야기가 마침 호기심의 문제를 다루고 있으니 말인데, 우리는 새것에 대한 탐욕과 정열 때문에 새로 닥쳐 오는 것만 너무 허둥지둥 조바심내며 상대하고, 우리 있는 자리가 어딘지 분간도 않고 사람이 가져오는 편지를 부산하게 뜯어보느라고 좌중에 대한 존경과 예의를 잃는 수가 많으니, 그가 루스티쿠스의 침착성을 칭찬한 것은 당연하겠다. 그리고 자기가 낭독하고 있는 도중에 그것을 중단시키려고 하지 않은 그 범절과 예의바름에 관한 칭찬을 거기에 덧붙일 수도 있었다. 그러나 나는 그가 신중하다고 칭찬하는 데는 의문을 품는다. 왜냐하면 그가 황제에게서 오는 우편물을 불시에 받고, 읽기를 미루다가 큰 잘못을 저질렀을지도 모르기 때문이다.

호기심에 반대되는 악덕은 무심함이다. 내 기질은 명백히 이편으로 기울어 간다. 그리고 이 경향이 너무 심해서 서너 달 뒤까지도 남이 보낸 편지를 주머니에 넣은 채 뜯지도 않고 있는 사람을 가끔 본다.

나는 남의 편지는 내게 부탁한 것뿐 아니라 우연히 내게 넘어온 것도 결코 뜯어보지 않았다. 그리고 높은 사람 옆에 있을 때 그가 중요한 편지를 읽고 있는 도중에 부주의로 내 눈이 그리 가는 것도 양심에 거리낀다. 나만큼 남의 일에 참견 않고 알아볼 생각을 하지 않는 사람도 없을 것이다.

우리 조상들의 시대에, 드 부티에르 경은 좋은 친구들과 같이 식사를 하고 있을 때 자기가 지배하는 토리노시에 반란이 계획 중이라는 통지를 받고 바로 읽지 않았기 때문에 자칫하면 그 도시를 잃을 뻔했다. 그리고 바로 이 플루타르크의 작품을 읽으며, 나는 율리우스 카이사르가 음모단에 의해 살해당한 날, 원로원에 나가다가 그때 사람이 그에게 보내 준 쪽지를 읽어 보기만 했어도 그가 살해당하지 않았으리라는 것을 알았다. 그리고 플루타르크는 또 테베 시의 폭군 아르키아스의 이야기를 하는데, 펠로피다스가 자기 나라의 자유를 찾으려고 꾸며놓은 계획을 수행하기 전날 밤에, 그에 대해 꾸며지는 음모를 같은 이름의 아테네인인 다른 아르아키스가 상세하게 써 보냈다. 그가 연회석에서 음식을 먹고 있는 중 이 봉투를 전해 주자, 그는 뜯어보기를 미루고, 다음에 그리스의 격언으로 남게 된 '사무는 내일로'로 대신했다.

내 생각에는 현명한 사람은 루스티쿠스가 한자리의 동석자들에게 실례가 되지 않도록 남을 위해서 한 바와 같이, 또는 다른 중대한 사무를 중단시키지 않으려고 다른 사람이 가져온 소식을 다음에 알아 볼 수도 있다. 그러나 자기 개인의 이익과 쾌락을 위해서 그렇게 하는 일은, 특히 그가 공무를 맡은 인물이라면, 식사하거나 잠자기 위해서라도 용서할 수 없는 일이다.

옛날 로마에서는 식탁에서 가장 영광된 상석은 집정관의 자리이며, 그곳에 앉은 자는 누군가 불시에 찾아와 이야기하고 상의하기에 편리하게 배치되어 있었다. 그것은 식탁에 앉아서도 다른 사무나 급히 일어난 일을 전해 주는 것을 막지 않은 증거이다. 그러나 인간 행동에 관해서 운이 거기에 손을 대지 못하게 할 정도로, 이성의 판단을 가지고 극히 정확하게 어떤 규칙을 세운다는 것은 쉽지 않은 일이다.

5
양심에 대하여

우리나라 내란 시대의 어느 날, 나는 드 라 브루스의 성주인 내 형님과 여행하다가 점잖은 한 귀인을 만났다. 그는 우리와는 반대당이었다. 그러나 그렇지 않은 체하고 있었기 때문에, 나는 그 사실을 전혀 모르고 있었다. 그리고 이런 내란 때 가장 흉한 일은, 사정이 너무 뒤죽박죽으로 되어서 모두 같은 법률 밑에 살며 풍속도 풍채도 같기 때문에, 적인지 내 편인지 외모로나 언어로나 태도로나 분간할 수 없고, 그 때문에 혼란과 무질서를 피하기가 어렵다는 것이었다. 나로서도 검문당하거나 더 나쁜 일이라도 당할까 봐, 내가 알려지지 않은 고장에서는 우리 부대를 만나는 것도 두려워했다. 그런 일이 내게도 있었다. 나는 이런 오해로 부하들과 말을 잃었고, 그중에도 내가 보살펴 키우던 이탈리아 귀족 출신의 시동(侍童)이 살해되어, 인품이 훌륭하고 장래가 촉망되던 생명 하나가 사라지게 한 일이다.

그러나 이 아이가 무서움으로 정신을 잃어 말 탄 사람을 만날 때나, 임금님이 도시를 지날 때마다 너무나 죽을 상을 하는 것을 보고, 나는 이 아이가 양심에 가책을 받고 있기 때문에 그런 것이라고 짐작했다. 이 가련한 자의 경우, 사람들은 그의 가면과 외투에 달고 다니는 십자가를 꿰뚫어서, 그의 마음속 비밀을 읽어 갈 것으로 보였다. 양심이 애를 쓰면 이렇게까지 놀라 겁먹은 얼굴을 보인다. 양심은 우리 속을 드러내 보이며, 자신을 비난하고 우리 자신과 싸운다. 외부의 증인이 없어도 양심은 우리 의사에 반해서 우리의 속을 드러내 보인다.

> 우리는 보이지 않는 채찍으로 매질하며
> 그 자체가 우리의 형리가 된다.   (유베날리스)

이것은 아이들의 입에 잘 오르는 이야기이다. 파이오니아인 베소스는 장난으로 참새 집을 부수고 새를 죽였다는 책망을 받고, 이 작은 새들이 자기가 부친을 죽였다고 줄곧 비난하기를 그치지 않으니, 자기가 한 일이 옳다고 했다. 부친을 죽인 범죄는 그때까지 드러나지 않아서 아무도 아는 사람이 없었다. 그러나 양심의 복수 신들은 누가 죄를 받아야 할 것인가를 드러나게 시켰던 것이다.

헤시오도스는 징벌은 죄악의 뒤를 바로 쫓는다고 한 플라톤의 말을 정정한다. 벌은 죄악과 동시에 생겨나기 때문이라고 그는 말한다. 징벌을 기다리는 자는 누구든 징벌을 당한다. 그것을 당할 만한 자는 누구든 그것을 기다린다. 악행은 자기 자신을 괴롭히는 고민을 만들어 낸다.

> 악은 특히 그것을 지은 자를 압박한다.   (아울루스 겔리우스)

왕벌은 남을 찔러 해치지만, 결국 제 자신을 해치는 것과 같다. 왜냐하면 그 때문에 자기 바늘과 힘을 영원히 잃기 때문이다.

그것은 자기가 만든 상처 속에 생명을 버려 둔다. (베르길리우스)

가뢰라는 독충은 자연의 상극률로 자신에게 그들 독에 대한 해독제로 쓰이는 부분을 가지고 있다. 그와 같이 사람도 악덕에서 쾌락을 얻을 때는 양심에 반대되는 불쾌감이 생기며, 그것이 우리를 갖가지 공상으로 괴롭힌다.

죄인들 중에는 잠꼬대나 병 중의 헛소리로
자기 자신을 비난하며
오랫동안 드러나지 않은 잘못을 폭로시킨 자가 많다. (루크레티우스)

아폴로도르스는 스키타이족들이 자기 살갗을 벗겨 냄비에 삶고 있는데, 자기 마음은 "내가 네게 이 모든 불행의 원인이 되었다"고 수군거리는 꿈을 꾸었다. "악인에게는 숨을 곳이 소용없다. 왜냐하면 양심이 자신에게 그것을 폭로하기 때문에 숨었다 해도 안심할 수 없는 일이기 때문이다" 하고 에피쿠로스는 말했다.

죄인들에게 내려지는 최초의 징벌은 그들이 결코
자기 자신의 재판정에서 면죄받을 수 없는 일이다. (유베날리스)

양심은 우리를 공포심으로 채우듯, 마찬가지로 평안과 신념으로 채워 준다. 그리고 나는 내 의지와 의향의 깨끗함을 알고 있는 덕택으로, 수많은 위험한 경지를 더 확고한 걸음으로 걸어 왔다고 말할 수 있다.

양심이 자기에게 주는 증명에 따라
사람의 마음은 공포나 희망으로 채워진다. (오비디우스)

이러한 예는 수없이 많다. 동일한 인물에서 다음과 같은 세 가지 예를 들어 보면 충분할 것이다.

스키피오는 어느 날 중대한 문책으로 로마 국민들 앞에 고발당했을 때, 자기를 변명하거나 심판관 앞에서 아첨하는 대신, "그대들은 사람들을 심판할 권위가 있는 두뇌를 가지고 심판하기만 하면 될 것이오"라고 말했다. 그리고 또 한 번은 사람들이 법을 어겼다고 죄를 뒤집어 씌우고 그를 시민 재판에 붙이자, 그는 자기 사건에 대해서 변론하는 대신 "자, 우리 시민들, 자, 그 전에 오늘과 같은 날에 신들이 카르타고인들에 대해 내게 준 승리를 감사하러 신들의 앞에 나아갑시다" 하고 말하며 사원(寺院)으로 향하여 걸어가기 시작하니, 온 군중과 그의 고발자 역시 그의 뒤를 따랐다.

그리고 페틸리우스는 카토의 지시를 받고, 스키피오에게 안티오쿠스 지방에서 사용한 금전의 내용을 밝히라고 요구하자, 스키피오는 그 때문에 원로원에 나타나 자기 옷자락 밑에 가지고 있던 계산서를 내보이며, 그 속에 수입과 지출이 사실대로 적혀 있다고 말했다. 그러나 장부를 재판관 앞에 제출하라고 하자 그는 거절하며, 그런 수치스러운 짓은 못 한다고 말하고, 원로원 의원들 앞에서 장부를 조각조각 찢어 던졌다.

나는 양심의 가책을 받는 사람들이 이런 자신 있는 행동을 흉내 낼 수 있다고 생각하지 않는다. 그는 천성이 용맹하고, 너무 높은 행동에만 버릇이 되어서 자기가 죄인의 지위에서 자기 무죄를 변명하는 따위의 천한 짓에 몸을 맡길 수 없는 인물이었다고 티투스 리비우스는 말한다.

고문은 위험한 발명이다. 그것은 진실을 시험하기보다는 참을성을 시험한다. 고문을 참아 낼 수 있는 자는 진실을 감추고, 그것을 참아 내지 못하는 자도 역시 그렇다. 어째서 고통은 있었던 사실을 있다고 불게끔 하기보다도, 없는 사실을 있다고 자백하게 하는 것인가? 또 다른 사람이 고발하는 사실을 범하지 않은 사람이 이런 고초를 참아 낼 수 있을 만큼 인내성이 있다면, 그 덕택으로 생명을 보존할 수 있을 것이다. 그런데 어떤 사실을 행한 자가 어째서 행하지 않았다고 끝까지 버티지 못하겠는가?

내 생각으로는 이 제도를 만든 기초는 양심의 힘을 고려한 점에 있다고 본다. 왜냐하면 죄인에게 고초를 주면 그 죄를 자백시키는 데 양심이 거들어 주게 되고 그의 마음을 약하게 만들지만, 반대로 양심은 죄 없는 자를 고문하면 더 강하게 만드는 것같이 보이기 때문이다. 진실을 말하면, 이것은 아주 불확실하고 위험한 방법이다. 이런 심한 고통을 피하기 위해서 무슨 말인들 하지 않고 무슨 짓인들 행하지 않을 것인가?

고통은 죄 없는 자에게도 거짓을 강요한다. (푸블리우스 시루스)

그 결과 재판관이 한 인간을 억울하게 죽게 하지 않기 위해서 고문을 행하는 경우에도, 그가 죄가 없을지라도 고문당하고 죽게 되는 일이 일어난다. 수많은 자들이 그들의 거짓 자백으로 죽임을 당한다. 그중에도 나는 알렉산드로스가 필로타스에게 행한 고발과 당사자가 당한 고통의 경과를 보아서, 필로타스를 이런 예로 든다.

그러나 어떻든 사람들은 이것을 인간의 약점이 발명해 낸 것들 중에서 가장 덜 악질적인 축에 든다고 말한다. 그렇지만 내 생각으로는 극히 비인간적이며 쓸모없는 짓이다.

그리스인들과 로마인들이 야만이라고 부르지만, 그들보다는 훨씬 덜 야만적인 여러 나라에서는, 한 인간의 잘못이 아직 확실치 않은 터에 그에게 고통스러운 형벌을 가하고 그의 사지를 찢는 행위는 소름돋는 잔인한 짓이라고 본다. 어째서 그가 그대의 무지에 대해서 책임을 져야 하는가? 이유 없이 그를 죽이지 않으려고, 죽이는 것보다 더 심한 짓을 하는 것은 그대가 부당한 것이 아닌가? 사리가 그러한 것이, 저 형의 집행보다 더 힘들며, 그 혹독함이 형의 집행을 넘어 사람을 죽이는 일이 일어나는 심문을 겪어 내기보다는, 차라리 이유 없이 죽기를 택하는 수가 얼마나 많은가 생각해 보라. 이 이야기는 누구에게서 들은 것인지 모르지만, 이것은 정확하게 우리 재판 제도의 양심을 말한다.

한 시골 부인이 장군인 대법관 앞에서, 그 군대가 마을 주민을 약탈하는 동안, 한 병사가 그 부인이 어린애에게 먹이려고 남겨 둔 우유죽을 빼앗아갔다고 고발했다. 그런데 증거라고는 없었다. 장군이 그 부인에게 하는 말이, 거짓이면 그 고발 때문에 죄가 되니 잘 생각해서 하라고 요구해도 그 부인이 고집을 부리자, 그는 그 사실이 진실인가를 밝히기 위해서 병사의 배를 갈랐다. 그리하여 그 여자의 말이 옳았음을 알려 주었다는 것이다. 매우 교훈적인 방법이다.

6
실천에 대하여

사색과 교양은 기꺼이 신임하는 것이지만, 그것 외에도 경험에 의해서 우리 마음이 우리가 원하는 대로 움직이도록 훈련시키지 않으면, 이 사색과 교양이 우리를 행동하게 할 만큼 충분히 강력하기는 어렵다. 그렇지 않으면 심령이 실제 행동에 들어선 때, 탁월한 경지에 이르고자 원하는 자들은, 싸움에 서투른 상태에서 경험 없이 세파에 뜻하지 않게 습격당할까 봐, 혹독한 운명에서 은신하여 편안하게 기다리는 것만으로는 만족하지 않았다. 그래서 그들은 운명의 앞에 나가서, 진짜로 어려운 시련에 뛰어들기도 했다. 어떤 자들은 자진하여 춥고 배고픔에 단련받기 위해서 부귀를 버렸고, 어떤 자들은 불행과 노고에 몸을 튼튼히 하기 위하여 힘든 노동과 혹독한 고생을 찾아 행동했고, 또 어떤 자들은 신체의 어느 부분이 너무 유쾌하고 즐겁기 때문에 그들의 심령이 해이해질까 봐 두려워하며, 시각이나 생식기관 같은 신체의 가장 중요한 부분을 끊어 버렸다.

그러나 우리가 완수해야 할 최대의 과업인 죽음에 관해서는 수련도 아무 도움이 되지 않는다. 고통·수치·가난, 기타 이런 따위의 변고에 대해서는 습관이나 경험으로 마음을 강하게 만들 수 있다. 그러나 죽음은 한 번밖에 시험해 보지 못한다. 거기에서는 우리 모두가 신입생이다.

옛날에는 탁월하게 시간을 아끼며 죽음까지도 맛보고 음미해 보려고 하고, 자기 정신을 긴장시켜 죽음의 통과가 어떤 것인가를 시험해 보려고 시도한 사람들이 있었다. 그러나 그들은 그 소식을 전해 주려고 돌아오지는 않았다.

> 한번 죽음의 차디찬 휴식을 맛본 자는
> 다시는 잠 깨지 못한다.
>
> (루크레티우스)

도덕과 마음에 품은 의지가 견고하던 로마의 귀족 카니우스 율리우스가, 악극 칼리굴라 때문에 사형 선고를 받았을 때 그의 강직한 마음씨를 보여 준 경이로운 행적들 가운데 다음과 같은 일화가 있다.

그가 막 사형 집행인들의 손에 넘어가려고 하는 때에 그의 친구인 한 철학자가, "그래, 카니우스, 지금 자네 영혼 상태는 어떤가? 어떻게 하고 있나? 무슨 생각을 하는가?" 하고 물어보자 이렇게 대답했다. "나는 온 힘을 다해서 긴장한 마음으로 준비하고, 이 짧고 간단하게 넘어갈 죽음의 순간에 영혼이 이사 가는 경과를 무엇이라고 지각할 수 있을 것인가, 그리고 영혼이 떠나갈 때의 심정은 어떤가를 보고, 할 수 있으면 다음에 돌아와서 내 친구들에게 알려주겠다고 생각하고 있네." 이 인물은 죽을 때까지만이 아니라 죽음에 있어서도 철학자였다. 이렇게 자기 죽음이 가르침이 되기를 바라고 이렇게 중대한 순간에 다른 생각을 할 여유가 있었다니, 그 얼마나 큰 신념을 가진 용기 있는 지조였던가!

그는 죽어 가는 영혼에도 이러한 지배력을 견지했다.   (루카누스)

그렇지만 나는 우리를 어떻게든 죽음과 친해지게 하고, 그것을 경험하는 방법이 있을 것이라고 믿는다. 우리는 완전하지는 못할망정, 적어도 쓸데없지는 않게 우리에게 힘을 주고 자신을 갖게 하는 방식으로 죽음을 경험해 볼 수 있다. 거기까지 도달은 못하더라도 접근할 수는 있고, 그것을 정탐해 볼 수는 있다. 그리고 그 요새 속까지는 침입하지 못할망정, 적어도 그 접근로(接近路)를 보고 알아볼 수는 있다.

우리가 잠들었을 때의 상태가 죽음과 비슷한 점이 있으니, 바로 수면을 관찰해 보는 것도 무의미한 일은 아니다. 우리는 얼마나 쉽게 잠 깬 상태에서 잠으로 넘어가는가! 어찌도 그리 손실도 거의 느낄 것 없이 광명과 의식을 잃는가! 아마도 자연은 이 수면을 통해 우리에게 살아 있을 때가 죽었을 때와 같은 것이라고 이승에서 미리 저승으로 넘어간 뒤의 영원의 상태를 보여 주며, 거기와 미리 친해져서 두려운 마음을 없애 주려는 것이 아니라면, 수면의 작용이 우리에게 모든 행동과 심정을 제거하는 것이 무의미하고 천성에 배반되는 일로 보일 것이다.

그러나 어떤 참변을 당해서 의식 상실 상태에 빠져 모든 의식을 잃어 본 자는, 내 생각에는 죽음 본연의 진실한 모습을 아주 가까이서 보아 온 자이다. 저승으로 넘어가는 순간에 우리는 아무 마음도, 여유도 갖지 않았기 때문에, 그 때는 자기에게 무슨 고통이나 불쾌감을 가질 수 없기 때문이다.

우리의 고통에는 시간이 필요하다. 그런데 죽음의 순간은 지극히 급하고 짧게 넘어가기 때문에 그때에는 필연적으로 감각이 없을 것이다. 거기 접근해 갈 때 공포심이 느껴진다. 이런 것은 경험으로 얻을 수 있다.

많은 사람들은 사실보다 공상 때문에 죽음을 더 크게 본다. 나는 내 나이의 대부분을 건강한 몸으로 보냈다. 건강할 뿐 아니라 경쾌하고 혈기왕성하게 보냈다. 나는 정력에 넘치는 유쾌한 기분 상태에서는 병을 아주 무섭게 생각해 왔기 때문에, 내가 병을 경험하게 되었을 때에는 두려워하던 것보다는 그 고통이 대단치 않고 싱겁게 보였다.

이제 와서 나는 날마다 이렇게 느낀다. 폭풍과 눈비가 휘몰아치는 밤에 나는 훈훈한 방 안에서 편안하게 지내지만, 이런 때 밖의 들판에서 고생하고 있는 사람들을 생각하면, 나는 소름 끼치게 가슴이 저려온다. 그러나 내가 그런 처지에 있을 때에는 다른 곳에 있고 싶다는 생각도 하지 않는다.

방 한 구석에 처박혀 있다는 생각만으로도 내게는 참을 수 없는 일이었다. 나는 돌연히 그렇게 지내기를 일주일, 한 달 겪어 보게 되니, 내가 딱해서 사람이 변하고 마음이 약해졌다.

그리고 내가 건강했을 때 가련하다고 보아 온 병자들은, 내가 직접 당하고 보니 그렇게 가련할 것도 없었다. 또 상상력의 힘이 그 사실의 본질과 진실을 거의 반이나 늘려 주고 있음을 알았다. 아마 죽음에 대해서도 내 심정은 그렇게 될 것이다. 요즈음은 그렇게 어려운 일이라고 미리 차비하고, 힘이 드는 그 고비를 지탱하기 위해서 도움을 청해 놓은 만큼은 애를 쓸 거리가 못 될 것으로 예상된다. 아무튼 아무리 대비해 보아도 지나칠 일은 없다.

우리나라 두 번째인가 세 번째인가의 동란 때(그 생각이 잘 나지 않는다), 나는 집에서 4㎞ 가량 되는 곳으로 소풍을 갔었다. 그곳이 바로 프랑스 내란의 중심이 되는 위치였으나, 집에서 아주 가까운 곳이기 때문에 나는 극히 안전하다고 생각하고, 호위할 사람도 데리고 가지 않고, 타기 편한, 그러나 튼튼하지 못한 말을 타고 나갔다. 거기서 돌아오는 길에, 갑자기 이 말이 여느 때 당해 보지 못하던 일에 부딪혔다. 내 부하 중에 억세고 키 큰 사나이가, 생기 있고 기운차고 억센 붉은말을 타고, 용감한 체하며 동료들을 앞장서려고 내가 가는 길을 전속력을 내며 곧장 달려와서, 그 거인같이 굳고 무거운 몸으로 이 조그만 사람과 작은 말에게 벼락 치듯 부딪쳐 사람이나 말이 거꾸로 내동댕이쳐지게 했다. 그래서 말은 쓰러지고, 나는 열두어 발자국쯤 앞으로 나가 굴러떨어져 얼굴은 온통 상처로 벗겨졌고, 손에 쥐었던 칼은 열 걸음 더 앞으로 나가떨어졌으며, 혁대는 조각났다. 감각도 잃고 꿈틀거리지도 않는 내 꼴은 나무토막이나 다름없었다. 이것이 내가 지금까지 경험해 본 단 한 번의 기절 상태였다.

나와 함께 가던 자들이 가능한 한 모든 방법을 써서 나를 살려 내려고 하다가, 죽은 것으로 알고 팔로 안아 약 2㎞나 되는 내 집까지 운반해 놓았다. 오는 도중과 그후 두 시간 남짓은 죽은 것으로 간주되다가, 겨우 몸을 꿈틀거리며 숨을 쉬기 시작했다. 왜냐하면 내 배 속에 엄청난 분량의 피가 괴어 있어서, 그것을 쏟아 내는 데에 힘을 얻어야만 했다. 사람들은 돌아오는 도중에 몇 번이고 내 발을 쳐들고 거꾸로 세워 거품이 이는 피를 한 통은 토하게 해야 했다.

그러고 나서 나는 조금 생명을 돌리기 시작했으나 그것은 상당히 오랜 시간이 걸려 차츰차츰 회복되었으며, 내가 받은 첫 느낌은 살아 있다기보다는 더 죽음에 훨씬 가까운 것이었다.

아직도 소생이 불확실하며
혼란된 영혼이 다져질 수가 없다.   (토르카토 타소)

죽음에 관하여 내 마음에 깊이 새겨진 이 추억은 그 모습과 관념을 아주 천성에 가까이 그려 보이기 때문에, 이 추억이 도무지 내 일같이 느껴지지 않는다. 내가 무엇을 의식하기 시작했을 때에는, 시각은 아주 어지럽고 약하고 죽음이나 다름이 없어서 나는 어슴푸레한 빛밖에는 아무것도 분간할 수 없었다.

눈을 감았다 떴다 하며
반은 잠자고 반은 잠 깬 사람과 같다.   (토르카토 타소)

영혼의 기능으로 말하면, 영혼은 신체의 기능과 함께 살아나기 시작했다. 정신을 차려 보니 몸이 피투성이였다. 겉저고리는 토한 피로 물들어 있었다. 맨 먼저 생각난 것은 머리에 총탄을 맞았다는 생각이었다. 사실은 이와 때를 같이 해서 총소리가 사방에서 들려왔다. 그때 내 생명은 간신히 입술 끝에 매달려 있는 듯싶었다. 나는 이것을 거들어 밖으로 밀어내려는 듯 눈을 감았다. 기운이 빠지며 혼이 나가게 두는 것이 마음에 즐거웠다. 이것은 영혼의 표면에 둥실 떠도는 공상에 불과했다. 다른 모든 부분들처럼 아주 흐늘거리며 극도로 힘없는 것이었으나, 사실 불쾌감이 없었을 뿐 아니라, 마치 잠이 솔솔 올 때와 같은 달콤한 감각이 섞여 있었다.

나는 임종 시에 허약해서 실신하는 자들이 느끼는 상태도 이렇다고 생각한다. 그리고 우리가 그들이 심한 고통에 뒤흔들리며, 그 영혼이 호된 고역이 되는 사색에 억눌려 있다고 생각하고, 가련하게 여기는 것은 이유 없는 일이라고 생각한다. 여러 사람들의 의견이나 에티엔느 드 라 보에티의 의견과는 반대로, 내 생각은 언제나 이러했다. 종말이 가까워 올 때 드러누워 잠든 자들이나 오랜 병고에 지친 자들, 또는 중풍으로 졸도했거나 노환에 걸린 자들—

> 병의 발작에 전도되어
> 병자는 벼락 맞은 것처럼 우리 앞에 쓰러진다.
> 입에는 거품을 물고 고통으로 신음하며 사지는 떨린다.
> 그는 헛소리를 한다.
> 그의 근육은 굳어지고 몸은 허우적거리며
> 호흡하기도 힘이 들고
> 기진하여 동작이 혼란되며   (루크레티우스)

또는 머리에 부상을 입고 끙끙 앓는 소리를 내며 때로는 찌르는 듯한 한숨을 내쉬는 자들이, 그들에게 아직 의식이 남아 있는 것 같은 어떤 표적이 있고, 전체가 어떤 동작으로 꿈틀거리는 것을 보지만, 나는 늘 그들의 영혼과 육체가 잠들어 묻혀 있다고 생각했다.

그는 살아 있다. 그러나 자신의 생명 의식은 없다.   (오비디우스)

그리고 나는 사지가 이렇게 심하게 마비되고 감각이 극심하게 쇠약해진 처지에서는 영혼이 내부에 자기를 의식할 아무런 힘도 유지하지 못하고, 따라서 그들에게는 그들을 괴롭히며 그들 처지의 비참함을 느끼고 판단하게 할 수 있는 아무런 사고력도 없고, 그 때문에 그들을 대단히 가련하게 볼 것은 없다고 밖에 생각할 수 없었다.

나는 영혼이 생생한 채 고통을 받으며, 그것을 표현해 볼 방도가 없는 처지만큼 참을 수 없이 참혹한 상태는 상상해 볼 수가 없다. 그것은 확고하고 장중한 용모로 진행될 때 가장 묵묵한 태도가 점잖아 보이는 죽음의 경우를 제외하고, 혀를 끊기고 고문을 당하는 자들의 경우이거나, 이 시대의 비천한 살인범 병사들의 손에 걸린, 저 가련한 피해자들이 그 이행이 불가능하게 너무 과도한 몸값을 강요당하느라고 온갖 종류의 잔인한 수단으로 고초를 받으며, 그동안 그들의 생각이나 끔찍하고 비참한 광경을 표현하거나 알려 줄 아무런 방법도 없는 조건과 황소에 매여 있는 것 같은 경우를 말하려는 것이다.

시인들은 이렇게 쇠잔하는 죽음을 질질 끄는 자들을 해방시키려고 신들이 호의를 품는 것으로 묘사하고 있다.

내가 받은 명령에 맞도록
나는 머리털을 뽑아 지옥의 신께 바쳐서
너를 네 자신에서 해방한다.   (베르길리우스)

그리고 이런 죄인들의 귀에 대고 고함지르며 야단치고, 그들에게서 빼앗아 낸 흐트러진 짧은 목소리와 대답, 또는 그들이 당하는 요구에 동의하는 듯한 동작 따위는 그래도 그들이 살아 있다는 증거, 적어도 그들이 완전한 삶을 살고 있다는 증거는 아니다. 그것은 우리가 아직 잠이 확실히 들지 않고, 우리 주위에 일어나는 일을 꿈속에서 느끼며, 사람들의 말소리는 혼돈되는 불확실한 청각으로 더듬서, 영혼의 언저리에 닿을까 말까 하는 듯하며, 사람들이 말하는 마지막 말에 대답한다는 것이 운이 좋아야 무슨 의미가 닿는 식의 잠꼬대에서도 이런 일이 일어난다.

　그런데 내가 사실로 경험해 본 현재에 이르러서는 이때까지 판단을 잘못했다는 것에 아무런 의문을 품지 않는다. 왜냐하면 첫째로 나는 아주 기절해서, 내 손톱으로만(나는 무장하고 있지 않았다) 양복저고리를 열어 보려고 애썼다. 그러나 나는 아무런 아프다는 생각이 없었다는 것을 안다. 왜냐하면 우리에게는 우리가 미처 의도하지 않았던 동작을 취하는 경우가 얼마든지 있기 때문이다.

　　반은 죽어서 손가락은 떨리며 다시 칼을 잡는다.　　　　　(베르길리우스)

　말에서 떨어지는 사람들은 본능적으로 팔을 앞으로 뻗어 내민다. 이렇게 우리의 사지는 제대로 일을 하며, 우리 사고력과 관계없이 움직인다.

　　전차(戰車)에 장비된 낫이 극히 바르게 사지를 절단하면
　　그 아픔이 영혼에 이르기 전에
　　―절단은 그렇게도 신속하여―
　　잘라진 수족은 땅에 떨어져서 꿈틀거린다고 한다.　　　　(루크레티우스)

　내 배는 엉긴 피로 꽉 차 있었고, 내 손이 저절로 그리로 가는 것은 마치 우리가 가려움을 느낄 때 하듯 우리 의지와는 반대로 손이 움직이는 것과 같았다. 여러 동물들, 그리고 사람들 역시 죽은 다음에 근육이 오그라들고 꿈틀거리는 것을 볼 수 있다. 시키지도 않았는데 흔히 전체의 일부가 흔들리고, 쳐들리고, 늘어지고 하는 것은 누구나 다 경험해 보는 일이다. 그런데 우리의 피부에만 스쳐가는 이러한 감각은 우리의 것이라고 말할 수는 없다. 그것이 우리 것이 되려면 심신 전체가 거기 관련되어야 한다. 그리고 우리가 잠자는 동안 손이나 발에 느끼는 고통은 우리가 느끼는 것이 아니다.

　내가 우리 집 가까이오니 벌써 낙마했다는 소식이 닿아 있어, 식구들은 이러한 경우에 으레 하듯 울부짖는 소리로 나를 맞이했다. 그때 나는 사람이 묻는 말에 몇 마디 대답했을 뿐 아니라, 이상하게도 내가 아내에게 말을 한 필 갖다

주라고 명령할 생각을 했다고 사람들은 말한다. 그때 나는 그녀가 험준하고 위험한 곳에 허우적거리며 고생하고 있는 것으로 보였던 것이다. 이런 생각은 내 영혼에 정신이 있었기에 나온 것으로 보인다.

그러나 나는 결코 그렇지 않았다. 이런 것은 눈과 귀의 감각으로 이루어진, 구름 속에 떠도는 허황된 생각이었다. 그것은 내게서 나온 생각이 아니었다. 그 반대로 나는 내가 어디서 오는지, 또 어디로 가는지 몰랐으며, 사람이 내게 묻는 것을 헤아리고 생각해 볼 수도 없었다. 그것은 습관에서 오는 것같이 감각이 저절로 꾸며 가는 가벼운 효과였다. 영혼이 거기 참여하는 것은, 말하자면 감각이 아주 연약한 인상으로 꿈속에 스쳐 지나며, 단지 핥아 주고 적셔 주는 식이었다.

사실은 그동안 내 기분은 극히 부드럽고 편안했다. 나는 남을 위해서도, 나를 위해서도 괴로운 일이 없었다. 몸은 아무 고통 없이 나른하며 극도로 허약한 기분이었다. 나는 내 집을 보고도 알아보지 못했다. 사람들이 나를 뉘어 주었을 때에 나는 이 휴식이 무한히 달콤했다. 나는 이 사람들이 가엾게도 그 멀고 험한 길을 수고하며 서로 두서너 번 번갈아 나를 팔로 안고 오느라고 지쳐 버렸고, 내 몸은 몹시 흔들렸다는 것을 알았다. 사람들은 여러 가지 약을 권했으나 하나도 받아들이지 않았다. 머리에 치명상을 입었다고 생각했던 것이다.

그때 죽음을 맞이했다면 아주 행복한 죽음이었으리라는 것은 거짓말이 아니다. 왜냐하면 나는 사고력이 극히 허약했기 때문에 아무것도 판단할 수 없었고, 신체가 허약했기 때문에 아무것도 느끼지 않았으니 말이다. 나는 이보다 더 무게 없는 동작은 느껴 본 일이 없을 정도로 아주 살그머니, 아주 부드럽고 편안한 모습으로 늘어져 있었다. 내가 다시 살아나서, 다시 힘을 얻게 되었을 때는

　　내 감각이 마침내 약간의 기력을 회복한 때에는　　　　(오비디우스)

두서너 시간 뒤의 일이었는데, 나는 갑자기 고통을 느끼기 시작하여, 내 팔다리는 낙상으로 인한 부상으로 온통 쑤시고 아팠다. 그리고 이삼일 후에는 어찌나 아프고 괴롭던지, 나는 다시 한 번 호된 죽음을 당할 뻔했다. 그래서 지

금도 그때 쑤시고 아프던 충격이 다시 생각난다.

　내가 무엇보다도 생각해 볼 수 없었던 일은, 바로 이 낙상한 사실이었다는 것을 잊고 싶지 않다는 것이다. 그것을 이해하기까지는 몇 번이고 내가 어디로 가던 것인가, 어디서 오던 길인가, 몇 시에 그 일이 일어났던가 하고, 사람에게 말을 시켜 보아야 했다. 내가 낙상한 모양에 관해서는 그 원인이 된 자를 덮어 주기 위해서 모두가 숨기며 꾸며대면서 말했다. 그러나 그 후 오랜 시간이 지난 뒤에, 그리고 그다음에 내 기억력이 열리며, 말이 내게 부딪치던 것을 지각한 순간의 상태를 더듬어 보게 되었는데(나는 그 말을 내 발뒤꿈치에서 보았고, 나는 죽는 것으로 생각했으나, 이 생각이 너무나 급격했기 때문에 공포심이 생겨날 겨를이 없었다), 그때의 경험은 내 영혼이 벼락에 얻어맞아서 저승에 갔다가 돌아오는 것 같았다.

　이 사건은 너무나 경미해서, 내가 거기서 교훈을 끌어내지 않았던들 어지간히 변변찮은 이야기였을 것이다. 왜냐하면 사실 죽음과 친해지기 위해서는 그 가까이 가보는 수밖에 없다고 보기 때문이다. 그런데 플리니우스의 말처럼, 사람은 누구나 가까이서 자기를 충분히 연구해 보는 기회만 있다면, 각자가 그 자신에게 대단히 좋은 연구 재료가 된다. 나는 여기에 내 학설을 내놓는 것이 아니라 내 연구를 피력한다. 남에게 주는 교훈이 아니고 내 자신에게 주는 교훈이다.

　그리고 내가 그런 일을 전해 준다고 해서 사람들은 나를 원망할 것은 못 된다. 내게 소용되는 일은 우연히 남에게도 소용이 될 수 있다. 그뿐더러 나는 아무것도 망쳐 놓지 않는다. 나는 내 것만을 사용한다. 그리고 내가 미친 짓을 한다 해도 내 손해가 될 뿐이지, 다른 사람에게는 해를 끼치지 않는다. 왜냐하면 그것은 내 속에서 사라지는 미친 짓이고, 아무런 결과도 남기지 않기 때문이다. 이런 길을 뚫어 본 일에는 옛사람 두서넛에 관한 이야기가 있을 뿐이다. 그리고 그 사람들이나마 이름만 알려졌을 뿐이지, 방식이 나와 같았는지는 말할 수 없다. 아무도 그 뒤 그들의 발자취를 따라가 보지 않았다. 그리고 우리의 정신같이 잘 헤매는 움직임을 좇으며 우리 내심의 주름살의 불투명함 속에 침투해서, 그 요동하는 수많은 세밀한 모습을 하나씩 포착해 보려는 기도는, 생각보다 훨씬 힘든 가시밭길이다. 그리고 여기는 세상에 흔히 있는 일거리를 내던지고, 정말 사람들이 권장하는 일거리마저 집어치우고, 한 번 캐 들어가 볼 만한 새롭고도 이상한 재미가 있다.

　벌써 여러 해 전부터 내 사색의 목표는 나 자신밖에 없었고, 나는 나 자신만을 살펴보고 연구해 본다. 그리고 내가 다른 일을 연구한다면, 그것은 바로 자신에 적용해 보기, 또는 적절히 말하자면, 내 자신 속에 적응하기 위해서 하는 일이다. 그리고 이와는 비교할 수 없이 쓸모가 많지 않은 다른 학문에서와 같이, 내가 내 배움의 깊이에 만족하는 것은 아니지만, 여기서 배운 바를 남에게 전해 준다고 해도, 그것이 실수하는 일이라고는 보지 않는다. 자기 자신에 대한 묘사만큼 어려운 묘사도 없으며, 그만큼 유용한 일도 없다. 이것을 밖에 내놓으려면, 그만큼 더 맵시 있게 잘 그려서 더 질서 있게 정리해야만 한다. 나는 계속 내 자신을 장식하고 있다. 왜냐하면 나는 끊임없이 나를 묘사하고 있기 때문이다.

　우리 풍습은 자기 말을 하는 것을 악덕으로 본다. 그리고 사람들은 언제나 자기 자신을 증명하는 데 붙어 다니는 것처럼 보이는 자기 자랑을 미워하기 때문에 이것을 완고하게 금하고 있다. 그것은 마치 어린아이의 코를 들이대는 것이 아니고, 코를 잡아 비트는 셈이다.

　　잘못을 피하려다가 우리는 범죄로 이끌린다.　　　　(호라티우스)

　나는 이런 치료법에는 좋은 점보다도 나쁜 점이 더 많다고 본다. 그러나 사람들에게 자기 말을 하는 것이 필연적으로 자만이 된다는 것이 사실이라고 해도 그것이 내 속에 있는 것, 내 일반적인 의도에 따라서 이 병적 특질을 공표하는 행동을 거부해서는 안 되며, 내가 실천하고 있을 뿐 아니라 공개하고 있는 이 결점을 숨겨 두어도 안 된다. 내 생각을 말하자면, 술을 마시고 많은 사람들이 주정한다고 해서 술을 비난하는 것은 잘못이다. 좋은 일이 아니고서는 남용하는 일이 있을 수 없다. 그리고 자기 말을 하지 말라는 이 규칙은 속인들의 이런 결함에나 적용될 일이라고 생각한다. 그것은 바보들에게 매어 줄 고삐이지, 높이 그 말씀을 받는 성자들이나 철학자나 신학자들을 얽매어 둘 고삐는 못 된다. 나는 성자도 무엇도 아니지만, 내게도 역시 그 고삐를 얽매어 두어서는 안 된다. 그들은 자기를 묘사하는 일을 뚜렷한 목표로 삼지는 않지만, 적어도 사정이 그렇게 되면 실컷 이 버릇 좇기를 주저하지 않는다.

  소크라테스는 자기 말보다 무엇을 더 크게 취급했던가? 자신을 말하기, 책을 읽는 학파가 아니라 자기 심령의 됨됨이와 움직임 외에 다른 무엇으로 제자들을 더 자주 지도했던가? 우리 이웃 친구(신교도를 말함)들이 시민들에게 하듯, 우리는 하느님과 참회자에게 신앙심 깊게 말한다. 그러나 우리는 자신에 대한 비난밖에 말하지 않는다고 사람들은 대꾸하겠지. 그러니 우리는 모든 일을 말하는 것이다. 왜냐하면 우리의 도덕 자체에도 잘못과 회개거리가 있으니 말이다.

  내 직업과 기술은 살아가는 일이다. 내 지각과 경험과 실천에 따라서 그것을 말하지 못하게 막는 자는, 건축가에게 자기 의견이 아니라 다른 사람의 지식을 가지고 말하게 할 일이다. 자기 재주를 공표하는 것이 교만이라면, 어째서 키케로는 호르텐시우스의 웅변을 내놓지 않았던 것인가? 아마도 그들은 내가 자신에 관해 적나라하게 언어로 표현하지 말고, 작품과 행동으로 내 자신을 보여 주라고 하는 뜻으로 말한다. 나는 주로 내 생각을 표현한다. 그것은 형체가 없어 행위로는 표명될 수 없는 재료이다. 갖은 애를 써 가며 나는 공기같이 요동하는 말소리 형태로 그것을 내놓는다. 가장 현명하고 경건한 사람들은 모든 드러나는 행위를 피해 살았다. 내 행위들은 나 자신보다 내 운을 더 잘 말해 줄 것이다. 행위가 그들의 역할을 말한다 하더라도 그것은 추측으로 불확실하게 하는 일이다. 그들은 세부만을 보여 주는 표본이다. 나는 나 자신 전체를 맡겨 놓는다. 그것은 해부용 시체이다. 여기 한눈에 혈관·근육·심줄들이 각기 제자리에 나타난다. 기침이 나는 것은 내 일부를 드러낸다. 얼굴이 파래지는 것, 가슴이 두근거리는 것은 다른 부분을 나타낸다. 어떻든 믿음직하지 못한 표현이다.

  내가 글 쓰는 것은 내 몸짓이 아니다. 그것은 나다. 내 본질이다. 나는 자기를 평가함에는 신중해야 하며, 천하게 보여 주건 고상하게 보여 주건 자기를 보여 줌에는 양심적이라야 한다고 생각한다.

  만일 내가 내게 좋거나 현명하거나 또는 그런 것에 가깝게 보인다면, 나는 힘껏 소리 높여서 내 말을 하겠다. 실제 있는 것보다 더 못하게 말하는 것은 어리석음이지, 겸손이 아니다. 아리스토텔레스에 따르면, 자기 가치보다 못한 짓을 하는 것은 비겁한 짓이고 겁쟁이의 짓이다. 어떠한 도덕도 거기에서는 도움을 받지 못한다. 진리는 결코 잘못의 재료가 되지 못한다. 실제보다 더하게 자기를 말하는 것은 언제나 교만이 되는 것은 아니다. 그것 역시 어리석음에서 나온다. 실제 있는 것보다 지나치게 잘났다고 생각하곤 분별없이 자기 자랑에 빠지는 것이, 내 생각으로는 이 악덕의 실체이다. 그것을 고치는 최상의 치료법은 자기의 말하는 버릇을 금지케 하여, 그 결과로 더욱 자기 생각하기를 중지하는 자들이 명령하는 바를 거꾸로 행하는 데 있다. 자존심은 사상 속에 있다.

여기서 입은 가벼운 역할밖에 맡지 못한다. 자기에게 전념하는 것은 그들에게는 자기에게 만족하는 일로 보이며, 자기를 늘 알아보고 실천하는 일은 자기를 총애하는 수작으로 보인다. 그럴 수도 있다. 그러나 이런 잘못은 피상적으로만 자기를 만지며, 자기 일을 보고 나서 자기를 관찰하고, 자기 자신을 보살피는 일은 몽상이며 나태라고 하고, 자기를 장식하고 세워 가는 것은 공중누각을 짓는 일이라고 보고, 자기 일을 제삼자의 일같이 보며, 자기 자신에게는 상관없는 남의 일 다루듯 하는 자들에게서 나온다.

만일 어떤 자가 자기보다 못한 것만 내려다보며 자기 학식에 도취한다면, 그에게 지나간 시대로 향해서 눈을 위로 돌려보게 할 일이다. 그는 거기 자기는 그 발밑에도 못 따를 사람들을 몇천 명이라도 발견하고는 뿔을 숙일 것이다. 그가 자기 용기에 으쓱해지며, 잘난 체하고 싶어지거든 저 두 스키피오나, 많은 군인들이나 국민들의 생애를 회상해 볼 일이다. 그는 감히 그들 뒤를 따를 생각도 못낼 것이다. 자기가 가진 수많은 불완전하고 허약한 소질들과, 마지막에는 인간 조건의 허무함까지 동시에 고려해 넣는 자는, 어떠한 특수한 소질을 가지고도 자만심을 낼 수 없을 것이다.

소크라테스는 홀로, '너 자신을 알라'는 그의 신의 교훈을 성실하게 이해했다. 그리고 이 연구로 자기를 경멸하기에 이르렀기 때문에 그 혼자만이 '현자'라는 별명을 받을 가치가 있다고 간주되었다. 그렇게까지 자기를 이해하는 자는 용감하게 자신을 자기 입으로 말하며 알려 줄 일이다.

7
명예의 포상에 대하여

아우구스투스 카이사르의 전기를 쓰는 자들은, 그가 군대 훈련에서 상을 줄 만한 자에게는 놀랄 만큼 후히 선물을 주나, 순수한 명예를 위한 시상에는 아끼며 잘 주지 않은 것에 주목한다.

그는 한번 전쟁에 나가 보기도 전에 그 자신이 숙부에게서 군인이 받는 모든 상품을 받았던 것이다.

용덕에 명예를 주어 표창하기 위해서 월계수나 떡갈나무, 도금양의 관을 씌우고, 특색 있는 형태의 의복을 꾸며 주고, 시내로 마차를 타고 가거나 밤에 횃불을 들리고 행진하는 특전을 주고, 공식 집회에 특수한 자리를 주고, 어떤 칭호나 자격을 갖는 특전을 주고, 가문의 문장(紋章)에 어떤 표지를 주었다. 또한 이와 비슷한 일들로 여러 국가의 의견에 따라서 여러 가지가 있고, 지금은 답습되고 있는 습관인, 어느 값없는 헛된 표지를 설정하는 일은 세계 대부분의 정부에 의해 인정되고 있는 훌륭한 방법이다.

우리에게도, 그리고 여러 이웃 나라에도 단지 이 목적에서 세워진 기사단 제도가 있다. 이렇게 드물고 탁월한 인물들의 가치를 인정하며, 국가에 아무런 부담도 주지 않고 임금에게도 돈을 쓰게 할 필요 없이 그들을 흐뭇하게 만족시켜 주는 방법을 생각해 낸 것은 너무도 좋고 유익한 풍습이다. 고대로부터의 경험으로 알려져 왔고, 우리 역시 옛날 우리 사회에서 볼 수 있던 일로, 품위 있는 인물들이 소득과 이익이 되는 상품보다도 이러한 표창을 더 갈망하던 것은 이유 없는 일이 아니며, 당연한 풍습이었다. 만일 단순히 명예로 되어야 할 가치에 다른 편익과 재물을 섞어 준다면 이것은 존경을 크게 하는 것이 아니라 도리어 존경을 낮추고 깎아내리는 일이 된다.

우리에게 오랫동안 신용받아 오던 생 미셸 선생은 인생의 다른 어느 종류의 편익과도 인연을 맺지 않는다는 것 말고는 어떤 큰 편익을 가진 것은 아니었다. 그래서 옛날에는 귀족들에게는 직위건 직책이건 더 큰 존경과 권세를 얻을 수 있는 어떤 신분도, 이 선생직을 얻고 싶은 욕망과 애착심보다 더 열렬한 것이 없었다. 도덕은 유용한 것보다는 차라리 순수하게 자기 것인 영광스러운 포상을 더 기꺼이 갈망했던 것이다.

　왜냐하면 다른 선물들은 어떠한 경우에도 흔히 그것을 수여받을 수 있으니, 그것을 받아 보아도 그 선생만큼 값지지 못한 까닭이다. 돈만 가지면, 우리는 하인을 두고 마차를 갖고 댄스·광대놀이 따위, 그리고 사람들이 받고 있는 가장 천한 봉사를 받는 만족을 얻을 수 있다. 아첨이나 매춘·배신 등의 악덕이라도 살 수 있다.

　그러기 때문에 도덕적인 인물이 자기에게만 고유하게 독특한 것, 아주 고상하고 관대하고 후덕한 것 외에는 이런 따위 평범한 재물을 즐겨 욕심내고 받지 않는 것은 놀라운 일이 아니다. 명예는 그 주요 본질이 희귀함이라는 특권이기 때문에, 아우구스투스가 이 자격을 주기를 재물보다 훨씬 더 아끼고 인색했던 것은 지당한 일이다. 도덕도 마찬가지다.

　　아무도 악인으로 보이지 않는 자에게
　　누가 선인으로 보일 것인가?
　　　　　　　　　　　　　　　　(마르티알리스)

　사람들은 한 인물을 추천할 때 그가 아이들의 교육을 잘 보살피고 있는가를 주목하지 않는다. 그것이 아무리 정당한 일이라도 사람마다 하는 일인 바엔 모두 같은 나무로 덮인 숲속에서 큰 나무 하나쯤 눈에 띌 거리가 못 되기 때문이다. 나는 스파르타 시민 중 자기 용기를 자랑한 자는 없었다고 생각한다. 왜냐하면 이것은 그 나라에서는 통속적인 도덕이었고, 그런 만큼 충직성이나 부의 경멸이나, 모두 자랑이 되지 못했다. 도덕이 아무리 위대하다 해도 그것이 습관이 되면 표창의 대상이 되지 못한다. 그리고 대수롭지 않은 일을 가지고 위대하다고 부를 수 있을 것인지 나는 모른다.

　그러므로 이 명예의 보수는, 그것을 누리는 사람이 적다는 것밖에 다른 가치나 평가할 거리가 없는 만큼 그것을 없애려면 그것을 후하게 쓰는 수밖에 없다. 우리 기사 훈장의 영예를 누릴 만한 사람들이 옛날보다 많아지게 된다고 그 평가를 낮추어서는 안 된다. 그리고 그 가치를 누릴 자가 더 많아지기도 쉬운 일이다. 왜냐하면 군대의 용감성보다 더 쉽게 전파되는 도덕도 없기 때문이다. 도덕에는 또 하나 이보다 훨씬 더 위대하고 충만한 것으로 완벽하고 철학적인 도덕이 있는데(나는 우리 습관에 따라 이 말을 쓴다), 그것은 모든 액운의 변고들을 똑같이 경멸하며, 공평하고 지조굳은 우리 심령의 힘과 확고성을 말한다. 여기에 비하면 우리 용덕은 변변찮은 눈부신 빛밖에 갖지 못하는 것이지만, 나는 여기에 그것을 가리키지 않는다. 습관·교육·모범·풍습들은 내가 말하는 것의 가치를 세우는 데 그들이 하고 싶은 무엇이든지 할 수 있으며, 그리고 이런 용덕을 쉽사리 통속화시킨다. 그것은 우리 내란에서 얻은 경험으로도 쉽게 볼 수 있다. 그리고 만일 누가 지금 이 시간에 우리 국민 전체를 공통되는 시도에 열중시킬 수 있다면, 우리는 옛날의 군사적 명성을 다시 꽃피게 한 것이다.

이 생 미셸 선생의 영예가 지나간 시대에는 이런 점만을 고찰한 것이 아님은 확실하다. 그것은 더 멀리 내다보고 있었다. 그것은 결코 용감한 병사에 대한 포상이 아닌, 유명한 장수에게 주어진 표창이었다. 복종하는 길을 안다는 것에는 그렇게 명예로운 시상의 가치는 없었다. 옛사람들은 여기에 더 보편적인 전투력의 단련을 요구했고, 거기는 군인으로서의 가장 광범위하고 위대한 소질이 품어지는 것이었다. "왜냐하면 병사의 재능과 장수의 재능은 동일하지 않기 때문이다."(티투스 리비우스)

그뿐더러 이 영예는 또 이런 품위에 적합하게 할 수 있는 조건으로 되어 있었다. 그러나 나는 옛날에 있던 것보다 더 많은 사람들이 이 영예를 받을 자격이 있다고 해도 더 후하게 영예를 베풀어서는 안 될 일이며, 우리가 여태 해 온 바와 같이, 이렇게 유용한 고안물을 지나치게 사용하여 영원히 상실시키기보다는 그것을 받을 권리를 가진 자들 모두에게 수여하지 않는 편이 나았을 것이라고 생각한다. 기개 있는 인물은 아무도 뭇사람들이 다 가지고 있는 것으로 자기 자랑을 삼으려 하지 않는다. 그리고 오늘날 이 영예를 받을 가치가 없는 자들은, 특히 영예를 받을 자격은 지녔으나 이 영예의 수여가 부당하게 확대되어 전해졌기 때문에 손해를 보게 된 자들의 자리에 올라앉고 싶어서 더욱 이런 명예를 경멸하는 체한다.

그런데 이렇게 타락된 칭호를 폐지하고 이것을 갱신해서, 신용을 얻을 수 있는 새 명예 제도를 세워놓기를 기대한다는 것은, 우리가 지금 처해 있는 방자하고 병든 시대에 적합한 계획은 되지 못한다. 그래서 최근 생긴 제도(성령 선생을 말함)는 그 시초부터 옛 선생의 명성을 실추시킨 것과 같은 난점에 부딪히게 될 것이다. 이 새 선생의 권위를 세워 보려면 그 수상 자격을 극도로 엄격하게 제한할 필요가 있다. 그러나 이 소란스러운 시대에는 그때를 짧게 잡아 제어하기는 불가능한 일이다. 그뿐더러 그것이 신용을 받게 된 사정이 내 기억에서 사라져야 한다.

여기서 용감성에 관해 고찰해 보고, 또 이 덕성과 다른 덕성 사이의 차이점을 검토해 보자. 그러나 플루타르크가 자주 이 문제를 취급했던 이상, 그가 말한 바를 내가 여기 논하며 건드려 본다는 것은 소용없는 일이다. 그렇지만 우리나라에서 용감성은 도덕의 제1급으로 간주되며, 그 이름이 가리키는 바와 같이 그 의미도 가치라는 글자에서 온 것이다. 그리고 습관으로 우리가 대단히 가치 있는 사람이라거나, 괜찮은 인물을 말할 때, 우리 궁전에서나 귀족 사회에서는 로마에서 하던 식으로 용감한 사람을 말하는 것이다. 왜냐하면 도덕의 일반적 호칭은 그들에게서는 그 어원을 '힘'(라틴어로 Vires로 되었음)에서 받고 있기 때문이다. 프랑스에서 귀족 고유의, 그리고 본질적인 형태는 군인의 직분이다.

사람들 사이에 나타나서 어떤 자들이 다른 자들보다 더 유리한 처지에 서게 한 제1차적인 덕성은, 그것으로 더 강하고 용감한 자들이 더 약한 자들의 지배자가 되고, 특수한 지위와 명성을 얻어, 그것으로 귀족이라는 명예와 품위가 그들에게 돌아가게 된 것이라고 볼 수 있다. 또는 이 나라들이 대단히 호전적이었던 까닭에 도덕 중에도 이런 국민들에게 가장 익숙하고 가장 훌륭한 자격이던 덕성의 호칭에 가치를 주었던 것 같다. 마찬가지로 여자가 정숙하기를 바라는 우리의 열렬한 희망과 애타는 축원이, 착한 여자, 점잖은 여자, 명예와 도덕을 지키는 여자라는 것은, 역시 우리에게서는 사실상 정숙한 여자를 말하는 것과 같다. 그것은 마치 여자에게 이 의무를 강제하기 위해서 우리는 다른 모든 의무에 무관심하며, 그녀들에게 이것 하나만 지켜 주면 다른 모든 잘못은 방임해 두자는 격이다.

8
아이들에 대한 아버지의 애정에 대하여

　부인, 대체로 사물의 가치를 지어 주는 진기하고 참신한 맛이 내 글을 구해 주지 않는다면, 나는 글 쓴다는 이 어리석은 노릇에서 명예롭게 벗어나지 못할 것입니다. 그러나 내 글은 너무나 허황된 생각이며, 평범한 습관과는 동떨어진 모습을 가졌기 때문에, 이 글도 그냥 그렇게 될지 모릅니다. 맨 처음 글을 쓰고 싶은 생각을 꿈꿨을 때는, 수년 전 내가 스스로 찾아든 고독하고 적적한 생활에서 슬픈 심정으로, 타고난 기품과는 전혀 반대되는 아주 우울한 기분에서 시작한 일입니다. 그리고 다른 재료라고는 가진 것이 없고 속이 비었기 때문에, 나는 나 자신을 논거와 제목으로 스스로에게 제시해 보았습니다. 이것은 황당무계하고 비천한 시도이며, 이런 종류의 작품은 세상에 단 하나 이것뿐입니다.
　그런 만큼 이 시도에 주목받을 만한 것은 그 진기한 맛뿐입니다. 왜냐하면 이렇게도 허황되고 비천한 제목을 가지고는, 세상에서 가장 기술이 능란한 작가라도 가치 있는 이야기 방식을 꾸며 볼 수 없는 것입니다.
　그런데 부인, 이제 여기 나를 생생하게 그려 보기로 하는 이 마당에, 내가 항상 부인의 품위에 바치는 영광을 여기 표현하지 않는다면 나는 이 글의 중요한 특징을 망각하는 일이 될 것입니다. 그리고 부인이 자녀들에게 보여 주시는 애정은 다른 착한 소질들 중에도 으뜸가는 것이기 때문에, 나는 특히 이 장의 첫머리에 이것을 말하려고 한 것입니다.
　부인의 바깥어른인 데스티사크 경께서 부인을 홀로 남겨 두고 가신 때의 부인의 연세로 보아서, 부인의 지체에 있는 어느 프랑스 귀부인에 못지않게 나오는 그 많은 영광스러운 혼담을 물리치시며, 그 거친 고난을 오랜 세월 동안 겪고 인내해 오신 지조와 결심, 그리고 부인께서 직위로 맡으신 사무를 처리하려고 프랑스 방방곡곡으로 돌아다니며 분망하게 처하시고 지금도 벗어나지 못하시는 처지에서, 오로지 부인의 예지로, 또는 행운으로 원만히 처리해 오는 경위를 아는 자는, 누구라도 부인보다 더 분명하게 모친의 애정을 품은 분을 이 시대에 찾아볼 수 없다고 말할 수 있습니다.
　부인, 나는 그 애정이 그렇게도 훌륭하게 사용되도록 하신 하느님을 찬양합니다. 왜냐하면 부인의 자제분 데스티사크 씨가 훌륭한 장래성을 보여 주며, 성장한 뒤에 아주 착한 아들의 복종과 감사를 부인께 드릴 것을 믿어 의심치 않기 때문입니다. 그러나 나이가 어린 탓으로 그는 부인께서 극진히 기른 사랑을 몸에 느끼지 못하는 터이니, 나는 되도록이면 어느 날 이 문장이 그의 손에 들어가서, 내가 직접 말해 줄 입도 말도 없어졌을 때, 그가 내 글을 읽어 보고, 이런 사실을 알게 되기를 바랍니다. 하느님께서 원하시면 그가 이 글에서 느낀 좋은 성과로, 프랑스의 지체 높은 집안 가운데 자기보다 더 모친의 은혜를 입은 이는 없고, 부인께서 어떠한 분인가를 알아봄으로써 장래 자기 착한 마음과 도덕심의 증거를 보여 줄 길이 없다는 사실이 더한층 명백하게 밝혀질 것입니다.

진실로 자연의 법이라는 것이 세상에 있다면, 다시 말해 짐승에게나 우리에게나 보편적이며 항구적으로 나타나는 본능이라는 것이 있다면(여기에 모순이 없는 바 아니지만), 내 생각에는 모든 동물들의 자기 생명 보존의 본능과 자기에게 해로운 것을 피하는 본능 다음에는 낳은 자가 태어난 자에 대해서 가지고 있는 애정이 이 계열의 둘째 자리를 차지한다고 말할 수 있습니다. 그리고 자연은 자기의 신체를 계승하는 부분들을 연장시켜 앞으로 내보낼 목적에서 이 본능을 부여한 것으로 보이는 만큼, 거꾸로 자손으로부터 조상에게 거슬러 올라가는 치사랑이 그렇게 크지 못하다고 해도 놀랄 일은 아닙니다.

아리스토텔레스가 다른 면에서 고찰한 바, 남에게 좋은 일을 하는 자는 자기가 사랑받는 것보다도 더 그 사람을 사랑한다고 하며, 남에게 혜택을 입힌 자는 혜택을 입은 자보다 더 잘 사랑하는 것이며, 제조자는 그 작품에 감정이 있다면 자기가 사랑받는 것보다 더 그 작품을 사랑하는 것이라고 합니다. 그 때문에 생명을 우리가 소중히 간직하는 것이며, 생명은 동작과 행동으로 구성됩니다. 그래서 사람은 각기 어떤 면에서 자기 작품 속에서 살고 있습니다. 선을 행하는 자는 아름답고 영광스러운 행동을 행합니다. 받는 자는 다만 유용한 행동을 합니다. 그런데 유용성은 영예성(榮譽性)보다 훨씬 귀엽지 못합니다. 영예성은 안정되고 항구적이며 그것을 행한 자에게 꾸준한 만족을 제공합니다. 유용성은 쉽사리 없어지며 사라집니다. 그리고 그 기억은 생생하지도 못하고 달콤하지도 않습니다. 우리에게 더 힘든 사물이 우리에게 한층 더 소중합니다. 그리고 주기는 얻기보다 더 힘듭니다.

하느님 덕분에 우리는 짐승들처럼 공통의 법칙에 지배되지 않고, 자기 의사의 판단과 자유를 행사하도록 어느 정도의 사색 능력을 받고 있는 이상, 우리는 자연의 권위를 좀 세워 주어야 하지만, 자연이 횡포하게 끌어가는 대로 몸을 맡겨서는 안 됩니다. 이성만이 우리의 심정을 이끌어야 합니다.

나로 말하면, 우리 판단력의 조정과 중개 없이 우리에게 생겨난 경향 따위에는 이상하게도 둔감합니다. 따라서 내가 말하는 자녀 교육 문제에 관해서는, 겨우 세상에 나왔을까 말까 하여 영혼에 움직임도 없고, 신체에 형체도 아직 확실히 생기지 않아서, 더욱 귀여워지는 아이를 정신 없이 껴안는 버릇을 나는 받아들일 수 없습니다. 그리고 아이들을 내 옆에 두고 양육하는 것을 참고 지내지도 못합니다.

잘 조절된 진실한 애정은 아이들 자신이 보여 주는 가능성을 알아봄으로써 생겨나고 불어 가고 해야 할 것입니다. 그리고 그때 아이들이 귀여워할 가치가 생기거든 타고난 심정으로 이성과 병행시켜 가며, 진실한 부모의 애정을 가지고 아이들을 키워 가야 할 것입니다. 그리고 아이들이 그렇지 못하다면, 본성의 충동에도 불구하고 항상 이성에 호소해서 마찬가지로 그들을 판단해 가야 할 일입니다.

그러나 일은 그와 정반대로 되는 수가 너무나 많습니다. 우리는 거의 모두 어린아이들이 아주 철이 들어서 행동하는 것보다도, 어린아이가 장난으로 발버둥치며 어리석게 노는 것을 보고 더 감동을 느낍니다. 그것은 마치 아이들을 어른의 노리갯감으로, 원숭이처럼 귀여워하는 격이지 사람으로 보는 것은 아닙니다. 그리고 아이들이 커서 필요한 경우에 돈을 주는 것에는 아주 인색하며, 어릴 적에 장난감을 사 주는 데는 아주 후한 사람도 있습니다.

사실 우리는 이미 세상의 재미를 포기하려는 즈음에 아이들이 세상에 나와서 삶을 즐기는 것을 보고, 질투심에서 아이들에게 돈 주기를 아끼며 인색하게 하는 것 같습니다. 아이들이 우리들을 좇아오는 것이 우리들을 몰아내는 것 같아서 속이 상합니다.

그리고 사물의 질서는 우리의 존재와 생명을 희생함으로써밖에 아이들이 살아갈 수 없는데, 그것이 두렵다면 당초에 아버지가 되어서는 안 됩니다. 나로서는 아이들이 능력이 생긴 뒤에는, 자기 재산을 아이들과 공동으로 나누어 가지며 집안 살림살이도 알려 주고 함께 처리해 가지 않는 것이 부당하고 가혹한 일이라고 봅니다. 그리고 이런 목적으로 아이들을 낳는 것이니, 아이들의 편익을 위해서 자기 편익을 줄이고 절약해야 할 일입니다.

늙어 꼬부라져서 반은 죽어 가는 아버지가 집 안 한구석에서 재산을 혼자 누리며, 여러 아이들의 발전과 교제에 지장을 주고, 그러는 동안에 아이들이 젊은 나이에 공공 사무에 참여하며 세상 사람들에 관한 지식을 얻을 기회를 잃게 하는 것은 옳지 못한 일입니다. 그런 때 아이들은 아무 희망이 없으니, 부당한 방법을 써서라도 자기에게 필요한 것을 얻으려고 하게 됩니다. 나는 우리 시대에 많은 훌륭한 가문의 청년들이 도둑질하는 버릇에 빠져서, 어떠한 징벌을 받아도 고치지 못하는 것을 여럿 보았습니다. 그중의 하나는 그 형이 대단히 점잖고 가문도 좋은 호탕한 귀인인데, 그분이 내게 와서 간청하기에, 언젠가 나는 그 청년에게 말해 보았습니다. 그러자 그는 고백하며 대답하기를, 자기 부친이 너무 엄격하고 인색했기 때문에 그가 이런 더러운 짓을 시작하게 된 것으로, 이제는 버릇이 골수에 박혀서 그 짓을 하지 않고는 못 배긴다고 했습니다. 한데 그때 어떤 부인이 일어나는 자리에 여러 사람들과 참석했던 참에, 그 부인의 반지를 훔치다가 들켜 버리고 말았습니다.

그를 보자, 나는 다른 귀인에 관해서 사람에게 들은 이야기가 생각났습니다. 이분은 어릴 적에 이 버릇에 푹 젖었는데, 자기가 재산의 주인이 된 후에는 이 버릇을 버리려고 결심했으나, 그래도 상점을 지나다 탐나는 물건을 보면 훔치지 않고는 못 배겨서, 그는 그 값을 치르는 수고를 했다는 것입니다. 그리고 나는 많은 사람들이 이런 버릇에 물들어서, 친구 사이에도 예사로 도둑질하며 다음에 돌려주는 것을 보았습니다.

나는 가스코뉴 사람입니다. 그렇지만 도둑질보다 더 성미에 맞지 않는 것은 없습니다. 내 판단으로 비판하는 것보다 기질적으로 혐오합니다. 욕심이 나더라도 나는 아무것도 가져가지는 않습니다. 사실 이 지방은 프랑스의 다른 지방보다도 엄격하여 이 행위가 비난을 받습니다. 그렇지만 이 시대에 여러 번 다른 지방에서 온 좋은 가문의 사람들이 여러 가지 괘씸한 도둑질로 처형받는 것을 보았습니다. 나는 이런 방자한 행위에 관해서, 어느 면에서는 부친의 악덕을 원망해야 할 것이 아닌가 두렵습니다.

여기서는 어느 날 이해력이 깊은 한 귀인이 했던 것과 같은 대답을 할 수도 있습니다. 그는 절약해서 자기 재산을 관리하는 것은 더 소득을 보아서 쓰자고 하는 것이 아니고, 자기 집안 사람들에게 존대받기 위해서 하는 일이라고 하며, 나이가 많아서 다른 힘은 모두 없어졌으니, 이것만이 자기 집에서 그의 권위를 유지하고 남의 경멸을 면하는 유일한 힘이라고 말했습니다(아리스토텔레스에 의하면, 인색은 노년뿐 아니라 모든 허약에서 나옵니다). 그것이 어떤 방편은 됩니다. 그러한 치료법이 필요한 병은 발생하기 전에 막아 두어야 할 일입니다. 어떤 부친이 아들에게 경제적 도움을 주는 방법으로밖에 자식의 애정을 받을 수 없다면, 그는 참 가련한 인물입니다. 이런 것도 애정이라고 부를 수 있다면 말입니다. 사람은 자기 도덕과 그의 능력으로 존경을 받아야 합니다. 그리고 마음이 착하고 행세가 점잖아서 사랑을 받아야 합니다. 풍부한 물질은 불탄 재에도 가치가 있습니다. 그리고 영광을 받던 인물들의 유해와 유물까지도 경의와 숭배를 받는 것은 늘 있는 일입니다. 노년이 되어 아무리 노쇠하고 썩은 냄새가 나더라도, 젊었을 때 영광을 받고 지낸 인물은 그 아이들에게 존경받지 않는 일이 없으며, 그는 그들의 마음을 이치에 맞게 의무를 지키도록 지도한 것이고, 궁하거나 필요에 못 이겨서, 또는 강제와 억압으로 존경하게 만든 것이 아닙니다.

> 내 의견으로는, 권위가 애정보다도
> 힘의 위에 놓일 때 더 견고하고 확실하다고
> 생각함은 대단한 잘못이다.
> (테렌티우스)

어린아이를 명예와 자유를 위해서 키워 갈 때 그 연약한 마음을 폭력으로 교육하는 일에 나는 반대합니다. 모질고 엄하고 강제적인 교육에는 무엇인지 노예적인 것이 있습니다. 그리고 이성과 예지와 숙련으로 되지 않는 일은 결코 폭력으로도 되지 않는다고 생각합니다. 나는 이런 방식으로 교육받았습니다. 기억하기로 나는 소년 시절에 단 두 번, 그것도 아주 부드럽게밖에 매맞은 일이 없습니다. 나는 내 자식들에게도 그와 같이 했습니다. 그들은 모두 젖먹이 때 죽었습니다만, 이런 불행을 면한 외동딸 레오노르는 제 어미가 너그럽게 길러서, 그 아이의 어린아이다운 잘못에 아주 순한 말로만 벌주었으며, 다른 징계나 지도를 받지 않고 여섯 살이 넘도록 컸습니다. 여기 내가 원하는 것보다 실망적인 결과가 되었다 해도, 그것은 정당하고 자연스러운 것으로 내가 믿고 있는 교육 방법 탓이 아니고, 거기는 나무라야 할 다른 이유가 있을 것입니다. 내게 사내자식이라도 있었다면, 나는 좀 더 엄격하게 키웠을 것입니다. 남자란 좀 더 자유로운 처지로 향하려는 것이니 이 점에 더욱 신중했을 것입니다. 나는 그들의 마음이 호방(豪放)하고 솔직하게 커 가기를 바랐을 것입니다.

나는 매질하는 일이 마음을 더 비굴하게 만들거나 심술궂은 고집쟁이로 만드는 것밖에 다른 효과를 보지 못했습니다.

우리는 어린아이들에게 사랑을 받고 싶은 것일까요? 그들에게 우리가 빨리 죽기를 바라도록 맺어진 인연을 없애고 싶은 것일까요?(이러한 가증할 소원은 정당하거나 용서될 수가 없습니다) "어떠한 범죄도 당위성 위에 세워질 수 없다."(티투스 리비우스) 우리는 그들의 생활을 우리 힘에 닿는 한, 이치에 맞게 조절해 주어야 할 것입니다. 그러기에는 우리 나이가 그들의 나이와 거의 혼동될 정도로 젊어서 결혼해서는 안 될 일입니다. 왜냐하면 이런 처사는 불편하게도 우리를 여러 가지 곤란에 빠지게 하기 때문입니다. 나는 특히 생활 조건이 한가롭고, 소위 연금으로만 살아가는 귀족들을 두고 말합니다. 왜냐하면 자기가 벌어서 살아가는 사람에게는 많은 어린애들을 같이 데리고 산다는 것은 살림살이의 구성 요소가 되며, 그만큼 새 일꾼이 생기고 벌어들이는 도구가 되기 때문입니다.

나는 33세에 결혼했습니다. 그리고 아리스토텔레스가 말했다는 35세 결혼설에 찬성합니다. 플라톤은 30세 전에 결혼하는 것을 원치 않았습니다. 그러나 그가 55세 뒤에 결혼을 하려는 자들을 조롱하며, 그들의 소생은 먹여 살릴 가치가 없다고 보는 것은 옳습니다.

탈레스는 여기에 진실한 한계를 두었습니다. 그는 젊었을 때 그에게 결혼하라고 재촉하는 모친에게, 아직 때가 아니라고 대답했습니다. 그리고 나이가 넘은 다음에는 이미 때가 아니라고 했습니다. 모든 귀찮은 행동에는 좋은 기회를 거절해야 할 일입니다.

옛날 갈리아인들은 20세 전에 여자를 안다는 것을 아주 책망 받을 일로 생각했습니다. 특히 전쟁을 위해서 훈련받는 남자들에게는 여자와 짝지음으로써 용기가 물러지고 흐트러지기 때문에, 상당히 나이가 들도록 그들의 동정을 지키도록 장려했습니다.

> 그때엔 젊은 처와 결합되고
> 아이를 갖는 기쁨과 부친과 남편으로서의 애정에
> 그의 용기가 약화된 것이다.
> (토르카토 타소)

그리스 역사는 타렌툼인 이코스·크뤼손·아스튈로스·디오폼포스 및 많은 선수들이 올림픽 경기 때의 경주와 씨름과 기타 경기에서 그들의 신체를 견고하게 유지하기 위해서, 훈련이 계속되는 한 모든 종류의 사랑의 행위를 삼간 것을 지적하고 있습니다.

황제 카를 5세가 다시 자기 나라에 복귀시킨 튀니스 왕 물레이 하산은 자기 부친이 여자를 너무 찾아다니던 것을 추억하며 비판하여, 그를 느림보니, 여자다우니, 어린애 제조장이니 하고 불렀습니다. 스페인령 인도의 어느 나라에서는 남자들에게 40세가 되기 이전에는 결혼을 허가하지 않았으나 소녀들에게는 10세에 허가했습니다.

35세 되는 한 귀인의 나이는 아직 20세 되는 아들에게 자리를 물려줄 시기는 아닙니다. 그는 자신이 세상에 나가며, 전쟁으로 떠나며, 임금님의 궁정에 나가야 할 나이입니다. 그에게는 자기 몫이 필요하고, 그것을 확실히 따로 가져야 할 일이며, 타인을 위해서 자기 것을 없애서는 안 됩니다. 그리고 부친들이 보통 입에 담는, "나는 자러 가기 전에 옷을 벗고 싶지 않다"는 대답은 이런 경우에 바로 들어맞습니다.

그런데 어떤 부친이 세월과 불행에 지쳐서 몸이 허약할 대로 허하여 건강이 말이 아니고 보통 사람들과 교제할 기회도 얻지 못하며, 산더미 같은 재물을 쓸데없이 혼자 품고 있는 것은, 자기에게도 그에게 딸린 가족에게도 잘못하는 일입니다.

그가 현명하다면, 잠자러 가려고 옷을 벗을 때가 되었습니다. 셔츠까지 벗으라는 것은 아니지만, 너무 더운 잠옷쯤은 벗어야 합니다. 화려한 생활의 나머지는 이제 소용없는 터이니, 그런 것은 자연의 질서에 따라 차지해야 할 자들에게 기꺼이 선사해야 할 일입니다. 자연이 그에게서 그런 것을 빼앗아 가니, 그들에게 그 사용권을 넘겨주어야 합니다. 그렇지 않으면 거기에는 악의와 시기심이 있습니다.

카를 5세(그는 1555년에 양위하고 독일 제국을 아우에게, 스페인과 이탈리아는 아들에게 물려주었다)의 행적 중에 가장 아름다운 점은, 그와 대등한 위인인 옛사람들 몇몇을 본받아 자기 옷이 짐이 되고 거북해진 때에는 그것을 벗어 던지고, 다리에 기운이 없어진 때에는 누우라고 이성이 우리에게 명령하는 바를 깨달은 일입니다. 그는 전에 자기가 얻었던 영광을 가지고 사무를 처리할 힘과 굳은 의지가 자기에게 부족하다는 것을 느꼈을 때, 자기 재산과 위대성과 권세를 자기 아들에게 물려주었습니다.

> 그대가 여정의 말기에 실족하여 허덕이며
> 조소의 대상이 되기를 원치 않거든
> 때맞춰 그대 마차의 늙은 말을 풀어 놓을 양식을 가지라.　　　(호라티우스)

사람이 늙으면 육체와 영혼에게(영혼이 그 반 이상을 차지하는 것이 아니라면) 고르게 닥쳐오는 무기력과 급격한 변화를 일찍부터 느끼고 인식하지 못한 탓으로, 세상 대부분의 위인들의 명성이 땅에 떨어지고 말았습니다.

나는 내 시대에 당당한 권세를 가진 인물들을 보고 또 알고도 지냈습니다만, 옛날에 명성을 떨치던 전성시대의 그들의 능력이 아주 쇠잔해 가는 것을 쉽게 볼 수 있었습니다. 나는 그들이 공무나 군사상의 직책은 이미 짊어질 수 없게 되었으니, 그만 물러나 편안하게 집에 들어앉았으면 싶었습니다.

나는 전에 독신이 된 매우 연로한 귀인과 가까이 지냈는데, 그는 늙었다고 해도 기력은 정정했습니다. 그분은 결혼시킬 딸이 여럿 있었고, 이미 세상에 내보내야 할 나이가 든 아들이 하나 있었습니다. 그 때문에 그의 집은 여러 가지로 비용이 들었고, 손님의 방문을 받는 것이 부담이 되었습니다.

그는 절약하고자 하는 근심뿐 아니라 연령 탓으로 우리와는 아주 현격한 생활 형태를 갖게 되어서 이런 일을 좋아하지 않았습니다. 나는 어느 날 그에게 내 버릇대로 용감하게 이르기를, 그만 우리에게 자리를 내놓고, 아들에게 본집은 물려주고(살기 좋은 집은 그것뿐이었습니다), 그는 이웃 땅에 은퇴해서 살면 아무도 그의 안정을 방해하지 않을 것이라고 말했습니다. 그 자녀들의 사정으로 보아서 이 불편을 면할 다른 도리가 없었기 때문입니다. 그는 그 뒤 내 말대로 해서 편하게 잘 지냈습니다.

아이들에게 재산을 맡기고 나면, 다시는 물리지 못하는 의무를 진다는 말이 아닙니다. 역시 거의 그런 역할을 할 나이가 된 나로서는 아이들에게 내 집과 재산의 이용은 허용하되, 그것을 철회할 자유는 보류하겠습니다. 나는 재산을 향유하는 것이 불편하게 되었으니 그 사용은 그들에게 맡기고, 덩치 큰 사무에 관한 권한은 내가 마음먹을 때까지 보유하고 있겠습니다. 왜냐하면 늙은 아비로서 사무를 관리하는 방법을 아이들에게 알려 주고, 한평생 동안 그들의 행동을 통솔하며 얻은 경험을 알려주어 그들에게 교양과 충고를 주고, 상속자들 손에 달린 자기 집의 명예와 질서를 지도하며, 그것으로 그들이 장래에 내가 바라는 행위를 했으면 하는 내 희망에 책임지는 것은, 늙은 아비에게 큰 만족이 될 것이라고 늘 생각해 왔기 때문입니다.

그리고 이 목적에서 나는 그들과 함께 사는 것을 피하지 않겠습니다. 나는 그들 옆에서 일을 밝혀 주며, 내 나이의 조건에 따라 그들의 즐거운 생활과 환락을 즐기겠습니다. 내가 그들 속에 살지 않는다 해도(내 나이로 우울해지고, 내 병에 얽매여서 그들의 모임에 나가면 흥을 깨지 않을 수 없으며, 그리고 또 내가 그때 갖게 될 생활 규칙과 방식을 억제하고 강제하지 않을 수 없을 것이니), 나는 적어도 그들 옆에서 내 집 방구석에 살며, 내게 가장 편하게 지내겠습니다.

그러나 내가 몇 해 전에 찾아가 본 생 틸레르 드 포아티의 수도원장처럼 하지는 않겠습니다. 그는 우울증 때문에 고독에 빠져서 내가 방에 들어갔을 때 그는 20년 동안이나 한 걸음도 방 밖에 나가지 않고 있었는데, 천식 때문에 배가 거북해진 것 말고는 모든 행동은 자유롭고 편안하게 지내고 있었습니다. 그는 겨우 일 주일에 한 번쯤 누가 그를 찾아 들어오는 것을 허락할 뿐이었습니다. 하인 하나가 하루 한 번 식사를 들고 들어왔다 나가는 것밖에, 그는 늘 방문을 안으로 잠그고 있었습니다. 그가 하는 일은 거닐고 다니며 책이나 읽는 것이었습니다(그는 얼마간 학식이 있었습니다). 그리고 이런 생활 방식으로 죽어 가려고 고집 피우다가 그 후 얼마 지나지 않아 죽었습니다.

나는 상냥한 교제로, 내 편에서는 생생한 애정과 꾸미지 않은 호의를 가지고 아이들을 접하렵니다. 이런 것은 천성을 점잖게 타고난 사람이 쉽사리 얻을 수 있는 일입니다. 만일 지금 세상에 많이 나오는 식으로 그들이 광분한 짐승들 같다면, 그런대로 증오하고 피해야 할 일입니다.

나는 어린애들에게 부친이 가진 이름을 버리고, 자연이 우리의 권위에 충분히 능력을 주지 않은 것처럼, 다른 데서 따 온 더 존경받을 만한 이름을 붙이게 하는 습관을 좋게 보지 않습니다. 우리는 전능하신 하느님을 아버지라고 부르며, 우리 아이들이 우리를 그 이름으로 부르는 것을 경멸합니다. 그리고 또 부친과 친하게 지낼 나이가 된 아들에게 그렇게 하지 못하게 하고, 그들에게 엄숙한 경멸조의 존대풍을 지키며, 그렇게 해서 자기를 두려워하고 자기에게 복종하기를 바라는 것은 옳지 못하고 어리석은 수작입니다.

이것은 아주 쓸데없는 광대짓이며, 자녀들에게 부친을 권태로운 인물로 느끼게 하고, 더 나쁜 일로는 웃음거리로 만들게도 합니다. 그들은 젊음과 힘을 가졌으니, 세상의 풍조와 은총을 받고 있습니다. 그리고 심장에도 혈관에도 이미 피가 말라붙은 인간의 오만하고 횡포한 얼굴을, 진짜 삼밭에 세운 허수아비로밖에는 안 보며 경멸합니다. 나는 나를 두려워하게 할 줄 안다고 하더라도, 그보다는 사랑받기를 원합니다.

노인에게는 너무 결함이 많고 기력이 없습니다. 그들은 경멸받기에 알맞기 때문에, 그들이 얻을 수 있는 가장 좋은 것은 식구들의 애정과 사랑입니다. 명령과 두려움은 무기에 지나지 않습니다. 나는 젊었을 때 이런 성질이 대단히 강하던 인물을 보았습니다. 그는 나이가 많아지자, 아무리 건전하게 지내 보려고 해도 그저 때리고 물어뜯고 욕질하며, 프랑스에서 가장 야단법석을 치는 주인공이 되고 말았습니다. 그는 조심해서 두루 살피느라고 속을 썩입니다.

이런 모든 것이 광대짓에 지나지 않으며, 가족들은 저마다 딴 수작을 합니다. 천장·다락에서부터 지하실에 이르기까지, 그의 돈주머니 속까지도 딴 자들이 가장 좋은 몫을 이용해 먹고 있습니다. 자기는 절약하며 검소한 식사에도 만족하고 있는 동안 집안 구석구석은 잔치판입니다. 노름판이고 돈을 물 쓰듯 하고 늙은이의 헛된 분노와 조심성을 헐뜯기에 이야기꽃을 피웁니다.

  모두가 그에 대해 경계를 합니다. 어쩌다가 마음이 약한 어느 하인이 노인에게 애착심을 느끼게 되면, 그는 바로 의심을 받게 마련입니다. 이 의심이란 늙은이들이 즐겨 갖는 성질입니다. 얼마나 여러 번 그는 자기 가족들을 잘 통솔한다고 하며, 정확한 복종과 존경을 받고 있다고 내게 자랑하던지요. 얼마나 그는 자기 일을 잘 살핀다고 말하던지요.

  그 혼자만이 아무것도 모른다.   (테렌티우스)

  나는 이 인물만큼 천성적으로, 그리고 배워 얻은 바로 지배욕을 보존하기에 알맞으며, 그러고도 어린아이와 같이 거기에 속고 있는 자를 알지 못합니다. 그래서 나는 내가 아는 이런 사정에 빠진 사람들 중에서 그를 가장 재미나는 예로 택한 것입니다.

  이래야 좋을지 저래야 좋을지, 이것은 스콜라 학파가 문제 삼을 만한 소재입니다. 그의 앞에서는 모두가 그에게 양보합니다. 사람들은 그의 권위 앞에서 이 헛된 수작을 합니다. 그들은 그에게 결코 저항하지 않습니다. 사람들은 그를 믿어 줍니다. 그를 두려워합니다. 실컷 그를 존경해 줍니다. 그가 하인을 하나 내쫓으면 그 하인은 짐짝을 꾸리고 나가 버립니다. 그러나 그의 눈앞에서만 나가는 것입니다. 늙은이의 걸음이란 너무나 느리고 지각은 너무나 흐려서, 그 하인이 같은 집에서 1년 동안 일하며 살아도 알아차리지 못할 것입니다.

  그리고 시기가 오면 멀리서 가련한 신세로 용서를 간청하며, 이제부터는 일을 잘하겠다고 잔뜩 약속하는 편지를 써 보내게 해서 용서를 받습니다. 영감님이 그들의 비위에 거슬리는 무슨 흥정이나 편지를 부쳐 본다면요? 그러면 그들은 시치미를 떼고 무시해 버리며, 다음에 그럴듯하게 사연을 꾸며서 시킨 대로 하지 않은 일, 또는 편지 답장이 없었던 이유를 변명합니다. 외부에서 오는 어떠한 편지도 먼저 그에게 가져오는 법이 없고, 그는 자기가 알아도 좋게 보이는 편지밖에는 읽지 못합니다. 만일 어쩌다가 편지를 직접 받게 되면, 그가 믿고 습관이 되어 읽어 달라고 하는 사람이 있기 때문에 그들은 동일한 편지를 가지고, 그를 모욕하는 내용은 그에게 용서를 청하는 것처럼 그때그때 꾸며 맞춰 버립니다. 결국 그는 될 수 있는 한 그에게 슬픔을 주지 않고 분노하지 않게 하려고, 그리고 그를 만족시키도록 꾸며놓은 가짜 모습으로밖에는 자기 일을 보지 못합니다. 나는 여러 가지 형태로 꾸준히 지켜 오던 살림이 이처럼 된 예를 상당히 많이 보았습니다.

여자들은 언제나 남편들과는 반대 의견을 갖게 되는 경향이 있습니다. 그녀들은 남편에게 반대하기 위해 두 손을 내밀며 모든 구실을 잡습니다. 한 꼬투리라도 변명할 재료가 있으면, 그녀들이 하는 모든 일이 정당하다는 증거가 됩니다. 헌금을 많이 내려고 남편에게서 잔뜩 훔쳐 내는 여인을 보았습니다. 그것을 참회사에게 고백했던 것입니다. 이런 경건한 헌금의 분배를 말대로 믿어 보세요! 어떠한 행동도 남편의 양보를 얻어서 한 것이라면 충분한 권위가 서지 않습니다.

이런 행동에 우아미(優雅美)와 권위를 세우려면, 농간을 부려서건, 무례한 수작으로건 언제나 부당하게 남편들의 권한을 빼앗아 가져야 합니다. 내가 여기서 다루는 문제에서와 같이 가련한 늙은이에 대항해서 아이들 편을 드는 경우에는, 여자들은 이것을 구실로 삼고 영광으로 여기며, 자기들의 성정(性情)을 만족시킵니다. 그리고 모두 같은 노예 상태에 있는 것처럼, 여자들은 아이들과 결탁해서 걸핏하면 그의 지배와 지휘에 반항하려고 음모를 꾸밉니다. 사내아이가 성장해서 기운이 차면 그들을 강제로 매수해서, 요리사·회계원, 기타의 가족들을 손아귀에 넣어 버립니다.

아내도 자녀도 없는 사람들은 이런 불행에 빠지는 것이 드문 일이지만, 더 잔혹하고 부당한 대접을 받습니다. 대 카토가 말하기를 "하인의 수가 많으면 그만큼 적이 많다"고 했습니다. 사람의 마음이 순결하던 그의 시대와, 지금 이 시대의 차이를 생각해 보세요. 그는 아직 아내와 아들과 하인의 수만큼 적이 있다고 말하지는 않았던 것입니다. 노쇠한 경우에 일을 알아차리지도 못하며 알지도 못하고 잘 속아 넘어가는 것은 우리가 받는 달콤한 이득입니다. 여기에 악을 쓰며 대들어 보았댔자, 특히 재판관들이 우리의 분쟁을 해결해야 할 때에는 대개 젊은이들과 같은 꿍꿍이속이며, 젊은이의 편을 드는 바에 우리는 어쩌란 말입니까?

이런 속임수를 보지 못하는 경우라도, 적어도 내가 속아 넘어가기 쉽다는 사실은 내 눈에 띄지 않을 수 없습니다. 친구 하나를 갖는다는 것이 얼마만 한 가치이며, 그것이 얼마나 민법상의 결연(結緣)(결혼을 말함)과 다른가는 아무리 주장해도 지나치지 않습니다. 짐승들 사이에 보는 순결한 우정의 모습까지도 나는 얼마나 경건하게 존경하는지요!

설사 다른 사람들이 나를 속인다고 해도, 적어도 나는 그런 일을 당하지 않을 수 있다고 자신을 평가하기 위해서나 또는 속지 않도록 속을 썩이느라고 내 스스로를 속이지는 않습니다. 나는 남이 하는 일을 알아내려고 안절부절 속이 뒤집히게 하는 심정보다도, 차라리 마음을 바꾸고 내 가슴속에 일어나는 이런 배반 행위를 결단력 있게 그만두게 합니다.

나는 어떤 자의 사정에 관해서 무슨 말을 들으면 그에 대한 생각에 빠지지 않고, 즉시 눈을 내게로 돌리며 내가 어떠한 처지에 있는가를 살펴봅니다. 그에 관한 일은 모두 내 일이 됩니다. 그에게 일어나는 일은 그 방면의 내 처지를 알려 주며, 내가 정신을 차리게 합니다. 우리가 생각을 밖으로 뻗치는 것과 마찬가지로 안으로 돌릴 줄 안다면, 우리가 날마다 시간마다 자신의 문제로 할 일을 남의 일이라고 말하는 것도 알 것입니다.

여러 작자들은 이 모양으로 자기들이 공격하는 사연을 당돌하게 찾으러 나갔다가 적에게 던지는 화살이 도리어 자신에게 튀어 돌아오게 하여 자기들의 주장을 해치고 있습니다.

돌아가신 드 몽뤼크 원수는 그 아들이 마데이라섬에서 죽었을 때, 그가 진실로 용감하고 장래성이 컸던 귀인이었기 때문에, 다른 슬픔보다도 자기 마음을 죽은 아들에게 털어 놓은 일이 없었던 것을 통탄했습니다. 자기가 아비로서 늘 엄하게 꾸짖는 얼굴만 보였고, 비록 아들을 잘 이해하지는 못했지만, 아들을 지극히 사랑했다는 것과 아들의 도덕을 높이 평가하고 있었다는 사실을 아들에게 알려 주지 못했다고 하며 슬퍼하는 것을 보고, 나는 그의 인격을 대단히 존경했습니다. "그래서 이 가련한 아이는, 내가 늘 상을 찌푸리며 경멸하는 얼굴만 보였기 때문에, 그 아이는 내가 사랑하지도, 알아주지도 않는다고 믿어 버리고 말았소. 내 마음속에 품고 있던 이 특별한 애정을 누구에게 보여 주려고 간직하고 있는 거요? 그 아이가 알아주어서 기뻐하고 고맙게 여겨 주어야 할 일이 아니었소? 나는 이 가면을 뒤집어 쓰고 있기가 거북하고 괴로웠소. 그러다가 그 아이와 같이 지내는 재미와 그 애의 애정조차 잃어버렸소. 그리고 그 아이는 내게서 모질고 엄한 취급밖에 받지 못했고 나는 그저 폭군의 모습으로만 비쳐졌으니, 나를 아주 냉정한 아버지로밖에 못 보았을 것이오." 나는 이렇게 한탄하는 것을 진실되고 올바른 일이라고 생각했습니다. 왜냐하면 경험으로 확실하게 알고 있는 일이지만, 우리가 친구를 잃었을 때 가장 위안이 되는 것은, 그들과의 사이에 서로 모르는 일이 없었고, 완전히 그들과 마음이 통하며 지냈다는 사실입니다.

나는 내 가족에게(될 수 있는 대로) 내 속을 드러내 보입니다. 그리고 그들에게 아주 기꺼이 내 마음과 내가 그들에 관해서 판단한 것을 누구에게나 알려 줍니다. 나는 내 마음을 알려 주고 내 속을 보여 줍니다. 왜냐하면 나는 좋건 그르건 사람이 나를 잘못 이해하는 것을 원치 않기 때문입니다.

옛날 우리 골족이 가졌던 특이한 습관들 중에 카이사르가 말하는 것 가운데 이런 것이 있었습니다. 어린아이들은 부친들 앞에 못 나가고, 그들이 무기를 들기 전에는 부친과 함께 다른 사람들 앞에 나오지 못하며, 무기를 들 때에야 비로소 부친들은 아이들과 친하게 지낼 시기가 된 것을 말하려는 것 같았다고 합니다.

나는 우리 시대의 어느 부친들이 잘못하는 일로, 오랜 생애 동안 그 아들들이 당연히 가져야 할 재산을 이용하여 누릴 수 있는 권리를 박탈하는 것만으로도 부족해서, 그들이 죽은 다음에 아내에게 그 재산에 관한 권한을 넘겨주며, 마음대로 처리하게 하는 것을 보았습니다. 그리고 어떤 귀족은 우리 왕실의 으뜸가는 무신으로부터 권리를 바랄 수 있는 연금이 5만 에퀴나 있었는데, 50세가 지나서 궁하게 빚에 몰려 지내다가 죽는 것을 보았습니다.

그의 모친이 부친의 명령으로 노령에 이르기까지 자기의 전 재산을 향유하며, 여든 살 가까이 살았던 것입니다. 이런 일은 내게는 결코 옳게 보이지 않습니다.

그렇지만 나는 번성하는 집안의 남자가 많은 지참금을 짊어지고 들어올 아내를 찾아 돌아다니는 꼴은 그렇게 잘하는 일이라고는 보지 않습니다. 밖에서 들어오는 부채 가운데 이보다 더 집안에 파멸을 가져오는 것은 없습니다. 우리 조상들이 충실하게 이 의견을 좇은 것은 잘한 일이고, 나도 역시 그렇게 했습니다. 그러나 부잣집 딸들은 다루기가 힘들고, 고맙게도 여겨 주지 않을 우려가 있으니, 그런 데서 아내를 맞이하지 말라고 권하는 사람들은 그런 경솔한 추측 때문에 속아서 실질적인 이익을 잃는 수가 있습니다. 지각없는 여자는 이런 이치를 눈 감아 주거나 저런 이치를 눈감아 주거나, 싹수는 마찬가지입니다. 그런 여자들에겐 그녀들의 가장 못된 점이 가장 자랑거리가 됩니다. 그녀들은 옳지 못한 일에 이끌립니다. 그것은 마치 착한 여자들이 도덕적인 행동을 하는 명예에 이끌리는 식입니다. 마음이 착하면, 신세가 부유할수록 마음이 더 너그럽고, 얼굴이 예쁠수록 더 영광스럽게 정숙한 몸가짐을 즐깁니다.

어린애들이 법이 정하는 바의 재산을 관리할 수 있는 나이에 미달했을 때에는, 어머니들에게 집안일 처리를 맡기는 것이 옳습니다. 그러나 여성은 지각이 좀 못한 터인데, 아이들이 이미 나이에 도달해서도 자기 아내보다 더 총명하게 처리하기를 기대할 수 없다면, 부친들이 그들을 잘못 기른 것입니다. 그렇지만 사실 모친을 아이들의 손에 매여 지내게 하는 것은, 극히 도리에 어긋나는 일입니다. 여자들은 남자들보다 곤궁하고 부족한 생활을 견디기에 적당치 않은 점으로 보아서, 여자들에게는 집안 형세와 나이에 따라서, 지체를 유지하기에 족할 만큼 넉넉하게 재산을 남겨 주어야 할 일입니다.

대체로 우리가 죽을 때에 재산을 가장 공평하게 분배하는 방법은, 재산을 자기 나라의 관습에 따라서 분배하게 두는 일이라고 생각합니다. 법률은 이 점을 우리보다 더 잘 생각하고 있으며, 우리가 독단적으로 실행하다가 실수하는 것보다는, 법률이 정하는 방법에 따르다가 실수하는 편이 낫습니다. 재산은 우리의 것이 아닙니다. 왜냐하면 민법상의 규정은 우리의 의견을 참작하지 않고 재산을 일정한 피상속자에게 가게 했기 때문입니다. 그리고 우리가 그 규정을 넘어서 행사할 수 있는 어떤 자유를 가졌다 해도, 신분상 재산을 받게 되어 있고, 통념상 주기로 되어 있는 자에게서 상속권을 박탈하는 데는 중대하고도 명백한 이유가 있어야 합니다. 이 재산 처리에 관한 자유를 개인감정으로 경박하게 제멋대로 행사하는 일은, 이 자유를 부당하게 남용하는 일이라고 생각합니다. 삶은 다행히도 내게 이런 유혹으로 일반적이며 합법적인 규정에서 일어나게 하는 애정을 가질 수 있는 기회를 주지 않았습니다.

나는 노인에게 오랜 세월을 두고 극진히 봉사하는 것이 헛수고로 돌아가는 예를 자주 봅니다. 악의를 가지고 슬쩍 한마디 들려준 것으로, 10년 노력이 허사가 되고 맙니다. 마침 숨이 넘어갈 무렵에 비위를 맞춰 주는 자가 요행을 얻지요! 마지막에 해 준 행위가 승리합니다. 가장 열심히 한 봉사에 보람이 오는 것이 아니고, 가장 최근에, 당장 그 자리에서 해 주는 행위가 효과를 봅니다. 이런 사람들은 거기에 이해관계가 있다고 주장하는 자들의 행동 하나하나를 가지고 상을 주거나 징벌을 주려고 유언으로 노름을 하는 수작입니다. 이것은 이렇게 순간마다 이리 끌리고 저리 끌리고 하기에는 그 결과가 너무 중대하고, 먼 훗날까지 영향이 미치는 일입니다. 그러므로 현자들은 이런 일을 이성의 판단과 공적인 관습에 비추어서 단호하게 결정합니다.

   우리는 남자에게 하는 대를 잇는 상속을 너무 중하게 여깁니다. 그리고 우리 족보를 영구히 지속시키려는 것은 우스운 생각입니다. 우리는 유치한 관념으로 미래에 관한 헛된 추측을 너무 중하게 생각합니다. 내가 정신의 훈련에서나 동작이 무겁고 둔해, 내 형제들뿐 아니라 시골 아이들보다 공부하는 데 시일이 더 오래 걸렸고 싫증을 냈다고 해서, 미리 내 신세를 현재의 지위에 있지 못할 것으로 정해 놓는다면, 그것은 부당한 일일 것입니다. 우리를 잘 속여 넘기는 점쟁이의 말을 믿고 신수를 결정하는 것은 어리석은 짓입니다. 만일 우리가 규칙을 어기고 점을 쳐서 나오는 괘에 따라 상속자를 정하고 사람의 운명을 변경시켜도 좋을 것이라면, 차라리 신체에 너무 심한 장애가 있다든지, 영원히 고칠 수 없는 악덕이 있다든지, 또는 미의 위대한 감식가로 자처하는 우리들로서 극히 중대한 결함을 고려해서 피상속자를 변경하는 편이 더 사리에 맞게 보일 것입니다.

   플라톤에 나오는 입법자와 그의 시민들과의 재미나는 대화는 이 조항에 참고가 될 것입니다. 그 시민들은 죽음이 가까워 오는 것을 느끼며 "어째서 우리 것을 우리 마음대로 처리하지 못한단 말이오? 이런 참! 집안 사람들이 우리가 병들었을 때, 우리가 늙었을 때, 우리가 일을 처리할 때, 우리를 섬겨 준 공에 따라서 어느 정도 우리 마음대로 그들에게 재산을 줄 수 없다니, 이런 잔혹한 일이 어디 있소?" 하자, 이에 입법자는 이렇게 대답했습니다. "이 사람들아, 자네들은 얼마 안 가서 죽게 되었으니, 델포이 신탁의 '너 자신을 알라'는 가르침을 따라서 그대들이 자신을 안다거나 그대들 것이 무엇인가를 알기는 쉬운 일이 아니오. 법을 만드는 나로서 보면, 그대들이 그대들 것이 아니며, 그대들이 누리는 것도 그대들 것이 아니라고 생각하오. 그대 재산이나 그대는 똑같이 과거에나 미래에나 그대 가족의 것이오. 그보다도 그대 가족이나 그대 재산이 똑같이 국가의 것이오. 따라서 만일 그대들이 늙었을 때나 병들었을 때나 또는 어떤 감정에 사로잡혔을 때, 어느 아첨꾼들이 그대에게 당치 않게 부당한 유언을 해 달라고 간청한다면, 내가 그것을 못하게 막겠소. 반대로 국가 공동의 이익과 그대 가정의 이익을 고려해서 나는 법을 세우며, 이치에 맞게 개인의 편익은 공공의 이익을 위해서 양보해야 한다는 것을 알려 주겠소. 인간의 요청이 그대에게 호소하는 바에 따라서 호의를 가지고 순하게 물러가시오. 나는 어느 한 일을 다른 일보다 더 중하게 여기지 않는 처지에서 내가 할 수 있는 한 전체를 보살피는 터이니, 그대가 남겨 두고 가는 재물을 처리하는 것은 내가 할 일이오."

다시 우리의 화제로 돌아와서, 나는 웬일인지 모르지만, 어미의 지배나 또는 타고난 신분에 의한 것을 제하고는, 또 남자들이 흥분한 마음으로 자진해서 여자들에게 굴복하여 벌을 받는 경우가 아니면 남자들을 지배할 권한은 어떠한 방식으로라도 여자들에게 돌아갈 것이 아니라고 봅니다. 그러나 우리가 여기서 말하는 늙은 여인의 경우에는 문제가 다릅니다. 이러한 고찰이 정당하기 때문에 우리나라에서는 이제까지 아무도 보지 못한 일이지만, 강제로 여자에게 이 나라 왕위를 계승하는 일을 금지하는 법에 기꺼이 근거를 주게 했으며, 세상의 어느 왕국(王國)에서도 여기서와 같이 이 법에 권위를 주는 지당한 이유가 주장되지 않는 에는 없습니다. 그러나 운에 따라 어느 나라에서는 다른 나라에서보다 더 신용을 얻고 있습니다.

아이들 중에서 선택하며 상속 재산을 배정하는 일을 여자들의 판단에 맡기는 것은 위험한 일입니다. 그 판단은 어느 때나 변덕스럽고 공평치 못합니다. 왜냐하면 여자들은 잉태했을 때의 무절제한 욕망과 병적인 취미를 어느 때나 그 정신에 지니고 있기 때문입니다. 일반적으로 여자들은 가장 약한 자, 또는 못난 자들에게 애정이 쏠리며, 아직 목에 매달려 있는 자가 있다면 그를 사랑합니다. 왜냐하면 골라야 할 만한 자를 골라잡을 충분한 판단력을 갖지 못하고, 그 마음에 유독 인상이 남는 편으로 이끌려 가기 쉽기 때문입니다. 그것은 마치 동물들이 새끼가 젖꼭지에 매달려 있을 동안에는 제 새끼밖에는 알아보지 못하는 것과 같습니다.

그런데 우리는 경험상 그렇게 권위를 세워 주는 타고난 애정이라는 것도 그 근거가 박약하다는 것을 이해하기 쉽습니다. 우리는 날마다 극히 변변찮은 이득을 주어 어미들 품에서 그 어린아이를 밀어내고 우리 어린아이를 맡깁니다. 그녀들은 자기 아이를, 우리가 아이를 도저히 맡기고 싶지 않은 다른 허약한 유모나 염소에게 맡겨서 젖을 먹입니다. 그리고 어떠한 위험이 닥쳐와도 자기 아이에게는 자기 젖을 빨리지 않을뿐더러, 우리 아이들을 보살피기 위해서 자기 아이는 전혀 돌보지도 않습니다. 그리고 여자들의 대부분은 얼마 안 가서 습관으로 남의 아이에 대한 애정이 자기 아이에 대해서보다 더 맹렬해지며, 자신의 아이보다도 맡아 길러 온 아이를 살리려는 데 더 큰 열성을 보입니다.

그리고 내가 염소에 관해서 말한 바는, 우리 집 근처 시골 여자들이 자기 젖꼭지로 어린아이를 기르지 못할 때에는 보통 염소의 도움을 받고 있기 때문입니다. 지금 내 집에 있는 하인들은 한평생 8일밖에는 엄마의 젖을 맛보지 못했습니다. 이 염소들은 바로 이 어린아이들에게 젖을 먹이러 오게 길이 들어 있어, 아이가 울면 그 소리를 알아듣고 쫓아옵니다. 그 염소는 자기가 젖 먹이던 아이가 아닌 다른 아이를 갖다 대면, 젖을 주지 않습니다. 그리고 아이도 다른 염소의 젖은 빨지 않습니다. 나는 지난 번 한 아이에게서 그 염소를 떼어 간 것을 보았습니다. 그것이 이웃 사람에게서 빌려 온 염소였기 때문입니다. 그래서 다른 염소를 갖다 대었더니, 그 아이는 도무지 빨려고 하지 않고, 끝내는 그대로 굶어 죽었습니다. 짐승들도 우리와 마찬가지로 쉽사리 타고난 애정을 옮길 수 있습니다.

헤로도토스가 리비아의 어느 지방에 관해서 이야기하는 바에 의하면, 거기서는 여자들과 무분별하게 육체관계를 맺으며, 어린아이가 걸음마할 때가 되면, 군중 속에 데려다 놓고 첫걸음이 향하는 자를 아비로 삼는데, 잘못 잡는 경우가 많다고 합니다. 그런데 아이를 낳았다는 단순한 인연으로 그것을 또 다른 자신이라고 부르며 그 아이들을 사랑하는 것을 생각해 보건대, 그러면 우리에게서 나오는 다른 생산물들이 있으니 그것도 못지않은 가치가 있다고 생각합니다. 왜냐하면 우리가 영혼으로 생산하는 것, 우리의 정신·마음·능력으로 생산하는 것은 우리 육체보다도 더 고상한 부분으로 생산되는 것이며, 더 우리 것이기 때문입니다.

우리는 이 생산물에 대해서 동시에 아버지와 어머니가 됩니다. 그 생산은 아이낳기보다 훨씬 더 힘들고, 거기에 무슨 좋은 점이 있다면, 그것은 우리에게 더 큰 명예를 주는 것입니다. 왜냐하면 우리에게 다른 아이들의 가치는 우리보다도 차라리 여자들의 것이며, 거기서 우리의 몫은 아주 가벼운 것입니다. 그러나 이편의 생산에서는 그 본래의 미와 우아성과 가치가 우리의 것입니다. 그래서 이러한 작품이 다른 작품들보다 더 생명있게 우리를 대표하며 알려 줍니다.

플라톤은, 이런 산물은 영생불멸의 아이들이며, 그 부친(작가를 말함)들을 영생불멸케 하고, 진실로 리쿠르고스나 솔론이나 미노스의 경우와 같이 그들을 신격화한다고 했습니다.

한데 역사상에는 부친들이 아이들에게 보이는 애정에 관한 이러한 공통된 예가 하도 많아서, 이런 것을 몇몇 골라 보는 것도 격에 맞지 않는 일은 아니라고 보입니다.

트리케아의 저 착한 주교님 헬리오도로스는 자기 딸을 버리기보다는 차라리 존경받는 사교직(司敎職)의 직위와 이익과 신앙 생활을 버리겠다고 했습니다. 그 딸은 아주 얌전하게 지금도 살아 있는데, 성직자인 사교의 딸로서는 너무 공들여 마음 녹이게 치장되어 있고 너무 사랑에 밴 냄새를 풍기고 있습니다.

로마에 라비에누스라는 자가 있었는데, 용기가 장하고 권세 있는 인물로 다른 소질보다도 문장에 능했습니다. 그는 갈리아 전쟁 때에 카이사르 휘하에서 으뜸가는 장수로 있다가, 다음에 저 위대한 폼페이우스 편으로 넘어가서 카이사르가 스페인에 진격하여 그를 격파하기까지 너무나 용감하게 폼페이우스를 지지했던 위대한 라비에누스의 아들이라 생각됩니다. 내가 지금 말하는 라비에누스에게는 그의 덕성을 시기하는 자가 많았습니다. 그리고 그 시대 황제들의 궁신이나 총신들은 그가 부친에게서 물려받은 솔직성과 폭군 정치에 반항하는 기질을 좋게 보지 않았을 법한 일로, 그런 기분은 그의 문장이나 작품에 배어 있었을 것으로 생각됩니다. 그의 적들은 그를 관청에 고발해서 출판한 여러 작품을 불태우라는 판결을 내리게 했습니다. 이 새로운 방식의 형벌은 그로부터 시작해 로마에서 여러 사람들에게 계속 실시되었는데, 그것은 문장과 연구 논문까지도 사형에 처하는 일이었습니다. 이제는 잔혹한 것을 할 방법과 재료가 부족해서 우리들 정신의 고안과 명성 같은 고통을 느낄 감각이 없는 사물에까지 미치며, 시신(詩神)들의 학문과 업적에까지 물질적 고통을 적용하는 것이었습니다.

그러나 라비에누스는 이런 손실을 참고 지낼 수도 없고 그렇게도 소중한 작품을 잃은 뒤에 살아남을 수도 없었습니다. 그는 조상들의 무덤에 자기를 실어 가게 해서 그 속에 들어가 산 채로 파묻혀 자살과 매장을 동시에 감행했습니다. 자기 작품에 대해서 이보다 더 맹렬한 애정을 보여 줄 수는 없는 일입니다. 카시우스 세베루스는 대단한 웅변가로 이 사람의 친구인데, 그의 책이 불태워지는 것을 보고 같은 판결문으로 자기도 함께 산 채로 불태워 버려야 한다고 고함질렀습니다. 왜냐하면 작품 안에 있는 것이 그의 머릿속에 보존되어 있기 때문이라는 것이었습니다.

그렌티우스 코르두스도 그의 작품에 브루투스와 카시우스를 칭찬했다고 고발당하여 같은 처단을 받았습니다. 저 티베리우스보다도 더 나쁜 윗사람을 섬겼던 저 천하고 비굴하고 부패한 원로원은 그의 문장을 화형(火刑)에 처했습니다. 그는 자기 저서와 동행하기에 만족하고, 음식을 끊고 자살했습니다.

저 선량한 루카누스는 극악무도한 네로에게 처단을 받아 생명의 마지막 순간에, 바로 죽으려고 의사에게 끊게 한 팔뚝의 혈관에서 피가 대부분 흘러나와 사지의 끝은 이미 싸늘해져 가고 찬 기운이 생명의 심장부에 접근해 오기 시작하자, 그의 뇌리에 마지막으로 떠오르는 파르살리아 전쟁에 관한 자기 작품의 시 몇 구절을 낭독했습니다. 그리고 이 시구를 마지막으로 소리쳐 읊으며 숨을 거두었습니다. 이것은 그가 자기 아이들에게 주는 애정에 찬 정다운 작별 인사였으며, 죽어 가면서도 자기 가족에게 주는 굳은 포옹과 고별이었고, 이 최후의 순간에 살아 있는 동안 가장 친하게 지내던 사물들을 회상케 하는 타고난 경향에서 나온 것이 아니고 무엇이겠습니까?

에피쿠로스는 그의 말처럼 담석증의 극심한 아픔으로 괴로워하며 죽어 갈 때, 그가 세상에 남겨 두고 가는 학설의 아름다움이 그의 모든 위안이었습니다. 그에게서 태어나 잘 자란 아들들이 있었다 해도, 그들에게서 그가 풍부한 저작을 완성했을 때만큼 만족을 얻었겠습니까? 잘못 성장한 못난 아이나 어리석고 못된 작품 중의 하나를 죽은 뒤에 남겨 두어야 한다면, 그 외에도 그 능력을 가진 사람들은 후자보다도 전자의 불행을 택할 것이라고 생각하지 않습니까?

성 아우구스티누스도(예로 들자면), 우리 종교에 큰 영향을 주고 있는 그의 작품을 땅에 파묻거나 그에게 자식이 있는 경우에 그 아이들을 파묻든지 하라고 제안했을 때, 그가 차라리 아이들을 묻기를 원하지 않았다면 아마도 불경건한 일이 될 것입니다. 나는 내 아내와 관계해서 잘난 아이를 얻는 것보다, 시신(詩神)과의 관계에서 완벽하게 잘생긴 작품을 하나 얻기를 훨씬 좋아할지 어떨지 알 수 없습니다.

이 작품을 생긴 그대로 내가 여기 내놓은 것은 마치 육체적 어린아이와 같이 순수하게 고칠 수 없이 내놓은 것입니다. 이 작품에서 얻은 작은 재산은 이미 내 마음대로 되지 않습니다. 그것은 이미 내가 아는 것보다도 더 충분히 사물들을 알고 있으며, 내게서 자신이 담아 두지 못한 것을 가져갔으며, 아무 관계 없는 딴 사람처럼 필요할 때에는 그에게서 빌려 와야 할 일이 생길 수도 있습니다.

나는 내 작품보다 더 현명할지 모르나, 그는 나보다 더 부유합니다.

시에 열중하는 사람치고 로마에서 가장 으뜸가는 미소년을 낳기보다는 《아이네이스》를 내놓기를 원하지 않을 자 없고, 전자보다도 후자를 잃는 것을 슬퍼하지 않을 자 없습니다. 아리스토텔레스에 의하면, 모든 작가들 중에서 특히 시인들은 자기 후손으로는 딸들만 남겨서, 그녀들이 다음에 조상들에게 영광을 주리라고 자랑하던 에파미논다스(이 딸들이란 그가 라케다이모니아인들에 대해서 두 번 얻은 고귀한 승리를 의미했습니다)가 그녀들을 그리스 전국의 화사한 미녀들과 바꾸었으리라고는 믿기 어렵습니다. 또한 알렉산드로스나 카이사르가 자기 아들과 상속자가 아무리 완벽하고 완성된 인물이라고 해도, 그들을 얻기 위해서 자기들이 전쟁에서 얻은 영광스럽고 위대한 공훈들을 갖지 않아도 좋다고 했으리라고는 생각되지 않습니다.

나는 피디아스나 다른 탁월한 조각가들이 오랜 노력과 면학(勉學)으로 예술적으로 완성해 놓은 탁월한 조각상이 잘 보존되어 영원히 남아 있기를 바랐을 만큼, 그가 낳아 놓은 아이들이 계속해서 보존되기를 원했을까를 의심합니다. 그리고 가끔 부친들이 자기 딸들에게 보이는 사랑이나, 모친들이 자기 아들들에 열중하던 악덕스러운 미치광이 같은 태도의 사랑으로 말하면, 그런 예는 이 다른 종류의 부자 관계에서도 찾아볼 수 있습니다. 그 증거로 피그말리온에 관해서 사람들이 이야기하는 바에 의하면, 그는 특별한 미를 갖춘 여인의 조각상을 만들고 나서, 자기 작품에 대한 억제할 수 없는 사랑에 사로잡혔기 때문에, 미친 듯한 열정을 만족시키기 위해서 신들은 이 조상에 생명을 넣어 주어야 했다는 것입니다.

> 그가 그 상아를 만지니
> 그것은 단단함을 잃고 유연해지며
> 그의 손가락에 눌려 들어간다.   (오비디우스)

9
파르티인의 무기에 대하여

우리 시대의 귀족들이 필요한 상황에 처하지 않으면 무기를 들려고 하지 않으며, 위험이 조금이라도 사라진 기미만 보이면 바로 무장을 풀어놓는 것은 마음이 나약해진 나쁜 행동습관이다. 여기서 여러 혼란이 닥쳐온다. 왜냐하면 돌격하려는 무렵에 각자가 고함지르며 무기가 놓인 곳으로 달려갈 때 어떤 자는 아직 갑옷 끈을 매고 있는데, 그의 동료들은 벌써 싸움에 져 달아나고 있기 때문이다. 우리 조상들은 투구와 창과 가죽 장갑을 하인에게 들리고, 일이 계속되는 동안 다른 장비를 벗어 놓는 일이 없었다. 요즈음 우리 군대들은 무기 때문에 주인에게서 떨어지지 못하는 하인들과 짐짝들로 뒤범벅이 되어 혼란의 극치를 이루고 있다.

티투스 리비우스는 우리 군대를 말하여, "그들의 신체는 전혀 피로를 참아낼 수 없어, 무기를 어깨에 메고 가기도 힘들었다"고 했다.

여러 국민들은 옛날에는 갑옷을 입지 않고 전쟁에 나갔으며, 지금도 그렇게 하고 있다. 그들은 방어에는 소용없는 물건들을 지니고 있었다.

> 그들은 머리를 코르크나무의 껍질로 덮고 있었다. (베르길리우스)

　세상에서 가장 모험심 강한 장수 알렉산드로스는 갑옷 입는 일이 극히 드물었다. 그리고 우리 중에 갑옷을 경멸하는 자들은 그 때문에 결코 흥정에 손해보지는 않는다. 갑옷을 입지 않았기 때문에 살해당하는 자가 있다고 하지만, 무장 때문에 몸이 둔하고 그 무게에 눌려 타박상을 입어 부러지고, 또는 반격을 당하거나 딴 이유로 죽는 자의 수도 그보다 적지 않다. 우리 무장의 무게를 보면, 우리는 방어할 생각밖에 없는 것같이 보인다. 그리고 가리고 있기보다 오히려 무거운 짐을 지고 있다는 편이 옳다. 그 짐을 짊어지기에도 상당한 힘이 들며, 그 때문에 거북해지고 얽매여서 마치 무기와 무기를 부딪치는 것만으로 싸우는 것 같고, 무장이 우리들을 가려 주는 것 이상으로, 우리가 무기를 업고 다닐 의무가 있는 것처럼 보인다.
　타키투스는 옛날 골(갈리아인) 무사들을 우스꽝스럽게 묘사하여, 그저 버티기 위해서 이렇게 무장한 것이지, 공격할 수도 공격을 막을 수도 없어 한 번 쓰러지면 다시는 일어나지도 못한다고 했다. 루쿨루스는 어느 메디아 무사들이 마치 무쇠로 된 감옥 속에 들어앉은 것과도 같이 불편하고 둔중하게 무장하여 티그라네스의 군대 전선에 배치되어 있는 것을 보고, 이자들을 쉽사리 패배시키리라고 생각하고 공격하여 첫 승리를 거두었다.
　이제 소총수들이 중시되고 있는 마당에, 우리는 생명을 보전하기 위해 누가 우리를 성벽 속에 가두는 방책을 생각해내, 옛사람들이 코끼리에 실려가던 것처럼 우리를 성의 요새 속에 들어앉혀서 전장에 끌고 갈 일이라고 나는 생각한다.
　이런 기분은 소 스키피오의 생각과는 동떨어져 있다. 그는 자기 병사들이 그가 공격하고 있는 도시의 적병들이 몰려나와 출격할 만한 지점의 도랑물 속에 덫을 장치하는 것을 보고 심하게 꾸짖으며, 공격하는 자는 진취적이라야 하지 두려워해서는 안 된다고 말했다. 이런 예방책 때문에 병사들의 자기 방위에 소홀해질까 염려한 것은 지당한 일이었다. 그는 또 한 병사가 좋은 방패를 가지고 자랑하는 것을 보고 "그것 참 좋네, 이 사람아. 그렇지만 로마 군인은 자기 왼손보다는 자기 오른손을 더 믿고 싸워야 하네"라고 말했다. 한데 우리들의 무장(武裝)이 참을 수 없을 정도로 짐이 되는 것은 단지 버릇 때문이다.

> 내 여기 노래하는 두 사람의 전사는
> 어깨에 갑옷을 걸치고 머리에 투구를 썼다.
> 그들은 성 안에 들어온 이래로 밤이나 낮이나
> 결코 이 무장을 풀어 놓은 일이 없으며
> 그것이 아주 습관으로 되어 정복과 같이 편하게
> 입고 있던 것이다.   (아리오스토)

카라칼리 황제는 온갖 무기로 무장하고, 자기 군대를 지휘하며 도보로 나라 안을 순찰하고 있었다. 로마의 보병들은 투구와 칼과 방패를 들고 있었을 뿐 아니라(그들은 이런 것을 짊어지는 일이 버릇이 되어서, 자기 팔다리를 움직이는 것만큼도 거북하지 않았다. '병사의 무기는 그의 사지(四肢)라고 한다'고 키케로는 말한다) 보름 동안 지탱할 양식과 60파운드나 되는 일정량의 요새에서 사용할 말뚝을 메고 다닌다. 그리고 마리우스의 병사들은 이렇게 짊어지고 다섯 시간에 20km를 행군하게끔 훈련되었고, 급하게 갈 때엔 24km를 걸었다. 그들의 군사 훈련은 우리의 훈련보다 훨씬 가혹하고 격렬했다. 그런 만큼 그 효과는 아주 달랐다. 이에 관련된 이야기로 라케다이모니아의 한 병사가 전쟁에 나가다가 어느 집에 들어가서 잠을 잤다고 문책당했다는 말은, 그 단편적인 모습에 불과하다. 로마 병사들은 심한 고역에 단련되어서 날씨가 어떻더라도 하늘 아닌 지붕 밑에서 자는 것을 수치스러운 일로 알았기 때문이다. 소 스키피오는 스페인에서 그의 군대를 재훈련시킬 때 병사들에게 식사는 반드시 서서 할 것이고 불에 익힌 것을 먹어서는 안 된다고 명령했다. 우리는 우리 군대에 이런 고역을 실시해 가며 오래 끌고 가지는 못할 것이다.

그뿐더러 마르켈리우스는 로마의 전쟁 속에서 성장한 자로, 파르티인들의 무장하는 방식을 유의해서 주목하고 있다. 그들이 로마에서 멀리 떨어져 있기 때문에 더 주의해서 본 것이다. 그는, 파르티인들은 작은 날개깃 모양으로 갑옷을 가졌으나 동작에 장해가 되지 않았으며, 그 무장은 극히 견고해서 우리 창이 맞으면 튕겨져 나왔다고 한다(그것은 우리 조상들이 아주 습관이 되어 사용하던 거북등딱지 같다). 다른 고장에서는 "그들은 억세고 튼튼한 말에 가죽을 씌워서 부렸으며, 사람들은 머리에서 발에 이르기까지 철판으로 무장하고 있는데, 그것은 팔다리의 마디를 움직이는 데 편리하게 꾸며져 있었다"고 말한다. 철인이라 부르고 싶은 모습이었다. 머리의 장치가 꼭 들어맞게 되어 있고 얼굴 부분 등이 인체 모양에 따라 만들어져서, 그를 찌르려면 눈 있는 자리에 뚫어 놓은 구멍이나, 또는 불편하나마 숨을 쉬게끔 코 부분에 터놓은 틈밖에 없었다.

> 신축성 있는 갑옷은 덮고 있는 사지의 생명을 맡고 있는 듯
> 가공할 광경이다. 걸어가는 쇠의 조각상이다.
> 금속이 호흡하는 전사의 육신이 된 것 같다.
> 그들의 군마들도 똑같이 장비되어
> 그 위협하는 얼굴에는 철갑을 쓰고
> 허리도 철판으로 보호되어 다칠 걱정은 없다.   〈클라우디아누스〉

이 묘사는 프랑스 무사가 철갑을 쓰고 있는 장비와 대단히 닮았다.

플루타르크는 데메트리오스는 자신과 옆에 데리고 있는 으뜸가는 무사 알키노스를 위해서 무장 한 벌에 1백 20파운드나 나가는 장비를 만들게 했다고 한다. 보통의 장비는 60파운드밖에 나가지 않는다.

10
서적에 대하여

내가 이 직업의 대가들이 흔히 다루는 많은 사물들에 대해 말하는 경우가 있다는 것을 안다. 여기에 쓰는 것은 내가 순수하게 타고난 소질을 가지고 하는 시도이지, 결코 남에게서 빌려 온 재료를 가지고 하는 것이 아니다.

그리고 내가 무식꾼이라고 흠을 잡는 자도 내게 불리한 일은 못 할 것이다. 왜냐하면 나는 내 사상에 관해서 스스로 책임을 지지 못한다면, 남에게도 책임을 지지 않을 것이기 때문이다. 그렇다고 내가 거기에 만족하는 것은 아니다.

학문을 찾고 있는 자는 지식이 있는 곳에 가서 낚을 일이다. 그렇다고 내가 하고 싶은 말을 하지 않는다는 것은 아니다.

여기서 나는 내 공상들을 말한다. 그것으로 나는 사물들을 알려 주려고 내놓는 것이다. 이런 사물들은 아마도 어느 날 내게 알려질 것이며, 그전에 이런 일들이 밝혀져 있는 곳에 우연히 내가 가보았을 수도 있는 일이다. 그러나 지금은 그것이 어디서였는지 생각도 안 난다.

나는 글을 좀 읽었다고는 하지만 기억력은 아주 약한 사람이다. 그래서 지금 내가 가진 지식이 어느 정도로까지 뻗은 것인가를 알려 주는 수밖에 아무런 확실성도 보장하지 못한다. 그러니 내가 내놓는 재료에 기대하지 말고, 내가 내놓는 형태에 유의할 일이다. 내가 빌려다 쓰는 것을 가지고 내가 취급하는 문제를 빛내 볼 거리를 택할 줄 아는가를 살펴볼 일이다. 나는 어법이 서툴러서, 때로는 내 지각이 빈약하여 자신이 잘 말하지 못할 것을 남을 통하여 말하게 하기 때문이다. 나는 빌려 온 것을 헤아리는 것이 아니다. 그것을 저울질한다. 수량으로 가치를 올릴 생각이었던들 몇 갑절은 내놓았을 것이다. 내가 차용해 온 곳은 모두가 옛날의 너무나 유명한 이름들이기 때문에, 내가 말하지 않아도 아주 잘 알려져 있다. 그리고 내 터전에 옮겨 심고 내 것과 혼동시키는 사리(事理)나 착상들에 관해, 나는 가끔 일부러 그 작가의 이름을 들지 않고 두었다. 그것은 특히 아직 살아 있는 사람들의 새로운 문장으로, 그리고 프랑스 속어로 된 것이라면 무턱대고 공격하여 대들며, 그 사상이나 의도하는 바도 속된 것이라고 설복시키는 것같이 보이는 성급한 문장들의 당돌한 수작을 억제하려는 것이다. 나는 그들이 내 코를 퉁기다가 플루타르크의 코를 건드리고, 나를 모욕하다가 세네카에게 혼이 났으면 한다. 나는 이런 위인들의 신용 밑에 내 약점을 숨겨야만 하겠다.

나는 누가 내 가면을 벗겨 진실을 폭로했으면 한다. 그것은 명석한 판단력과 오로지 그 의견의 힘과 미의 식별에 의해서 그리하라는 말이다. 왜냐하면 나는 기억력이 약하기 때문에 그 원전을 하나하나 골라낼 능력은 없지만, 스스로 헤아려 보면 내 터전은 거기에 뿌려놓은 씨가 대단히 풍부한 꽃들을 피우게 할 수는 없고, 이 터전에서 나오는 모든 성과는 뿌린 씨의 값도 못 된다는 것을 느낄 줄 너무나 잘 알고 있다.

내가 내 생각에 얽혀 있다든가 내 사고방식에 허영과 과오가 있다든가, 그런 것이 내게 지적되었을 때 그것을 느끼지 못했다든가, 또는 느낄 수 없는 것이라면 내가 책임을 질 일이라고 생각한다. 왜냐하면 잘못이 있어도 우리 눈에 띄지 않을 수가 없기 때문이다. 그러나 우리 판단력의 병폐는 다른 사람이 우리의 잘못을 밝혀 주어도 그것을 알아보지 못하는 데 있다. 학문과 진리는 비판력 없이도 우리에게 깃들 수 있으며, 비판력은 학문과 진리가 없어도 가질 수 있다. 사실 자기의 무식을 인정하는 일은 판단력을 가졌다는 가장 아름답고도 확실한 증거라고 나는 본다.

나는 내 글을 질서 있게 정렬시켜 줄 조력자가 없어, 그저 되는 대로 나열해 놓을 뿐이다. 내 몽상이 솟아오르는 대로 그저 쌓아갈 따름이다. 때로는 몽상들이 뭉쳐져 밀려오고, 때로는 한 줄로 길게 뻗어 온다. 나는 생각들이 아무리 산만하고 무질서해도, 그것은 내가 타고난 방식인 것을 사람들이 알아주기 바란다. 나는 있는 그대로의 나를 내놓는다. 그러므로 내 글에 실린 것은 모르면 안 될 재료도 아니고, 그렇다고 아무렇게나 말해서 안 될 제재(題材)도 아니다.

나는 사물들에 관해서 완전히 이해하고 싶다. 그러나 너무 값비싼 노력을 들여 가면서까지 이해하고 싶지는 않다. 내 계획은 내게 남은 인생을 순탄하게, 그리고 힘들이지 않고 넘기는 것이다. 학문을 위해서라도, 그 가치가 아무리 크다 해도 그 때문에 머리를 썩여야 할 것은 없다.

점잖은 재미로 쾌락을 찾기 위해서만 책을 뒤적인 내가 공부를 한다면, 나는 그 속에 내 자신을 알아보는 일을 하며, 내가 잘 살고 잘 죽는 방법을 가르치는 학문밖에 찾지 않는다.

> 이것이 전속력으로 나아가야 할
> 내 말(馬)의 목표이다.
> (프로페르티우스)

글을 읽다가 어려운 구절에 부딪히면 나는 억지로 이해하려 들지 않는다. 나는 한두 번 공격하다가 집어치운다.

거기에 구애받다가는 방향을 잃고 시간만 낭비한다. 내 정신은 충동적이기 때문이다. 첫 번 부딪쳐 보아서 이해되지 않는 것을 고집 세우다가는 더욱 이해되지 않는다. 재미가 없는 것은 아무것도 하지 않는다. 너무 굳게 긴장하거나 일을 계속하면 판단력이 흐리멍덩하고 우울해져서 피로해 버린다. 관찰력이 혼란되며 흩어진다. 나는 판단력을 철회하고 다시 대들어 보아야 한다. 진홍색 비단의 광택을 감정하려면 여러 모로 두루 살펴서 눈으로 슬쩍 스쳐 보고는 비껴 보았다가 갑작스레 또다시 시작하며, 이것을 되풀이하는 것과 마찬가지다.

이 책이 마음에 들지 않으면 딴 책을 집어든다. 그리고 결코 새로운 책을 탐하지 않는다. 옛날 책이 내용적으로 더 충실하고 진실해 보이기 때문이다. 그리스 책은 아직 공부하는 중인 내 유치한 이해력으로는 판단하기 힘들기 때문에 별로 즐기지 않는다.

단지 재미로만 읽는 책들 중 현대의 것으로는, 이런 것도 이 부류에 넣을 수 있다면, 보카치오의 《데카메론》과 라블레의 것, 그리고 요한네스 세콘두스의 《키스》 등이 재미들일 만한 책들이다. 《아마디스》와 이런 종류의 문장들은 어릴 때는 내 주목을 끌지 못했다. 나는 또 당돌하달까 경솔하달까, 이렇게 말하고 싶다. 이 늙어빠진 둔중한 정신은 아리오스토뿐 아니라 저 선량한 오비디우스에게도 정이 붙지 않는다. 그 평이한 문장과 구상이 옛날에는 나를 반하게 하더니 이제는 내 마음을 끌지 못한다.

나는 모든 사물에 관해서 자유로이 내 의견을 말한다. 사실 내 권한에 넘치는 일과, 결코 내 권한에 있다고 생각하지 않는 사물에 관해서도 말한다. 내가 이렇게 의견을 토로하는 것은 사물의 척도를 밝히려는 것이 아니라, 역시 내 판단력의 한계를 밝히려는 것이다. 플라톤의 《악시오코스》를 읽다가 이 작가의 작품 치고는 힘이 없는 작품이라고 싫증이 나면, 내 판단력은 그것을 믿지 못한다.

내 판단력은 내 스승이며 지도자로 생각하는, 그렇게 많은 다른 유명한 분들이 판단한 바의 권위에 대항할 만큼 어리석지는 않다. 그들에 대해서는 차라리 내 판단이 실수한 것으로 만족한다. 판단의 책임은 내게 있는 것이므로, 나는 내 이해력이 그 속까지 침투해 보지 못해서 피상적으로 머무르거나 또는 가짜 광채에 현혹된 것이라고 자기를 책망한다. 내 판단력은 다만 동요와 혼란에 빠지지 않는 것으로 만족한다. 그 이해력이 박약한 바는 기꺼이 인정하며 고백한다. 내 판단력은 그것이 파악한 개념이 그 자체에 지시하는 겉모습에 정확한 해석을 내린다고 생각한다. 그러나 그 해석은 허약하고 불완전하다.

이솝 우화는 대부분이 여러 가지 의미와 해석을 지니고 있다. 그것을 도덕적으로 해석하는 자들은, 그 이야기와 격이 맞는 어떠한 모습을 골라낸다.

그러나 그것은 대부분 유치하고 피상적인 모습에 지나지 않는다. 그 속에는 더 살아 있고 본질적이며 내면적인 의미가 있으나 거기까지는 뚫어보지 못한다. 나 역시 그 꼴로 읽는다.

그러나 내 방식대로라면 시가(詩歌)에서는 베르길리우스·루크레티우스·카툴루스, 그리고 호라티우스가 유달리 탁월한 위치를 차지하는 것으로 보이며 특히 베르길리우스의 작품 가운데 전원시는 완벽한 시가 작품이라고 생각한다. 여기에 비교해 보면 그의 《아이네이스》의 어느 구절은, 작가에게 시간의 여유가 있었다면 조금 더 손질해야 될 점이 있다는 것을 쉽사리 알아볼 수 있다. 내게는 《아이네이스》의 제5권이 가장 완전하게 보인다. 나는 또 루카누스를 좋아해서 즐겨 읽는다. 문체보다도 그의 고유한 가치와 사상과 판단의 진실함을 즐긴다. 저 선량한 테렌티우스로 말하면 그 라틴어의 애교와 우아미가 우리 심령의 움직임과 풍습의 조건들을 탄복할 만큼 잘 표현하고 있다고 본다. 어느 시각에나 우리 행동을 살펴보면, 나는 그의 시가 생각난다. 아무리 자주 읽어도 그에게는 새로운 미와 아담한 풍치가 발견된다.

베르길리우스가 살던 시대 가까이에 생존했던 사람들은 루크레티우스를 그에게 비교하는 자들이 있다고 불평하고 있다. 내 생각에도 이 비교는 공평한 것이 못 된다. 그러나 루크레티우스의 좋은 시구에 부딪히면 이 신념을 고집하기가 힘들다.

그들이 이 비교에 분개한다면, 그를 지금 아리오스토에 비교하는 어리석고 야만스러운 천치 수작은 어찌 보아야 할 일인가? 그리고 아리오스토 자신은 어떻게 말할 것인가?

  오, 조악하고 몰취미한 세기여!   (카툴루스)

나는 옛사람들이 플라우투스를 테렌티우스에 비교하는 것은(후자가 훨씬 더 점잖은 인격을 느끼게 한다) 루크레티우스를 베르길리우스에게 비교하는 것보다 더 불평할 만한 일이라고 본다. 테렌티우스를 평가하고 애호하는 면에서는, 로마 웅변의 시조(키케로)가 그의 계열에서 홀로 이 시인의 말을 자주 입에 올린 것과, 또 로마 시인들 제일의 비평가(호라티우스)가 그의 동료에 대해서 내린 판단을 보아도 충분하다.

우리 시대에 희극을 써 보려고 하는 자들은(이 방면에 재간이 있는 이탈리아 사람들처럼) 테렌티우스와 플라우투스에 나오는 재료를 서너덧 합쳐 자기 것 하나를 만들고 있다. 그들은 단 한 편의 희극에 보카치오의 이야기 대여섯 편을 합쳐 놓고 있다. 그들이 이렇게 여러 재료를 한 편에 실어 놓는 것은 자기 고유의 묘미로 작품을 지탱해 나갈 자신이 없기 때문이다. 그들에게는 의지할 본체가 있어야 한다. 자신의 구상만으로는 우리의 흥미를 끌 능력이 없기 때문에, 그들은 이야기나마 재미나게 하려고 한다. 우리가 이 작가를 두고 보면 일은 반대로 나타난다. 그의 말하는 방식이 완벽하게 아름답기 때문에 우리는 그의 재료에는 관심이 끌리지 않는다. 우리는 언제나 그 말투의 얌전하고 애교 있는 맛에 이끌린다. 그는 어디서나 재미난다.

　　청명하기가 흐르는 맑은 물과 같다.　　　　　　　　　　(호라티우스)

그리고 그 문장의 매력이 너무나 우리 마음을 채우기 때문에 이야기의 맛은 잊어버리고 만다.

바로 이 고찰이 나를 더 앞으로 끌어간다. 나는 고대의 우수한 시인들이 뽐내거나 따지고 파고드는 일을 피하는 것을 본다. 그들은 스페인이나 페트라르카식의 높은 음조의 광상적 노래뿐 아니라, 다음 세기에 오는 모든 시적 작품의 장식을 이루는, 좀 더 보드랍고 조심스러운 익살까지도 피하고 있다. 그러므로 유명한 비평가로서 이 고대 시인들에게 흠을 잡는 이가 없고, 마르티알리스의 시구의 톡 쏘는 맛보다도 카툴루스의 풍자시에 연마되고 줄곧 상장하고 화창하게 아름다운 맛을 비길 바 없이 감탄하지 않는 자 없다. 마르티알리스가 자신에 관해서 "그는 큰 노력을 할 필요가 없었다. 그의 작품 재료는 재주가 있는 기질이 대신된 것이다"라고 말하듯, 내가 금방 말한 것은 바로 이 때문이다. 먼저 말한 작가들은 흥분하지도 분발하지도 않으며, 충분히 감명을 준다. 그들은 아무 데서나 웃음을 찾아낸다. 그들은 자기를 간질일 필요가 없다. 그다음 작가들은 외부의 도움이 필요하다. 그들은 재주가 부족하기에 더욱 육체가 필요하게 된다. 그들은 다리로 걸어갈 만큼 튼튼하지 못하기 때문에 말을 타야만 한다.

그것은 마치 무도회에서 친분이 있는 사람들이 우리 귀족들의 점잖은 행세를 모방할 수 없으니까, 무도 학교를 세워 가면서 배운 위험한 뜀박질이나 익살스러운 동작의 색다른 잡술을 가지고 장기를 삼는 것과 같은 일이다. 그리고 정식 무도회에서 부인들이 천연스러운 걸음으로 순진한 자세와 타고난 우아미를 보여 주기만 해도 되는 것을, 몸뚱이를 비꼬아 뒤흔드는 무도회에서는 그녀들의 자태를 값싸게 보여 준다. 나도 역시 본 일이지만, 탁월한 배우들은 일상적인 옷을 입고 화장기 없는 용모로도 그들의 예술이 줄 수 있는 모든 쾌감을 주는 데 반해서, 풋내기들은 공부가 거기에 미치지 못하므로 얼굴에 짙은 화장을 하고 옷을 괴상하게 입고는 우리를 웃기려고 동작을 거꾸로도 하고, 얼굴을 망측하게 찌푸리는 것이다.

내가 여기서 말하는 관념은 《아이네이스》와 《광분하는 롤랑》을 비교해 보면 어느 경우보다도 더 잘 이해가 된다. 전자는 확고하게 날개를 활짝 펴서 높게 날며, 늘 자기의 방향을 잡고 있는 것이 보이는데, 후자는 이 가지에서 저 가지로 옮아앉듯, 이 이야기에서 저 이야기로 뛰어 돌아다니며, 자기 날개에 자신이 없어 짧은 거리밖에는 날지 못하고, 숨과 힘이 지탱 못할까 봐 밭이랑마다 내려서 쉰다.

그는 단거리 질주를 시도한다.   (베르길리우스)

이런 것이, 이런 종류의 제재들이 내가 가장 좋아하는 작가들이다.

다른 종류의 독서는, 쾌락에 좀 더 내용을 섞어 주며 거기서 내 기분과 조건들을 조절하는 법을 배우는 것으로, 이런 데 내게 소용되는 작품들은 플루타르크(이것을 그 뒤 프랑스어로 번역했다)와 세네카이다. 그들은 둘 다, 내가 거기에서 찾는 지식을 조각조각 풀어서 취급해 놓았기 때문에 오랜 노력이 필요하지 않은 것이 내 비위에 맞는 특기할 장점이었다.

플루타르크의 《소품집》과 세네카의 《서한집》 등이 그렇다. 이 《서한집》은 그의 작품들 중에 가장 아름답고 유익한 문장이다. 내가 이 공부를 시작하는 데는 큰 계획도 필요하지 않았다. 언제든지 마음이 내키지 않으면 덮어 둔다. 왜냐하면 이 문장들 사이에는 상호 간에 연락이 없기 때문이다.

이 작가들은 대부분의 사상이 유익하고 진실한 점에서 일치한다. 그들은 같은 세기에 출생했고, 둘 다 로마의 두 황제의 사부였으며, 외국에서 들어왔고, 다 부유했고 세력도 누렸다. 그들의 가르침은 철학의 진수를 온당한 방식으로 내놓은 것이었다. 플루타르크는 더 고르고 꾸준하며, 세네카는 더 파동이 있고 잡다하다. 세네카는 힘들고 굳어지며 긴장해서 허약과 공포와 못된 욕망에 대항해서 도덕을 무장시킨다. 플루타르크는 이런 성질의 영향을 그렇게 위험한 것으로 보지 않고, 자기 보조를 서두르거나 이런 일에 경계하는 태도를 경멸하는 것 같다. 플루타르크의 사상은 플라톤적이고 순해서 시민 생활에 조화될 수 있는데, 세네카는 스토아학파와 에피쿠로스학파의 사상을 받아서 일반의 습관과는 융화되지 않으나 내 의견으로는 개인 생활에 더 편리하고 견실하다. 세네카의 경우는 그 시대 황제들의 포학을 좀 옹호하는 것 같다. 그가 카이사르 살해범들의 장한 거사를 비난하는 것은 확실히 강제당한 판단으로 보인다. 플루타르크는 모든 면에 자유롭다. 세네카는 풍자와 재기에 충만하고, 플루타르크는 사물의 지식이 풍부하다. 플루타르크는 보다 만족을 주며 교양을 준다. 그는 우리를 지도한다. 세네카는 우리를 밀어 보낸다.

키케로로 말하면, 그의 작품들 중 내 목적에 소용될 수 있는 것은 특히 도덕 철학을 취급하는 부분이다. 그러나 과감하게 진실을 고백한다면(사실상 이미 건방진 한계를 넘은 바에 이것을 억제할 수도 없다), 그의 글 쓰는 방식이 내게는 지루하게 보이며 다른 점도 그렇다. 서문이나 정의·구분·어원 따위가 그의 작품의 대부분을 채우고 있기 때문이다. 준비가 너무 긴 때문에 문장이 생기를 잃고 내용이 질식되고 있다. 한 시간 동안이라도 그를 읽는 것이 내게는 힘든 일이지만, 거기서 진짜 정수라고 뽑아서 보아도 대개는 바람밖에 잡히지 않는다. 왜냐하면 그는 그때까지도 그의 사상에 필요한 논법이나 내가 찾고 있는 요점에 직접 관계되는 이유를 말하지 않고 있기 때문이다.

나로서는 웅변가나 학자가 되기보다는 현명해지기를 바라고 있는 터이니, 이런 논리학적이며 아리스토텔레스적인 절차는 못마땅하다. 나는 마지막 요점부터 시작하기를 바란다. 나는 죽음이나 탐락이 무엇인지를 잘 알고 있다. 그런 것을 분석해 갈 필요는 없다. 나는 처음부터 이런 노력을 지탱해 나를 가르쳐 줄 진실하고 견고한 이치를 찾고 있다. 문법상의 미묘한 점이라든지, 말과 논법의 교묘한 구조 같은 것은 필요 없다. 나는 가장 심각한 의문점에 첫 공격을 가하는 사색을 요구한다. 그의 문장은 뚝배기 주위를 돌다가 기운이 빠진다. 그런 수작은 학교나 재판정이나 설교단에 맞는 일이다. 그런 데서 우리는 실컷 졸고 있다가 한 15분쯤 뒤에 보아도 말의 줄기를 잡을 여유가 넉넉히 있다. 옳건 그르건 자기가 승소하려는 때, 재판관 앞에서, 그리고 알아들을 수 있나 보려고 모두 말해 주어야 하는 어린아이와 속인들 앞에서 이렇게 말할 일이다.

나는 사람이 주의를 끌려고 포고를 큰 소리로 외치는 사령처럼, "내 말 들으시오!" 하고 5번이나 고함지르는 것을 바라지 않는다. 종교에서 우리들이 Sursum corda(마음을 드높여라)라는 것을 로마 가톨릭에서는 Hoc age(유의하라)라고 말했는데, 이런 것 모두가 내게는 쓸데없는 말이다. 나는 그것을 집에서 준비해 가지고 온다. 내게는 미끼도 양념도 필요치 않다. 나는 날것으로도 잘 먹는다. 이런 준비와 서곡으로는 내 식욕이 당기게 하기는커녕 거기 물려서 입맛을 잃게 만들어 놓는다.

이 시대의 풍조가 방자하다느니, 내가 당돌하게 플라톤의 《대화편》까지도 모독하며, 그 하고많은 훌륭한 말을 많이 가지고 이렇게 헛되게 도입부의 대화를 길게 뽑느라고 알맹이 내놓기를 질질 끌면서, 시간을 보내고 있다고 불평을 해도 용서될 일일까? 내가 무식한 탓으로 그의 문장의 아름다운 맛을 알아볼 수 없는 것이 더 용서될 일이다.

나는 대체로 학문을 응용하는 서적을 필요로 하지만 학문을 세워 놓는 서적을 요구하지는 않는다.

처음에 말한 두 작가와 플리니우스와 그들과 같은 연배 작가들은 이 Hoc age(유의하라)를 쓰지 않는다. 그들은 이런 일에는 자기가 알아 온 자들과 상대하려고 한다. 혹 그들이 이런 문투를 쓴다면, 그것은 실체를 가진 Hoc age이며, 따로 자기 내용을 지닌 것이다.

나는 또 서한집 《아티쿠스에게》(키케로의 작품)는 그것이 당대의 역사와 사건들을 풍부하게 알려 줄 뿐 아니라, 거기에서 작가의 개인적 기풍을 찾아볼 수 있기 때문에 즐겨 읽는다. 왜냐하면 나는 다른 데서도 말한 바와 같이, 이런 작가들의 마음과 그 순진한 판단을 알아보는 데 유별난 호기심을 가졌기 때문이다. 우리는 그들의 능력을 잘 판단해야 할 일이고, 그들이 세상에 내놓은 표현을 보고, 그들의 행동 습관과 그들을 판단할 것은 아니다. 나는 브루투스가 도덕에 관해서 쓴 저작이 소실된 것을 수백 번은 애석하게 여겼다. 왜냐하면 실천을 잘할 줄 아는 인물의 이론을 알아두는 것은 좋은 일이기 때문이다. 그러나 설교와 설교자는 같지 않은 만큼, 나는 브루투스를 플루타르크의 저서에서나 그 자신의 저서에서나 마찬가지로 읽어 보고 싶다. 나는 차라리 그가 전투한 다음 날 자기 군대에게 해 준 언행보다, 전투하기 전날 자기 천막 속에서 친한 친구 하나와 흉금을 털어놓고 하던 이야기를 알고 싶으며, 그가 자기 사무실이나 방에서 하던 일을, 그가 광장이나 원로원에서 하던 일보다 더 알고 싶다.

 키케로의 경우, 나는 그가 학문을 제외하고는 마음에 탁월한 점이 적었다고 보는 일반의 판단을 따른다. 그는 성질이 호탕하고 선량한 시민이었다. 그처럼 생긴 뚱뚱한 농담꾼들은 흔히 그렇다. 그러나 그가 마음이 허약하고 허영된 야심을 상당히 가졌다는 것은 진실이다. 그뿐더러 나는 그가 어떻게 자기 시를 세상에 발표할 만한 것으로 여겼는지 변명해 줄 것이 없다. 시구를 잘 못 짓는다는 것은 대단히 불미한 일은 아니다. 그러나 그의 시가 그의 이름의 영광과는 당치 않게 뒤떨어진다는 것을 느끼지 못했다는 것은, 그에게 판단력이 없었던 탓이다. 그의 웅변은 전혀 비겨 볼 거리가 없다. 그에게 대응할 사람은 결코 나오지 않으리라고 나는 생각한다.

 소(小) 키케로는 이름 하나밖에 그 부친을 닮은 점이 없었고, 아시아에서 군지휘관이었다. 어느 날 그가 베푼 연회석에 여러 손님들이 참석했는데, 그중에 카에스티우스라는 자가 유력자들의 공적 연석에 잘 끼어드는 식으로 식탁의 말석에 앉아 있는 것을 보고, 키케로는 자기 부하 하나에게 그가 누구냐고 물어서 그의 이름을 알았다.

 그러나 생각이 딴 데 있어 대답하는 말을 잊어버리는 자가 그렇듯, 그는 다음에도 두서너 번 이것을 다시 물었다. 하인은 똑같은 말을 여러 번 되풀이하는 수고를 덜 겸, 전부터 그에게 알려 주려고 하던 터라, "이자는 자기 웅변에 비해서 대감님 조상대에서의 웅변이 대단할 것 없다고 말하는 것을 누군가 말씀 드린 바로 그 카에스티우스입니다"라고 말했다. 키케로는 여기에 분개해서 이 가련한 카에스티우스를 잡아들이게 명령하고, 자기 앞에서 실컷 매질하게 하고 "고약하게 공손한 손님이로군" 했다.

모든 점을 참고해 보고, 그의 웅변을 비길 바 없는 것으로 평가한 사람들 속에서도 그의 웅변에 흠이 있는 것을 간과하지 않은 자들이 있었다. 그의 친구였던 저 위대한 브루투스도 그의 것을 '부서지고 허리 부러진' 웅변이라고 말한 것이다. 그의 세기와 가까운 시대의 웅변가들 또한 그가 문장의 끝에 붙이는 기다란 시가에 다는 운을 각별히 유의해서 집어넣는 버릇을 꼬집으며, esse videatur(그런 듯싶을 것이다)라는 말을 자주 쓰는 것을 지적했다. 나로서는 장단격으로 짧게 떨어지는 음절을 더 좋아한다. 그러나 그는 드물기는 하지만 음절의 수를 가끔 뒤섞는 일이 있다. 나는 그의 문장에, "나로서는 늙기 전에 늙는 것보다는 늙고 나서 오래 있지 않는 편이 낫다"(키케로)라는 말이 귀에 거슬렸다.

역사가들은 내게는 입에 맞는 떡이다. 그들은 재미나고 평이하다. 그들은 또 인간의 내적 조건들의 잡다성과 진실성의 전부와 세부적인 것, 그가 총체로 가진 여러 방법의 다양성과 그를 위협하는 사건들, 즉 내가 알고 싶어 하는 인간 전체가 다른 어떤 데서보다도 여기서 더 생기 있게 나타난다. 그런데 인물들의 전기를 쓰는 자들은 그 인물들이 겪은 사건보다도 그 목적에, 또 외부에서 닥쳐오는 것보다도 그들 내부에서 나오는 것에 더 흥미를 갖기 때문에 플루타르크는 특히 나의 마음에 드는 작가이다. 나는 라에르티오스의 열두어 편이 우리에게 없으며, 그의 작품이 더 전파되지 않았고, 그를 이해하는 사람도 적은 것이 애석하다. 내가 이 세상의 위대한 스승들의 생애와 운명에는 그들의 잡다한 학설과 사상에 못지않게 흥미를 가졌기 때문이다.

이런 종류의 역사 연구에는 옛 것이건 현대의 것이건, 프랑스어로 되었건 잡다한 지방 사투리로 되었건, 모든 종류의 작가들을 들추어 보아서 그들이 사물을 각기 다르게 취급하는 방식을 알아 보아야 한다. 특히 카이사르는 단지 역사학뿐 아니라 그 자신을 위해서도 연구해 볼 가치가 있다고 생각한다. 살루스투스도 그런 축에 들지만 그만큼 그는 다른 자들보다 뛰어난 완벽함과 탁월함을 지녔다. 나는 다른 사람들이 딴 작품들을 읽는 것보다 더한 존경과 숭배를 품고 이 작가를 읽는다. 어느 때는 그의 행동과 위대성의 기적을 통하여 그 사람됨 자체를 고찰하며, 때로는 그의 순수하고도 비길 바 없이 연마된 문장을 탐하여 읽는다. 그의 문장은 키케로도 말하듯, 모든 역사가들의 것보다 탁월할뿐더러, 키케로의 것보다 더 나은 글이다. 그의 판단을 보건대, 그만한 성실성을 가지고 적을 말하면서 도리에 어그러지고 흉악한 야심의 그릇된 원칙과 더러운 동기를 감추려고 거짓을 써 나가는 것을 제외하고는 그 자신을 말함에 극히 인색했다는 사실 하나만으로도, 다시 살펴볼 가치가 있다고 생각한다. 그가 자기 글 속에서 말한 것보다 훨씬 더 풍부한 자기 고유의 능력을 사용한 것이 아니었다면, 그만큼 위대한 업적이 수행될 수 없는 일이었다.

  나는 극히 소박한 작가이건 탁월한 작가이건 역사가들을 좋아한다. 소박한 역사가들은 자기 것을 거기 넣을 리가 없으며, 그들이 주목한 것을 부지런히 주워 모아서 모든 것을 선택이나 선별 없이 성실하게 기록해 주며, 진실을 알기 위한 판단은 전적으로 우리에게 맡긴다. 누구보다도 선량한 저 프로아사르가 그렇다. 그는 자기가 하고자 하는 것을 솔직하고 소박하게 수행해 나가며, 잘못 기록한 점은 인정하고 사람이 지적해 준 점을 정정하는 것을 조금도 두려워하지 않는다. 그리고 당시에 돌고 있던 잡다한 소문과 자기가 사람들에게서 보고받은 각기 다른 소식을 우리에게 알려 주고 있다. 그것은 정리가 안 된 적나라한 역사 재료이다. 각자는 자기 이해력이 미치는 대로 그것을 이용할 수 있다.

  진실로 탁월한 역사가들은 알아 둘 만한 사실을 골라낼 능력을 가지고, 두 가지 보도 중에서 더 진실한 것을 선별할 수 있으며, 군주들의 사정이나 그들의 기분에 관해서 의향을 결론짓고 그들에게 맞는 말을 시키고 있다. 그들이 생각에 따라 우리의 신념을 조절하는 권한을 갖는 것도 옳다. 그러나 그것은 모든 작가들이 할 수 있는 일은 아니다.

  이 두 부류의 중간 것들은(이것이 가장 보통이지만) 모든 것을 벌여 놓는다. 그들은 우리가 씹을 것을 대신 씹어 준다. 그들은 판단할 권한을 자기가 가지며, 역사를 자기 생각대로 꾸며 나간다. 왜냐하면 판단이 한편으로 기울어지는 이상, 사람들은 이야기를 그편으로 굽혀서 돌리지 않을 수가 없기 때문이다. 그들은 알아 둘 만한 사실들을 골라내려고 기도한다. 그래서 우리가 사실을 더 잘 이해할 수 있을 어떤 언행이나 개인적 행동을 묵과해 버린다. 그들이 과감하게 웅변이나 사상을 전개하며, 자기 마음대로 판단하는 일은 좋다. 그러나 다음에 우리가 판단할 거리도 남겨놓아야 하며, 그 재료의 본디 모습을 단축하거나 선택해서 무엇이건 변경시키거나 정리해 놓는 일이 없이, 그 재료의 모든 범위를 순수하고 온전하게 남겨서 우리에게 넘겨주어야 할 일이다.

대개 어느 때나, 특히 이 시대엔 속인들 중에 말 잘하는 점만을 고려해 사람을 선발해서 이 직책을 맡기는 수가 자주 일어난다. 마치 우리가 이것으로 문법을 배우려는 줄 아는 모양이다. 그들은 그것으로 급료를 받고, 말 잘하는 기능만을 상품으로 내놓는 것이니, 이 부분 말고는 다른 점에 별로 유의하지 않는 것도 그럴 만한 일이다. 그래서 그들은 아름다운 문장으로, 도시의 네거리에서 주워 모은 소문들을 아름답게 꾸며 요리해 내는 것이다.

잘된 역사는 오로지 사건을 지휘하던 사람이나 거기에 참가하던 자의 손으로 써 놓은 것들뿐이다. 적어도 그와 같은 종류의 다른 사건들을 우연히 지휘해 본 사람의 손으로 된 것이라야 한다. 그리스나 로마의 모든 역사들은 이러했다. 왜냐하면 목격한 여러 증인들이 같은 제목을 취급했기 때문에(마침 이 시대에는 위대성과 지식이 일반적으로 구비되었던 까닭에), 거기에 잘못이 있었다 해도 극히 경미한 것이 되지 않을 수 없었으며, 특히 의심스러운 사건에 관해서 그러했다. 의사가 전쟁에 관한 일을 다루거나, 학생이 군주들의 의도에 관한 것을 취급한다면 거기서 무슨 신통한 일을 기대할 수 있을 것인가? 로마인들이 이 점에 조심하던 바를 유의해 보고 싶으면, 이 예만 보아도 된다.

아시니우스 폴리오는 카이사르의 역사까지도 사실과 다르게 전해진 것이 있음을 발견했다. 그것은 카이사르가 그의 군대 전부를 살펴볼 수 없었기 때문에 개인들이 충분히 증명되지 않은 사실을 보고해 오는 경우, 그것을 그대로 믿었거나 또는 그가 없는 동안 부관들이 지휘하던 일에 관해서 세밀한 보고를 받지 못한 데서 일어난 일이었다. 우리는 이 예로 진리의 탐구가 얼마나 미묘한 것이며, 한 전투에서도 그것을 지휘한 자의 지시만을 믿을 수도 없고 병사들이 그들 옆에서 일어난 일을 말한 것을 그대로 믿을 수 없으며, 정당한 보고 방식으로 그 목격자들을 면대해 보고, 사건 하나하나의 상세한 증거에 관한 반발도 들어 보아야 한다는 것을 알 수 있다. 우리가 우리 일에 관해서 알 수 있는 지식도 확실한 것이 못 된다. 그러나 이 문제는 보뎅[3]이 충분히 취급했고, 그것은 내 의견과 일치한다.

나는 잘못 기억하거나 제대로 기억하지 못하는 일이 너무 많아서 몇 해 전에 정독하고 써놓기까지 한 책을 내가 모르는 새로 나온 책이라고 다시 들추어 보는 일이 여러 번 있었다. 그 때문에 나는 얼마 전부터(내가 한 번밖에 쓰지 않으려는 것은) 책마다 끝에 다 읽은 날짜를 기록하고, 적어도 그것을 읽으며 그 작가에 관해서 내가 품은 일반적 관념과 모습을 상상해 보고, 거기서 대강 끌어낸 판단을 적어 넣는 습관을 들였다. 나는 여기에 이런 주석 몇 가지를 적어 보련다.

내가 약 10년 전에 긱쟈르디니의 저서에 적어 둔 것이 여기 있다(작품은 어느 나라 말로 되었건, 나는 거기에다 우리 말로 적는다).

"그는 부지런한 역사 기록자이며, 내 생각으로는 그에게서 다른 어느 누구에게서만큼이나 정확하게 그 시대에 일어난 일의 진실을 알 수 있다. 그런 만큼 그는 대부분의 사건들 중에 그 자신이 상당한 지위를 가지고 역할을 맡아 참여했다. 그에게는 증오심이나 호감이나 허영심으로 사건을 왜곡한 모습은 보이지 않는다. 그가 세력가들, 특히 그에게 직책을 맡겨 출세시킨 교황 클레멘스 7세 같은 분에 관해서 내리는 판단을 보아도 그의 말은 믿을 만하다. 그가 가장 가치 있다고 보이려 한 부분을 말하면 그의 생각을 진술하는 잡담인데, 거기에는 아름답고 재기가 풍부한 좋은 부분들이 있다. 그러나 그는 그런 일들을 지나치게 즐겼다. 왜냐하면 그의 소재는 풍부하고 충만하며 거의 무진장한데, 말해야 할 것을 하나도 빼놓지 않고 말하려다가 좀 지루해지며, 다소 스콜라 학파의 쓸데없이 늘어놓은 말이 느껴지기 때문이다.

또 내가 느끼기에, 그가 많은 사람과 사실을 판단해 나갈 때 그렇게 많은 동태와 의견들 중에서, 마치 이런 부분들이 세상에서 사라진 것처럼 어느 것도 결코 도덕이나 종교나 양심에 관련시키지는 않는다. 그리고 모든 행동 중에서 그 자체로는 아무리 좋게 보이더라도 그 원인을 어떤 악덕이라든가 이익을 취

---

3) Bodin(1530~1596). 프랑스의 정치·사상가.

하는 동기로 돌려 버린다. 그가 판단하는 이 수없이 많은 행동 중에서, 이성의 길로 이루어진 행동이란 단 하나도 없다는 것을 상상해 볼 수 없는 일이다. 어떠한 부패도, 어느 누구도 그 전염을 면치 못할 정도로 사람들을 쓸어 갈 수는 없다. 나는 그의 취미에 악덕이 좀 섞여 있지나 않은가, 그가 자기 마음으로 남의 일을 짐작해 간 것이 아닌가 두려워한다."

그리고 필립 드 코민의 회고록에는 이렇게 적혀 있다.

"그대들은 여기에서 부드럽고 유쾌하며 솔직 담백한 문장을 발견할 것이다. 거기엔 순수한 진술법과 작가의 진실한 마음이 고스란히 빛나고 있으며, 자기를 말하려는 허영도, 다른 사람을 말하는 데 있어 편파성이나 시기심도 없다. 그의 사상과 교훈은 미묘한 능력을 지닌 것도 아니고, 진심의 열성과 진실이 수반되며, 모든 점에서 권위와 신중함, 정직성을 가졌고, 출신이 좋으며 큰 사업을 할 인물로 성장한 됨됨이를 드러내 보인다."

뒤 벨레 경의 《비망록》에는 이렇게 적혀 있다.

"일을 어떻게 처리해야 할 것인가를 경험해 본 자가 쓴 것은 언제 읽어도 재미있다. 그러나 여기에 나오는 두 영감들에게서는 성(聖) 루이왕의 신하 조앵빌르 경이나 샤를마뉴 대왕의 재상인 에지나르, 더 새로운 기억으로 필립 드 코민 등, 같은 계급에 속하는 옛사람들의 빛나는 문장의 자유로움과 솔직성이 크게 부족하다는 것은 부인할 수 없다. 여기 나온 것은 역사라기보다는 차라리 카를 5세에 대한 프랑수아왕의 변호이다. 나는 그가 사실의 큰 덩어리를 변경했다고는 생각하고 싶지 않다. 그러나 이치에 닿지 않게 우리나라에 유리하게 사실을 왜곡하며, 왕의 생애 중에 좀 거북스러운 일은 모두 제거해 버리는 것이 그들의 버릇이다. 그 증거로 여기엔 드 몽모랑시 경과 드 브리옹 경의 총애를 잃은 사실이 감추어졌고, 데스탕프 부인에 관한 일 역시 이름도 비치지 않는다.

비밀 행동은 감춰 두어도 좋지만, 사람들이 다 알고 있는 것과 공적으로 중대한 결과를 가져온 사실들에 관해서 말하지 않는 것은 용서할 수 없는 결함이다. 결국 프랑수아 왕과 그의 시대에 일어난 일에 관한 완전한 지식을 얻기 위해서는, 다른 곳을 찾아보아야 한다. 여기서 얻을 수 있는 소득은 이런 귀인들이 나가 본 전투와 전쟁의 공로에 관한 특수한 전술에 있다. 그들 시대 귀공

자들의 사사로운 행동과 말, 드 량제 대감의 지휘 아래 이루어진 교섭과 협상 등에는 알아볼 만한 사건들과 속되지 않은 사상들이 가득차 있다."

11
잔인성에 대하여

내 생각으로는, 도덕은 우리 속에 생겨나는 선의 성향보다는 좀 더 고상한 것으로 보인다. 태어나기를 잘하고 그 자체로 조절된 심령들은 도덕적인 심령들과 같은 방향을 좇고 그들의 행동에도 같은 모습을 나타낸다. 그러나 도덕은 다행스러운 한 기질로 안온하고도 평화롭게 이성에 따라 지도되는 것보다는, 더 위대하고 행동적인 것으로 보인다. 천성이 상냥하고 순해서 모욕을 당해도 웃고 마는 사람은 대단히 아름답고 칭찬받을 만한 일을 행할 것이다. 그러나 모욕을 받으면 타고난 본성이 왈칵 치밀어올라 격노하는 경우, 복수하고 싶은 맹렬한 의욕에 맞서 이성의 무기로 무장하고 심한 내적 투쟁을 거쳐 자기를 억제하는 일은, 확실히 그보다 더 대단하다. 전자는 잘 행하는 일이며, 후자는 도덕적으로 행하는 일일 것이다. 한편의 행동은 선행이라고 볼 것이고, 또 하나는 도덕이라고 볼 것이다. 왜냐하면 도덕이라는 이름은 미리 어려움과 반대를 예상케 하며 대항 없이 행사될 수 없는 것으로 보이기 때문이다. 우리는 아마도 그 때문에 하느님을 착하고 참으며 너그럽고 정의롭다고 부르지만, 그렇다고 그를 도덕적이라고는 부르지 않는다. 그의 행동은 자연스럽고 노력이 없는 것이다.

철학자들은 스토아학파들뿐 아니라 에피쿠로스학파들도(나는 세상 사람들의 의견을 빌리지만 이 차이는 누가 아르케실라오스에게, 사람들이 그 학파에서 에피쿠로스의 학파로는 넘어오지만) 거꾸로는 하지 않는다고 그를 책하자, 그는 "그렇구 말구. 수탉이 거세한 닭이 될 수 있지만, 거세한 닭이 결코 수탉은 되지 못한다"고 말했다. 이것이 묘한 대꾸이긴 하여도 그것은 잘못된 말이다. 왜냐하면 사실 사상과 교훈의 견고하고 엄격한 면에서는 에피쿠로스학파가 결코 스토아학파에 뒤지지 않기 때문이다.

한 스토아 학자는, 토론객들이 에피쿠로스를 공격하며 그의 논법에 대해서

윗수를 쓰려고, 그가 생각하지도 않은 말을 시켜 놓고 그의 말을 잡아 비틀며 문법상의 규칙을 써서 그가 말하는 방식과는 다른 의미로, 또 그가 마음과 행동 습관에 가지고 있는 것 중에 그들이 알고 있는 신념과는 다른 신념으로 만들어, 따지고 있는 것보다 더 성실한 태도를 보이며, 무엇보다 에피쿠로스학파의 길이 너무 고매하여 여간해서 도달할 수 없는 길이라고 보고, 자기는 이 학파가 될 생각을 포기했다고 말한다.

그리고 탐락의 기호자로 불리는 자들은 사실 "미의 기호자요 정의의 기호자들이며, 모두가 도덕을 애중하고 실천한다."(키케로) 되풀이해서 말하지만, 이 스토아학파와 에피쿠로스학파의 철학자들 중에는, 마음을 도덕에 맞게 잘 조절하여 착한 상태로 두는 것만으로는 충분하지 않다고 판단하는 자들이 많다. 그들은 결심과 사상을 모든 외적 운의 힘을 초월해서 갖는 것만으로 만족하지 않고, 그보다도 그것을 시련해 볼 수 있는 기회를 찾아야 한다고 판단한다. 그들은 고통과 궁핍과 경멸을 싸워 이기며, 그들의 심령을 긴장시키기 위해 이런 것을 찾아 가지려고 한다. "도덕은 투쟁 속에서 크게 성장한다."(세네카)

이것은 그들과는 다른 학파인 에파미논다스가 지극히 합법적으로 운이 그의 손에 쥐어 주는 재물도 거절해 가며, 빈궁과 싸워 나가야 한다고 말하고, 항상 극도의 궁핍 생활을 지켜 가던 이유 가운데 하나이다. 소크라테스는 흉악한 아내를 참아 내는 고역으로, 그보다 더 심한 시련을 받은 것으로 보인다. 그것은 새파랗게 날선 칼만큼 독한 시련이다.

메텔루스는 로마의 원로원 의원들 중 홀로, 로마의 호민관 사투르니누스가 모든 힘을 다해서 평민들에게 유리한 법률을 부정당하게 통과시키려는 포악한 처사에 대항하려고 시도했다. 그러나 결국 이 법을 거절하는 자들에게 사투르니누스가 내리는 극형을 받게 되자, 곤경에 빠져서 자기를 사형장으로 끌고 가는 자들에게 말하기를 "나쁜 일을 하기란 얼마나 쉽고 비열하며, 아무 위험도 없는 곳에서 착한 일을 하기란 얼마나 속된 일인가. 그러나 위험이 있는 곳에서 착한 일을 하기는 도덕군자가 마땅히 할 일이로다"라고 했다.

메텔루스의 이 말은 내가 증명하려는 바를 명료하게 보여 준다. 즉, 도덕은 쉬운 일을 동무 삼기를 거절하는 것이며, 착한 마음의 성향으로 조절된 걸음을 인도하는 평탄하고 경사진 길은 진실한 도덕의 길이 아니라는 것을 의미한다.

도덕은 거칠고 가시덤불진 길을 찾는다. 도덕은 그것이 싸워 나갈 거리로, 메텔루스의 경우와 같이 그 꿋꿋한 행진을 좌절시키려고 운이 즐겨 가져 오는 외부적인 시련이거나 우리 본성의 무질서한 욕망과 불완전성이 가져오는 내면적인 시련을 가지려고 한다.

나는 힘 들이지 않고 여기까지 말해 왔다. 그러나 이런 잡념 끝에, 바로 내가 알고 있는 것 중에서 가장 완벽한 소크라테스의 마음은, 그다지 남에게 권장할 것이 못 된다. 왜냐하면 이 인물에 대해서는 악덕에서 나오는 욕망과 싸우는 어떤 노력도 상상해 볼 수 없기 때문이다. 그의 도덕적인 길 앞에는 아무런 어려움도, 아무런 강제도 상상해 볼 수 없다. 그의 이성은 너무나 강력하며 자기 자신을 잘 제어하고 있기 때문에 결코 나쁜 욕망이 나올 여지를 주지 않는다. 그와 같은 높은 도덕에 있어서는, 그의 앞에 세워 놓을 자를 찾아볼 수가 없다. 이 도덕은 환영식을 거행하여 태평스럽게 행진하는 것 같다.

만일 도덕이 그 반대되는 욕망과 투쟁에서밖에는 빛날 수 없는 것이라면, 도덕은 악덕의 도움을 받지 않고는 해 나갈 수 없는 일이며, 악덕 때문에 영광과 신용을 얻고 있는 점에서 악덕의 덕을 보고 있다고 말해야만 할 일인가? 그러면 저 용감하고 호방한 에피쿠로스학파의 탐락이 도덕을 무릎 위에서 말랑하게 키우며 재롱 피우게 하고, 도덕에게 수치, 열병, 빈궁, 죽음, 지옥의 고초 따위를 노리갯감 삼아 주고 있는 것은 어떻게 말할 일인가? 완벽한 도덕이 고충과 싸우며 참을성 있게 견디고, 통증의 고통도 제자리에서 움직이지 않고 참아 내는 것임을 미리 예상하는 것이라면, 내가 도덕에게 그 필요한 대상으로 몹시 힘들고 어려운 처지와 고난을 지정해 주는 것이라면, 마치 에피쿠로스학파가 세워 놓고 그들 중의 많은 자들이 행동으로 아주 확실한 증거를 남겨 준 바와 같이 그렇게 높이 올라가서 고통을 경멸할 뿐 아니라 그것을 즐기며, 심한 담석증의 통증도 간지러움으로 느낄 정도에 이르는 것이라면, 이 도덕은 어떻게 될 것인가? 그것은 마치 내가 보는 바의 행동으로 그들의 훈련 규칙에 넘치는 일을 하고 있는 다른 많은 사람들이 가지고 있는 도덕과 같은 것이다.

소(小) 카토가 바로 그 증인이다. 그가 자기 내장을 찢어 흩뜨리며 죽어 가는 것을 보면, 나는 그가 그저 마음에 동요와 공포가 전혀 없었다고는 생각할 수 없으며, 이 행동에서 그가 태연자약하고 아무런 감정도 없이 냉철하게, 단지 스토아학파가 그에게 명령하는 규칙을 준수하고 있었다고만도 생각할 수는 없다. 그것만으로 멈추기에는 이 인물의 도덕에는 너무나 많은 쾌활성과 기백이 있었다. 의심할 바 없이 그는 이렇게도 고상한 행동에 쾌감과 탐락을 느꼈으며, 그 생애의 다른 어떤 행동보다도 더 이를 즐겼으리라고 믿는다. "그는 자기에게 죽음을 주는 동기를 발견함에 행복하여 인생을 하직했다."(키케로)

나는 그의 도덕이 너무나 높아서, 그가 이런 훌륭한 행적을 세울 기회를 빼앗기고 싶어 했으리라고 하는 데는 의심을 품는다. 그리고 자기 이익보다도 공공의 이익을 더 옹호할 정도로 착한 그의 마음이 내 심정을 억제하지 않았던들, 나는 악한이 그의 도덕심에 이런 아름다운 시련을 과해 주려고 자기 조국의 옛날 자유를 발밑에 짓밟아 버리게 한 운명의 신에게 감사하고 있었다고 생각하기도 쉬웠을 것이다. 그가 기도하는 높고 고상함을 생각해 볼 때, 이 행동 속에 무엇인지 모르는 마음의 즐거움과 비상한 쾌감, 남성적 탐락에서 오는 감격을 품었던 것을 알아볼 수 있을 것 같다.

죽기로 결심한 만큼 더욱 기개가 높도다. (호라티우스)

그것은 어떤 사람들의 범상하고 나약한 판단과 같이 영광을 바라고 하는 것은 아니다. 이런 생각이 그만큼 호탕하고 고매하며 강직한 마음을 감동시키기에는 너무나 천한 심정이기 때문이다. 반대로 이 거사가 그 자체로써 아름다운 까닭에 하는 일이다. 우리가 감히 할 수 없는 방편을 구사하고 있는 그는, 이 행적의 아름다움을 훨씬 더 잘 살피고 완벽한 상태로 내다보았던 것이다.

철학은, 이렇게도 아름다운 행동이 카토 아닌 다른 사람의 생애에 있었더라면 맞지 않았을 것이고, 그의 생애만이 이러한 종말을 가질 수 있었다고 판단하는 기쁨을 내게 주었다. 그렇지만 그는 이성을 좇아서 그의 뒤를 따르려는 그의 아들과 가족들, 그리고 원로원 의원들에게는 달리 행동하라고 명령했다. "카토는 그 천성으로 쉬이 남을 믿지 않는 신중한 성향을 가졌고, 또 굳은 절개와 지조로 그의 성격을 강직히 하며 항상 자기주의를 견지하고 있었으므로, 그는 폭군의 지배를 좌시하기보다는 차라리 죽음을 택해야만 했다."(키케로)

모든 죽음은 당사자의 인생에 상응해야만 한다. 죽을 때 사람이 다르게 되는 수는 없다. 나는 항상 그 생애를 보고 그 죽음을 해석한다. 그리고 물러 빠진 생애에 결부된 강렬한 죽음의 이야기를 들으면, 나는 그것이 그 생애에 맞는 약한 원인에서 온 것으로 해석한다.

그러면 그의 죽음이 이렇게도 쉬웠고, 그의 심령의 기백으로 이 일이 그렇게도 쉬워졌다는 것은, 어느 점에서 그의 도덕의 눈부신 빛에 손상을 끼치는 일이라고 말해야 할 것인가? 그리고 두뇌가 다소라도 철학으로 물든 자라면, 소크라테스가 처단을 받아 쇠사슬에 얽매여 투옥당한 사건에서, 그가 공포와 정신적 타격을 받은 일이 없었다고 생각한 것만으로 만족할 수 있을 것인가? 그에게는 확고한 신념과 지조뿐 아니라(이런 것은 그에게는 예사로운 일이었다), 그 밖에도 무엇인지 모르는 새로운 만족과 유쾌한 즐거움이 그의 마지막 말과 태도에 있었음을 누가 알아보지 못할 것인가? 쇠사슬이 벗겨졌을 때 자기 다리를 긁으며 느끼는 쾌감으로 부르르 떨며, 지난날의 모든 고통스러운 고생을 벗어던지고 장차 오려는 일을 알게 된다는 것만으로도 그의 마음은 한결같이 상냥한 기쁨을 내보이는 것이 아닌가? 카토는 나를 용서해 주기 바란다. 그의 죽음은 더 비극적이며 긴장된 것이었다. 그러나 소크라테스의 죽음은 어째서인지 모르지만 한층 더 아름답다.

아리스티포스는 이 사건을 슬퍼하는 자들을 보고, "신들이 내게 이런 운을 보내 주었으면 얼마나 좋았을까!" 하고 말했다.

이 두 인물과 그들의 모방자들(나는 이와 같은 자들이 또 있으리라는 것이 매우 의심스럽기 때문이다)의 마음에는 도덕을 행하는 일이 완전한 습관이 되어, 그들의 체질이 되어 버린 것이다. 그것은 이미 힘들여 얻은 도덕도 아니고, 이성에 의해 조절되며 그것을 유지하기에 심령을 경직시켜야 할 도덕도 아니다. 그것은 바로 그들 심령의 본질이다. 그것은 자연스러운 걸음이다. 철학적 교훈의 오랜 훈련이 아름답고 풍부한 천성을 가꾸어서, 그들 심령을 그렇게 만든 것이다. 우리의 마음속에서 나오는 악덕스러운 정열은 그들에게는 들어갈 구멍이 없어서 동요시키지도 못한다. 그들 심령의 강직한 힘은 이런 죄악스러운 욕망이 꿈틀거리기 시작하면, 바로 질식시켜 꺼 버린다.

그런데 한 고매하고 거룩한 결심으로 유혹이 발생하는 것을 방지하며, 악덕의 씨앗 자체가 뿌리 뽑히도록 도덕으로 자신을 가꾸는 것이, 악덕의 진전을 억지로 힘들여서 방지하며 나쁜 정열의 첫 번째 충격에 사로잡혔다가 그 진행을 정지시키려고 자기를 무장하고 긴장시켜서 악덕을 극복해 가는 것보다 더 아름답다. 그리고 이 둘째 것의 효과가 단지 안이하고 호탕한 천성으로 자기 자신이 방탕과 악덕이 싫어서 하지 않는 것보다 훨씬 더 낫다는 것에는 의문이 간다고 생각되지 않는다. 왜냐하면 이 셋째 번의 마지막 태도는 한 인간을 순진하게는 하지만 도덕적으로 만들지는 않는 것으로 보인다.

나쁜 짓을 할 수는 없으나 그렇다고 착한 일을 하기에 적합한 것도 아니다. 그리고 그 조건은 불완전하고 허약한 성격에 가까워서 그 한계를 어떻게 밝히고 식별해야 할 것인지 나는 모른다. 착함, 순진함 등의 이름이 그렇다고 경멸할 이름이 되는 것은 결코 아니다. 나는 정숙, 수수함, 절제 등 여러 가지 도덕이 육체가 쇠퇴함에 따라서 우리에게 올 수도 있음을 본다. 위험에 대한 견고성(이것을 견고성이라고 부를 수 있다면), 죽음에 대한 경멸, 불행에 대한 인내 등은, 이런 사태를 잘 판단하지 못하고 그 일을 사실 그대로 받아들이기 때문에 갖는 수도 있다. 이해력이 결정되고 우둔하기 때문에 도덕적인 행동을 본뜰 수도 더러 있다. 그래서 사람들은 책망받아야 할 일을 가지고 칭찬받는 경우를 자주 보아 왔다.

한 이탈리아 귀인이 내 앞에서 자기 나라에 불리한 말을 했다. 즉, 이탈리아인들은 약은 재주와 민첩한 사고력을 가지고 그들에게 일어날 수 있는 위험한 사건들을 너무 미리 앞질러 예측하기 때문에, 전쟁터에 나가서 진짜 위험이 닥쳐오기도 전에 자기 안전책을 찾는 꼴을 보인다 해도 이상할 것이 없다는 말이었다. 그리고 우리와 스페인인들은 그렇게 약삭빠르지를 못하기 때문에 더 과하게 나가는 것이며, 위험한 경지를 눈으로 보고 손으로 만지고 나서야만 그것에 놀라며, 그때부터는 우리도 역시 침착한 태도를 지키지 못한다고 한다. 독일인과 스위스인은 더 천하고 둔중해서 자기 처지를 따져 볼 자각도 갖지 못하고, 적의 공격에 쓰러졌을 때에야 겨우 일이 진행되는 형세를 알아차릴까 말까 하다는 것이다. 이것은 아마도 우스갯소리에 불과하리라. 그렇지만 전쟁에서 풋내기들이 위험한 지경이나 아무 잘못 없는 숫자에 몸을 던지며 큰 코를 다친 다음에야 그만두는 것은 사실이다.

> 최초의 전투에서
> 아직 경험하지 못한 영광의 갈망과 첫 번째 승리의 희망에
> 유혹되어 무슨 짓이라도 할 수 있음을
> 모르는 바 아니다.
> (베르길리우스)

그 때문에 특수한 행동에 관해서 판단할 때는, 그것을 정의하기 전에 여러 사정과 그것을 행한 자의 인간됨을 고찰해 보아야 한다.

내 자신에 대해서도 한마디 할 일이다. 친구들은 가끔 나를 보고 운이 좋아 된 일을 조심성으로 한 일이라고 생각하고, 내가 사색과 판단으로 한 일을 용기와 인내성으로 이루었다고 생각하며, 때로는 내게 유리하게 때로는 불리하게 나와는 다른 판단을 하는 것을 보았다. 그런데 나로 말하면, 도덕이 습관이 되는 첫째 번의 완벽한 단계에 이르기에는 너무나 부족하고, 둘째 번에 이른 것도 아무런 증거가 없다. 나는 어떤 욕망에 몰렸을 때에 그것을 억제해 보려고 큰 노력을 들인 일이 없다. 내 도덕은 도덕이랄까, 더 잘 말하자면, 바라지도 않고 우연히 얻은 순진성이다. 만일 내가 더 무절제한 기질을 타고났더라면 내 행실은 비참하게 되었을지도 모른다. 나는 간혹 격심한 정열을 경험해 보았다 해도, 그것을 극복하기 위해서 내 마음을 굳게 가지려고 노력해 본 일이 없었다.

나는 마음속에서 싸우고 토론해 보는 소질을 가꿀 줄을 모른다. 그래서 내가 여러 가지 악덕을 갖지 않았다고 해서, 자신에게 크게 고마워할 거리도 없다.

> 만일 내 천성이 대체로 착하고
> 아름다운 육체가 작은 오점을 보일 수 있듯
> 내게 대단치 않은 소수의 결함밖에 갖지 않았던들.
> (호라티우스)

나는 그것을 내 이성에서보다 운에서 얻은 것이다. 나는 성실하기로 유명한 혈통을 받아서 대단히 선량한 부친에게서 출생했다. 나는 그의 기질 일부가 내게 흘러내려왔는지, 가정 생활의 본보기와 소년 시절의 훌륭한 교육의 도움

을 부지불식간에 받았는지, 내가 달리 이렇게 출생한 것으로 되어 있는지 모른다.

> 내가 천칭자리의 신비한 징조 밑에 출생했건
> 돌아오를 때의 눈빛 매서운 전갈자리
> 밑에 나왔건 또는 헤스페리아의 바다에
> 폭군으로 임하는 염소자리 밑에 나왔건.　　　　　(호라티우스)

어떻든 나는 자신이 악덕과 관계되는 것을 지극히 꺼린다. 누가 최선의 수양 방법을 안티스테네스에게 물어보았을 때, 그가 대답한 '악덕을 배우지 말라'는 말은 내 모습을 정의하는 것 같다.

나는 이런 악덕을 크게 싫어하기 때문에, 어떠한 상황에서도 내가 아주 어릴 때부터 받아 지녀온 이 본능과 인상을 변질시키는 일 없이 이제껏 보존해 왔다고 생각한다. 진실로 세상에 늘 있는 방식으로 풀어 놓으면, 타고난 경향 때문에 내 행동을 혐오하고 피하는 방향으로 쉽사리 탈선시켰을 내 고유의 사상도, 이 성품을 버려 놓지는 못했다.

이것은 괴상한 말이지만, 어떻든 말하겠다. 나는 여기서 여러 일은 두고 보건대, 내 사상보다 행동 습관에 더 제약과 질서가 있고, 내 이성보다도 내 정욕이 덜 방탕한 것을 본다.

아리스티포스는 탐락과 물욕에 관해서 너무 과감한 주장을 했기 때문에, 철학 전체의 공격을 한몸에 받았다. 그러나 그의 행동 습관을 보면 폭군 디오니시우스가 세 명의 예쁜 여자를 그에게 제공하고, 그중에서 하나만 선택하라 하자 그는 그 셋을 모두 갖겠다고 하며, 파리스가 세 여신들 중에서 하나만 고른 것은 잘못이었다고 대답했다. 그런데 그녀들을 자기 집으로 데려가서는 건드려 보지도 않고 돌려보냈다. 그의 하인이 돈을 잔뜩 짊어지고 그의 뒤를 따르자, 하인에게 귀찮은 것을 쏟아 내던지라고 명령했다.

비종교적이고 나약한 학설을 가졌던 에피쿠로스는 한평생 대단히 경건하고 근면하게 살아갔다. 그는 자기 친구에게 자기는 마른 빵과 물만 마시며 산다고 말하고, 성찬을 베풀 때 쓰겠으니 치즈를 좀 보내 달라고 청했다. 글쎄, 완전히 착하기 위해서는 법도 이치도 본보기도 가질 것 없이, 비밀스러운, 타고난 보편적인 소질이 있어야 한다는 것은 사실일까? 하다 보니, 내가 쏠려 들었던 방종성은 고마운 일로 최악의 축에는 들지 않는다. 나는 내게 그런 일이 있으면 마땅히 해야 할 정도로 자신을 책망했다. 그런 것 때문에 내 판단력까지 나쁘게 바뀌지는 않았던 것이다. 그 반대로, 나는 다른 사람보다 자신의 잘못을 더 엄격하게 문책한다.

그러나 그뿐이다. 이런 수작을 조절하거나 다른 악덕이 섞여 드는 것을 막는 일 외에는, 나는 저항하지도 않으며 저울대의 다른 편으로 잘 기울어지는 것이다. 이 악덕들은 그냥 두면 대부분이 서로 얽히며 서로 끌고 들어간다. 내 악덕들은 내 힘이 닿는 한 외떨어져 단순해지도록 단절시키고 압축시켜 놓는다.

나는 더 이상은 내 잘못을 사랑하지 않는다. (유베날리스)

왜냐하면 스토아학파들에 의하면, 현자는 행동할 때 그 행동의 성실에 따라 한층 더 드러나는 도덕이 있다 해도 모든 도덕을 합쳐서 행하는 것이라고 말하는데(여기서는 어느 점에서는 사람의 신체와 닮은 작용이 있는 것을 볼 수 있다. 그것은 노여움의 작용이 아무리 우세하다 해도 우리 기분 전체가 그것을 거들지 않으면 되지 않는 식이다), 만일 여기서 그들이 한 범죄자가 어떤 잘못을 범할 때 그는 모든 악덕을 합쳐서 범한다는 식의 결론을 끌어내려고 하는 것이라면, 나는 그들을 그대로 단순하게 믿어 주지 않거나 내가 그들을 이해하지 못한다. 왜냐하면 나는 결과적으로 그와는 반대라고 느끼기 때문이다. 이런 것은 철학이 이따금 구애받는 날카롭고도 실속 없는 교묘한 말이다.

나는 어떤 악덕은 탐한다. 그러나 어떤 악덕은 성자에 못지않게 피한다. 그뿐더러 페리파트 학파(아리스토텔레스 파)들은 이러한 풀릴 수 없는 연결과 융합을 부인한다. 그리고 아리스토텔레스는 현명하고 정의로운 인간도 무절제하고 음탕하고 난잡할 수 있다고 생각한다.

소크라테스는 누가 그의 인상에 악덕의 경향이 있다고 말하자 고백하기를, 사실은 그것이 자기가 타고난 천성이었으나 수양의 힘으로 교정했다고 대답했다. 철학자 스틸폰의 친지들은, 그는 술과 여자를 탐하는 성질을 타고났으나,

수련의 힘으로 둘 다 절제하게 되었다고 했다.

내가 가진 착한 점이라는 것은, 그와는 반대로 타고난 장점에서 얻은 것이다. 나는 그것을 법이나 수양이나 다른 훈련에서 얻지는 않았다. 내게 있는 순진성은 타고난 순진성이다. 활기가 적고 기교가 없다.

나는 다른 악덕들 중에도 내 천성으로, 그리고 내 판단으로 잔인성을 모든 악덕 가운데 극악한 것으로 지독하게 혐오하고 피한다. 그러나 나는 너무 심약해서, 수탉의 목을 비트는 것조차 불쾌감 없이는 보지 못한다. 또 사냥은 아주 좋아하지만 사냥개에 물린 토끼의 비명을 듣는 것은 참지 못한다.

탐락과 싸우려는 자들은 그것이 모두 악덕스럽고 부조리하다는 것을 보이기 위해서 이런 논법을 잘 본다. 즉, 악덕이 가장 큰 노력을 할 때는 이성이 거기에 도달할 수 없을 정도로 우리를 제압한다고 하며, 여자와 육체관계를 맺을 때 우리가 느끼는 그 경험을 끌어서 말한다.

> 육체는 쾌락을 재촉하고
> 비너스가 여자의 밭에 파종하려고 할 때   (루크레티우스)

그때 쾌락은 우리를 너무 심하게 혼미시켜 버리기 때문에, 우리의 사고력은 그 힘을 상실하고 완전히 탐락 속에 오그라들어 정신을 잃고 마는 경우가 많다.

나는 일이 다르게도 될 수 있으며, 사람은 때로는 자기가 원하면 바로 그 순간에 다른 생각을 할 수 있다는 것을 안다. 그러나 이 마음이란 긴장시켜서 경계심으로 굳게 다져야 한다. 나는 사람들이 이 쾌락의 충격을 억제할 수 있음을 안다. 그리고 나보다도 더 품행이 단정한 많은 사람들이 흔히 증언한 바와 같이, 나는 비너스를 강압적인 여신이라고는 보지 않았다. 나는 나바르 여왕이 《일곱 밤 이야기》의 하나에서 말하듯(이 작품은 그런 제재로는 묘하게 꾸며진 것이다), 한 남자가 오래 갈망해 오던 애인과 며칠 밤을 보내는데, 모든 기회와 자유를 가지고 함께 지내며 단지 키스와 접촉만으로 만족하라는 약속의 신의를 지켰다는 것을 기적 같은 일이라고도, 너무나 어려운 일이라고도 생각하지 않는다.

나는 사냥을 할 경우가 이 예에 더 들어맞는다고 생각한다(여기서 얻는 탐락은 적은 대신, 뜻밖에 부딪히는 황홀감은 더 강하게 이성을 압도하여, 사람에게 마음을 가다듬을 여가를 주지 않는다). 오래 짐승을 찾아 돌아다니다가, 도무지 이런 곳에 있으리라고는 생각되지 않는 곳에서 툭 튀어나오는 때 말이다. 이런 때 충격을 받아 고함지르는 순간의 흥분은 너무나 강렬해서, 이런 경우 사냥을 즐기는 자가 생각을 다른 방향으로 돌리기는 쉽지 않다. 그래서 시인들은 디아나(수렵의 여신)를 큐피드(사랑의 신)의 횃불과 화살촉에 승리하게 하는 것이다.

　이 환락의 절정에서 사람의 고뇌를
　잊지 않을 자 누구인가?　　　　　　　　　　　　　(호라티우스)

내 이야기로 돌아오자. 나는 다른 사람의 쓰라린 사정에는 깊이 동정한다. 그리고 어떠한 경우라도 내가 울 수만 있다면 같이 따라 울어 줄 것이다. 눈물만큼 내 눈물을 끄는 것은 없다. 진짜뿐 아니라 가짜건 꾸민 것이건 마찬가지이다. 죽은 자들은 가련할 것도 없다. 오히려 부러워진다.

그러나 죽어 가는 자들은 아주 가련해 보인다. 야만인들이 죽은 사람의 고기를 구워 먹는다는 것은 살아 있는 사람을 괴롭히고 박해하는 자들 만큼은 내 기분을 거스르지 않는다. 법을 집행하는 경우라도, 그것이 아무리 정당한 일이라도 나는 눈을 똑바로 뜨고는 그것을 쳐다보지 못한다.

어떤 사람은 카이사르의 마음이 너그러움을 증명하려고, "그는 복수하는 데도 너그럽다. 전에 자기를 사로잡아 몸값을 받아간 해적들을 항복시키고 나서, 미리 그들을 십자형에 처하겠다고 위협해 놓았기 때문에 그대로 형을 내렸으나, 먼저 목매어 죽이고 나서 집행한 것이다. 그의 비서 필로몬이 그를 독살하려고 한 사건에서는, 그를 단순한 사형에 처하는 것 이상으로 가혹한 처분을 하지는 않았다"고 했다. 이렇게 너그러운 마음을 증명하기 위해서 자기를 해치려 한 자를 죽이기만 했다는 이야기를 감히 끌어 대는 이 라틴 작가(수에토니우스)가 누구인가는 굳이 말할 필요도 없다. 그러나 로마의 폭군들이 항상 내리던 형벌이 너무나 굴욕적이고 끔찍스럽게 잔인했는지, 두 눈으로 보고 그가 얼마나 뼈저리게 그 고통을 느꼈던가는 가히 짐작할 수 있다.

나는 법 집행에도 역시 단순한 죽음에서 넘치는 일은 그저 잔인한 것이라고 본다. 그뿐더러 죽은 자들의 영혼을 좋은 상태로 저승에 보내 주어야 할 우리로서는 더욱 그렇다. 그들에게 참아 낼 수 없는 고통스러운 형벌을 가해서 충격을 주고 절망시킨 다음 죽게 한다는 것은 말도 안 된다.

일전에 포로가 된 한 병사가 갇혀 있던 탑에서 아래 광장에 대목들이 형틀을 세우기 시작하고 사람들이 구경하러 모여드는 것을 내려다보고, 그것이 자기를 위해 세워지는 것인 줄 알고 절망에 빠진 채 달리 자살할 방법이 없자, 마침 손에 잡히는 헌 수레의 녹슨 못을 뽑아 두 번이나 자기 목을 세게 찔렀다. 그래도 생명이 끊어지지 않자, 그는 바로 배를 찔러 실신했다. 옥지기 하나가 들어와 그의 정신을 돌려놓고, 다시 실신하기 전에 그를 단두형에 처한다는 판결문을 재빨리 읽어 주었다. 그러자 그는 이것을 듣고 대단히 기뻐하며, 처음에는 안 먹겠다고 거절하던 포도주를 받아 마셨다. 그리고 바라지도 못하던 순한 판결을 내린 재판관에게 감사하며, 자기는 더 잔인한 형벌을 받을 것이라는 생각에 끔찍스러워 자살하려고 했다고 말했다. 그는 그 고통스러운 형벌을 예상하고 죽음의 준비에 대한 공포가 더 심해져서 더욱 참기 어려운 죽음을 피하려고 했다는 것이었다.

사람들이 백성들을 부리는 수단으로 쓰는 이런 잔혹한 본보기는, 죄인들의 시체에 행해져야 한다고 생각한다. 왜냐하면 그들이 무덤도 얻지 못하고 신체는 물에 삶아지고 사지를 찢기는 꼴을 사람들에게 보이면, 그것은 살아 있는 자들에게 과하는 고문과 거의 같은 공포심을 주게 될 것이다. 이 고문의 효과는 아주 적거나 전혀 없는 것이며, 하느님의 말씀과도 같이 "그들은 신체를 죽이는 것이다. 다음에 더한 일을 할 수는 없는 일이다."(누가복음) 그리고 시인들은 이 묘사에 특이하게 공포감을 내어, 죽음 이상으로 무섭게 만든다.

> 아아! 반은 불에 구워져 뼈가 드러난
> 검붉은 피투성이 왕의 시체가
> 무참하게도 땅 위로 끌려간다.
> (엔니우스)

나는 어느 날 로마에서 카테나라는 유명한 도둑을 갈라 죽이는 것을 보았다. 사람들은 그를 목매어 죽였는데, 그때는 구경꾼들에게 아무런 감명도 주지 못했다. 그런데 그의 사지를 가르는 장면에 와서 집행인이 도끼를 내리치자, 사람들은 울부짖으며 마치 구경꾼 하나하나가 이 죽은 살덩이의 감각을 느끼는 것 같았다.

이런 비인간적인 형벌은 피각(皮殼)에 대해서 행해야 하고, 살아 있는 알몸에 행해져서는 안 된다. 그래서 아르타 크세르크세스는 이와 같은 경우, 페르시아 고대 법률의 가혹한 점을 늦추며, 그 직무를 잘못 수행한 경우에 전에는 몸에 매질하던 것을 옷을 벗겨 그 옷에다 매질했다. 그리고 머리털을 뽑던 형벌 대신, 다만 그들의 춤이 높은 모자를 벗겼다.

이집트인들은 극히 경건했지만, 신들에게 돼지 그림을 그려서 희생으로 바치며, 신들의 정의를 만족시킨다고 생각했다. 본질적 실체인 신에게 그림과 그림자로 대가를 치르다니 당돌한 생각이었다.

나는 국내 전쟁의 퇴폐한 세태로 이러한 믿을 수 없는 악덕의 예가 성행하는 시대에 살고 있다. 우리가 날마다 겪고 있는 극단의 처사는 고대에서는 도무지 찾아볼 수 없는 일이다. 나는 결코 이것을 그저 평범하게 볼 수 없다. 이렇게도 괴물 같은 마음씨들이 있어서, 사람을 죽이는 재미로 살인을 하며, 남의 사지를 쳐서 가르고, 아무 적의도 이익도 없이 고통스러운 형벌을 받고 죽어가는 사람의 비참한 울음소리와 그 가련하게 꿈틀거리는 몸부림을 재미나게 구경하자는 단 하나의 목적으로, 전에 없던 고문과 새로운 살인법을 꾸며 내려고 머리를 쓰다니, 내 눈으로 보기 전에는 도무지 믿어지지 않는 일이다. 왜냐하면 이것이야말로 잔인성이 도달할 수 있는 극한이다. "분노와 공포의 감정에 몰리지 않고, 단지 목숨이 끊어지는 형상을 보려고 인간이 인간을 살해하다니……". (세네카)

나로서는 자기를 방어할 방책도 없고 우리를 모해한 일도 없는 죄없는 짐승을 추격해 죽이는 꼴도 불쾌감 없이는 볼 수 없다. 그리고 보통 일어나는 일이지만, 사슴이 쫓겨서 숨은 가쁘고 힘은 달려서 그를 추격하는 이에게 눈물을 흘리며 살려 달라고 대들 때—

    그리고 유혈이 낭자하여 신음 소리를 내며

용서를 간청하는 것같이 보이니.　　　　　　　　　　(베르길리우스)

　내게는 그것이 언제나 극히 불쾌한 광경으로 보였다. 나는 살아 있는 짐승을 잡으면 반드시 들에 놓아 준다.
　피타고라스는 어부나 새잡이들에게서 짐승을 사 들여서는 놓아 주었다.

　　이 강철이 처음으로 물든 것은
　　야수의 백혈에 의한 것이었다고 나는 생각한다.　　　　(오비디우스)

　짐승의 피 보기를 좋아하는 성질은 잔인성을 즐기는 천성을 보여 준다.
　로마에서는 사람들이 짐승 죽이는 광경에 익숙해지자, 다음에는 사람과 검투사들의 피를 보고 즐기기에 이르렀다. 천성은 그 자체로 인간에게 비인간적 본성을 결부시켜 준 것이 아닌가 두려워진다.
　아무도 짐승들이 서로 장난하며 애무하는 것을 보고, 같이 뛰놀지는 않는다. 짐승들이 서로 물어 뜯고 찢고 하는 것을 보고 좋아 날뛰지 않는 자는 없다.
　내가 짐승들에게 이런 동정심을 가진 것을 비웃지 않게 하기 위해서, 신학에서 동물을 귀여워하라는 가르침이 있음을 말하겠다. 같은 주께서 그를 섬기도록 그의 궁전(우주를 말함)에 우리를 살리고 있으며, 짐승들도 우리의 다같은 가족이라는 것을 고려한다면, 신학에서 우리에게 짐승들에 대해서 어떤 배려와 애정을 가지라고 명령하고 있는 것은 당연한 일이다. 피타고라스는 윤회설을 이집트인들에게서 받아 왔다. 그러나 그 이후 여러 민족들, 특히 우리 드뤼드족들이 이것을 받아들였다.

　　영혼은 사멸함이 아니다. 항상 그들의 첫 주소를 버리고
　　새 주소를 찾아서 자기의 주거로 삼는다.　　　　　　(오비디우스)

　옛날 우리 갈리아인들의 종교는, 영혼은 영생불멸인 까닭에 끊임없이 움직여 이 신체에서 저 신체로 자리를 옮긴다고 했으며, 그 밖에 이 사상에 신의 정의에 관한 고찰을 혼합시키고 있었다. 영혼이 알렉산드로스의 몸에 깃들어 있

었던 동안의 행동에 따라서, 하느님은 그에게 다소 더 힘들고 그의 조건에 상응하는 다른 신체에 가서 살라고 명령한다고 그들은 말했다.

> 그는 영혼을 동물의 육체 속에 유폐한다.
> 그는 잔인한 영혼을 곰 속에 가두고 도적들은 이리 속에 가두며,
> 악한들은 여우 속에 가두고
> 그들에게 오랜 세월 동안 수많은 윤회를 겪게 한 다음
> 마지막에 그들을 망각의 황천에 정화하여
> 최종 형체로 돌려준다.　　　　　　　　　　　(클라우디아누스)

만일 영혼이 전에 용감했다면 그것을 사자의 몸에 살게 하고, 탐락을 즐겼다면 돼지의 몸에 맡기고, 비굴했다면 사슴이나 토끼의 몸에 갖다 두며, 그래서 영혼이 이런 징계로 정화되어서 어느 다른 사람의 신체를 차지할 때까지 계속된다는 것이었다.

> 나 자신(아직도 떠오르지만)이 트로이 전쟁 때는
> 판테아의 아들 에우포르보스였다.　　　　　　(오비디우스)

우리와 짐승 사이의 친척 관계로 말하면, 나는 이것을 그리 중하게 생각하지 않는다. 그리고 이것도 중시하는 것은 아니지만, 여러 나라에서 특히 가장 오래고 고상한 나라에서는 짐승을 동무로 사귀었을 뿐 아니라, 짐승들에게 자기보다 더 높은 지위를 주며, 때로는 짐승을 그들의 친지로 총애를 받게 하고, 인간 이상의 존경과 숭배를 바쳤으며, 다른 나라에서는 짐승들 이외에 다른 하느님이나 다른 신을 인정하지 않았다는 사실도 나는 중시하지 않는다. "거기서 그들이 이익을 보기 때문에 야만인들은 금수를 신격화했다."(키케로)

> 어떤 자들은 악어를 숭배하고
> 다른 자들은 뱀을 먹고 살찐 따오기를
> 신성한 무서움과 두려워하는 마음으로 예배한다.

여기서는 제단 위에 긴꼬리원숭이의 황금상이 빛나고
저기서는 생선이 숭배받으며
다른 데서는 개가 전 도시의 숭앙의 대상이 된다.　　　(유베날리스)

그리고 플루타르크가 이런 잘못에 대해 내리는 해석도 대단히 잘 된 것이지만, 아직 짐승들에게 영광을 주고 있다. 왜냐하면 그는 말하기를(예를 들면), 이 집트인들이 숭배하던 것은 고양이나 황소가 아니고, 이 짐승들을 통해서 신들의 소질에 관한 어느 영상을 숭배했다는 것이다. 즉, 한편에서는 인내와 효용성이고 또 한편에서는 활기를 상징하는 식이며, 또는 우리 이웃의 부르고뉴인들과 독일 사람들 전체가 고양이를 갇혀서 사는 조바심의 상징으로 보고 이것을 사랑하며, 다른 신성한 소질들보다도 더 사랑하고 숭배하는 자유를 표상했던 것이다.

다른 일들도 이런 식이다. 가장 절도 있는 사상들 중에서 우리 인간들이 짐승들과 밀접하게 닮아 있는 것을 보여 주려 하며, 그들이 얼마나 우리가 가진 특권까지도 차지하고 있는가를 보고, 우리를 짐승들에게 비교해 보는 논법에 부딪힐 때, 나는 우리의 자만심을 깎아내리며, 다른 동물들에 대해서 우리가 받고 있는 이 공상적인 왕위를 기꺼이 포기한다.

이런 말에는 반박할 여지가 없다 해도 고려할 점은 있으며, 생명과 감정을 가지고 있는 짐승들뿐 아니라 수목이나 하찮은 것이라 하더라도 인류 전체가 져야 할 어떤 경의와 의무가 결부되어 있다. 우리는 인간에게 정의로 대할 의무가 있다. 그리고 착한 성질을 가질 수 있는 다른 생명들에게도 호의와 자애를 베풀어 줄 의무가 있다. 짐승과 우리 사이에는 어떤 교섭이 있으며, 서로 간에 어떤 은혜와 의리가 있는 것이다. 나는 내 심정이 너무나 유치해서 내 집 개에게 격에 맞지도 않게 애정을 베풀거나 애정을 요구하는 것을 거절할 수 없는 것까지, 타고난 내 마음씨가 상냥하다고 해서 두려울 것은 없다.

튀르키예인들은 짐승들에게 시주로 재물을 주고, 짐승들을 위한 병원을 설치했다. 로마인들은 거위들의 감시로 그들 도성이 구제되었다고 거위의 양육을 위한 공공 시설을 만들었다. 아테네인들은 그들이 헤카톰페돈이라는 사원을 지을 때에 일한 당나귀를 방면하도록 명령하고, 어디서 풀을 뜯어도 막지 못하게 했다.
 아그리겐툼인들은 희귀한 말이나 필요한 개와 새들, 또는 어린애들의 장난감 노릇을 하던 짐승들까지, 그들이 사랑하던 짐승이 죽으면 예를 갖춰 매장해 주는 것이 예사로운 일이었다. 그리고 다른 일에서도 흔히 보이는 그들의 너그러운 마음씨는 특히 수없이 세워진 기념물에도 나타나서, 이런 것들은 그 후에도 여러 세기를 두고 계속 사람들에게 전시되었다.
 이집트인들은 이리와 곰과 악어와 개와 고양이를 신성한 장소에 매장하고, 그들의 신체에 향을 풍겨 주며, 그들이 죽었을 때는 상복을 입었다.
 키몬은 그와 함께 올림픽 경기에 나가서 세 번이나 상을 탄 말을 위해서 영광스러운 무덤을 만들어 주었다. 늙은 크산티포스는 바닷가 멧부리 위에 자기 개를 매장하여 그 바다에는 아직도 그의 이름이 붙어 있다. 그리고 플루타르크는 자기를 오랫동안 섬겨 준 황소를 변변찮은 대가를 받으려고 팔아서 도살장에 보내는 일은 양심에 걸린다고 말했다.

12
레이몽 스봉의 변호

✽역자 해설
 레이몽 스봉은 스페인의 바르셀로나 출신 신학자로, 1436년에 툴루즈에서 죽었다. 그는 거기서 의학을 가르쳤다. 그의 《자연신학》은 16세기에 상당한 평판을 얻었다. 몽테뉴의 말에 의하면, 그는 부친의 요구로 1569년에 이 작품을 번역하여 간행했고, 그 뒤 1581년에 제2판이 출간되었다.
 몽테뉴는 스봉의 사상을 변호한다는 구실로 이 변호에서 사실상 스봉의 사상과는 독립적이고 개인적인 사상을 전개시킨다. 몽테뉴의 《에세이》 중 다른 것과는 동떨어지게 긴 이 장은 그 사상이 가장 영향을 끼쳤으며, 동시에 해석에 가장 난점을 많이 제기하는 논문이다. 그의 유명한 표어 '크세주(Que sais je? 나는 무엇을 아는가?)'로 요약되는 이 극단의 회의주의는 몽테뉴의 중심 사상으로 몇 세기 동안 인정되어 오던 것이다. 그러나 최근 학자들의 연구로는 이것이 제3권의 심리적, 도덕적 확신으로 향하는 중간 단계로 해석되고 있다.

이 논문이 독자를 당혹시키는 것은 주로 그 제목 때문이다. 스봉의 학설을 변호한다는 것은 거의 구실뿐이고, 몽테뉴는 여기서 자기 고유의 사상을 전개하며, 직접 스봉의 사상을 변호한 것은 겨우 한두 쪽에 지나지 않는다. 그것도 스봉이 올바른 신앙을 가졌고 그의 작품에 제한된 가치를 인정할 수 있다는 정도이며, 자기 시대와 같은 종교의 혼란 상태에서는 진실로 올바르게 종교 사상을 받아들인 자가 대단히 드물다는 것을 말하고 있을 뿐이다.

　스봉은 인간을 다른 모든 것들의 저 위에 높이 고립시키고, 모든 생명 가운데 가장 우월한 단계에 올려서, 그것을 창조의 최종 목표로 하고, 그 아래에 밀려오는 모든 불완전한 존재들의 존재 이유로 삼는다. 이에 반해 몽테뉴는 앞머리부터 인간을 자연의 품속에 돌려 놓고, 동물의 수준으로 낮추어 버린다. 스봉은 이성 위에 신념을 세우려고 노력하는 데 반해서, 몽테뉴는 이성의 모든 가치를 과학적 지식의 영역에까지도 부인해 버린다.

　그는 섹스투스 엠피리쿠스의 가르침에 깊이 물들었고, 회의학파, 또는 플라톤학파의 영향을 받아서 수많은 인용문을 따온다(《과학의 허영》의 작가 아그리파, 《신플라톤학파 반박대화》의 작가 기 드 브뤼에르 등). 이 《에세이》는 피론의 회의주의를 받드는 문구를 보여 준다. 그러나 몽테뉴의 회의 사상이 파괴적인 것은 아니다.

　몽테뉴는 이성을 사용하는 대신, 섹스투스와 같이 전통의 흐름 속에 몸을 맡긴다. 그리하여 그는 정치적, 종교적 보수주의의 형성을 완수한다. 사실 19세기의 피로니즘은 자유사상가들과 사교도들의 합리주의에 대항해서 가톨릭 정통을 옹호하는 동맹자가 되었다. 인간 이성은 아무것도 이해할 능력이 없으므로 신앙의 문제 같은 중요한 사항을 검토할 자격이 없으므로 무엇을 개혁한다는 사상은 당돌한 기도이며, 사람은 많은 사람들이 옳다고 지키는 바를 그대로 좇아야 한다는 것이 그의 논거이다. 몽테뉴는 사실 이렇게 가톨릭 정통을 이해하며, 1581년 로마를 여행하던 당시 그의 짐짝에서 이 《에세이》가 발견되어 종교 당국의 조사를 받았으나, 그의 사상은 조금도 검토당하지 않았다.

　그러나 훨씬 뒤 1676년에는 금지 서류가 되었고, 현대에 와서 18세기에, 특히 영국 범신론자들의 후계자인 철학자들에 의해서 몽테뉴의 '의문'은 그의 보수주의에 반대되는 대차적인 의미로 해석되었다. 생트뵈브 같은 비평가는 이것을 기독교에 대한 배신적 공격으로 보았다. 대체로 피로니즘은 몽테뉴의 사상에서 일시적인 태도에 불과했다. 특히 제3권 제11장에서는, 1586년 그가 제3권을 쓸 무렵에는 이 사상에서 완전히 벗어난 것을 선언한다. 이 시기에는 신앙 영역의 모든 사실이 너무나 착잡해서 인간 지성이 해결할 수 있는 이상의 것으로 보였기 때문에, 그는 정치적 종교적 보수주의에 충실하게 머물다 하여도 다른 영역에서 인간 이성의 판단을 신뢰하는 것은 정당한 일이라고 생각한다.

그러나 피로니즘의 위기는 그의 사상에 결정적인 자취를 남긴다. 그리고 이 《에세이》는 어떻게 보면 그 내용과 형식이 작품의 중심적 위치를 차지하고 있다. 이 논문은 그의 철학의 전환점을 이루고 있다. 몽테뉴는 이성에 대한 신뢰를 잃고, 이성의 계속적 긴장과 죽음의 공포에 대한 방어책을 기대하던 철학에서 이탈하며, 천성에 몸을 맡기고 명상 속에서 해결책을 구하며, 학자나 철학자보다도 농민과 무식자를 본받으라고 권하는 사상으로 향하고 있다. 동시에 섹스투스의 의문에 접함으로써 그의 지적 신중성은 굳어지며, 진리는 상대적이라는 심정과 사람은 사실을 존중해야 한다는 사상을 가꾸며, 그 때문에 그의 사상은 그의 시대에 대단히 드문 비판적 의의를 가지고 드러나게 된다.

다른 면에서는 위와 같은 이유에서, 그는 1572년의 태도보다 좀 더 개인적인 태도로 향하게 된다. 즉, 지적 신중성으로 그는 다른 사람보다 더 경험에 의한 관념을 얻게 되었다는 의식, 자기 관념들이 상대적이라는 심정, 자아라는 직접적으로 알려진 정신적 사실을 세워야 하는 필요성, 이 모든 것이 그 자신을 무대에 내세우게 하며, 그를 자아의 묘사에 밀어 넣는다. 이 경향은 1572년경에는 찾아볼 수 없으나, 1579년경에 확립된다.

이 변호의 사상을 좇기에는 가끔 힘이 든다. 그 구조를 밝혀 보면 독자의 이해에 도움이 될 것이다. 제1부(인간과 동물의 비교)에서는 몽테뉴 작품의 다른 곳에서 그렇게 풍부하게 보이는 비판 정신을 찾아보기 힘든 것에 놀라게 되지만, 이런 짤막한 이야기들은 플루타르크가 보장하는 것으로, 이 전설의 대부분을 16세기 학자들이 인정하는 사실이므로, 거기서 빌려 왔다는 것을 잊어서는 안 된다. 그리고 몽테뉴가 별들에게 생명이 있다고 믿는 것은 그의 시대의 신념을 그대로 받은 것이며, 1597년까지 케플러 같은 천문학자도 이것을 진심으로 믿고 있었다. 제2부의 과학에 대한 비판은 16세기의 과학이 현학적이고 형식적이며 사실보다도 권위를 존중하는 학문이었다는 것을 상기하며 감상해야 한다.

　이 장에서 스봉의 문제를 취급하는 부분은 전체의 10분의 1에도 못 미치며, 그는 여기서 신의 도움을 받지 않은 인간 이성이 무력하다는 논법을 전개함으로써, 스봉의 사상에 반대하는 자들에 대한 반박의 형식을 취하고 있다. 그러나 대부분의 몽테뉴《에세이》가 그렇듯, 여기서도 제목은 내용의 핵심 문제를 가리키지 않고, 아마도 작가는 자기가 번역한 스봉의 사상을 변호해야 할 필요에 부딪혀서, 변호해야 할 사상과는 상당히 거리가 먼 자기 고유의 사상을 펼쳐나간다. 당시에 그가 품고 있던 회의 사상에서 오는 인간 이성의 무능력에 관한 확신이 스봉의 사상과 아울러 무비판적 신앙의 필요성을 옹호하는 것으로 생각했을 것이다.

'레이몽 스봉의 변호' 구조
머리말
　　a. 레이몽 스봉의 자연신학, 그것에 대한 반대
　　b. 제1의 반대에 대한 응답
　　　이성은 그것만으로 종교의 진리를 증명하지 못한다. 그러나 기독교는 적어도 가능한 한도로 자기 신앙을 인간적 이성으로 지탱해야 한다.
　　c. 제2의 반대에 대한 응답
　　　스봉의 논법이 불충분하다고 해도 그 반대론자는 더 나은 논법으로 대항하지도 못하고 있다. 왜냐하면 인간 이성은 아무것도 기초를 세우지 못하기 때문이다.
Ⅰ. 인간의 허영
　　그는 주위의 동물보다 나을 것이 없다.
Ⅱ. 인간이 자랑하는 학문의 허영
　　a. 학문은 인생의 행복에 해롭다
　　b. 학문은 정직성을 왜곡한다
　　c. 학문은 허영되다
　　　왜냐하면 그 주장하는 바에도 불구하고, 학문은 아무것도 세워 놓은 바가 없기 때문이다.
III. 학문의 도구인 이성의 허영
  a. 학문의 끊임없는 변천과 모순
  b. 학문의 도덕적 법칙 수립의 무능력
  c. 인간 지각의 불완전
결론
  우리는 우주 속에서 아무것도 확고한 것에 도달할 수 없으며, 우리에게 잡히는 것은 부단하게 변화하는 현상들뿐이다.

'레이몽 스봉의 변호'에 관해서 다른 많은 해석이 내려진 것은 충분히 이해될 일이다. 생트뵈브 같은 비평가는 이것을 기독교에 대한 교활하고 옳지 못한 공격이라고 보았고, 어느 평자는 몽테뉴가 단적으로 스봉을 망각했다고 본다. 또 어느 평자는 이 작가가 스봉에 대해서는 아무 관심 없이, 인간의 오만과 인간 이성의 허영에 관한 이론을 전개하며, 인간 이성에 대한 공격이 스봉의 논거를 방증했다고 생각한 것으로 짐작한다.

* * *

학문이라는 것은 극히 유익하고 위대한 소질이다. 이것을 경멸하는 자들은 그들의 어리석음을 증명하는 것이다. 그렇다고 나는 철학자 헤릴루스가 거기에 최상의 선을 두고 우리를 현명하고 만족하게 만드는 것이 학문의 힘이라고 생각하던 바와 같이, 어떤 자들이 거기 부여하는 극한의 정도로 학문의 가치를 평가하지는 않는다. 나는 이 헤릴루스의 말도 믿지 않고, 다른 자들이 학문은 도덕의 어머니이고, 모든 악덕은 지식에서 나온다고 말하는 것도 믿지 않는다. 그것이 진실이라고 해도, 긴 해설이 필요할 것이다.

우리 집은 옛날부터 학문하는 사람들에게 문을 열어 놓았고, 세상에도 그렇게 알려져 있다. 내 집을 50년 이상이나 보살피던 부친은 프랑수아 1세가 신봉하고 권장하던 학문의 새 정열에 열중해서 많은 노력과 비용을 들여 학자들과 친분을 맺으려고 애쓰며, 신성한 예지의 특수한 영감을 받은 거룩한 인물들처럼 그들을 맞이하고, 그들의 말과 사상을 신탁처럼 받아들이며, 자기가 학문을 판단할 능력이 적었던 만큼, 더한층 경건하게 그들을 존경했다. 왜냐하면 내 부친이나 조상들은 글과는 담을 쌓고 살아 왔기 때문이다. 나는 학문을 사랑하기는 하지만 숭배하지는 않는다.

그중에도 당대에 학문으로 평판이 높던 피에르 뷔넵은 학자들 한패와 함께 몽테뉴의 우리 부친 집에 와서 머물다 떠날 때, 그에게 레이몽 드 스봉 선생의 《자연신학》(일명 생령(生靈)의 서)을 한 권 기증했다. 부친은 스페인어를 잘 알고 있었으며, 이 서적은 스페인어에 라틴어 꼬리를 붙인 말투로 되어 있었기 때문에 부친이 조금만 도움을 받으면 이 작품을 읽어 볼 수 있으리라고 생각하고, 그 시대에 대단히 유익하고 적당한 서적이라고 부친에게 읽어 보기를 권했었다. 그때는 루터의 새 학설이 신뢰를 얻어서, 우리 옛 신앙이 여러 고장에서 동요되기 시작하던 무렵이었다.

이 점에 그는 대단히 좋은 의견을 가지고, 이성의 판단으로 이 병폐의 시초는 버려야 할 무신론으로 기울어지기 쉬울 것을 예견하고 있었다. 왜냐하면 일반인들은 사물을 그 자체로 판단할 능력이 없기 때문에 남이 그럴듯하게 하는 말에 넘어가서, 자기가 지극히 받들어 숭배해 오던 사상을 경멸하며, 자기 영혼 구제의 문제를 따져 보는 식으로 신앙에 관해서 비판해 보려는 당돌한 생각을 물려받았기 때문이다. 또 자기 종교의 어느 조항을 의문에 붙여서 저울질해 보다가 다음에는 다른 조항까지도 불확실한 것이라고 무시하게 되기 쉬워지고, 사람의 의견을 듣고 신념이 흔들린 조항들보다 더 확실한 권위도 기초도 없다고 생각하기 때문이다. 그는 법률의 권위나 예로부터 받아 온 습관에 대한 존경에서 품고 있던 모든 사상들을 횡포한 굴레라고 하여 뿌리친다.

> 사람들은 전에 너무 무서워하고 두려워하던 사물들을
> 격렬하게 유린한다.
> (루크레티우스)

그때부터는 모든 일을 자기의 판단에 붙여서 개인적으로 동의하지 않고는 아무것도 용납하지 않으려고 한다.

그런데 부친은 돌아가시기 며칠 전에, 버려둔 종이더미 속에서 우연히 이 작품을 끄집어내어, 그것을 프랑스어로 번역해 달라고 내게 명했다. 이와 같은 작가들은 세상에 알려 주어야 할 사항을 밖에 내놓지 않으니, 번역해 두는 것이 좋다.

그러나 언어가 우아하고 단정하고 아름다운 작가를 기대한다는 것은 위험한 일이다. 특히 표현력이 약한 속어로 옮기는 데는 그렇다. 이것은 내게는 극히 신기하고도 이상한 일거리였다. 그러나 마침 그때는 여가가 있었고, 또 세상에서 가장 착하신 부친의 명령은 무엇이건 거절할 수 없었기 때문에, 나는 힘을 다해서 이 일을 완수했다. 부친은 매우 기뻐하며, 그것을 인쇄에 붙이도록 했다. 그 번역판은 부친이 돌아가신 뒤에 나왔다.

나는 이 작가의 사상이 아름답고, 구상에 조리가 정연하고, 의도가 신앙심에 차 있음을 알았다. 많은 사람들이, 특히 우리가 보살펴 주어야 할 부인네들이 이 작품을 흥미있게 읽고 있는 터이기에, 나는 이 작품이 받고 있는 두 가지 중요한 반대 의견에 대해서 해명하여, 이해에 도움이 되게 해 주어야 할 처지에 있음을 느꼈다.

그의 목표는 과감하고 대담하다. 그는 인간의 타고난 이성으로 무신론자들에 대항해서, 기독교 신앙의 모든 조항을 확립하고 증명하려고 기도한다. 나는 이 논거가 지극히 확고하고 적절해서, 이 논거에 보다 더 잘 말할 길이 있으리라고는 생각지 않으며, 여기에 비교할 자도 없다고 본다.

이 작품은, 작가가 스페인 태생이며 툴루즈에서 약 2백 년 전에 살았던 의사라는 것밖에 모르는, 아직 그 이름이 잘 알려지지 않은 자의 것 치고는 내용이 매우 아름답고 풍부하게 보였다. 그래서 나는 그 전에 모든 면에 해박한 지식을 가진 아드리앙 투르네브에게 이 작품이 도대체 무엇인가를 물어보았더니, 이것은 성 토마스 아퀴나스에서 핵심적인 것을 뽑아 온 것으로 생각한다고 그는 대답했다. 무한한 박학과 감탄할 만큼 정밀하고 묘한 사상으로 충만한 그의 마음만이 이런 사색이 가능하다는 것이었다. 어떻든 이런 작품을 지어 낸 작가가 누구이건(그리고 아무 이유 없이 스봉에게서 이 자격을 박탈할 수 없다), 그는 탁월한 능력과 여러 아름다운 재질을 가진 작가였다.

＊스봉에 대한 제1 반대 의견과 그 변호

사람들이 그의 작품에 던지는 첫 번째 책망은, 신앙심은 신에 대한 은혜의 특수한 영감과 신앙에 의해서 품어지는 것인데, 기독교인들의 신앙을 인간의 이성에 의거해서 세운다는 일은 잘못이라는 것이다.

　이 반대 의견에는 어딘가 경건한 마음이 지닌 열성이 엿보이며, 그 때문에 우리는 신앙심을 앞세우는 이런 사람들에게 더 존경을 품고 더 상냥하게 만족을 주려고 해야 한다. 이런 일은, 그에 관해서 아무것도 모르는 나보다는 신학에 능통한 사람이 해야 할 직무이다.

　그렇지만 나는 이렇게 생각한다. 이렇게도 고매하고 거룩하며, 하느님의 착하신 마음으로 우리를 밝혀 주시는 이 진리와 같이, 인간 이성으로 이해하기엔 너무나 넘치는 사물에 관해서는, 그래도 하느님이 비상한 특권적인 은총으로 우리에게도 도움을 주시어, 그것을 양해해서 우리에게 품어 갖게 해 주실 필요가 있다고 본다. 그리고 그것이 순수하게 인간적인 방법으로 가능하다고는 생각하지 않는다. 그것이 가능했던들, 과거에 타고난 풍부한 능력을 가지고 있던 희귀하고 탁월한 그 많은 인간들이 그들의 사색으로 이 신앙의 이해에 도달하지 않을 수 없었을 것이다. 우리는 오로지 신앙에 의해서만 우리 종교의 높은 비결을 생생하고 확실하게 품어 볼 수 있다.

　그러나 이것이 하느님이 우리에게 주신 타고난 인간적인 도구(이성)를 신앙에 적용하는 것이 극히 아름답고 칭찬할 만한 일이 아니라고 하는 말은 아니다. 이것이 우리가 이 인간적 도구에 줄 수 있는 가장 영광스러운 방법이며, 기독교인으로서 그의 모든 노력과 사색으로 자기 신앙을 미화하고 확대하고 충만시키는 것을 목표로 삼는 일은 자기에게 가장 마땅한 직책이며 의도라는 것은 의심할 여지가 없다. 우리가 정신과 영혼으로 하느님을 섬기는 것만으로는 충분하지 않다. 우리는 하느님께 육체적인 존경을 바쳐야 하며, 또 바치고 있다. 우리는 우리의 사지와 동작과 외부적 사물들까지도 그에게 영광을 주기 위해서 사용한다.

　우리는 여기서도 마찬가지로, 우리에게 있는 온갖 이성으로 신앙을 실천해야 한다. 그러나 신앙이 우리의 마음에 달려 있다고 생각해서는 안 되며, 우리의 노력과 추리로는 그렇게도 초자연적인 거룩한 지식에는 도달할 수 없다는 보류 조항을 항상 여기에 붙여서 실천해야 한다.

　만일 신앙이 우리에게 범상치 않은 주입으로 들어오는 것이 아니라면, 또 신앙이 사색으로 들어올 뿐 아니라 인간의 방법으로도 들어올 수 있는 것이라면, 이런 신앙은 우리에게서 그 위엄성도 찬란성도 갖지 못할 것이다. 그렇지만 나는 우리가 이 길로밖에는 신앙을 누리지 못할 일을 두려워한다. 만일 우리가 살아 있는 신앙의 중개로 하느님에 의존하는 것이라면, 우리가 우리로서가 아니라 하느님에 의해서 하느님께 매여 있다면, 만일 우리가 거룩한 발판과 기반을 가진 것이라면, 인간적 사정들은 그것들이 하고 있는 식으로 우리를 동요시키는 힘을 가질 수 없을 것이다.

우리의 장점은 이런 허약한 공격에 넘어가는 데 있지 않다. 새것을 좋아하는 버릇이나 군주들의 탄압, 한 당파의 우세, 우리 사상이 주책없이 당돌하게 변하는 것 따위가 우리의 신앙을 동요시키고 변질시킬 힘을 갖지는 못할 것이다. 우리는 무슨 새 논법에 의하거나 설복에 의해서, 또는 이제까지 받아 온 모든 수사학을 가지고도 우리 신앙심을 동요시키게 두지는 않을 것이다. 우리는 불굴의 견고성으로 이런 풍조에 버티었을 것이다.

거대한 암석이 밀어닥치는 격랑에 대항하여 물리치며
주위에 포효하는 파도의 포말을 산지 사방 흩어 던지듯.　　(베르길리우스)

만일 이 성스러움의 광명이 얼마간이라도 우리에게 닿는다면, 그것은 사방으로 나타날 것이다. 우리의 말뿐 아니라 행동에도 이 성스러움의 광명과 눈부신 빛이 비칠 것이다. 우리에게서 나가는 모든 것은 이 고상한 광명으로 빛나 보일 것이다. 우리는 인간의 종파들 중에 그 학설이 아무리 난해하고 괴상한 점을 주장하는 경우라도, 신자로서 자기 종교 행위와 생활을 일치시킨 자가 없었다는 것에 수치를 느껴야 한다. 하늘에서 내린 그렇게도 거룩한 가르침을, 기독교도들은 단지 말로밖에는 표적을 지니고 있지 않다.

그것을 알아보고 싶은가? 우리의 풍습을 이슬람교도나 이교도들의 것에 비교해 보라. 늘 그들만 못할 것이다. 우리 종교의 장점으로 보아서 우리가 그들보다 비교할 수 없이 뛰어난 탁월성으로 빛나야 할 일이면, 사람들이 "저들은 그렇게도 정당하고, 인자롭고 착한가? 그러면 그들은 기독교인이다"라고 말했어야 할 일인데 말이다.

다른 모든 모습, 즉 희망, 신뢰감, 사건들, 의지, 절차, 고행, 순교 등은 종교와 공통적이다. 우리들 진리의 특수한 표적은 역시 하늘에서 내린 가장 어려운 표징이며, 그것이 진리의 가장 가치 있는 소산인 만큼 우리의 도덕이라야 한다.

기독교인이 된 저 타타르 왕이 몸소 리옹에 와서 우리 교황의 발에 입맞추고, 우리 풍습에서 그가 바라고 있는 성스러움을 자기 눈으로 보려고 했을 때, 착한 성 루이 왕이 반대로 우리의 방자한 생활 방식을 보고 거룩한 기독교 신앙에 싫증을 낼까 두려워하며, 굳이 그의 생각을 돌리게 한 것은 잘한 일이었다. 다른 맹랑한 자의 경우는 이와 완전히 달랐다. 그는 같은 목적으로 로마에 갔는데, 그때에 사교들과 시민들의 방탕한 생활을 보고, 이런 부패 속의 악덕한 사람들에게서도 우리 종교가 그 찬란한 위엄을 유지하는 것은 그 거룩한 힘이 얼마나 대단하기에 그런가 하고 생각하며, 더욱 강렬히 우리 종교를 믿었던 것이다.

"우리가 한 방울만큼의 신앙이라도 가졌다면, 우리는 멧부리라도 그 자리에서 옮겨 놓았을 것이다"라는 성경의 말씀이 있다. 이 신덕(神德)의 지도를 받아 수반될 우리 행동은 단순히 인간적일 수는 없을 것이다. 우리의 행동은 우리 신앙과 같이 기적적인 무엇을 가져야만 할 것이다. "도덕과 행복의 길을 신속히 아는 방법은 믿음에 있다."(퀸틸리아누스)

어떤 자들은 그들이 믿지 않는 것을 믿는 것으로 사람들을 믿게 한다. 더 많은 수의 다른 자들은 믿는다는 것이 무엇인지 그 뜻을 파악할 수 없으면서도 자기들에게 믿고 있다고 믿게끔 한다.

요즈음 우리의 형세를 압박하고 있는 종교 전쟁은 사건들이 잡다하게 갈팡질팡 변하는 일이 보통 전쟁과 같은 방식으로 된 것을 보면 이상하다. 그것은 우리가 거기에 우리들 것밖에 아무것도 기여하는 것이 없기 때문이다. 한쪽 파당(派黨)에 있는 정의는 단지 장식과 덮개로만 있는 것이다. 말로만 내놓은 정의이지, 그것이 거기 용납된 것도 들어앉은 것도 파악된 것도 아니다. 그것은 그 파당의 마음이며 성질로 있는 것이 아니라 변호사의 입놀림처럼 있다. 하느님은 그의 비상한 구원을 우리의 열광에 줄 것이 아니라 신앙과 종교에 주어야 한다. 여기서는 인간들이 지도자이며 종교를 이용하고 있다. 사정은 그 반대로 되어야 할 것이다.

생각해 보라. 지금 우리는 참되고 견고한 규칙인 종교를, 마치 초를 주무르듯 우리 손으로 잡아당기며, 수많은 반대되는 형상으로 만들어 보여 주는 것이 아닌가. 이런 현상이 오늘날의 이 프랑스에서만큼 보여진 일이 있는가? 그것을 왼쪽으로 잡는 자도, 오른쪽으로 잡는 자도, 검다고 하는 자도, 그리고 희다고 하는 자도 다 똑같이 이 종교를 그들의 격렬하고 야심적인 계획에 사용한다. 또한 그들의 방자하고 부당한 면에서 너무나 일치하는 태도로 행세하기 때문에, 우리 인생의 법칙과 방향이 매여 있는 이 신앙에 관해서, 그들이 주장하는 것처럼 의견이 잡다하게 있을 수 있다고 믿기가 의심스럽고 어려워진다. 동일한 학파와 훈련에서도, 이보다 더 고르고 통일된 행동 습관이 나올 수 있는가?

우리가 이 거룩한 신앙의 이치를 가지고, 패악무도하게도 공처럼 던지고 받고 하며, 국가의 폭풍우 틈에 운에 따라 자기 자리가 바뀔 때마다 이 신앙의 이치를 얼마나 비신앙적으로 가졌다 버렸다 했던가를 보라. "신하가 자기 종교를 위해서 국왕에게 대항하여 무기를 들어도 좋은가?"라는 이 문제는, 지난해에는 이것을 긍정하는 말은 한쪽 도당(徒黨)을 지지하는 일이고, 부인하는 말은 다른 도당을 지지하는 일이던가를 회상해 보라. 그런데 올해에는 이편과 저편의 말소리와 가르침이 어느 쪽에서 오는가, 그리고 저 원칙보다 이 원칙을 잡았다고 무기의 소리가 덜 요란스러운가 들어 보라. 우리는 필요를 위해서 진리를 굽혀야 한다고 말하는 자들을 불태워 죽인다. 그런데 프랑스는 그 말보다 얼마나 더 심한 짓을 하는가?

진실을 고백하자. 우리 군대에서 합법적이고 중립적인 편이라도, 그 속에서 오로지 신앙의 열성만으로 행동하고, 단지 자기 나라의 법률을 지키며 자기 국왕에게 충성을 바치려고만 하는 자들을 골라낸다면, 완전 무장한 병사 1개 대대도 꾸며 보지 못할 것이다. 어째서 우리의 공적 행동에는 동일한 의지와 보조를 지켜 온 자들이 그렇게도 적고, 그들이 때로는 천천히 가고 어느 때는 고삐를 늘이고 줄달음질쳐 나가며, 어느 때는 동일한 사람이 사납고 흉악한 태도로, 어느 때는 냉정하고 유약하고 둔중한 태도로 우리 일을 그르친단 말인가? 이것은 그들이 개인적, 우발적인 생각에 밀려서, 생각이 달라지는 대로 움직여 가는 것이 아니고 무엇일까?

나는 우리가 타고난 본성에 비위를 맞춰 주는 의식의 절차 외에는 신앙에 기꺼이 바치는 것이 없음을 본다. 기독교도의 적개심보다 더 심한 것은 없다.

신앙에 대한 열성은 우리를 증오심과 잔인성, 야성, 인색, 비방, 반역으로 기울어지게 할 때는 경이로운 일을 성취한다. 그와는 거꾸로 착함, 자애, 절제로 향하기는, 기적과도 같이 어떤 희귀한 기질이 그런 일을 하지 않는다면, 그런 성품은 걷지도 날지도 않는다.

우리 종교는 악덕을 뿌리뽑기 위해서 된 것인데, 도리어 그런 것을 옹호하고 가꾸며 유발한다.

하느님께(사람들의 말처럼) 밀 대신 여물을 바쳐서는 안 된다. 신앙심이라고 말하지 않고 단순한 신념으로라도 우리가 하느님을 믿는다면, 진실로(대단히 죄송스러운 말이지만) 다른 이야기같이 우리가 하느님을 친구들의 하나로서 믿고 알고 지낸다면, 우리는 하느님의 빛나는 그 무한한 착함과 아름다움 때문에, 다른 어떤 일보다도 그를 더 사랑할 것이다. 적어도 그는 우리의 애정에서 재산, 쾌락, 영광, 친구 등과 동일한 계열에 서게 될 것이다.

우리 중에 가장 나은 자도 자기 이웃 사랑이나 부모나 선생을 모욕하기를 두려워하는 것만큼 신을 모욕하기를 두려워하지 않는다. 도대체 한편에는 악덕스러운 쾌락의 대상이, 다른 편에는 영원 불멸의 영광의 상태가 똑같은 지식과 확신으로 서로 바꿔치기될 수 있다는 이런 단순한 생각이 있을 수 있단 말인가? 그래서 우리는 순전한 경멸에서 이런 영광 얻기를 단념한다. 모독을 재미로 하는 것이 아니라면 무슨 취미로 모독 행위에 이끌려 간단 말인가?

철학자 안티스테네스가 오르페우스의 비결을 전수받을 때, 제관(祭官)이 그에게 이 종교에 헌신하는 자들은 죽은 뒤에 영원하고 완벽한 행복을 얻게 된다고 말하자, 그는 "어째서 그대는 먼저 죽지 않는가?"라고 말했다.

디오게네스는 제관이 그에게 저 세상의 행복을 누리려면 자기 종단(宗團)으로 들어오라고 설교하자, "그대는 나에게 아게실라오스나 에파미논다스 같은 위대한 인물들이 가련한 운명에 있고, 송아지만도 못한 그대가 제관이라고 해서 훨씬 행복하게 될 것이라고 믿어 달란 말인가?" 하며, 그는 우리 문제는 치워 두고 자기 버릇대로 더 무뚝뚝하게 대꾸했다.

영원한 행복이라는 이런 위대한 약속을 철학적 사색과 같은 권위로부터 받는 것이라면, 우리는 그렇게 무서워하는 죽음도 무서워할 것이 없을 것이다.

> 그때에 죽는 자는 해체됨에 더 슬퍼할 것 없으며
> 뱀이 껍질을 벗고, 늙은 사슴이 긴 뿔을 갈 듯
> 그는 차라리 이 세상을 하직함에 희열을 느낄 것이다. (루크레티우스)

예수 그리스도와 같이 있기를 바란다고 우리는 말해야 할 것이다. 영혼의 영생 불멸에 관한 플라톤 사상의 힘은, 그 제자 중의 어떤 자들이 그에게서 받은 저승의 희망을 더 빨리 누리기 위해서 죽음을 스스로 취하게 했다.

이런 것은 우리 종교를 우리들 식으로 직접 손으로만 받고 있는 것으로, 다른 자들이 자기 종교를 받는 것과 다른 것이 없다는 아주 명백한 표징이다. 우리는 우리 종교가 통용되는 나라에 우연히 출생한 것이거나, 이 종교의 오랜 역사나 이것을 주장하는 인간들의 권위를 보아 주는 것이거나 이 종교가 불신자에게 던지는 위협을 두려워하거나, 또는 그것이 약속하는 저승의 사상을 좇는 것이다. 이러한 고찰은 우리의 신념에 다만 보조적으로 행하여져야 될 일이다. 이런 것은 인간적인 연대성이다. 다른 지방, 다른 증인들, 똑같은 약속과 위협들은 동일한 방법으로 우리에게 반대되는 신앙을 넣어 줄 수 있는 일이다.

우리는 페리고르인이나 독일인이라는 것과 같은 자격으로서 기독교인이다.

플라톤은 말한다. 확고하게 무신론을 믿는 자라도, 어떤 위험이 임박해 올 때 하느님의 권위를 인정하지 않을 만큼 자기 사상을 견지하는 자는 없다고 말한 것은 진실한 기독교인이 취할 역할은 아니다. 인간적 행위로 허용된다는 것은 죽어가게 된 인간적인 종교들에게나 있을 만한 일이다. 마음이 비겁하고 약해서 우리들 속에 심어지고 배워지는 것이라면, 그것이 어떤 따위의 신앙이 된다고 할 것인가? 믿지 않을 용기가 없기 때문에 자기가 믿은 것을 믿는 것일 뿐이라니, 얼마나 가소로운 신앙이냐! 지조가 없다든가 경황의 격정 같은 악덕스러운 정열이 우리 심령에 무슨 작용을 할 수 있을 것인가?

무신론자들이 이성의 판단으로 지옥이나 미래의 징벌에 관해서 말하는 바는 꾸민 이야기임을 입증한다고 플라톤은 말한다. 그러나 노령이 되거나 병에 걸려 죽음이 가까워 오며 그것을 시험해 볼 기회에 부딪히면, 죽음의 공포는 그들에게 닥쳐오는 조건 때문에 그들의 마음을 전과는 다른 새 신념으로 채운다. 그리고 이러한 상념은 사람들의 마음을 점잖게 만들기 때문에 플라톤은 그의 《법률편》에서 이러한 위협에 관한 가르침과, 신들에게서 무슨 일이 온다고 해도 인간의 더 큰 행복과 그를 개선하는 효과 외에 다른 해악이 올 것이라고 설복하는 일은 모두 금지하고 있다. 사람들은 비온[4]에 관해서 이자는 테오도로스의 무신론에 감염되어 오랫동안 신앙 있는 사람들을 조롱하더니, 갑자기 죽음이 닥쳐오자, 마치 신들이 그의 사정에 따라 있었다 없어졌다 하는 듯이 심하게 미신적이 되었다는 것이다.

플라톤의 말이나 이런 예에서 보듯, 우리는 강제로 사랑이나 하느님을 믿게 된다고 결론지으려고 한다. 무신론은 타락하고 해괴망측한 제언이며, 인간의 정신이 아무리 막되고 혼란되었다 해도 그것을 정신 속에 심어 주기는 곤란하고 불안한 일이다. 때문에 상당히 많은 사람들이 속인과는 다른 세상을 개혁하는 사상을 품고 있다는 허영심과 자존심으로 체면상 그런 사상을 표명하고 있으나, 그들은 어지간히 미쳤다고 해도 그런 사상을 마음속에 뿌리박을 만큼 강하지 못한 것으로 보였다. 그들의 가슴팍을 칼로 한 번 찔러 주면, 바로 하늘을 우러러 합장하지 않고는 못 배길 것이다. 그리고 병이나 공포에 눌려 이런 경솔한 기분의 방자한 열성이 수그러질 때는, 그들은 다시 일반의 본을 따라 신앙으로 되돌아와서 극히 조심스레 그것을 실천하지 않고는 못 배길 것이다.

어떤 사상을 신중하게 이해하여 내 것으로 만든 경우와, 이런 피상적 사상이 흐트러진 정신의 방자성에서 나와서 주책없고 불확실하게 공상 속에 떠도는 것과는 문제가 다르다. 될 수 있는 대로 못 되려고 애쓰고 있다니, 머리가 돌아버린 참 가련한 인간들이다.

다른 종교 사상의 잘못과 우리의 거룩한 진리를 알지 못하던 데서, 플라톤의 그 위대한(그러나 단지 인간적 위대성으로) 심령은 그와 가까운 이런 다른 망령에 빠지며, 마치 신앙이 우리의 어리석음에서 생기며 거기서 신뢰를 얻듯이 어린아이와 늙은이들이 더 쉽게 종교를 믿게 된다고 한다.

우리의 판단력과 의지를 결부시키고 우리의 심령을 포용하여 창조주에게 매어 줄 매듭은, 우리의 사색이나 이성과 정열이 하는 일이 아니다. 그것은 하느님의 권위이고 은총인 형체, 모습, 광채밖에 갖지 않는 거룩하고도 초자연적인

---

[4] 소아시아 태생의 그리스 목가 시인(?~?). 만년은 시칠리아에서 보냈고 단순하면서 우아한 시를 썼다. 작품에 〈아도니스 애가〉가 있다.

포옹에서 그 습성과 힘을 받는 매듭이라야 할 것이다.

그런데 우리의 마음과 영혼은 신앙심이 다스리고 지배하는 것이니, 다른 모든 소질들을 그 능력에 따라 끌어내서 하느님의 의도에 봉사시키는 것은 당연한 일이다.

그런 만큼 이 기계(우주) 전체는 위대한 건축가(하느님을 말함)의 손자국이 박힌 무슨 표적을 갖지 않았다거나, 이 세상의 사물들에서 그들을 만들어 세워 놓은 직공(역시 하느님을 말함)을 닮은 모습이 없다는 것은 믿을 수 없는 일이다. 그는 자기의 성스러운 성격을 이 고매한 작품들에 남겨 두고 있다. 그것을 발견하지 못하는 것은 우리의 어리석음 때문이다. 눈에 보이지 않는 그의 작업은 눈에 보이는 사물들을 가지고 표명하고 있다는 것을 스스로 말하고 있다.

스봉은 이 연구에 주력했다. 그리고 이 세상의 어느 부분이건 그 제조자가 속이지 않는 과정을 우리에게 보여 준다. 만일 우주가 우리의 믿음에 동의하지 않는다면, 그것은 하느님의 착하심을 그릇되게 만드는 일이 될 것이다. 하늘·땅·원소들, 우리의 신체와 영혼 등 모든 사물들이 여기에 합의한다. 우리는 그들을 사용할 방법을 찾아내기만 하면 된다. 우리가 이해할 능력이 있다면, 그들은 우리를 가르쳐 준다. 왜냐하면 이 세상은 대단히 거룩한 한 사원(寺院)이며, 인간은 그 속에 절대자의 손으로 만들어진 조각상이 아니라, 거룩한 사상이 우리에게 이해할 수 있는 사물들을 표상해 주려고(태양·별·물·땅 등) 지각할 수 있게 해준 조상들을 인식시키기 위해서 안내되어 들어온 것이다. "하느님의 작품들을 통해서 그의 영원한 예지와 신성을 고찰해 보면, 하느님의 보이지 않는 창조 속에 나타나 보인다"라고 성 바울은 말했다.

> 신은 대지가 하늘을 보는 것을 꺼리지 않는다.
> 그는 끊임없이 하늘을 회전시키며, 그의 용모와 현상을 전시한다.
> 그는 우리에게 그 자신을 잘 이해하고, 그의 걸음을 관찰하고
> 그의 법에 우리 주의를 집중시키기를 배우도록
> 그는 진실로 자신을 우리에게 제공하며 체득시킨다.
> 　　　　　　　　　　　　　　　　　　　　　　(마닐리우스)

＊스봉에 대한 제1의 반대에 대한 결론

그런데 우리의 인간적 이성과 사고 방식을 보면, 마치 메마르고 둔중한 물건과 같다. 하느님의 은총이 그것의 형체이다. 이 은총이 형태와 가치를 부여한다. 마치 소크라테스와 카토의 도덕적인 행동들이 그들의 목적을 갖지 못했고, 모든 사물들의 진실한 창조자의 사랑과 공경과 복종을 우러러 받들지 못했고, 하느님을 알지 못했고, 하느님을 알지 못했기 때문에 모두 헛되고 무용한 것으로 머무른 바와 같이, 마찬가지로 우리의 관념과 사고 방식도 헛된 것이다. 그것들은 어떤 형체를 지녔다. 그러나 하느님의 신앙과 은총이 거기에 결부되지 않으면, 그것은 모양도 광명도 없고 형태도 갖지 않은 뭉치에 지나지 않을 것이다. 신앙심은 스봉의 논법에 물들어 광채를 주며, 이 신앙심이 그의 논거를 단단하고 견고하게 만든다. 이 논법들은 초심자를 신앙의 길로 지도하기 위한 방향과 초보의 지침으로 쓰일 수 있다. 그것은 어떤 면에서는 그의 사람됨을 만들어 주며 하느님의 은총을 받을 수 있게 하여 준다. 이 은총의 덕택으로 신앙은 성숙하고 완성되는 것이다.

나는 권세 있고 문장 교양을 쌓은 한 분을 알고 있는데, 그는 스봉의 논조의 중개로 불신앙의 죄에서 다시 돌아왔다고 내게 고백했다. 사실 이 작품에서 문장의 장식과 신앙을 찬성하여 옹호하는 부분을 제거하고, 단지 가공하고 버려야 할 불신앙의 암흑 속에 빠진 자들을 공박하기 위한 순수하게 인간적인 사상으로 잡아 보아도, 그의 논거들은 불신앙에 대항할 수 있는 같은 조건의 어느 논법보다도 더 진실하고 확실한 사상이 될 것이다. 그래서 우리는 반대자들에게,

> 그대에게 더 탁월한 논거가 있거든 내놓아라.
> 그렇지 않으면 항복하라. (호라티우스)

고 하며, 그들이 우리 증거 앞에 굴하거나, 그들이 다른 곳에서 다른 제목으로 더 잘 짜이고 더 잘 장식된 논법을 내놓게 할 것이다.

*스봉에 대한 제2의 반대, 반대자들

나는 스봉을 변호해서 거기 답변하겠다고 제안한 두 번째 반대 의견에 생각도 않고 끌려 들어가고 있다.

어떤 자들은 그의 논거는 그가 원하는 바를 증명하기에는 약하고 부적당하다고 말하며, 손쉽게 그를 공박하려고 한다.

이런 자들은 좀 호되게 다루어 주어야 한다. 왜냐하면 이자들은 첫 번째 자들보다 더 위험하고 악질이기 때문이다. 사람들은 자기가 미리 생각해 놓은 의견을 옹호하려고 남의 문장의 의미를 비틀어 해석하기를 좋아한다. 그리고 무신론자는 자신의 독소로 순진한 재료를 나쁜 쪽으로 바꾸어 가며, 모든 작가들을 무신론으로 끌어넣겠다고 자만한다. 이런 자들은 그들의 판단에 어떤 선입견을 가지고 있어, 스봉의 논지에서 아무 맛도 느끼지 못한다. 그뿐더러 그들은 순수하게 인간적인 무기(이성을 말함)를 가지고 저 권위와 통제로 충만한 장엄성 앞에 감히 공격할 생각을 하지도 못할 우리 종교를 자유로이 공박해 볼 기회를 얻었다고 생각하고 있다. 이런 미친 태도에 일격을 가하기 위해서 가장 적당한 것으로 보고 내가 취하는 방법은, 인간의 오만과 자부심을 짓녹여 발로 짓밟는 일이다.

그들에게 인간의 무력함과 허영됨과 허망함을 깨닫게 하는 일이다. 그들의 손에서 이성이라는 허약한 무기를 박탈하는 일이다. 거룩하신 위엄의 권위와 존숭 밑에 그들의 머리를 억눌러 땅을 물게 하는 일이다. 지식과 예지는 오로지 하느님의 권위에 속한다. 그만이 사물 본연의 가치를 평가할 수 있으며, 우리는 그에게서 자신을 계산하고 평가해 볼 거리를 훔쳐내 온다.

> 그것은 신이 자기 이 외의 다른 자가
> 크게 예지로움을 원치 않기 때문이다.　　　　　(헤로도토스)

악령의 포학함에 있어 가장 큰 기반인 이 오만을 타도하자. "신은 거만한 자들에게 저항하고 겸허한 자들에게 혜택을 주느니라."(성 베드로) 지성은 모든 신들에게, 그리고 극소수의 인간들에게 있다고 플라톤은 말했다.

＊스봉에 대한 제2의 반대와 그 변호

　그러나 기독교인에게는 그렇지만 우리들 죽어갈 허약한 도구들이 우리의 거룩하고 신성한 신앙에 안성맞춤으로 되어 있기 때문에, 이 도구들이 그 천성으로 허약하고 사멸하게 된 재료에 사용될 때는, 그보다 더 완전하고 힘차게 적합할 수 없다는 것은 큰 위안이 된다. 인간이 그의 능력으로 스봉보다 더 강력한 다른 이치를 가질 수 있는 일인지, 또는 추론과 사색으로 어떤 확실성에라도 도달하는 것이 인간에게 있을 수 있는 일인지 살펴보자.

　성 아우구스티누스는 이런 자들을 반박하며, 우리 이성으로는 그 이치를 세워 볼 수 없는 신앙의 부분들을 그릇된 일로 보는 것이 부당함을 책망할 지당한 이유가 있다. 그리고 우리의 사고력으로 그 본성과 원인 등을 파고들어 연구해 볼 수 없는 상당히 많은 사물들이 있을 수 있고 과거에도 있었던 것을 보여 주기 위해서, 그는 인간이 그 내막을 아무것도 이해할 수 없다고 고백하고 있는 불가사의하고 확실한 경험들을 제시하고 있다. 이것을 다른 사물들과 같이 신중하고 교묘하게 탐구하는 것이다. 우리는 더 나아가서 인간의 이성이 허약함을 설복시키기 위해서는 희귀한 예들을 애써 골라 볼 필요도 없고, 이성은 너무나 결함이 많고 맹목적이기 때문에, 그에게 아주 명백할 정도로 쉽게 이해되는 것은 아무것도 없으며, 평이한 것이나 평이치 않은 것이나 그에게는 같은 일이며, 모든 문제에서와 똑같이 대자연이 인간 이성의 권한과 주선을 거부한다는 것을 사람들에게 알려 주어야 한다.

　진리가 우리에게 세속적인 철학을 피하라고 하며 하느님 앞에서는 우리의 예지가 미친 수작에 불과하고, 모든 헛된 것 중에 인간이 가장 헛되며 자기가 무엇을 안다고 잘난 체하는 인간은 안다는 것이 무엇인지를 아직 모르고 있으며, 아무것도 아닌 인간이 자기가 무엇쯤 된다고 생각한다면, 그것은 자신을 꼬이며 기만하는 일이라고 그렇게도 자주 우리에게 타이를 때, 진리는 무엇을 설교하는 것일까? 저 성령의 말씀은 너무나 명백하고 생생하게 내가 주장하려고 하는 바를 표현하고 있으니, 나로서는 이 진리의 권위 앞에 완전한 굴복과 순종을 바치는 자들에게 아무런 증거도 보여 줄 필요가 없다. 그러나 이런 자들은 자기들이 아플지라도 매맞기를 원하며, 이성으로밖에는 그들 이성을 공박하는 것을 인정하려 하지 않는다.

*인간의 허영

그러면 지금 당장은, 외부의 원조 없이 다만 자기 무기로만 무장하고, 그의 존재의 온 영광이며 힘이며 기초가 되는 하느님의 은총과 지식을 받지 않은 순수한 인간만을 고찰해 보자. 이 인간이 그 훌륭하고 단정한 차림 속에 얼마간의 실속을 가졌나 보자. 그가 한 사색의 노력으로 그는 다른 생령들보다 대단히 우월하다는 장점을 어느 기초 위에 세웠다고 생각하는가를 내게 이해하게끔 해 보라.

저 하늘에서 끊임없이 돌아가는 경탄스러운 운행과 그의 머리 위를 저렇게도 품위 높게 굴러가는 저 횃불들의 영원한 광명, 저 무한한 큰 바다의 경탄할 만한 움직임들이 인간의 권익을 위해서 그에게 봉사하려고 세워져서, 그렇게 오랜 세월을 계속하는 것이라고 누가 그를 설복한 것인가? 자기 자신도 극복하지 못하며, 모든 사물들에게 침해당하고 있는 이 가련하게도 허약한 피조물이 이 우주의 주인이며 제왕이라고 자칭하다니, 이런 꼴사나운 일을 도대체 상상해 볼 수 있을까? 그는 이 우주를 지배하기는커녕 아주 작은 일부분을 이해할 능력조차 없지 않은가? 이 거대한 건물(우주를 가리킴) 속에서 홀로 그 미와 부분들을 알아볼 능력을 가졌으며, 홀로 그것을 건축가(창조주를 가리킴)에게 감사하고, 이 세상의 수입과 지출을 계산할 수 있다고 자처하는 특권, 이 특권장(特權狀)에 누가 그를 위해 도장을 찍어 주었단 말인가? 우리에게 이 훌륭하고 위대한 직책의 사령장을 보여 다오.

이러한 사령장은 현자들을 위해서만 부여되었던 것인가? 그러면 그것은 여러 사람들에게 관계될 문제가 아니다. 미친 사람들과 악인들이 이런 비상한 은총을 받을 가치가 있는가? 다른 자들을 제쳐두고 이 우주의 가장 못난 부분들인 그들이 총애받을 가치가 있단 말인가?

여기서 우리는 "누구를 위해서 우주는 창조되었다고 말할 것인가? 정녕 이성을 사용하는 생령을 위해서이다. 확실히 모든 존재들 중 가장 완전한 존재인 신들과 인간들이다"(키케로)라고 한 말을 믿을 것인가? 이렇게 짝지어 주는 오만하고 부끄림 없는 수작을 아무리 모욕해도 부족할 것이다.

그러나 가련하게도 그에게는 이러한 장점을 가질 만한 무엇이 있는가? 천체들의 불멸의 생명, 그들의 미·위대성, 그들의 그렇게도 정확한 규칙에 의한 계

속적인 운동을 고찰해 볼 때

    우리 머리 위의 광막한 우주의 천궁과
    찬란한 별무리를 바라볼 때,
    그리고 우리가 달과 태양의 회전을 고찰해 볼 때.　　　　(루크레티우스)

  그리고 이 천체들이 우리들 생명과 운의 조건뿐 아니라

    그는 인간들의 행동과 생명을
    별무리에 의존시켰으므로.　　　　　　　　　　　　　　(마닐리우스)

우리의 이성이 가르쳐 주고 밝혀 줌에 따라서, 그들의 영향력대로 그들이 지배하고 조종하고 동요시키는 우리의 경향, 사고력, 의지까지도 고찰해 보면

    그는 저렇게 멀리 보이는 별무리들이
    그 은밀한 비밀의 법에 따라 인간들을 지배하고
    전 우주의 운동들이 주기적 원인으로 조정되었고
    그리고 운명의 변천이
    천체들의 결정된 형상들에 의존함을 알며.　　　　　　(마닐리우스)

  한 인간, 한 임금뿐 아니라 왕조와 제국과 이 아래 세상 전부가 천체의 아주 작은 운동의 기회로 맺어진 인연을 받아서 움직임을 볼 때

    이 아주 작은 운동에 의해 생긴 결과는 얼마나 위대한가?
    제왕들을 지배하는 이 세력은 그렇게도 강력한가!　　　(마닐리우스)

  우리들의 도덕, 악덕, 능력과 학문, 그리고 이 별들의 힘에 관해서 우리가 쓰고 있는 사고력, 그리고 그들과 우리를 두고 하는 이 비교, 이것이 우리의 이성이 판단하는 바와 같이 그들의 방법과 은총에 의해서 오는 것이라면

어떤 자는 사랑에 미쳐, 트로이를 치려고 바다를 건넌다.
다른 자의 운명은 법률을 편찬함에 있고, 여기서는 자식이 어버이를,
저기서는 부모가 자식을 살해하며,
여기서는 형제에 대항하여 무기를 들고 서로 학살한다.
이 살육의 책임은 우리에게 있지 않다.
운명이 그들을 강요하며, 이렇게 모두를 교란시켜
그들의 손으로 서로 징벌하며 서로 해치게 한다……
그리고 내가 이렇게 운명에 관해서 말하는 것도
운명에 의해서 하는 것이다.　　　　　　　　　　(마닐리우스)

　우리가 하늘이 분배해 준 대로 우리가 가진 몫의 이성을 받은 것이라면, 어떻게 그 이성이 우리를 하늘에 견줄 수 있을 것인가? 어떻게 하늘의 본질과 조건들을 우리의 지식에 굴복시킬 것인가? 우리가 이런 물체들에서 보는 모든 것이 우리를 놀라게 한다. "이런 광막한 건축을 위하여 사용된 노력·도구·기계·직공들은 어떠한 것이었던가?"(키케로)
　어째서 우리는 그들에게 영혼과 생명과 사고력이 없다고 하는가? 우리는 복종하는 것밖에 그들과 아무런 교섭이 없으면서, 그들을 움직이지 못하고 감각도 없이 우둔하다고 생각했던가? 우리는 인간 이 외의 어떠한 피조물도 이성적인 영혼을 사용하는 것을 보지 못했다고 말할 것인가? 웬 말인가? 우리는 태양과 같은 무엇을 보았는가? 우리는 그와 닮은 것을 보지 못했으니, 그는 존재함이 아닌가? 그리고 그의 운동은, 그와 같은 것이 없으니 그것이 없단 말인가? 우리가 보지 못한 것이 존재하지 않는다면, 우리의 지식은 놀라울 만큼 짧아진다. "우리 정신의 한계는 그렇게도 좁다!"(키케로)
　아낙사고라스가 말하듯이 달을 하늘에 있는 땅이라고 하고, 거기 산과 골짜기들을 상상해 보는 것은 인간의 허영심이 품은 꿈이 아닐까? 플라톤과 플루타르크가 말하듯이 거기에 인간의 삶과 주소를 세워 놓고, 인간의 편익을 위해서 식민지를 건설한 것인가? 그리고 우리 대지를 빛내는 광명스러운 별로 만들어야 할 것인가? "인간 천성의 다른 허약성 중에서도 심령의 이 맹목성은 인간성으로 하여금 잘못을 범하게 할 뿐 아니라 이 잘못을 총애하게 한다."―

"부자의 육체는 영혼을 둔중케 하며, 그 조잡한 겉껍질 아래에 바로 사상의 훈련으로 심령을 위축시킨다."(예지의 서, 성 아우구스티누스가 인용한 것)

　＊인간은 동물보다 나을 것이 없다
　자만심은 타고난 근본적인 병폐이다. 모든 생령들 중에서도 가장 재난당하기 쉽고 취약하며, 동시에 가장 오만한 것은 인간이다. 인간은 우주의 가장 나쁘고, 죽어 없어지며 비천한 부분에 못 박혀, 하늘의 끝없는 곳에서 가장 멀리 떨어진 최후 단계의 주거로, 여기 이 세상의 진흙과 분뇨통 속에서 세 가지 동물들(조류·포유류·어류) 중의 가장 나쁜 조건에 있는 동물들과 함께 자기를 보고 느끼고 한다. 그러고도 그는 상상력으로 달의 궤도 위에 올라서 하늘을 자기 발밑으로 끌어내리고 있다. 바로 이 공상력으로 그는 자기를 하느님과 견주며, 하늘의 거룩한 조건을 자기가 차지하고 자기 자신을 따로 골라 다른 생령들과는 구별해 놓고, 자기 동료며 친구인 동물들에게는 그들의 몫을 갈라 주며, 그들에게 자기 멋대로 정한 소질과 힘을 부여한다. 그는 어떻게 자기 지성의 힘으로 동물들의 내적 움직임과 비밀을 안단 말인가? 그는 어떻게 그들과 우리를 비교하며, 동물들에게 어리석은 성질을 주고 있는 것인가? 내가 고양이와 희롱하고 있자면, 내가 고양이를 데리고 소일하는 것인지 고양이가 나를 데리고 소일하는 것인지 누가 알 일인가?
　플라톤은 사투르누스 치하의 황금시대를 묘사하며, 당시 인간들의 주요 장점들 중에서도 그들이 짐승들과 의사가 통해서, 인간이 짐승들에게 물어서 배웠고, 그 하나하나의 진실한 소질과 차이를 알아 그것으로 지극히 완전하고 신중한 지능과 예지를 얻었으며, 우리가 하는 것보다 훨씬 더 오래 행복하게 살 수 있었다는 점을 들고 있다.
　인간이 짐승들에 관해서 얼마나 무례한가를 판단하는 데 이보다 더 나은 증거가 또 필요할 것인가? 이 위대한 작가는 자신이 짐승들에게 부여한 대부분의 신체 형태 중에서, 자연은 오로지 당시 사람들이 짐승들에게서 끌어내던, 예측하는 능력을 고려해 주었다고 생각한다.
　짐승들과 우리 사이의 의사소통이 불가능하게 된 결함이 어째서 그들에게 있고, 우리에게는 없다는 말인가? 우리가 서로 이해하지 못하는 결함의 책임이 누구에게 있는가는 생각해 보아야 할 일이다. 왜냐하면 짐승들이 우리를 이해하지 못하는 만큼, 우리도 그들을 이해하지 못하기 때문이다. 바로 이 이유로 우리가 그들을 짐승이라고 보는 만큼, 그들도 우리를 짐승이라고 볼 수 있다. 우리가 그들을 이해하지 못한다는 것도 크게 괴이한 일은 아니다. 마찬가지로 우리는 바스크인들이나 트로글르디트족(동굴 속에서 사는 족속을 이름)의 말을 알아듣지 못한다.

그렇지만 티아나의 아폴로니오스와 멜람포스·티레시아스·탈레스 등과 같이 어떤 자들은 짐승의 말을 이해한다고 자랑하고 있었다. 우주학자들이 말하듯, 개 한 마리를 자기들의 임금으로 받드는 나라가 있다는 것이 사실인 이상, 그 나라 사람들은 개의 목소리와 동작에 어떤 해석을 지어 주어야 할 일이다. 우리는 우리와 짐승들 사이의 대등성을 주목해야 한다. 우리는 그들의 의미를 반쯤은 이해할 수 있다. 짐승들도 대강 그 정도로 우리를 이해하고 있다. 그들은 우리에게 아첨하고, 우리를 위협하고, 우리를 찾고 있다. 우리도 역시 그들에게 그렇게 한다. 그뿐더러 짐승들끼리는 완전한 의사소통이 있으며, 같은 종류들끼리만이 아니라 다른 종들끼리도 서로 이해하고 있음을 우리는 확실히 본다.

말할 줄 모르는 가축들과 야수들끼리도
공포·고통·희열이 그들을 동요시킴에 따라서
저마다 다른 외침 소리를 들려준다.   (루크레티우스)

개가 어떻게 짖으면 말은 그 개가 화를 냈다는 것을 알며, 다른 어떤 소리를 내면 놀라지도 않는다. 목소리가 없는 짐승들에게까지도 그들끼리 서로 일해 주고 있는 것을 보면, 우리는 거기에 의사를 소통하는 어떤 다른 방법이 있음을 쉽사리 추론한다. 그들의 동작이 대화하며 교섭하고 있는 것이다.

그것은 말을 배우는 아이들이
몸짓으로 말을 하는 것과 거의 같은 방식이다.   (루크레티우스)

청각장애자들이 수화로 말다툼하고 따지며 이야기하는 것만큼 못할 것인가? 나는 어떤 자들이 이런 동작에 지극히 부드럽고 능란하게 되어서, 사실상 자기가 하고 싶은 말을 아주 완전하게 이해시키는 데에 부족한 바가 없는 것을 보았다. 사랑하는 애인들끼리는 화를 내고, 서로 화해하고, 간청하고, 지적하는 모든 일을 눈으로 한다.

    침묵도 소망과
    생각을 나타낼 줄 안다.   (타소)

    손으로는 어찌 하지? 우리는 요구하며, 약속하며, 부르며, 내보이며, 위협하며, 기원하며, 간청하며, 부인하며, 거절하며, 물어보며, 감탄하며, 헤아리며, 고백하며, 후회하며, 두려워하며, 부끄러워하며, 의심하며, 가르쳐주며, 명령하며, 교사하며, 맹세하며, 증거하며, 비난하며, 처단하며, 죄를 사하며, 욕설하며, 경멸하며, 도전하며, 분개하며, 아첨하며, 갈채하며, 축복하며, 굴욕을 보이며, 조롱하며, 화해하며, 권장하며, 고무(鼓舞)하며, 축하하며, 즐기며, 동정하며, 슬퍼하며, 낙담시키며, 절망하며, 놀라게 하며, 소리치며, 침묵케 하며, 그리고 무엇은 못할 것인가? 혓바닥에 못지않게 잡다하고 복잡하게 무엇이든지 표현한다.
    우리는 머리로 청하며, 돌려보내며, 자백하며, 말을 부인하며, 진실을 폭로하며, 환영하며, 영광을 주며, 숭배하며, 사모하며, 요구하며, 사절하며, 유쾌하게 굴며, 비탄하며, 애무하며, 견책하며, 굴복시키며, 대거리하며, 추어올리며, 위협하며, 확언하며, 캐어묻는다. 눈썹으로는 어쩌지? 어깨로는 어쩌지? 어느 동작이든 가르침 없이라도 동시에 이해할 수 있는 언어와 공적 언어를 말하지 않는 것이 없다.
    그래서 다른 언어들이 가짓수가 많고 용법이 특수한 것을 보면 차라리 이 동작의 언어가 인간 본성의 고유한 언어라고 판단해야 할 것이다. 나는 말할 필요 있는 자에게 당장에 가르쳐 주는 언어와 손가락의 알파벳과 몸짓의 문법과 이런 것으로밖에 행사되고 표현되지 않는 학문과, 플리니우스가 말했듯이 이런 것밖에 다른 언어를 갖지 않은 국민들의 이야기는 생략한다.
    아브데라시(市)의 한 대사(大使)는 스파르타 왕 아기스에게 오랫동안 이야기하고 나서 그에게 물어보았다. "글쎄요, 임금님, 우리 시민들에게 무슨 대답을 가져갈까요?" "나는 그대에게 말하고 싶은 대로 실컷 말할 테니, 내가 한마디도 않더라고 하게." 이것이 바로 극히 잘 이해되는 침묵의 화법이 아닌가? 우리가 가진 어떤 종류의 능력을 도대체 동물들의 행동에서는 찾아보지 못한단 말인가? 꿀벌의 사회보다 더 많이 직책과 직무가 구분되고, 더 질서 있게 정리되고, 더 항구적으로 유지되는 사회가 또 있는가? 그 지극히 잘 정돈된 행동과 직무 배정이, 사고력과 예지 없이 이루어진다고 상상해 볼 수 있는가?

  이러한 표징과 예로, 어떤 자들은
  꿀벌들이 신의 지혜와 하늘의 신령한 기운을
  받은 것이라고 말하고 있다.
                  (베르길리우스)

 봄이 돌아오면 찾아와서 우리 집 구석을 뒤지고 있는 제비들은 수많은 자리들 중에서 그들이 깃들어 살기에 가장 편리한 자리를 아무런 판단력도 없이, 아무런 식별력도 없이 고르는 것인가? 그리고 그들 건축의 저 아름답고도 감탄할 만한 구조에 있어서, 새들은 그 조건과 효과를 알지 못하고 둥근형보다는 차라리 네모, 직각보다는 둔각을 사용하는 것인가? 그들은 굳은 흙도 물을 축이면 물러진다는 것을 판단하지 못하고 때로는 물을, 어느 때는 진흙을 물어 오는 것인가? 그들은 새끼들의 연한 사지가 그 속에서 더 푹신하고 편안하게 지낼 것을 예측하지 못하고 그들 집의 바닥을 이끼풀과 잔털로 까는 것인가? 바람의 다른 여러 성질을 잘 알지 못하고, 한쪽 바람이 다른 쪽 바람보다 그들에게 더 안온하다는 것을 생각해 보지 않고, 그들은 비 실은 바람을 가리며 집을 동쪽에 짓는 것일까? 거미에게 반성과 사색과 추론의 능력이 없다면 어떻게 거미줄을 한 곳은 두껍게 하고 다른 곳은 늦추며, 이 시간에는 이런 종류의 그물을, 다른 시간에는 저런 종류의 그물을 사용하는 것일까?
 우리는 동물들 대부분의 작품을 보고, 그들이 우리들보다 얼마나 더 탁월한 점을 가지고 있는가, 우리의 기술이 그들을 모방할 능력이 얼마나 부족한가를 충분히 알고 있다. 그 반면에 우리는 더 조잡한 작품을 만드는 데 우리 소질들을 사용하며, 우리 심령의 온 능력을 거기에 부어 넣고 있는 것을 본다. 어째서 우리는 그들도 그만한 일을 하는 것이라고 생각하지 않는가? 짐승들의 작품은 우리의 본성과 기술로 할 수 있는 것보다 더 우수한데, 어째서 우리는 그들의 작품을 무엇인지 모르는 자연적이며 노예적인 경향으로 돌려 버리는 것인가?

　이 점에서 우리는 생각해 보지도 않고 자신이 그들을 위해서는 어머니다운 애정으로 생활의 모든 행동과 안락을 보살피려고, 그들을 쫓아가서 손으로 이끌어 지도해 준다. 또 반대로 우리 자신은 우연과 운에 맡겨 두고 스스로 꾀를 써서 생명 보존에 필요한 사물들을 찾아다니게 두고, 동시에 우리에게는 어떠한 교육과 정신적 노력을 가지고도 짐승들의 타고난 기교에 도달할 수 있는 방법을 알려 주기를 거부한다. 따라서 그들의 짐승으로서의 우둔성이 모든 편익으로 보아서 우리의 거룩한 지성이 할 수 있는 모든 것보다 더 우수하도록 만들어 주게 하며, 우리는 그들에게 우리보다 대단히 큰 장점을 양보하고 있는 것이다.

　그렇다면 우리는 자연을 대단히 불공정한 의붓어미라고 불러야 할 일이다. 그러나 결코 그렇지 않다. 우리의 조직 체계는 그렇게 혼란되고 무질서한 것이 아니다. 자연은 보편적으로 모든 피조물들을 포용한다. 그리고 생령 중에서, 자연이 그의 생명 보존에 필요한 모든 방법을 아주 충분하게 제공하지 않는 것은 하나도 없다. 나는 사람들이(그들은 방자한 생각으로 때로는 자기를 구름 위에 올려놓고, 때로는 그 반대편 극단 속에 집어넣는다) "우리는 속박당하고 잘 씌워져서 대지 위에 벌거숭이로 내던져진 단 하나의 동물이며, 남이 내버린 물건으로밖에 자기를 싸감아 무장해 볼 거리도 없다. 반면에 다른 피조물들은 자연이 그들을 조개껍데기·깍지·덧껍질·털·모사·가시·가죽·잔털·날개짓·거북 등껍질·양털 가죽, 돼지털 등 그들의 생활에 필요한 대로 옷을 입혀 주고, 그들을 발톱·이빨·뿔 등으로 무장시켜서 공격하고 방어하게 하고, 자연이 헤엄치기·달음질치기·날기·노래하기 등 그들에게 맞는 일을 가르쳐 주고 있는데, 사람들은 그 반대로 우는 것 외에는 배우지 않으면 길가기·말하기·밥 먹기도 알지 못한다"고 하는 말을 듣는다.

　　자연이 어미의 배 속에서 고생하며 어린애를 끌어내어
　　어린애가 막 빛의 세계로 나오는 순간부터
　　마치 파도의 맹위가

해안으로 내던진 뱃사공과도 같이
어린애는 발가숭이로 언어도 모르며
생존에 필요한 모든 것이 결여된 채 땅에 팽개쳐져 있다.
그리고 애절한 울음소리로 자기가 태어난 장소를 채운다.
그 울음이 옳으리라, 이 불행아에게는 그의 인생행로에 겪어야 할
많은 불행만이 남아 있다! 그 반대로 동물들은
가축이건 야수이건, 크건 작건, 수고로움 없이 성장하며
그들에게는 딸랑딸랑 소리 나는 장난감도
유모의 어르는 말도 필요치가 않다.
그리고 계절 따라 갈아입어야 할 옷조차도
찾으러 나가지 않는다. 끝으로 그들은 재산을 보존하기 위한
무기도 성벽도 필요치 않다.
왜냐하면 대지와 근면한 대자연은 그들에게 필요한
모든 종류의 자료를 풍부하게 생산해 주기 때문이다.　　(루크레티우스)

　이렇게 말하는 천박한 불평을 잘 듣지만, 이 불평은 그릇된 생각들이다. 이 세상의 질서에는 더 위대한 평등과 균일한 연관성이 있다.
　우리의 피부는 그들의 것만큼 추위와 더위에 충분히 버틸 수 있게 되어 있다. 그 증거로, 사람들이 아직도 옷을 입지 않는 나라들이 많이 있다. 옛날 골족들은 결코 옷을 입는 일이 없었다. 이웃 아일랜드 사람들은 추운 기후에도 옷이 없다. 그러나 이것은 우리 자신을 살펴봄으로써 훨씬 더 잘 판단할 수 있다. 우리가 바람과 공기에 드러내놓아도 좋은 부분은 모두 그것을 겪기에 적합하게 되어 있다. 우리는 습관적으로 얼굴·발·손·다리·어깨·머리 등을 내놓고 다닌다. 우리에게 추위 타는 것을 두려워해야 할 듯싶은 약한 부분이 있다면, 그것은 소화가 이루어지는 배일 것이다. 우리 조상들은 그곳을 내놓고 다녔었다. 그리고 우리네 부인들은, 부드럽고 연약하게 생긴 여자의 몸이지만 때로는 배꼽까지 내놓고 다닌다. 갓난아이들을 기저귀로 싸서 동여매는 것도 필요한 것이 아니다.
　라케다이모니아의 어머니들은 어린아이들의 팔다리를 매거나 굽히는 일 없

이 자유로이 움직이게 둔 채로 키웠다. 우리가 태어날 때 우는 것은 다른 동물들에게도 공통된 일이다. 태어난 다음 오랫동안 울지 않고 있는 일은 없다. 그것은 그들이 느끼고 있는 허약감에 맞는, 아주 맞는 자세인 까닭이다. 먹는 버릇은 그들이나 우리나 배워야 할 필요 없이 타고난 버릇이다.

저마다 자기가 사용할 수 있는 역량을 느끼기 때문이다. (루크레티우스)

어린아이는 혼자서 먹을 힘을 갖게 되며, 자기 먹을 것을 자기가 찾을 줄 안다는 것을 누가 의심하는가? 대지는 농사짓기와 기술 없이도 충분한 식량을 필요한 대로 생산해서 제공한다. 또한 어느 시기에라도 생산하는 때가 아니라면, 짐승을 위해서도 제공해 주지 않는다. 그 증거로 우리는 개미나 다른 동물들이 1년 중 생산 없는 계절에 대비해서 미리 저장해 두는 것을 본다. 우리가 최근에 발견한 나라(신대륙 아메리카를 말함)들에서는, 사람들이 수고해서 준비해 두지 않아도, 자신의 음료와 식량 등이 풍부하게 공급되는 것을 본다. 빵만이 우리의 유일한 식량이 아니며 농사를 짓지 않아도 어머니인 대자연은 우리에게 필요한 것을 풍부하게 제공하고 있음을 알려 준다. 대지는 우리가 기술을 가하고 있는 지금보다 더 충분하고 풍부하게 우리에게 필요한 물건을 제공해 주었을 것으로 보인다.

대지는 당초에 인생을 위하여
찬란히 수확하고 풍부한 포도를 생산했다.
대지는 감미로운 과실과
기름진 목초를 제공했다.
그런데 지금은 이 모든 걸 우리가 고생하여 재배해도
여간해서 성장하지 않으며
우리는 여기에 소와 농민들의 기력을 소모하고 있다. (루크레티우스)

그것은 우리의 욕망이 너무 과분하고 무질서해서, 그것을 만족시키려고 애쓰는 모든 방법이 넘쳐 있기 때문이다.

무기로 말하면, 우리는 대부분의 다른 동물들보다 더 자연스러운 것을 가지고 있고, 팔다리의 움직임이 더 많고, 배우지 않아도 타고난 대로 그것을 더 능란하게 사용하고 있다. 알몸뚱이로 싸워야 하는 동물들은, 우리와 같은 위험에 몸을 던지는 것을 본다. 몇몇 짐승들은 이 장기(長技)에서 우리보다 우수하다고 하지만, 우리는 이 점에서 다른 많은 짐승들보다 우수하다. 후천적인 방법으로 몸을 강하게 하고 지키는 기술은 타고난 본능과 가르침을 통해 알고 있다. 그 증거로, 코끼리는 이빨을 날카롭게 갈아서 싸움에 이용한다.(그는 이 용도로 특수한 이빨을 가지고 아껴 두며, 결코 다른 일에는 쓰지 않는다) 황소들이 싸우러 나설 때에는 자기들 주위에 먼지가 일게 한다. 산돼지들은 이빨을 갈아 둔다. 그리고 이집트 몽구스는 악어와 부딪쳐 싸우게 될 때에는 그 몸뚱이에 전부 진흙을 이겨 단단하게 칠하며, 갑옷 모양으로 장비한다. 어째서 우리는 나무와 쇠로 무장하는 것이 자연스러운 일이라고 말하지 못하는가?

언어로 말하면, 그것이 자연스러운 것이 아니라면 필요한 것도 아님은 확실하다. 그렇지만 나는 어린아이를 아주 외딴곳에서 사람들과의 접촉도 전혀 없이 키워 보아도(그것은 하기 쉬운 시도가 아니지만), 그는 자기의 뜻을 표현할 어떤 종류의 말을 가질 것이라고 생각한다. 그리고 자연이 이 방법을 다른 동물들에게는 주고, 우리에게만 주기를 거절했으리라고는 믿어지지 않는다. 우리가 보는 대로, 동물들이 서로 우짖고 즐기며 서로 사랑을 청하고 구원을 청하는 것이 언어가 아니면 무엇이란 말인가? 어째서 그들은 자기들끼리 서로 말하지 않을 것인가? 그들은 우리에게, 우리는 그들에게 잘 말한다. 그리고 우리는 얼마나 여러 가지로 개들에게 말하는가? 그리고 개들은 우리에게 대답한다. 우리는 다른 언어를 가지고, 다른 호칭을 가지고 개와 하는 것처럼 새와 돼지·소·말과 이야기한다. 그리고 종류에 따라서 사투리를 달리 쓴다.

> 그들의 흑색 부대를 보면
> 개미 떼는 서로 이마를 마주 대며
> 아마도 그들이 갈 길과 포획의 예상에 대해
> 의논하는 것이리라.
>
> (단테)

락탄티우스는 짐승들에게 말뿐 아니라 웃는 능력도 있다고 보는 것 같다. 그리고 나라가 다르므로 언어가 다른 것은, 같은 종류의 동물에게서도 찾아볼 수 있다. 아리스토텔레스는 이에 관해서, 장소와 위치에 따라 메추리의 노랫소리가 다르다고 주장한다.

> 때로 잡다한 조류는
> 계절의 변화에 따라 우는 소리가 대단히 달라지며,
> 그중에는 환경의 변화와 함께 목소리도 변하여
> 목쉰 소리로 노래하는 것도 있다.　　　　　　(루크레티우스)

그러나 이 어린아이가 무슨 말을 할 것인지는 아직 알 수 없는 일이며, 이에 관해 짐작으로 사람들이 말하는 것은 그리 진실하게 보이지 않는다. 만일 누가 이 의견에 반대하여 타고난 청각장애자는 말을 못 한다고 주장한다면, 그것은 그가 다만 귀로 듣는 말과 교육을 받지 못해서 그러할 뿐만 아니라 그보다도 차라리 그들이 갖지 못한 청각기의 감각이 말하는 감각과 관련되어서 본성의 맺음으로 서로 뭉쳐 있는 것이며, 그래서 우리가 말하는 것은 밖으로 남에게 내보내기 전에 먼저 우리의 귀에 말해야 하기 때문이라고 나는 대답한다. 나는 동물들과 인간들 사이에 이러한 유사점이 있다는 것을 주장하려고, 그리고 우리를 대다수의 생령들에게 돌려다가 맺어 주기 위해서 이 모든 것을 말했다. 우리는 다른 동물들보다 위에 있는 것도 아래에 있는 것도 아니다. 하늘 아래 있는 모든 것은 같은 법과 운은 받는다고 현자(디오게네스 라에르티우스)는 말했다.

> 모든 사물들은 정해진 운명의 사슬에 묶여 있다.　　　(루크레티우스)

거기에는 어떤 차이가 있다. 거기에는 질서와 단계가 있다. 그러나 그것은 동일한 본성의 모습 아래에서의 일이다.

> 사물들은 각각의 길을 걸어가면서

자연이 정한 움직일 수 없는 차이를 지켜간다.　　　　　(루크레티우스)

인간은 강제해서 이 한계 안에 정돈해 놓아야 한다. 이 가련한 자는 결코 실제로 자기 조건 너머로 넘어가지 못한다. 그는 얽매여 있으며, 진실하고 본질적인 특권도 탁월성도 없이 아주 평범한 조건으로, 그의 서열의 다른 생령들과 같은 의무에 예속되어 있다. 그가 사색과 공상으로 스스로 만드는 특권은 아무런 실속도 맛도 없다. 그리고 인간만이 동물들 중에서 사색하는 자유와 사상의 혼잡성을 가져서, 그것이 그에게 존재하는 것과 존재하지 않는 것, 그가 원하는 것, 가짜인 것, 진실한 것 등을 그에게 표현해 준다고 해도, 그것은 너무나 값비싸게 얻은 편익이며, 그것으로는 별로 자랑할 거리도 되지 못한다. 왜냐하면 거기서 죄악·질병·우유부단·번민·절망 등 그를 압박하는 불행의 주요 원천이 생겨나기 때문이다.

내 문제로 다시 돌아오자. 그러기 때문에 나는 짐승들이 본성이 강제된 경향으로 우리가 선택 판단과 기교를 가지고 하는 것과 똑같은 일을 한다고 생각하는 것은 타당치 못하다고 말한다. 우리는 성과의 근원에 같은 소질이 있음을 결론지어야 하며, 따라서 우리가 일할 때에 쓰는 동일한 사고력, 동일한 방법은 또한 동물들이 쓰는 것이라고 고백해야 한다. 어째서 우리는 자신이 그런 효과를 느끼지 않으면서, 그들에게는 이러한 자연적 제약이 있다고 상상하는가? 더욱이 본성에서 나오는 불가피한 조건으로, 하느님의 지시에 더 가깝게 방향을 잡아서 절도 있게 행동하는 것이 더 영광스러운 일이며, 우리 행위의 지도를 우리보다 자연에게 맡기는 것이 더 확실한 것이니 말이다.

우리는 오만한 허영심 때문에 하느님의 은덕보다도 우리의 힘으로 능력을 얻기를 더 좋아한다. 그리고 다른 동물들은 본성에서 받은 좋은 소질들로 풍부하게 해 주며, 그런 것은 그들에게 맡기고 우리는 얻어 온 소질을 더 영광스럽고 고귀하게 여긴다. 나는 그것이 너무 단순한 생각이라고 본다. 왜냐하면 나로서는 남에게 구걸해 가며 배워서 얻은 것이나 마찬가지로, 전적으로 내 것인 타고난 혜택을 똑같이 평가하고 싶기 때문이다. 또한 하느님과 자연의 은혜를 받는 것보다 더 훌륭하게 추천되고 장려함을 얻는 것은 우리의 힘에 없는 일이다.

이러한 예로, 트라키아의 주민들은 얼음이 언 시냇물을 건너갈 때 여우를 앞장세우는데, 이 여우를 앞으로 내몰면, 여우는 물가 얼음 가까이에 귀를 대고, 흐르는 물소리가 얼음 밑에서 얼마나 멀리 또는 가까이에서 들리는가를 듣고, 얼음이 두꺼운가 얇은가를 알아서 물러나고 나아가고 하는 것이다. 우리는 이것으로써 여우의 머릿속에 우리 머릿속과 같은 동일한 사고력이 돌고 있어서 '소리가 나는 것은 움직인다. 움직이는 것은 얼지 않는다. 얼지 않은 것은 액체이다. 액체에는 무거운 것이 빠진다'는 생각이 그의 본성의 지각에서 끌어낸 추리의 결과라고 판단하는 것이 옳은 일이 아닐까? 그것을 청각의 힘으로만 붙이고, 그에게 사고력도 추리하는 힘도 없다고 하는 것은 망상이며, 생각할 수 없는 일이기 때문이다. 그리고 우리가 짐승들을 공격할 때에 그들이 몸을 방어하는 데 쓰는 그 많은 종류의 계략과 술책도 같은 식으로 생각해야 할 것이다.

또 우리가 마음대로 짐승들을 포획하고 사용하는 것이 우리의 뜻에 달려 있다는 것을 가지고 어떤 장점을 삼으려고 해 보아도, 그것은 우리가 우리 서로 간에 가지고 있는 것과 똑같은 장점일 뿐이다. 우리는 이런 조건으로 노예들을 소유한다. 그리고 클리마키드들은 귀부인들이 마차에 탈 때에 네 발로 엎드려 디딤돌과 층계 노릇을 하던 시리아의 여자들이 아니던가? 대부분의 자유인들은 아주 변변찮은 소득을 바라고, 타인의 권력 밑에 자기 생명과 존재를 포기한다. 트라키아의 아내와 첩들은 자기 남편과 같이 죽어 합장되는 데 뽑히려고 서로 다투며 호소한다. 폭군들 중의 어떤 자들은 살았을 때와 마찬가지로 죽어서도 사람들을 데려갈 필요성을 느꼈는데, 도대체 이 폭군들은 자기에게 헌신하는 인간들을 넉넉하게 얻기에 실패해 본 일이 있었던가?

군대 전체가 이렇게 장수들에게 매여 있다. 죽어서 삶을 돌보지 않고 끝장내려고 싸우던 검투사들의 준엄한 도장에서 하던 맹세의 문구에는 "우리는 쇠사슬에 매이거나, 화형을 당하거나, 매를 맞거나, 칼에 맞아 죽거나, 정당한 검투사들이 스승에게서 받은 모든 일을 당하겠습니다"라는 약속이 있어, 육체와 영혼을 바쳐서 그에게 봉사하겠다고 지극히 경건하게 서약하기로 되어 있다.

그대 원커든 내 머리를 불태우라.
내 몸을 장검으로 찔러라.

또는 내 등을 매로 쳐서 뭉개라. (티불루스)

그것은 진실한 의무였다. 그래서 어느 해에는 거기 들어가서 죽은 자가 1만 명이나 있었다.

스키타이족들이 임금을 매장할 때는, 그가 가장 총애하던 후궁과 술 따르는 아이·사무관·재상·방문지기, 그의 요리사를 교살하여 그 시체 위에 묻었다. 그리고 그의 제삿날에 말 50마리와 사동 50명을 죽이며, 사동들은 등뼈를 통해서 목구멍까지 말뚝으로 꿰어 말에 태워 그의 무덤 주위에 세워서 전시했다.

우리를 섬기는 인간들은, 우리가 새나 말이나 개를 대접하는 것보다 조심성도 적고 불리한 대우를 받으며 싼 값으로 봉사한다.

왕공들의 편의를 위해서 우리는 무슨 수고를 아끼는 것일까? 나는 이런 왕공들이 영광삼아 짐승들을 위해 해 주는 것만큼 가장 천한 하인들이 윗사람을 위해서 성의를 가지고 섬겨 주는 것이라고 생각하지 않는다.

디오게네스는 부모들이 자기를 노예에서 해방시키려고 애쓰는 것을 보고 "어버이들은 미쳤어. 나를 맡아 대접하고 먹여 살리는 자야말로 나의 노예요" 하고 말했다. 짐승을 먹이는 자들은 짐승이 그들을 섬긴다고 하기보다도 오히려 그들이 짐승을 섬긴다고 말해야 옳다.

그뿐더러 짐승들에게는 더한층 품위 있는 면이 있다. 사자는 결코 다른 사자를 섬긴 일이 없고, 말이 다른 말을 섬긴 일이 없는 것은, 그렇게 할 마음이 없기 때문이다. 우리가 짐승들을 사냥하러 가듯, 호랑이와 사자들은 사람을 사냥하러 간다. 서로 간에 같은 사냥을 하고 있다. 개들이 토끼에게, 꼬치고기가 잉어에게, 제비가 매미에게, 매가 콩새와 종달새에게 하는 식이다.

학은 넓은 풀밭에서 찾아내는
뱀과 도마뱀으로 새끼를 양육하고
주피터의 사자인 고귀한 조류들은 숲속에서
토끼와 새끼사슴을 수렵한다. (유베날리스)

우리는 수고와 고생을 같이 했으니, 사냥해서 얻은 것을 개 및 새와 같이 나

눈다. 트라키아의 암피폴리스 너머에서는 사냥꾼들과 야생의 매들은 잡은 것을 꼭 반씩 나눠 갖는다. 마치 모이오소티스(아조프해를 가리킴)의 늪가에서 어부들이 잡은 것과 똑같은 몫을 이리들에게 남겨 주지 않으면, 이리들이 바로 가서 그물을 물어찢는 격이다.

그리고 우리의 사방이 덫이나 낚싯줄·낚시 등을 써서 힘보다도 꾀로 잡듯, 짐승들 사이에도 이와 같은 일을 볼 수 있다. 아리스토텔레스는 오징어들은 그 목에서 줄 같은 긴 창자를 꺼내서 멀리 뻗친 채 놓아두었다가, 작은 고기들이 접근해 오는 것을 보면 대롱 끝을 물게 놓아두고는 모래나 개흙 속에 숨어서 차차로 끌어들여 이 새끼 고기가 아주 가까이 오면 팔짝 뛰어서 그것을 잡는다고 한다.

힘으로 말하면 사람만큼 세상에 위협받기 쉬운 동물은 없다. 구태여 코끼리나 고래나 악어나 기타 이런 동물들이 필요치 않다. 그들 중에 하나만 나서도 많은 인간들은 놀라 도망쳐 버릴 것이다. 이까지도 실라의 독재 정치를 무너뜨리기에 충분하다.

한 위대한 승전 황제의 심장과 생명은 구더기의 아침밥거리에 지나지 않는다.

자기 생활에 소용되는 물건이나, 병의 치료에 도움되는 물건들과 그렇지 않은 물건을 식별하는 것, 그리고 대황과 지네의 효능을 알아내는 것 등은 사람에게는 기술과 사고력에 의해서 세워진 학문과 지식이 맡아 관리하는 일이라고 말한다. 그런데 칸디아의 염소들을 보면, 그들이 화살을 맞았을 때 수많은 잡초들 중에서도 백선(白鮮)을 골라서 치료하며, 거북은 독사를 잡아먹으면 즉시 화박하(花薄荷)를 구해서 속을 훑어 내고, 도마뱀은 회향(茴香)으로 눈을 닦아 밝히며, 고니는 스스로 바닷물로 관장하고, 코끼리는 자기 몸과 자기 동무의 몸에서 뿐 아니라 주인의 몸에서도(그 증거로 알렉산드로스에게 패한 포로스 왕의 코끼리가 있다), 전쟁 때 적에게 얻어맞은 작은 창과 삼지창 등을 우리로서는 할 수 없을 만큼 아프지 않게 뽑아낸다. 이런 것을 어째서 지식이며 예지라고 말하지 못할 것인가? 동물들을 얕보기 위해서, 그들이 이런 일을 아는 것은 단지 본성이 가르치고 지도하는 것이라고 평계하는 수작은, 그들에게서 지식과 예지의 자격을 빼앗는 일이 아니고, 그렇게도 확실한 여 선생님(本性을 가리킴)의 영광을 위해서 우리보다도 더 그들에게 이 자격을 부여하는 일이 된다.

크리시포스는 다른 일에서는 어떤 철학자보다도 더 동물들을 경멸해서 판단했다. 그런 그가 어느 개 한 마리의 동작을 살폈는데, 그 개가 잃어버린 주인을 찾거나, 자기 앞에 달아나는 짐승을 쫓거나, 길이 셋으로 갈라지는 지점에 와서 첫째 길과 둘째 길에 가서 찾아보고 주인의 자국을 발견하지 못하자, 아무런 주저도 없이 세 번째 길로 줄달음질쳐 가는 것을 보았다. 그는 이 개가 "나는 이 삼거리까지 내 주인의 자국을 쫓아왔다. 그는 이 세 길 중의 하나로 갔음에 틀림없다. 그것은 이 길도 아니고, 저 길도 아니다. 그러므로 그는 틀림없이 이 길로 갔어야만 한다"고 하는 사색과 결론으로 확신을 가졌으며, 개에게 셋째 번 길에는 마음을 쓰지 않고 살펴볼 것도 없이 이성의 힘으로 줄달음칠 수 있게 하는 사색이 오갔음을 고백하지 않을 수 없었다.

이러한 순수히 변증법적인 방법과, 분석하고 종합해 본 전제와 부분들의 충분한 열거법의 사용은 트라케준티우스에게서 논리학을 배운 것만큼 이 개는 저절로 알고 있었던 것이 아닌가?

그러니 짐승들이 우리의 방식으로 교육받는 것도 불가능한 일은 아니다. 찌르레기·까마귀·까치·앵무새 등, 우리는 그들에게 말하는 법을 가르친다. 우리가 잘 아는 것처럼, 그들은 쉽사리 부드럽고 잘 조작되는 목소리와 입김으로, 일정한 수의 글자나 모음과 자음으로 압축해서 꾸며 낸다. 이것은 그들 속에 사고력이 있어서 이렇게 훈련시킬 수 있고 배우기를 즐기는 소질을 가지고 있다는 증거이다. 줄광대들이 개들에게 온갖 재주를 가르치는 것은 누구나 다 물리도록 보고 있다고 생각한다. 댄스를 시키면 개들이 음악의 박자 하나 틀리지 않고, 말로 명령하면 여러 가지 다양한 동작과 도약을 하곤 한다. 이것은 상당히 평범한 예이지만, 나는 이런 행동을 더욱 감탄하며 주목했다. 그것은 들에서나 시가지에서 시각장애자를 인도하는 개의 얘긴데, 주의해 보니, 이 개들은 늘 돈푼이라도 얻는 버릇이 된 집의 문 앞에서는 멈추며, 역마차가 지나갈 때에는 완전히 지나가기까지 안전거리를 유지하며, 또한 시가지의 하수도를 따라 있는 판판하고 고른 길은 두고 주인을 하수도에서 멀리 하려고 더 나쁜 길로 가는 것이었다. 어떻게 사람들은 이 개에게 주인의 안전을 고려하여 그를 섬기기 위해서 자기 편익을 경멸하는 일이 자기 직책이라는 것을 이해시켰던 것일까? 그는 어떤 길이 자기에게는 충분히 넓지만, 시각장애인에게는 그렇지 못하다는 지식을 갖게 된 것일까? 이 모든 것이 추리력과 사고력 없이 이해될 수 있는 일일까?

플루타르크가 로마에서 베스파시아누스 부황제(父皇帝)와 함께 마르켈루스 극장에서 개 한 마리를 보고 한 이야기를 잊어서는 안 된다. 이 개는 주인인 광대가 연기하는 무대에서, 장면도 여럿이고 등장 인물도 많은 이 연극에 한 역할을 맡고 있었다. 이 개는 무슨 약을 먹고 죽었다는 시늉을 한동안 하고 있어야 했다. 그때 이 개는 마치 마비된 것처럼 가끔 벌벌 떨며, 몸을 흔들기 시작하다가 마지막에는 죽은 것처럼 뻗어 나자빠져서 연극대로 이 자리에서 저 자리로 끌려가기까지 그냥 있었다. 그러다가 시간이 다 된 것을 알았을 때는 마치 잠에서 깨어나듯이 시치미를 떼고 꿈틀거리기 시작했다. 그리고 고개를 쳐들어 여기저기 쳐다보며 구경꾼들을 놀라게 하는 것이었다.

수우사의 왕실 정원에서 물 긷는 데 부리는 황소들은, 물통이 달려 있는 커다란 무자위(랑그도크에서 많이 보는 것처럼)를 돌려 물을 길어 올릴 때 하루에 백 번씩 돌리기로 명령받고 있었다. 그들은 이 수에 완전히 길들여져 어떠한 강제를 해 보아도 한 번도 더 돌게 할 수는 없었다. 그들은 이 임무를 마치고는 딱 멈춰 버리는 것이었다. 우리는 백까지 헤아릴 줄 알려면 소년기에 도달해야만 한다. 수라는 관념이 전혀 없는 국민들을 최근에 발견했다.

사람을 가르치는 데는 남에게서 배우기보다도 더 지성이 필요하다. 한데 데모크리토스가 결론짓고 증명한 바, 인간 기술의 대부분은 짐승들에게서 배웠다는 것, 즉 거미로부터 베짜기와 바느질하기, 제비로부터 집짓기, 고니와 꾀꼬리에게서 음악, 그리고 여러 동물들의 본보기에서 의약을 배워 왔다는 말이다. 이를 제쳐두고라도, 아리스토텔레스는 꾀꼬리들이 새끼들에게 노래를 가르치느라고 시간과 마음을 쓰는 것이며, 그 때문에 우리가 꾀꼬리를 새장에 가두어 기르면 그들이 부모 밑에서 공부하는 기회를 얻지 못하는 까닭에 노래의 우아미를 많이 잃는 것이라고 생각한다. 우리는 이것으로써 꾀꼬리가 훈련과 공부에 의해서 개량되는 것임을 알 수 있다. 그리고 자유로운 꾀꼬리들 중에도 모두가 균일한 것은 아니다. 각기 자기 능력에 따라 배우며, 또 공부하는 시새움에서 지나치게 경쟁하기 때문에, 어떤 때는 경쟁에 진 자는 목소리가 아니라 숨이 끊어져 죽기까지도 한다. 가장 어린것들은 생각에 잠겨 중얼거리며, 노래의 어느 한 구절을 모방하기에 골몰한다. 제자는 스승의 가르침을 경청하고 극히 조심해서 왼다.

어떤 때는 이놈, 다른 때는 저놈이 번갈아 입을 다물고 잘못된 곳을 고쳐 주는 것을 들으며 가끔 선생의 책망을 받기도 한다.

아리우스는 말한다. "나는 옛날에 한 코끼리가 양쪽 허벅다리에 꽹과리를 달고, 또 콧대롱에도 하나 달고, 이것을 치는 소리에 맞춰서 다른 놈들은 모두 동그랗게 춤을 추며 악기의 지휘에 따라서 어느 박자에 가서는 머리를 올리고 숙이는 것을 보았는데, 이 화음은 듣기에도 유쾌했다." 로마의 극단에서는 코끼리들이 복잡하게 얽히고 끊겨서 대단히 배우기가 힘든 많은 음계와 여러 박자에 맞춰 춤추며 움직이는 것을 예사로 볼 수가 있었다. 그중에는 공부한 것을 혼자서 외워 보며, 스승에게 꾸지람받고 매 맞지 않으려고 힘써 조심해 가며 복습하고 있는 놈들도 있었다.

그러나 플루타르크가 책임지고 말하는 까치에 관한 다른 이야기는 괴상하기까지 하다. 이 까치는 로마의 어느 이발사의 이발소에서 그가 듣는 모든 것을 목소리로 흉내 내며 사람들을 놀라게 하고 있었다. 어느 날 나팔수들이 이 이발소 앞에 멈춰서 오랫동안 나팔을 분 일이 있었다. 그 이튿날은 이 까치가 사뭇 생각에 잠겨 입을 다물고 우울하게 지냈다. 그것을 본 사람들은 놀라, 그가 나팔소리에 얼이 빠져서 귀가 먹고 그의 청각과 함께 목소리도 사라져 버린 것이라고 생각했다. 그러나 알고 보니, 이것은 심각한 연구이고 자기반성이었으며, 그의 정신은 이 나팔 소리를 표현하려고 준비하고 있었던 것이다. 그가 그 뒤 처음 낸 목소리는 이 나팔소리를 그 반복과 자태, 음조의 변화까지 완전히 표현하는 것이었다. 이 새로운 공부로 그가 전에 말할 줄 알았던 것은 모두 버리고 경멸해 버렸던 것이다.

나는 또 플루타르크가 배를 타고 가다가 보았다는 어느 개에 관한 다른 예의 인용도 빼놓고 싶지는 않다(순서로 말하면 확실히 이 이야기를 먼저 했어야 옳았다고 생각하지만, 나는 이 글의 다른 데서도 예를 드는 데에 모두 순서를 지키지 않고 있다). 이 개는 항아리 속에 있는 기름이 먹고 싶어 애를 쓰다가, 병 목이 좁아서 혀가 닿지 않자, 조약돌을 주워다가 항아리 속에 집어넣어서 기름이 병

주둥이까지 올라오게 하여 목적을 달성할 수 있었다. 그것이 정신의 작용이 아니고 무엇일까? 바르바리아의 까마귀들도 물이 마시고 싶을 때, 물이 깊숙한 곳에 있으면 이와 같은 꾀를 쓴다고 한다.

이 행동은 어느 면에서, 코끼리들에 관해 그들 나라의 임금 쥬바가 이야기하던 것과 흡사하다. 이 코끼리들은 그들 가운데 하나가 사냥하는 자들의 꾀에 넘어가서 사람들이 깊게 구덩이를 파고 눈속임으로 잔 나무덤불로 덮어 놓은 함정 속에 빠지게 되면, 그가 밖으로 기어 나오는 것을 거들어 주기 위해서 그의 동무들이 서둘러서 많은 돌과 나무토막을 가져다 구덩이에 집어넣는다. 이 동물은 다른 행동에서도 사람의 능력에 접근하기 때문에 경험으로 알게 된 것을 자세히 좇아 본다면, 내가 평소 주장해 온 것처럼 사람과 사람 사이의 차이는 동물과 사람 사이의 차이보다 더 크다는 것을 쉽사리 증명할 것이다.

시리아의 어떤 집에서 키우던 코끼리의 관리인은 식사 때마다 코끼리에게 주라고 한 먹이의 반은 훔쳐 내고 있었다. 어느 날은 그 주인이 몸소 코끼리를 보살펴 주려고 먹이로 명령했던 정확한 분량을 밥통에 넣어 주었다. 코끼리는 언짢은 눈으로 그의 관리인을 쳐다보며, 긴 코로 그 반을 따로 갈라 내놓고, 자기가 당해 오던 부정행위를 밝혀 냈다. 또한 코끼리는 그 관리인이 먹이의 분량을 늘리려고 돌을 섞자, 관리인이 식사하려고 고깃국을 끓이고 있는 냄비에 다가가 재를 넣어 가득 채워 주었다.

이런 것은 특수한 사실들이다. 그러나 세상 사람들이 모두 보고 아는 일로, 동방의 나라에서 지휘하는 군대에는 강력한 부대들 중의 하나가 코끼리로 편성되어 있으며, 정규 전투에서 그들과 같은 역할을 맡고 있는 우리 포병 부대와 비교가 안 되게 더 큰 성과를 올렸다(그것은 고대사를 아는 사람들에게는 판단하기 쉬운 일이다).

> 그들(코끼리)의 조상들은 카르타고의 한니발과
> 우리 로마 장수들과 에피로스의 임금을 섬겼다.
> 그리고 강력한 등 위에 보병 부대를 실어 가고
> 치열한 전쟁 속에 그들의 부서를 맡아 본 것이다.　　　　　(유베날리스)

사람들이 그들에게 전투 부대의 선봉을 맡길 수 있으려면, 마땅히 이 짐승들을 진심으로 신뢰해야 할 일이다. 거기서 만일 이 짐승들이 잠깐이라도 정지하는 일이 있으면, 또 몸집이 크고 육중한 데다가 조금이라도 그들에게 공포심을 일으켜 발길을 돌리게 하는 일이 일어난다 하면, 사태가 틀어지기에 충분하다. 그런데 도리어 우리 자신이 서로 맞대들어 부딪고 부서지는 예는 있더라도 그들이 자기들 부대에 대드는 예는 좀처럼 없었다. 코끼리들에게는 간단한 동작이 아닌 전투 외의 여러 잡다한 책임이 지워졌다. 그것은 스페인 사람들이 서인도를 새로 정복할 때에 개를 사용했던 것과 같았다. 그들은 개에게 급료를 주고 전리품을 분배해 주었던 것이다. 그리고 이 동물들은 열성과 맹위를 가지고 하듯 승리를 추구하며, 물러나며, 기회를 타서 공격하고 후퇴하고, 우군과 적군을 식별하는 데에 마찬가지로 기교와 판단력을 보였다.

우리는 평범한 일보다는 범상치 않은 일들을 더 높이 평가한다. 그렇지 않았던들 나는 이렇게 긴 기록으로 능청대지는 않았을 것이다. 내 생각으로는 우리와 같이 사는 동물들에 관해서 여느 때 우리가 보는 것을 상세히 연구해 본다면, 다른 시대나 다른 나라의 것을 수집해 오는 것만큼 경탄할 만한 사실을 찾아볼 수가 있을 것이다. 사물의 진행은 모두가 동일한 본성에 의해서 굴러간다. 현재의 상태에 관해서 유능하게 판단한 자는, 확실히 미래와 과거 전체를 결론지을 수 있을 것이다.

나는 옛날 먼 나라에서 바다를 건너 우리에게 데려온 사람들을 본 일이 있었다. 우리는 그들의 언어를 조금도 이해하지 못했고, 그들의 생활 방식과 용모·피복 등이 우리와는 현격하게 달랐다. 그러니 우리 중에 어느 누가 그들을 야만인이고 금수 같다고 부르지 않을 것인가? 그들이 벙어리같이 말도 못 하며, 프랑스어를 모르고 우리 손에 키스하는 법과 굽실거리며 절하는 법도 모르고, 우리의 자세·몸가짐 등, 인간의 본성이 실수 없이 본으로 삼아야 할 이런 것을 모른다는 이유로, 그들이 천치 같고 어리석은 탓이라고 돌리지 않을 자 누구인가?

우리는 이상하게 보이는 것, 그리고 우리가 이해하지 못하는 것에 대해서는 모두 흠을 잡는다. 마치 우리가 짐승들을 두고 판단하는 데서 일어나는 것과 같은 것이다. 짐승들에게는 우리의 것과 관련되는 여러 조건들이 있다. 이런 것에 관한 비교에서 우리는 몇 가지 추론을 끌어낼 수 있다. 그러나 짐승들이 독자적으로 가지고 있는 것에 관해서 우리는 그것이 무엇인지 알고 있는가? 말·개·소·양·새 등, 우리와 함께 살고 있는 대부분의 동물들은 우리 목소리를 알아듣고, 이 말소리만으로 복종한다. 이와 마찬가지로 크라수스의 칠성장어도 그가 부르면 따라왔었다. 그리고 아레투사의 샘물에 있는 뱀장어들도 그렇게 한다. 나는 양어장에서 그것을 다루는 자들의 목소리를 듣고는 고기들이 먹이를 찾아서 달려오는 것을 많이 봤다.

> 그들은 저마다 이름을 가지고 하나하나
> 주인이 부르는 소리에 쫓아온다.　　　　　　　　　　(마르티알리스)

그것을 우리는 판단할 수 있다. 또 코끼리들이 얼마쯤 종교에 참여한다고 말할 수 있는데, 그것은 그들이 아무런 가르침도 교훈도 받지 않고 그들 자신의 성향으로 여러 번 목욕재계하고 몸을 정화한 다음, 코를 팔뚝같이 쳐들고 떠오르는 태양을 응시하며, 하루의 어느 시간에 명상과 관조에 잠겨 고요히 서 있는 것을 보기 때문이다. 다른 동물들에게서 아무런 표징도 보지 못한다고 해서 그들에게 종교가 없다고는 단언할 수 없으며, 우리에게 은폐되어 있는 일은 어느 쪽으로도 잡을 수 없다.

마치 철학자 클레안테스가 개미들의 행동을 보고 주목한 것에서, 그것이 우리의 행동과 닮았기 때문에 우리가 거기서 무엇인지 알아보는 격이다. "나는 개미들이 집에서 죽은 개미를 다른 개미집으로 옮기는 것을 보았다. 그 개미집에서는 여러 개미들이 마치 담판을 하려는 듯 그들 앞에 나왔다. 그리고 거기서 얼마 동안 같이 있다가 후자들은 아마도 그들의 동료들에게로 상의하려는지 돌아갔다. 그리고 이렇게 두서너 번 내왕하며 담판이 쉽지 않다는 것을 보여 주었다. 마침내 이 후자들은 먼저 온 자들에게 죽은 개미의 배상으로 그들 집에서 벌레 한 마리를 가지고 나오며, 전자들은 그 벌레를 등에 지고 그들의 집으로 돌아가고, 죽은 개미는 후자들에게 넘겨주었다"고 그는 말한다. 이것이 클레안테스가 내린 해석이다. 그는 이것으로 소리도 내지 못하는 짐승들 간에도 의사소통이 없는 것이 아니고, 우리가 거기에 참여하지 못하는 것은 우리의 결함임을 증명한다. 그런데 우리는 어리석게도 이 문제에 관해서 판단해 보겠다고 참견하는 것이다.

그런데 짐승들은 우리의 능력을 훨씬 초월하는 일들도 할 줄 안다. 우리는 모방만으로 도저히 거기에 도달할 수 없을뿐더러 사색으로도 그것을 생각해 볼 수 없다. 많은 사람들은 안토니우스가 아우구스투스에게 패한 저 최후의 대해전에서, 그의 기함이 항해하는 도중 로마인들이 '레모라'라고 부르는 작은 고기 때문에 배가 멈춰 섰던 것이라고 생각한다. 이 고기가 달라붙으면 모든 종류의 배들이 다 멈춰 서기 때문이다. 그리고 칼리굴라 황제 또한 대함대를 이끌고 루마니아 해안을 항해하다가, 그가 탄 배만이 바로 이 고기 때문에 딱 멈춰 섰다. 그는 이 고기가 배 밑에 붙어 있는 것을 잡아오게 했다. 그는 이렇게 작은 고기 한 마리가 겨우 그 주둥이로 배에 매달려 있는 것만으로 바다와 바람과 여러 삿대들의 맹렬한 힘을 억제할 수 있었던 것에 울화가 터졌던 것이다(그것은 조개 껍데기가 달린 작은 고기였다). 그래서 그 고기를 배 안에 가져다 놓고 보니, 바다에서 가지고 있던 힘을 이미 갖지 못한 사실에 놀란 것도 당연한 일이었다.

키지코스의 한 시민은 옛날에 고슴도치의 습성을 연구하여 훌륭한 일기 예보자라는 평판을 얻었다. 그 고슴도치는 자기가 사는 굴이 여러 군데로 뚫려 바람을 맞게 되어 있어, 바람이 오는 것을 예측하고, 그편 구멍을 가서 틀어막는 것이었다. 그것을 주목함으로써 이 시민은 자기 도시에 어느 바람이 불 것이라는 확실한 예보를 할 수 있었다.

카멜레온은 앉아 있는 자리의 빛깔을 닮는다. 그러나 문어는 무서운 짐승 앞에서 자기 몸을 감추거나, 또는 잡고 싶은 것을 잡기 위해서 경우에 따라 자기 마음에 드는 빛깔을 나타낸다. 카멜레온에게는 그것이 외부의 작용을 받는 변화이다. 그러나 문어의 경우에는 능동적인 변화이다. 우리는 놀라거나 화가 났거나 부끄럽거나 또는 격정을 느낄 때 얼마간 빛깔이 변하며 얼굴빛이 달라진다. 그러나 그것은 카멜레온의 경우와 같이 수동적인 작용이다. 황달에 걸리면 몸이 노래진다. 그러나 이것은 우리 의지의 움직임에 달린 것이 아니다. 우리는 다른 동물들에게 이런 작용들이 우리보다 더 심하게 일어나는 것을 본다. 이러한 작용들은 그들의 소질과 능력 중의 많은 다른 것들이 십중팔구 아무런 표징으로도 우리에게 알려지지 않고 있는 것이므로, 그것은 우리에게 신비로 되어 있는 어떤 더 탁월한 소질들이 그들에게 있음을 증명한다.

지난 시대의 모든 예언들 중에 가장 오래 되고 확실한 예언은, 날아가는 새의 모습을 보고 점쳐서 하는 것이었다. 우리는 그와 같거나 그렇게 경탄할 만한 것은 아무것도 갖지 않았다. 새들이 날개를 흔들며 나는 규칙과 순서를 보고, 그것으로 사람들은 장차 올 일의 결과를 판정한다. 그렇게 고상한 작용을 하는 데는 이런 규칙이 어떤 탁월한 방법으로 되어 있어야 할 것이다. 이런 것을 내놓는 자의 양해와 동의와 의견도 없이, 자연의 처사에 이런 위대한 효과를 부여하려는 것은 말꼬투리에 의미를 주는 격이며, 그것은 명백히 잘못된 생각이기 때문이다.

그 증거로 해파리는 자신을 만지는 손발을 마비시킬 뿐 아니라, 그물을 끌어당겨 조작하는 손도 저리게 하고 무거워지게 하는 힘을 전달한다. 사실 그보다 더한 일로, 그 위에 물을 부으면 이 작용은 물을 치올라와 손까지 전해져서 손의 촉각을 마비시킨다고 한다. 이 힘은 경이로운 일이다. 그것은 해파리에게 쓸모없는 것이 아니다. 해파리는 의식하고 그것을 이용한다. 그래서 해파리는 그가 찾고 있는 먹이를 잡으려고, 다른 고기가 위를 지나갈 때에 그 찬 기운에 부딪쳐서 잠들어 그의 힘 안에 떨어지도록 진흙 밑에 웅크리고 있는 것을 보게 된다.

두루미와 제비와 다른 철새들은 계절을 따라 그들의 집을 바꾸며, 그 계절 변화를 짐작하는 소질로 그들이 지식을 가졌음을 보이며, 이 지식을 사용하고 있다.

사냥꾼들이 확언하는 바에 의하면, 여러 마리의 강아지 속에서 가장 나은 놈을 골라서 남겨 두려면, 그 어미가 고르도록 하면 된다고 한다. 개 집에서 강아지들을 밖에 내놓으면 어미개가 맨 먼저 가져다 들여놓는 놈이 언제나 가장 나은 놈이며, 개 집을 사방에서 불로 둘러싸는 체하면, 살려내려고 가장 먼저 달려드는 강아지가 가장 좋은 놈이라고 한다. 이것으로 짐승들은 우리가 갖지 못한 예측하는 습관을 가졌거나 또는 새끼들을 판단하는 데에 우리와는 다른 더 생기 있는 덕성을 갖고 있다고 보는 것이 마땅하다.

짐승들이 출생하고, 새끼를 치고, 기르고, 행동하고, 움직이고, 살고, 죽고 하는 방식이 우리와 아주 닮은 이상, 우리가 짐승들보다 나은 조건을 우리에게 붙이고 짐승들에게서 그들의 원래 자질을 끊어내 버리는 것은, 이성으로 판단해서는 있을 수 없는 일이다.

  우리의 건강을 조절하기 위해서 의사들이 우리에게 권하는 것은 짐승들이 살아가는 방식을 본받으라는 것이다. 사람들이 언제나 입에 담는 말에

    머리는 차게, 그리고 발은 덥게 하여 두고
    어떻든 짐승같이 사시오.

라는 격언이 있다. 생식(生殖)은 본성에서 나오는 행동 가운데 주요한 것이다. 우리의 사지는 그것을 하기에 적합하게 배치되어 있다. 그렇지만 의사들은 짐승들이 하는 자세와 격식이 더 효과적이니 그것을 따르라고 우리에게 명령한다.

    일반적으로
    여자가 잉태하기에 가장 알맞은 자세는
    네 발 짐승의 자세인 것 같다.
    왜냐하면 그때에 젖가슴은 낮고 엉덩이는 쳐들려
    정자가 쉽게 찾아가기 때문이다.   (루크레티우스)

  그리고 그들은 여자들이 조심하지 않고 건방지게 힘주어 참여하는 동작은 해로운 일이라고 물리치며, 짐승들의 암컷을 본받아서 더 겸손하고 침착한 자세로 돌아오게 주의시킨다.

    여자가 음탕하게 엉덩이를 뒤틀고
    부드러운 가슴을 흔들어 남자의 욕정을 자극하면
    스스로 잉태를 막는 것이 된다.
    이리하여 그녀는 쟁기를 밭이랑에서 이탈시키고
    뿌린 씨앗이 제자리를 벗어나게 하기 때문이다.   (루크레티우스)

만일 신세를 지고 은혜를 갚는 일이 정의라고 하면, 짐승들이 자기 은인들을 섬기고 사랑하고 지켜 주며, 낯선 이들과 자기 주인을 침범하는 자들을 쫓아가서 공격하는 점은, 어떤 면에서 우리의 정의감을 닮았다. 새끼들에게 재물을 분배함에 있어서 극히 정당한 공평성을 지키는 면도 그렇다.

우정으로 말하면, 그들은 사람과는 비교할 수 없을 만큼 더 생기 있고 견실하다. 리시마코스 왕의 개 히르카노스는 그 주인이 죽자, 그의 침대 밑에서 먹을 것도 마실 것도 받지 않고 고집하고 있다가, 시체를 태우는 날 달려가서 그 불 속에 뛰어들어 죽었다. 피로스라고 부르는 사람의 개도 역시 그러했다. 이 개는 주인이 죽은 이후로 그의 침대 밑에서 움직이지 않았다. 그리고 그의 시체를 실어갈 때 함께 실려가서 마침내 그 주인을 불태우는 섶 속에 뛰어들었다.

어떤 사람들은 이것을 공감이라고 부르지만, 우리에게는 어느 때는 이성의 충고도 없이 뜻하지 않게 우연히 애정이 생기는 경향이 있다. 짐승들도 우리처럼 그럴 때가 있다. 우리는 어떤 말들이 서로 친해져서, 결국엔 따로 떼어서 키우거나 또는 따로 여행시키기가 힘든 경우가 있음을 본다. 그들은 얼굴에 하는 식으로 자기 동무의 특정 털에 애정을 표현하며, 그들이 거기에 부딪치면 즉시 야단스럽게 집착하고, 다른 형태에서는 비위에 맞지 않아 싫어하는 것을 본다. 동물들도 우리처럼 사랑에 선택이 있으며, 암컷들 중에서 골라서 갖는다. 그들도 풀 수 없는 극도의 질투심과 시기심에서 오는 번민을 면치 못한다.

욕망은 마시는 것이나 먹는 것과 같이 자연스럽고 필요한 것이 있고, 여자와의 관계와 같이 자연스럽고도 필요치 않은 것이 있고, 또 자연스럽지도 필요하지도 않은 것이 있다. 인간의 모든 욕망은 거의 이 마지막 종류에 속한다. 이런 것은 모두가 피상적이고 인공적이다. 왜냐하면 놀랍게도 본성이 만족하기에 필요한 것은 참으로 적으며, 본성이 우리에게 욕망할 거리를 남겨 놓은 것도 참으로 적은 까닭이다. 우리가 음식상에 차려 내는 것은 우리 본성이 명령하는 것이 아니다. 스토아학파는 사람은 하루에 감람나무의 열매 하나만 먹으면 살기에 족하다고 했다. 포도주의 미묘한 맛은 본성이 명하는 바가 아니며, 사랑의 욕망에 첨가하는 점도 그런 것이 아니다.

사랑에는 위대한 집정관의 딸이 필요로 할 것은 없다. (호라티우스)

행복에 관한 무지와 그릇된 사상이 우리 마음속에 부어 넣는 이런 외부적인 욕망은 너무나 수가 많아서, 본성에서 나오는 욕망들을 거의 모두 몰아낸다. 그것은 마치 한 나라에 외국인이 너무 많아서 자국인을 밖으로 몰아내는 격이며, 권력을 완전히 찬탈하여 그들의 옛날 권리와 권력을 소멸시키는 것과 더하지도 덜하지도 않다.

동물들은 우리가 하는 꼴보다는 훨씬 더 절도가 있으며, 본성이 우리에게 명령하는 한계 안에서 더한층 절도 있게 자기를 지킨다. 그러나 우리의 방자한 행동은 많은 점에서 그렇게 엄격하지 않다. 그리고 맹렬한 정욕에 몰려 인간이 짐승을 사랑하는 경우가 있는 것과 마찬가지로, 짐승에게도 때로는 우리 인간을 연모하며, 본성에 반하게 서로 다른 종족 간의 애정이 생기는 수가 있다. 그 증거로 문법학자 아리스토파네스의 연적(戀敵)이 된 코끼리는, 알렉산드리아시의 어느 꽃파는 소녀를 사랑하여 열렬한 애인이 하는 봉사에 조금도 뒤질 것 없이 해 주었다. 놀랍게도 장터에서 과일을 파는 곳을 지나다가 코로 과일을 집어서 소녀에게 갖다 주곤 했다. 그리고 가능한 한 늘 소녀를 볼 수 있는 자리에 머무르며, 때로는 소녀의 목덜미에 긴 코를 집어넣어 젖가슴을 만져보곤 했다.

그리고 용(龍)이 소녀를 사랑했다는 이야기가 있으며, 아소포스의 도시에서는 거위가 한 소년을 연모했고, 양이 가수 글라우키아에게 사랑을 바쳤다는 이야기가 있다. 원숭이들이 여자들을 열렬히 사랑하는 것은 날마다 볼 수 있는 일이다. 그리고 어떤 동물은 수놈들끼리 서로 사랑을 탐하는 일이 있다. 오피아누스와 다른 사람들은, 짐승들이 결혼할 때 친척 관계를 고려하는 몇 가지 예를 들고 있다. 그러나 경험으로는 그와 반대되는 일을 보는 수가 많다.

수치심 없이 암소는 자기 몸에 제 부친을 받고
수말은 자기를 낳은 어미 말에게 몸을 맡긴다.
수양은 제가 낳은 암양들과 붙으며
새들은 자기가 생명을 받은 새의 씨를 받는다. (오비디우스)

심술궂은 꾀로는 철학자 탈레스의 노새만 한 놈이 있을까? 그놈은 소금을 싣고 개울을 건너다가 우연히 발을 헛디디어 자빠졌는데, 그 때문에 등에 짊어졌던 자루가 속까지 젖어서, 소금이 녹으면서 짐이 더 가벼워진 것을 알았다. 그 뒤 노새는 개울에 들어가기만 하면 정해 놓고 바로 짐을 짊어진 채 물에 잠겨 드는 것이었다. 마침내 그 주인이 이 심술을 알아채고 그 노새에게 양털을 싣고 가게 했다. 마침내 그놈은 자기가 잘못 판단한 것을 깨닫고, 더 이상 이 약은 꾀 쓰기를 그쳤다.
  짐승들 중에는 우리의 인색한 모습을 닮는 것들도 많다. 그들 중에는 심하게 굳어진 버릇으로 자기에게 필요 없는 것까지도 가져갈 수 있는 것은 무엇이고 집어다가 조심스레 감춰 두는 놈들이 있다.
  살림살이로 말하면, 짐승들은 장차 올 시기에 미리 대비해서 저축하고 절약하는 일에 우리보다 탁월할 뿐 아니라, 많은 부문에서 필요한 지식도 지니고 있다. 개미들은 곡식과 씨앗이 젖어서 냄새가 나기 시작하면 상해서 썩을까 봐 집 밖으로 들어내어 널고, 신선하게 바람을 쐬어 말린다. 그러나 밀 낱알을 갉아먹으며 쓰는 조심성과 예측은, 인간의 조심성이 상상할 수 있는 한도를 넘는다. 밀은 언제까지나 마르고 성한 채 있지 않고, 무르며 풀리고 우유같이 녹으며 싹이 튼다. 때문에 식량으로 비축해 둔 것이 싹이 나와서 그 본질과 소질을 잃을까 염려하여 싹이 트려는 끝을 먼저 갉아먹어 둔다.
  인간 행동 가운데 가장 위대하고 화려한 행동인 전쟁으로 말하면, 우리는 어떠한 특권을 옹호하는 논법으로 그것을 사용하려는 것인지, 또는 그 반대로 우리의 우매함과 불완전함의 증거로 소용되는 것인지 참으로 알고 싶다. 이것은 사실 우리는 서로 부수고 죽이며, 우리 종족 자체를 궤멸케 하는 것으로서, 이런 지식을 갖지 않은 짐승들이 우리의 지식을 탐낼 만한 것은 못 된다고 생각한다.

> 언제 사자가
> 다른 약한 사자의 생명을 박탈했던가?
> 어느 숲속에 더 강한 멧돼지의 이빨에
> 목숨을 잃은 멧돼지가 있었던가?
>
> (유베날리스)

짐승들도 이런 변고에서 보편적으로 벗어나 있는 것은 아니다. 그 증거로 꿀벌 떼들의 맹렬한 충돌과, 대립하는 두 군대의 여왕벌끼리의 격투를 들 수 있다.

> 두 왕들 사이에
> 불화로 일어난 큰 투쟁이 벌어진다.
> 이때 전군(全軍)의 생기 띤 전투적 열중과
> 군중의 진동하는 맹위가 어떠한가는 상상에 맡겨 둔다. (베르길리우스)

나는 이 거룩한 묘사를 읽으면, 언제나 인간성의 졸렬한 허영을 읽는 듯하다. 왜냐하면 그 공포와 경악으로 우리를 황홀케 하는 저 투쟁적인 동작, 저 음향과 고함소리의 폭풍우.

> 검광이 번쩍 하늘에 솟으니
> 주위 대지는 맞부딪치는 무기의 눈부신 빛으로 번쩍이고,
> 인간들의 굳센 걸음에 땅이 울리고,
> 그 난동에 충격받은 산악의 반향은 하늘의 별들에까지
> 그들의 소음을 치솟아 올린다. (루크레티우스)

이 수천수만의 무장한 인간들의 가공할 장비, 그 맹위·정열·용기, 이런 것들이 얼마나 쓸데없는 원인으로 일어나서, 가벼운 인연으로 사라지는가를 고찰해 보면 기가 막힐 일이다.

> 파리스라는 사람 때문에 저 처참한 전쟁이
> 그리스와 외족(外族) 국가 사이에 야기되었다고
> 전한다. (호라티우스)

아시아 전체가 파리스의 오입질 때문에 전쟁으로 불타 버려 파괴된 것이다. 단 한 남자의 시기심, 울분, 쾌락, 가족 간의 질투 등, 수다스러운 마나님 둘이

서로 할퀴며 대들게 할 만큼 성나게 할 것도 못 되는 원인들, 이것이 전쟁의 핵심이며 직접적인 원인이다. 이런 전쟁을 일으킨 주요한 인물이며, 동기가 된 자들의 말이면 바로 믿어 주어야 할 일인가? 가장 위대했고, 가장 승리했고, 이 세상이 있은 이후로 가장 강력하던 황제가, 놀잇감 삼아서 아주 재미나고 극히 교묘하게 바다와 육지에서 수많은 전쟁을 일으켜, 50만 명의 생령과 피가 그의 운명을 좇아 사라지고, 세계의 동서 두 부분의 힘과 부가 그가 이루려는 계획을 위해 소진되게 한 일을 들어 보자.

> 안토니우스가 글라피라와 사랑을 했다고
> 풀비아는 자기도 사랑해 달라고 내게 의무를 부여한다.
> 풀비아와 사랑을 하라고! 마리우스가 청해 온다면
> 그도 사랑해 줘야 하나?
> 아니다. 내게 이성이 있다면! 사랑 아니면 전쟁을!
> 하며 그녀는 말한다
> —뭐라고 내 생명보다 내 남근이 더 중하도다……
> 울려라! 나팔아!   (아우구스투스 마르티알리스의 인용)

(나는 양심의 자유를 가지고 라틴어를 사용했습니다. 그것은 이미 부인께 용서를 받은 바입니다.)

그런데 그 많은 모습과 동작을 가지고 하늘과 땅을 위협하는 것처럼 보이는 이 거창한 부대의

> 저 용맹한 오리온이 겨울 바다의 물결 속에 뛰어들 때
> 리비아의 바다에 구르는 수없는 파도와도 같이,
> 여름의 새로운 태양 아래 빽빽하게 자란 이삭들이
> 헤르무스 평원이나 리비아의 황금색 정원 위에 성숙하듯
> 구르는 발걸음과 쟁강 소리 울리는 방패들 밑에
> 대지는 진동한다.   (베르길리우스)

이 팔도 많고 대가리도 많은 사나운 괴물은 어쨌든 인간들이다. 허약하고 참 담하고 가련한 인간들이다. 그것은 다만 뒤흔들리며 열에 뜬 개미집일 뿐이다.

검은 부대는 평원을 횡단하여 행진한다. (베르길리우스)

거꾸로 부는 바람결, 한숨, 까마귀가 날아가며 우는 소리, 우연히 지나가는 한 마리의 독수리, 말의 헛디딤, 꿈 하나, 목소리 하나, 징조 하나, 아침 안개 하나가 그 괴물을 쓰러뜨려 굴러 떨어지게 하기에 족하다. 단지 햇볕을 그의 얼굴에 쬐어 보라.

그는 바로 녹아서 기절하리라. 시인이 노래하는 꿀벌 떼처럼 그의 눈에 먼지 한 줌 불어 넣어 보라.

우리의 모든 군기(軍旗)들, 연들, 그 선두에선 저 위대한 폼페이우스까지도 패하여 흩어진다. 내가 보기엔 세르토리우스가 스페인에서 그 훌륭한 무기로 싸워 이겼다는 것이 바로 이것이었다. 이 방법은 저 에우메네스가 안티고노스에게, 수레나가 크라수스에게 썼듯 다른 자들 역시 사용한 것이다.

이런 맹렬한 격정과 그 대단한 전투들도
한 줌의 먼지로 진정될 것이다. (베르길리우스)

그들 뒤에 우리의 벌 떼라도 좀 몰아쳐 보라. 이 벌 떼들은 군대를 흩뜨려 놓을 힘과 용기를 가질 것이다. 새로운 기억 가운데 포르투갈인들이 크시아티므의 영토에서 탈미시(市)를 공략할 때, 그 시민들은 많은 벌집들을 성벽 위로 가져갔다. 그리고 불을 피워 벌들을 적군에게로 맹렬히 몰아 보내어 그들이 도망가게 만들었다. 벌들이 대들어 쏘는 데는 버텨내지 못했던 것이다. 그래서 그들 도시의 승리와 자유는 이 새로운 원군에게 머무르고 운이 어찌 좋았던지 싸움에서 돌아올 때 벌 한 마리 축난 것이 없었다.

황제들의 영혼이건 구두 수선공들의 영혼이건, 만들어진 틀은 다 하나이다. 왕들의 행동의 중요성과 그 무게를 보고, 우리는 그들 영혼이 더 무게 있고 중대한 원인으로 만들어진 것인 줄로 생각한다. 그러나 이것은 잘못된 생각이다.

그들의 마음도 우리 마음과 똑같은 원리로 움직인다. 우리가 이웃 사람과 말다툼하는 똑같은 이유로 왕들 사이에는 전쟁이 벌어진다. 우리가 하인에게 매질하는 것과 똑같은 이유로 어떤 왕은 한 지방 전체를 망쳐 놓는다. 그들이 바라는 것은 우리만큼 경솔한 것이지만, 그들은 더 큰 힘을 가지고 있다. 똑같은 욕망으로 진딧물도, 코끼리도 움직일 수 있는 것이다.

충성심으로 말하면, 세상에 사람만 한 배신자는 없다. 우리 역사에는 개들이 죽은 주인들의 원수를 맹렬히 추격해 간 이야기가 있다. 피로스왕은 어떤 개가 시체를 지키고 있는 것을 보았다. 그는 이 개가 사흘 동안이나 이러고 있었다는 말을 듣고는 이 시체를 매장하라고 명령하고, 개는 자기가 데리고 갔다. 어느 날 그가 자기 군대의 관병식(觀兵式)에 참석하러 갔을 때, 이 개는 자기 주인을 살해한 범인을 알아보고 참을 수 없는 분노를 느낀 듯 그들을 향하여 맹렬히 짖으며 대들었다. 그래서 이 첫 번째 지적으로 살인 행위에 대한 원수를 갚는 수속이 진행되어 얼마 뒤에 재판의 한 방법이 되었다. 현자(賢者) 헤시오도스의 개도 나우팍토스인 카니스토르의 아들들이 자기 주인에 가한 살인을 입증하여 똑같이 복수를 했다.

다른 개 하나는 아테네의 어느 사원을 지키고 있었는데, 신을 모독하는 도둑 하나가 가장 귀중한 보배를 훔쳐가는 것을 보고 힘 자라는 데까지 짖었다. 그래도 집사가 잠을 깨지 않자, 이 개는 도둑을 쫓아가기 시작했다. 날이 샌 다음에도 도둑을 눈에서 떼지 않고 조금 떨어진 곳에 머물러 감시하며, 그가 먹을 것을 갖다 주어도 받아 먹으려 하지 않았으나 지나가는 다른 사람들에겐 꼬리를 흔들며 주는 것도 받아 먹었다. 그리고 도둑이 자려고 멈추면 이 개도 같이 머무르는 것이었다. 이 개의 소식이 사원의 집사들에게까지 이르러 그 뒤를 쫓기 시작했고, 마침내 크로미온시(市)에서 개를 확인하고, 그 도둑을 잡아 아테네시로 데려와 처벌했다.

재판관들은 이 개의 착한 봉사에 대한 감사로, 개를 먹여 살리기 위해서 국가의 비용으로 얼마간의 밀을 부담하기로 했으며, 수도사들에게 개를 보살펴 주도록 명령했다. 플루타르크는 이 이야기가 사실이며 자기 시대에 일어난 일이라고 증언하고 있다.

감사의 심정으로 말하면(우리는 이 말을 애호해야 할 필요가 있다고 생각한다),

다음의 예 하나로도 충분할 것이다.

　이것은 아피온 자신이 눈으로 보았다고 하는 이야기이다. 그는 어느 날 로마에서 시민들이 보기 드문 여러 짐승들, 그것도 아주 큰 사자들의 싸움을 보여주었는데, 그중에 한 마리는 사나운 생김새와 억세고 굵직한 네 다리와 거창하고도 무섭게 포효하는 소리로 온 관중의 시선을 독차지했다. 시민들에게 이 짐승과 싸우기로 소개된 여러 노예들 중에, 다키아 출신의 안드로두스라는 자가 있었다. 그는 집정관의 직위를 가진 한 로마 귀족의 노예였다. 사자는 멀리서 그를 알아보더니, 먼저 깜짝 놀란 듯 딱 멈춰 섰다. 그러고는 마치 옛 친지와 상면하려는 것처럼 부드럽고 평화로운 태도로 아주 온순하게 접근해 왔다. 그러고 나서 자기가 찾던 것을 확인해 보고는 개들이 주인에게 아첨하는 식으로 꼬리를 흔들며, 미리 공포에 눌려 정신을 잃은 이 가련한 노예의 손이며 엉덩이에 주둥이를 대고 핥기 시작했다. 안드로두스는 이 사자가 순하게 구는 데 정신을 차려 눈을 똑바로 떴다. 마주 쳐다보고는 서로 알아보고, 그러고는 노예와 사자가 서로 쓰다듬으며 기뻐하여 마지않는 광경은 보기에도 신기하고 즐거운 일이었다. 이때 시민들은 기뻐하며 환호성을 올렸다. 황제는 그 노예를 불러 오게 하여 이 일의 내력을 물어보았다. 안드로두스는 황제에게 다음과 같은 신기하고도 놀라운 사실을 이야기했다.

　"제 주인이 아프리카의 총독으로 있을 때, 저를 잔인하고도 혹독하게 부리며 날마다 매질만 했기 때문에 저는 도망치지 않을 수 없었습니다. 저는 그 지방에서 권세가 있는 그를 피해 안전한 곳으로 숨으려고, 가장 가까운 길을 찾아, 사람이 살 수 없는 외딴 사막으로 달아났습니다. 먹고살 방법을 찾을 길이 없으면 자살할 방법을 찾기로 결심했습니다. 점심때가 되자 햇볕은 극도로 강렬하고 더위는 참을 수 없이 심했습니다. 저는 사람이 찾아낼 수 없는 어느 은밀한 동굴에 이르러 그 안에 쓰러지듯 들어갔습니다. 바로 뒤따라 갑자기 이 사자가 들어왔습니다. 사자는 한쪽 발을 다쳐서 피를 흘리고 몹시 아파 신음하며 울고 있었습니다. 그가 들어왔을 때 저는 너무나 무서웠습니다. 그러나 그는 제가 그의 집 한구석에 웅크리고 있는 것을 보고, 가만히 제게로 가까이 오더니 다친 발을 내밀며 구원을 청하는 것 같았습니다. 저는 곧 사자 발에 박혀 있는 나뭇조각을 뽑아 내고, 사자와 조금 더 낯을 익힌 후에, 상처의 고름을 짜내고,

할 수 있는 한 깨끗하게 닦고 씻어 주었습니다. 아픔이 다소 진정되었는지 사자는 발을 제 손에 맡긴 채 누워서 잠들었습니다.

그때부터 사자와 저는 3년 동안 같은 고기를 먹으며, 그 굴 속에서 살았습니다. 그는 사냥을 나가 잡아오는 짐승의 가장 좋은 부분을 제게 갖다 주었습니다. 저는 불이 없었기 때문에 그것을 햇볕에 말려 먹고 살았습니다. 그러는 동안에 나는 이 짐승과의 야만스러운 생활에서 벗어나기로 작정하고, 사자가 사냥을 나간 틈에 그곳을 떠났습니다. 사흘째 되는 날 병사들에게 발각되어 아프리카에서 이 도시로 끌려와서 제 주인에게 인도된 것입니다. 그리고 제 주인은 즉시 저를 사형에 처하여 짐승들에게 던져 주기로 한 것입니다. 그런데 제가 보기에는 이 사자도 바로 뒤에 잡혔고, 상처를 보살펴 준 은혜를 지금 이 시간에 갚으려고 한 것으로 보입니다."

이것이 안드로두스가 황제에게 말한 이야기이다. 이 소문은 한 입 두 입을 거쳐 시민들에게 알려졌다. 그래서 모두의 요구에 따라 그는 사면 판결을 받아 자유를 얻었고, 시민들의 명령에 따라 그 사자도 풀려나게 되었다. 그때부터 안드로두스는 이 사자를 짤막한 줄로 매어 로마의 주막집들을 돌아다니며 사람들이 던져 주는 돈을 받아서 살아가고, 사자는 사람들이 던지는 꽃으로 덮여 있었다. 그들을 만나는 사람들마다 모두 "저기 사람의 손님이 된 사자와, 사자의 의사가 된 사람이 온다"고 하더라고 아피온은 말한다.

우리는 귀여워하던 짐승이 죽으면 슬퍼 운다. 그만큼 짐승들도 사람의 죽음을 슬퍼한다.

> 이어 그의 군마 아에튼이 장식을 벗어던지고
> 찾아와서 굵은 눈물 방울로 그의 얼굴을 적셔 준다.　　　(베르길리우스)

어떤 나라에서는 여자들이 공유물이 되어 있고, 어떤 나라에서는 각자가 여자를 가진 것처럼, 짐승들 사이에도 그런 일이 보이는 것은 아닌가? 그리고 우리보다 결혼의 질서를 잘 지키는 예는 없는가? 짐승들이 그들끼리 함께 뭉쳐 서로 도와주기 위해서 만드는 단합과 연맹으로 말하면, 그중의 하나가 공격을 받고 동료들을 불러 대면, 온 짐승 떼가 달려가서 그를 도와 준다. 그를 방어하려고 단결하는 일은 황소들과 돼지들, 그리고 다른 동물들에서도 볼 수 있다.

에스카르라는 물고기가 낚싯바늘을 삼켰을 때, 다른 놈들이 그 주위로 몰려와 그 낚싯줄을 물어뜯는다. 그리고 어쩌다가 그중에 한 놈이 그물 속에 들면 다른 고기들이 밖에서 꼬리를 넣어 속에 든 놈이 힘껏 이빨로 물게 해서 그물 밖으로 끌어내어 데리고 간다. 누치들은 그들 중 하나가 걸리면, 낚싯줄을 그들의 등 위에 올려놓고, 톱니처럼 날카로운 가시를 세워 줄을 끊어 놓는다.

우리가 살아가는 데 서로 개인적인 일을 돌보아 주는 예는, 짐승들 사이에도 많이 볼 수가 있다. 고래는 바다의 피라미라고 부르는 작은 고기를 앞에 내세우지 않고는 전진하지 않으며, 그 때문에 그 고기를 '안내자'라고 부른다고 한다. 고래는 그 뒤를 따를 때 마치 키로 배를 돌리듯 쉽사리 끌려 들어가며, 그 보수로 다른 모든 것, 즉 짐승이건 배건 이 괴물의 입속으로 무서운 혼란 속에 들어가면 부숴 삼키는데, 이 작은 고기는 반대로 그 속에 아주 안전하게 피신해서 잠들며, 그것이 잠들어 있는 동안 고래는 움직이지 않는다. 그러나 그 고기가 밖으로 나오면 고래는 바로 그 뒤를 따라간다. 그리고 어쩌다가 그 고기를 놓치면 고래는 마치 키를 잃은 배처럼 헤매며, 바위에도 부딪친다. 이것은 플루타르크가 터키라섬에서 본 일이라고 증언한다.

악어새라고 부르는 작은 새와 악어 사이에도 이런 관계가 있다. 이 악어새는 큰 동물의 파수꾼 노릇을 한다. 만일 그의 적 이집트 몽구스가 가까이 오면, 이 작은 새는 그가 잠든 사이에 기습당할까 봐 지저귀며 부리로 쪼아서 그를 깨워 위험을 알려 준다. 이 새는 그 악어의 찌꺼기를 먹고 사는데, 악어는 이 새를 정답게 아가리 속에 받아들여서, 턱과 이 사이에 낀 것을 쪼아 먹게 하고 입속에 남아 있는 고기 조각을 주워 먹게 한다. 그리고 아가리를 다물고 싶으면 차차로 오므려서 새가 날아갈 수 있도록 미리 알려 주며, 결코 그 새를 다치게 하는 일이 없다.

진주모(眞珠母)라고 하는 조개는 게의 일종인 피노데르와 역시 이런 관계에서 살고 있다. 이 피노데르는 늘 반쯤 벌리고 있는 조개의 턱 앞에 앉아서 문지기 노릇을 하며, 잡기에 알맞은 고기가 그 속에 들어가는 것을 보면 그의 살을 꼭 집어서 문을 닫게 하고, 둘이서 그들의 요새 속에 갇혀 있는 고기를 나누어 먹는다.

다랑어가 사는 방식에는 수학의 세 부문에 관한 특이한 지식이 주목할 만하다. 천문학으로 말하면, 그것을 우리에게 가르쳐 줄 정도다. 그들은 겨울이 닥쳐오면 활동을 중지하고 다음 봄까지 움직이지 않는다. 그 때문에 아리스토텔레스까지도 그들에게는 이 지식이 있다고 기꺼이 양보한다. 기하와 수학으로 말하면, 그들은 부대를 언제나 정육면체 또는 정사각형으로 모든 면이 네모지게 하여, 주위가 모두 똑같이 고른 6면으로 둘러싸인 견고하고 꼭 짜인 진영을 만든다. 그리고 이 앞과 뒤가 똑같은 정사각형의 질서로 헤엄쳐가는 까닭에, 깊이는 폭과 같고 폭은 또 길이와 같은 만큼, 한 줄만 보고 헤아리면 그 부대 전체의 수를 쉽사리 알아볼 수 있다.

도량(度量)의 크기로 말하면, 인도에서 알렉산드로스 대왕에게 보내온 큰 개가 한 일보다도 더 분명한 모습을 보기는 어려울 것이다. 사람들은 그에게 싸워 보라고 처음에는 사슴을 내놓고 다음에는 산돼지, 그리고 다음에는 곰을 내놓아도, 그는 상대를 않으며 제자리에서 꼼짝도 않았다. 그러나 사자 한 마리를 보았을 때에는 즉시 벌떡 일어서며, 이놈이면 한번 싸워 볼 만하다는 것을 확실하게 보여 주었다.

자기 잘못을 인정하고 후회하는 일로 말하면, 어떤 코끼리 한 마리가 분에 복받쳐 자기를 부리던 사람을 죽이고는 너무 극심한 비탄에 빠져, 먹을 생각을 않고 그대로 죽어갔다는 이야기가 있다.

관대성으로 말하면, 모든 짐승들 중에서도 가장 잔인한 짐승인 어느 호랑이 한 마리가 그 앞에 새끼 염소 한 마리를 내 주어도 해치지 않고 이틀 동안을 굶고 지내다가, 사흘째에는 자기가 갇혀 있던 우리를 부수고 나가서 다른 먹을거리를 찾아다니기까지 하면서, 자기 손님인 새끼염소를 먹으려고 하지 않았다는 이야기가 있다.

서로 사귀어서 이루어지는 친밀성과 합의의 권리로 말하면, 그것은 우리가 고양이·개·토끼를 함께 살도록 길들여 볼 때 보통 일어나는 일이다.

그러나 바다로, 특히 시칠리아의 바다로 여행하는 자들은 알시온의 생활 조건에서 인간 사고력의 한계를 넘는 일을 경험으로 배운다. 어떤 종류의 동물들의 잉태와 출생과 해산에, 자연이 그만한 영광을 부여한 일이 있던가? 과연 시인들이 말하는 바처럼, 델로스의 섬은 옛날에는 둥둥 떠다니다가 라토나의 해산을 위해서 굳어진 것이라고 한다. 그러나 하느님은 알시온이라는 새가 물결 위에 새끼를 치는 동안은 바다 전체가 정지해서 잔잔해지고 물결도 바람도 없고 비도 오지 않게 해 주었다. 그것은 바로 1년 중에 낮이 가장 짧은 동지 때의 일이며, 그의 특권 덕택에 우리는 한겨울에도 이레 밤 이레 낮을 위험 없이 항해할 수 있다. 그 암컷들은 자기 짝 이 외에는 다른 수컷을 모르며, 한평생 버리지 않고 그를 거둔다. 그리고 수놈이 노쇠하여 허약해지면 그를 자기 어깨에 메고 사방으로 다니며, 죽을 때까지 섬긴다.

그러나 어느 누구도 알시온이 새끼를 기르려고 물결 위에 지어 놓은 보금자리의 놀라운 구조를 밝혀 보거나 그 재료를 짐작해 볼 총명성을 가져 본 일이 없다. 플루타르크는 그 새의 집을 열어 보고 만져도 보았다는데, 그 재료는 여느 물고기의 뼈를 서로 맞추고 잇고 엮고 다른 것은 가로지르고 한 것으로, 곡선과 둥근 면을 조절하여 물에 잘 뜨도록 동그란 배 모양으로 만들었다는 것이다. 그리고 이 새는 집을 다 지어서는 그것을 물결 위에 갖다 놓는데, 바다의 물결은 그것을 살그머니 쳐서 아직 맺어지지 않은 곳을 더 여미고, 그 구조가 아직 확실치 못해서 늘어진 곳을 다진다. 또 잘 이어져 있는 것은 물결이 쳐 조이기 때문에, 돌이나 쇠로 두드려도 여간해서는 부서지지도 풀리지도, 손상되지도 않게 만들어 놓는다고 한다.

더욱 감탄할 일은 그 내부의 오목한 형상과 균형이다. 과연 그 집을 지은 새밖에는 받아들일 수 없게 꼭 닫혀 있어서, 비단 바닷물뿐 아니라 다른 어떠한 것도 들어가지 못하게 막고 여며져 있다. 이것이 바로 그 구조에 관해 서적에서 인용한 극히 명백하게 설명된 묘사이다. 그렇지만 이 설명은 그 구조를 꾸미기에 곤란한 면을 아직 충분하게 밝히지 않은 것으로 보인다. 그런데 우리는 얼마나 마음이 허영되기에 우리가 모방할 수도 이해할 수도 없는 일을 우리 능력만 못한 것으로 보고, 경멸조로 해석하는 일이 있을 수 있단 말인가?

우리와 짐승들의 능력이 대등하며 상호 관련성이 있다는 점을 좀 더 자세히 말해 보자. 우리의 심령이 생각하는 바를 모두 자기 사정으로 해석하고, 자기에게 잡히는 모든 것에서 없어지게 하는 것이고 육체적인 소질을 벗겨 없애고, 자기가 알아 둘 가치가 있다고 보는 모든 사물들을 거기서 두께·길이·깊이·무게·빛깔·냄새·거칠음·매끈함·단단함·물렁함 등, 모든 감각적인 소질은 전부

피상적인 비천한 재료인 양 치워 두고 정리하며, 그들을 마치 내 마음속에 있는 로마와 파리, 내가 상상하는 파리를, 그것이 크기도 장소도 돌도 회도 나무도 없는 것으로 파악하며, 그들을 영생불멸의 정신적인 자기 조건으로 조절해 가는 것을 영광으로 삼는 우리 심령의 특권, 바로 이 특권을 짐승들도 가지고 있다고 나는 생각한다. 나팔소리나 총소리나 전투에 길들여진 말이 마구간에 누워서, 마치 지금 싸움터에 있는 것처럼 자다가 꿈틀거리고 부르르 떨고 하며, 그 마음속에 소리 없는 북소리, 무기와 부대가 없는 한 군대를 생각하고 있는 것이 확실하다.

    사실 그대는 강건한 준마들이 사지를 뻗고 잠들어 누워서도
    그동안 땀을 흘리며 자주 헐떡이며 마치 승리를 다투듯,
    온 근육을 긴장시킴을 보리라.   (루크레티우스)

  사냥개가 꿈속에 토끼를 쫓고 있다고 상상하며, 잠 속에서 그 뒤를 쫓느라고 헐떡이며 꼬리를 뻗치고 오금을 흔들며, 그리고 달음질치는 동작을 나타내는 것을 우리는 본다. 이때의 토끼란, 털도 뼈도 없는 토끼이다.

    그리고 사냥개들은 감미로운 수면 속에
    흡사 어느 야수들의 발자취를 찾아서 잡을 듯
    갑자기 다리를 뻗고 뛰며 짖어 대고
    반복하여 코를 쳐들며 냄새를 맡아본다.
    그들은 마치 자기 앞에 달아나는 짐승이 보이는 듯
    잠이 깨어도 환상이 흩어져 제정신으로 돌아오기까지
    환각 속의 사슴의 영상을 추적한다.   (루크레티우스)

  집 지키는 개들이 흔히 꿈꾸다가 마치 낯선 사람을 본 듯, 으르렁대다가 진짜로 짖으며 깜짝 놀라 깨는 꼴을 우리는 보지만, 그들의 마음이 보는 이 낯선 사람은 크기도 빛깔도 존재도 없으며 지각되지도 않는 정신적인 인간이다.

우리 집에서 길들여 귀여워하는 작은 강아지는
그의 눈에서 날개 돋친 수면을 흔들어 깨우며,
마치 낯선 얼굴이나 수상쩍은 인물이 눈에 보이는 듯
깜짝 놀라 뛰어 일어난다. (루크레티우스)

신체의 미로 말하면, 다른 이야기로 넘어가기 전에 우리 의견이 일치하는가 보아야 할 일이다. 우리는 인간의, 그리고 우리의 미에 그렇게도 여러 형태를 주고 있는 이상 본성으로, 그리고 단편적으로 미가 무엇인지 모른다고 하는 것이 진실일 것이다. 이 형태에 관해서 만일 그 본연의 규정이 있다면, 우리는 마치 불이 뜨거운 것을 인정하듯 공통으로 그것을 인정하게 될 것이다. 우리는 멋대로 그 형태를 상상한다.

벨기에인의 안색은 로마인에게는 추하게 보이리라. (프로페르티우스)

인도 사람들이 미인을 그릴 때는 햇볕에 타서 검은 피부에 입술은 두툼하게 부풀고, 코는 납작하고 커다랗게 묘사한다. 그리고 콧구멍의 연골에 황금 고리를 꿰어서 입까지 매달리게 한다. 그리고 아랫입술은 보석으로 장식한 동그라미를 꿰어서 턱에까지 늘어지게 하며, 이를 잇몸까지 드러나 보이게 하는 것이 그들의 우아미이다. 페루에서는 귀가 가장 큰 자가 가장 미인이며 어떻게든 인공적으로 귀를 크게 늘이고 있다. 그리고 요즈음 어떤 사람이 말하길, 동양 어느 나라에서는 귀를 키우는 것이 대단히 중요시되며 거기에 무거운 보석을 달고 다니기 때문에 귓구멍으로 팔뚝이 들락거리는 것을 보았다고 한다. 다른 곳에서는 사람들이 애를 써서 이를 검게 물들이고 있으며, 이가 흰 것을 경멸하는 국민이 있고, 또 다른 곳에서는 이를 붉게 물들이고 있다 한다.

여자들이 머리 깎는 것을 예쁘게 보는 것은 바스크 지방에서만 그런 것이 아니다. 다른 많은 곳에서도 그러하며, 그보다도 더한 것은 얼음에 덮인 나라에서 그렇다고 플리니우스는 말한다. 멕시코인들은 이마가 좁은 것을 미인이라고 하고, 여자들은 전신에 털이 나게 하며, 이마에는 기술적으로 털을 가꾸어서 늘려나간다. 그리고 젖이 큰 것을 대단히 중하게 여기며 그것을 어깨 위로 넘겨서, 어린애에게 젖을 먹일 수 있게 되기를 갈망한다. 우리는 이런 것을 추하다고 말할 것이다.

이탈리아 사람들은 미인을 굵직하고 덩치가 크게 만들며, 스페인 사람들은 속을 비워 가냘프게 한다. 우리 사이에서는 흰 것을 미인이라고도 하고, 갈색을 미인이라고도 한다. 어떤 자는 무르고 연약한 것을 좋아하고 다른 자는 억세고 강한 것을 취한다. 어떤 자는 미에 애교 있고 상냥한 멋을 요구하고 다른 자는 품위 있고 장중하기를 원한다.

미의 기호에서도, 플라톤은 그것이 구형(球形)에 있다고 보는데, 에피쿠로스 학파들은 미를 피라미드 형이나 사각형에 있다고 보고, 신의 얼굴을 공의 형태로는 떨어뜨려 보지 못한다.

어떻든 자연은 다른 곳에서와 마찬가지로, 여기서도 보통의 법칙 이상으로는 우리에게 특전을 준 것이 없다. 그리고 우리가 잘 판단해 본다면 설사 이 점에서 우리보다 불리한 조건의 동물들이 몇몇 있다고 해도, 동물들 대다수가 우리보다 더 유리한 조건을 가졌으며 "다수의 동물들은 미라는 면에서 우리를 능가한다."(세네카) 우리처럼 땅에 사는 짐승들이 참으로 그렇다. 그리고 바닷고기들이 그렇다. 바닷고기들로 말하면(그 형상은 우리들과는 너무 달라서 비교가 되지 않으니 그만두고), 빛깔로도 정결함으로도 매끈함으로도 날쌔기로도 우리는 그들만 못하고, 날짐승으로 말하면 무슨 소질을 두고 보아도 그렇다. 시인들이 높이 평가하는 것으로 우리의 자세가 그 근원인 하늘을 쳐다보며 똑바로 서는 이 특권,

> 다른 동물들이 얼굴을 숙이고 땅바닥을 보는 반면에,
> 신은 인간의 이마를 세워 주고, 하늘을 관측하며
> 시선을 별들을 향하여 돌리라고 명령했다. (오비디우스)

정말 시적이다. 눈이 완전히 하늘로 향해서 뜨고 있는 짐승들은 얼마든지 있으며, 낙타와 타조의 목덜미는 우리보다 한층 더 꼿꼿하게 쳐들렸다고 생각한다.

도대체 어떤 동물이 얼굴을 위에 갖지 않고, 앞에 갖지 않고, 또 우리와 같

이 똑바로 앞을 보지 않고, 정상적인 자세로 사람들만큼 하늘과 땅을 내다보지 않는단 말인가? 플라톤이나 키케로에 나오는, 우리의 육체 구조에 있어 어느 소질들이 수천 가지 짐승들에게 소용되지 못한단 말인가?

우리에게 가장 많은 짐승은, 모든 짐승들 중에서 가장 추하고 못난 짐승이다. 과연 외부에 나타난 모습과 얼굴의 형태로 보아서, 그것은 원숭이일 것이다.

가장 못난 짐승인 저 원숭이, 어찌도 그리 우리를 닮았는가! (엔니우스)

내부와 생명이 매인 부분들로 보면 돼지가 그렇다. 아주 벌거숭이로 해놓은 인간을(그렇다. 미의 큰 몫을 차지하는 것으로 보이는 성(性)에서), 그의 오점이나 타고난 굴종과 완전하지 못함을 생각해 보면, 다른 어느 동물보다도 우리가 몸을 감싸고 다니는 것에 정당한 이유가 있음을 알게 된다. 이 점에서 우리보다 더 혜택을 받고 있는 자들에게서, 그들의 미로 우리를 장식하고, 그들에게서 벗겨 온 물건 밑에 우리를 가리려고, 털실·날개깃·털·명주실 등을 빌려 오는 것은 너그러운 눈으로 보아 달라고 해야 할 만한 일이다.

그뿐더러 우리는 그 결함이 바로 동물들의 감정을 거스르는 단 하나의 동물이며, 오로지 우리들만이 본성에서 나오는 행동을 우리 종족에게 숨겨서 해야 한다는 점을 주목하자. 고려해야 할 만한 일은 이 방면의 대가(大家)들이 명령하기를, 사랑의 정열에서 치유되려면 욕심나는 대상의 육체를 자유로이 들여다볼 일이며, 애정을 냉각시키려면 사랑하는 것을 자유로이 보기만 하면 된다고 한 것이다.

어떤 자는 상대편 신체의 음부를 보고는
불타오르던 흥분이 즉시 얼어붙었다. (오비디우스)

이런 치료법은 아마도 좀 까다롭고 냉각된 마음에서 나올 수도 있지만, 서로 터놓고 친교를 맺어 가다가 싫증이 나게 된다는 것은 인간성이 지닌 결함의 두드러진 징조이다. 우리네 부인들이 사람들 앞에 나오려고 자신을 분칠하며 장식하고, 여간해서 자기 방으로 들어오지 못하게 하려고 애쓰는 것은, 정숙한 마음보다도 기교와 조심성에서 하는 일이다.

> 우리 비너스들은 실수하지 않는다.
> 그녀들은 사랑의 올가미로 결박해 두려는 남자들에게
> 자기 사생활의 이면을 은닉하려고 매우 조심한다.　　　(루크레티우스)

　그와 반대로 많은 동물에서 보면, 그들의 것으로서 우리가 즐기게끔 기쁨을 주지 않는 것이란 아무것도 없다. 그들의 배설물이나 토사물에서까지 우리는 맛 좋은 식료뿐 아니라 풍성하고 고운 장식품과 향료까지 뽑아낸다. 이러한 고찰은 우리들 공통의 행동 습관에 관계되는 것뿐이며, 그 속에 이 세속의 물체적 장막 아래 가끔 별과 같이 빛나는 것이 보이는, 저 거룩하고 초자연적인 비상한 미를 포함시키려고 하는 것도 그렇게 큰 모독은 아닐 것이다.
　뿐만 아니라 우리가 동물들에게 자연의 은총으로 내놓는 몫 자체가 우리의 고백으로도 그들에게 대단히 유리한 것이다. 우리는 인간의 능력이 책임질 수 없는 일로 공상적이며 허황된 행복, 즉 현재 있지 않은 미래의 행복이거나 이성·학문·명예 따위, 우리의 방종한 사상이 그릇되게 우리에게 만들어 주는 보배를 가졌다고 주장한다. 본질적이며 손에 잡히는 보배인 평화·휴식·안전·순진·건강 등 자연이 우리에게 해 줄 수 있는 가장 풍부하고 훌륭한 선물은 짐승들의 몫으로 넘겨주고 있다고 나는 생각한다.
　그래서 철학, 특히 스토아 철학은 감히 말하기를, 헤라클레이토스와 페레퀴데스는 그들의 예지를 건강과 바꿀 수만 있다면, 즉 이런 흥정으로 전자는 종기를, 후자는 그가 고생하던 이가 들끓는 병을 면할 수만 있다면 분명히 그랬으리라고 감히 말한다. 그들이 예지를 건강과 비교하며 저울질을 해 본 것은, 역시 그들이 다른 제언에서 한 것보다 그래도 예지에 좀 더 가치를 인정한 일이다. 그들은 만일 키르케가 오디세우스에게 두 가지 약을 내어 주는데, 하나는 미치광이를 현명한 자로 만드는 것이고 하나는 현명한 자를 미치광이로 만드는 것이었다면, 또 키르케가 인간의 얼굴을 짐승의 얼굴로 고치게 하는 것보다는 차라리 미치광이가 되는 약을 받았어야만 했다고 하면, 그의 예지 자체가 그에게 '나를 내버려 두라. 나를 당나귀 얼굴과 몸속에 넣어 주기보다는 차라리 그대로 두라'는 식으로 말했으리라고 말한다.

뭐라고? 이 위대하고 거룩한 예지를 철학자들은 이 땅 위의 육체라는 껍데기 때문에 저버린단 말인가? 그러면 우리는 이성과 사고력과 영혼에 의해서 짐승들보다 우월한 것이 아니라 우리의 미, 고운 안색, 우리의 사지가 잘생긴 것 등으로 우월하다는 것이며, 그런 것 때문에 우리는 지성과 예지와 다른 것들을 포기해야 한다는 말이다.

그런데 나는 이 소박하고 솔직한 고백을 인정한다. 우리가 그렇게도 떠들고 있는 이 부문은 헛된 공상에 지나지 않는 것임을 그들은 알았다. 그러니 짐승들이 스토아학파의 도덕·학문·예지와 능력을 가졌다고 해도 그들은 언제나 짐승이다. 그리고 가련하고 약하며 미친 인간에게도 비교될 수 없다는 말이다. 결국 우리와 같지 않은 것은 아무 가치도 없다. 그리고 하느님도 가치가 있기 위해서는 다음에 말하려는 바와 같이 사람을 닮아야 한다. 그래서 우리는 진실한 사색에 의해서가 아니라 미치광이 같은 오만과 완고한 마음으로 우리가 다른 동물들보다 낫다고 하고, 짐승들의 조건들과 사회에서 우리를 격리시키는 것이다.

인간의 지식은 그를 행복하게 하지 못한다.

그러나 다시 내 논제로 돌아오자. 우리는 우리들 몫으로 지조 없고, 우유부단하며, 불확실성·비관·미신, 장차 올 일에 대한 불안, 즉 죽은 뒷일까지의 걱정과 야심·탐욕·질투·시기, 절제 없고 강제되고 극복 못 할 욕망과 전쟁·거짓말·배신·비방·호기심 등을 가지고 있다. 끊임없이 우리를 사로잡고 있는 이 수 없는 격정들의 대가로, 우리가 그렇게도 영광으로 삼는 이 훌륭한 사고력과 판단하고 인식하는 능력을 산 것이라면, 우리는 거기에 괴상하게도 과한 값을 치른 것이다. 소크라테스가 제대로 말한 바와 같이, 인간이 다른 동물에 대해 갖는 이 유명한 특권에 가치를 인정할 양이면, 자연은 짐승들에게는 사람의 탐락(耽樂)에 일정한 시기와 한계를 정해 준 데 반해서, 우리에게는 어느 시간, 어느 기회이건 이 탐락에 제한 없이 고삐를 놓아주었다는 것이다.

"음주가 환자들에게 유익한 일은 드물고 해로운 일이 많으므로, 역시 의심이 되는 이익을 얻자는 희망을 갖고 명백한 위험을 겪게 하기보다는 차라리 전혀 공급하지 않는 편이 낫다. 마찬가지로 아마도 자연이 그렇게도 넓고 후하게 수여한 것으로 우리가 이성이라고 부르는, 이 사상의 활발한 작용, 침투력, 기교를 인류에게 주기를 전적으로 거절했던 편이 더 나았을 것이다. 왜냐하면 이 소질은 극히 소수에게만 유익하고, 다른 자들에게는 치명적이기 때문이다."(키케로)

아리스토텔레스가 그렇게도 많은 일을 알고 있다고 해서 무슨 좋은 수가 있었다고 생각할 수 있는가? 그들은 짐꾼이 당하는 변고는 받지 않아도 좋도록 면제되어 있던가? 그들은 논리학에서 통풍병에 대한 무슨 위안이라도 끌어냈던가? 이 병의 기운이 어떻게 관절에 들어 있는가를 알았다고 해서 덜 아팠단 말인가? 어느 국민들은 죽음을 즐긴다는 일을 알았다고 해서, 그들이 죽음에서 해방됐던가? 어떤 지방에서는 여자가 공유물로 되어 있다는 것을 알기 때문에 아내가 서방질을 해도 타협이 되었던가? 반대로 하나는 로마에서, 하나는 그리스에서 학문의 전성기에 지식으로 제1위를 차지하고 있었다고 해서, 우리는 그들이 인생에 특별히 다른 탁월한 점을 가졌다는 것을 알지 못한다. 사실 이 그리스 학자는 자기가 가진 어떤 흠집을 벗어던지려고 상당히 애를 썼다.

점성학과 문법을 아는 자에게는 탐락과 건강이 더 맛있을 것이라고 누가 보았단 말인가?

무식한 사람의 연장은 더 빳빳이 서지 못한단 말인가? (호라티우스)

그리고 창피당하는 것과 빈궁도 덜 거북하단 말인가?

그대는 정녕 질병과 노쇠를 면하고
비탄과 심려를 모르고 지낼 것이며,
더 오랜 생명과 더 나은 운명을 가질 것이다. (유베날리스)

내 시대에 대학 총장들보다 더 현명하고 행복한 직장인들과 농군들을 몇백 명이고 보았는데, 나는 차라리 이들을 닮고 싶다. 내 의견으로는 학문은 영광이나 가문이나 위엄 같은 사물들, 또는 기껏해야 미모와 부유함같이 인생에 필요한 사물들과, 그러나 현실과 먼 거리에서 본성에서보다는 좀 더 허황된 생각으로 인생에 소용되는 사물들 사이에 자리 잡는다.

두루미나 개미들이 필요로 하는 것 이상으로 직무나 규칙이나 법률 등 우리가 사회를 살아가는 데 필요한 것은 없다. 그리고 우리는 사회가 학문 없이도 극히 질서 있게 진행되어 나가는 것을 본다. 만일 사람이 현명했다면, 그는 사물 하나하나를 인생에 유용하고 적합한 정도에 따라서 그 진실한 가치를 정했을 것이다.

행동이나 행위로 우리를 검토해 본다면, 학자들보다도 배우지 못한 사람들 속에 더 많은 수의 탁월한 인물들이 발견될 것이다. 모든 종류의 도덕에 관해서 말이다. 고대 로마는 도덕에 있어서 평화 때나 전쟁 때나 그 후에 저절로 망해간 저 박학하던 로마보다 더 위대한 인물들이 있었다고 나는 생각한다. 다른 것은 모두 같다고 해도, 적어도 정직성과 순진성은 고대 로마가 나았을 것이다. 왜냐하면 이런 덕성은 특히 단순한 사람들 편에 있기 때문이다.

그러나 나는 이런 논제는 제쳐두겠다. 잘못하다가는 너무 길게 끌 위험이 있으니, 다만 이것만 말하련다. 즉, 오로지 겸양과 복종에서 착한 사람이 나오는 법이다. 자기 의무에 관한 지식은 각자의 판단에 맡겨서는 안 된다. 이것은 자기 생각으로 선택할 일이 아니고 각자에게 명령해 주어야 한다. 그렇지 않으면 에피쿠로스의 말처럼 우리의 이성과 의견이 어리석고 무한히 잡다하기 때문에, 마지막엔 우리가 우리를 잡아먹게 하는 의무들도 꾸며 내게 될 것이다.

하느님께서 인간에게 내리신 최초의 법률은 순수한 복종의 법률이었다. 복종함은 하늘에 계신 한 어른이며 은인인 분을 알아보는, 사리를 아는 심령의 주요한 직무인 만큼, 이 법은 사람이 알아보고 토론해 볼 거리가 없는 적나라하고 단순한 명령이었다. 오만에서 모든 죄악이 나오듯 복종함과 양보함에서 다른 모든 도덕이 나온다. 반대로 악마의 편에서 인간의 천성에 온 최초의 유혹, 즉 그의 최초의 독소는 그가 학문과 지식을 우리에게 준다고 약속하며 우리 속에 침투해 들어온 것이다. "그대는 선과 악을 알면 신과 같으리라."(창세기) 그리고 호메로스의 작품에, 인어들은 오디세우스를 속여 위험하고 파멸하는 함정에 그를 끌어넣기 위해서 그에게 선물로 지식을 제공한다. 인간의 페스트는 지식의 의견이다. 그 때문에 무식은 신앙과 복종에 적합한 소질이라고 우리 종교에 의해서 그렇게도 권장되는 것이다. "철학의 가면 아래, 그릇된 외모에 의하여 기만당하지 않도록 조심하라."(성 바울)

여기에는 모든 학파의 철학자들 사이에 최고의 선은 영혼과 신체의 고요하고 평온한 상태에 있다고 하는 전반적인 합의가 있다. 그러나 어디서 그것을 찾을 것인가?

> 결론적으로 현자는 자기 위에 주피터밖에는 보지 않는다.
> 그는 부유하고 자유롭고 명예롭고 아름답고,
> 특히 화사한 건강으로 결국 왕 중의 왕인데,
> 다만 콧물이 나와서 괴로워하니 탈이다. (호라티우스)

참으로 자연은 우리의 가련하고 허약한 처지에 대한 위안으로, 우리에게 오만함밖에 주지 않은 것으로 보인다. 그것은 에픽테토스가 '사람은 자기 생각을 사용하는 것밖에 자기 고유의 것이란 가진 것이 없다'고 말한 것이다. 우리는 우리의 몫으로 바람과 연기밖에 가진 것이 없다. 철학, 신들은 건강을 본질로 갖고 질병은 지식 속에 가졌으며, 사람은 그 반대로 행복은 공상으로 갖고 불행은 본질로 가졌다고 한다. 우리가 상상력을 높이 평가하는 것은 옳은 일이다. 왜냐하면 우리의 모든 재화와 보물은 한낱 꿈에 불과하기 때문이다. 이 가련하고 참담한 동물이 허풍을 떠는 꼴을 보라.

"문장을 쓰는 직업만큼 감미로운 것은 없다. 이 문장의 방법으로, 무한한 사물들, 대자연의 광대하고 무한한 위대성, 이 세상에서의 하늘과 땅, 바다들이 우리에게 밝혀진 이런 문장을 쓰는 직업 말이다. 바로 이 학문들이 우리에게 종교와 절제와 아량을 가르쳐 주었고, 그것이 우리 영혼을 암흑으로부터 끌어내서 높은 것, 얕은 것, 최초, 최후와 중간 등 사물들의 모든 면을 보여 주었다. 바로 이 문장들이 우리에게 행복하게 잘 살아갈 거리를 공급해 주며, 우리를 불쾌하지 않고 고통이 없도록 세월을 보내게 지도한다."(키케로) 이것은 영원한 생명이며 전능한 힘을 가진 하느님의 조건을 말하는 것같이 보이지 않는가?

그러나 실제를 보면, 변변찮은 수많은 여자들이 시골 구석에서 이자의 생애보다 더 고르고 순탄하고 견실한 생애를 살아간 것이다.

저이는 한 신이었다.
    그렇다. 신이었다.
    영광스러운 멤미우스여
    그는 처음으로 오늘날 예지라고 부르는 생활 규칙을 발견했고,
    그가 자기의 기술로 우리 인생을
    그 혹심한 폭풍우와 그 심각한 암흑에서 끌어내어
    평안과 광명 속에 세워 본 자다.   (루크레티우스)

참으로 굉장하고 훌륭한 말투이다. 그러나 저 신 같은 그의 스승(에피쿠로스를 말함)과 거룩한 예지에도 불구하고 아주 하찮은 변고에 부닥치고는 그의 이성은 못난 양치기의 이성만도 못한 상태에 빠지고 말았다(전설에 의하면 루크레티우스는 광인으로 되어 있다).

데모크리토스의 작품에 나오는 '나는 모든 일에 관해 말하겠다'는 약속도 이와 똑같은 건방진 수작이다. 그리고 아리스토텔레스가 인간들에게 주는, '죽어 갈 운명의 신들'이라는 어리석은 칭호도, 크리시포스가 디온은 신과 마찬가지로 도덕적이라고 한 판단도 똑같이 건방진 말투이다. 그리고 세네카도 "우리가 우리의 도덕을 칭찬함은 정당한 일이다. 만일 우리가 그것을 신에게서 얻은 것이고, 자신에게서 얻은 것이 아니라면 있을 수 없었던 일이다"(키케로)라고 한 말에 맞게, 그는 하느님이 그에게 삶을 준 것도 인정했으나, 선하게 사는 방법은 자기가 찾았다고 했다. "현자는 신과 같은 용기를 가졌다. 그런데 현자의 용기는 인간적인 나약함 속에서 생겼다. 그러므로 그는 신을 능가한다"고 한 것 또한 세네카였다.

이런 따위의 당돌한 말투를 보는 것보다 더 평범한 일이란 없다. 우리 중에 누구도 자기를 동물의 위치까지 낮추어 볼 때에 한 것처럼, 자기를 신과 대등하게 본다고 해서 분개할 자는 없다. 그만큼 우리는 창조주보다 자신에게 더 관심이 많다.

그러나 우리는 이런 어리석은 허영을 발밑에 억누르고, 이런 그릇된 사상을 세워 놓은 우스운 기반을 힘차고 과감하게 뒤흔들어 놓아야 한다. 그가 무슨 방법이나 힘을 가졌다고 생각하고 있는 한, 인간은 결코 주께서 얻어 온 바를

인정하지 않을 것이다. 사람의 말마따나, 그는 늘 달걀을 암탉으로 볼 것이다. 그를 셔츠바람으로 벗겨 놓아야 한다.

그의 철학의 효험이 얼마만 한가 그 두드러진 예를 몇몇 들어 보자.

포시도니오스는 팔이 뒤틀리고 치가 떨리게까지 괴로운 병으로 끙끙 앓으면서도, 병에 대해서는 "네가 아무리 해 보아도 나는 네가 고통이라고는 말하지 않겠다"라고 소리 지르며 자기는 고통을 경멸한 것이라 생각한다. 그는 내 집 하인과 같은 고통을 당하고 있다. 그러나 그는 자기 학파의 법칙에 따라, 다만 아프다는 말을 내지 않는 것만으로 뽐낸다. "실제로는 쓰러지고 있으며, 말로만 용감한 체할 것은 없다."(키케로)

아르케실라오스는 통풍을 앓고 있었다. 카르네아데스가 그를 방문했다가 대단히 민망해하며 돌아가자, 아르케실라오스는 그를 다시 불러들여 다리와 가슴을 가리키며 "다리는 아프지만 여기는 아무렇지도 않다"고 말했다. 이자는 조금 점잖은 셈이다. 왜냐하면 그는 아픈 곳이 있음을 느끼며, 거기서 벗어나기를 원하고 있기 때문이다. 그러나 이 병으로 해서 그의 마음이 타격을 받아 악화된 것은 아니다.

전자는 그 강하게 구는 꼴이 실제보다도 말로만 하는 것이 아닌가 나는 두렵다. 헤라클레아의 디오니시우스는 찌르는 듯 심히 눈이 아파, 그의 스토아적 결심을 포기해야만 했다.

그러나 그들이 말하듯 학문이 우리를 쫓아오는 불행의 힘들고 고생스러움을 실제로 억눌러 부드럽게 만들어 준다 해도, 그것은 사람이 완전히 무식한 경우에 이런 효과를 많이 얻는 것보다 무엇을 더 뚜렷하게 해 놓고 있단 말인가? 철학자 피론은 바다에서 심한 폭풍우를 만나 큰 위험을 겪으며, 그때 선객들과 함께 있던 돼지가 이런 폭풍우에 두려움 없이 안심하고 있는 꼴을 보고, 그것을 모방하는 일밖에는 같이 있던 자들에게 보여 준 것이 없었다. 이 철학은 그 가르침이 결국 우리에게 운동선수나 나귀몰이의 예를 본뜨라는 결론을 줄 뿐이다. 이런 자들은 타고난 버릇으로 고생을 참도록 되어 있지 않은 마음 약한 자들에게 학문이 해 줄 수 있는 것보다도 죽음이나 고통이나 다른 불행들을 훨씬 덜 느끼고, 마음이 견고한 것을 본다.

어린아이들의 부드럽고 연한 살이 우리의 살보다 찢고 째기에 더 쉬운 것은 그들이 무지한 탓이 아니고 무엇인가? 그리고 말(馬)의 살은 어떤가? 얼마나 많은 사람들이 오로지 상상력 때문에 병에 걸리는가? 우리는 자기 생각으로만 느끼는 병을 치료하려고 피를 뽑고 속을 훑어 내고, 약을 쓰는 자들을 본다. 우리에게 진짜로 병이 없을 때에는 무엇을 알고 있다는 것이 도리어 탈이 된다. 얼굴 빛깔이 이러니 무슨 염증 충혈의 징조가 되고, 계절이 더우니 무슨 열병에 걸릴 위험이 있고, 그대의 왼손에 생명의 줄이 끊겼으니, 중한 병에 걸릴 징조를 알려 주는 것이 된다. 이 지식이 염치없이 건강에 대든다. 청춘의 이 쾌활한 정력은 늘 그대로 있을 수 없으며, 그 힘이 자신에게 불리하게 작용하면 안 되니까, 미리 피를 뽑아서 힘을 줄여야 한다는 것이다.

이렇게 상상력에 지배되는 자의 생활과, 타고난 욕심대로 살아가며 지식이나 예측 같은 것 없이 현재의 느낌으로 사물들을 다루며, 정말 병에 걸렸을 때에만 병들어 있는 농군의 생활을 비교해 보면, 전자는 신장에 담석이 생기기 전에 마음에 벌써 담석이 생긴 것이며, 마치 병에 걸렸을 때 실컷 고통을 받지 못할까 겁내는 것처럼, 미리 공상으로 그것을 예측하며 병을 맞이하려 쫓아가는 격이다.

내가 앞서 말한 의약에 관한 예와 같은 것은 다른 학문에서도 찾아볼 수 있다. 여기서 최고의 선(善)은 우리의 판단력이 허약함을 인정하는 데 있다는 옛날의 철학 사상에서 온 것이다. 나의 무식은 내게 공포보다도 오히려 더 많은 희망을 준다. 그리고 내 건강에 관해서 다른 사람의 예나, 같은 경우에 다른 데서 보는 사건의 법칙밖에 별다른 법칙을 가지고 있지 않기 때문에, 수없이 규칙이 있는 것을 보지만 나는 그런 것을 모두 비교해 보고 나서 내가 가장 유리한 것으로 결정한다.

나는 두 팔을 벌리고 자유롭고 충만하게 건강을 받아들인다. 그리고 지금은 여느 때처럼 성한 것이 별로 없고 건강한 때가 더 드물게 되었으니, 나는 더욱 건강을 누리려고 내 욕심을 북돋운다. 생활 방식에 새로운 억제를 가해서 없던 고통도 만들어 가며, 내 건강의 안정과 순조로움을 동요시킨다는 것은 말이 안 된다. 우리 정신이 동요되면 병에 걸리기가 쉽다는 것은 짐승들이 충분히 보여 준다.

우리가 전해 듣기로는, 브라질 사람들은 모두가 늙어서만 죽는다고 하는데,

그것은 공기가 청량하고 고요하기 때문이라고 한다. 나는 차라리 그들이 한평생 아무런 학문도, 법도, 임금도, 무슨 종교라는 것도 없이 감탄스러운 단순성과 무지 속에 보내고 있어서, 모든 고뇌와 사상, 마음을 긴장시키는 불쾌한 직무에 시달리는 일이 없는 까닭에 그들의 마음이 명랑하고 고요한 탓이라고 본다.

우리가 경험으로 보는 바 가장 천하고 둔한 자들이 사랑의 실천에는 더 견실하고 바람직하며, 마부의 사랑이 한량들의 사랑보다 더 유쾌하다는 것은, 후자에게는 마음의 동요가 육체의 힘을 혼란시키고 꺾고 피로케 한 탓이 아니면 무슨 까닭일까?

역시 심령은 대개 그 자체를 피로케 하고 혼란시킨다. 그 신속함과 날카로움과 민첩함, 결국 그 자체의 힘 외에 무엇이 심령을 뒤집어서 버릇이 되다시피 광증으로 몰아넣는 것인가? 가장 미묘한 광증은 가장 미묘한 예지에 의해서 이루어지지 않겠는가? 가장 큰 우정은 가장 큰 적의에서 나오듯, 또 강한 건강에서 치명적인 병이 생기듯, 마찬가지로 우리 심령의 가장 강력한 작용과 밀접하게 결부되는가를 본다. 광증이 자유로운 정신의 강력한 흥분과 비상한 도덕적 효과와 거의 분간을 못할 만큼 가까운 것을 누가 모르는가?

플라톤은 우울증 환자는 더 훌륭하게 교육할 수 있다고 했다. 그 때문에 그런 사람보다 더 광증에 기울어지기 쉬운 기질은 없다.

수없이 많은 정신들은 그 자체의 힘과 재간에 넘어가서 패망한다. 오랜 세월을 두고, 다른 어떤 이탈리아 시인보다도 분별 있고 교묘하고 고대의 순수한 시형(詩形)에 맞춰서 시를 쓸 수 있는 시인(타소를 말함)은 자신의 경쾌한 심신 착란에서 어떠한 비약을 이루어 놓았는가! 그는 자기 마음의 살인적인 활기에 찬사해야 할 일이 아니었던가? 그를 맹인으로 만든 그 빛에, 또 이성을 잃게 할 만큼 정확하고 긴장된 이해성에 감사해야 할 일이 아니던가! 그가 천치가 되게까지 마음을 쓰며 고생하게 한 학문 탐구의 덕이 아니던가? 마침내 그를 심령도 훈련도 없게 만들어 놓은 것은, 저 심령 훈련의 희귀한 적응성에 의함이 아니던가? 나는 그가 훼라타에서 아주 측은한 상태로 정신을 잃고 육체만 살아남아 자기의 작품도 알아보지 못하며, 그 자신은 알지도 못하게, 그러나 그의 눈앞에 고치지도 않고 형편없이 정리되지도 않은 채로 그의 작품이 세상에 출판된 것을 보고, 동정보다도 울분을 느꼈다.

그대는 한 인간이 건전하기를 원하는가? 그가 견고하고 확실한 자세로 있기를 원하는가? 암흑과 한가로움과 둔중함을 갖추게 하라. 우리를 현명하게 만들려면 짐승으로 만들어야 하고, 우리를 지도하려면 눈이 부셔서 못보게 만들어야 한다.

고통과 불행에 대해서 냉담하고 둔감한 취미를 갖는 것이 주는 편리함은 역시 그 결과로 해서 좋은 것과 유쾌한 것을 누리는 경우에도 예민하지 못하고 맛보지도 못하게 만드는 불편함을 이끌어 온다고 말한다면, 그것은 사실이다. 그러나 우리의 비참한 조건으로는 즐겨야 할 것보다도 피해야 할 일이 더 많고 극도의 탐락은 가벼운 고통만큼도 우리에게 느껴지지 않게 되어 있다. "인간은 고통보다도 쾌락의 감각이 적다."(티투스 리비우스) 우리는 건강을 가장 가벼운 병만큼도 느끼지 못한다.

> 우리는 살갗에 스칠까 말까 하는
> 가장 적은 타격에는 민감하나 건강에 대해서는 의식이 없다.
> 나는 늑막염이나 통풍 환자가 아닌 것을 기뻐하나
> 건강하고 정력 있다는 것을 깨닫지 못한다. (라 보에티)

우리의 행복이라는 것은 불행이 없다는 것에 불과하다. 그 때문에 탐락을 가장 높이 평가한 어떤 학파의 철학자는 이 행복이라는 것을 다만 고통이 없는 상태라고 세워 놓았다. 엔니우스가 말하듯, 불행하지 않았다는 것은 사람이 바랄 수 있는 한의 행복을 가졌음을 의미한다.

불행을 갖지 않음은 많은 행복을 가짐이다.

우리를 한순간 건강과 고통이 없는 상태 이상으로 끌어올리는 듯한 바로 그 근질거림과 예민한 감각, 이 힘차고 동적이며 무엇인지 모르게 찌르는 듯하고 물어뜯는 듯한 탐락도, 역시 그 목표는 고통이 없는 것이다. 여자와의 접촉에서 우리를 황홀케 하는 정욕은, 우리에게 맹렬한 욕망이 지닌 고통을 없애는 것밖에 찾지 않으며, 이 욕구를 채워 그 열병을 없애고 편안히 쉬는 것밖에 요구하지 않는다. 다른 것들도 마찬가지이다. 그러므로 단순함이 우리를 아무 불행도 없는 방향으로 이끌어 가는 것이라면, 그것은 조건으로서는 대단히 행복한 상태로 지향케 하는 일이다.

그렇다고 그것이 전혀 감정이 없다고 할 만큼 둔감하다고 생각해서는 안된다. 왜냐하면 에피쿠로스의 고통 없는 상태라는 것을 너무 심각하게 세워서 고통이 오거나 접근하는 일까지 없는 것이라고 한다면, 크란토르가 이 사상을 논박하는 것은 당연하다. 나는 가능하지도 바랄 만하지도 않는 이 고통 없는 상태를 칭찬하지 않는다. 나는 병에 걸리지 않는 것만으로 만족한다. 그러나 내가 병에 걸렸으면 그것을 알고자 한다. 그리고 사람이 내 살을 태우고 찢고 하면 그것을 느끼기를 원한다. 진실로 고통의 의식을 뽑아 없애는 자는 동시에 탐락의 의식을 근절시킬 것이며, 마침내는 인간 자체를 파괴할 것이다. "고통이 없음은 높은 값을 지불해서밖에는 얻지 못할 것이다. 즉 심령의 둔화와 육체의 마비를 초래한다."(키케로)

악은 인간에게는 다시 선이 된다. 고통이라고 해서 언제나 피할 것이 아니고 탐락이라고 언제나 좇아야 할 것이 아니다.

학문이 우리를 불행의 무게에 저항할 만큼 강화시키지 못할 때에는, 학문 자체가 우리를 다시 무식의 품안으로 던져 넣는다는 것이 무식을 위해서 대단히 큰 영광이다. 학문은 우리의 고삐를 놓아 주고, 무식의 무릎에 피난하여 그의 보호를 받고, 운명의 타격과 손상에서 벗어나 은신하라고 허락하는 타협에 이르지 않을 수 없다. 학문이 우리에게, 우리를 사로잡고 있는 불행을 생각하지 말고 잃어버린 쾌락 등을 회상하게 하여, 현재의 불행에 대한 원인으로 지난날 행복의 추억을 이용하며, 사라진 만족에 구원을 청해서 우리가 지금 절박해 있는 불행에 대항시키라고 설교한다면, "비통함을 줄이기 위하여 추종해야 할 방법은 그(에피쿠로스를 가리킴)에 의하면 사색을 모든 불쾌한 사상에서 돌려 유쾌했던 추억의 명상으로 이끌어 오는 데 있다"(키케로)고 한다. 이 말은 자기 학문의 힘이 모자랄 때에는 계략을 쓰는 것이며 체력과 팔의 힘으로 실패했을 때에는 약삭빠르게 다리로 감아 넘기라는 말밖에 다른 무엇을 의미하겠는가? 철학자뿐 아니라 침착한 인물이라도 실제로 높은 열로 대단한 아픔을 느낄 때

제2권 533

에는 그리스 포도주를 마시던 달콤한 생각으로 고통에 대항하려는 것이 무슨 효과가 있을 것인가? 그것은 도리어 손해 보는 흥정이 될 것이다.

  지나간 행복의 추억은 고통을 배가한다.   (단테의 시 개작)

 철학이 주는 이 충고로 추억 속에다 지나간 행복만을 담아 두고, 우리가 겪은 불쾌한 일을 지워 버리라는 것은 마치 망자의 기술이 우리의 권한 안에 있는 것 같은 말이니, 다 똑같은 수작이다. 이것은 또 우리를 한층 더 못나게 만드는 충고이다.

  지난날 불행의 추억은 감미롭다.   (키케로)

 운명과 싸울 수 있게 내 손에 무기를 쥐어 주어야 하며, 인간의 모든 역경을 발밑에 유린해 버리도록 내 마음을 굳세게 만들어 주어야 할 철학이 어째서 물러빠지게 이 비겁하고도 꼴사나운 계책으로 나에게 숨을 구멍만 찾아다니게 하려는 것인가? 기억력은 우리가 택하는 것을 보여 주는 것이 아니고 자기가 보여 주고 싶은 것만을 보여 준다. 참으로 무엇을 잊어버리고 싶은 욕망만큼 그것을 우리 기억에 생생하게 새겨넣는 것이란 없다. 어떤 사물을 잃어버리고 축원하는 것은, 우리 마음속에 길이 새겨서 잘 보존하게 하는 좋은 방법이다. 그리고 "어떻게든지 우리의 불행을 영원한 망각 속에 매장하고, 번영하던 시절의 유쾌하고 감미롭던 추억을 환기시킴은 우리 능력 안에 있는 일이다"(키케로)는 말은 거짓말이다. "나는 원치 않는 때에도 내 추억을 간직하고, 내가 원하여도 그것을 잊지 못한다"(키케로)는 말이 진실이다. 이 충고는 누구의 것인가? 그것은 '홀로 자기를 감히 현자라고 표명한 자'의 말이다.

  태양이 떠올라 별들을 소멸시키듯 자신의 천재로
  인류 위에 초월하며 모든 인간들을 무색케 한 자. (루크레티우스)

 기억을 지워서 없애 버리는 일은 무지로 이끄는 진실하고도 적절한 것이 아

닌가? "무지는 우리의 불행에 대한 힘 없는 치유법이다."(세네카)

이와 같은 수많은 교훈들이 우리에게 만족과 위안을 줄 수만 있다면, 우리는 생기 있고도 강력한 이성의 힘이 충분히 작용하지 못하는 속인들에게서 그 경박한 망상을 빌려다 써도 좋다고 가르치는 것을 본다.

이 교훈들이 우리의 상처를 고치지 못할 때에는, 그것을 잠재워서 아픔을 미봉하는 것이므로 만족한다. 나는 그들이 판단력의 약점과 결함으로 쾌락과 안정 속에 유지되는 생활 상태에 질서와 항구성을 첨가할 수 있다면, 그것을 용납하리라는 것을 부인하지 않을 것이라고 생각한다.

나는 술이나 마시고 꽃이나 뿌리련다.
누가 나를 미치광이로 본들 상관있나.   (호라티우스)

철학자들 중에는 리카스와 같은 생각을 가질 자도 많이 있을 것이다. 이자는 대체로 행동 습관이 점잖고, 자기 가정에서도 고요하고 평화로이 살며, 가족들이나 타인들에 대한 의무를 이행하는 데에 아무런 결함이 없고, 몸가짐을 잘하며, 언짢은 일은 결코 하지 않는 터이다. 그런데 어쩌다가 정신이 돌아서 늘 극장 속에서 소일거리와 구경거리를 가지고 세상에서도 가장 재미나는 연극을 감상하고 있다는 환각에 빠지곤 했다. 의사들이 이 병적인 기분을 고쳐주어 병이 낫자, 그는 다시 그 달콤한 공상 속에 돌려보내지 않는다고 의사를 상대로 소송을 하려고까지 했다.

아, 친구들이여, 그대들은 나를 살해했다.
나를 치유한 것이 아니고, 내 행복을 빼앗았다.
내게 모든 희열을 주던 환각을 박탈해 간 것이다.   (호라티우스)

그것은 피토도로스의 아들 트라실라오스의 것과 같은 몽상이다. 이자는 피라이오스의 항구에 드나드는 모든 선박들이 자기를 위해서만 일하고 있다는 꿈을 꾸며, 배들이 행운을 싣고 항해하고 돌아오는 것을 기뻐하며 반가이 맞이했다. 형 크리톤이 그의 정신을 바로잡아서 아주 건강한 상태로 돌려놓자, 그는 그렇게 기쁨에 차고 아무 불쾌감도 없이 살던 상태를 몹시 애석해했던 것이다. 이것은 옛날 그리스의 시구에 나오는 말로, 사람은 그다지 총명하지 못한 편이 많은 편익을 본다는 뜻이다.

　　가장 유쾌한 인생은 전혀 사색하지 않음에 있다.　　　　　(소포클레스)

　그리고 전도서에는 '예지가 많으면 번민이 많다', '학문을 쌓는 자는 노역(勞役)과 고민을 쌓는다'고 했다.
　이 점에서 대개 철학 사상이 합치하지만, 모든 종류의 가난에 대한 최후의 해결책은, 그것을 감당해 낼 수 없는 인생에게 종말을 지으라고 명령한다.
　"재미있나? 복종하라. 재미 없나? 그대 가고 싶은 데로 가라."(세네카)
　"고통이 쓰린가? 그래, 그것이 그대를 괴롭힌다고 하자. 그대가 알몸뚱이거든 목을 내밀라. 그러나 그대가 불카누스의 무기로 옷 입었거든 저항하라."(키케로)
　그리스의 향연객들이 사용하던 말로, "술을 마시든지 물러가든지 하라."(키케로)(이 말은 키케로에게보다 B와 V를 잘 혼동하는 가스코뉴의 말에 잘 맞는다.)

　　잘 살 수 없거든 잘 살 줄 아는 자들에게 자리를 물려 주라.
　　그대는 마음껏 즐기고 먹고 마셨다.
　　이제 물러날 때는 왔다.
　　그렇게 하지 않다가는 과음하리라.
　　방자한 청춘들이 그대를 경멸하고 축출할까 두렵다.　　　　(호라티우스)

　이것은 자기 무능력의 고백이며, 피하여 숨기 위해서 무식으로뿐 아니라 우둔 속이나 무감각 속에, 무존재 속에 투신하겠다는 고백이 아니고 무엇인가?

　　데모크리스토스는 노령에 이르러
　　기억력과 능력이 쇠퇴함을 알고,
　　자기 자신의 동작으로 자진하여
　　운명에게 목을 제공했다.　　　　　　　　　　　　　　　(루크레티우스)

이것은 안티스테네스가 말하던 "이해하기 위해서는 판단력을, 목매달기 위해서는 밧줄을 준비하라"고 한 말이고, 크리시포스가 이 제목으로 시인 티르타이오스에게서

도덕이 아니면 죽음에 접근하라.

고 한 시구를 인용하던 말이다. 크라테스는 사랑은 시간으로 못 고치면 굶주림으로 고치고, 이 두 방법이 싫은 자에게는 밧줄이 있다고 했다.
세네카와 플루타르크가 대단히 칭찬해 말하던 섹스티우스는, 모든 일을 집어치우고 철학에만 몰두했다가 자기 공부의 진도가 너무 느리고 오래 걸리는 것을 보고, 바다에 몸을 던지기로 결심했다. 그는 학문이 부족해서 죽음을 찾은 것이다. 여기 이 문제에 대한 법률의 말이 있다.
"어쩌다 심한 불행이 닥쳐와서 달리 도리가 없거든, 항구는 가깝다. 침수하는 배에서 헤엄쳐 나가듯, 육체 밖으로 헤엄쳐 나가라. 살고자 하는 미치광이를 육체에 묶어 두는 것은, 살고자 하는 욕망이 아니라 죽음의 공포가 하는 일이다."

* 지식은 인간을 착하게 만들지 못한다.
인생이 순박한 마음을 가진 자에게 더 재미나듯, 그 순박성으로 더 결백하고 나아진다는 것은 내가 방금 말하기 시작한 것이다.
"순박한 자들과 무식한 자들은 올라가서 하늘을 얻는다. 그런데 우리는 우리의 지식을 가지고 지옥의 심연에 빠진다"고 성 바울은 말했다. 나는 둘 다 로마의 황제로서 터놓고 지식과 학문을 적대하던 발렌티아누스와 리키니우스가 이런 것은 모든 정치 국가의 해독이고 악역이라고 부르던 일에도, 그리고 내가 들은 바 자기 신자들에게 학문을 금지한 마호메트에게도 구애되지 않는다.
그러나 저 위대한 리쿠르고스가 보여 준 본과 그의 권위는 물론, 저 라케다이모니아의 아무런 교육도 훈련도 없이 위대하고 경탄스럽게 도덕과 행복으로, 오래 번영했던 훌륭한 정치가 얻게 된 경의(敬意)도 중시되어야 한다. 우리 조상들의 시대에 스페인 사람들에게 발견된 신대륙에서 돌아오는 자들은, 법관도 법률도 갖지 않은 이런 국민들이 일반인보다 법관이 많고, 사람의 행위보다

법률의 수가 더 많은, 우리 세상의 국민들보다 얼마나 더 법에 합치하고 질서 있게 살고 있는가를 증언하고 있다.

> 소환장·조사서·보고서·위임장으로
> 그들은 손에 한 아름, 자루에 가득,
> 또 탄핵문·이유서,
> 소송장의 서류 등으로 가득하다.
> 이런 인간들과의 상대로 인해 불행한 자들은
> 결코 안전하지 못하며,
> 그들은 전후 사방에 공증인,
> 검사, 변호사로 포위되어 있다. (아리오스토)

로마 말기의 한 원로원 의원은, 조상들은 입에서 마늘 냄새를 피웠으나 뱃속은 착한 양심으로 향기로웠으며, 반대로 자기 시대 사람들은 밖으로만 향내를 피우고 있으나 안으로는 모든 종류의 패덕으로 악취를 피우고 있다고 했다. 다시 말하면, 내 생각으로는, 그들이 학문과 능력은 많으나 인격적으로 큰 결함을 가졌다는 말이다. 무례·무식·단순성·천함 등은 순진성을 잘 동반하고, 호기심·교활한 꾀·학문 등은 악의를 뒤에 끌고 다니며, 겸손·두려움·복종·유순(이런 것은 인간 사회의 보존을 위한 주요한 소질들이다) 등은 속 트이고 온순하고 자만심이 적은 심령을 요구한다.

기독교인들은 호기심이 얼마나 인간이 타고난 근원적 악인가에 관한 특수한 지식을 가지고 있다. 예지와 학문을 더하려는 생각은 인류 퇴락의 첫걸음이었다. 그것은 인류가 영원한 저주 속으로 추락하여 간 길이다.

자존심은 멸망이며 부패의 길이다. 바로 이 자존심이 인간을 공통의 길 밖으로 내던지고, 새로운 것을 신봉하게 한다. 또 진리의 제자가 되어 남의 손에 이끌려 사람이 많이 다닌 평탄한 길 위에 안내받기보다는 패망의 길로 잘못 들어가서 헤매는 군중의 두목이 되기를 택하며, 잘못과 거짓된 말의 옹호자이며 스승이 되기를 택하게 한다. 아마도 옛날 그리스 말로 '미신은 자존심을 좇으며, 부친에게 하듯 그에게 복종한다'(스토바이오스)(몽테뉴는 이 글을 먼저 번역하고 다음에 그리스 원문을 인용하고 있다)는 말이 바로 이것을 말하는 것이리라.

오오 오만이여! 너는 얼마나 우리를 방해하느냐! 소크라테스는 예지의 신이 그에게 현자라는 별명을 붙여 주었다는 말을 듣고 놀랐다. 그리고 자신을 샅샅이 살펴보고 뒤흔들어 보고서도, 거기서 이 거룩한 호칭의 아무런 근거도 발견하지 못했다. 그는 자기만큼 정의롭고 절도 있고 용감하고 박식하며, 자기보다 더 말을 잘 하고 잘생기고 나라를 위해 유익한 사람들을 알고 있었다.

마침내 그는 자기가 남보다 특출난 것이 없고, 자기가 현명한 자로 처신하지 않는 것이 현명하며, 그의 신은 사람이 학문과 예지에 관해서 가진 생각을 사람이 특수하게 어리석은 탓으로 보고 있으며, 최선의 학설은 무지의 학설이며 최선의 예지는 순박성이라고 결론지었다.

성경에서는 우리 중에 자기를 높이 평가하는 자들을 가련한 자들이라고 선언한다. "진흙구덩이, 잿더미야, 네가 무슨 잘난 체할 거리를 가졌는가?" 하며 성경은 말한다. 그리고 다른 구절에서는 "하느님은 사람을 그림자와 같이 만들었느니라. 빛이 물러가서 그림자가 사라질 때에 누가 그것을 판단할 것인가?"라고 했다. 실로 우리는 아무것도 아니다.

우리의 힘으로 하느님의 숭고함을 알아보기란 어림도 없는 일이며, 창조주의 피조물들 중에 우리가 가장 이해하지 못하는 사물들이 그의 특징을 가장 잘 지니고 있으므로 하느님께 어울리는 것이라 할 수 있다. 기독교인들에게는 믿을 수 없는 사물에 봉착한다는 것이 믿어야 할 하나의 기회이다. 그 사물은 인간의 이치에 반대되는 그만큼 더 이치에 맞다. 만일 이치에 맞는다면 그것은 이미 기적이 아니다. 그리고 만일 어떤 본을 따른 것이라면 그것은 이미 특수한 사물이 아닐 것이다. "알지 못하므로, 사람은 하느님을 더 잘 알게 된다"고 성 아우구스티누스는 말했다. 그리고 타키투스는 "신들의 행동에 관해서는 알려고 하기보다 믿는 것이 더 거룩하고 경건하다"고 했다. 플라톤은 하느님과 세상과 사물들의 태초의 원인을 너무 호기심을 가지고 탐구하는 것은 어딘가 불경함이 있다고 간주한다.

"참으로, 이 우주의 근원을 아는 것은 어려운 일이며, 설사 그것을 알기에 이른다 해도 속인에게 계시함은 불경한 일이다"라고 키케로는 말한다.

우리는 권력·진리·정의라는 말을 잘도 말한다. 그것은 무엇인지 위대한 사물을 가리키는 말들이다. 그러나 이 사물을 우리는 결코 보지도 못하고, 생각해 보지도 못한다. 우리는 하느님이 두려워하고, 하느님이 분노하고, 하느님이 사랑한다고 말한다.

  영생의 사물들을 불멸의 말로 표현한다.   (루크레티우스)

 이런 것은 모두 우리의 형태를 따라서 하느님께 깃들 수 없는 감정과 정서들이며, 우리도 하느님의 형태를 따라 그것을 생각해 볼 수 없는 일이다. 오로지 하느님만이 자기를 아시며 자기 작품들을 설명하신다.
 그런데 그는 여기 땅에 쓰러져 있는 우리에게까지 몸을 낮추어 내려오기 위해서 적당하지 않은 우리의 말로 말씀하신다. 예지는 선과 악 사이의 선택인데, 하느님은 어떤 악에도 접촉될 수 없는 바에야 어찌 예지가 하느님께 맞을 것인가? 이성과 지성은 암담한 사물로부터 명백한 사물에 도달하기 위해서 우리가 사용하는 것인데, 하느님께는 암담한 것이 아무것도 없는 바에야 이 두 가지가 무슨 소용이 될 것인가? 정의는 인간 사회와 그 공동체를 위해 나온 것으로 인간 각자에게 속하는 것을 나누어 주는 일인데, 어찌 그것이 하느님께 있을 것인가? 절도는 어떤가? 이것은 육체적 탐락의 절제인데, 그런 것은 거룩한 영역에는 없는 일이다. 고통과 노고와 위험을 참아 내는 굳세고 단단함 역시 하느님에게는 무관한 일이다. 그래서 아리스토텔레스는 하느님께는 도덕도 악덕도 똑같이 면제되어 있다고 본다.

  그는 애정도 분노도 감수하지 못한다.
  이러한 것은 전부 허약하기 때문이다.   (키케로가 인용한 에피쿠로스)

 진리의 인식에 우리가 참여함은 그것이 무엇이건 우리가 얻는 것은 자신의 힘으로 한 일이 아니다. 하느님은 우리에게 그의 경탄스러운 비밀을 알려 주려고, 속인들, 순박한 자들, 무식한 자들 중에서 택한 증인들로 우리에게 충분히 가르쳐 주셨다. 우리가 신앙을 얻은 것은 추리나 오성에 의한 것이 아니고, 외부적인 권위와 명령에 의한 것이다. 우리가 지닌 판단력의 허약함은 힘보다도 거기에 도움이 되고 우리의 맹목성이 잘 관찰하는 것보다 더 도움이 된다. 학문보다도 무식함의 중개로 우리는 이 거룩한 지식의 학자가 된다. 우리가 타고난 이 땅 위의 방법들이 이 초자연적인 하늘에서 오는 지식을 생각해 볼 수 없음은 놀라운 일이 아니다. 우리의 것으로는 다만 복종과 굴복을 가져오자. 왜냐하면 성경에 씌어 있듯 "나는 현자들의 예지를 쳐부수리라. 그리고 총명한 자의 이해력을 깨뜨려 부수리라. 현자는 어디 있는가? 학자는 어디 있는가? 이 세기의 논객은 어디 있는가? 하느님은 이 세상의 예지를 어리석음으로 만들지 않았던가? 세상은 지혜로서 하느님을 안 것이 아닌 만큼, 그는 설교의 순박성으로 믿는 자들을 구제할 생각이 드셨다."(고린도서)

*인간은 지식을 갖지 않았다

나는 결국 인간이 찾고 있는 것을 발견할 힘이 그의 역량에 있는 것인가, 또는 그렇게 오랜 세기를 두고 찾아본 결과가 어떤 새로운 힘과 견고한 진리로 인간을 부유하게 만들어 주었는가를 알아보아야 할 것이다. 양심적으로 말하는 것이라면, 그가 그 오랜 추구에서 끌어낸 모든 소득이라는 것은 그 자신의 나약함을 인정할 줄 알게 되었다는 것을 고백할 것이라고 나는 생각한다. 우리의 타고난 무지는 오랜 연구로 확인되고 증명되었다.

박학한 사람들에게는 보리 이삭에서와 같은 일이 일어난다. 다시 말해 그들은 속이 비어 있는 동안은 고개를 쳐들고 오만하게 처신한다. 그러나 성숙해져서 낟알이 생기며 속이 차서 굵어지면 겸손해지고 고개를 숙이기 시작한다. 마찬가지로 사람도 모든 것을 시도하고 탐구해 본 다음, 이 학문의 더미와 사물들의 잡다한 창고 속에서 허영된 일 외에는 아무것도 단단하고 견실한 일을 발견하지 못하고, 그들의 자만심을 포기하고 자신의 타고난 조건을 인정하는 것이다.

웰레이우스가 코타와 키케로를 책망하는 것은, 그들이 아무것도 배운 것이 없다는 일을 철학에서 배웠다는 점이다.

그리스 7현(七賢) 가운데 하나인 페레퀴데스는 죽을 때에 탈레스에게 편지를 보내 "나는 가족들에게 나를 매장한 다음에, 내가 써 둔 문장류(文章類)를 그대에게 갖다 주라고 명령했소. 그것이 그대와 다른 현자들에게 만족스럽게 보이거든 출판해 주오. 그렇지 않거든 없애 버리시오. 여기에는 나를 만족시킬 만큼 확실한 것은 아무것도 없소. 그러므로 나는 진리를 안다든가, 진리에 도달한다고는 말하지 않소. 나는 사물들을 발견하기보다도 열어 보는 것이오"라고 했다.

지금까지 있었던 가장 현명한 인간은 무엇을 아느냐고 누가 물어보자, 자기가 아무것도 모른다는 것을 안다고 대답했다. 그는 사람들이 말하는 것, 우리가 아는 것의 최대 부분은 우리가 모르고 있는 사물들의 최소 부분이라는 것, 다시 말하면 우리가 안다고 하는 것은 바로 우리가 모르는 것의 극히 적은 일부분이라는 것을 증명했다. "우리는 꿈으로 사물들을 알고 있다. 실은 우리는 사물들을 모른다"고 플라톤은 말한다.

"거의 모든 옛사람들은 인간이 아무것도 인식하지 못하고, 아무것도 이해하지 못하고, 아무것도 알지 못하며, 우리의 감각은 제한되어 있고, 지성은 허약하고, 인생은 짧다고 말했다."(키케로)

발레리우스는, 모든 가치가 학문에 있어야 할 키케로도 노년기에 이르자 학문을 경시하기 시작했다고 한다. 그리고 문장을 다루는 동안 그는 어느 파당에도 매여 있지 않고, 어느 때는 이 학파, 다른 때는 저 학파를 좇으며, 늘 아카데미(플라톤학파를 말함)에 의문의 태도를 취했다.

"말은 해야 한다. 그러나 아무것도 확인해서는 안 된다. 나는 모든 사물을 탐구하되, 의문을 품으며 나 자신을 불신할 것이다."(키케로) 인간을 공통적인 방식으로 통틀어서 고찰하려고 한다면, 일이 너무 쉬울 것이다. 그러나 투표의 무게에 의해서 판단함이 아니고, 의견의 수로 진리를 판단하는 일반적인 고유의 규칙으로 할 수 있을 것이다.

　　멀쩡히 잠 깨어서도 코 골며……
　　생명과 시각을 누리면서도 죽어 있는 것같이.　　　　(루크레티우스)

자기를 느끼지 않고 자기를 판단하지 않고, 자기가 타고난 소질의 대부분을 쓰지 않고 두는 사람들은 치워 두자.

나는 인간을 가장 높은 상태에서 잡아 보고 싶다. 저 훌륭하고 특수한 본성의 능력을 받아서 조심과 연구와 기술로 더욱 연마하고 굳게 만들어 그가 올려놓을 수 있는 가장 높은 단계의 예지에 올려놓은, 그 골라낸 소수의 탁월한 인물들에게서 이 인간을 고찰해 보자. 그들은 심령을 모든 방향과 각도에서 손질해 보고 거기에 적합한 모든 외부의 도움으로 떠받고, 고이고, 그 편익을 위해서 이 세상의 내부와 외부에서 빌려 올 수 있는 것으로 풍부히 장식하고 있다. 이런 자들 속에 높은 인간성이 깃들어 있다.

그들은 정치와 법률로 세상을 조절했고 기술과 학문으로 세상 사람들을 가르쳤고, 또한 감탄할 만한 행동 습관으로 본을 보이며 가르쳤다.

나는 이런 사람들과 그들이 증명한 것, 그들이 경험한 것만 고려하겠다. 그들이 어느 정도까지 나갔으며 무엇을 존중했는가를 보자. 이런 학파에서 우리가 발견할 병폐와 결함들을 세상 사람들은 자신의 결함이라고 과감하게 고백할 수 있을 것이다.

아무라도 무엇을 탐구하고 있는 자는 이 점에 도달한다. 그는 그것을 찾아냈다고 말하든지, 그것을 찾아볼 수 없다든지, 또는 그가 아직도 탐구하고 있는 중이라고 말한다. 모든 철학은 이 세 가지로 구분된다. 그 의도는 진리와 지식과 확실성을 찾자는 데에 있다.

소요학파와 에피쿠로스학파와 스토아학파와 다른 학파들은 이것을 발견했다고 생각했다. 이자들은 우리가 가지고 있는 학문을 세웠고, 그것을 확실한 지식으로 취급했다.

클리토마코스와 카르네아스와 아카데미아 학파들은 그들의 탐구에 절망하며, 진리는 우리의 방법으로는 파악될 수 없다고 판단했다. 이들이 도달한 곳은 인간의 허약성과 무지였다. 이 파는 가장 많은 추종자와 고상한 신봉자들을 가지고 있었다.

피론과 다른 회의학파들, 또는 신중론자(많은 옛사람들은 그들의 학설이 호메로스와 일곱 현자들, 아르킬로코스와 에우리피데스 등에서 유래했다 하며, 거기 제논과 데모크리토스, 크세노파네스를 결부시키고 있다)들은 아직도 진리를 찾고 있는 중이라고 말한다. 이들은 진리를 찾아냈다고 생각하는 자들을 무한히 잘못 알고 있다고 하며, 인간의 힘은 거기 도달할 수 없다고 확언하는 이 둘째 번 단계에도 역시 과감한 허영이 있는 것이라고 판단한다. 왜냐하면 우리가 힘의 척도를 세워서 사물들의 곤란함을 인식하고 판단한다는 일 자체가 너무나 큰 극한의 지식이며, 그들은 인간에게 이러한 능력이 있을까를 의심하고 있기 때문이다.

> 아무것도 모른다고 생각하는 자는,
> 자기가 아무것도 모른다고 주장하는 것을 알 수 있는지도
> 또한 모른다.　　　　　　　　　　　　　　　　　(루크레티우스)

자기를 알고 판단하고, 자기를 비판하는 무지(無知)는 완전한 무지가 아니다. 무지이기 위해서는 그 자체를 몰라야 한다. 그래서 피론학파의 주장은 의심하며, 물어보며, 아무것도 확언하지 않고, 아무것도 책임지지 않는다. 심령의 세 가지 작용, 즉 상상·욕망·동의 중에서 그들은 첫 번째 두 가지만 용인하고, 세 번째 것은 아무리 가벼운 일이라도 이편이건 저편이건 한쪽으로 기울어지지도 승인하지도 않고, 애매하게 주장한다.

제논은 심령의 소질들 가운데 이 부문에 관한 그의 개념을 몸짓으로 표현하며, 손을 펴서 내민 것은 외현(外現)이고 손을 반쯤 오므려서 손가락을 약간 굽힌 것은 동의(同意)이며, 주먹을 쥔 것은 이해를 뜻했고, 그가 왼손으로 이 주먹을 더 굳게 쥐어 오므리면 그것은 지식이었다.

그런데 그들(피론학파를 가리킴)이 판단하는 이런 태도는 굽히지 않고, 모든 대상을 적용시키지도 동의하지도 않고 받아들이며, 그들의 아타락시아(고요하고 평온한 상태)로 지향시키고 있다. 이 아타락시아는 우리가 사물들에 관해서 가지고 있다고 생각하는 의견과 지식의 인상에서 받아들였을 것으로 생각되는 동요가 면제된, 평화롭고 정온한 생활 조건이다. 이러한 동요에서 공포·인색·시기심·무절제한 욕망·야심·오만·미신과 새로운 기이한 버릇의 애호, 모반·불복종·고집, 그리고 대부분의 육체적인 악들이 나온다. 그들은 그 때문에 바로 그들의 학설에 관한 질투심에서 벗어난다. 왜냐하면 그들은 극히 부드럽고 온화한 방식으로 싸우기 때문이다.

그들은 토론에 보복당할 근심이 없다. 그들이 아래로 간다고 말할 때에 사람들이 그 말을 믿어 주면, 그들은 매우 서운해할 것이다. 그리고 그들은 판단

에 대한 의문이 생겨나게 하기 위해서 반박당할 길을 찾는다. 그들은 우리가 믿고 있다고 생각하는 것을 반박하기 위해서밖에는 의견을 제시하지 않는다.

만일 누가 그들의 의견을 지지하면, 그들은 바로 그 반대 의견을 지지하려고 할 것이다. 모든 것이 그들에게는 마찬가지이다. 거기에는 아무 선택도 없다. 만일 그대가 눈을 검다고 하면, 그들은 반대로 눈은 희다고 반박한다. 만일 그대가 눈은 희지도 검지도 않다고 하면, 그들은 이번에는 눈은 희기도 하고 검기도 하다고 두 가지를 다 주장한다. 만일 그대가 긍정적인 판단으로 자신은 아무것도 모른다고 하면, 그들은 그대가 그것을 안다고 주장할 것이다. 그렇다. 그리고 만일 그대가 긍정적인 원칙으로 그것을 의심한다고 하면, 그들은 그대가 의심하지 않는다거나 그것을 의심한다는 것을 판단하여 세워 놓을 수는 없다고 말한다. 이렇게 그 자체를 뒤흔드는 의문을 극도로 추진시키며, 그들은 자신이 여러 의견에서 떨어지고 갈라지며 여러 방식으로 의문과 무식을 주장하던 그 의견에서까지도 떨어져 나간다.

그들은 말한다. 왜 독단론자들끼리는 하나가 초록색이라고 하면 다른 하나가 노랗다고 하듯, 의문을 품어서는 안 될 것인가? 어떤 사물을 그것이 사실이라고 고백하든지 거부하든지 하는 식으로 제언할 수만 있고, 그것을 애매한 일로 생각해서는 안 될 일이 어디 있는가라고 그들은 말한다. 다른 자들은 그들 나라의 관습을 따르거나, 또는 부모의 가르침을 받았거나, 또는 우연히 다시 말하면 흔히 아직 사리를 식별할 수 있는 나이가 되기 전에 폭풍우에 쏠리듯 이러저러한 사상에, 스토아학파나 에피쿠로스학파에 마치 거기서 떨어져 나오지 못할 것같이 저당잡히고 예속되어 눌어붙어서 "흡사 폭풍우가 밀어다 내던져진 난파자가 암초에 매달리듯, 그들은 어느 학파에건 달라붙는다"(키케로)는 식이 되는데, 어째서 이들은 자기들의 자유를 유지하며 어떠한 사물이나 의무와 굴복 없이 고찰하는 것이 허용되지 않는 일인가? "아무것도 그들의 판단을 제한하지 않으면 않을수록 더욱 자유롭고 독립적이다."(키케로)

다른 자들이 구속받고 있는 필요성에서 자기가 면제되어 있는 것만도 장점이 아니겠는가? 인간의 환상이 만들어 낸 하고많은 잘못 속에 얽혀 가기보다는 아무런 결정도 내리지 않고 있는 편이 더 좋은 일이 아닌가? 이렇게 소란스레 싸움을 거는 분열 속에 섞여드는 것보다는 확신을 갖는 일을 미뤄두는 것

제2권   545

이 더 낫지 않은가?

　나는 무엇을 택해야 할 것인가? 그대 좋은 대로. 다만 택하는 것은 그대가 하라! 이건 참 어리석은 대답이다. 그렇지만 이 때문에 우리가 알지 못하는 것을 가지고 알지 못한다는 일도 허용되지 않는다는 독단론이 생기는 것으로 보인다.

　가장 유명한 학파를 들어 보자. 그 학설을 변호하기 위해서 수백 가지의 반대 이론을 반박하여 싸워 나가야 할 필요가 없을 만큼 확실한 이론은 없을 것이다. 이 싸움판에서 물러나는 편이 낫지 않을까? 영혼 불멸에 관한 아리스토텔레스의 신조를 그대의 명예와 생명처럼 선택하고, 이 문제에 관해서 플라톤에 반대하며 그의 학설을 거짓이라고 비난할 수도 있는 일이다. 그러면 그들은 그대 학설에 의문을 품어서는 안 된다는 말인가?

　스토아학파들이 의문을 품지 않는 새점(鳥占)·꿈점·신탁·예언 등에 관해서 파나이티오스는 자기 판단을 미루어도 지당한 일이라면, 자기가 스승에게서 배운 것이며, 그 학파에 속하고 그 학설을 가르치고 있는 학파가 모두 그렇다고 인정하여 세워 놓은 학설들에 대해서 이자가 감히 하고 있는 일을, 어째서 현자가 하지 못할 것인지를 질문한다. 판단하는 자가 어린애라면 판단의 대상이 무엇인지를 모른다. 그가 학자라면 그는 선입관에 잡혀 있다.

　피론학파들은 자기 학설을 변호할 책임이 없기 때문에, 이 싸움에 대단히 유리한 위치를 차지하고 있다. 그들은 사람들이 공격해도 상관하지 않는다. 자기들도 공격하면 그만이다. 그리고 모든 일을 자기들에게 유리하게 끌어간다. 그들의 논거가 승리한다면, 그대의 논거에 문제가 있다. 그들이 진다면 그것은 그들이 주장하는 무지를 증명하는 일이 된다. 그대가 패하면 그들이 옳다는 것을 증명한다. 그들이 아무것도 알 수 없다는 것을 증명하면 그대로 좋다. 그들이 그것을 증명할 수 없다면 그것도 그대로 좋다. "같은 제목에 찬성과 반대의 같은 이유를 찾아내며, 이 점에서나 저 점에서나 자기 판단을 유예하기를 더 쉽게 하기 위한 것이다."(키케로)

　그들은 한 사물이 진실이라는 것보다도 어째서 그것이 잘못되었는가를 훨씬 더 쉽게 발견할 수 있다는 것과, 무엇이 있다는 것보다도 있지 않다는 것, 그들이 무엇을 믿는다는 것보다도 믿지 않는다는 것을 더 중하게 여긴다.

그들이 말하는 방식은 "나는 아무것도 세우지 않는다. 나는 이렇다는 것도 아니고 저렇다는 것도 아니다. 또는 이것도 저것도 아니다. 나는 그것을 이해하지 못한다. 겉모양은 어디서나 마찬가지이다. 말하는 법은 긍정이나 부정이나 다 똑같다. 그릇될 수 없다고 보이는 것에는 아무것도 진실된 것은 없다"고 하는 식이다. 그들의 말투는 ἐπέχω, 즉 "나는 유예한다. 나는 움직이지 않는다"이다. 이런 말투와 이와 닮은 내용의 다른 말투들이 그들의 후렴이다. 그들의 목표는 판단의 순수하고 아주 완전한 미룸과 정지이다. 그들은 결정지어 선택하기 위해서가 아니라 탐구하며 논박하기 위해서 이성을 사용한다. 어떠한 경우에도 끊임없이 무지를 고백하며, 어느 편으로도 기울어지지 않는 판단을 생각하는 자는 누구나 다 피론주의를 품고 있는 것이다.

나는 될 수 있는 한 이 사고방식을 밝힌다. 왜냐하면 많은 사람들이 이것을 생각하기 어려운 일로 보며, 또 그 작가들 자신이 좀 난삽하게 가지각색으로 이것을 표현하고 있기 때문이다.

인생의 행동으로 말하면, 그들은 이 점에서는 일반이 행하는 방식으로 행한다. 그들은 본성의 경향, 정열의 충동과 억제, 법률과 습관의 제도, 예술의 전통 등과는 조화하려고 힘쓴다. "신은 우리가 사물들에 대한 지식을 가진 것이 아니라 다만 그 사용법만을 알기를 원했기 때문이다."(키케로) 그들은 아무런 추리나 판단 없이, 일반적 행동이 이런 사물들에 의해서 지도되게 내버려 둔다. 그 때문에 나는 사람들이 피론에 관해서 말하는 것을 이 원칙과 잘 조화시킬 수 없다. 그들은 그를 어리석고 움직이지 않고, 비사교적이고 야만적인 생활을 영위하며, 수레가 와도 비키지 않고 부딪히기를 기다리며, 절벽 위를 무턱대고 걸어가며 법률에 협조하기를 거절하는 자같이 묘사하고 있다.

그것은 그의 생활 태도를 과장하는 것이다. 그는 돌덩이나 나무토막이 되기를 원치 않았다. 그는 살아 있고 사색하고 판단하는 인간으로서, 본성이 지닌 모든 쾌락과 편익을 누리며, 육체적이나 정신적인 모든 소질들을 정상적이며 올바른 방식으로 행사하고 사용하는 인간이 되기를 원했다. 인간이 진리를 지배하고 정리하고 확립한다는 그런 환각적이며 허구적인 특권을 가로채는 수작을 그는 진심으로 단념하고 포기한 것이다.

그뿐더러 자기가 살아가기를 원하면, 이해되거나 지각되지도, 동의해 주지도 않는 상당히 많은 사물들에 순응해 가는 것을 그의 현자에게 용인해 주도록 강제하지 않는 학파라고는 없다. 또 그가 항해를 하면, 그것이 자기에게 유리한 것인지도 모르고 그 계획을 좇으며, 자기가 탄 배는 좋으며 길잡이도 경험이 많은 자이고, 계절이 항해에 적합하다는 일을 단지 그럴 수도 있다는 생각에 순응하며, 그다음에는 외부의 사정들이 분명히 자기에게 불리하게 되지만 않으면 움직여 가는 대로 좇아갈 생각으로 있다. 그는 육체를 가졌다. 그는 영혼을 가졌다. 감각이 그를 밀며, 정신이 그를 민다. 그는 자신에게 판단력이라는 이 고유하고도 특이한 표적을 발견하지 않으며, 진실이라는 것과 닮은 어떤 허구가 있을 수 있는 이상 그가 동의해 주어서는 안 된다는 것을 알고 있지만, 그렇다고 자기 인생의 기능을 충만케 하고 편리하게 행사하지 않는 것은 아니다.

 기술이라는 것에는, 지식에 근거를 두지 않고 추측으로만 되어 있는 것임을 밝히며, 진가를 결정하지 않고 단지 그럴 성싶은 일을 좇고 있는 것이 얼마나 많은가! 사람들은 세상에는 참과 거짓이 있으며, 우리에게도 그것을 찾아볼 거리가 있으나 그것을 판정해 볼 방법은 없다고 한다. 우리는 파고들어 연구해 볼 것 없이 세상의 질서에 조종되어 가게 두는 편이 훨씬 더 낫다. 편견에 사로잡히지 않게 보장된 심령은 고요하고 평온한 생활을 향한 놀라운 진척을 이루고 있다. 자기들의 심판자들을 심판하고 심사하는 자들은, 결코 정당하게 그들에게 순종하지 않는다. 종교의 법칙에서나 정치의 법칙에서나 하늘의 일과 인간들의 일의 원칙들을 교사처럼 감시하고 있는 심령들보다 단순하고 호기심 없는 심령들이 얼마나 더 지도하기에 순하고 쉬운가?

 인간이 고찰한 바로, 이 피론주의만큼 진실하고 유익한 것은 없다. 이 사상은 인간성의 허약함을 인정하고 하늘에서 내리는 어떤 외부의 힘을 받아들이기에 적당하며, 인간의 지식을 벗어던지고 자기 속의 신앙에 더 많은 자리를 만들어 주기 위해서 자기 판단을 없애 버리는 까닭에, 그만큼 더 자기에게 거룩한 지식을 받아들이기에 적합하다. 또한 불신자도 아니고 일반이 지키고 있는 사상에 반대되는 어떠한 독단론도 세우지 않고, 겸허하고 순종하며 훈련받을 수 있고 열심이며, 요사스러운 교와는 불구대천의 원수이다. 따라서 그릇된 도당들이 도입한 헛된 불신앙적인 사상을 받아들이지 않는, 적나라하고 공허한 것으로 인간을 제시한다. 그것은 하느님의 손가락이 그려 보고 싶은 대로의 형체를 가질 수 있게 준비된 백지장이다. 전도서는 "사물들이 하루하루 그대에게 오는 대로 좋은 얼굴과 취미로 받아들이라. 다른 일들은 그대가 알 바 아니다"고 했다. "주님은 인간의 생각을 아신다. 그리고 그것의 허망함을 아신다."(시편)

그 때문에 철학의 일반적인 세 학파들 중에서 두 학파는 의문과 무지를 명백하게 밝히고 있다. 그리고 세 번째 독단론자들의 학파에서는 그 대부분이 더 나은 외모를 보이려고 확신에 찬 모습을 갖는 것은 밝혀 보기 쉬운 일이다. 그들은 우리에게 어느 정도까지 진리의 탐구를 추진했는가를 보여 주려는 것만큼 확실성을 세우려는 생각을 해 보지 않았다. "학자들은 그것을 안다기보다도 추측한다."(티투스 리비우스)

티마이오스는 신들과 인간들에 관해서 그가 알고 있는 바를 소크라테스에게 가르쳐 주기로 되어서, 그것을 인간 대 인간으로 말하자고 제안했다. 그리고 자기가 드는 이유가 다른 사람이 드는 이치와 같이 근사하기만 하면 충분하다고 했다. 왜냐하면 정확한 이치를 댄다는 것은 자기 힘에도, 죽을 운명인 어떠한 인간의 힘에도 있지 않기 때문이라고 했다. 이 말을 그가 속한 학파의 누군가가 모방하여 "나는 힘닿는 대로 설명할 것이다. 내 말은 피티 무녀(巫女)에게 내리는 아폴론의 확실하고도 반박할 수 없는 신탁은 아니다. 죽을 운명인 약자로서 나는 추측으로 진실한 일을 찾으려고 한다"(키케로)고 말했다. 그런데 이것은 자연스럽고 통속적인 사상인 죽음의 경멸에 관한 사상을 두고 한 말이었다.

다른 곳에서 그는 플라톤의 말을 그대로 번역해서 "신들의 성질과 이 세상의 근원에 관해서 사색하다가, 내가 제안한 목적을 달성하지 못하는 일이 있다고 해도 그것은 그리 놀랄 일이 아니다. 말하는 나, 판단하는 그대들이나 우리는 인간에 지나지 않음을 상기할 일이며, 내가 가능성만을 제시한다 해도, 그 이상 아무것도 더 요구하지 말 일이다"라고 했다.

아리스토텔레스는 대개 수많은 다른 의견과 신념을 우리에게 보이며, 자기 의견과 신념을 거기에 비교해 보고 자기가 얼마나 더 심오하게 알아보았으며, 얼마나 더 진실에 접근해 갔는가를 보여 주려고 한다. 진리는 남의 권리와 증명으로 판단되지 않기 때문이다. 그리고 그 때문에 에피쿠로스는 자기 글 속에 다른 사람의 증명을 인용하기를 조심스럽게 피한다. 전자는 독단론의 왕자이다. 그렇지만 많이 안다는 것은 더 많이 의문을 품을 기회를 가져온다는 것을 그에게서 배운다. 우리는 그가 고의로 그의 의견이 무엇인지 알아볼 수 없을 정도로 빽빽하게, 풀어 볼 수 없이 어렵고 까다롭게 내놓는 것을 본다. 이것은 사실 긍정적인 형식 밑에 숨은 피론주의이다.

키케로가 주장하는 바를 들어 보라. 그는 자기의 개념으로 다른 사람들의 개념을 설명하고 있다. "우리가 개인적으로 사물 각각에 관해서 생각하고 있는 것을 알고자 원하는 자들은, 너무 심한 호기심으로 파고들어 연구한다. 철학에서 모든 사물을 토론하되 아무것도 결정하지 않는다는 원칙은, 소크라테스가 세워서 아르케실라오스가 전수하고 카르네아데스가 확립한 것으로, 오늘날에도 성행한다. 우리는 오류가 어느 곳에서나 진리와 혼동되어 있고 진리와 유사하므로, 어느 범주에 의해서도 확실성을 가지고 이것을 판단하고 결정지을 수 없다고 말하는 학파에 속한다."(키케로)

결국 이런 것은 허망한 제목을 가치 있게 보이려고 하며, 우리의 정신에 호기심으로 흥미를 돋운다. 또 우리 정신을 길러 가꿀 재료라고 내주는 것이 살점 없는 헛된 뼈다귀나 갉아먹으라고 던져 주는 것이 아니라면, 어째서 아리스토텔레스뿐만 아니라 거의 대부분의 철학자들이 이런 어려운 사고 방식을 탐하는 것일까? 클리토마코스는 카르네아데스의 문장을 보고, 그가 무슨 의견을 가졌는지 도무지 이해할 수 없었다고 말했다. 에피쿠로스는 어째서 평이한 문체를 피했고, 헤라클레이토스는 왜 '까다로운 자'라는 별명을 받았던가? 난해성은 학자들이 요술쟁이처럼 그들 기술의 허황함을 드러내지 않기 위해서 사용하는 잡술로서, 어리석은 인간들이 여기에 쉽사리 속아넘어간다.

   난삽한 언어로 속물들에게 명성을 떨친다.(헤라클레이토스를 가리킴)
   왜냐하면 어리석은 자들은 애매한 문구 속에
   숨겨진 사상만을 애호하며 탄복하기 때문이다. (루크레티우스)

키케로는 그의 친구 몇몇이 점성학·법률·변증법·기하학 등에 필요한 이상의 시간을 낭비하는 버릇이 있어서, 그들 인생의 더 유용하고 정직한 의무를 소홀히 한다고 책망하고 있었다. 키레나이카 학파의 철학자들은 물리학과 변증법을 똑같이 경멸했다. 제논은 그의 《국가론(國家論)》의 앞머리에 모든 인문 과학을 필요하지 않은 것이라고 선언했다.

크리시포스는 플라톤과 아리스토텔레스가 논리학에 관해서 쓴 것은 문장의 수련을 위해서 장난으로 한 일이라고 말하며, 그렇게 헛된 재료를 성실한 마음으로 말했으리라고는 믿지 않았다. 플루타르크는 형이상학에 관해서 같은 말을 한다. 에피쿠로스는 수사학과 문학·시학·수학에 관해서, 그리고 물리학을 제외하고 모든 학문에 관해서도 역시 그렇게 말했을 것이다. 소크라테스는 행동 습관과 생활에 관한 것만을 제하고 모든 학문을 그렇게 보았다. 어떠한 사물에 관해서 물어보아도 그는 언제나 먼저 질문하는 자에게 그의 과거와 현재의 생활을 고찰하게 했다. 그는 이런 것을 심사해서 판단했고, 다른 것은 여기에 부수적인 덧붙임으로 간주했다.

"배우는 사람을 도덕적으로 만드는 데에 쓸모없는 이런 문장은 내게는 그리 달갑지 않다."(살루스투스) 대부분의 학술들은 학자들 자신이 이렇게 경멸했다. 그러나 그들은 인생에 유익한 견실성이 조금도 없는 사물들을 가지고 정신을 쓰고 수선을 피우는 것이 당치 않은 일이라고는 생각하지 않았다.

그뿐더러 어떤 자들은 플라톤을 독단론자로 보고 다른 자들은 그를 회의주의자로 보았다. 또 다른 자들은 그를 어느 점에서는 독단론자, 다른 점에서는 회의주의자로 보았다. 그의 《대화편》속의 주도자인 소크라테스는 항상 물어보며 토론을 일으키며, 결코 그것을 멈추지 않고 만족시키지도 않으며, 반대하는 지식밖에 다른 지식을 갖지 않았다고 말한다. 그들의 시조인 호메로스는 똑같이, 우리가 어느 방향을 잡아 보아도 마찬가지로 의미 없음을 보여 주기 위해서 철학의 모든 학파에 기초를 세워 놓았다.

플라톤에서 열 갈래의 여러 학파가 나왔다고 한다. 그의 학문이 그렇지만 않았다면 학문으로서 결코 동요되고 애매하게 될 이유는 없었다는 말이 된다.

소크라테스는 조산부(助産婦 ; sage-femme. 직역하면 현명한 여자)들은 아이 받아 주는 것을 직업으로 하고, 자신이 아이 낳는 일은 포기한다고 한다. 또 자기는 신들에게서 받은 바 조산부(助産夫 ; sage-homme. 직역하면 현명한 남자)의 자격으로 남성적이며 정신적인 사랑에서 자기 자식을 낳는 소질은 버리고, 다른 사람들이 자식을 낳는 것을 도와주어서, 그 나오는 곳을 열어 주고, 산도(産道)에 기름칠을 해서 출산을 쉽게 만들어 주고, 그것을 판단하고 기운을 돋우고 기저귀로 싸 주고 할례해 주며, 남의 위험과 행운에 자신의 능력을 부리고 다루는 것으로 만족한다고 했다.

옛사람들이 아낙사고라스와 데모크리토스·파르메니데스·크세노파네스, 그리고 다른 작가들의 문장에서 주목한 바, 이런 제3류 대부분의 다른 작가들에게서도 사정은 같다. 그들은 독단론적인 운을 문장에 띄엄띄엄 섞어 가지만, 본질적으로 회의적인 문장 형태를 가지고 가르친다기보다는 물어보는 의도가 들어 있다. 그것은 세네카와 플루타르크에서도 볼 수 있는 일이 아닌가? 그들은 좀 자상히 알고자 하는 자들에게 어느 때는 이런 모습으로, 다른 때는 저런 모습으로 무엇을 말해 주는 것인가! 법률가들의 중재역은 먼저 그들을 각기 자기와 화해시켜야 할 일이다.

플라톤은 자신의 사상이 잡다하고 각각 다른 형태들을 저마다의 자리에 맞게 여러 인물의 입을 통해서, 그 근원을 캐어 보려고 이 대화식의 철학 형식을 즐긴 것으로 보인다.

여러 재료를 잡다하게 취급하는 것은 그것을 고르게 취급하는 것만큼이나 좋다. 오히려 더 나을 수도 있다. 즉, 더한층 풍부하고 유용하게 취급하는 편이 된다. 우리에게서 예를 들어 보자. 판결문은 독단적이며 단정적인 어법의 궁극점이 된다. 우리 재판소는 이 재판소의 권위에 바쳐야 할 존경심을 가꿀 만하게 민중들에게 가장 모범적인 판결문들을 내놓는다. 그렇지만 주로 그것을 행사하는 인물들의 능력에 의해서 그들에게는 일상사이며 어느 판사라도 할 수 있는 결론이 훌륭한 것은 아니다. 그 결론이 아니라 법의 재료가 허용하는 한에서 온갖 상반되는 추리법을 이용한 토론의 교란 방법이 훌륭한 것이다.

그리고 어떤 철학자들이 다른 편 철학자들에 대해서 하는 주된 비난은, 일부러 모든 재료를 둘러싸고 나오는 인간 정신의 동요하는 모습을 보이기 위한 것이거나, 재료의 가변성과 불가변성 때문에 무지에 몰려서 그들 각자가 서로 엇갈려 있는 모순과 의견 차이에서 나오는 것이다.

'미끄러져 흘러가는 자리에서는 우리의 신념을 유예하자'는 이 후렴은 무엇을 의미하는 것일까? 에우리피데스가

> 하느님이 하시는 일은 잡다한 방식으로
> 우리에게 여러 장애를 만들어 준다. (아미오가 번역한 플루타르크)

라고 말하듯, 엠페도클레스가 하느님의 분노에 뒤흔들리고 진리 앞에서 억눌려 지내는 것처럼, 그의 작품들 속에서 자주 "아니다. 아니야, 우리는 아무것도 느끼지 않고, 아무것도 보지 않는다. 모든 사물들은 우리에게는 이치가 깊고 미묘하다. 그것이 무엇인지 확실히 알 수 있는 것이란 하나도 없다"고 되풀이하던 말과 같이, 마음의 이 거룩한 말 "인간들의 사상은 비겁하다. 그들의 예견과 고안은 불확실하다"(예지의 서)로 돌아온다.

사로잡힌 신세에 절망한 사람들이 진리의 탐구에 기쁨을 느끼는 것도 이상한 일은 아니다. 연구는 그 자체가 재미나는 일이며, 너무나 재미나기 때문에 스토아학파들은 여러 탐락 중에서도 정신의 수련에서 오늘 탐락을 금지하고 그것을 억제하려고 하며, 너무 알고자 하는 데에도 무절제가 있다는 것을 발견한다.

데모크리토스는 식탁에서 꿀맛같이 단 무화과를 먹어 보고는, 이전에 맛보지 못했던 감미로움이 어디서 오는가 하는 생각이 들었다. 그는 그 근원을 밝히려고 식탁에서 일어나 무화과를 따 온 자리의 나무 생김새가 어떤가를 보러 갔다. 그의 하녀는 이렇게 소란을 떠는 이유가 무엇 때문인가를 듣고, 그걸 가지고 그렇게 수고하지 말라고 웃으며 말했다. 왜냐하면 그녀는 그 무화과를 꿀그릇에 담아 두었던 것이다. 그는 이 때문에 탐구해 보려는 기회를 잃고 자기 호기심의 재료를 빼앗긴 것에 분개해서 "물러가거라, 기분 나쁘다. 그렇지만 나는 그것이 본래 그러리라 생각하고, 그 원인을 끝까지 캐어 보겠다"고 말했다. 그러고는 잘못된 추측을 고집한 상태로 진실한 이유를 발견하려고 했다.

이 유명하고 위대한 철학자에 관한 일화는, 우리가 어떤 사물의 원인을 탐구하여 알아내지 못하고 절망할 때, 그 추구해 보는 연구에 대한 정열에서 느끼는 재미의 성질을 명백하게 보여 주고 있다. 플루타르크도 이것과 같은 예를 하나 들고 있다. 어떤 자는 탐구하는 재미를 잃지 않기 위해서, 자기가 그 원인을 캐고 있는 사물이 해명되기를 원치 않더라는 것이다. 또 어떤 자는 물을 마셔서 갈증을 채우는 쾌감을 잃지 않으려고, 의사가 그의 열병에서 오는 갈증을 치료해 주기를 원치 않더라는 것이다. "아무것도 배우지 않고 있기보다는 쓸모없는 사물이라도 배우는 편이 낫다."(세네카)

음식에는 쾌감을 주는 것이 있다. 우리가 먹는 모든 음식은 쾌감을 준다고 해서 반드시 양분이 있고 건강에 좋은 것은 아니다. 마찬가지로 우리의 정신이 학문에서 끌어내는 것은, 그것이 교양을 주는 바도 없고 건전하지도 않은 것이라고 해서 탐락을 주지 않는 것은 아니다.

사람들은 이렇게도 말한다. "자연을 고찰하는 것은 우리 정신에 적당한 영양분을 준다. 그것은 우리 정신을 북돋우고 고양하며 하늘의 우월한 사물들과의 비교로 이 땅 위의 비천한 일들을 경멸하게 된다. 이치가 깊고 미묘하고 위대한 사물들은 그들을 판단하는 데에 존경심과 공포심밖에 느끼지 않는 자들에게조차도 그 탐구를 하는 자체에서 재미를 준다."

이런 병적인 호기심의 허망한 모습은, 그들이 명예로 삼고 자주 입 밖에 내는 다른 예에서도 명백하게 드러나 있다. 에우독소스는 바로 불에 타 죽는 고역을 당하더라도 한 번 태양 가까이 가서, 그 형체와 크기, 아름다움을 알아보고 싶다는 축원을 신들에게 바치며 기도했다. 그는 죽는 한이 있더라도 얻자마자 바로 그 사용도 소유도 잃어버리고 말 지식을 얻고 싶어 하며, 이 순간적이며 홀연히 사라질 지식의 소원 때문에, 자기가 이미 얻었고, 장차 얻을 수 있을 지식들을 잃어도 좋다고 한 것이다.

나는 에피쿠로스와 플라톤과 피타고라스가 원자(原子)와 관념과 수를 맞돈으로 우리에게 내주었다고는 믿을 수 없다. 그들은 현명했으니, 그렇게도 불확실하여 토론거리가 되는 일들을 사람들에게 믿게 할 조건으로 세워 놓을 수 없었다. 그러나 이 세상이라는 까다롭고 알아볼 수 없는 사정 속에, 이 위대한 인물들은 각기 어떻게든지 어떤 빛이라도 던져 보려고 노력했고, 그들의 심령으로 여러 가지 일을 구상하며, 미약하나마 재미나고 그럴듯한 설명을 해 보려고 했다. 그것이 아무리 그릇된 설명이라도 다른 반대 의견에 대항해 갈 수만 있다면 되는 일이었다. "이 체계들은 철학자들 저마다의 천재적인 능력으로 짜여진 꾸며 낸 이야기들이지, 그들이 발견한 결과는 아니다."(세네카)

어떤 옛사람이 그의 판단으로는 철학을 그다지 중시하는 것도 아니면서 철학을 선전하고 있다고 누가 비난하자, 이것이 바로 철학하는 일이라고 대답했다. 그들은 모든 것을 고찰해 보고, 알아보려고 했다. 그러고는 이것이 우리 속에 가진 타고난 호기심에 적합한 일이라는 것을 알았다. 그들은 어떤 사물들에 관해서는 종교와 같이, 공공 사회의 필요에 응해서 쓴 것이었다. 그리고 나라의 법률과 습관을 준수하는 데 혼란을 일으키지 않게 할 목적으로, 일반에 통용되는 견해를 무조건 뜯어고치려고 하지 않은 점을 고찰해 보면, 그들은 정당했다.

플라톤은 상당히 노골적으로 이 신비를 취급한다. 그는 자기 생각대로 쓰는 곳에서는 아무것도 확실한 규정을 짓지 않는다. 그가 입법자 노릇을 할 때는 지배적이고 긍정적인 문체를 빌려서 쓴다. 그리고 거기서는 군중을 설복시키는 데에는 유용하지만, 자신을 설복시키기 위해서는 우스꽝스럽고 허황된 구상을 섞어 놓는다. 그것은 우리가 모든 인상을 받기에, 특히 가장 황당하고 엄청난 인상을 받기에 안성맞춤으로 되어 있다는 것을 그가 잘 알고 있는 까닭이다. 그리고 그 때문에 그의 《법률편》에서는 대단히 조심해서, 사람들에게는 시가 중에서 꾸며 낸 이야기를, 그리고 유용한 목적을 가진 것만을 노래하게 한다.

모든 환상은 인간 정신에 감명을 주기가 쉬운 까닭에, 쓸데없거나 해로운 거짓말보다는 차라리 유용한 거짓말로 사람들의 마음을 길러 가지 않는 것은 부당한 일이다. 그는 《국가론》에서 인간들의 이익을 위해서는 그들을 속일 필요가 있다고 말한다.

어떤 학파는 진리를 찾고, 또 다른 학파는 효용을 좇는 것을 구별해 보기란 쉬운 일이다. 거기서는 후자가 신용을 얻고 있다. 우리 인간 조건의 불행으로 흔히 우리의 사상에 가장 진실한 일로 나타나는 것이 우리 인생에 가장 유익한 일로 나타나지는 않는다. 가장 과감한 학파인 에피쿠로스학파, 피론학파, 신플라톤학파들은 결국 따져 보면 국가의 법률에 굴하도록 제어되어 있다.

그들은 다른 제목들을 가지고도 이렇게도 해 보고 저렇게도 해 보고 뒤흔들어 대며, 옳건 그르건 무슨 모습이라도 주려고 저마다 애를 쓰고 있다. 왜냐하면 남에게 말하고 싶지 않을 정도로 숨겨진 사물을 발견해 놓은 것이 없기 때문에, 근거 없는 허황된 추측을 꾸며 내지 않을 수 없었다. 그들은 이런 것을 자신이 근거로 삼으려고 하거나 어떤 자리를 세워 보려고 한 것이 아니고, 다만 그들의 연구를 위해서 훈련 삼아서 한 일이었다. "그들은 자신이 말한 것을 확신을 가지고 하기보다는 제재(題材) 취급의 곤란성으로 인해 정신을 수련하려고 한 것같이 보였다."(퀸틸리아누스)

우리가 그런 것을 이렇게 생각하지 않는다면, 저 탁월한 심령들이 내놓은 여러 사물들이 그렇게도 두서없고 잡색이며 허망한 것을 어떻게 변명할 것인가? 예를 들면 우리의 유추와 추측으로 하느님을 짐작해 보고, 하느님과 이 세상을 우리의 능력과 법칙에 맞춰서 헤아리고, 거룩하신 권한을 침범하며, 하느님이 우리의 타고난 조건에 분배하여 주신 이 변변찮은 능력의 표본을 사용하는 일보다 더 허망한 일이 어디 있단 말인가? 우리가 시야를 그의 영광스러운 자리까지 뻗쳐 볼 수 없으므로, 그를 부패와 비참함의 구렁텅이인 우리들의 이 아래 세상으로 끌어내렸단 말인가?

종교에 관한 옛사람들의 사상들 중에서, 하느님을 이해할 수 없는 한, 힘이며 모든 사물들의 근원이고 보존자이며, 인간들이 어떠한 모습과 어떠한 명목과 태도로 그에게 명예와 존경을 바쳐도 그것을 좋은 의미로 받아들이는 한, 완전히 착하고 완벽한 존재라고 인정하는 사상이 가장 그럴듯하고 변명될 만한 사상이라고 나는 생각한다.

세상과 제왕과 제신의 부모인
전능한 주피터.　　　　　　　　　　　　　(발레리우스 소라누스)

이 보편적인 열성을 하느님께서는 좋은 눈으로 보아주셨다. 모든 국가는 그들의 신앙에 성과를 거두었다. 불경건한 인간이나 행동은 사방에서 마땅한 응징을 받았다. 이교도들의 역사는 그들이 꾸며 낸 종교에서도 그들의 이익과 교양으로 사용된 신의 권위·질서·정의·기적 등의 관념을 인정하고 있다. 하느님은 아마도 자비심에서 우리의 타고난 이성이 우리들 꿈속의 그릇된 영상을 통해서 하느님에 관해서 우리에게 주신 그런대로의 미숙하고 약한 지식의 원칙을, 이런 세속적인 이익으로 양성하게 하신 것이리라.

인간이 자기의 구상으로 꾸며 낸 것들은 그릇되었을 뿐 아니라 불경건하고 해롭다. 그리고 성(聖) 바울이 아테네에서 본 모든 종교들 중에서, 그에겐 알려지지 않은 숨어 있는 신에게 그들이 바치는 종교가 가장 용서될 수 있는 종교로 보였다.

피타고라스는 진리에 한 걸음 더 접근하여 그 윤곽을 보이며, 그 첫째 원리와 존재들 중의 존재(신을 뜻함)에 관한 인식은 불확정적이고 규정지을 수 없고 선포되지 않는 것이며, 그것은 각자가 자기 능력에 따라 그 개념을 확대시켜 가며, 우리들 사상의 완벽성으로 지향시키는 궁극의 노력을 의미하는 것이라고 판단했다. 그러나 누마는 국민의 신앙심을 이 기도에 합치시키며, 미리 정해진 목적도 물질적 혼합도 없이 순수하게 정신적인 종교에 결부시키려고 시도해 보았지만, 아무 쓸모없는 것이었다. 인간 정신은 형체 없는 사상들의 이 무한 속에 떠다니며 유지될 수는 없는 것이다. 이 사상들은 신의 본보기를 따라서 확실한 영상으로 꾸며져야만 한다.

그러므로 하느님의 존엄성은 우리에게는 어떤 점에서 육체적인 한계로 윤곽이 지어지게 된 것이다. 그가 하늘에서 내리는 초자연적인 자취는 이 땅 위에서 조건의 표징(表徵)을 가지고 있다. 하느님에 대한 숭배는 감지할 수 있는 의식과 언어로 표현되어야 한다. 믿고 기도하는 것은 인간인 까닭이다.

나는 이 문제에 사용되는 다른 논법은 제쳐둔다. 그러나 우리의 십자가와 거기에 못 박힌 예수의 수난에 대한 화상과 교회당의 장식들과 의식 절차의 행동, 우리 사상의 신앙심과 조화된 목소리 등을 보고 들어서, 우리의 감각에 오는 감격이 사람들의 심령을 지극히 유익한 효과를 가진 종교적 정열로 높여 주지 않는 것이라고는 아무에게도 믿게 할 수 없을 것이다.

저 보편적인 맹목성(기독교가 나오기 이전의 상태) 속에서 필요에 따라 사람들이 실현시킨 신앙들 중에서는, 나는 태양을 숭배하는 자들에게 기꺼이 가담했을 것으로 생각된다.

만인의 빛이며 우주의 눈이로다.
만일 신의 머리에 눈이 있다면
태양 광선은 그의 빛나는 눈이로다.
그것은 모두에게 생명을 주고, 우리들을 유지하고 보존하며,
이 세상 인간들의 행적을 내려다본다.
저 아름답고 위대한 태양은

그의 12궁(宮)에 드나듦에 따라
우리에게 네 계절을 지어 주며,
알려진 그의 도덕으로 이 우주를 채우고
눈을 한 번 돌리면 구름을 흩뜨리며
우주의 심령인 타오르는 정신은 하루를 달리는 동안
우주 전체가 돌아간다.
둥글게 방랑하며, 그러고도 확고하니,
무한한 위대성으로 충만하며
그의 밑에 우주 전체를 한계로 삼는다.
휴식 없는 속에 한가롭고도 머무름 없이
그는 대자연의 큰 아들이며 광명의 아버지이다.　　　　　(롱사르)

 이러한 위대성과 미(美) 외에도 그는 우리에게서 가장 먼 곳에서 우리가 발견하는 이 기계(우주를 말함)의 한 부분이며, 그 때문에 그가 전혀 알려지지 않은 만큼 그들이 이 방법으로 태양에 감탄하고 숭배해도 용서될 만한 일이었다.
 이 문제를 최초로 파고들어 연구한 탈레스는 하느님이란 물을 가지고 모든 사물을 만들어 낸 정령(精靈)이라고 생각했다.
 아낙시만데르는 신들은 이따금 죽었다 태어났다 하는 무수한 세계라고 생각했다.
 아낙시메네스는 공기가 신이고, 그는 창조되었으며 무한하고 항상 움직인다고 했다.
 아낙사고라스는 최초로 모든 사물들의 형태와 방식은 무한한 정신의 힘과 이성에 의해서 지도된다고 보았다.
 알크마에온은 해와 달과 별들과 심령에 거룩한 성질을 부여했다.
 피타고라스는 신이란 자연을 통해 모든 사물에 퍼져 있는 정신이라고 하며, 거기서 우리 영혼들이 발산하여 나온다고 했다.
 파르메니데스는 신은 하늘을 둘러싸고 있는 테바퀴이며, 빛에서 나오는 열로 우주를 유지한다고 했다.
 엠페도클레스는 만물의 근원인 네 원소를 신이라고 하며, 그것으로 모든 사물이 만들어졌다고 했다.

프로타고라스는 신이 있는지 없는지, 그들이 무엇인지 알 수 없다고 했다.

데모크리토스는 어느 때는 영상들과 그들의 회전이 신이라고 하고, 어느 때는 이 영상들을 투사하는 저 자연이, 또 어느 때는 우리의 지식과 지성이 신이라고 했다.

플라톤은 그의 신념을 여러 모습으로 흩어 놓는다. 그는 《티마이오스》에서 우주의 아버지는 이름 지을 수 없다고 했고, 《법률편》에서는 신의 존재를 탐구해서는 안 된다고 했다. 또 다른 작품에서는 세상·하늘·별들·대지, 그리고 우리 영혼을 신이라고 하며, 그 밖에 국가마다 각기 옛날의 관습으로 받아들인 것을 신이라고 한다.

크세노폰은 소크라테스의 학설에 관해서 그와 같은 혼란을 보도하며, 어느 때는 신의 형태를 탐구해서는 안 된다고 하고, 다음에는 태양이 신이라고 하고, 심령을 신이라고 그에게 주장시키고, 신은 하나밖에 없다고 했다가 다음에는 여럿 있다고 했다.

플라톤의 조카인 스페우시포스는 신은 사물들을 지배하는 확실한 힘이고 생명을 가졌다고 한다.

아리스토텔레스는 어느 때는 그것이 정신이라고 하고, 어느 때는 세상이라고 하고 어느 때는 하느님을 하늘의 열(熱)이라고 한다.

크세노크라테스는 하느님이 여덟 있다고 하며, 다섯은 유성(遊星)들 중에서 임명되었고, 여섯째는 붙박이 별들로 이루어졌으며, 별들은 그의 부분들이라고 하고, 일곱째와 여덟째는 태양과 달이라고 한다.

폰토스의 헤라클리데스는 여러 의견 사이에서 헤매기만 하며, 마지막에 신은 감정이 없다고 하고, 이 형체에서 저 형체로 움직이게 하며, 다음에는 그것이 하늘과 땅이라고 했다.

테오프라스토스는 똑같이 결론을 내리지 못한 채 자기의 공상 속에 방황하며, 세상을 관리하는 힘을 때로는 오성에게 맡기다가 때로는 하늘에, 때로는 별들에게 맡긴다.

스트라톤은 신이 형체와 감정 없이 생산하고 증가하고 감축하는 힘을 가진 자연이라고 했다.

제논은 신은 선을 권하고 악을 금지하는 자연의 법으로 그 법은 생명을 가지고 있다고 말하며, 일반이 신이라고 부르는 주피터·주노·베스타는 빼놓는다.

아폴로니아의 디오게네스는, 신은 세월(공기 air를 세월 age로 오기한 듯하다)이라고 한다.

크세노파네스는 신은 둥글며, 보고 들으며, 숨을 쉬지 않고, 인간의 천성과는 공통된 점이 없다고 한다.

아리스톤은 신의 형체는 알아볼 수 없다고 생각하며, 감각은 없고, 생명이 있는지 없는지는 모른다고 한다.

클레안테스는 때로는 그것이 이성이라고 하고, 때로는 세상이라고, 때로는 자연의 영혼, 때로는 모든 것을 둘러서 싸감는 궁극의 열이라고 한다.

제논의 제자인 페르세우스는 인간의 생명에 어떤 특수한 유용성을 가져온 자들과, 그 유익한 사물 자체를 사람들이 신이라 한다고 생각한다.

크리시포스는 앞에 나온 모든 진술들을 한데 뭉쳐, 그가 만든 수천 가지 신들의 형체 속에 영생불멸의 이름을 남긴 인간들까지 포함시켰다.

디아고라스와 테오도로스는 신들이 있다는 것을 솔직하게 부인했다.

에피쿠로스는, 신들은 광채를 내고 투명하며 새어 나가고, 두 요새 사이에 끼어 있는 것같이 두 세상 사이에 살며, 타격을 받지 않고, 사람의 형상을 하고 있고, 우리처럼 사지는 가졌으나 사지를 쓰지는 않는다고 한다.

　　나는 항상 신들이 존재한다고 생각했고
　　부단히 주장했으나, 인간이 하는 일이
　　그들과 전혀 무관함을 확신한다.　　　　　　　　(엔니우스)

그대의 철학을 믿어 보라. 그 많은 철학적 두뇌가 소란 떠는 것을 보며, 떡·과자 속에서 콩(주현절날 밤에 떡·과자 속에서 콩이 나온 사람이 그날 밤의 왕이 된다)이나 찾았다고 자랑하라.

세상 일이 진행되는 혼란을 보고 얻은 내 소득은, 내 것과는 다른 여러 색다른 습관들과 사상들에게 불쾌감을 느꼈다기보다는 교양을 얻었고, 그들을 비교해 봄으로써 나를 오만하게 만들기보다는 겸손하게 만들었다. 또한 확실히 하느님의 손에서 온 것이 아닌 다른 선택은 특권이 거의 없는 선택으로 보인다. 나는 본성에 반하는 해괴망측한 생활 태도는 치워 둔다. 세상의 나라들은 이 문제에 관해서 이 학파들의 해석만큼이나 그 해석이 상반되고 있다. 그래서 우리는 운명의 신이 우리 이성만큼 다양하지 않고 맹목적이거나 주책없지도 않다는 것을 알 수 있다.

가장 알려지지 않은 사물들은 더욱 신비스럽게 치장되기 쉽다. 그렇기 때문에 옛날과 같이 우리 인간을 신으로 삼는 것은 사상이 허약한 극한을 넘는 수작이다. 나로서는 차라리 뱀이나 개나 황소를 숭배하는 자들을 좇는 편이 나을 것 같다. 그것은 그들의 본성과 존재가 우리에게 덜 알려져 있는 만큼, 이런 짐승들에 관해서 우리 좋은 대로 상상해도 좋을 것이기 때문이다. 그러나 우리가 불완전한 존재임을 알고, 이런 조건으로 신을 만들어서 그들에게 욕망·분노·복수·결혼·생식·친척·관계·사랑·질투, 우리의 팔다리, 뼈, 우리의 열병과 쾌락, 우리의 죽음·무덤 등을 부여하는 것은 인간 오성의 놀라운 도취에서 나왔어야 할 것이다.

> 내가 말하는 사물들은 신성한 천성과는 너무나 멀며
> 신들의 수에 넣기는 너무나 부당한 일이다.
> (루크레티우스)

"사람들은 신들의 용모·연령·의복·장식품·계보·결혼·결연(結緣) 등을 잘 알며, 이 모두가 인간의 결함을 본받아야 표현된다. 사람들이 신들을 인간과 동일한 혼미에 빠지게 하기 때문이다. 사람들은 우리에게 신들의 정열, 그들의 비탄, 분노를 이야기한다."(키케로) 그것은 마치 신앙·도덕·명예·화합·자유·승리·경건성뿐만 아니라 탐락·사기·죽음·시기·노쇠·빈궁·공포·열병과 불운, 그리고 우리의 나약하고 쇠잔한 생명이 가진 다른 나쁜 소성(素性)들에도 거룩한 성질을 부여하고 있는 식이다.

> 우리의 행동 습관을 사원 안에 도입해서 무엇하나?
> 오오, 대지로 향해 수그리고 하늘의 사상이 공허한
> 심령들이여!
> (페르시우스)

옛날 이집트 사람들은 철면피한 예지를 가지고, 그들의 신 세라피스와 이시스가 사람이었다고 말하는 자는 교수형에 처한다고 금지했다. 그들이 그리했던 것을 모르는 자가 없었다. 그들의 초상화가 손가락을 입에 댄 모양을 표현하고 있는 것은, 그들의 본성이 죽을 운명의 인간이었다는 것을 사람들이 알게 되면, 필연적으로 그들에 대한 숭배 관념이 없어지게 된다는 이유로 그 말을 입 밖에 내지 말도록 제관(祭官)들에게 명령을 내렸기 때문이라고 바로는 말한다.

인간이 신과 대등하기를 원한다면, 그는 자신의 부패하고 비참한 면모를 하늘로 치올리기보다는 차라리 거룩한 신들의 조건을 자기 수준인 이 아래 세상으로 끌어내리는 편이 나았을 것이라고 키케로는 말한다. 그러나 잘 살펴보면 그는 똑같이 허망한 생각에서 이렇게도 해 보고 저렇게도 해 보았던 것이다.

나는 철학자들이 신들의 계급을 따져 보며 열심히 그들의 혈연관계나 직분이나 능력 등을 구분하는 것을 진심으로 하는 말이라고 볼 수 없다. 플라톤이 플루토(명부의 신)의 과수원과 우리 신체가 파괴되어 없어진 다음에 우리를 기다리는 육체적 고통을 설명하며, 그것을 우리가 이 현세에서 느끼는 감각에 적용시킬 때—

    그들은 으슥한 오솔길, 도금양(桃金孃)의 숲 그늘에 숨는다.
    사망한 후에도 고뇌는 그들을 따른다.   (베르길리우스)

마호메트가 신자들에게 비단이 깔리고 황금과 보석으로 장식되고, 천하일색의 미인들이 가득하며, 특이한 음식과 술이 가득한 천당을 약속할 때, 그들은 죽어 갈 자기 인생의 욕망에 맞는 관념과 희망으로 꿀을 발라서 우리를 꾀려고 우리의 어리석은 마음에 아첨하는 희롱꾼인 것을 나는 잘 안다. 그런데 우리 중의 어떤 자들은 똑같은 잘못을 범하며, 우리가 부활한 다음에도 온갖 종류의 쾌락과 행복이 수반되는 이승의 현세적 생활이 올 것이라고 믿고 있다. 하늘에서 내린 것 같은 거룩한 개념들로 하느님의 성질을 너무 잘 알고 있어서 거룩하다는 별명까지 얻은 플라톤이, 이 가련한 생령(生靈)인 인간이 이해할 수 없는 힘(거룩한 세상의 힘)에 적응할 수 있는 무엇을 가진 것으로 생각했다고 우리는 믿어야 할 것인가? 그리고 우리의 허약한 이해력이나 감각의 힘이 영원한 행복에 참여할 수 있고 영겁의 고초를 당해 낼 만큼 강력하다고 생각했다고 믿을 수 있는 일인가? 우리는 인간의 이성으로 그에게 이렇게 말해 보아야 할 것이다.

"우리가 저승에 가서 얻으리라고 그대가 약속하는 쾌락들이 내가 이승에서 느끼는 것과 같은 것이라면, 그것은 무한과 아무 공통된 점을 갖지 않는다. 내가 타고난 오관(五官)의 감각들이 환희로 충만하고 이 영혼이 욕구하고 희망할 수 있는 모든 만족으로 잡혀 있다 해도, 우리는 영혼이 할 수 있는 것이 무엇인가를 알고 있다. 그것 역시 아무것도 아닐 것이다."

"그 속에 내 것이 무엇이든지 들어 있다면, 거기에 거룩한 것이라고는 아무것도 없다. 만일 그것이 현재 우리의 처지에 속할 수 있는 것과 다를 것이 없다면, 그것은 고려할 가치도 없다. 사라질 인생들의 모든 만족은 사라질 수밖에 없다. 친척과 자녀나 친구들의 선심이 만일 저승에 가 있는 우리들을 감동시키고 즐겁게 해 줄 수 있다면, 우리가 그때도 그런 쾌락을 중히 여겨야 한다면, 우리는 이승의 제한된 재물들 속에 있는 것이다."

"우리가 저승에서 숭고하고 거룩한 약속을 받아들일 수 있다고 해도 우리는 그것의 위대성을 당연하게 생각해 볼 수는 없다. 그것을 당연하게 상상하기 위해서는, 그런 약속을 상상해 볼 수도 없고 말로 표현할 수도 없고 이해할 수도 없으며, 우리의 이 비참한 경험으로의 위대성과는 완전히 다른 것들이라고 상상해 보아야 한다." "하느님이 신자들에게 준비해 놓으신 행복은 눈으로 볼 수 없으며, 사람의 마음속에 들어갈 수 없느니라" 하고, 사도 바울은 말했다.(고린도서)

"우리에게 그것이 가능하게 하려고, 누가 우리 존재를 개조하고 변경하여 준다면(플라톤이여, 그대가 그대의 정화를 가지고 말하듯), 그것은 너무나 극단적이며 보편적인 변화가 될 것이기 때문에, 물리학의 학설에 의하면 그것은 이미 우리 자신이 아닐 것이다.

    격전 속에서 싸우던 것은 헥토르였다.
    그러나 아킬레우스의 말에 끌려가던 시체는

이미 헥토르가 아니었다. (오비디우스)

변화하는 것은 모두 분해된다.
그러므로 그는 멸한다.
심령의 부분들은 사실 위치가 바뀌어지고,
그 질서가 옮겨진다. (루크레티우스)

는 식의 보상을 받을 것은 다른 사물일 것이다."
"왜냐하면 피타고라스의 윤회설에서, 즉 그가 우리의 영혼에 관하여 상상하던 그 영혼의 거주지가 변함에 따라, 카이사르의 영혼이 들어가 있는 사자는 카이사르가 가지고 있는 심정을 그대로 가지고 있다거나, 또는 그 사자가 카이사르라고 생각해야 할 일인가? 그 사자가 바로 카이사르라면 플라톤의 의견을 논박하며, 당나귀로 변한 어미를 아들이 타고 다닌다는 식의 어리석은 수작이 있을 수 있는 것이라는 말이 옳을 것이다."
"동물들의 신체가 다른 종류의 동물의 신체로 변할 때에, 다음에 나온 동물은 그 전의 동물과 다를 것이 없다고 우리는 생각하는가? 페닉스의 재에서 벌레가 나오고, 다음에 다시 다른 페닉스가 나온다고 사람들은 말한다. 이 둘째 번 페닉스는 첫 번 것과 다를 것이 없다고 누가 생각할 수 있을 것인가? 우리에게 명주실을 만들어 주는 벌레는 죽어서 말라비틀어지는 것같이 보이는데, 바로 이 몸뚱이에서 나방이 나오며, 또 거기서 다른 벌레가 나온다. 이 벌레를 아마도 첫 번 벌레라고 본다면 얼마나 우스운 일일까. 한번 존재하기를 그친 것은 이미 없는 것이다."

그리고 우리가 죽은 다음에도 시간은
우리의 물질을 모아 지금 있는 질서로 부흥시키고,
생명의 빛이 다시 우리에게 주어진다 해도
한 번 우리의 추억의 선이 단절된 다음에는 적어도
우리는 이런 사건들에 관심이 끌리지 않을 것이다. (루크레티우스)

"그리고 플라톤이여, 그대가 다른 곳에서 내세에 가서 보상을 누린다는 문제가 인간의 정신적인 부분일 것이라고 말하는 것은, 도무지 그럴 성싶지 않은 일을 말한다."

이리하여 눈알이 뽑혀 신체의 다른 부분과 분리되면
눈은 단독으로는 어느 물체도 식별할 수 없다. (루크레티우스)

"이 점에서 고려하면, 그것은 이미 인간이 아닐 것이며, 따라서 우리 자신도 아닐 것이다. 왜냐하면 우리는 본질적으로 주요한 두 부분으로 구성되며, 그것의 분리는 우리 존재의 죽음이며 파멸이기 때문이다."

그 중간에 생명의 멈춤이 일어나고,
모든 동작은 감각을 떠나 흩어져 갈피를 못잡고
방황했다. (루크레티우스)

"인간이 사용하며 살아가던 팔다리를 벌레가 파먹고 흙이 그것을 썩힐 때, 인간이 고통받는다고는 말하지 않는다."

우리는 영혼과 육체의 결합으로 살아가며,
그 집합체가 우리 개인을 구성하므로 그런 일은
우리와는 무관하다. (루크레티우스)

그뿐더러 인간 속에 선하고 도덕적인 행동들이 들어가서 실현되게 한 것이 곧 신들이 한 일인 이상, 신들은 그들 정의의 어느 기반 위에서 인간이 죽은 다음 그의 선하고 도덕적인 행동을 알아보고 포상할 수 있을 것인가? 그리고 그들은 의지를 조금만 움직이면 사람들이 실수하는 것을 막을 수 있었을 터인데, 그들이 사람들을 그릇된 조건에 데려다 놓고, 어째서 인간의 악행에 분격하고 복수하는가?

에피쿠로스는 "죽어 갈 인생이 영생불멸의 것에 대해 확실한 것을 정할 수는 없다"고 했다. 그가 자주 말하던 것이 변명이 아니었다면 이것으로 그럴듯하게 인간 이성을 세워서, 플라톤을 반박할 수 있었던 일이 아닌가?

인간의 이성은 어디서든지 헤맬 수밖에 없으며, 그중에도 특히 거룩한 사물들에 참견할 때 그렇다. 누가 우리보다 더 명백하게 그것을 느끼는가? 우리가 이성에게 확실하고 실수 없는 원칙을 주었다고 해도, 또 아무리 우리가 하느님께서 즐겨 우리에게 전해 주신 진리의 거룩한 등불로 이 이성의 보조를 밝혀 주었다고 해도, 그것이 다져진 길에서 어긋나서 교회가 정해 주고 밟아 간 길에서 벗어나 헤매기만 하면, 얼마나 이 이성이 그 즉시 길을 잃고 혼미하게 되고, 제 걸음에 얽히며 제어되지 않고, 목표 없이 인간 사상의 혼돈되고 파동하는 아득하게 넓은 바다 위에 소용돌이치며 표류하는 것인가를 우리는 날마다 본다. 이 공통의 큰길을 잃으면 바로 인간의 이성은 수천 갈래의 색다른 길로 나뉘며 흩어져 나간다.

인간은 자기가 있는 것으로밖에는 있을 수 없으며 자기 능력의 한계 안에서밖에 상상해 볼 수 없다. 사람밖에 못 되는 자들로서 신과 반신(半神)들에 관해서 말하려고 하는 것은, 음악을 모르는 자가 노래하는 자를 평가하거나, 진영(陣營)에 있어 본 일이 없는 자가 무기와 전쟁에 관해서 토론하려는 식으로, 경솔한 추측으로 자기가 알지 못하는 기술의 실제를 이해한다고 주장하는 것보다도 더 오만한 수작이라고 플루타르크는 말한다.

옛사람들은 신들에게 인간을 닮게 하며, 자기들의 소질을 입혀 주고, 인간이 지니는 유쾌한 기분과 극히 수치스러운 욕망까지도 선사한다. 또 우리들의 음식을 먹으라고 바치며, 춤·가면극·희극 등을 헌납해서 그들을 즐겁게 하며, 우리 옷을 입으라고 주고, 우리의 집에 살게 하며, 분향과 음악 소리·화환·꽃다발 등으로 달래고, 그들을 인간의 악덕스러운 감정에 적응시키려고 비인도적인 복수 행위로 그들의 정의감에 아첨한다. 게다가 신들이 만들어 보존하고 있는 사물들을 파괴하고 낭비함으로써 그들을 즐겁게 해 주고(예를 들면 티비우스 셈프로니우스는 불카누스 신에게 바치는 희생으로 사르디니아 전쟁에서 얻은 풍부한 전리품과 무기 등을 불태웠고, 파불루스 아에밀리우스는 마케도니아에서 얻은 전리품을 마르스 신과 미네르바 신에게 바쳤고, 알렉산드로스는 인도양에 도달하여 바다신의 호의를 사려고 황금 항아리를 여러 개 바닷물 속에 던져 넣었다), 그 밖에도 여러 나라들, 특히 우리나라에서 흔히 행하는 것처럼 죄없는 짐승들뿐 아니라 사람들까지도 죽여서 그 제단에 바치는 것이 신들의 위대성을 위해 어떤 일을 해 주는 것으로 생각했던 것처럼 보인다. 다음과 같은 시도를 해 보지 않는 나라는 없는 것 같다.

> 아이네이스는 술모의 청년 네 명과
> 우휀스강 연변에서 성장한 무사 네 명을 사로잡아
> 황천의 망령들 앞에 죽여 바치다.   (베르길리우스)

게타이족들은 자기들이 영생불멸이고, 죽는 것은 그들의 신 자몰코시스를 향해서 가는 일에 불과한 것이라고 생각한다. 5년에 한 번씩 그들은 자기들에게 필요한 것을 요청하려고, 그들 중의 하나를 그에게 특파한다. 이 대표자는 제비로 뽑힌다. 파견하는 형식은 먼저 그의 직책을 입으로 말해 준 다음에, 그 일을 보좌해 주는 자들 중 셋이 각기 창을 들고 서 있게 하며, 다른 자들은 그를 쳐들어서 힘껏 창끝을 향해 던진다. 만일 치명적인 자리에 창끝이 박혀서 그 자리에서 죽으면, 이것은 하느님의 응낙이 있는 확실한 증거이다. 만일 실패하면 그는 악하고 더러운 것으로 간주되고, 같은 방식으로 다른 자를 다시 골라서 파견한다.

크세르크세스의 모친 아메스트리스는 늙었을 때, 그 나라의 관습에 따라 페르시아의 명문들 중에서 젊은이 열넷을 골라 생매장하며, 지하에 있는 어느 신의 호의를 청했다.

오늘날에도 아직 테미스티탄의 우상들은 어린아이들의 피로 다져지고 있으며, 순진한 어린 영혼들이 아니면 제물로 받기를 즐기지 않는다. 순진한 생명의 피에 기갈이 들린 정의(正義)도 있는 것이다.

> 종교는 그렇게도 심한 범죄를 충고할 수 있었다.   (루크레티우스)

카르타고인은 아이들을 죽여서 사투르누스(농경신)에게 바쳤다. 아이가 없는 자들은 사서 바치는데, 그동안 아비와 어미는 유쾌하고 만족한 얼굴로 이 의식에 참가해야 한다.

하느님의 호의에 대한 대가를 우리 인간들의 고통으로 치르려고 하며, 라케다이모니아인들이 디아나 신의 호의를 사려고 젊은 사내들을 매질하여 고통을 주고, 가끔 죽이는 일까지 있었던 것은 괴상한 일이었다. 이런 행동은 지어 놓은 집을 파괴함으로써 그 집을 지은 건축가의 호감을 사려 하고, 죄 없는 사람들을 처벌하여 죄인들 때문에 길어진 고역을 면하려고 하는 것이다. 그리고 저 가없은 이피게니아는 아울리스의 항구에서 죽임을 당함으로써 그리스군이 신들에게 가한 모독의 죄과를 면하게 했다.

이 순결한 처녀는 죄악의 희생으로
바로 결혼하는 날에 그 부친의 손에 살해되다.　　(루크레티우스)

데키우스의 아버지와 아들이, 그 아름답고 너그러운 심령들이 로마의 일이 잘되도록 신들의 가호를 받기 위해서 적진 속으로 들어가 생명을 내던지고 돌진한 것 따위는 야만스러운 심정이었다.
"이러한 인물을 희생양으로 삼아서만 로마 국민에게 좋은 운을 주기로 동의하다니, 신들의 이 부정의는 웬일인가?"(키케로)
그뿐더러 자기 죄의 정도에 따라 정해진 시일에 자기를 매질하는 것은 범죄자가 할 일이 아니다. 오직 재판관이 명령하는 형벌만이 징벌로 간주될 수 있다. 자기가 당하는 형벌이 스스로 원해서 받는 것이라면 형벌이라고 볼 수 없다. 하늘의 복수라 함은 그의 옳고 그름을 가려 결정하고 우리가 받는 형벌에 대해 우리가 완전히 동의하지 않을 것을 미리 가정해 둔다.
사모스의 폭군 폴리크라테스의 경우도 희극적이었다. 그는 자기가 누리던 행복한 생활을 중단하고, 그것을 보상하기 위해서 자기가 가졌던 가장 비싸고 귀중한 보석을 바닷물에 집어 던지고, 이 타산적인 불행으로 다음에 올지도 모를 운명의 심술을 만족시켜 준다고 생각했다. 그런데 운명은 이 헛된 수작을 조롱하려고 그 보석이 고기의 배 속에 들어가서 다시 그의 손으로 돌아가게 했다.
또 형벌을 받아야 할 대상이 의지에 있는 것이고, 가슴이나 눈·생식기·배·

어깨·목 등에 있는 것이 아닌 바에, 코리반트나 메나드 등의 제관(祭官)들이 살이나 사지를 찢고, 오늘날 마호메트 교도들이 얼굴이나 가슴, 사지 등에 상처를 내면서 그들 예언자의 호의를 사는 것이 무슨 소용이 있는가? "바른길을 벗어난 광분한 그들의 정신은 인간의 잔인성에 넘치는 소행으로써 신들을 진정시킨다고 생각할 정도였다."(성 아우구스티누스)

이 본성의 구조(자체를 말함)는 그 용도가 우리들뿐 아니라 하느님과 다른 인간들에 대한 봉사를 위해서 소중한 것이다. 제정신을 가지고 이 본성을 미치게 하는 것은 자신을 죽이는 것과 마찬가지로 부당하다. 이렇게 심령에게 이성에 따라서 신체적 기능들을 지도하는 수고를 면제시켜 주려고, 우둔하고 노예적인 신체의 기능들을 학대하고 악화시키는 일은 극심한 비굴성이며 배반 행위로 보인다.

"이렇게 해야만 신들이 진정된다고 생각하는 자들은, 신들이 무엇에 분개하고 있다고 생각하는 것인가…… 사람들은 왕의 쾌락에 봉사하려고 생식기를 거세했다. 그러나 노예들은 주인이 그들에게 남자가 되기를 포기하라고 명령하여도 결코 스스로 거세한 자는 없었다."(성 아우구스티누스)

이렇게 그들은 여러 가지 나쁜 행동으로 종교의 의무를 수행했다.

옛날에는 종교 자체가
불경건한 행위를 저지르는 일이 빈번했다. (루크레티우스)

그런데 우리의 성질은 불완전하기 때문에 어떠한 방법으로도 하늘의 일들을 더럽히거나 흔적을 남겨 주지 않고는 아무것도 거기 맞춰 보거나 비교해 볼 수 없다. 이 무한의 아름다움과 힘과 착함으로 존재하는 그 거룩한 소질이, 신성한 위대성에 손상과 퇴락을 일으키지 않고 어떻게 우리들 따위, 이렇게도 더러운 사물들을 닮는다든지 어떠한 관련을 맺는 것을 용납할 수 있을 것인가?

"신의 약함은 인간들보다 더 강하며, 신의 미치광이 버릇은 인간들의 예지보다 더 현명하니라."(성 바울, 고린도서)

철학자 스틸폰은 우리가 바치는 명예와 희생을 신들이 즐겁게 생각하겠느냐는 질문을 받고 "큰 소리로 말하지 마시오. 그 말이 하고 싶거든 으슥한 데로 가서 이야기합시다"라고 말했다.

그렇지만 우리는 신에게 어떤 한계를 정해 주고 그의 권세가 우리 이성에 의해서 포위된 것으로 생각하며(내가 여기서 이성이라고 부르는 것은, 범인이나 악인도 이성의 제약을 받는다는 그런 철학적인 특수한 형식의 이성이 아니라 몽상이나 꿈 같은 것을 말한다), 우리와 우리의 지식 모두 만들어 주신 하느님을 우리 오성(悟性)의 헛되고 약한 겉모습에 예속시키려고 한다. "아무것도 없는 데서는 아무것도 나올 수 없으니, 신은 재료를 갖지 않고는 세상을 만들어 낼 수 없었을 것이다." 뭐라고? 하느님이 그의 권력의 열쇠와 그 마지막 용수철을 우리들 손에 맡겨 두었단 말인가? 그는 우리가 지식의 한계를 넘지 못하게 제한하고 있던가?

오오, 인간이여! 그대가 하느님이 하신 업적의 몇 가지 흔적이라도 주목할 수 있었던 경우를 여기 들어 보라. 그대는 하느님이 할 수 있는 모든 것을 여기 사용했고, 그의 모든 형체와 사상을 이 작품(이 세상을 말함) 속에 넣어 주었다고 생각하는가? 적어도 그것을 볼 수 있다고 해도, 그대는 그대가 살고 있는 이 작은 동굴(플라톤의 동굴 이야기 참조) 속의 질서와 정치밖에 보지 못한다. 하느님의 거룩한 소질은 저 너머에 무한한 권한을 가지고 있다. 그 전체에 비교하면 이 조그만 조각(이 세상을 말함)은 아무것도 아니다.

> 모든 사물들은, 거기에 하늘·땅·바다를 합쳐 보아도,
> 모든 계획의 총계에 비하면 아무것도 아니다.   (루크레티우스)

그대가 주장하는 것은 한 도시의 법이다. 그대는 보편적인 법이 무엇인지 알지도 못한다. 그대는 그대가 매여 있는 것에 집착하라. 하느님의 일에는 참견하지 마라. 그는 그대의 동료도, 동포도, 친구도 아니다. 하느님이 얼마간이라도 그대와 통하여 있는 것은 그대의 작은 세계에 흡수되려는 것이 아니며, 그대에게 그의 힘을 통제받으려는 것도 아니다.

인간의 신체는 하늘을 날 수 없다. 이것이 그대의 몫이다. 태양은 쉬지 않고 그 정해진 궤도 위를 달린다. 바다와 육지의 경계는 혼동되지 못한다. 물은 정한 형체가 없고 견고성이 없다. 벽에 틈이 없으면 액체가 침투하지 못한다. 사

람은 불 속에서 생명을 보존하지 못한다. 그는 육체적으로 한꺼번에 하늘과 땅과 수많은 장소에 있을 수 없다.

　이런 규칙은 그대를 위해서 하느님이 만들었다. 이런 규칙이 잡아매어 두는 것은 바로 그대다. 그는 하고 싶은 때 기독교인들을 모두 해방시켜 주었다. 하느님처럼 전능한 분이 어째서 어느 한도로 자기 힘을 제한했겠는가? 누구를 위해서 자기 특권을 포기할 것인가? 그대의 이성은 세상이 여러 겹으로 되어 있다는 것을 확신할 때밖에는 더 그럴듯하고 견고한 기초를 갖지 못한다.

　　대지·태양·달·바다 그리고 존재하는 것은 모두
　　단일하기는커녕 반대로 무한수로 존재한다.　　　　　　(루크레티우스)

　과거의 가장 유명한 인물들이, 그리고 우리 시절에도 인간 이성의 그럴듯한 모습에 강요되어서 어떤 자들이 이것을 믿었다. 우리가 눈으로 보는 이 기구에는 아무것도 하나로 단독으로 있는 것은 없는 만큼—

　　사물들의 총계 속에 고립해 있고, 하나로서 출생하고
　　자기와 같은 종류 가운데 단독으로 성장하는 것은 없고.　　(루크레티우스)

　모든 종족은 어느 수까지 그 개체수가 늘어나는 것인 만큼, 그 까닭에 하느님은 이 작품 하나를 그것의 동료 없이 만들어서, 이 형체의 재료들을 개체 하나를 위해 전부 써 없앤다는 것은 진실하지 않은 일같이 보인다.

　　그러므로 내 거듭해서 말하지만,
　　에테르에 단단히 포옹되어, 우리 세상이 되어 있는 것에
　　유사한 물질의 다른 집단들이,
　　다른 곳에 존재하고 있음을
　　그대에게 고백하지 않을 수 없다.　　　　　　　　　(루크레티우스)

　특히 그것이 생명체라면 그 운동으로 보아서 믿을 만한 일이기 때문에 플라

톤이 그것을 확인했고, 우리 중의 여러 사람이 그것을 확인하고 감히 그것을 부인하지 못하는 것처럼, 옛사람들의 의견도 하늘이나 땅이나 별들이나, 이 우주의 다른 갈래들도 신체와 영혼으로 구성된 피조물들이며, 그 조직으로 고찰하면 죽어 갈 소질이지만, 창조자가 그렇게 결정했기 때문에 그들이 영생불멸이라는 것을 부인하지 않았다.

그런데 데모크리토스와 에피쿠로스 등 거의 모든 철학자들이 생각한 바와 같이, 만일 우주가 여럿 있다면 그 진리와 규칙들이 다른 우주들에도 마찬가지로 적용될 것인지 누가 알 일인가? 다른 우주들은 아마도 다른 모습과 제도를 가졌을 것이다. 에피쿠로스는 그들의 어떤 것은 서로 닮고 어떤 것들은 서로 닮지 않았다고 한다. 우리는 이 세상에서 장소의 거리만으로 무한한 차이나 변화가 있는 것을 본다. 조상들이 발견한 신대륙에서는 보리도 포도덩굴도, 우리 고장에 있는 동물도 보이지 않는다. 그리고 지나간 시대에 이 세상의 얼마나 많은 곳에서 사람들이 바쿠스도 케레스도 알지 못하고 지냈던가?

플리니우스나 헤로도토스의 말을 믿자면, 어느 고장에는 우리와 거의 닮지 않은 인종들이 있다는 것이다. 그리고 인간과 짐승 사이에는 형태가 애매한 존재들이 있다. 세상에는 사람이 머리도 없이 출생하며, 눈과 입이 가슴에 붙어 있는 나라들이 있고, 사람이 모두 남녀 동체로 된 곳이 있고, 사람이 네 발로 걷는 곳도 있으며, 눈이 이마에 붙고, 머리는 사람이라기보다 개와 닮은 점이 많고, 하반신은 물고기와 같아서 물속에 사는 곳도 있고, 여자들이 다섯 살에 아이를 낳고는 여덟 살 이상을 살지 못하는 곳도 있고, 머리와 이마 가죽이 너무나 딴딴해서 칼로 쳐도 갈라지지 않고 칼날이 부서지는 곳도 있고, 남자들이 수염이 없는 곳도 있으며, 불을 쓸 줄 모르는 나라도 있고, 검은 정액을 쏟는 고장도 있다.

저절로 늑대로 변했다가 말로 변했다가, 다시 사람으로 돌아오는 자들은 어쩌란 말인가? 그리고 플루타르크의 말대로 인도의 어느 고장에서는 사람에게 입이 없어서 어떤 종류의 향기만 맡고 산다는 것이 사실이라면, 우리의 묘사에 그릇된 것이 얼마나 많은가? 그는 웃을 수도 없을 것이고, 아마 이성도 갖고 있지 않을 것이며, 교제도 못할 것이다. 우리 내적 구조의 질서와 상호 작용도 대부분 적용되지 못할 것이다.

그뿐더러 우리가 알고 있는 일들 중에도 이미 정해진 이런 훌륭한 본성의 규칙을 무시하는 사람들이 얼마나 많은가? 그 꼴에 우리는 하느님까지 이런 규칙에 매어 두려고 하다니! 얼마나 많은 사물들을 우리는 기적이라고, 자연에 반하는 일이라고 부르는가! 이것은 개개인과 국민 저마다가 그 무식한 정도에 따라 하는 일이다. 우리는 사물의 비밀에 소질들과 그 정수들을 얼마나 많이 발견하는가? 자연스럽게 되어 간다는 것은, 우리에게는 지성이 좇을 수 있는 한도로 우리가 알아볼 수 있는 범위 내에서 되어 간다는 말 이외의 아무것도 아니다. 그에 넘치는 것은 괴상하고 기이하게 혼돈된 것이다.

그런데 이 계산으로 보면, 가장 지각이 있고 능력 있는 사람에게도 모든 일이 기이하게 보일 것이다. 그들에게는 인간 이성이 아무런 발판도 기반도 갖지 못해서, 눈이 흰 것인지(아낙사고라스는 검다고 말했다), 사물이라는 것이 있는 것인지 아무것도 없는 것인지, 지식이 존재하는 것인지 무식이 존재하는 것인지(메트로도로스는 사람의 말하는 능력까지도 부인한다), 또는 우리가 살고 있는 것인지도 확언할 수 없다. 마찬가지로 에우리피데스는 우리가 사는 인생이 인생인지 또는 죽음이라고 부르는 것이 인생인지에 의문을 품는다.

죽음이라고 부르는 것이 생명인지
생명이라고 부르는 것이 죽음인지 누가 아는가? (에우리피데스)

그것도 그럴듯하지 않은 일은 아니다. 왜냐하면 어떻게 우리가 이 영원한 밤의 무한한 흐름 속의 한 섬광이며, 우리에게 영원히 계속되는 자연조건의 극히 짧은 한 중단임에 불과한 이 순간을 가지고 존재한다는 자격을 얻을 것인가? 죽음은 이 순간의 앞과 뒤의 전부와, 이 순간 자체의 상당한 부분까지도 차지하고 있으니 말이다. 다른 자들은 멜리소스의 추종자들처럼 운동이라는 것은 없으며, 아무것도 움직이지 않는 것이고(왜냐하면 이 우주가 하나밖에 없다면, 플라톤이 말하는 천체의 움직임도, 한 장소에서 다른 장소로의 움직임도 여기에 아무런 의미가 없어지기 때문이다), 또 자연에는 생산도 부패도 없는 것이라고 단언한다.

프로타고라스는 자연에는 의문스러운 일밖에 없다고 말하며, 우리는 모든 일을 다 같이 논쟁할 수 있으며, 바로 그 때문에 이 모든 사물들에 관해서 논쟁할 수 있느냐는 문제도 논쟁될 수 있다고 말한다. 나우시파네스는 있는 듯한 사물들에 관해서 아무것도 있지 않은 것보다 더 있는 것이 아니고, 불확실성밖에 다른 확실성은 없다고 한다. 파르메니데스는 있는 듯한 것 중에서 전반적으로 어떤 사물이라고는 없으며, 그것은 하나일 뿐이라고 말한다. 제논은 하나마저도 있지 않고 세상에는 아무것도 없다고 한다. 만일 하나가 있다면, 그것은 다른 어떤 것에나 또는 그 자체에 있을 것이다. 그것이 다른 것 속에 있으면 그것은 둘이다. 그것이 그 자체 속에 있으면 그것을 포함한 자와 포함된 자를 합해서 그 역시 둘이다. 이런 학설에 의하면, 사물들의 본성은 그릇되거나 헛된 그림자에 지나지 않는다.

나는 어떤 기독교인이, "하느님은 죽을 수 없다. 하느님은 자기 말에 반대할 수 없다. 하느님은 이것 또는 저것을 할 수 없다"는 식으로 말하는 것은 언제나 말이나 행동을 삼가고 조심하지 않는 것이라 생각하고, 불경에 찬 말투로 보았다. 나는 하느님의 힘을 우리 말의 법칙으로 이렇게 얽매어 놓은 것을 좋게 보지 않는다. 그리고 이러한 제언으로 우리에게 나타나는 (하느님의) 모습을, 우리는 더 존경심을 가지고 표현해야 할 것이다.

우리 어법에는 다른 일과 같이 약점과 결점이 있다. 세상이 혼돈하게 되는 경우의 대부분은 문법적 이유에서 온다. 우리의 소송 사건은 오로지 법률을 어떻게 해석하느냐에 대한 토론에서 일어난다.

그리고 대부분의 전쟁은 협약과 조약을 미리 명백하게 규정해 놓지 못한 왕들의 무능력에서 온다. 저 Hoc(이것[5])! 라는 철음의 의미에 관한 의문에서, 얼마나 많은 논쟁과 중대한 사태가 벌어졌던가!

논리학 자체가 우리에게 가장 명백한 일이라고 보여 주는 이 문구를 들어 보자. 만일 그대가 '날씨가 좋다'고 말하고, 그대가 사실을 말했다면 날씨는 좋은 것이다. 정말 확실한 어법 아닌가? 그래도 이 말에 우리는 속을 것이다. 그것을 보여 주기 위해서 예를 더 들어 보자. 만일 그대가 '나는 거짓말을 한다'고 하고 진실을 말했다면, 그대는 거짓말을 한 것이다. 이번 결론의 기술·이유·힘 등은 앞의 것과 동일하다. 그렇지만 우리는 여기 구렁텅이에 빠져 있다.

---

5) 예수의 "이것이 내 신체다"라는 말에서 구교와 신교 사이의 '실체 변화'에 관한 쟁론이 일어났다.

나는 피론주의 철학자들이 어째서 그들의 일반적인 개념을 어떠한 방식으로도 표현할 수 없는가를 알아보았다. 그들에게는 새로운 언어가 필요할 것이기 때문이다. 우리의 어법은 모두가 긍정적인 제언으로 되어 있는 까닭에 그들의 어법과는 완전히 다르다. 그래서 그들이 '나는 의심한다'라고 말하면, 그는 즉석에서 적어도 의심한다는 것을 알고 그것을 확신하고 있다는 사실을 인정하게 하며, 그들의 목덜미를 잡은 것이다. 그래서 그들은 의술에 대한 비유로 도피하지 않을 수 없게 되며, 그 방법이 아니고는 설명되지 않을 것이다. 즉, 그들이 '나는 모른다', 또는 '나는 의심한다'라고 발언했을 때, 그것은 대황(大黃)이 신체 속의 병질을 밖으로 몰아냈을 경우, 그 병질과 함께 그 약까지도 같이 몰아내는 식과 같이, 이 제언은 그 내용의 뜻과 함께 그 자체를 몰아내야만 하는 것이다.

이 생각은 "나는 무엇을 아는가?"[6]라는 질문의 형식으로 더 확실하게 파악된다. 그래서 나는 이 말을 저울대에 표어로 새겨 놓았다.

사람들이 이런 종류의 무례한 어법으로 잘난 체하는 꼴을 보라. 우리 종교에 지금 일어나고 있는 논쟁에는 만일 반대파를 너무 심하게 몰아치면, 그들은 염치불구하고 하느님은 그 몸을 하늘과 땅과 다른 여러 곳에 동시에 있게 하는 힘이 없다고 말할 것이다. 그리고 저 옛날의 조롱꾼(플리니우스를 가리킴)은 얼마나 용하게 이런 말꼬리를 이용했던 것인가? 적어도 하느님이 모든 일을 할 수 없다는 것을 보는 일은 사람에게 적지 않은 위안이 된다고 그는 말했다. 왜냐하면 우리는 우리 조건들 가운데 가장 큰 혜택으로 자살하는 방법을 가졌는데, 하느님은 자살하려 해도 할 수 없기 때문이라 한다. 그는 죽어 갈 인생들을 영생불멸로 만들지도 못하고, 죽은 자들을 다시 살리지도 못한다. 살아 본 자들을 살아 보지 않은 것으로도 만들지 못한다. 영광을 가져 본 자들을 가져 보지 못한 것으로도 만들지 못한다. 그는 과거에 대해서 망각 이외의 다른 권한을 갖지 못한다고 말했다. 그리고 인간과 신의 관계를 우스꽝스러운 인연으로 맺어지게 하려고, 신은 열이 두 개 모여서 스물이 되지 않게 할 수는 없다고 한다.

---

[6] "나는 무엇을 아는가?"(끄세쥬)는 몽테뉴의 중심 사상으로 간주되고 있다. 그는 이 말을 1576년에 한 메달에 접시저울과 함께 새겨 놓게 했다.

이따위 말투가 그가 하는 말이다. 그러나 기독교인은 이런 말을 입 밖에 내어서는 안 될 것이다. 그런데 사람들은 반대로 하느님을 자기들의 척도로 끌어내리려고 미치광이처럼 오만한 이런 어법을 찾아내는 것 같다.

> 내일 신이
> 창공을 검은 구름으로 덮건 밝은 태양으로 채우건
> 그렇다고 우리들 뒤에 지나간
> 모든 사물들을 없었던 것으로 하지는 못하며,
> 시간이 그 도피행에 한번 가져가 버린 것을
> 변경하거나 일어나지 않을 것으로 하지는
> 못할 것이다.   (호라티우스)

과거건 미래건 이 무한한 세기들은 하느님에게는 한순간에 지나지 않으며, 선과 예지와 힘이 그의 본성과 동일한 것이라고 한다면, 우리의 언어는 그것을 말하지만 지성은 그것을 이해하지 못한다. 그렇지만 우리의 오만은 하느님의 소질을 우리의 판단으로 검사해 보려고 한다. 여기서 세상 사람들이 사로잡혀 있는 몽상과 과오가 생기며, 자기 무게보다 동떨어진 사물들을 자기들 저울대로 달아 보려고 한다. "아주 작은 성공에 용기를 얻을 때, 인간 심성의 오만이 저지를 일은 놀랄 정도다."(플리니우스)

에피쿠로스의 "진실로 착하고 행복한 존재는 하느님에게만 속하며, 현명한 인간은 하느님의 그림자이며 닮음에 지나지 않는다"고 하는 생각에 스토아학파들이 얼마나 건방지게 코웃음치는가! 그들은 얼마나 경솔하게 하느님을 운명에 의존케 했으며(기독교인이란 이름을 가진 자는 아무도 이런 수작은 못할 것이다), 탈레스와 플라톤과 피타고라스는 하느님을 필연성에 예속시켰던가!

우리 종교에서 어떤 위대한 인물은 우리 눈으로 하느님을 발견하고 싶은 오만에서 거룩한 본성에 육체적 형태를 주고 있다. 그리고 이것이 우리가 날마다의 중요한 사건은 특별히 지정해서 하느님의 탓으로 돌리게 된 원인이다. 이런 사건들이 우리에게 힘겹기 때문에 하느님께도 힘들 것으로 생각하고, 하느님은 우리에게 예사로 일어나는 가벼운 사건들보다도 이런 사건들에 더 전념하고 주의해서 본다고 생각한다. "신들은 중대한 사건들에 전념하고 사소한 사건들을 무시한다."(키케로) 그가 예로 드는 말을 들어 보라. 그의 이치가 밝혀질 것이다. "제왕들도 정치에서 작은 일은 근심하지 않는다."(키케로)

마치 한 제국을 동요시키거나 나뭇잎 하나를 흔드는 것이 하느님께는 무게가 더하고 덜하며, 전쟁을 좌우하고, 벼룩 한 마리를 튀게 하는 데에 신의 뜻이 달리 움직일 것으로 생각하다니! 그가 지배하는 손은 모든 사물들을 똑같은 방침과 똑같은 힘, 똑같은 질서로 다룬다. 우리의 이해관계는 거기 아무런 영향도 주지 않으며, 우리의 움직임과 척도는 거기 아무런 상관도 없다. "신은 위대한 사물에서의 위대한 직공이며, 마찬가지로 작은 사물에 있어서도 위대한 직공이다."(성 아우구스티누스)

우리는 오만 때문에 하느님을 인간에 비기는 모독 행위를 늘 저지르고 있다. 우리의 직무가 짐이 되기 때문에 스트라톤은 신들에게 그들의 제관(祭官)들과 같이 직무에서 완전히 면제되는 특권을 주고 있다. 그는 대자연에게 모든 사물들을 생산하여 유지하게 시키고, 그 무게와 움직임으로 우주의 부분들을 꾸며가게 하며, 하느님의 심판에 관한 공포심을 덜어 주고 있다.

"축복받은 영원한 존재는 아무런 근심도 갖지 않고 아무에게도 근심을 주지 않는다."(키케로) 대자연은 동일한 사물들에게는 동일한 관계가 있게 해준다. 그러므로 헤아릴 수 없이 많은 죽어 갈 인생들은 같은 수의 영생불멸자들이 있음을 가르쳐 준다.

헤아릴 수 없이 많은 사물들을 죽이고 해치는 것은 그만한 수의 사물들이 보존하고 이롭게 해 주는 것을 예상하게 한다. 신들의 영혼이 혀나 눈, 귀도 없이, 각기 다른 자가 느끼는 것을 느끼며 우리의 사상을 심판하고 있는 식으로, 인간의 영혼은 잠이 들었거나 다른 실신 상태로 육체에서 벗어나 자유롭게 되면, 육체에 매여 있을 때 볼 수 없던 사물들을 점쳐서 찾아내고 예언하며 알아본다.

성 바울은 "인간들은 자기를 현명하다고 생각하다가 미쳐 버렸다. 그리고 무너질 수 없는 하느님의 영광을 무너져내릴 인간들의 영상으로 변질시켜서 생각한다"고 했다.

옛사람들이 사람을 신격화하던 이 잡술(雜術)을 좀 보라. 그들은 숭엄하고 화려한 장례식을 거행한 다음, 방금 불길이 피라미드 꼭대기에 닿아서 고인이 누운 자리를 사르려고 할 바로 그때, 한 마리의 독수리를 날려 보내 그것이 높이 나는 것을 보고 영혼이 천당으로 간다는 의미를 붙이고 있었다.

우리는 수많은 메달을 가지고 있다. 그중에도 특히 저 점잖은 여인 파우스티나(로마의 황후)의 메달은 이 독수리가 신격화한 영혼들을 등에 업고 하늘로 올라가는 것을 형상하고 있다. 우리 자신의 속임수와 허구에 넘어 가고 있으니 가련한 노릇이다.

    그들은 자신의 상상에 놀란다.　　　　　　　　　　(루카누스)

그것은 마치 어린아이들이 친구들의 얼굴에 검정을 칠하고, 바로 그 얼굴을 보고 놀라는 격이다. "자기 상상의 노예가 된 인간보다 더 가련한 꼴이 어디 있는가?"(출전 미상) 우리가 만들어 낸 자를 숭배하는 것은 우리가 만든 자를 숭배하는 것과는 전혀 다르다. 아우구스투스 황제는 주피터보다 더 많은 사원들을 가졌으며, 그만큼 신앙을 받았고 기적을 내린 것으로 믿어졌다. 타소스섬 사람들은 아게실라오스에게서 받은 은혜에 보답하려고 그를 찾아가서 그를 성렬(聖列)에 올려놓았다고 말했다. 그러자 그는 "이 나라는 자기 마음대로 신을 만들 힘을 가졌는가? 그대들 중에 하나를 신으로 만들라. 그가 그것을 좋아하는가를 보고 나서 나는 그대들의 제단에 감사하겠다"고 했다.

사람은 참으로 지각이 없다. 그는 벌레 하나 만들 힘도 없으면서 신을 열두어 개씩이나 만들어 낸다. 트리스메기스토스가 우리의 능력을 칭찬하는 소리를 들어 보라. "모든 감탄할 만한 사물들 중에 인간이 신의 본성을 발견해서 만들어 낼 수 있었던 것은 감탄의 정도를 넘는 일이다."

철학의 어느 학파 논법에 이런 것이 있다.

    유독 인간들에게 신과 하늘의 힘을 알아차리거나,
    또는 그들이 아는 것이 불가능함을 알아보는 일이
    허용되어 있다.　　　　　　　　　　　　　　(루카누스)

"만일 신이 존재한다면 그는 동물이다. 그가 동물이라면 감각을 가졌으며, 그 육체는 썩을 것이다. 만약 그에게 육체가 없다면 영혼이 없는 것이다. 따라서 행동이 없다. 그리고 그가 육체를 가졌으면 없어질 몸이다." 이만하면 승리가 아닌가? "우리가 세상을 만들기는 불가능하다. 하나 거기에 손을 댄 더 탁월한 본성이 있다. 우리를 이 우주에서 가장 완전한 사물이라고 보는 것은 어리석은 자만심이다. 그러니 거기에는 무엇인지 더 나은 것이 있다. 그것이 신이다. 그대는 부유하고 화려한 저택을 볼 때, 설사 누가 그 주인인가는 모른다 해도 적어도 쥐가 그 집을 지었다고는 하지 못할 것이다. 그리고 우리가 이 하늘의 궁전에서 보는 거룩한 구조는, 그것이 우리보다도 더 위대한 어느 주인의 집이라고 생각해야 할 일이 아닌가? 가장 높은 것은 가장 위엄 있는 것이 아닌가? 그런데 우리는 아래에 있다."

"영혼과 이성 없이는 아무도 이치를 따질 수 있는 생명체를 생산할 수 없다. 우주는 우리를 생산한다. 그러므로 그는 영혼과 이성을 가졌다."

"우리의 부분 하나하나는 우리보다 못하다. 우리는 우주의 부분들이다. 그러니 우주는 예지와 이성을 가지고 있고, 우리가 가진 것보다 더 풍부하게 가지고 있다."

"어떤 위대한 지배권을 가지는 것은 훌륭한 일이다. 그러니 우주의 지배권은 축복받은 본성에 속한다."

"별들은 우리를 해치지 않는다. 그러므로 그들은 착함으로 충만하다."

"우리는 식량이 필요하다. 그러므로 신들도 식량이 필요하다. 그래서 그들은 이 아래 세상의 증기를 먹고 산다."

"이 세상의 재물들은 신에게는 재물이 아니다. 그러니 그것은 우리에게도 재물이 아니다."

"침해하는 자와 침해받는 자는 똑같이 약하다는 증거이다. 그러므로 하느님을 두려워함은 미친 수작이다."

"하느님은 본성이 착하시다. 사람은 자기 총명으로 착하다. 그것은 더 장한 일이다."

"하느님의 예지와 인간의 예지는, 전자가 영생불멸이라는 것밖에 다른 점이 없다. 그런데 지속은 결코 예지에로의 도달이 아니다. 그러므로 우리는 친구 사이이다."

"우리는 생명과 이성과 자유를 가졌고, 착함과 자비심과 정의를 소중히 여긴다. 이런 소질들은 하느님에게 있다."(이 논법은 키케로의 《신의 본성》에서 인용한 것임)

결국 하느님의 타고난 성품의 구성과 붕괴와 그 조건들은, 인간에 의해서 인간과의 관계를 기초로 하여 꾸며진다. 참 좋은 후원자이며, 좋은 모범이다! 우리 멋대로 인간의 소질을 늘리고 높이고 키워보자. 부풀어올라 보라. 가련한 인간아. 좀더, 좀더, 좀더.

배가 터지더라도(황소와 경쟁하던 개구리의 이야기)
멈추지 말라!고 그는 말한다.   (호라티우스)

"참으로 인간은 자기들이 파악하지도 못하는 신을 상상한다고 생각하며, 자신을 상상하여 본다. 그들은 자기 이외에는 보지 않는다. 신을 보는 것이 아니다. 그들은 신을 자기들에게 비교하는 것일 뿐, 자기를 신에게 비교하는 것이 아니다."(성 아우구스티누스)

자연 사물에서 보면, 결과는 그 원인에 반쯤밖에 매여 있지 않다. 어째서 그럴까? 원인은 자연의 질서를 초월한다. 그 조건은 너무나 고매하고 위압적이기 때문에, 우리가 결론으로 잡아매고 결박하는 것을 허용하지 않는다. 그 결과는 우리에 의해서 거기에 도달하는 것이 아니다. 우리의 길은 너무나 저속하다. 우리는 스니산(Mont Cenis, 알프스산맥 중의 고봉의 하나)의 꼭대기에 있어도 바닷물 속에 있는 것보다 하늘에 더 가까운 것이 아니다.

그것이 어떤가를 천문 관측기로 재어 보라. 그들은 신이 여자와 육체관계까지 맺는다고 끌어내린다. 그것이 몇 번이나 있었고, 자손은 몇 대나 보았던가? 사투르니누스의 아내로 로마에서 이름이 높던 귀부인 파울리나는 세라피스 신과 함께 자는 줄 알았더니, 그 사원 제관(祭官)의 중재로 그 여자를 연모하는 남자의 팔에 안겨 있었다. 라틴 작가들 중 가장 재치 있고 박식하던 바로가 그의 《신학(神學)》이라는 저서에 실은 이야기에, 헤르쿨레스의 제관이 저녁 식사와 여자를 걸고 신과 내기하려고, 제비 하나는 자기를 위해서 뽑고, 또 하나는 헤르쿨레스 신을 위해서 뽑았다는 것이 있다. 자기가 이기면 신에게 바칠 공물에서 그 몫만 가져가고, 지면 자기가 물겠다는 것이었다. 그는 내기에 져서 저녁 식사와 내기값을 치렀다. 여자의 이름은 라우렌티나라고 불렀다. 그녀는 그 날 밤에 신의 가슴에 안겨 보았는데, 신은 그녀에게 다음 날 맨 먼저 만나는 남자가 신을 대신해서 그녀의 몸값을 치러 줄 것이라고까지 말했다. 그 남자는 타룬티우스라는 부유한 청년이었다. 그는 이 여자를 자기 집으로 데려갔다. 그리고 다음에 그녀에게 자기 재산을 물려 주었다. 그녀는 신의 호의에 보답하려고 그 재산을 로마 시민에게 나눠 주었다. 그래서 그녀는 신격화되는 명예를 받았다는 것이다.

아테네 사람들은 플라톤에게 이중의 족보를 만들어 주며, 그가 원래 신의 후손으로 그 가문의 공통의 조상이 넵투누스 신이라고 하는 것만으로는 부족했던지, 그들의 소문에는 아리스톤이 미녀 페릭티오네를 즐기려고 했으나 뜻을 이루지 못하고, 그의 꿈에 아폴론이 현몽해서 그녀가 해산할 때까지 건드리지 말고 깨끗이 두라고 했다는 것이며, 이들이 플라톤의 진짜 부친이며 모친이라는 이야기를 확실한 일로 믿고 있었다.

역사상에는 이와 같이 신들이 가련한 인간들의 아내를 차지한 일이 얼마나 많은가? 그리고 어린아이에게 영광을 주기 위해서 남편들이 얼마나 모욕을 당하는가?

마호메트 교에서는 이런 메를랭[7]들이 상당히 많은 것으로 사람들은 믿고 있다. 즉, 아비 없이 정신적으로 거룩한 연분으로 처녀의 배 속에서 태어났다는 아이들인데, 그들의 언어로 이것을 의미하는 이름을 갖고 있다.

사물은 저마다 자기 존재보다 더 소중하고 가치 있는 것은 아무것도 없으며 (사자·독수리·물개 등은 아무것도 자기 종족보다 뛰어나다고 인정해 주지 않는다), 각자는 다른 사물들의 소질이 자신의 소질 속에 포함되어 있다고 여기는 것을 주목해야만 한다. 이런 소질들을 우리는 길게도 짧게도 만들 수 있다. 그러나 그뿐이다. 왜냐하면 이 관계와 원칙을 우리의 상상력이 뛰어넘지 못하며, 다른 소질들을 짐작하지도 못하고 거기서 벗어나거나 초월하기도 불가능하다. 여기

---

7) Merlin. 아더왕 이야기에 나오는 예언자로 마귀의 씨를 받아 태어났다고 함.

서 옛사람들이 끌어낸 이런 결론이 나온다. "모든 형체들 중에서 가장 아름다운 것은 인간의 형체로 되어 있다. 아무도 도덕 없이는 행복할 수 없고 이성 없이는 도덕도 있을 수 없다. 그리고 어떠한 이성도 인간 형태 이외의 다른 것에 깃들 수 없다. 그러므로 신은 인간의 형태를 쓰고 있다."

"우리가 신을 생각할 때 바로 우리 앞에 인간의 형태가 나타나는 것은, 우리의 마음속에 습관과 선입견이 있기 때문이다."(키케로)

그래서 크세노파네스는 농담조로, 동물들도 신을 만들어 가질 만한 일인데, 그들이 신을 만든다고 하면 확실히 그들 형체로 만들어 자기들의 영광으로 삼을 것이라 했다. 거위의 새끼라면 "우주의 모든 부분들은 나를 위해서 있는 것이다. 땅은 내가 걸어가는 데 소용이 되며 태양은 나를 밝혀 주는 것이고, 별들은 내게 그들의 영향을 주기 위해 있다. 나는 바람이나 물에서 이러저러한 편익을 얻는다. 저 하늘의 기운이 호의를 가지고 내려다보는 것은 나밖에 없다. 나는 우주의 총아이다. 인간은 나를 기르고, 내게 집을 주고, 나를 섬기는 것이 아닌가? 그가 씨 뿌리고 가루를 만드는 것은 모두 나를 위해서 하는 일이다. 그는 나를 잡아먹는다지만, 인간은 그와 같은 인간도 똑같이 잡아먹으며, 나도 역시 그를 죽이고 파먹고 하는 벌레를 잡아먹는다"라고 말하지 못할 까닭이 무엇인가? 두루미도 똑같은 말을 할 수 있다. 그는 날 수 있는 자유와 저 아름답고 높은 영역을 소유하기 때문에 더한층 장엄하게 말할 수 있다. "그만큼 자연은 자신을 총애케 하는 온화한 중매자이고 유혹자이다."(키케로)

그러니 바로 이런 내력으로 운명이 우리를 위해 있으니, 세상이 우리를 위해 있다. 우리를 위해서 광명이 있고 천둥이 울린다. 창조주나 피조물들이 모두 우리를 위해 존재한다. 이것이 우주 만상이 향해 가는 종결점이며 목적지이다. 철학이 2천 년 이상을 두고 하늘의 일을 기록해 온 것을 들여다 보라.

신들은 인간을 위해서 행동하고 말하기밖에는 하지 않았다. 철학은 신들에게 다른 생각과 기능을 부여하지 않는다. 여기서 신들은 우리에게 대항해서 전쟁을 건다.

  헤르쿨레스의 완력(腕力) 앞에
  늙은 사투르누스의 찬란한 궁전을,

위기에 몰아 전율케 한
대지의 아들 티탄은 제압당했다. (호라티우스)

그래서 신들은 우리가 그들의 싸움에 그렇게도 여러 번 갈라져 편들어 준 데 대한 보답으로, 그들도 우리 싸움에 편들어 대들고 있다.

넵투누스 신은 그 강력한 삼지창으로 트로이 성벽을 뒤흔들고,
그 기초를 들추며 도시 전체를 둘러엎는다.
저편에는 잔학한 주노 여신이 제1열에 나서
스카이아 성문을 점령한다. (베르길리우스)

카우니아인들은 그들 신의 지배를 옹호하는 열성에서, 치성을 바치는 날에는 무기를 등에 메고 성 밖을 달음질치며, 칼을 가지고 허공을 이리저리 휘갈기고 돌아다니며, 외국의 신들을 모조리 쫓아서 영토 밖으로 몰아낸다.

신들의 힘은 우리 인간의 필요에 따라 제한되어 있다. 어떤 신은 말을 치료하고, 어떤 신은 페스트를, 또 어떤 신은 대머리병을, 어떤 신은 기침을, 어떤 신은 일종의 옴을, 그리고 어떤 신은 다른 병을 고치며 "이런 정도로 미신은 극히 사소한 사물에까지 신을 끌어 넣는다."(티투스 리비우스) 어느 신은 포도를 가꾸고, 어느 신은 마늘을 가꾸고, 어느 신은 오입질을 맡아 보며, 어느 신은 장삿일을 맡아보며(직업마다 한 신이 맡아보고), 어느 신은 동방(東方)의 시골에 신용이 있고, 어느 신은 서방의 시골에 신용이 있다.

저기(카르타고) 그녀(주노)의 무기가 있고,
거기에 그녀의 마차가 있었다. (베르길리우스)

오오, 신성한 아폴론 신이여,
우주의 중심부에 거주하는 그대여! (키케로)

케크롭스의 후예들은 팔라스 여신을 숭배하고

> 미노스왕의 크레테에서는 디아나 여신을,
> 렘노스에서는 불카누스 신을,
> 펠로폰네소스의 스파르타와 미케네에서는
> 주노 여신을 숭배한다.
> 솔잎으로 엮은 관을 쓴 신은 마에날라의 신이며,
> 마르스는 라티움에서 숭배받는다.　　　　　　(오비디우스)

어느 신은 한 도성, 또는 한 가족만을 소유하고, 어느 신은 혼자서 살며, 어느 신은 임의로, 또 어느 신은 강제로 같이 산다.

시조(始祖)의 사원에는 자손의 사원이 결합된다.　　　　　(오비디우스)

신들 중에는 너무 허약하고 비천해서(왜냐하면 신들의 수는 3만 6천에까지 이르기 때문이다), 보리 이삭 하나를 만드는 데에도 대여섯이 뭉쳐야 한다. 그들은 저마다 다른 이름을 가지고 있다. 문짝에는 널빤지 신, 지도리 신과 문지방 신, 이렇게 셋이 달려 있다. 어린아이 하나에는 기저귀 보호신, 음료 보호신, 식사 보호신, 젖 보호신 넷이 달려 있다. 어떤 신들은 확실하며, 어떤 신들은 불확실하고 의심쩍다. 어떤 신들은 아직 천당에도 들어가지 못하고 있다.

> 그들이 아직도 하늘에 올라갈
> 영광의 가치가 있다고 보지 않는 이상
> 잠시나마 우리가 허용한 대지에서 살아가게 두자.　　(오비디우스)

의술의 신도 있고, 시의 신, 민사(民事)의 신도 있다. 어떤 이는 하늘과 인간의 중간에서 중매자로 있어, 우리를 하느님께 중개해 준다. 좀 못하게 제2류도 숭배받고, 그 자격과 직책도 가지각색이며, 어떤 신은 착하고, 다른 신들은 악하다. 늙어서 꼬부라진 신들도 있고, 죽을 운명의 신도 있다. 크리시포스는 이 세상이 마지막 불타오르는 날에는 주피터 신만 빼놓고 모든 신들이 없어질 것이라고 본다.

인간은 자기와 신 사이에 수없이 재미나는 교제를 꾸며 놓는다. 신은 그의 동포가 아니던가?

주피터의 요람인 크레테섬.　　　　　　　　　　　　　　(오비디우스)

그들 시대의 대사교(大司敎) 스카에볼라와 대신학자(大神學者) 바로가 이 문제에 관한 고찰에서 우리에게 변명하기를 "민중들은 진실한 사물들을 모르는 채로, 많은 그릇된 일들을 믿고 있어야 할 필요가 있다"고 했다.

"민중은 해방되기 위해서만 진리를 찾으니, 기만당하는 것은 그들에게 유리하다고 믿을 만하다."(성 아우구스티누스)

인간의 눈은 그들이 알고 있는 형태로밖에 사물을 알아보지 못한다. 그리고 우리는 저 가련한 파에돈이 죽어 갈 인간의 손으로 자기 부친의 수레 고삐를 잡아 보려고 하다가, 어떠한 추락을 겪었던가를 상기하지 않는다. 우리의 정신은 그 당돌한 도시 때문에 똑같은 심연에 떨어지며 부서져 흩어진다.

만일 그대가 철학자에게 하늘과 태양이 어떤 물질로 되었는가를 물어본다면, 쇠로 되었다든가, 아낙사고라스와 같이 돌로 되었다든가, 또는 우리가 사용하는 다른 재료로 되었다고밖에 그들이 무어라고 대답할 것인가? 제논에게 자연이 무엇인가 하고 물어본다면, "규칙에 맞추어 생산해 갈 수 있는 기술자 같은 불이다"라고 말할 것이다.

진리와 확실성에 관해서는 다른 자들에 대해 상석권을 요구할 만큼 이 학문의 스승인 아르키메데스는 "태양은 불타는 쇠의 신이다"라고 말한다. 이것은 참으로 기하학적 증명의 불가피한 필연성과 미가 생산한 훌륭한 공상이 아닌가! 그러나 소크라테스는 사람들이 땅을 주고받을 수 있을 정도로 잴 줄 알기만 하면 충분하다고 생각했다. 그리고 기하학은 이 학문으로 가장 유명하고 혁혁한 학자이던 폴리아이노스가, 사람을 나약하게 만드는 에피쿠로스 정원의 달콤한 열매를 맛보고 난 다음에, 이런 학문은 허위와 드러난 허망으로 충만한 것이라고 경멸해 치워 버릴 정도이니, 없어서 안 될 유용한 지식은 아니다.

크세노폰의 저서에 하늘의 신성한 사물들에 관해서 옛사람들이 어느 누구보다도 이 문제에 조예가 깊다고 간주하던 아낙사고라스의 이 말에 대하여 소크라테스가, 아낙사고라스는 자기에게 소속하지 않은 지식을 도에 넘치게 캐고 있는 자들처럼 머리가 좀 돌았다고 했다. 그가 태양을 불타는 돌이라고 하는 점에 관해서 소크라테스는 돌이 불에 타서 빛을 내는 일은 없으며, 더 안 될 말로, 그것이 타 없어진다는 것을 생각하지 않았으며, 태양과 불을 한 가지로 만든 점에서 불은 쳐다보는 자들을 검게 만드는 일이 없는 것, 그리고 우리는 불을 바로 쳐다볼 수 있고, 불이 식물과 풀을 말려 죽이는 것을 생각하고 있지 않다는 점을 든다. 내 견해도 그렇지만 소크라테스의 의견으로는 하늘의 일은 판단하지 않는 것이 하늘을 가장 잘 판단하는 일이다.

플라톤은 《티마이오스》에서 다이몬들에 관해 "그것은 우리의 힘에 넘치는 기도이다. 그 점은 자기들이 다이몬에게서 출생했다고 하는 옛사람의 말을 믿어야 할 일이다. 그들은 자기 가정에 관한 친근한 사물들을 가지고 책임지고 말하는 이상, 그들의 말이 필연적인, 또는 그럴싸한 이치로 세워진 것이 아니라고 해도, 신들의 자손이 하는 말을 믿어 주지 않는 것은 이성에 반하는 일이다"라고 했다.

인간의 사물들과 자연의 사물들에 관한 지식이 좀 더 밝혀진 것이 있는가 살펴보자. 고백하는 바이지만, 지식이 도달할 수 없는 사물들에게 우리는 우리의 생각으로 다른 한 개체를 지어 주고 그릇된 형태를 빌려 준다. 유성들의 움직임은 우리의 정신이 도달할 수도 없고, 그 본연의 운행을 상상해 볼 수도 없는 일인데, 우리는 물질에게서 보듯 그들에게 무게가 있고 형태도 있는 물질적인 소질을 빌려 주며

끌채는 황금이고 수레바퀴도 황금이고,
바퀴살은 은으로 되어 있다.   (오비디우스)

이런 식으로 말하는 것은 우스꽝스러운 것이 아닌가? 그대는 플라톤식으로 말하면, 아마 우리들 중에 마부나 대목수나 화가들이 저 하늘에 올라가서 여러 가지로 움직이는 기계를 꾸며 놓고, 물레의 가락을 돌려서 가지각색 빛깔의 천체들을 톱니장치로 꾸며 둘러맞춰 놓았다고 말할 것이다.

> 우주는 다섯의 지대로 둘러싸이고,
> 별자리의 휘황한 표징으로 장식된
> 변경 지대들이 밝은 달빛을 비추는 차량과 두 필의
> 준마를 데리고 비껴가며 횡단하는
> 방대한 구조이다.   (바로)

이런 따위는 모두 잠꼬대이며 미친 수작의 헛소리이다. 어째서 대자연은 어느 날 그의 품을 열어 움직임의 방법과 절차를 우리에게 보여 주어서, 우리의 눈을 거기에 익숙하게 해 주지 않는 것일까! 오오, 신이여! 그때는 우리의 가련한 지식에 얼마나 기만과 오산이 품어져 있는 것이 밝혀질 것인가! 만일 이 지식이 단 한 가지 사물을 똑바로 제자리에 잡고 있다 해도 내가 잘못 안 것이다. 나는 본시 무식한 것보다도, 거기서 다른 모든 일이 더 무식하게 되어서 떠날 것이다. 나는 플라톤에서, 대자연은 수수께끼 같은 시에 불과하다고 말한 이 거룩한 말을 읽지 않았던가? 그것은 마치 무한히 잡다한 그릇된 빛이 서로 엇갈려 비쳐서, 우리 추측에만 맡겨 두도록 베일로 가려진 한 폭의 그림이라고도 말하고 싶어지는 것이다.

"이런 모든 사물들은 가장 캄캄한 암흑 속에 은폐되어 있고, 아무리 잘 침투하는 정신이라도 푸른 하늘이나 깊은 대지 속을 파고들어 연구해 볼 수는 없는 일이다."(키케로)

참으로 철학은 시적인 궤변에 불과하다. 고대 작가들은 시인들 이 외에 어디서 또 그들의 권위를 받아 왔던가? 최초의 철학자들은 시인이었으며, 시의 기술로 철학을 취급했다. 플라톤은 풀어놓은 시인에 불과하다. 티몬은 그를 위대한 기적의 제조자라고 부르며 욕설을 퍼붓는다.

여자들이 이가 빠지면 상아로 이를 해 넣으며, 그녀들의 진실한 얼굴빛 대신에 어떤 물질로 다른 빛깔을 꾸며 갖거나, 천과 털을 넣어서 엉덩이를 만들며, 솜으로 몸집을 만들어 자기 몸을 만인들 앞에 가장하고 꾸며서 빌려 온 아름다움을 보여 주는 꼴과 마찬가지로, 학문도 그와 같은 수작을 한다(우리의 권리 자체에도 합법적인 허구가 있으며, 그 위에 법률상의 진리가 세워지는 것이라고 한다).

학문은 우리가 수고한 대가로, 그리고 예측으로, 학문이 꾸며 낸 일이라고 우리에게 알려 주는 사물들을 내어 놓는다. 왜냐하면 점성학이 별들의 운행을 설명하는 데 도우려고 쓰는 원주상소원궤(圓周上小圓軌)·원심 또는 구심 따위는 학문이 이 문제에 관해서 꾸며 낼 수 있는 한으로 우리에게 내놓는 것이기 때문이다.

철학도 역시 이면에는 실제로 있는 사물이거나 철학이 믿고 있는 일을 우리에게 내어 주는 것이 아니고, 가장 그럴듯한 것, 그리고 묘한 것을 꾸며 내놓는다.

플라톤은 우리의 육체와 짐승들의 육체를 비교한 고찰에서, "우리가 말한 것의 진실 여부는, 만일 신이 인간을 통해서 확인해 준다면 우리도 그것을 확언해 줄 것이다. 다만 우리는 이것이 우리가 말할 수 있는 것 가운데 가장 그럼직한 일이라고 확언할 뿐이다"라고 말했다.

학문은 하늘에만 그의 밧줄과 기계와 수레바퀴를 던져 보는 것이 아니다. 학문이 우리 자신과 우리의 구조에 관해서 말하는 바를 고찰해 보자. 하늘의 별들과 천체에 관한 지식에도, 이 가련하게 조그마한 인간의 신체를 두고 꾸며 낸 것보다 더한 역행·요동·접근·후퇴·회전 등이 있는 것은 아니다. 진실로 학문이 신체를 하나의 작은 우주라고 부를 만한 이유가 있다. 이것을 만들어 놓는 데 그렇게도 가지각색의 조각과 모습들을 사용한 것이다. 인간 속에 보이는 동작들, 우리가 자신에게서 느끼는 잡다한 기능과 소질들을 조절해 보려고 그들은 얼마나 많은 부분들로 우리의 심령을 포개 놓았던가? 그것을 얼마나 많은 자리에 앉혀 놓았던가? 사람이 타고난 것들이나 지각되는 것들 말고도, 학문은 이 가련한 인간을 얼마나 많은 종목과 단계들로 찢어 놓았던가? 그리고 얼마나 많은 역할과 직분을 맡겨 보았던 것인가? 그들은 이 인간을 가지고 공상의 공화국을 만들고 있다.

인간은 학문이 집어 들고 조작해 보는 소재가 되고 있다. 그들에게는 인간 심령을 제멋대로 풀어놓고 정리하고 모아놓고 속박해 보는 온갖 권한이 허락되어 있다. 그래도 학문은 인간 심령을 파악하지 못한다. 현실에서뿐 아니라 몽상 속에서도 이것을 조절해 볼 수 없기 때문에, 아무리 거창하게 그 구조를 꾸며 보고 수천 가지 거짓 조각으로 둘러맞춰 보아도, 거기에는 어느 박자나 소리가 빠져 버리는 것이 있다.

그들을 변명하는 것은 옳은 일이 아니다. 화가는 하늘이나 땅이나 바다나 멀리 떨어진 섬들을 그릴 때 다만 아주 적은 묘사만 보여 주어도 우리는 그것을 용인한다. 그리고 미지의 사물들처럼 우리는 보여 주는 대로의 음영과 꾸밈으로 만족한다. 그러나 친근하게 알고 있는 소재를 그들이 실물대로 그려 줄 때는, 우리는 그 선과 색채가 완전하고 정확하게 표현되기를 요구하며 거기에 실패할 때는 그들을 경멸한다.

나는 저 밀레토스의 소녀를 신통하다고 본다. 그녀는 철학자 탈레스가 줄곧 하늘만 흥겹게 쳐다보며 언제나 눈을 위로 치뜨고 있는 것을 보고, 그가 지나가는 길목에 어떤 물건을 놓아서 발에 차이게 했다. 그녀는 그가 발밑에 있는 것이라도 똑똑히 보고 나서, 구름 위에 있는 사물을 쳐다보는 편이 나으리라고 경고하려던 것이다. 진실로 그녀는 그에게 하늘의 일보다 자기 일을 주의해 보라고 충고했다. 데모크리토스가 키케로의 입을 빌려 말하던 바와 같다.

> 누구나 다 자기 발 바로 앞일은 보지 않고
> 하늘의 일만 뒤져 본다. (키케로, 이피게니아에서 인용)

그러나 우리의 경우는 우리 손에 잡히는 일에 관한 지식을 하늘의 일들만큼이나 멀리 구름 위에 띄워 놓고 있다. 플라톤의 저서에서 소크라테스가 말하듯, 철학에 참견하는 자는 누구나 다 탈레스가 이 소녀에게 당하던 식으로 자기 앞일은 아무것도 모른다는 책망을 들을 만하다. 왜냐하면 철학자는 모두 이웃 사람이 하는 일은커녕 자신이 하는 일도 모르며, 자기들이 사람인지 짐승인지도 분간하지 못하기 때문이다.

스봉이 드는 논거를 너무 약하다고 보며, 자기들은 모르는 일이라곤 아무것도 없고, 우주를 지배하며 모든 일을 알고 있다는 자들은—

> 무엇이 대해를 지배하는가,
> 무엇이 계절을 지배하는가,
> 별들은 그들 자체로 운행하는지,
> 또는 이런 일들을 명령받은 것인지,

무엇이 달을 암흑으로 싸고, 또는 그 원반을 드러내는지
　이런 사물들의 부조화의 조화는 무엇을 원하며
　무엇을 행함인지.　　　　　　　　　　　　(루크레티우스)

　이런 일들을 모두 알고 있다는 자들은 어느 때 자기 책을 읽어 나가는 중에, 그들 존재가 무엇인지 알아보는 데 부딪히는 어려운 문제를 어쩌다 뒤져 본 일은 없었던가? 우리는 손가락이 움직이고, 발가락이 움직이며, 어떤 부분들은 우리의 허가를 받지 않아도 저절로 흔들리고, 다른 부분들은 우리의 명령을 받아서 움직이고, 어떤 생각을 하면 얼굴이 붉어지며, 어떤 생각에는 얼굴이 새파래지고, 어떤 상상력은 비장에만 작용하며, 다른 상상력은 뇌수에 작용하고, 어떤 것은 우리에게 웃음을 일으키며, 다른 것은 울게 하고, 어떤 것은 우리의 모든 감각을 놀라게 하여 사지의 움직임을 얼어붙게 하는 것을 본다. 어떤 물건에는 위가 치밀어 오르고, 어떤 것은 어느 부분들을 내려앉게 한다.
　그러나 어째서 정신적 인상이 한 뭉치로 된 굳은 물체 속에 이렇게 길을 만들어가며, 이런 경탄할 만한 장치의 관계와 연락의 성질이 무엇인지 인간으로서는 알아본 자가 없다. "이 모든 사물들은 인간의 이성에 알려지지 않았으며 대자연(본성)의 장엄성 속에 은폐되어 있다"고 플리니우스는 말하며, 성 아우구스티누스는 "육체와 영혼의 결합은 완전한 경이로서 인간의 지성을 초월하며, 이 결합 자체가 인간이다"라고 말했다. 그런데 사람들은 그런 일에 의문을 품지 않는다. 인간들의 의견은 이런 일이 종교나 법률인 것같이, 권위와 신용으로 옛날의 신념을 이어받아 왔기 때문이다.
　사람들은 예사롭게 생각되는 일은 늘 쓰는 문투같이 받아들인다. 또 이 진리의 논법과 증거의 온 구조와 장비를 갖추어 이것을 동요시킬 수 없고 비판 여지없는 확실하고 견고한 물체와 같이 받아들인다. 이와 반대로, 각자는 시새워 가며 받아들인 이 신념에 자기 이성이 할 수 있는 모든 것으로 분칠하고 보완한다. 그런데 이 이성이란 무슨 형상에라도 둘러맞출 수 있는 부드러운 연장이다. 세상은 이 모양으로, 멋쩍은 일과 거짓으로 채워지며 절여진다.
　우리가 사물들에 관해서 조금도 의문을 품지 않는 것은, 모두가 받아들이는 인상에 대해 아무도 그것을 심사해 보는 일이 없기 때문이다. 우리는 과오와

약점이 깃들어 있는 그 기초를 뒤져 보지 않고, 부차적인 부분만 가지고 토론한다. 그것이 진실인가를 따져 보지 않고, 그것이 어떻게 이해되었는가만을 따진다. 우리는 갈레노스가 무슨 가치 있는 말을 했던가를 알아보지 않고 그가 이렇게 말했던가, 저렇게 말했던가만을 따져 본다. 참으로 우리 판단의 자유에 대한 이런 굴레와 속박, 그리고 우리 신념의 억압이 여러 학파들과 기술들에까지 뻗치게 된 일에는 그만한 이유가 있었다.

스콜라 학파의 학문의 신은 아리스토텔레스이다. 그의 명령에 관한 토론은 스파르타에서 리쿠르고스의 명령에 관한 일처럼 종교 사상으로 되어 있다. 그의 학설은 우리를 지배하는 법이 되었다. 그러나 그것도 틀린 것은 틀린 것이다. 나는 플라톤의 이데아나 에피쿠로스의 원자, 레우키포스와 데모크리토스의 충만과 공허나 탈레스의 물, 아낙시만데르의 자연의 무한성이나 디오게네스의 공기, 피타고라스의 수와 대치나 파르메니데스의 무한, 무사이오스의 하나나 아폴로도로스의 물과 불, 아낙사고라스의 동일한 부분들이나 엠페도클레스의 불화나 친화, 헤라클레이토스의 불이나 훌륭한 인간 이성이 그 확실성과 명찰력을 가지고 모든 일에 참견하여 만들어 낸 무한히 많은 사상들과 문구들의 혼란에 관한 다른 관념들도 아리스토텔레스가 보인 사물들의 원리에 관한 관념과 마찬가지로, 어째서 그대로 받아들이고 싶지 않은 것인지 모른다. 이 원리를 그는 물질과 형체 결정의 세 가지로 꾸며 놓았던 것이다. 도대체 공허를 사물들의 원인으로 삼는다는 것보다 더 허황한 일이 어디 있는가? 결핍은 부정이다.

무슨 의심스러운 생각으로 그는 이것을 존재하는 사물들의 원인과 근원으로 삼을 수 있었던가? 그러나 그것은 논리의 훈련을 위해서밖에는 아무도 감히 흔들어 보지 못한다. 사람들은 여기에 의문을 품어 보려고 토론해 볼 생각은 않고, 단지 이 학파의 작가를 외부의 반대에 대해서 변호할 생각만 갖는다. 그의 권위가 궁극의 목적이다. 그것을 넘어서 함구해 보는 일은 허용되지 않는 것이다.

공인된 기초 위에 자기가 좋아하는 일을 세우기는 쉬운 일이다. 왜냐하면 이 최초의 법칙과 순서에 따라서 구조의 나머지 부분들은 서로 어긋남 없이 쉽게 이루어지기 때문이다.

이 길을 통해서 우리는 이치의 기반이 튼튼한 것을 발견하며, 아주 편하게 추리한다. 왜냐하면 우리 스승들은 기하학자들이 공리(公理)를 가지고 하듯, 그들이 원하는 대로 결론을 짓기에 필요한 만큼 우리의 신임 속에 자리를 차지하여 잡아 두기 때문이다. 우리가 그들에게 빌려 주는 동의와 승인은 우리를 우로나 좌로나 끌어가게 할 거리를 주며, 그들 마음대로 우리를 맴돌게 한다. 누구든 미리 추측한 바를 우리가 믿어만 주면, 그는 우리의 스승이며 신이다. 그는 자기 학설의 기초를 아주 널찍하고 넉넉하게 잡아 두었기 때문에 마음만 먹으면 우리를 구름 위에라도 올려놓을 것이다.

지식의 이러한 실천과 흥정에서 우리는, '전문가는 각기 자기 기술에 신임을 받아야 한다'는 피타고라스의 말을 바로 받아들였다. 변증론자는 낱말의 뜻에 대해 문법학자를 참조하며, 수사학자는 변증론자에게서 논법의 근거, 시인은 음악가로부터 박자를, 기하학자는 수학자에게서 전제를 빌려 오고, 형이상학자는 물리학의 추측을 기초로 삼는다. 학문에는 각기 미리 헤아려 놓은 원리가 있고, 그 때문에 인간의 판단은 사방에서 제약을 받기 때문이다. 만일 주요 잘못이 있는 이 방벽에 누가 와서 부딪히면 그들은 당장에 '원칙을 부인하는 자들과는 토론해 볼 필요가 없다'는 선고를 토해 낼 것이다.

그런데 만일 신이 그들에게 계시해 주지 않은 것이라면, 원칙이라는 것은 인간에게 있을 수 없는 일이다. 다른 일은 처음이건 중간이건 끝이건 꿈과 연기에 지나지 않는다. 가정공리(假定公理)를 가지고 논쟁하러 대드는 자들에게는 우리가 토론하는 원리를 반대로 미리 가정해 보아야 한다. 인간이 세운 가정과 명제는 어느 것이건 이성이 거기에 차별을 두지 않는다면 모두 똑같은 권위를 갖기 때문이다. 그래서 이런 것들은 모두 저울질해 보아야 하는데, 무엇보다도 먼저 보편적인 공리, 그리고 우리를 폭력으로 억압하는 것들을 저울질해 보아야 한다. 확실하다는 인상은 미친 수작과 극단의 불확실함을 드러내는 확실한 징조이다. 그리고 세상에 플라톤학파의 엉터리 학자들보다 더 어리석고 더 못난 철학자들이란 없다.

우리는 불이 뜨거운가, 눈이 흰가, 우리 지식 속에 딱딱한 것, 또는 물렁한 것이 있는가를 알아보아야 한다. 옛날 말에 열이라는 것에 의문을 품는 자에게는 불 속에 뛰어들어가 보라고 하고, 얼음이 차다는 것을 부인하는 자에게는 품속에 얼음을 집어넣어 보라고 했다는 대답이 있는데, 이는 철학의 직분에는 가장 마땅치 못한 일이다. 만일 그들이 우리들을 자연적 상태에 놓아 두고 외부의 인상들을 감각에 의해 제공되는 대로 받게 하며, 단순한 욕망에 따라서 우리의 타고난 천성으로 조절하게 했다면, 그렇게 말해도 옳았을 것이다.

그러나 우리가 세상을 판단하는 것은 그들에게서 배운 것이고, 인간의 이성은 하늘의 안팎에 있는 모든 일들의 총감독이며, 모든 것을 포섭하며, 이 이성에 의해서 모든 것이 알려지고 인식된다고 하는 미친 생각은 그들에게서 받아 온 것이다.

이런 대답은 아리스토텔레스의 교훈도 모르고, 물리학의 이름에 관한 지식도 없이 안온하고 평화롭게 살고 있는 식인종들 사이에서는 좋을 것이다. 또한 철학자들의 이성과 착상에서 빌려 온 대답들보다는 더 확고하고 가치 있을 것이다. 그리고 이 대답은 우리와 아울러 모든 동물들, 자연법칙의 지배가 아직도 순수하고 단순하게 행사되는 모든 사물들에게 마땅할 것이다. 그러나 이들은 이런 것을 포기했다.

그들은 내게 "그대가 그것을 그렇게 보고 그렇게 느끼니까 진실이다"라고 말해서는 안 된다고 말한다. 그들은 내가 느낀다고 생각하는 것이 실제로 내가 느끼는 것인가 하고 말해야 하며, 만일 내가 그것을 느낀다면, 다음에는 어째서 그것을 느끼는가, 그리고 어떻게 무엇을 느끼는가를 내가 말하도록 시킨다. 뜨거움과 찬 것의 이름·근원·안팎, 그리고 그 작용하는 자와 작용을 받는 자의 소질들을 말하게 한다. 그렇지 않으면 이성의 방법으로밖에는 아무것도 용납하거나 공정하지도 않은 그들의 직업을 포기해야 한다. 이것이 모든 종류의 실험을 위한 그들의 시금석이다. 그러나 그것은 그릇됨과 오류와 약점과 실패로 가득한 것이다.

우리는 어떻게 이성을 더 잘 시험해 볼 수 있을까? 이성이 그 자체를 말하는 것을 믿어서는 안 될 일이라면, 이성은 외부의 사물들을 판단하기에 적당치 않을 것이다. 만일 이성이 무엇이든 아는 것이 있다면, 적어도 그의 존재와 자리일 것이다. 이성은 영혼에 있다. 그리고 영혼의 부분이거나 효과이다. 진실하고 본질적인 이성은 우리가 그릇된 간판으로 이름을 도둑질해 온 것이지만, 그것은 하느님의 품속에 깃들어 있기 때문이다. 거기에 이성의 집과 은신처가 있다. 이성이 하느님이 생각나는 대로 내보내져서 우리에게 광명을 보여 주는 것은, 마치 팔라스(智神의 이름)가 그 부신(父神)의 머릿속에서 튀어나와서 자신을 세상에 전해 주는 식이다.

그런데 인간의 이성이 그 자체와 영혼에 관해서 우리에게 가르쳐 준 것이 무엇인가를 살펴보자. 그것은 거의 철학이 천체들과 태초의 물체들을 참여시키는 보편적 영혼의 말이 아니고, 또 탈레스가 말하는 자석의 힘에 대한 고찰에서 끌어낸 생명이 없다고 생각되는 사물들에 깃들어 있다고 주장하는 영혼의 말도 아니고, 우리에게 소속되어 우리가 더 잘 알고 있어야 할 영혼을 말한다.

> 사실 영혼의 본성이 무엇인지는 알려져 있지 않았다.
> 영혼은 육체와 함께 나오는가, 출생 때 도입되는가?
> 죽음의 파괴 속에 우리와 함께 소멸되는가?
> 오르쿠스(명부의 신, 플루토의 다른 이름)의 암흑과
> 그 처참한 심연을 찾아가는가?
> 또는 신들의 명령으로 다른 생명들의 신체에
> 잠입하는 것인가? (루크레티우스)

이성은 크라테스와 디카이아르코스에게는, 영혼이란 전혀 없고 신체를 자연의 움직임으로 이렇게 흔들린다고 가르쳤고, 플라톤에게 영혼은 그 자체로 움직이는 실체라고 했고, 탈레스에게는 휴식 없는 본성이라고 했으며, 아스클레피아데스에게는 감각들의 훈련이라고 했고, 헤시오도스와 아낙시만데르에게는 흙과 물로 만들어진 사물이라고 했으며, 파르메니데스에게는 흙과 불로 되었다고 했고, 엠페도클레스에게는 피로 된 것이라고 했다.

> 그는 피에서 영혼을 토해 냈다. (베르길리우스)

포시도니오스와 클레안테스와 갈레노스에게는 열기이거나 열기로 된 기질이라고 했다.

영혼은 불의 정력을 가지며,
그 근원은 하늘에 있다. (베르길리우스)

히포크라테스에게는 신체에 퍼져 있는 정신이라고 했고, 바로에게는 입으로 받아들인 공기가 허파에서 열을 얻어, 염통에 적셔져서 신체 전부에 퍼진 것이라고 했으며, 제논에게는 네 가지 요소들의 정수라고 했고, 폰토스의 헤라클리데스에게는 광명이라고 했고, 크세노크라테스와 이집트인들에게는 움직이는 수(數)라고 했고, 칼데아인들에게는 정체 없는 힘이라고 했다.

그리스 사람들이 조화라고 부르는
육체는 어떤 종류의 생명적 습성이다. (루크레티우스)

아리스토텔레스를 잊어버리지 말자. 그는 육체를 자연스레 움직이게 하는 것을 엔텔레케이아(생명 존속)라고 이름 지었다. 그것은 다른 것에서 볼 수 없을 만큼 냉정한 착상이다. 왜냐하면 그는 영혼의 본질도 근원도 본성도 말하지 않고, 다만 그 효과만을 지적하기 때문이다.

락탄티우스와 세네카와 독단론자들 가운데 좀 나은 축들은 그들로서는 영혼은 이해할 수 없는 사물이라고 고백했다. 그리고 이런 견해들을 모두 예거해 놓고 나서, "이 모든 견해들 중에 어느 것이 진실한가는 신이 정해 줄 일이다"라고 키케로는 말했다.

"나는 자신에 의해서 하느님이 얼마나 이해할 수 없는 것인가를 안다. 왜냐하면 나 자신의 존재에 대해서도 대부분 이해할 수 없기 때문이다"라고 성 베르나르는 말했다. 헤라클레이토스는 모든 존재들이 영혼과 다이몬으로 충만하다고 생각했으나, 사람은 영혼에 도달할 수 있을 정도로 영혼의 지식을 얻게까지 나가 볼 수는 없다고 하며, 그렇게도 영혼의 본질은 심오한 것이라고 했다.

영혼을 둘 자리에 관해서도 이에 못지않게 불일치와 논쟁이 있다. 히포크라테스와 히에로필로스는 영혼을 뇌수 속에 두었고, 데모크리토스와 아리스토텔레스는 신체 전체에 두었다.

> 사람들이 육체의 건강에 관해서 말하지만
> 그것이 건강한 주체의 한 부분이라는 의미는
> 아니듯이.　　　　　　　　　　　　　　　(루크레티우스)

에피쿠로스는 영혼을 위장에 두었다.

> 사실 그곳에 공포와 경황은 전율하며
> 이 지대에서 희열이 감미로이 고동친다.　　　(루크레티우스)

　스토아학파들은 영혼을 심장 주위와 안에 두었고, 에라시스트라토스는 두 개골의 막에 두었으며, 엠페도클레스는 피에 두었고, 모세 역시 그랬으니, 그 때문에 그는 짐승들의 피를 마시는 것을 금하며, 거기에 그들 영혼이 매여 있다고 했다. 갈레노스는 신체 각 부분은 저마다 영혼을 가졌다고 생각했고, 스트라톤은 그것을 두 눈썹 사이에 두었다.
　"영혼의 형체와 그 있는 자리로 말하면, 그것을 알려고 탐구해서는 안 된다"고 키케로는 말한다.
　나는 이 인물의 말을 그대로 인용한다. 내가 그의 어법을 고치게 할 일인가? 더욱이 그의 사상의 본바탕을 훔쳐 온다고 해 봤자 소득이 적다. 그의 사상들은 너무 흔하거나 견고하거나 알려지지 않은 것이 아무것도 없다.
　그러나 크리시포스가 그의 학파들과 함께 영혼이 심장 주위에 있다고 논한 이유를 잊어서는 안 된다. "우리가 무슨 일이건 확언하려고 할 때에, 우리는 손을 위에 놓고 '나'라는 의미의 'εγω'를 발음할 때에 아래턱을 위장으로 향해서 숙이기 때문이다"라고 그는 말했다. 그렇게 위대한 인물도 이 조목에는 무력한 것을 주목하지 않고 넘겨서는 안 될 일이다. 왜냐하면 이러한 고찰은 그 자체로서 경솔할뿐더러 영혼을 그 자리에 가졌다는 것은 그리스 사람들밖에 증명되지 않았기 때문이다. 아무리 긴장해도 인간의 판단은 가끔 졸고 있지 않을 수 없는 일이다.
　무엇이 무서워 말을 못 할 것인가? 인간 예지의 시조인 스토아 학자들은 이렇다. 그들은 인간의 영혼이 패망하여 억눌리면 거기서 벗어나려고 오래도록 질질 끌며 애를 쓰지만, 덫에 치인 생쥐같이 자기 짐을 혼자서 벗어던지지는 못한다고 본다.

　어떤 자들은 최초의 창조는 육체를 가진 것이 아니었는데, 창조되었을 때의 순결성에서 자신의 잘못으로 인해 타락한 정신에 대한 처벌로 그들에게 육체를 주기 위해서 이 세상이 만들어진 것이며, 그들이 영성(靈性)에서 떨어져나간 정도의 많고 적음에 따라 그 정신은 얼마간 가볍거나 무겁게 속에 감기는 것이라고 생각한다. 그 때문에 창조된 물질의 육체에 많은 변종들이 생긴다는 것이다. 그러나 각기 고통스러운 형벌로 태양의 형체에서 변해 온 정신은 아주 희귀하고 특수한 규준의 변화를 가질 것이라고 한다.

　우리 탐구의 극단에는 모두가 혼란에 빠진다. 그것은 플루타르크가 마치 지도에서 보면, 사람에게 알려져 있는 땅의 끝은 늪이나 깊은 숲, 사막, 그리고 사람이 살 수 없는 지역으로 싸여 있다는 식으로 역사의 첫머리에 관해서 말하는 격이다. 그 때문에 가장 고매한 사물들을 더욱 심오하게 취급하는 자들에게서 가장 어리석고 유치한 몽상들을 더 흔히 찾아볼 수 있는데, 그것은 그들이 주책없는 망상과 호기심으로 사색의 허공에 잘 빠지는 까닭이다. 학문의 처음과 마지막은 이런 어리석은 수작에 놓고 있는 것이다.

　플라톤이 시적인 구름 위에 비상하는 꼴을 보라. 그가 말하는 신들의 헛소리를 들어 보라. 그러나 그는 무슨 잠꼬대로, 사람은 두 발 달린 털 없는 짐승이라고 말한 것인가? 그는 그를 비웃는 자들에게 재미나는 조롱거리를 준다. 왜냐하면 살찐 닭 한 마리를 산 채 털을 뽑아 놓고, 사람들은 이것을 플라톤의 인간이라고 부르며 다녔으니 말이다.

　에피쿠로스학파는 어떤가? 그들은 머리가 단순하기에 처음에는 그들의 원자라는 것이 얼마간의 무게와 아래로 향하는 자신의 움직임을 가지는 물체들이며, 이 원자들이 이 세상을 꾸민 것이라고 상상했다. 그러다가 그들의 반대파의 설명에 의하면, 그 원자들의 추락이 직선이고 수직이며 사방에서 평행선을 이루고 있기 때문에, 서로 붙어서 연결될 수는 없다는 주의를 받게 되었다. 그래서 그들은 그 후부터는 이 원자들에 우연히 옆으로 가는 움직임이 있고, 위에 꼬부라진 꼬리가 달려서 서로 붙어 꿰매어질 수 있다는 것을 첨가해야만 했다.

그때에도 이런 다른 고찰로 그들을 논박하는 자들은 난처한 처지에 두는 것이 아닌가? 만일 원자들이 우연에 의해서 여러 형상들을 지어 놓은 것이라고 하면, 어째서 그들은 집 한 채, 구두 한 켤레 만들어 놓을 수 없었던 것인가? 또 어째서 무한수의 그리스 문자를 마당에 뿌려 놓다가 《일리아드》의 원본을 만들게 된 것이라고 생각하지 않았던가?

사리를 알 능력이 없는 것보다 더 나은 것은 없다. 이 세상보다 더 나은 것은 아무것도 없다. 그러므로 이 세상은 사리를 알 능력이 있다고 제논은 말한다. 코타는 바로 이 논법을 가지고 이 세상을 수학자로 만들며, 역시 제논에서 나온 다른 논법을 가지고 세상을 음악가와 오르간 연주자로 만든다. 전체는 부분보다 크다. 우리는 예지를 가질 수 있으며, 이 세계의 부분들이다. 그러므로 세계는 예지롭다(현명하다). 철학자들이 그들의 사상과 학파의 불일치에서 서로 간에 주고받는 비난 속에는 그 논법이 그릇될 뿐 아니라 부적당하고 성립되지도 않아서, 그 작가들을 사려가 깊지 못하다는 책망을 받게 하는 무한히 많은 비슷한 예들을 보게 된다. 누가 인간 예지의 어리석고 미련한 수작을 한 뭉치 듬뿍 묶어 본다면 그는 엄청난 이야깃거리를 가질 것이다.

나는 여기에, 어느 모로 보아도 건전하고 절도 있는 사상에 못지않게 유익한 것을 자랑 삼아 모아 놓는다. 이런 위대한 인물들은 인간의 능력을 그렇게도 높게 올려놓으면서도, 그들에게 너무 드러나게 천한 결함을 가지고 있는 이상, 인간과 그의 감각, 이성에 관해서 평가해 줄 건더기가 무엇인지를 판단해 보자.

나로서는 그들이 마치 아무 손에나 잡히는 장난감같이 학문을 되는 대로 다루고, 헛되고 변변찮은 연장처럼 만지며, 모든 종류의 상념이나 미친 생각들을 때로는 고생하며, 때로는 흐늘흐늘하게 아무렇게나 장난삼아 내놓은 것으로 생각하고 싶어진다. 인간을 암탉이라고 정의하는 플라톤도 다른 데서는 소크라테스를 따라서 인간이 무엇인지 모르며, 극히 알기 어려운 이 세상의 부분 중 하나라고 말한다.

그 지론들이 이렇게 여러 가지이고 불확실하고 보니, 그들은 우리를 손으로 이끌어 주듯 결론을 내리지 못했다는 결론으로 묵묵히 이끌어 간다. 그들은 직업적으로 언제나 그들 사상을 명백하게 드러내 보이지 않는 버릇이 있다. 그들은 때로 그것을 시의 가공적 그림자 밑에 숨기고, 때로는 다른 가면 밑에 감춘다. 왜냐하면 우리 체질이 불완전해서 언제나 날고 기는 위에서 잘 소화되지 않기 때문이다. 그것을 건조시키고 변질시키고 삭여 놓아야 한다. 학자들이 하는 수작도 이와 같다. 때로 그는 그들 본연의 소신이나 판단을 흐리게 해서 사람들이 사용하기에 적합하게 변질시킨다. 그들은 어린애들을 놀라게 하지 않으려고 인간 이성이 무지하고 어리석다는 것을 터놓고 보여 주려 하지 않는다. 뒤죽박죽으로 자기 의견이 없는 그들 학문의 겉포장을 거쳐서 그것은 넉넉히 들여다보인다.

나는 이탈리아에서 이탈리아어를 말하기 힘들다고 하는 사람을 보고, 그에게 자기 말을 알아듣게 하기만 바라고, 특히 탁월하게 말하는 것처럼 보이고 싶지 않거든, 그의 입에 나오는 첫마디만 말하라고 권해 보았다. 라틴어이건 프랑스어이건 스페인어이건 가스코뉴어이건 첫마디만 말하고, 거기에다 이탈리아어의 어미만 붙이면, 언제나 이 나라 방언인 토스카나어이거나 로마어이거나 베네치아어이거나 피에몽어이거나 나폴리어 어느 하나에는 부딪치게 되며, 여러 말투 중의 어느 하나와는 맞게 된다고 말했다.

나는 철학에 관해서도 똑같이 말한다. 철학은 너무나 여러 가지 형태를 가졌고, 말해 놓은 것도 너무 많아서, 우리의 몽상이나 잠꼬대 따위도 모두 그 속에서 찾아볼 수 있다. 인간의 망상은 좋은 것이건 나쁜 것이건, 그 속에 없는 것을 생각해 볼 수 없다. "철학자가 말하지 않았을 정도로 졸렬하고 어리석은 말은 찾아볼 수 없다."(키케로) 그래서 나는 "아무렇게나 나오는" 생각을 더 자유롭게 사람 앞에 내놓는다. 이런 것은 어디서 본뜬 것이 아니고 내게서 나온 것이지만, 그것이 옛사람들의 심정과 닿고 있음을 나는 안다. 그렇다고 누가 "이거, 저기서 따왔군!" 하고 말해서는 안 될 일이다.

내 행동 습관은 자연스럽다. 그것을 세우는 데 나는 어떠한 가르침의 도움도 받지 않았다. 그러나 아무리 내 품성이 어리석다기로서니, 그것을 이야기해 볼 생각이 날 때는 더 점잖게 사람 앞에 내놓기 위해서 사리를 따지고, 예를 들어 보충해 갈 의무를 느낄 때는 우연히도 그것이 하고많은 철학적 사색이나 예들과 합치하게 되는 것은 나 자신에게도 놀라운 일이었다. 내 생활이 어느 부류에 속했던가는 그것이 완수되고 지나버린 다음이 아니면 알아볼 수 없었다.

새로운 풍채이다. 우연히 생긴, 예측되지 않은 철학자도 있다! 우리 영혼의 문제로 돌아오기로 하자. 플라톤이 이성은 머릿속에, 분노는 심장에, 그리고 탐욕을 간에 둔 것은 영혼의 움직임에 대한 해석이고, 한 육체가 여러 기관들을 가지고 있는 식으로 영혼을 구분하고 분할하려고 한 것은 아닌 것 같다. 그리고 그들의 지론 중에 가장 근사하게 보이는 것은, 언제나 영혼이 그의 소질로 신체의 잡다한 기구를 가지고 추리하고 회상하고 이해하고 판단하고 욕망하고, 다른 작용들을 행사하는 것이라고 하며(마치 뱃사공이 경험으로 배를 움직이며, 때로는 한 줄을 잡아당기고 또는 놓아 주고, 때로는 돛을 올린다든가 삿대를 젓는다든가 하며, 같은 힘으로 여러 효과를 내는 식이다), 영혼은 뇌수에 깃들어 있다는 생각이다. 그것은 이 부분에 부상을 입었거나 사고가 생기면, 즉각 영혼의 기능이 손상받는 것을 보아 명백하다. 거기서 영혼이 신체의 다른 부분으로 흘러간다고 보아서 불편할 것은 없다.

　　페부스(태양)는 그 운행이 결코 하늘의 중도(中道)를
　　이탈하지 않는다.
　　그러나 그는 그 광선으로 만물을 비춘다.　　　　　(클라우디아누스)

마치 태양이 하늘에서 밖으로 그 광명과 위력을 발산하여 세상을 채우는 것과 같이.

　　전체의 다른 부분인 영혼은 신체 전부에 확산되어
　　정신의 의지에 따라 그 명령에 복종하여 움직인다.　　　(루크레티우스)

어떤 자들은 세상에는 큰 신체와 같은 보편적인 영혼이 있어서 모든 특수한 심령들이 염출되었다가 다시 그리로 돌아가서 항상 이 보편적인 물질 속에 섞여 들어간다고 했다.

　　신은 대지와 광막한 대해와 심오한 창공을 통하여
　　사방으로 확산되어 간다.
　　그로부터 작고 큰 가축들, 인간들, 모든 야수의 종족들,

결국 모든 존재들이 출생하며 생명의 미묘한 요소를 빌려 온다.
그 반대로 이 모든 요소들은 분해되면 당연히 그에게 돌아간다.
그곳에는 죽음이 차지할 자리는 없다. (루크레티우스)

어떤 사람들은 영혼이 그리로 돌아가서 들어붙기만 한다고 하며, 다른 자들은 영혼이 거룩한 본질로 만들어졌다고 하고, 다른 자들은 천사들이 그들을 불과 공기로 만들어 놓은 것이라고 하며, 어떤 자들은 필요가 생긴 당시에 만들어진다고 한다. 어떤 이들은 영혼이 둥근 달에서 내려와서 다시 그리로 돌아간다고 한다. 옛사람들의 공통된 견해는 영혼이 자연의 다른 사물들과 같은 생산 방식으로 아비에게서 아들로 생산되어 간다고 하는데, 이것은 아들이 아비를 닮는 점에 근거를 둔 것이다.

네 부친의 덕성이 생명과 함께 주입되었다.
……
용감한 자는 용감하고 성실하고 곧은 자에게서 출생한다. (호라티우스)

사람들은 부친들로부터 아이들에게로 신체의 특징뿐 아니라 영혼의 심정과 기질, 경향들의 유사성까지도 흘러들어가는 것이라고 생각한다.

어째서 사나운 위세는 항상 사자족과 연결되는가?
교활은 여우족에, 도피벽은 사슴에게 아비에서 자식으로 이어져
아비 유전의 공포증은 사지를 전율케 하는가?
그것은 각 종족마다 영혼이 그 자체와 새싹을 가지고
육체와 동시에 성장되기 때문이 아닌가? (루크레티우스)

그런 까닭에 거기에 거룩한 정의가 서며 아비의 잘못을 아이들에게 처벌하는 것이니, 그것은 부친들의 악덕이 전염되어 어느 점에서 아이들에게 박혀 있고 그들 의지의 혼란이 아이들에게 관련되어 있는 까닭이다.
더욱이 영혼은 자연의 연속에 의함이 아니고 다른 데서 오며, 영혼이 육체

밖의 다른 사물들이라면, 그들은 고유하게 사색하고 추리하고 회상하는 자연적 소질이 있는 만큼, 그들 전생(前生)의 추억이 남아 있어야 할 일이라고 한다.

> 만일 영혼이 출생 때 신체에 잠입한다면,
> 어째서 우리는 지나간 생명에 관해 아무런 기억도 없는가?
> 어째서 우리는 지난날 행동한 흔적을 아무것도 보존하지 않는가?
> (루크레티우스)

왜냐하면 영혼의 성질에 우리가 바라는 대로의 값어치를 주려면, 영혼은 타고난 단순성과 순수성대로 있을 때, 모두가 박식한 것으로 예측해야 할 일이다. 그리하여 육체의 감옥에 사로잡혀 있지 않은 이상, 육체에 들어오기 전에도 육체에서 나간 뒤와 같이 그랬어야만 할 것이다. 플라톤이, 우리가 배우는 것은 이미 안 것을 생각하는 일에 지나지 않는 것이라고 말한 바와 같이, 영혼은 신체 속에 들어와서도 이 지식을 기억해야 할 일이다. 그러나 이것은 각자가 경험으로 그릇된 말이라고 주장할 수 있다.

첫째로 우리는 바로 사람들이 가르쳐 주는 것 외에는 생각나지 않으며, 그리고 기억력이 순수하게 자기 역할만 하는 것이라면, 적어도 우리에게 배워서 아는 것 이외의 어느 특징을 암시해 주어야 할 일이다.

둘째로 영혼이 순수한 때에 알고 있던 것은 존재하는 그대로의 사물들을 그의 거룩한 지성에 의해서 알고 있는 것이니, 이것이 진실한 지식이었다. 그런데 이 세상에서는 사람들이 기억력에서 가르쳐 준다고 해도, 거짓과 악덕만을 받게 하는 것이 아닌가! 여기에서는 기억력이 그 속에 이러한 영상과 개념을 담아 둔 일이 없었기 때문에 그의 기억력을 사용할 수 없다.

이 육체의 감옥 속에 질식되어서, 그의 순박한 소질이 이 세상에 들어와서 아주 소멸되었다고 말한다면, 그것은 첫째로 영혼의 힘이 너무나 위대하며 인간이 이 세상에서 느끼는 영혼의 작용이 너무나 감탄스러워서, 영혼의 과거는 거룩하고 영원했으며 미래에 영생불멸하리라고 사람들이 믿고 있는, 이 다른 신념에 반대된다.

> 영혼의 소질들의 변화가 너무 심하여
> 과거의 모든 추억이 말끔히 없어졌을 정도라면,
> 이러한 상태는 내 생각으로는 사별과 그렇게 다를 바 없다. (루크레티우스)

그뿐더러 영혼의 힘과 효과들은 여기서, 다른 데서가 아니라 이곳에서 고려되어야 한다. 그렇지 않다면 영혼의 완벽성 전부가 헛되고 무용한 일이 된다. 영혼의 영생불멸은 현상태를 위해서 보상되고 인정되어야 하며, 오로지 인간 생명을 위해서 영혼은 책임져야 한다. 영혼에게서 수단과 힘을 박탈해 놓고, 그것이 사로잡히고 갇혀서 허약하고 병약해 있는 동안, 또 이 세상에서 강제받고 억압되어 있는 동안, 이 영혼을 무장 해제시켜 두고, 아마도 한두 시간밖에 못 되는 시간, 기껏해야 한 세기밖에 못 되고, 무한에 비하면 한순간밖에 안 되는 너무나 짧은 시간에 얽매어, 저 무한하고 영원한 지속 위에 판결과 처단을 내리고, 이 간극의 순간을 가지고 그의 온 존재를 결정적으로 조정하고 처리한다는 것은 이치에 어긋날 것이다. 이렇게도 짧은 인생을 살았다는 결과로, 영원의 보상을 치르거나 받아야 한다는 것은 공정치 못한 불균형이 될 것이다.

플라톤은 이 모순을 면하기 위해서 미래에 치를 업보는 인간 생명의 지속에 상응하도록 백 년의 기한으로 제한하려고 한다. 그리고 우리 시대 사람들도 상당한 수가 거기에 시간적 한계를 두었다.

이리하여 당시 가장 널리 용인되던 에피쿠로스와 데모크리토스의 사상에서, 사람들은 영혼이 신체가 그것을 받아들일 능력을 갖는 것과 동시에 출생하는 것을 보며, 영혼의 힘은 신체의 힘과 같이 성장하는 것을 본다. 유년 시절에는 허약하고, 때가 지남에 따라서 혈기가 왕성한 시기와 성숙기가 오고, 다음에는 쇠퇴기와 노후기, 그리고 마지막에는 퇴락이 오는 것을 인정하는, 이런 명백한 증거에 따라서 그들은 영혼의 출생이 그의 생명과 같이 인간적 사물들의 공통 조건을 좇는다고 판단했던 것이다.

> 우리는 영혼이 신체와 함께 출생하며
> 그와 함께 성장하고 노쇠함을 느낀다. (루크레티우스)

영혼은 여러 정열을 겪을 수 있어서 여러 가지 괴로운 심정에 시달리며, 그 때문에 피로와 고민에 빠지고, 변질과 변화, 기쁨과 즐거움과 졸음과 지리멸렬을 겪을 수 있고, 위나 발처럼 병들고 다치기 쉽다.

우리는 정신이 병든 신체와도 같이 치유되며
의약으로 회복이 가능함을 본다.   (루크레티우스)

술의 힘으로 혼미하고 교란되며, 열병의 열기로 정신이 제자리에서 벗어나고, 어떤 약을 쓰면 잠이 들고, 다른 약에는 잠이 깬다.

그러므로 물질적 타격이 정신의 고통을 줄 수 있는 이상
정신의 실체가 형성되는 것은 물질에 의한다.   (루크레티우스)

사람들은 미친개에게 물리면 영혼의 본성 전체가 놀라 뒤집히며, 사고력의 어떠한 확고한 위대성도, 어떠한 능력이나 덕성도, 철학적 결단성도, 힘의 긴장도, 이런 재앙에서 헤어나게 할 수는 없다. 그들은 또 한 비루먹은 미친개의 침이 소크라테스의 손에 흐르니, 그의 모든 예지와 위대하게 조절된 사상이 흔들리며, 이전까지 쌓아 올린 지식이 아무런 흔적도 없이 말살되는 것을 보았던 것이다.

동일한 독의 작용으로 서로 분열되어
심령의 정력은 교란되고……
……산산이 찢기고 흩어져 날아간다.   (루크레티우스)

이 독소는 이 인물의 영혼에서도 네 살 먹은 어린아이의 영혼에서보다 더한 저항을 받지 않았을 것이다. 그것이 철학에 실체화되면, 철학 전체가 미쳐 광분하게 되는 독소이다. 그래서 카토라도 미친개에 물려서 의사들이 미친갯병이라고 부르는 병에 걸려 쓰러진다면, 죽음과 운명의 신의 목덜미를 틀어 보던 용사라도 거울 쪽이나 물을 보면 놀라움과 공포에 쓰러지며, 감히 쳐다보지도

못했을 것이다.

> 사지에 확산된 병독의 사나운 위세에 찢겨
> 심령이 입거품을 뿜고 솟게 하는 것은
> 흡사 염분 짙은 푸른 바다에 폭풍의 사나운 기세가
> 파도를 끓어오르게 하여 포말 짓는 모양이다. (루크레티우스)

이 점에서 철학은 다른 모든 재앙을 당하는 고통에 대해서, 인간을 인내심으로, 또는 이것이 너무 힘에 벅차면 실수 없이 책임을 벗게 한다. 즉, 자기 감각을 완전히 박탈하는 것으로 인간을 무장시켜 주었다. 그러나 이런 일은 영혼이 태연자약하며, 자기 힘을 지배하고 사색과 숙고가 가능한 경우에 사용되는 방법이지, 철학자가 영혼이 혼란되고 전도되어 미친 사람의 마음이 되어 버리는 불행을 당한 경우의 일은 아니다. 이런 일은 영혼이 어떤 강력한 격정 때문에 너무나 맹렬한 충격을 받았거나, 신체의 일부에 심한 상처를 입었거나, 또는 위 속의 질병의 발산으로 우리의 머리가 어지러워지며 돌게 되거나 하는 여러 경우에도 일어난다.

> 신체가 병들면 정신은 혼미하게 되어 방황한다.
> 정신은 거칠게 헛소리 내고 폭언하며
> 때로는 둔중한 마비로 눈은 감기고 머리는 숙여지며
> 영혼은 영원한 혼수의 심연으로 실려간다. (루크레티우스)

철학자들은 이런 심금의 줄을 거의 건드려 본 일이 없는 것 같다.

그와 똑같이 중대한 다른 마음의 줄도 건드려 보지 않은 것이다. 그들은 우리들의 죽어 갈 조건을 위로하기 위해서 항상 이런 모순된 말을 입에 담으며, "영혼은 반드시 멸망하거나 영생불멸이다. 만일 반드시 멸망하는 것이라면 영혼은 고통이 없을 것이다. 만일 영생불멸이라면 영혼은 업보를 받을 것이다"라고 한다. 철학자들은 "만일 영혼이 더 언짢게 되면 어쩌나?"라는 이 다른 가지를 건드리지 않는다. 그리고 미래의 고역에 관한 위협의 묘사는 시인들에게 맡겨 둔다. 그러나 그 때문에 자기들은 더 좋은 수를 본다. 그것은 그들의 논법에서 내 눈에 드러나면, 이 두 가지는 제외 사항이다. 나는 그 첫 번 사항으로 돌아온다.

이 영혼은 그렇게도 한결같고 견실한 스토아학파의 최상의 선에 대한 고마움을 잊어버린다. 우리의 훌륭하다는 그 예지는 이 점에서는 항복하고 무기를 버려야 한다. 그뿐더러 또 인간 이성의 허영심에서 불멸자와 영생불멸자같이 아주 판이한 두 부분들의 혼합과 협동은 상상해 볼 수 없는 일이라고 생각했다.

> 사실 반드시 멸할 자를 영원자에게 결합시키고
> 둘 사이에 공통의 마음과 상호 반영이 있다고 상상함은 미친 생각이다.
> 당연히 멸할 자를 영원의 불멸자에게 협동하여
> 폭풍우의 사나운 위세를 감당하도록 결합시키는 시도보다
> 서로 간에 더 반발적이고 이질적이고 더 충돌할 일을
> 상상해 볼 수 있는가? (루크레티우스)

뿐만 아니라 그들은 영혼이 육체와 같이 죽음에 관련되어 있음을 느끼고 있었다.

> 영혼은 나이의 무게 밑에 합해 쓰러진다. (루크레티우스)

이것은 제논에 의하면, 수면의 모습이 우리에게 충분히 보여 준다. 왜냐하면 그는 수면을 육체와 아울러 영혼의 쇠약이며 추락으로 간주했던 것이다. "그는 (수면 속에) 영혼이 위축되고, 그리고 거의 쇠퇴하여 전도되는 것으로 간주한다."(키케로) 그리고 어떤 자들의 경우에 영혼의 힘과 정력이 생명의 종말까지 유지되는 것이 보이는 사례로, 사람들 중에 이런 궁극의 처지에서 어떤 자는 어떤 감각을, 다른 자는 다른 감각을, 어떤 자는 청각을, 어떤 자는 촉각을 변함없이 유지하며, 사람은 아무리 쇠약해졌다 해도 그중의 한 부분은 온전히 힘차게 유지하고 있는 것이 보이기 때문에, 그들은 이것을 질병의 여러 양상에

결부시켜 생각하는 것이었다.

> 발을 앓는 환자가 발은 아프더라도
> 그동안 머리는 아무런 고통도 받지 않는 격이다.   (루크레티우스)

우리의 판단력이 보는 바 진리에 대한 관계는 아리스토텔레스가 말한 것처럼 올빼미의 눈과 태양의 찬란한 빛의 관계와 같다. 그다지도 천한 맹목성을 가지고 이렇게도 명백한 빛 앞에 서는 사정보다, 우리는 무엇으로 이런 관계를 더 잘 설복할 수 있는가?

키케로가 최초로 소개한 영혼의 영생불멸에 대한 반대 사상은, 적어도 서적에 밝혀진 바로는 툴루스왕의 시대에 페레키데스 시루스에 의해서 시작된다고 하는데(어떤 사람은 탈레스의 착상이라고 하고, 어느 사람은 다른 자들에게 전가하고 있다), 이것은 가장 의문을 남겨 두고 취급된 인간 지식의 일부이다. 확고한 독단론자들은 이 점에 관해서는 아카데미아(플라톤학파)의 그늘에 의지해서 숨어 있지 않을 수 없다. 아리스토텔레스가 이 문제를 어떻게 처리했는지, 그리고 '그들이 증명하기보다 차라리 약속하고 있는 가장 착하고 아름다운 사물로', 흔들리는 신념을 가지고 다루는 옛사람들 대부분이 어떻게 처리했는지는 아무도 모른다.

그(키케로를 가리킴)는 가장 난삽하고 이해할 수 없는 말과 뜻의 구름 속에 숨어서, 이 문제와 마찬가지로 그의 판단에 관해서 그의 추종자들에게 토론거리를 남겨 주고 있다. 그들에게는 이 견해가 두 가지로 그럴듯하게 보였다. 하나는 영혼의 영생불멸 없이는 세상 사람들이 놀라울 만큼 신용하며 존중하고 있는 영광에 관한 공허한 희망을 세워 볼 기초가 없어지는 것이며, 또 하나는 플라톤이 말하듯 인간 정의의 불확실하고 침침한 시야에서 악덕이 죄를 벗는 일이 있어도, 그것은 언제까지나 하늘의 정의가 추구하는 목표로 남아서, 즉 죄인들이 죽은 뒤까지 그들의 책임이 추궁된다는 생각이 대단히 유익한 사상이 되는 것이다.

사람은 자기의 생명을 연장하려는 극단적인 생각에 사로잡혀 있다. 그는 여기에 그의 모든 소질들을 준비하여 두었다. 그래서 신체의 보존을 위해서는 무덤이 있고, 이름의 보존을 위해서는 영예가 있다.

   그는 운명에 안절부절못해 자기를 다시 세우고, 그의 계획으로 자신을 떠받치려고 모든 재주를 이용했다. 영혼은 그 자체가 혼란되고 허약해서 제 발로 일어설 수 없기 때문에, 자기가 매달려 박혀 있을 외부의 사정 속에 위안과 희망과 기반을 찾아다녔다. 그리고 그의 상상력이 이런 것을 아무리 경박하고 황당하게 꾸며 보여 주어도, 그는 자신보다도 이런 것에 더 안심하고 즐겨 의지한다.

   그러나 정신의 영생불멸에 관한 정당하고 명백한 확신에 가장 완고한 자들이, 그들의 인간적인 힘으로 이것을 증명하기에 얼마나 모자라고 무력한 처지에 있는가를 보는 것은 놀라운 일이다. "이런 것은 가르치는 자가 아니라 욕망하는 자의 몽상이다"(키케로)라고 옛사람은 말했다. 인간이 이 사실을 경험하면서 스스로 발견하는 진리는 운명과 우연의 덕택이라고 인정할 수 있다. 왜냐하면 그가 진리를 손에 잡았을 때에도 이를 파악하고 유지할 능력이 없고, 그의 이성은 이것을 이용할 힘이 없기 때문이다. 자신의 이성과 능력으로 생산된 사물들은 진실하건 거짓이건 모두 불확실성과 힐난을 면치 못할 것들이다. 하느님이 옛날 바벨탑을 무너뜨리고 혼돈을 일으킨 것은, 우리의 오만을 경계하고 우리의 비참하고 무능력한 처지를 깨우쳐 주기 위한 일이었다.

   그의 도움 없이 우리가 기도하는 것이나, 신의 은혜로 등불을 밝히지 않고 우리가 보는 모든 것은 허망하고 미친 생각에 지나지 않는다. 한결같이 변함없는 진리의 본질도 운명 덕분에 우리가 그것을 소유하게 될 때에는, 우리들의 허약성 때문에 그것을 부패시키고 타락시킨다. 인간이 자기 재주로 어떠한 길을 잡아 보아도 하느님은 언제나 렘로드의 자만심을 꺾고 그의 피라미드 건축의 헛된 시도를 무너뜨린 그 정당한 징벌을 가지고, 우리에게 그 모습을 그렇게도 생생하게 보여 주는 바로 그 혼란에 빠지게 한다. "나는 현자들의 예지를 전도시키고 신중한 자들의 신중성을 무너뜨리리라."(성 바울, 고린도서)

   하느님이 인간 사회라는 작품을 교란하는 수단으로 쓰신 저 방언들과 언어의 잡다성은 인간 지식의 헛된 구조를 수반하며, 그것을 혼란시키는 사상 사이에 끊임없이 일어나는 논쟁과 불화를 의미하는 것 외에 무엇이란 말인가? 하느님이 이 인간 지식의 구조를 뒤섞어 놓으시는 것은 유익한 일이다. 만일 우리가 지식의 한 낱말이라도 갖게 된다면 누가 우리를 제어할 것인가? "우리에게 유익한 사물의 지식을 감추는 암흑은 겸양을 위한 훈련이며, 오만에 대한 제어이다"(성 아우구스티누스)라는 성자의 말씀은 대단히 내 마음에 든다. 우리의 맹목성과 우둔성은 어느 정도의 오만하고 분수 넘친 수작이라고 우리를 밀어 내지 않을 것인가?

그러나 내 문제로 다시 돌아와서, 우리가 영원한 복지의 향락을 이루는 영생불멸이라는 과실을 오로지 하느님의 두터운 덕에서 받는 것인 이상, 우리가 오로지 하느님께, 그리고 그의 은혜와 그렇게도 고귀한 신앙적 진리의 혜택에 매여 지내게 되어 있다는 것은 참으로 당연한 일이다.

하느님만이, 그리고 신앙만이 우리에게 그렇게 말했다고 솔직하게 고백하자. 왜냐하면 이것은 본성의, 그리고 우리 이성의 가르침은 아니기 때문이다. 그리고 이 거룩한 특권 없이 인간의 존재와 그의 힘을 안으로 밖으로 다시 시험해 보는 자, 또 아첨하지 않고 인간을 똑바로 쳐다보는 자는 거기에서 죽음과 흙냄새밖에 다른 것을 느끼게 하는 아무런 효율도 소질도 보지 못할 것이다. 우리가 하느님께 더 많이 바치고, 은혜를 입고, 갚아 드리고 하면 할수록 우리는 더욱 기독교인답게 행하는 것이 된다.

이 스토아 철학자가 민중의 소리의 우연한 일치에서 따 왔다고 말하는 것보다는 그가 이것을 하느님께 받았던 편이 낫지 않았던가? "우리가 영혼의 불멸에 관해서 토론할 때는, 지옥의 신들을 두려워하거나 무서워하고 숭배하는 인간들의 공통된 의견이 적은 무게를 가진 논법이 아님을 본다. 나는 이 일반의 신념을 이용한다."(세네카)

그런데 이 문제에 관한 인간적 논법의 허약성은, 우리의 영생불멸이 어떠한 조건에 있는가를 찾아보기 위해서 그들이 이 견해에 이어서 덧붙인 허황된 사정들을 보아도 자세히 알아볼 수 있다. "그들은 우리에게 까마귀 같은 장수(長壽)를 준다. 그들에 의하면 우리 심령은 오래 살아야 한다. 그러나 영원히 사는 것은 아니다"(키케로)라고 하면서, 영혼에게 이 세상 너머에 생명을 주기는 하나 한계를 두고 있는 저 스토아학파들은 치워 두자. 가장 보편적이며 널리 인정받는 견해로, 우리 시대에까지 여러 곳에 남아 있는 것으로는 피타고라스가 그 작가라고 하지만, 그가 최초에 말한 것이 아니고 그가 인정했다는 권위로 그만큼 더 무게와 신용을 얻은 견해가 있다. 그것은 영혼이 우리를 떠난 다음에는 이 신체에서 다른 신체로, 사자에서 말(馬)로, 말에서 임금으로 굴러다니며, 끊임없이 이 집에서 저 집으로 돌아다닌다는 사상이다.

그리고 그는 자기가 전에는 아이탈리데스였고, 다음에는 에우포르보스였다가, 그 뒤는 헤르모티모스이다가 마지막에 피로스에서 피타고라스로 넘어 왔다고 하며, 206년의 자기 일이 기억난다고 말했다. 어떤 자들은 이 영혼들은 때로는 하늘로 올라갔다가 다시 내려온다고 부언하는 것이었다.

오오, 아버지시여,
영혼으로 여기서 하늘로 올랐다가 다시 무거운 몸으로
귀환하기를 희망하는 자 있다고 생각해야 합니까?
어디서 이 불행한 자들에게 빛으로의 철없는 갈망이
나오는 것입니까?　　　　　　　　　　　　　　　(베르길리우스)

오리게네스는 영혼을 영원히 좋은 상태에서 나쁜 상태로 오락가락하게 한다. 바로가 진술하는 견해에 의하면, 영혼은 440년 주기로 처음 신체로 돌아온다고 하며, 크리시포스는 그것이 한정되지 않은 시간의 틈을 두고 일어나야 할 일이라고 말한다.

플라톤은 영혼들이 무한한 변천을 겪게 되어 있으며, 이 세상에서의 생명은 일시적인 것이기 때문에 내세에 가서도 아무런 형벌이나 보상도 받지 않는다는 신념을 핀다로스와 옛 시가에서 전해 받았다고 말했다. 그리고 영혼에는 회상의 재료로 그가 여러 여행에서 보고 다시 지나고 체류해 본 하늘이나 지옥이나 이 세상에 관한 특수한 지식이 있다고 결론짓는다.

영혼이 다른 곳에서 지내는 과정은 이러하다. 착하게 산 자는 그에게 지정된 별로 올라가고, 나쁘게 산 자는 여자가 되며, 그때에도 행실을 고치지 않으면 그의 악한 행동 습관에 맞는 짐승으로 다시 변한다. 그가 이성의 힘으로 자기가 가졌던 천하고 어리석고 유치한 소질들을 벗어던지고 순진한 체질로 다시 돌아오는 날까지, 그의 징벌은 끝을 보지 못할 것이라고 한다.

허나 나는 에피쿠로스학파들이, 영혼이 이렇게 이 신체에서 다른 신체로 옮긴다고 하는 견해에 반대하고 있는 것을 기억한다. 이 반대 의견은 흥미롭다. 그들은 죽는 자들의 무리가 출생하는 자들의 수보다 더 많아질 때에는 어떤 순서로 봐야 할 것인가 하고 물어본다. 왜냐하면 자기가 있던 집에서 떠나온 영혼은 이 새로 들어갈 집 속에 누가 먼저 자리 잡을 것인가 하고 서로 미어지도록 대들 것이기 때문이다. 그들은 영혼들에게 새 집이 마련되는 동안, 무슨 짓을 하며 시간을 보낼 것인가를 물어본다. 또는 거꾸로, 죽는 수보다 더 많은 동물들이 출생한다면, 그 신체들은 영혼이 주입되기를 기다리며 극히 곤란한 처지에 서게 되고, 그중에 어떤 자들은 살아 보기도 전에 죽을 것이라고 말한다.

> 결국 영혼은
> 비너스의 신방과 분만의 산실에 지키고 서 있어야 하며,
> 이 영생불멸자들은
> 사라질 기관들을 기다리며 군집하여 몰려와서,
> 서로 먼저 자리에 들어가려고 다투어
> 질주한다는 것은 어리석은 짓이다. (루크레티우스)

다른 자들은 영혼을 죽은 자들의 신체에 멈추어 두고, 우리의 사지가 썩은 것, 즉 우리의 유해에서 생긴다고 말하는 뱀이나 벌레나 다른 짐승들에게 생명을 주고 있다. 또 다른 자들은 영혼을 둘로 쪼개어 한쪽은 필멸로, 다른 쪽은 영생불멸로 만든다. 다른 자들은 영혼을 육체적으로 보지만, 영생불멸이라고 한다. 어떤 자들은 영혼을 영생불멸로 보지만, 지식과 이해력은 없다고 한다.

또 죄수들의 영혼은 마귀가 된다고 생각한 자들도 있다(그리고 우리들 중에도 그렇게 판단한 자들이 있다). 마치 플루타르크가 구제된 영혼들에게서 신들이 나온다고 생각하는 것과 같다. 이 작가는 다른 데서는 모두 의심스럽고 애매한 방식으로 말하면서 여기서만큼은 드물게 결단적으로 말한다. "도덕적인 인간들의 영혼은 그 본성과 거룩한 정의로 보아서, 인간에서 성자가 되고 성자에서 반신(半神)이 되고, 반신에서는 정화의 희생 같은 것으로 완전히 청소되고 순화된 다음, 모든 수동성과 필멸성(必滅性)에서 해탈되고 나서, 인간들의 법률

도 거칠 것 없이 진실로, 그리고 진실한 사리를 따라서 완벽한 신이 되어 지극히 행복하고 영광스러운 종말을 맞는다고 생각하고 확고하게 믿어야 한다."

그러나 이 무리들 중에서는 가장 조심스럽고 절도 있는 그가, 더 과감하게 싸워 가며 이 문제에 관한 기적들을 우리에게 이야기해 주는 것을 보고 싶은 사람들에게는, 나는 그의 《달에 대하여》와 《소크라테스의 다이몬에 대하여》라는 책을 읽어 보라고 권한다. 거기에는 철학상의 신비가 시가(詩歌)의 신비와 공통되는 괴기한 모습을 품고 있는 것이 다른 어디서보다도 명백하게 증명된다. 인간 오성이 모든 사물들을 궁극까지 탐구하여 지배하려고 하다가 혼란에 빠지는 것은, 마치 우리가 인생의 오랜 생애의 힘들고 어려움에 지쳐서 마침내 다시 갓난아이 상태로 돌아오는 식이다.

이것은 우리 영혼의 문제에 관해서 인간의 지식에서 끌어내는 훌륭하고 확실한 교훈이다. 인간의 지식이 육체의 부분들에 관해서 우리에게 가르쳐 주는 것에도 못지않게 경솔한 점이 많다.

거기서 한두 가지 예를 들어 보자. 왜냐하면 너무 캐어 가다가는 의학상 잘못의 바다와 같이 넓은 혼란 속에 정신을 잃을 것이다. 적어도 인간이 서로 무슨 물질로 생산되는가 하는 점에서라도 의견이 일치되는가 알아보자. 인간들의 최초의 생성에 관해서 그렇게도 인간의 오성이 혼돈스럽고 헛갈리는 것은 해괴한 일이 아니다. 자연 철학자 아르케실라오스는, 아리스토크세노스에 의하면 소크라테스가 그의 제자이며 애동(愛童)이었다는데, 인간은 동물들과 마찬가지로 대지의 열에서 뽑아낸 우유 같은 진흙으로 만들어졌다고 했다.

피타고라스는 인간의 정액은 가장 좋은 피의 거품이라고 했다. 플라톤은 이것이 등뼈의 골수에서 흘러내렸다고 하며, 인간이 그 짓을 하고 난 다음에 가장 먼저 피로를 느끼는 곳이 이 부분이라고 하며, 그것이 그래야만 할 징조로 그것을 과도하게 애쓰며 하는 자는 눈이 흐려진다는 사실을 들고 있다. 데모크리토스는 정액을 육체 전체에서 뽑아낸 물질이라고 하고, 에피쿠로스는 영혼과 육체에서 뽑아낸 것이라고 하며, 아리스토텔레스는 우리의 사지에 마지막으로 퍼져 가는 피의 양분에서 끌어낸 배설물이라고 한다. 다른 자들은 생식기의 열에 피를 삶아서 소화해 낸 것이라고 하며, 이 짓의 극심한 노력 끝에는 순수한 피를 토하는 것을 보고 판단한 것인데, 이렇게도 무한히 혼돈을 일으키는 논법들 중에 그럴듯한 것이 있다면, 이 해석이 그래도 가장 근사하게 보인다.

그런데 이 정액이 열매를 맺게 하는 데는 얼마나 많은 반대 의견이 나오는가를 보자. 아리스토텔레스와 데모크리토스는 여자들은 정액을 갖지 않았다고 하며, 그녀들이 쏟는 것은 이 동작의 쾌감에서 나는 열 때문에 쏟아 놓는 땀에 지나지 않고, 생산에는 아무 소용이 없는 것이라고 한다. 갈레노스와 그의 추종자들은 반대로 양쪽 씨들이 서로 만나지 않으면 생산이 이루어질 수 없다고 했다.

이처럼 의사·철학자·법률가, 그리고 신학자들은 여자들이 어떠한 내력으로 열매를 맺게 되는가 하는 문제를 두고 부인들과 논쟁을 하며 싸우고 있다. 그리고 나는 자신의 예로 보아서 그들 중에 어린애가 되기에는 열한 달 걸린다고 주장하는 설에 가담한다. 세상은 이 경험으로 세워졌고, 아무리 천한 여자라도 이런 논쟁에 대해서 자기 의견을 말하지 못할 자는 없는데, 그런데도 우리의 의견은 서로 일치할 수가 없단 말이다.

이것만 해도 인간은 정신적인 면뿐만 아니라 육체적인 부분들을 가지고도 자신에 관한 지식을 얻지 못했다는 증명이 충분히 된다. 우리는 인간을 그 자신에 대면시키고, 그의 이성을 그 이성에 대면시켜서, 이 이성이 무엇을 말할 수 있는가를 보았다. 이성이 그 자체와도 양해되지 않은 것을 나는 충분히 보여 주었다고 생각한다.

자기를 양해하지 않은 자가 무슨 일이라고 양해할 수 있을 것인가? "흡사 인간은 자기 자신을 인식할 수 없는 터에, 그 밖의 다른 사물은 계량할 수 있다는 식이다."(플리니우스)

프로타고라스는 자신도 모르는 인간을 모든 사물의 척도로 삼으며, 참 훌륭한 말로 이야기하고 있었다. 그의 말이 아니었던들, 다른 피조물이 이런 장점을 갖는 일은 그의 권위가 허용하지 않았을 것이다. 그런데 그는 그 자신과 그렇게도 모순되며, 자신이 내린 판단을 끊임없이 다른 판단으로 뒤집고 있으니, 이 유리한 제언은 필연적으로 컴퍼스와 컴퍼스 사용자가 모두 무능하다는 결론으로 우리를 이끌어 가는 웃음소리에 지나지 않는다.

탈레스가 인간에 관해서 안다는 것이 인간에게는 대단히 어렵다고 생각한 것은, 다른 모든 일에 관한 인식이 인간에게는 불가능하다는 것을 가르쳐 주는 일이다.

*공주님께 드리는 경고(이 글 전체는 앙리 2세의 딸이자 앙리 드 나바르의 아내인 마르그리트 드 발로아에게 바친 것으로 간주되고 있다)

공주님을 위해서 나는 습관과는 반대로 이렇게 오래 말을 끌어온 것인 바, 공주님께서는 이미 날마다 배워 온 평범한 논법의 형식으로라도 스봉의 설을 지지하기를 피하지 않으실 것이며, 이 점에서 공주님의 정신과 학문을 수련하실 것입니다. 왜냐하면 여기에 내놓는 마지막 격검 술법은 최후의 처방으로만 사용해야 됩니다. 그것은 절대 절명의 타격인 만큼, 적의 무기를 쳐부수기 위해서 자기 무기도 부숴 버려야 하는 수법이며, 아주 드물게 극히 조심해서 써야 하는 비밀 술법입니다. 다른 사람을 때려 눕히려고 자기 자신도 쓰러진다는 것은 너무 심한 비약입니다.

고브리아스가 그랬듯이 원수를 갚기 위해서 자기가 죽어서는 안 됩니다. 왜냐하면 그가 페르시아의 어느 귀인과 달라붙어 싸우고 있을 때, 다리오스가 손에 칼을 들고 달려와서 잘못 치다가 고브리아스를 다칠까 염려하며 주저하고 있자, 그는 다리오스에게 둘을 다 한꺼번에 칼로 쳐야 할 때는 과감하게 그대로 내리치라고 소리 질렀던 것입니다.

무기와 전투 조건이 너무 절망적이어서 이편도 저편도 구제해 볼 가망이 없어졌을 때, 기회가 와서 양편을 다 처단해 버리던 예를 알고 있습니다. 포르투갈인들이 튀르키예인 열넷을 인도양에서 사로잡았더니, 이 포로들은 사로잡힌 신세를 참지 못하여, 자기들이나 승리자들이나 배 할 것 없이 잿더미로 만들어 버리려고 결심하고는 배의 못 여러 개를 비벼서 그 불똥이 대포 화약통에 튀게 하여 모두 태워 버리는 데 성공했던 것입니다.

우리는 여기에 학문의 한계와 그 마지막 장벽을 뒤흔들고 있습니다. 학문의 극단은 도덕의 극단과 마찬가지로 악덕에 빠집니다. 언제나 평범한 길을 잡으세요. 너무 정교하고 치밀하며 미묘한 것은 결코 좋지 않습니다. 토스카나 지방의 격언으로, '너무 가늘게 만들다가 잘못하면 부러진다'는 말을 기억하세요.

공주님께서는 의견이나 사상은 행위나 다른 모든 일과 같이, 절도와 중용을 취하고 신기한 것과 색다른 일은 피하시도록 권합니다. 모든 터무니없는 방법은 내 비위에는 맞지 않습니다. 공주님께서는 그 위대한 지체에서 모든 권위와, 더욱이 공주님께서 몸에 지닌 탁월한 소질이 이루어 놓은 업적으로, 눈만 깜박거려도 하고 싶은 대로 사람을 부릴 수 있는 터이니, 이런 직분은 학문을 직업으로 하는 인물로 공주님을 위해서 이 제목을 아주 다른 방도로 지지하고 풍부히 해 줄 분에게 맡겨 두어야 할 것입니다. 그러나 여기 이것만으로도 공주님의 필요에는 충분합니다.

에피쿠로스는 법률에 관해서, 가장 나쁜 법률도 우리에게는 필요하며, 그것 없이는 사람들은 서로 잡아먹을 것이라고 했습니다. 그리고 플라톤은 거의 이와 같은 말로 법률이 없으면 우리는 야수와 같이 살 것이라고 하며, 이것을 증명하려고 시도합니다.

우리의 정신은 주책없이 헤매는 위험한 연장입니다. 이 정신에 질서와 절도를 지어 주기는 쉽지 않은 일입니다. 그리고 우리 시대에도 정신이 다른 사람들보다 어딘가 드물게 탁월하고 범상치 않게 민첩한 인물을 보면, 거의 모두 그 사상과 행동 습관이 방자함으로 흐르고 있습니다. 그중에서 침착하고 사귀어 볼 만한 사람을 만나 본다는 것은 기적과 같은 일입니다.

사람들이 인간 정신에 될 수 있는 한 엄격한 제한을 두는 것은 옳은 일입니다. 공부에서나 다른 일에서나 그 보조를 재어서 조정해야만 합니다. 그것이 추구하는 바의 한도를 기술적으로 끊어 내야 합니다. 사람들은 종교와 법률과 습관과 학문과 교훈, 이 세상에서의 또는 영겁의 형벌과 보상으로 정신을 얽매고 지도합니다. 그렇게 해도 사람들은 입이 싸고 속이 풀어져서 정신은 모든 제약에서 벗어나는 짓을 합니다. 그것은 어디를 잡아 보아도 붙들리지도 잡히지도 않는 공허한 물체입니다. 잡아 매기에도 잡아 보기에도 방도가 없는 잡다하고 형편없는 물체입니다.

누구이건 그 자체의 행위에 신뢰할 수 있고 경박하지 않게 절도를 지키고, 일반의 사상을 벗어난 영역에 자기의 판단으로 자유로이 헤어갈 수 있을 만하게 잘 태어나고, 강력하게 조절되고, 혈통이 좋은 심령을 가진 자는 드뭅니다. 그들을 늘 보호와 감시하에 두는 것이 더 나은 방편입니다.

정신이라는 것은 그것을 질서 있고 조심스레 사용할 줄 모르는 자에게는, 그 정신의 소유자에게까지도 극히 위험한 칼날이 됩니다. 짐승들이라도 이보다 더 그의 발걸음 앞에 시야를 제한하고 복종시키기 위해서 가리개를 대며, 습관과 법률이 그에게 그려 주는 자국 밖으로 여기저기 헤매는 것을 막아 줄 필요가 있는 것은 없습니다.

그러므로 무슨 일이든지 미친 듯이 방자하게 행동하기보다는, 길든 행동 습관 속에 자신을 억제하며 가는 것이 마땅합니다. 그러나 요즈음 나오는 박사님들 중 누군가가 공주님 앞에서 자기 신세와 공주님의 심령 구제를 해쳐가며 교묘한 논법을 쓰려고 기도하는 일이 있거든, 날마다 공주님의 궁전 안(마르그리트 드 발로아가 있던 나바르 궁전은 종교 전쟁 당시에 신교도들의 중심지였다)에 퍼져 가는 이 위험한 페스트를 제거하기 위해서, 지금 극도로 위험한 이 마당에, 이 방부제는 악독의 전파에 대해서 공주님이나 주위 사람들이 감염되는 것을 막아 줄 것입니다.

그러니 옛사람들은 정신의 자유와 천박성에서, 철학과 인간의 지식에 색다른 여러 사상의 파벌을 만들고, 각자가 자기 식으로 판단하며, 자기 행동에 관한 결정을 택하려고 기도하는 것입니다. 그러나 사람들이 모두 한 길을 향하고 있는 지금에 와서는, '고정적으로 결정된 사상에 구축되어, 그것을 받들며, 그들이 찬성하지 않는 사물들까지도 옹호해 주어야 할 지경에 이르렀고'(키케로) 우리는 공민의 권위와 명령으로 교육을 받고 있으며, 학과들은 한 시조와 동일한 제도와 제한된 훈련을 받고 있습니다. 이런 정도이니, 사람들은 돈의 무게와 가치가 얼마나 가는가를 달아 봄이 아니고, 일반이 승인하여 통용되는 가치를 저마다 자기 나름대로 받아들입니다. 사람들은 그 순수성을 논하지 않고 통용성을 가지고 말합니다. 이렇게 모든 일은 똑같이 되어 갑니다.

의학도 기하학과 마찬가지로 받아들이며, 속임수·홀림·불기증(不起症)·주술, 죽은 사람의 혼백과 접하기, 예언, 하늘의 별자리 구분 등과 철학석(哲學石)을 찾아내려는 우스꽝스러운 노력에 이르기까지 모든 일이 이의 없이 되어 갑니다.

사람들은 화성 자리는 손바닥의 삼각형 가운데에 있고 금성은 엄지에, 수성은 새끼손가락에 자리 잡았으며, 집게손가락에서 새끼손가락으로 가는 금이 집게손가락의 돌출부를 끊으면 잔인하다는 표이고, 그 금이 가운뎃손가락에서 없어져서 타고난 중간선이 같은 자리에서 생명선과 각을 만들면, 비참하게 죽을 운명의 표라는 것 따위만 알려고 합니다. 그리고 만일 여자가 타고난 금이 열려서 생명선과 함께 각을 이루지 않으면, 그 여자가 정숙하지 못하리라는 것을 지적합니다. 나는 공주님을 증인으로 대고 싶습니다. 이런 학문을 가지고 있는 사람이 왜 모든 사회에서 명성과 총애를 받고 지내지 못하는가를 말씀해 보세요.

✽인간은 지식을 가질 수 없다

테오프라스토스는 감각으로 지도된 인간 지식은 어느 정도까지는 사물들의 원인을 판단하지만, 궁극적으로 태고의 원인에 이르면 그 능력이 약하거나 사물을 이해하기가 곤란해서, 그 지식의 능력은 정지되거나 막힌다고 했다. 우리의 능력은 어떤 사물들을 이해하는 것까지는 할 수 있으나, 그 힘에는 한도가 있기 때문에, 그 밖의 일을 다루는 것은 당돌하다고 보는 것이 중용의 온화한 의견이다. 이 의견은 믿을 만하며 점잖은 사람들의 주장이다.

그러나 우리의 정신에 한계를 지어 주기는 어렵다. 그것은 호기심이 강하고 탐욕이 많기 때문에, 단 50걸음보다 차라리 1천 걸음 앞서서 미리 정지할 줄 모른다.

인간의 사고력은 어떤 자가 실패하고 다른 자가 성공한 이유를 찾아보고, 어느 세기에는 알아보지 못한 사실이 다음 세기에는 그 이유가 밝혀졌고, 예술과 학문은 틀에 넣어 박아 내는 것이 아니라는 것을 경험으로 겪어 보았기 때문에, 사람들은 마치 곰이 새끼를 핥아 서서히 형체를 만드는 식으로, 정신을 주물러 닦아서 서서히 만들어 간다. 내 힘이 밝혀 내지 못하는 것을 나는 탐구하며 찾아보기를 그치지 않는다. 그래서 이 새로운 재료를 다시 만지고 이기고 주무르고 데워서, 나는 내 뒤에 오는 자에게 이것을 더 편하게 누릴 방법을 열어 주고, 이 재료를 더 부드럽고 손에 맞도록 만들어 준다.

히메티아의 봉랍이
햇볕에 물러져 손가락에 이겨져서 수없는 형체로 되며
바로 이 노력으로 다음의 사용에 더 편하게 되듯.　　　　　　(오비디우스)

이 둘째 번 사람은 셋째 번 사람에게 똑같은 일을 해 줄 것이다. 그 때문에 일이 아무리 곤란해도, 내가 아무리 무력해도 절망하지 않는다. 왜냐하면 그것은 내가 무력한 것뿐이기 때문이다. 인간은 어떤 일을 할 수 있듯이 모든 일도 할 수 있다. 테오프라스토스가 말하듯, 만일 인간이 태초의 원리와 원칙들에 관한 무지를 고백하거든, 그의 다른 지식들도 과감하게 포기시킬 일이다. 그것의 기초가 결여된다면, 그의 논법은 땅바닥에 무너진다.

토론과 탐구는 원칙들밖에 다른 목표도 한도도 없다. 이 목표가 그의 경로를 결정짓지 않는다면, 그는 무한정 결정을 내리지 못한 상태에 놓인다. "한 사물은 다른 사물보다 더 많이 또는 더 적게 이해될 수는 없다. 그것은 모든 사물에는 이해하는 방식이 하나밖에 없기 때문이다."(키케로)

그런데 영혼이 무엇이든지 이해한다고 하면, 먼저 영혼 그 자체를 알아야 하는 것이 진실일 것이다. 만일 영혼이 자기 밖의 무슨 일을 알고 있다면, 다른 일보다도 먼저 자기 신체와 자기 칼집을 알 일이다. 오늘날까지 의약의 신들이 인체의 해부에 관해서 토론하는 것을 보면—

　물키베르(화산의 신)는 트로이의 반대편에,
　아폴론은 트로이 편에 섰다.　　　　　　　　　　(오비디우스)

그들의 의견이 일치할 때를 언제까지든 기다려야 할 것인가? 우리는 눈의 흰 빛과 돌의 무게보다도 자신과 더 가깝다. 만일 인간이 자기를 알지 못한다면, 어떻게 자기 기능과 힘을 알 수 있을까? 우리에게 지식이 들어온다는 일이 있을 수 없다는 것은 아니다. 그러나 그것은 있다고 해도 우연의 일이다. 그리고 같은 길과 같은 방식과 같은 행위로 우리 영혼은 과오를 받아들이는 만큼 진리와 거짓을 구별하거나 골라잡을 방편이 없다.

아카데미아 학파들은 판단하는 어떤 경향을 인정하며, 눈이 검기보다는 희다는 것이 더 진실하지 않다고 말하거나, 우리 손으로 내던지는 돌의 움직임이나 제8천국의 움직임을 확신할 수는 없다고 말하는 것은 너무나 미숙한 논법이라고 했다. 사실 우리 상상력 속에 쉽사리 들여놓을 수 없는 이런 곤란함과 괴이함을 피하기 위해서, 그들이 아무것도 알 수 없다는 논법을 세우고, 진리는 인간의 눈이 침투할 수 없는 깊은 심연 속에 묻혀 있는 것이라고 해도, 그래도 그들은 어떤 사물이 다른 사물보다 더 진실한 듯하다고 고백하며, 그들의 판단력이 다른 겉모습보다는 어떤 확실성으로 기울어지는 소질이 있는 것을 받아들이고 있었다. 그들은 인간의 판단력이 어떤 결말을 내리는 것은 금지하면서 이런 경향이 있는 것은 인정했던 것이다.

피론 학파의 사상은 더 과감하며, 그런 만큼 더 진실하다. 아카데미아 학파의 이런 경향과, 한 전제보다는 다른 전제로 기울어지는 일은 저편보다도 이편에 더 명백한 진리를 인정하는 것과 다른 점이 있는가? 만일 우리 인간의 오성이 진리의 형체나 선이나 자세나 모습을 지각할 수 있다면, 진리가 나오기 시작해서 불완전한 상태로 있는 그 반을 볼 수 있는 것과 마찬가지로 그 전체도 볼 수 있을 것이다.

그들이 오른편보다는 차라리 왼편으로 기울어지게 하는 이 진실다움의 겉모습을 좀 증가시켜 보라. 접시저울을 기울어지게 하는 이 진실다움의 한 온스를 백이나 천 온스로 갑절로 해 보라. 마지막 해답은 저울이 결정을 내리고 한 선택, 완전한 진리를 정해 버릴 것이다.

그러나 진리를 모른다면, 어떻게 진실다움으로 기울어질 수 있을 것인가? 그들이 그 본질을 알지 못하며, 그 일이 닮았다는 것은 어떻게 알 수 있단 말인가? 우리는 판단하거나, 그렇지 않으면 판단하지 못한다. 만일 우리의 지적 소질과 감각적 소질들이 기초와 근거가 없는 것이고, 이런 것은 떠들며 더펄거리고 있는 것에 불과하다고 하면, 우리는 판단력을 어느 편으로 작용시킨다고 해도, 그편이 아무리 그럴듯하게 보인다고 해도, 그것은 모두 헛된 일이다. 그러니 우리 오성의 가장 확실하고 유리한 자리는, 그것이 침착하고 곧고 굽히지 않고 흔들리지 않으며 동요되지 않게 앉을 자리일 것이다. "진실한 외관들과 거짓된 외관들 사이에는 판단을 결정할 아무런 차이도 없다."(키케로)

사물은 그들 형체와 본질로 우리에게 깃드는 것이고, 그들 자체의 힘과 권위로 여기에 입장하는 것이 아님을 우리는 충분히 안다. 왜냐하면 그들 자체로서 들어온다면, 우리는 사물을 똑같은 방식으로 받아들일 것이다. 포도주는 병자의 입에나 건강한 자의 입에나 그 맛이 같을 것이다. 손가락이 터서 살이 벌어졌거나 손가락이 마비된 자도 나무나 쇠를 만질 때 다른 자와 똑같이

제2권 619

딱딱하게 느낄 것이다. 그러니 외부의 물체들은 우리 마음대로 된다. 그들은 우리 좋을 대로 우리에게 깃든다.

그런데 만일 우리 편에서 무슨 물건을 변질시키지 않고 받아들인다면, 또 인간의 파악이 우리 자신의 방법으로 진실을 잡아 보기에 충분할 만큼 능력 있고 견실하다면, 이런 방법은 모든 사람들에게 공통된 것이니, 이 진실은 이 손에서 저 손으로, 이 사람에게서 저 사람에게로 주고받고 하게 될 것이다. 그리고 세상에 있는 사물들 중에 적어도 하나는 전원 일치로 사람들에 의해서 믿어질 것이 있을 것이다. 그러나 어떠한 제언이건 우리 사이에 논란되거나 반박되지 않는 것, 그렇게 될 수 없는 것이라고는 하나도 없다는 사실은, 우리의 타고난 판단력이 아주 명확하게 파악하지 못한다는 것을 너무 잘 보여 주고 있다. 왜냐하면 내 판단력은 그 파악한 바를 내 친구의 판단력에게 받아 주게 할 수 없기 때문이다. 그것은 자신에게, 그리고 모든 사람들에게 있는 자연스러운 힘보다는 어떤 방법으로 그것을 파악했다는 징조이다.

철학자들 사이에 볼 수 있는 저 무한히 혼란된 사상들과 사물들의 인식에 관한 전반적이고 끊임없는 논쟁은 제쳐두자. 왜냐하면 인간들은(가장 재질을 타고 났고 능력 있는 학자들 말이지만) 어떠한 일을 가지고도 의견 일치를 보지 못하며, 하늘이 우리 머리 위에 있다는 것이라도 말이 맞지 않는다는 것은 진실하게 예측되는 일이다. 왜냐하면 모든 것에 의문을 품기 때문이다.

우리가 무슨 일을 이해할 수 있다는 것조차 부인하는 자들은 하늘이 우리 머리 위에 있는 것인지도 우리는 이해하지 못했다고 말한다.

이 두 견해는 수로 보아서 비교할 수 없이 강력하다. 우리의 판단력이 자신에게 일으키는 혼란에서 생기는 이 잡다함과 무한한 분열함, 그리고 각자가 자신에게서 느끼는 불확실성 이외도 이 판단력의 기초가 아주 단정치 못하다는 것은 알기 쉬운 일이다. 우리는 얼마나 잡다하게 사물들을 판단하는 것인가? 얼마나 여러 번 우리는 생각을 바꾸는 것인가? 내가 오늘 파악하고 믿고 있는 것을 나는 신념을 가지고 파악하여 믿는다. 나의 모든 연장들과 재판들은 이 의견을 틀어줘고는, 할 수 있는 한 모든 일에 관해서 내 의견에 책임진다. 나는 어떤 진리도 이것을 가지고 하는 것보다 더 강력하게 파악하거나 보존할 줄 모를 것이다. 나는 완전히 거기에 매여 있다. 진실하게 거기에 매여 있다. 그러나 바로 이 모든 도구들을 가지고 이런 조건에서 다른 사물을 파악했다가, 다음에 그것이 잘못이라고 판단한 일이 지금까지 한 번이 아니라 백 번이고 천 번이고 날마다 일어난 일이 아니던가?

적어도 자신이 쓰라린 고비를 넘어 보고, 철이 나야 한다. 내가 자주 이런 겉빛깔에 속아 보았다면, 만일 내 시금석이 대개 그릇 판단하는 것이며 내 저울대가 고르지 못하고 부정확하다면, 나는 어떻게 다른 때보다도 이번에는 확신을 가져 볼 수 있다는 말인가? 내가 한 안내자에게 이렇게도 여러 번 속아 넘어갔다는 것이 어리석은 일이 아닌가?

그렇지만 운명이 우리 있는 자리를 5백 번쯤 옮겨 놓아 보아도, 이 운이 우리의 신앙을 마치 물통같이 다루며, 거기다가 끊임없이 다르고 또 다른 사상들을 채웠다가는 비우고 하는 것밖에 하지 않아도, 늘 마찬가지로 지금 당장의 마지막 사상이 가장 확실하고 실수 없는 사상이다. 이것을 위해서 재산이나 명예·생명·영혼의 구제, 그리고 모든 것을 포기해야만 한다.

> 뒤에 오는 사물들이 앞서 발견한 사물들을
> 축출하고 그들에 대한 심정을 변하게 한다. (루크레티우스)

사람들이 우리에게 무엇을 설교하건, 무슨 일을 우리가 배우건, 주는 것도 사람이고 받는 것도 사람이라는 것을 늘 생각해야 할 일이다. 우리에게 그것을 내미는 것도 죽어 갈 자의 손이고, 그것을 받아들이는 것도 죽어 갈 자의 손이다. 하늘에서 우리에게 오는 사물들만이 설복시킬 권한과 권위를 갖는다. 그런 것만이 진리의 표징이다. 그 진리도 우리 눈으로 보는 것이 아니고, 우리 방법으로 받는 것이 아니다. 이 거룩하고 위대한 심상(心像)은, 또 하느님이 용도로 마련해 주지 않는다면, 또 하느님이 그의 특수하고도 초자연적인 혜택과 은총으로 만들어 주고 강화해 주지 않는다면, 이렇게도 약한 거처(인간을 말함) 속에 들어앉지도 못할 것이다.

우리는 적어도 잘못된 조건에서 변화에 더 절도 있게 더 자제하며 처신해야 할 것이다.

우리가 오성에 무엇을 받아들였건 우리는 거기에 그릇된 일을 받아들인다는 것과, 또 잘 모순되고, 그르치는 바로 이 연장들을 가지고 받아들인다는 것을 생각해야만 한다.

그런데 이런 연장들은 아주 가벼운 사정 때문에 잘 기울고 틀어지기 쉬운 만큼, 그것이 온당치 않게 된다고 해서 놀랄 일은 아니다. 우리의 이해력과 판단력 및 심령의 소질들은 대개 신체의 움직임과 변화에 따라 영향받는 것이며, 이런 변화가 계속적으로 일어난다는 것은 확실한 일이다. 우리는 병들었을 때 보다 건강할 때에 정신이 더 개운하고, 기억력이 빠르며 사고력이 더 새로운 것이 아닌가? 기쁘고 유쾌할 때에는 슬프고 우울할 때보다 더 우리 심령에 나타나는 사물들을 전혀 다른 모습으로 받아들이게 되는 것이 아닌가? 카툴루스나 사포의 시가 인색하고 빽빽한 늙은이에게나 기운차고 정열에 찬 청년에게나 마찬가지로 즐겁게 느껴진다고 생각하는가?

아낙산드리다스의 아들 클레오메네스가 병들었을 때 그의 친구들이 여느 때와는 기분과 생각이 아주 달라졌다고 책망하자, "나도 그렇게 생각하네. 그리고 지금의 나는 건강했을 때의 내가 아닐세. 내가 다른 자이니까, 내 의견과 생각도 역시 다른 것일세"라고 말했다.

재판정에서의 소송 사건에는 이런 말이 통용되고 있다. 재판관들이 기분이 유쾌하고 너그러울 때 범죄자가 재판을 받게 되면, "이 행운을 기뻐하라"고 운이 좋은 것을 즐기라는 것이다. 판결은 어느 때는 더 거칠고 혹독하게 처결되며, 어느 때는 더 안이하고 순하고 용서해 주려는 편으로 기울어지는 수가 자주 있기 때문이다. 자기 집에서 통풍(痛風)의 고통이나 아내의 바가지나 하인의 도둑질을 겪고 마음에 온통 분이 복받쳐서 나온 자는, 반대의 판결 쪽으로 변질될 것이 의심의 여지가 없다.

저 존엄한 아레오파고스들의 원로원은 원고(原告)들의 얼굴을 보고 재판이 불공평해질까 봐 밤에 판결했다. 공기까지도, 그리고 하늘이 청명하다는 것도 우리에게 어떤 변화를 가져오는 것은 키케로에 나오는 이 그리스의 시와 같다.

아버지 신인 주피터가 대지를 밝히려고 보내는
풍요한 광명 따라 변하는 것이 인간 정신이다. (호메로스)

열병에 걸렸다든가 술에 취했다든가 큰 변고를 당해서만 우리의 판단력이 뒤집히는 것은 아니다. 이 세상의 하찮은 일들이 이 판단력을 맴돌게 한다. 그리고 우리가 아직 느끼지 않는다고 해도, 계속되는 열병이 우리 심령을 전도시킬 수 있다면, 학질도 그 정도와 비례에 따라 우리 심령에 어떤 변화를 일으키는 것은 의심할 여지가 없다. 만일 졸도로 우리 지성의 눈이 완전히 잠들고 꺼지는 것이라면, 감기에 걸려도 정신이 어지러워지는 것을 의심해서는 안 된다. 따라서 한평생에 단 한 시간이라도 우리 판단력이 정당한 제자리에 있기는 어려운 일이다. 그만큼 우리의 신체는 계속적인 변화를 겪고 있으며, 너무 여러 가지 장치로 꾸며져 있기 때문에(나는 의사의 말을 믿지만), 언제나 고장이 나는 일이 없기를 바라기는 어렵다.

그뿐더러 이성은 그것이 비뚤어지고 절름발이고, 뼈가 어긋나고 하여도 거짓과 진실을 함께 가지고 늘 그대로 해 나가고 있기 때문에, 이 질병은 그것이 극단적으로 도져서 고칠 수 없는 정도에 이르지 않으면 쉽사리 발견되지도 않는다. 그래서 이성의 오산과 혼란은 발견하기가 쉽지 않아, 나는 각자가 자기에게 꾸며 보는 이 사색과 판단의 겉모양을 이성이라고 부른다. 이 이성은 그 조건이 한 제목을 가지고 백 가지라도 반대 의견을 세울 수가 있으니, 늘이고 굽혀서 모든 왜곡과 척도에 맞출 수 있는 납이나 봉랍으로 된 연장이며, 그것을 주물러 맞출 재간만 있으면 된다.

한 재판관이 아무리 좋은 의도를 지닌다고 해도, 자신의 의향을 세밀하게 잘 살리지 않으면(그런 마음씨를 즐겨 갖는 자는 드물지만), 우정·인척 관계·미모·복수심 같은 것에 끌리는 마음씨이거나, 그렇게 중대한 일 말고라도 우리가 이 일보다 저 일을 좋게 보이게 하며, 이성으로 판단해 보지 않고 두 가지 똑같은 일 중에 하나를 택하게 하는 우발적인 충동이거나 또는 이런 따위의 허망한 그림자라도 부지불식간에 한 사리 판단에 유리하거나 또는 불리한 암시를 주며 저울대를 기울어지게 할 수 있다.

나로서는 늘 가까이서 나를 엿보며, 내 자신을 끊임없이 주시하고, 그 밖에 달리 할 일이 없는 자 같으니,

    한랭(寒冷)한 큰곰자리 밑에

어느 왕이 뭇 백성을 떨게 하건
무엇이 티리다테스왕을 경도시키건 개의하지 않으며,　　　(호라티우스)

　내가 자신에게서 발견하는 허영과 양심은 감히 말할 용기도 안 난다. 내가 디딘 발은 너무 불안정하고 자리 잡히지 못하여, 걸핏하면 쓰러질 듯 금세 근뎅거리고, 내 시각은 너무 혼란해서 배고플 때는 배부를 때와는 아주 다른 사람으로 느껴진다.
　내 몸이 건강하고 청명한 날씨가 웃음을 띠어 주면, 나는 정말 사귈 만한 친구이다. 발가락에 티눈이 박히면 나는 기분 나쁘고 불쾌하고 사귀지 못할 인간이 된다. 말이 똑같은 보조로 걸어가도 어느 때는 거칠게, 어느 때는 편하게 느껴진다. 그리고 똑같은 길이 이 시간에는 더 가깝게, 다른 때는 더 멀게 보이며, 똑같은 형태가 이때는 더 낫게, 저때는 더 못하게 느껴진다. 이제 무슨 일이라도 하려다가 금세 아무 일도 하기 싫어진다. 이 시간에는 내게 유쾌한 것이 어느 때는 내게 괴로워질 것이다.
　내 속에는 조심스럽지 못한 이 우발적인 충동이 수없이 일어난다. 때로는 우울한 기분에 사로잡히며, 때로는 화를 잘 낸다. 이 시간에는 고민이 내 속에 우세하다가도, 저 시간에는 쾌활성이 우세하다.
　내가 책을 들여다보면 어떤 문장에서는 탁월한 우아미를 발견하며 마음조차 깊은 감명을 받게 된다. 그런데 다른 때에 다시 그것을 읽어 보면 아무리 뒤적거리고 다시 돌아와 보아도, 아무리 접어 보고 만져 보아도, 그것은 내게는 알려지지 않은 형편없는 뭉치에 지나지 않는다.
　그리고 내가 쓴 글에서도 처음 내 생각의 모습은 늘 찾아볼 수가 없다. 내가 무엇을 말하려고 했던 것인지 알지 못한다. 그리고 더 나았던 첫 번 생각을 놓치고는 일부 이것을 고쳐 쓰며 새 뜻을 넣어 주려고 애를 쓴다.
　나는 왔다 갔다 하기밖에는 하지 않는다. 내 판단력은 늘 진척하는 것이 아니다. 생각은 허공에 떠서 헤매며—

광막한 대해에 광풍에 휩쓸린 조각배와 같다.　　　(카툴루스)

나는 여러 번(내가 즐겨 하는 일이지만) 재미로 내 견해와 반대되는 의견을 주장해 보고 나면, 정신을 이편으로 전념하여 돌아서다가 너무 거기에 집착해서, 내가 첫 번째 의견을 가졌던 이유를 알 수 없게 되며 그 견해를 버리게 되고 만다. 이렇게 되면 내가 기울어지는 곳으로 거의 끌려간다. 그리고 내 무게에 실려 간다.

누구나 다 나처럼 자기를 살펴본다면, 자기에 관해서 거의 같은 말을 할 것이다. 설교가들은 말하거나 느끼는 감각에서 자기들의 신앙심이 더 열렬해지는 것이며, 우리는 지각이 더 냉철하고 침착할 때 하는 것보다도 화가 치밀어오를 때 우리 의견을 옹호하려고 더 열중한다. 그리고 그것으로 우리 마음에 감명을 주고 한층 맹렬하게 찬성하며, 그 사상을 품는다는 것을 알고 있다. 그대가 단순히.어떤 소송 사건을 변호사에게 이야기한다면, 그는 의심스러운 듯 자신 없이 응대한다. 그는 이편을 들건, 저편을 들건 무관하다고 그대는 느낀다. 그대가 돈을 듬뿍 쥐어 주어서 그가 바싹 대들며 사건에 분개하게 해 놓았는가? 그가 거기에 관심을 갖기 시작했는가? 그가 이 사건에 의지를 열중시켰는가? 그의 이성과 지식은 동시에 거기에 열중한다. 여기 명백하고 의심 없는 진실이 그의 오성 앞에 나타난다. 그는 거기서 새로운 빛을 발견하며 그것을 진짜로 믿고 진실이라고 확신한다.

나는 권력이나 위엄의 압력과 포학에 대항하는 울분, 고집에서 나오는 정열이나 평판에 대한 관심 때문에, 어떤 사람이 자기 친지들끼리 자유로이 있을 때는 손가락 끝을 불에 지질 생각도 내지 않을 사상을 지지하느라고 화형장에까지 가게 된 것이 아닌지 하는 생각을 한다.

우리의 심령이 육체적 정열에서 받는 충격과 흥분은 심령에 대단한 영향을 준다. 그러나 심령의 정열에서 받는 충격은 더욱 심하며, 심령이 너무 심하게 거기에 사로잡혀 있기 때문에 아마도 자기 바람의 입김밖에 아무런 다른 추진력과 움직임을 갖지 않았고, 이 바람들이 흔들어 주지 않으면 심령은 마치 바다 가운데에서 바람이 구원을 주지 않고 저버린 배와도 같이, 꼼짝도 않고 머무르게 될 것이라고 주장할 만한 일이다. 그리고 소요학파를 따라 이 견해를 지지하는 자들은, 우리를 크게 잘못이라고 보지 않을 것이다. 왜냐하면 심령의 가장 아름다운 작용은 이 정열의 충동에서 나오며, 그것을 필요로 한다는 것이 알려져 있기 때문이다. 용감성은 분노의 도움 없이는 완벽하지 못할 것이라고 그들은 말한다.

    항상 용감한 아작스였다.
    그러나 노여워했을 때의 그는 더욱 용감했다.   (키케로)

악인이나 적에 대해서도 나는 격분하지 않고는 힘차게 공격을 가하지 못한다. 그 때문에 사람들은 변호사가 재판관에게 분노를 일으켜서 정당한 판결을 내리게 하기를 바란다.

욕심은 데미스토클레스를 흥분시켰고, 데모스테네스를 흥분시켰다. 그리고 철학자들을 부추겨서 애쓰고 철야하며 편력하게 했다. 이 욕심들이 우리를 명예와 학문과 건강 등, 유익한 목표로 인도한다. 그리고 저 번민과 불안을 참아내는 비굴성은 고행과 후회의 심정을 양심 속에 가꾸어 주고 하느님이 내리는 재앙과 국가가 징계하는 형벌을 우리가 당하는 징벌로 느끼게 하는 데에 소용된다. 동정심은 후덕한 마음에 박차(拍車)가 되고 우리 자신을 보존하고 지배하려는 조심성은 공포심에서 깨어난다. 사람들은 대망을 가졌던 까닭에 얼마나 많은 아름다운 행동을 행했던가? 그리고 오만은 얼마나 큰 일을 했던가? 어떠한 탁월하고 장쾌한 덕성도 결국 주색에 빠진 흥분 없이는 이루어지지 않는다.

정열은 사람의 심령을 도덕적 행동으로 향하게 고무하는 자극 요소이니, 하느님의 착하심의 효과도 정열의 방법으로 인간의 안식을 교란하지 않고는 행사될 수 없었던 만큼, 이것이 바로 에피쿠로스학파들로 하여금 하느님께 우리의 일을 보살펴 주시는 모든 수고와 심려를 덜어 드리게 한 이유 가운데 하나가 아니었던가? 그렇지 않으면 그들은 달리 생각하고 이 정열들을 심령의 안정에서 그 마음을 수치스럽게 타락시키는 폭풍우와 같은 것으로 간주했던 것인가? "대양의 평정은 수면에 주름잡을 수 있는 가장 경미한 미풍도 없음을 의미한다. 이와 같이 우리는 아무런 정열도 감동을 줄 수 없을 때 심령이 고요하고 평화롭다고 확언할 수 있다."(키케로)

우리의 잡다한 정열들은 사물들의 의미와 이치에 얼마만 한 차이를 일으키며, 얼마나 모순된 사상이 나오게 하는가? 그러니 그 초반부터 이런 혼란의 지배하에 있으며 남에게서 빌려 온 강조된 걸음걸이밖에 조금도 걸어가지 못하는, 이렇게도 불안정하고 동요되는 사물(영혼을 말함)에서 우리는 안심을 얻을 수 있을 것인가? 만일 우리의 판단력이 바로 질병과 어지러운 마음에 매여 있고, 광증과 경솔성에서 사물들의 인상을 받게 되어 있다면, 우리는 이 판단력에서 어떤 보장을 얻을 수 있을 것인가?

인간이 자기 정신에서 벗어나서 광분하며 미칠 때 인간들을 어떤 위대하고 거룩한 성질에 접근하는 업적을 세우는 것이라고 평가한다면, 철학에는 거칠고 면밀하지 않은 것만 있는 것이 아닐까? 우리는 이성의 결핍과 그 수면 상태로 개선된다. 하느님의 집에 들어가서 운명의 흐름을 예견하는 두 가지 자연스러운 방법은 광분과 수면이다. 이것은 흥미로운 고찰거리이다. 정열 때문에 우리 이성이 뒤엎어지면 우리는 도덕적이 된다. 광분이 죽음의 심상 때문에 우리의 이성을 뿌리 뽑으면, 우리는 예언자와 점쟁이가 된다. 이보다 더 내가 철학을 믿게 할 일은 없다. 거룩한 진리가 철학 정신에 부어 넣은 저 순결한 열성이 철학에게 그 제언과는 반대로, 우리 심령의 평온 상태, 안정 상태, 철학이 심령에게 줄 수 있는 가장 건전한 상태가 심령의 최선의 상태가 아님을 고백시키는 것이다. 우리는 잠 깨어 있는 때가 잠든 때보다 더 잠들어 있다. 우리의 예지는 광증보다 더 예지롭지 못하다. 우리의 꿈은 사색보다 더 가치가 있다. 우리가 잡을 수 있는 가장 나쁜 자리는 우리들 속에 있다.

그러나 정신이 인간에게 벗어나 있으면, 정신을 그렇게도 명료하고 위대하고 완벽하게 만들며, 인간 속에 있는 동안 그것을 속되고 무식하고 혼미하게 하는 목소리는 그 속되고 무식하고 혼미한 인간의 일부분인 정신에서 나오는 목소리이며, 그 때문에 믿을 수 없는 목소리라는 것을 주목할 만한 지각을 우리가 가졌다는 것을, 철학은 생각하지 않는 것인가?

나는 무르고 둔중한 기질을 갖고 있기 때문에, 우리 심령에게 자기를 알아볼 여유를 주지 않고 그 대부분이 우리의 심령을 급격히 엄습하는, 저 맹렬한 충격의 심정에 관한 경험을 가져 본 일이 없다. 그러나 청년들이 너무 한가로워서 마음에 일어난다고 하는 정열이 서서히 절도 있게 진척되더라도, 그 노력에 저항해 보려고 시도해 본 자들에게 '우리의 판단력이 겪는 심신 전도와 변질의

제2권 627

힘이 있는' 것을 아주 명백하게 보여 준다.

　나는 전에 이 정열에 저항하며 억누르기 위해서, 정신을 긴장시키려고 시도해 보았다(왜냐하면 나는 악덕들이 나를 끌어가지 않으면, 내가 그들을 따라가지도 않으니, 악덕들을 간청해 부르는 축들과는 인연이 멀기 때문이다). 내가 아무리 저항해도 이 정열은 성장해 가는 것을 느낀다. 그리고 마지막에는 살아서 눈을 뜨고 있는데 이 정열이 나를 점거하고 있으니, 나는 마치 술에 취한 것처럼 사물들의 모습이 여느 때와는 다르게 보이기 시작했다. 내가 욕심내는 상대편의 세력이 내 상상력의 바람에 불려서 점점 더 커지고 부풀어 오르며, 내가 기도하는 바의 어려운 점이 더 평탄해지고, 내 사고력과 양심은 뒤로 물러나는 것을 똑똑히 보았다. 그러나 이 불길이 흩어지고 보니, 마치 번갯불이 번쩍 비치는 듯, 내 심령은 단번에 다른 종류의 시각과 상태와 그리고 다른 판단력을 다시 찾으며, 거기서 물러나기는 너무 힘들고 극복할 수 없이 어려운 것으로 보이고, 동일한 사물들이 정욕의 열에 들떠서 볼 때보다는 전혀 다른 취미와 모습으로 보였다.

　어느 편이 더 진실한가? 피론은 아무것도 알지 못한다. 우리는 병들지 않은 일이 없다. 열병에는 열기와 냉기가 있다. 작열한 정열적 효능에서 우리는 추위를 타는 정열의 효능으로 다시 떨어진다.

　나는 앞으로 뛰어나갔던 만큼 다시 뒤로 뛰어 돌아온다.

　　이리하여 대양이 주기적으로
　　때로는 해안으로 밀려와서
　　암초를 물거품으로 덮으며 멀리 기슭으로 퍼져 나가거나
　　때로는 뒤집히며, 그것이 운반해 온 조약돌들을
　　썰물 속에 다시 실어 가며 멀리 떠나간다.
　　그리고 해변 바닥을 드러낸다. 　　　　　　　　(베르길리우스)

　그런데 이러한 경망성의 지식에서, 내 속에는 어딘가 견실한 사상이 생겨났다. 내가 타고난 최초의 사상을 변질시킨 일은 없었다. 왜냐하면 새것에 어떠한 모습이 보이더라도 나는 바꾸다가 손해 볼까 두려워 여간해서는 바꾸지 않기 때문이다. 또 나는 택할 능력이 없기 때문에 남이 택해 준 것을 잡고, 하느님이 나를 두신 자리를 지킨다. 그렇지 않으면 나는 끊임없이 흘러 돌아다니는 신세를 면치 못할 것이다. 그래서 하느님 덕택으로 나는 양심의 동요 없이 이 시대가 만들어 낸 수많은 종파와 분열을 통해, 우리 종교의 옛 신앙을 온전히 지켜 왔다.

옛사람들의 문장은(그 중에 충만하고 견실한 좋은 문장들 말이지만) 거의 그들이 원하는 대로 나를 유혹하고 감동시키며, 내가 읽고 있는 작가가 가장 견고하게 보인다. 그들이 서로 반대되는 말을 하더라도, 내게는 그 나름대로 다 옳게 보인다. 재능 있는 두뇌들이 무엇이든지 진실하게 보이고 싶은 것은 힘 안들이고 그렇게 보여 주며, 나같이 단순한 머리를 속이려고 아무리 해괴망측한 일이라도 그럴듯하게 분장해서 보여 주지 못할 것이 없다는 것은 그들의 증명이 근거가 박약하다는 것을 보여 준다.

하늘과 별들은 3천 년 동안 움직여 왔고 모두들 그렇게 믿어 왔는데, 사모스 인 클레안테스나 테오프라스토스에 의하면, 시라쿠사인 니케타스는 이 지구가 황도대(黃道帶)의 비스듬한 궤적을 따라서 한 추축(樞軸)의 주위를 돌고 있다고 생각했고, 우리 시대에는 코페르니쿠스가 이 학설을 아주 잘 세워 놓고 체계적으로 천문학상의 모든 추론을 설명하는 데 사용하고 있다. 우리는 이 두 가지 중 어느 것이 옳은가를 가지고 속 태울 필요가 없다는 것 외에 달리 취할 길이 있는가? 지금부터 천 년 뒤에 누가 다시 전에 나온 이 두 가지를 둘러엎지 않을지 누가 알 일인가?

> 이리하여 세월의 회전은 사물들의 운명을 변경시킨다.
> 전에 진귀하게 간주되던 것은 영광을 상실하고
> 마침내 다른 사물이 그것을 계승하여 경멸의 암흑에서 기어 나온다.
> 매일 평가는 높아지며, 이 발견의 찬사가 꽃처럼 만발하며
> 그것은 인간들에게 경이로운 신용을 누린다. (루크레티우스)

그러므로 어떤 새 학설이 나오게 되면, 그것을 수상하게 여기고, 그 학설이 나오기 전에는 그 반대 의견이 유행했다는 것을 고려해 볼 충분한 이유가 된

제2권 629

다. 그리고 전 것이 이번 학설로 전복된 식으로, 장래에도 마찬가지로 둘째 것을 타도할 제3의 학설이 나올 수 있을 것이다. 아리스토텔레스가 소개한 원칙들이 신용을 얻기 전에는 지금 이것이 우리를 만족시키는 식으로 다른 원칙들이 인간 이성을 만족시키고 있었다. 이 원칙들은 어떠한 특권을 가졌기에, 우리의 사고력이 거기서 정지되고 영원히 우리들 신용의 소유권이 그들에게 소속하는가? 이들도 앞서의 학설들처럼 밀려날 운명에서 면제된 것은 아니다.

누가 나를 새 논법으로 몰아내면, 나는 마땅히 내가 지금 만족하게 대답하지 못하는 것을 다른 자가 다음에 대답해 주리라고 생각할 것이다. 우리가 부인하지 못한다고 그럴듯한 모든 겉모습을 믿는다는 것은 너무나 순박한 이야기이기 때문이다. 그 때문에 모든 속인들은(우리 모두가 속인이지만) 자기 신임을 바람개비 모양 뱅뱅 돌아가게 하는 일이 있을 것이다. 그들의 심령이 무르고 저항할 힘이 없기 때문에 끊임없이 다른 인상을 받아들이며, 또 마지막 것이 늘 그 전 자국을 지워 가게 하지 않을 수 없기 때문이다. 자신의 허약함을 아는 자는 소송 사무처럼 자기 고문에게 상의해 보겠다고 하거나 또는 자기가 가르침을 받은 더 현명한 분들에게 문의해 보겠다고 대답해야 할 일이다.

의약이 세상에 실시된 지 얼마나 되는가? 사람들 말에는, 파라켈수스라는 자가 고대의 모든 규칙들을 뒤바꾸고 둘러엎으며, 의술은 지금까지 사람들을 죽이는 데에만 쓰였다고 주장한다고 한다. 나는 그가 이것을 쉽사리 증명할 것이라고 생각한다. 그러나 내 생명을 그의 새 경험의 실험에 맡긴다는 것은 현명한 일은 못 된다고 본다.

모든 사람의 말을 다 믿어서는 안 된다. 사람은 각기 무슨 일이라도 말할 수 있기 때문이라고 옛 교훈은 말한다.

이 새 안의 개혁된 내과 의학을 직업 삼는 자가 얼마 전에 내게, 옛사람들은 모두 자연과 바람의 움직임에 관해서 잘못 알았다고 말하며, 내가 그의 말을 들어준다면 그는 이것을 내 손에 쥐어 주듯 극히 명백하게 증명해 보이겠다고 했다. 나는 그럴듯한 말로 가득 찬 그의 논법을 참고 들어준 다음, "그럼 테오프라스토스의 법칙을 따라 항해하던 자들은 그들이 동쪽을 향해 보는데, 어떻게 서쪽으로 갔던가요? 그들은 옆으로나 뒤로 갔던가요?" 하고 그에게 말했다. "그것은 운이였지요. 어떻든 그들은 잘못 안 것이지요" 하고 대답했다. 그때

나는 이치보다 실제를 좇기를 더 좋아한다고 대꾸했다.

그런데 이런 일은 곧잘 충돌을 일으킨다. 그리고 나는 기하학에(이것은 학문들 중에 그 확실성으로 최고점을 얻었다고 생각한다) 경험상의 진리를 전복하는 반박할 수 없는 증명이 있다는 말을 사람들에게 들었다. 그것은 자크 펠르티에가 내 집에 와서 한 말인데, 그는 두 선이 합치려고 서로를 향해서 뻗어 나가지만, 그것이 영원히 서로 만나게 되지 않을 것을 증명하겠다는 것이었다. 그리고 피론주의자들은 경험상의 명백한 사실을 사실이 아니라고 분쇄하기에만 그들의 논법과 이성을 사용하고 있다. 그들이 사실의 명확한 증거를 논박하기 위해서 우리들 이성의 묘기를 어느 정도까지 전개시켜 갔는가를 보면 참으로 경탄할 노릇이다. 왜냐하면 그들은 우리가 움직이고 있는 것이 아니고, 우리가 말하고 있는 것이 아니고, 무거운 것, 더운 것 등은 결코 있지 않다는 것을 우리가 가장 진실된 일을 증명하는 것과 똑같이 강력한 논법으로 증명하고 있기 때문이다(기하학상의 쌍곡선과 접근선을 말함).

저 위대한 프톨레마이오스는 우리 세상의 한계를 정해 놓았다. 옛날의 철학자들은 모두 그들의 지식 속에서 빠질 수 있는 섬 몇 개를 제하고는 이 세상의 크기를 알고 있다고 생각했다. 1천 년 전에는 우주학의 지식이나 인간 각자가 인정해 온 관념에 의문을 품는다는 것은 피론식의 수작이었을 것이다. 지구의 반대쪽에 땅이 있다고 믿는 것은 사교(邪敎)에 속했다. 그런데 오늘날에는 한 섬, 한 나라가 문제가 아니고, 그 크기가 우리가 살고 있는 세상과 거의 같은 어마어마하게 큰 대륙이 발견되었다. 요즈음 지리학자들은 이제 와서 모든 것이 발견되었고, 사람 눈에 띄지 않은 것이라곤 없다고 확언한다.

눈앞의 것이 마음에 들어
무엇보다도 좋게 보이기 때문이다. (루크레티우스)

문제는 옛날 프톨레마이오스가 그렇게 말한 이유의 기초로 잡은 것이 틀렸던 것인지, 요즈음 이 문제를 갖고 말하는 자들을 믿는 것이 어리석은 일인지, 또는 우리가 세상이라고 부르는 이 커다란 덩어리도 그렇게 진실한 것이 아니며, 우리가 생각하는 것과는 아주 다른 사물인지에 달려 있다.

플라톤은 세상은 모든 방면에서 달라지며, 하늘과 별과 해는 때로는 우리에게 보이는 움직임을 뒤집으며, 동쪽을 서쪽으로 바꿔 놓는다고 생각했다. 이집트의 제관(祭官)들은 헤로도토스에게, 1만 1천 년 전 그들의 태조 때부터(그들 왕들의 산 모습을 본받아 만든 초상들을 그에게 보여 주며) 태양은 네 번 그 길을 갈았고, 바다와 육지는 서로 번갈아 자리를 바꾸며, 우주의 출생은 일정한 것이 아니라고 했다. 아리스토텔레스와 키케로도 같은 말을 했다. 그리고 우리 중의 어떤 이(오리게네스를 가리킴)는 세상은 여러 변천을 거쳐서 영원한 시간 위에 사라지고 다시 나오는 것이라고 말하며, 하느님이 때로는 피조물 없는 창조자였고, 할 일이 없는 때가 있었고, 이 작품에 손을 댐으로써 자기의 무료한 생활을 포기했고, 따라서 하느님은 변화를 받는 것이 된다고 하는 반대를 피하기 위해서 솔로몬과 이사야를 증인으로 내세우고 있다.

그리스의 학파들 중 가장 유명한 학파는, 이 세상은 보다 큰 다른 신에 의해서 만들어진 신이며, 하나의 신체와 영혼으로 되어 있고, 그 영혼은 그 중심부에서 주위를 향해 음악적인 수로 확대되어 가고 있으며, 거룩하고도 극히 행복하고, 위대하고 현명하며 영원하다고 했다.

그에게는 땅·바다·별들이라는 다른 신들이 있으며, 그들은 끊임없는 조화로운 동요와 거룩한 무용으로 때로는 서로 만나고 서로 물러가며, 서로 숨어 보다가 나와 보다가, 이번에는 앞으로 다음에는 뒤로 대열을 바꿔 보기도 하며 서로 사귀고 있는 것이다.

헤라클레이토스는 세상이 불로 이루어져 있으며, 운명의 명령에 의해서 어느 날 불타서 풀어질 것이고, 어느 날 다시 생겨날 것이라고 했다. 그리고 인간들에 관해서 아폴레이우스는 "개체로서는 반드시 멸망할 자이나 종족으로서는 멸망하지 않을 자이다"라고 했다. 알렉산드로스는 그 모친에게 보내는 편지에, 이집트의 한 제관이 그 둘의 기념물에서 인용하는 진술로 오랜 이 나라의 역사와 다른 나라들의 출생과 발전에 관해서 증명하는 바를 써 보냈다. 키케로와 디오도로스는 그들의 시대에, 칼데아인들은 40만 년에 걸치는 기록을 보존하고 있다고 했고, 아리스토텔레스와 플리니우스와 다른 자들은 조로아스트르(자라투스트라)는 플라톤의 시대에서 6천 년 전에 살았다고 한다. 플라톤은 사이스시 사람들이 1천 년 전에 가진 기록을 가지고 있으며, 아테네시는 그가 말하는 사이스시보다 1천 년 전에 건설되었다고 한다. 에피쿠로스는 사물들은 우리가 여기서 보는 그대로이며, 여러 다른 세상에서도 사물들은 모두 똑같고 동일한 방식으로 되어 있다고 한다. 그가 서인도의 새 세상이 우리 세상과 과거나 현재나 서로 닮고 유사했다는 신기한 예를 목격했다면, 이 말에 더 확신을 가졌을 것이다.

실제로 이 땅 위의 정치의 경과에 관해 우리의 지식에 들어 온 바를 고찰해 보면, 공간적으로나 시간적으로나 대단히 먼 거리에 있으면서 민중들의 수많은 기괴한 사상들이나 야만적인 풍습과 신앙들이 서로 부합되며, 그런 것은 우리의 타고난 이성으로는 어느 각도에서도 연결할 수 없는 일임을 보고 나는 경탄했다. 인간 정신은 진실로 위대한 기적을 만들어 낸다. 그러나 이런 관계에는 무엇인지 알 수 없는 더 이색적인 것이 있다. 이런 일은 이름에도 사건들에도, 그리고 수많은 다른 사물들에도 발견된다.

왜냐하면 우리가 알기로는 그곳에는 우리에 관해서 소식을 들어 본 일이 없는 나라들이 있는데, 어디에서는 포경 수술이 중요시되고, 어디에서는 남자들 없이 여자들이 유지하는 국가와 정부들이 있고, 또 어디서는 우리가 하는 단식과 금육식(禁肉食)의 절차가 실시되며 여자와 관계를 삼가는 것까지 더해져 있고, 어디서는 우리 십자가가 여러 방식으로 존중되고 그것으로 묘지를 장식하는 곳이 있으며, 특히 성 안드레 십자가를 귀신 예방에 쓰기도 하고, 어린애 잠자리에 꽂아서 귀신에 홀리는 것을 예방하기도 하며, 다른 데서는 나무로 만든 굉장히 높은 십자가가 있어서 비의 신으로 숭배하고 있는데, 이것은 아주 먼 오지에서의 일이라고 한다.

어떤 곳에는 우리 참사회의 모습과 꼭 닮은 제도가 있으며, 승장(僧杖)의 사용이라던가 제관들의 독신 생활, 제물로 바친 동물의 창자로 점치는 법, 모든 살코기나 물고기 섭취를 끊는 생활 습관, 제관들이 속인들의 말과는 다른 특수한 용어를 쓰는 방식, 그리고 그들 최초의 신은 그 동생되는 둘째 신에게 쫓겨났다는 이야기, 그들은 생활의 모든 편익을 갖추어 창조되었다가 죄를 지었기 때문에 이런 것을 박탈당하고, 영토가 바뀌고, 자연 조건이 나빠졌다는 이야기가 있다. 또 옛날 그들의 나라가 하늘이 내린 물속에 잠겼었는데, 극소수의 가족들만이 구제되어 높은 산의 굴 속에 피하여 그 굴에 물이 들어가지 않도록 그 입구를 꼭 틀어막고 그 속에 여러 종류의 동물들을 데리고 들어가 있었다. 그리고 비가 그친 것을 알았을 때 개들을 밖으로 내보냈더니, 그 개들이 물에 젖어 돌아온 것을 보고는 아직 물이 빠지지 않은 것을 알았으며, 다음에 다른 동물들을 내보냈더니 진흙투성이가 되어 돌아온 것을 보고 그들은 다시 인종을 퍼뜨리러 밖으로 나갔는데, 그때에 세상은 뱀으로 가득 차 있었다는 이야기 등도 있다.

어느 고장에서는 최후 심판의 날에 관한 확신도 보였으며, 그 때문에 그곳 주민들은 당시 사람들이 무덤 속의 보물을 뒤져 내려고 무덤을 파 놓는 것을 보고는 뼈들이 다시 한 곳에 뭉치지 못할 것이라고 말하며 극도로 분개했다. 그들은 물물교환을 하고, 다른 수단은 쓰지 않았으며, 그 때문에 시장과 장날이 있었다. 난쟁이와 장애인들이 왕공(王公)들의 식탁에 장식으로 나오고, 새들의 성질에 따라서 매사냥을 할 줄 알았고, 폭군에게 바치는 상납금, 호화로운 정원, 무용이나 줄광대놀이, 기악 연주, 가문의 상징 표지, 공치기, 주사위놀이와 제비뽑기에 너무나 열중해서, 때로는 그 때문에 자기 몸과 자유를 파는 일까지 있고, 의료법은 무당의 굿 같은 것뿐이며, 글씨는 그림의 형태로 되고, 민중들의 조상으로 최초에 단 한 사람이 있었다는 신앙이 있다. 또 한 신을 숭배하고 있는데, 그는 옛날에 인간으로서 완전한 동정과 단식과 고행을 지키고 자연의 법과 종교 의식을 가르치고 살다가 자연사(自然死)가 아니라 그저 세상에서 사라졌다는 것이며, 거인들에 관한 이야기가 있고, 또 그들의 음료를 마시고 취하기와 많이 마시기, 죽은 자의 뼈나 해골에 색칠해서 만든 종교적 장식품, 흰 제례복·성수(聖水)·논밭에 물대기 행사 등의 풍습, 죽은 남편이나 윗사람을 화장하거나 매장할 때 아내나 하인들이 서로 다투어 구덩이에 뛰어들어가는 일, 장남이 모든 재산을 상속하고 동생에게는 복종하는 의무밖에 남겨 주지 않는 법률, 어느 고귀한 권세의 직위에 오르게 되면 승진한 새 이름을 갖고 자기 이름은 버리는 풍습, 갓난아이의 무릎에 횟가루를 뿌리며, "너는 먼지에서 나와서 먼지로 돌아가리라" 하고 말하는 풍습, 그리고 새점술(鳥占術)도 있다.

이러한 예들에 더러 보이는 우리 종교의 허망한 그림자들은 우리 종교의 존엄함과 거룩함을 증명한다. 우리 종교는 그쪽 대륙의 불신자들에게 모방으로 침투되어 있을 뿐 아니라, 어떤 초자연의 공통된 영감에 의한 것같이 저 야만인들에게도 스며들어 있다.

왜냐하면 거기서는 영혼이 천국에 들어가기 전에 불로 단련받는다는 연옥에 관한 신앙도 새로운 형식으로 실천되는 것이 보였기 때문이다. 우리가 불로 다루는 것을 그들은 추위로 다루며, 영혼은 극도의 혹독한 추위로 정화되고 징벌받는다고 생각한다.

그리고 이 예는 다른 재미나는 차이를 내게 알려 준다. 거기서는 마호메트 교도나 유대교도들처럼 포경 수술로 할례하기를 좋아하는 국민들이 있는 반면에 다른 데서는 이를 몹시 꺼리며, 이 살 끝이 공기에 쏘일까 두려워 그 껍질을 잡아당겨 가는 끈으로 잡아매고 다녔다. 또 이런 속된 풍습으로 우리가 왕을 배알(拜謁)하거나 명절을 축하할 때 가장 좋은 옷을 입고 나가는 것과 같이, 그곳 어느 지방에서는 왕에게 차등과 군신 관계를 보이려고 신하들은 가장 더러운 옷을 입고 그 앞에 나가며, 궁전에 들어갈 때에는 좋은 옷 위에 헐고 해진 옷을 걸쳐서 모든 눈부시게 빛나는 장식은 왕에게만 있게 했다. 본 이야기로 돌아오자.

만일 대자연이 그의 일반적 발전의 조건들 속에 있는 다른 일들과 같이 인간의 신앙·판단·사상 등까지도 포함시키는 것이라면, 또 이 조건들이 양배추 같은 식으로 그들의 변화·계절·출생·죽음을 품는 것이라면, 만일 하늘이 마음대로 그들을 흔들어 굴리는 것이라면, 우리는 그들에게 얼마나 위대하고 영속적인 전위를 부여하려는 것인가? 만일 우리가 경험으로 우리 존재의 형체가 공기와 풍토와 우려가 출생하는 토지에 매여서 우리 피부의 빛깔이나 키·기질·자태뿐 아니라 심령의 소질까지도 거기에 의존한다는 것을 손에 잡듯 알아보는 것이라고 하자. 그렇다면 "풍토는 신체의 정력뿐 아니라 정신의 정력에도 기여한다"고 베게티우스는 말하지만—이집트의 제관들이 솔론에게, "아테테의 공기는 섬세하고 기묘하며 그 때문에 아테네 사람들은 더 미묘한 정신을 가졌다는 평판이 있고, 테베시의 공기는 둔중하며 그 때문에 테베인들을 둔하고 강한 인간들로 간주된다"(키케로)고 지적한 바와 같이, 아테네시를 창건한 여신은 인간들을 신중하게 만드는 풍토에 이 도시의 자리를 골라 잡아 준 것이며, 그래서 과실과 동물들이 갖가지로 생산되는 것처럼, 인간들 역시 다소간 호전적이고 정의롭고 편도 있고 온순하게 출생하는 것이며—여기서는 술을 즐기고,

다른 데서는 도둑질과 음탕한 것을 즐기며, 여기서는 미신을 믿고 다른 데서는 불신앙에 기울어지며, 여기서는 자유를 사랑하고 저기서는 노예처럼 복종하며, 사람들이 차지한 자리에 따라서 학문이나 기술이 능해지고, 천하거나 재간이 능하고, 순종하거나 잘 거역하고, 착하거나 악해지며, 나무들 모양 자리를 바꾸면 기질이 달라지는 것이다. 이런 이유에서 키루스의 기름지고 부드러운 땅은 사람을 무르게 만들고, 비옥한 토지는 정신을 메마르게 만든다고 말하고, 페르시아 사람들에게 거칠고 험준한 땅을 버리고 편평하고 살기 좋은 다른 나라로 옮겨 가는 것을 허용하지 않은 것이다. 만일 하늘에서 내리는 어떤 영향력으로 어느 때는 한 예술, 한 사상이 발달하고, 어느 때는 다른 예술, 다른 사상이 번창하는 것이며, 어느 세기에는 이러저러한 자연환경이 이루어져서 인류에게 어떤 버릇이 생기도록 영향을 주며, 사람들의 정신이 우리의 논밭처럼 때로는 척박해지는 것이라면, 우리가 그렇게 자랑하고 다니는 이 모든 훌륭한 특권들이란 다 무엇이 된단 말인가?

현명한 사람도 사리를 잘못 아는 수가 있으며, 1백 사람, 여러 국민들, 글쎄, 인간성 자체가 우리에 의하면 몇 세기 동안을 두고 이런 점 저런 점에서 일을 잘못 알고 지내는 터에, 우리는 무슨 확신을 가지고 인간성이 때로는 오산하기를 그치고, 이 세기에는 그것이 사리를 그릇 아는 일이 없다고 믿을 수 있단 말인가?

우리가 어리석다는 증거들 중에도, 사람은 욕심을 내지만 자기에게 필요한 것을 찾을 줄 모르며, 향락 때문이 아니라 공상과 소원 때문에 우리를 만족시키는 데에 필요한 것에 의견 일치를 보지 못한다는 점을 잊어서는 안 된다고 생각한다. 우리의 사상에 제멋대로 사리를 판단하고 처리하게 두어 보라. 그것은 자기에게 적당한 것을 소원하여 만족을 얻을 줄도 모를 것이다.

> 이성은 언제 공포와 욕망을 조절해 보았던가?
> 무엇을 기도하여 성취시킨 일에 후회할 거리가 없도록
> 능숙하게 계획을 짜 본 일이 있던가? (유베날리스)

그 때문에 소크라테스는 자기에게 유익하다고 신들이 인정하는 것밖에는

요구하지 않았다. 그리고 라케다이모니아인은 공적이건 사적이건 기도를 드릴 때는 단지 좋고 훌륭한 재물들을 그들에게 달라고만 기원할 뿐이며, 이런 재물들을 선택하여 골라내는 일은 신의 뜻에 맡겼던 것이다.

우리는 아내와 자녀들을 소망한다.
그러나 자녀들이나 아내가 어떠할 것인가는
신들에게만 알려져 있다.　　　　　　　　　　　　(유베날리스)

그리고 기독교인들은 시인들이 노래하는 미다스왕의 불행에 빠지지 않기 위해서 "하느님의 뜻이 성취되옵소서" 하며 탄원한다. 미다스왕은 자기가 만지는 것이 모두 황금이 되게 하여 달라고 신에게 요구했다. 그의 소원은 이루어져서 포도주가 황금이 되고, 그의 빵과 이불의 털도 황금, 그의 셔츠와 옷도 황금이 되었다. 그래서 그는 소원이 성취된 것을 누리기에 지쳤고, 감내하지 못할 보물을 선물받게 되었다. 그는 자기의 축원을 풀어 달라고 기도해야만 했다.

부유하고 동시에 궁색한 이런 새로운 불행에 놀라서
그는 재물을 멀리하며,
전에 갈망하던 것을 지금은 혐오한다.　　　　　　(오비디우스)

나 자신의 일을 말하겠다. 나는 젊었을 적에 다른 어느 일만큼이나 생 미셸 훈장을 얻기를 운명의 신에게 요청했었다. 그때에는 그것이 프랑스 귀족에게 가장 희귀한 영광의 표징이었기 때문이다. 운명의 신은 멋들어지게 내게 그 혜택을 내려 주었다. 내가 거기에 도달하게 내 지체를 승진시켜 높여 준 것이 아니라, 운명은 나를 더 얌전하게 대접하며, 그것을 내 어깨높이에까지 아래로 내려서 낮추어 놓았던 것이다.
클레오비스와 비톤은 여신에게, 그리고 트로포니오스와 아가메데스는 신에게 그들의 경건한 행적에 마땅한 보상을 요구했더니, 그들은 신들에게서 선물로 죽음을 받았다. 우리에게 필요한 것에 관한 신들의 생각은 우리의 생각과는 이렇게도 다르다.

하느님은 우리에게 부유와 명예와 생명과 건강까지도 내려 주며, 그것이 어느 때는 우리에게 해로운 것이 되게 할 수도 있다. 왜냐하면 우리에게 기분 좋은 모든 것이 이로운 것은 아니기 때문이다. 만일 그가 우리를 치유하는 것이 아니고 우리에게 죽음이나 불행의 악화를 보내 준다면—"그대의 채찍과 그대의 곤봉이 내게 위안을 준다"(시편)—그것은 우리가 할 수 있는 것보다 훨씬 더 우리가 당해야 할 일을 고려하는 신의 뜻에 의하여 내리는 일이니, 우리는 그것이 지극히 현명하고 친절한 손으로 내리는 것이라고 여겨 좋은 의미로 받아들여야 한다.

그는 충고를 원하는가?
그럼 우리에게 무엇이 적합한가,
우리 일에 무엇이 유익한가를 헤아리는 신들에게 맡겨 두라.
인간은 그 자신에게보다 신들에게
더 소중하다.   (유베날리스)

왜냐하면 그들에게 명예나 직위를 요구하는 것은 그대를 전투장이나 주사위 노름판이나 그 종말이 어찌 될지 알 수 없고 그 결과가 의심스러운 어떤 다른 일에 던져 넣어 달라고 요구하는 일이 된다.

철학자들 사이에는 인간에게 최고의 선은 무엇인가 하는 문제보다 더 치열하고 난폭한 논쟁거리는 없다. 바로의 계산에 의하면 288개의 학파들이 여기에서 갈려 나간 것이다.

"최고 선에 대한 문제에 의견의 일치를 보지 못하자, 사람들은 모든 철학 사상에 견해가 어긋났다."(키케로)

나는 의견이 달라 모두 다른 식사를 주문하는
세 사람의 손님을 보는 것 같다.
그들에게 무엇을 주어야 하고 무엇을 주지 말아야 하나?
그대는 다른 자의 요구품을 거부한다.
그대가 청하는 것을 다른 두 사람은 맛이 시다고 거부한다.   (호라티우스)

자연은 그들의 논쟁과 토론에 이렇게 대답해 주어야 할 것이다.

어떤 자들은 우리의 선이 도덕에 있다고 말하고, 다른 자들은 탐락에 있다고 하고, 또 다른 자들은 본성에 동의함에 있다고 한다. 어떤 자는 고통을 받지 않음에 있다고 하고, 어떤 자는 외관에 끌리지 않음에 있다고 한다(그리고 이 사상은 옛날 피타고라스의 다른 사상에서 유래한 것 같다. 그것은 피론학파의 목표이다).

어떤 일에도 놀라지 않음은, 누마키우스여,
행복을 주며 보존하는 단 하나의 방법이다.　　　　　(호라티우스)

아리스토텔레스는 아무것에도 감탄하지 않는 일은 대도량(大度量)이라고 본다. 그리고 아르케실라오스는 판단을 흔들림 없이 진실로 바르게 하고, 한쪽으로 치우치지 않는 것이 선이고, 반대로 동의와 찬성을 주는 것은 악이며 불행이라고 했다. 그가 이것을 확실한 공리로 세운 점이 피론의 학설에서 나온 것은 사실이다. 피론 학파들이 최고 선을 판단력이 흔들리지 않는 심령의 조용하고 온화함이라고 말할 때, 그들은 이것을 긍정적인 태도로 이해하는 것이 아니다. 낭떠러지를 피하고 밤이슬을 맞지 않으려는 바로 그 심령의 움직임이 그들에게 이런 생각을 갖게 하고 다른 생각을 거부하게 한다.

내가 살아 있는 동안에, 지금 우리에게 남아 있는 가장 박학한 인물로, 극히 점잖고 올바른 정신을 가졌으며, 진실로 나의 투르네부스에 거의 대등한 석학인 주스투스 립시우스나 또는 다른 어느 분의 의지와 건강과 충분한 여가를 가지고 우리가 거기서 볼 수 있는 한, 우리 존재와 행동 습관 등의 문제에 관한 고대 철학의 이론들과 그 반대 이론들, 당파의 도당들과 그 신빙도, 그리고 이런 당파 작가들이 특례적이고 기억할 만한 사건들을 겪으며 자기 생활을 그들의 교리에 적응시켜 간 방식 등을 성실하고 세밀하게 그 유별과 구분에 따라서 수집하여 기록해 주기를 나는 얼마나 바라는가. 그 얼마나 훌륭하고 유익한 작품이 될 것인가!

그뿐더러 우리가 행동 규칙을 자신에게 끌어내는 것이라면, 우리는 얼마나 심한 혼란에 빠질 것인가! 이 점에 관해서 이성이 우리에게 주는 참다운 것으로 여겨지는 충고로, 소크라테스가 신에게서 계시받은 충고라고 말하는 사상도 그렇지만, 그것은 대개 각자 자기 나라의 법률에 복종하라는 것이다. 여기서 우리의 의무에는 우연한 것 말고 다른 규칙은 없다는 것밖에, 이성은 무엇을 말하고 있는 것일까?

진리는 하나의 똑같은 보편적인 모습을 가져야 한다. 정직성과 정의는 만일 사람이 그 신체와 진실한 본질을 알고 있다면, 이 진리를 이 나라나 저 나라 풍속의 조건에 결부시키지는 않을 것이다. 페르시아나 인디아 사람들의 생각을 따라서 도덕이 형태를 가질 수는 없는 일이다.

법률만큼 끊임없이 동요되는 것도 없다. 태어난 이래로 나는 우리 이웃 나라인 영국인들이, 우리가 영원히 불변하기를 원치 않는 정치 문제뿐 아니라 세상에 있을 수 있는 가장 중대한 문제인 종교에 관해서도 법률을 서너덧 번 고치는 것을 보았다. 그 때문에 나는 수치와 분노를 느낀다. 왜냐하면 이 나라는 옛날에 내 지방 사람들과 극히 친밀한 관계를 맺고 있었고, 우리[8] 집에도 옛 인척 관계의 흔적이 아직 남아 있기 때문이다.

그리고 여기 우리 고장에서, 전에는 사형을 받던 행위가 다음에는 합법적인 행위가 되고, 다른 일을 합법적으로 보는 우리는 전쟁의 운이 불확실하게 돌아감에 따라서 우리의 정의가 부정의에 농락되어 인간의 일과 성스러운 일에 대한 대역죄로 몰려 투옥되며, 그리고 몇 해 안 가서 사정이 본질적으로 뒤집히는 것을 보았다.

이 옛날의 신(아폴론을 말함)은 어떻게 인간의 지식 중에 신성한 존재에 관한 무지를 명백하게 비난하고, 그의 삼각형자리(델포이 여신용)의 가르침을 요구하는 자들에게, 그가 말한 바와 같이 각자의 진실한 신앙은 자기가 있는 고장의 습관으로 지키고 있는 신앙이라고 한 것보다 더 잘 인간들에게 종교라는 것이 그들의 사회를 결속시키기에 적당하게 그들이 고안한 작품에 불과하다는 것을 가르쳐 줄 수 있었던가?

오오, 신이여! 우리는 얼마나 최고 창조주의 착하신 마음으로 저 갈피잡지 못하는 독단적인 경신사상(敬神思想)을 배척하고, 우리 신앙을 거룩한 말씀의

---

[8] 몽테뉴의 고장은 전에 영국 왕의 영토였기 때문에 영국인이 많이 살고 있었고, 몽테뉴의 본디 성(姓)인 Eyquem 자체가 영국적인 이름이다.

영원한 기초 위에 세워 주신 일에 감사를 올려야 할 것인지!

그런데 우리의 이런 필요에 철학은 무엇을 말해 줄 것인가? 우리에게 우리들 나라의 법을 좇으라고? 다시 말하면 심정의 변화가 일어날 때마다 번번이 정의의 얼굴을 바꿔 꾸미고, 다른 빛깔을 칠해 보이며, 늘 바닷물같이 들떠 있는 국민이나 왕의 사상을 좇으란 말인가? 나는 그렇게도 잘 휘어지는 판단력을 가질 수 없다. 무슨 선이 어제는 신용을 얻더니 내일은 신용을 잃고, 냇물 한 줄기만 건너면 범죄가 된단 말인가?

산맥으로 제한되며, 산 하나 넘으면 허위가 되는 것이 무슨 진리인가?[9]

그러나 법률 등에 어떤 확실성을 주려고 하며, 그들이 자연법이라고 부르는 견고하고 영구적이고 부동불변의 법률에서, 그것은 본질적 조건으로 온 인류에게 판박혀져 있다고 말하는 자들을 보면 참 가관이다. 그리고 이런 법을 두고 어떤 자는 법이 셋 있다고 하고, 어떤 자는 넷이라고 하고, 누구는 더하다고, 누구는 덜하다고 하니, 그것 역시 다른 것들에 못지않게 의심스러운 법이라는 표징이다. 그런데 너무 운이 나빠서(왜냐하면 그렇게도 무한한 법 중에서 운명과 우연의 운으로서, 그중에 하나만이라도 국민들의 동의를 받아서 보편적으로 존재하는 법률을 만나 보지 못한다는 것은, 운이 나쁘다고밖에는 어떻게 달리 말할 것인가?) 이렇게 골라낸 법들 서너덧 중에 한 국민뿐 아니라, 여러 국민들에 의해서 반박되거나 부인되지 않은 법이란 단 하나도 없다. 그런데 어떤 법을 자연법이라는 이름으로 추론할 수 있는 유일한 표징은 보편적 승인뿐이다. 왜냐하면 자연이 진실로 우리에게 명령한 것은 공통의 동의를 가지고 추종할 것이기 때문이다. 그리고 전 국민뿐 아니라 모든 개인은 이 법에 반대되는 방향으로 밀어 내려고 하는 자로부터는 강제와 폭력을 느끼게 될 것이다. 그들은 내게 이런 조건의 하나라도 좀 보여 줬어야 한다.

프로타고라스와 아리스톤은 법률의 정의에 관해서 입법자의 의견과 권위밖에 다른 본질을 주지 않았다. 그리고 이 점을 제쳐놓으면 착함과 정직함의 소질은 사라지고, 남은 것은 무관심과 사물들의 헛된 이름들일 뿐이다. 플라톤에 나오는 트라시마코스는 상관들의 편익밖에 다른 법(권한)이라고는 없다고 생각

---

9) 냇물과 산은 국경선을 이룬다. 나라가 다르면 법이 달라져서, 이쪽에선 죄가 아닌 것도 저쪽에선 죄가 된다.

했다. 세상에는 풍속과 법률들만큼 잡다한 양상을 보이는 것은 없다. 한 곳에서 사람들이 대단히 꺼리는 일이, 라케다이모니아에서 재간 있게 도둑질하는 것이 권장되는 식으로 다른 곳에서는 장려되고 있다. 근친 결혼은 우리 고장에서는 사형에 처할 죄악으로 금지하고 있으나, 다른 데서는 명예로운 일로 삼는다.

어느 나라에서는 모친이 자식과,
부친이 딸과 교합하며 육친의 애정이
연정으로 더욱 증대된다고 한다. (오비디우스)

유아 살해, 자식이 어버이를 죽이는 행위, 처첩의 교환, 도둑질한 물건의 흥정, 온갖 탐락의 방자한 행위 등, 아무리 극단적인 일이라도 어느 나라에서 관습으로 용인된 일이 전혀 없는 것은 하나도 없다.

우리가 다른 동물에게서 보는 바와 같이, 세상에 자연의 법이 있다는 것은 믿을 만하다. 그러나 우리의 사정은 그 훌륭하다는 인간성이 사방에 침투해서 지배하고 명령하며, 그 이성이 허영되고 자기 주장이 있는 의견이 없어 모든 사물들을 뒤섞고 혼란시키기 때문에 이 자연법들은 우리들로부터 사라져 버렸다.

"진실로 우리의 것이라고는 아무것도 남지 않는다. 내가 우리 것이라고 부르는 것은 조작된 것에 불과하다."(키케로)

사물들은 다양한 양상을 가졌으며 다양한 면에서 고찰된다. 주로 그 때문에 다양한 의견이 나온다. 한 국민은 어떤 사물을 한 면모로 관찰하며, 그 관점에 얽매이게 된다. 다른 국민은 다른 관점에서 본다.

자기 아비를 먹는다는 것보다 더 끔찍한 일은 상상되지 않는다. 그러나 옛날에 이 습관을 가졌던 국민들은 이 풍습을 효도와 애정의 증거로 삼고, 그들 부친의 신체와 유해를 마치 그들의 골수에 담아 두듯 자신에게 담아 두며, 그것을 소화시켜 자기들의 살아 있는 살로 변하게 하여 어떤 면에서는 그들에게 생명을 주어서 다시 살아나게 함으로써 이것으로 자기들을 낳아 준 자들에게 가장 영광스러운 장례를 지내 주려고 했다. 이런 미신에 잠겨 있는 인간들의 처지에서 보면, 부모의 유해를 땅에 던져 썩혀서 벌레와 구더기의 밥이 되게 둔다는 것이 얼마나 잔인하고 가증스럽게 보였을까는 쉽사리 상상된다. 리쿠르고스는 도둑질, 다시 말해 자기 이웃집에서 무엇을 몰래 집어 온다는 일에서 활기와 근면성과 과감성과 재치를 보았고, 그래서 각자가 자기 것을 보존하려고 더 조심해서 마음 쓰는 일이 국가의 이익으로 돌아올 것으로 생각했다. 그리고 공격하고 방어하는 이 이중의 훈련에서, 남의 물건으로 덕을 보려는 혼란과 부정의에 비해서 훨씬 더 중시해야 할 군사 훈련(이것은 그가 이 국민을 단련시키는 데 쓰는 주요한 학문이며 도덕이었다)의 성과를 얻는다고 생각했다.

폭군 디오니시우스는 플라톤에게 페르시아식으로 수놓고 향료를 뿜어 놓은 기다란 의복을 선사했다. 플라톤은 이것을 거절하며, 자기는 남자로 태어났기 때문에 여자 옷을 입기는 좋아하지 않는다고 했다. 그러나 아리스티포스는 그것을 받으며, 사람은 어떠한 의상을 입어도 깨끗한 마음을 부패시키지 못한다고 했다. 친구들은 그에게 '디오니시우스가 그의 얼굴에 침을 뱉어도 대수롭게 여기지 않을 것'이라고 그의 비굴성을 나무랐다.

그러자 그는 "어부들은 망둥이 한 마리 잡으려고 머리에서 발끝까지 바닷물에 담그는 일도 참아 내지요"라고 했다. 디오게네스는 양배추를 씻고 있다가 그가 지나가는 것을 보고, "자네, 양배추로 살아갈 줄 알면 폭군한테 굽신거릴 필요가 없지" 했다. 그러자 아리스티포스는 이에 대꾸하며 "자네가 사람들과 같이 살 줄 알면 양배추를 씻지 않아도 좋지"라고 했다. 사람의 이성이 다양한 행동에 그럴듯한 겉모습을 꾸며 놓는 꼴은 이런 식이다. 그것은 손잡이가 양쪽으로 둘 달린 항아리이다. 왼쪽을 잡아도 좋고 오른쪽을 잡아도 좋다.

> 오, 우리를 맞이하는 토지여, 그대는 전쟁을 고하도다.
> 전쟁을 위해 준마는 무장되었고,
> 큰 짐승 무리는 전쟁으로 위협한다.
> 그러나 어느 날 짐승들은 다 같이
> 차량에 매이기에 길들여져서
> 끌채 밑에 정답게 쌍을 지어 재갈을 물리리라.
> 평화를 향한 희망은 아직 있도다.
>
> (베르길리우스)

누가 솔론에게 그 아들의 죽음에 쓸데없이 무력한 눈물을 흘리지 말라고 이르자, "눈물은 쓸데없고 무력하니, 바로 그 때문에 더 정당하게 흘려 내버리는 것이오" 하고 그는 말했다. 소크라테스의 아내는 그런 판국을 당해서 비탄에 잠겨 통곡하며 "오, 얼마나 부당하게 그 괴악한 재판관들이 그를 죽게 하는가!"라고 했다. 그러자 "그럼 그들이 한 짓이 정당했더라면 좋았겠소?" 하며 그는 대꾸했다.

우리는 귓불을 뚫고 있다. 그리스 사람들은 그것을 노예의 표징으로 삼았었다. 우리는 여자들과 즐길 때 숨어서 한다. 서인도 사람들은 내놓고 그 짓을 한다. 스키타이족들은 그들의 사원에서 외국인들을 도살했다. 다른 데서는 사원에 숨은 자들은 잡아가지 못한다.

> 어느 고장에서나 이웃 나라의 신들을 혐오하고
> 자기들이 숭배하는 것만을 신으로 모셔야 한다는
> 확신 때문에 민족들의 이런 광분이 터진다. (유베날리스)

나는 한 재판관의 이야기를 들었는데, 그는 바르톨루스와 발두스 사이에 일어난 맹렬한 싸움에서 이 사건에 여러 모순되는 문제가 걸려 있는 것을 보고, 자기 조서의 여백에 '친구에게 유리한 문제'라고 적어 넣었다고 한다. 말하자면 사실이 너무 뒤엉키고 논란거리가 많기 때문에, 이런 소송 사건에서는 자기에게 좋게 보이는 편을 들게 된다는 말이다. 그가 어떤 데서나 '친구에게 유리한 문제'라는 말을 적용하지 못하는 것은 그의 재치와 재주가 부족한 탓이다.

우리 시대의 변호사와 판사들은 모든 소송 사건에서 자기 좋은 대로 둘러맞출 구멍을 찾아낸다. 그렇게도 무한하고 많은 견해와 독단적인 판단의 권한에 매여 있는 지식의 분야에서는, 판단에 극도의 혼란이 일어나지 않을 수 없다. 그런 만큼 다양한 의견이 생길 수 없을 정도로 사리가 명백한 소송 사건이라고는 없다. 한 패가 판결한 것을 다른 패는 달리 판결한다. 그리고 같은 패라도 때가 바뀌면 다르게 판결한다. 여기에 관해서 우리 재판정의 준엄한 권위와 영광을 놀랍도록 더럽히는 일로, 동일한 소송 사건을 한 판결에 멈추지 않고 이 재판관에서 저 재판관으로 옮겨 가며 결정을 받는 자유 때문에, 이런 예가 빈번하게 일어나는 것을 본다.

　악덕과 도덕에 관한 철학 사상의 자유로 말하면, 이 문제를 벌여 볼 필요도 없으며, 사고력이 부족한 사람들에게 공표하기보다는 입을 다무는 편이 나을 때가 많다.

　아르케실라오스는 여자와의 육체적 관계는 어느 방면에서 하건, 어느 장소에서 하건 상관없는 문제라고 했다. "여자의 육체를 탐하는 것은 본성이 요구하면 혈통과 문벌과 지위는 고려할 것이 못 되며, 다만 우아미와 나이와 미모를 고려할 일이라고 에피쿠로스는 생각한다."(키케로)

　"청순한 사랑이 현자에게 용납될 수 없는 것이라고는 그들은 생각하지 않는다."(키케로) "어느 연령까지 청년들을 사랑해서 좋을지 고려해 보자."(세네카) 이 마지막 스토아학파의 두 문구와 이 문제에 관해서 디카이아르코스가 플라톤에게 한 비난은, 가장 건전한 철학이 보통의 풍습을 벗어날 만큼 방자한 행위도 상당히 용인하고 있는 것을 보여 준다.

　법률은 소유와 관용에서 그 권리를 얻는다. 법률을 그 발생의 근원으로 캐어 올라가 보는 것은 위험하다. 그것은 강물처럼 흘러가면서 커지고 고귀해진다. 강물을 거꾸로 거슬러 그 근원으로 올라가 보라. 그것은 거의 알아볼 수 없을 정도로 가느다란 물줄기인데, 그것이 늙어 가면서 이렇게 오만해지고 억세어져 간다. 저 위엄과 공포와 존경으로 가득 찬 그 유명한 사조에 최초의 발빠른 행동을 보여 준 옛사람들의 사고방식을 주의해 보라. 그 사상은 너무나 경솔하고 허약해서, 요즈음 모든 일을 이성에 비쳐서 따져 보며, 권위나 신용으로는 아무것도 받아들이지 않는 사람들이 판단하는 바가 일반이 판단하는 바와 거리가 먼 것은 놀라운 일이 아님을 알 것이다. 이런 자들은 본성의 최초 모습을 그들의 스승으로 받들고 있기 때문에, 그들 견해의 대부분이 일반인들이 생각하는 식에서 크게 벗어나는 것은 놀라운 일이 아니다. 예를 들면 그들은 우리 결혼 생활의 강제 조건을 인정하는 일이 거의 없었고, 대부분 여자는 아무 의무 없이 공유되기를 바랐다.

　그들은 우리의 법도에 맞는 질서나 절차를 거부하고 있었다. 크리시포스는, 철학자는 감람 씨 열두어 개를 얻으려면 바지도 입지 않고 열두어 번 땅재주를 넘으라고 했다. 그는 히포클리데스가 탁자 위에 곤두서서 두 다리를 벌리는 것을 보았다고 해서, 클리스테네스에게 그의 예쁜 딸 아가리스타를 주지 말라고 충고할 생각은 하지 않았을 것이다.

메트로클레스는 토론하다가 좀 점잖지 못하게 자기 학파들 앞에서 방귀를 뀌고는 민망한 나머지 토론장을 나오고 말았다. 그때 크라테스가 찾아가서 사리를 따져 위로해 주고, 덧붙여 그의 거리낌 없는 행태의 본을 보여 주며, 그와 경쟁해서 방귀를 뀌기 시작하여, 그런 일에 마음 쓰는 생각을 버리게 했다. 그리고 그가 그때까지 좇고 있던 소요학파를 벗어나 더 자유로운 스토아학파에 들어오게 했다.

숨어서 하면 점잖은 말이라도 터놓고는 감히 못하는 일을 예의라고 부르는 것을 그들은 천치의 수작이라고 불렀다. 우리의 본성과 습관과 욕망이 우리 행동에 나타나며 요청하는 것을, 입 밖에 내지 않고 그래서는 못 쓴다고 얌전을 피우는 수작을 그들은 악덕이라고 불렀다.

비너스의 신전에서 사랑의 신비를 끌어내어 사람들의 눈앞에 폭로하는 일은 비너스의 신비를 모독하는 일이며, 사랑의 희롱을 포장 밖으로 내놓는 일은 사랑을 더럽히는 짓이라고 보았다(부끄러운 마음은 일종의 사랑의 무게이며, 숨기고 보류하고 제한하는 것은 그것을 존중하는 마음씨였다). 사랑의 탐락이 도덕이라는 가면 아래 네거리 복판에서 사람들의 눈앞에 유린당해서, 습관상 방 안에서 하는 것이 안락과 위엄을 손상당하는 일이 없다고 고집 세워 주장하는 것은, 그들에게는 대단히 교묘한 수단으로 보였다. 그래서 공창 제도의 철폐는 여자를 찾아다니는 행위를 지정된 장소에서 하던 때보다도 사방에 널리 퍼지게 할 뿐 아니라, 남자들에게 불편을 줌으로써 이 악덕을 자극하게 된다고 어떤 자들은 말한다.

> 전일에는 아우피디아의 남편이더니, 코르비누스여,
> 그녀가 그대의 연적이던 자의 처가 된 이제는
> 그대가 그녀의 애인이 되었구나. 그녀를 소유하던 때는 싫어하더니
> 남의 소유로 된 지금 어째서 그녀가 마음에 드는가?
> 그대는 그러니 두려울 것이 없을 때는 불감증에 빠지는가?　　(마르티알리스)

이런 경험에는 가지각색의 예가 있다.

그대 처가 누구든 가리지 않고 자유로 접하던 때의 케킬리아누스여,
이 도시 안에 그대 처를 욕심내던 자 아무도 없더니
이제 그대가 그녀에게 호위병을 붙여 준 이래론,
한량들 한 떼가 그녀를 에워싼다.
그대는 약은 자로다.
(마르티알리스)

한 철학자가 그 짓을 하다가 들켰다. 그게 무슨 짓이냐고 사람들이 물어보자, "나는 사람을 심고 있소" 하고 담담하게 대답하며, 그 짓을 하다가 들키고도 그가 마늘을 심고 있는 것을 남이 본 것처럼 얼굴빛도 붉히지 않았다.

내 생각에는 한 위대한 종교 작가(성 아우구스티누스를 말함)가 이 행위를 너무 수치스럽고 숨겨야 할 일로 생각했기 때문에, 견유학파(犬儒學派)의 방자한 포옹 행위에서도 그들이 일을 끝까지 해치웠다고는 생각하지 못하고, 단지 그들이 표명하는 뻔뻔스럽고 부끄럼이 없는 태도를 유지하려고 외설한 동작을 보여 주기에 그쳤다. 그리고 수치심 때문에 억제하고 피하던 것을 물리치기는 했지만 다음에는 역시 숨을 자리를 찾아야 할 필요를 느꼈다고 믿는데, 그것은 너무 연약하고 조심스러운 생각에서 한 일이다. 그는 그들의 방자한 행위를 철저하게 들여다보지 못했던 것이다. 왜냐하면 디오게네스는 사람들이 보는 데서 수음을 하며, 구경꾼들을 향해서 배도 이처럼 문질러서 부르게 할 수 있다면 좋겠다고 말했다. 누가 그에게 하필이면 한길에서 식사하느냐고, 왜 더 편리한 장소를 찾아가지 않고 큰길 복판에서 식사하느냐고 물어보자, "길 한복판에서 배가 고프니까 그렇지" 하고 대답했다.

이 학파들과 섞여 놀던 여인 철학자들은 역시 어느 장소에서나 가리지 않고 그들과 섞여 살았다.

히파르키아는 무슨 일에서라도 그의 규칙과 풍속을 좇겠다는 조건으로 크라테스와의 교제를 허락받았다. 이런 학자들은 덕성에다 극도의 가치를 두고, 도덕 밖에 다른 훈련은 거절했다. 그래서 그들은 모든 행동에서, 그들 현자의 결정에 최고의 권위를 부여하며, 그것을 법률 이상으로 간주하고, 그리고 탐락

에는 절도를 지킬 것과 타인의 자유를 존경하는 것 외에 다른 제한을 두지 않았다.

헤라클레이토스와 프로타고라스는, 포도주의 맛이 병자에게는 쓰고 건강한 자에게는 달며, 삿대는 물속에서는 굽어 보이고 밖으로 꺼내면 꼿꼿하게 보이며, 여러 사물들에서 겉모습이 이렇게 반대로 보이는 것을 들어서 모든 사물들은 이러한 외관을 가질 원인을 지니고 있다고 하고, 포도주에는 병자에게 느끼게 하는 쓴맛이 있고, 삿대에는 물속에 넣었을 때 굽어 보이는 성질이 있다고 논했다. 그리고 모든 일을 이렇게 생각했다. 모든 일이 모든 사물들에 있고, 따라서 아무것에도 아무것도 없다는 논법이 된다. 왜냐하면 모든 것이 있는 곳에는 아무것도 없기 때문이다.

나는 이런 논법에서, 인간 정신이 탐구해 보려고 시도하는 저작들 중에, 굽었다든가 곧다든가 달다든가 하는 감각이건 모습이건, 발견되지 않는 것이 없던 경험이 생각난다. 세상에 있을 수 있는 가장 명백하고 순수하고 완벽한 말 속에도, 사람들은 얼마나 많은 허위와 거짓말이 생겨나게 했던가? 어떠한 사교(邪敎)가 자기의 설을 세우고 유지하기 위해서, 이런 것 속에 충분한 근거와 증거를 찾아내지 못했던가? 이 때문에 거짓 작가들은 시구(詩句)의 해석에 의한 증거와 증명을 버리려고 하지 않는다.

한 지체 높은 분이 자기가 몰두하고 있던 철학석(哲學石)의 탐구에 관해서 권위를 세워 가며, 내 찬성을 얻으려고 최근에는 성경의 문장 대여섯 구를 이용해 보여 주며, 이 문장에 의지해서 자기는 양심에 거리낄 것 없다는 근거를 세우고 있었다(그는 성직의 직분을 가지고 있었다). 그리고 이 착상은 재미날 뿐 아니라 그 훌륭한 학술을 옹호하기에도 적절하게 들어맞는 것이었다.

이런 방법으로 점쟁이들이 꾸며 대는 이야기는 신용을 얻는다. 어떠한 예언자라도 사람들에게 그의 문장을 뒤적거리며 그 말이 지닌 뜻과 모습을 조심스레 알아보게 할 권위를 가졌다면, 옛날 시빌르(그리스의 무녀)처럼 사람들이 바라는 대로 그에게 말을 시켜 보지 못할 자라고는 없다. 왜냐하면 거기에는 얼마든지 해석할 방법이 있기 때문에, 틀어서 말하건 바른대로 말하건, 교묘하게 머리를 쓸 줄 아는 자는 모든 문체를 가지고 자기가 말하고 싶은 점에 소용되는 어느 모습을 찾아내지 못하기가 도리어 어려울 수 있기 때문이다.

그 때문에 세상에는 옛날부터 이런 데 그렇게도 흔하게 쓰여 오던 의심스럽고 흐리멍덩한 문체가 있는 것이다! 이런 작가는 후세 사람들을 끌어서 자기 글을 가지고 일거리를 삼게 할 수 있을 것이다!(이런 일은 능력뿐 아니라, 우연히 얻은 재료의 덕분에 그만큼 또는 더하게 호평을 얻을 수 있다.) 그뿐더러 어리석어서 이건 꾀가 많아서이건 좀 알아보기 어렵게 잡색으로 적어 놓을 일이다! 걱정할 것 없다. 수많은 인물들이 그것을 체로 치고, 흔들어 보며, 작가의 뜻을 따르거나 거스르거나, 반대로거나, 그 뜻을 수많은 형태로 설명하며, 이런 것 모두가 그에게 영광을 줄 것이다. 그는 랑디[10]의 장날, 선생들이 받는 수업료처럼 자기 제자들이 찾아낸 방법으로 부자가 될 것이다.

이것이 수많은 허망한 사물들에 가치를 주고, 여러 문장들이 신용을 얻게 하고, 사람들이 원하는 온갖 재료를 거기에 실어 놓게 한 것이다. 동일한 사물이 백이나 천 가지로 우리 좋을 대로의 모습과 고찰을 받는 것이다.

호메로스가 사람들이 모두 그가 말한 것이라고 하는 뜻으로 말한 것이며, 신학자·입법자·장군·철학자, 그리고 학문을 다루는 모든 종류의 인간들이 모두가 색다르게 반대로도 다루며, 그의 말에 의거하고, 그에게 연관 지어서 일을 처리하게 하고, 모든 직무들, 작품들, 장인(匠人)들의 최고 스승이며, 모든 계획의 총 고문이 될 생각으로, 자기를 그렇게도 다양한 모습으로 내주었단 말이 있을 수 있는 일인가? 신탁이나 예언이 필요한 자들은 누구나 다 여기서 자기 사실을 찾아내었다. 내 친구인 한 박식한 인물이 여기서 감탄할 만하게도 우리 종교에 유리하고 부합되는 많은 점을 찾아내며, 그리고 이것이 호메로스의 의도였다는 생각을 버리지 못하는 것을 보면 참 가관이다(그러나 그는 우리 시대의 어느 누구에도 못지않게 이 작가에 정통하고 있었다). 그런데 그가 우리 종교에 유리한 사상이라고 거기서 찾아낸 바를, 옛사람들은 그들의 종교에 유리하게 해석했던 것이다.

플라톤을 가지고 모두들 밀어 대고 뒤흔들고 하는 꼴을 보라. 저마다 이 작가를 자기에게 적용하기를 영광으로 삼으며, 자기가 원하는 쪽으로 그를 뉘어 놓는다. 사람들은 세상에 용납되는 모든 새 세상들 속에 그를 끌어들여 끼워

---

10) Lendit. 중세기에 파리 근처 생 드니 평원에서 6월에 열리던 시장. 이때 학생들은 방학이고, 선생들은 사례금을 받으며, 학교에서는 이 시장에 가서 일년 분의 양피지를 사들였다.

넣으며, 일이 되어 가는 형세의 경과가 달라지게 되면 그를 자신과 달라지게 만든다. 사람들은 그의 작품 속의 방자한 풍습들이 우리 시대의 풍습에 용납되지 않자, 그가 그들의 풍습을 부인한 뜻으로 그를 해석한다. 그것을 해석하는 자의 정신이 생기 있고 강력하면, 모두가 그만큼 힘차고 강력하게 된다.

헤라클레이토스가 지녔던 사상과 동일한 근거에서, 그리고 모든 사물들이 거기서 발견하는 모습들을 지니고 있다고 한 그의 문장에서, 데모크리토스는 그와는 전혀 반대되는 결론을 끌어내고 있었다. 그것은 사물들은 우리가 거기서 발견하는 모습을 아무것도 지니고 있지 않다고 하는 것이며, 꿀은 어느 자에게는 쓰고, 어느 자에게는 달다는 사실에서, 그는 꿀은 쓰지도 달지도 않다는 논법을 내놓는 것이었다. 피론 학자들은 그것이 단지 쓴지, 달지도 쓰지도 않은지, 또는 두 가지 다인지 자기들은 모른다고 말할 것이다. 이들은 항상 극단적으로 의문을 품는 태도를 취하기 때문이다.

키레나이카학파들은 외부에 의해서는 아무것도 지각할 수 없으며, 고통과 쾌감처럼 내적 접촉으로 우리에게 감명을 주는 것만으로 사물들은 지각되는 것이라고 생각한다. 또 음조(音調)나 빛깔은 인정하지 않고, 다만 거기서 오는 어떤 심정만을 인정했으며, 사람은 이것밖에 달리 판단의 근거를 갖지 않았다고 했다. 프로타고라스는 각각의 사람에게 보이는 것이 그대로 진실이라고 했다. 에피쿠로스학파는 사물들의 지식이나 쾌락이나 모든 판단력의 근거를 감각에 두고 있다. 플라톤은 진리의 판단과 진리 자체를 견해와 감각과는 별개로 정신과 사유에 소속시키려고 했다.

*감각은 부적당하다

이 문제에서 나는 우리들 무지의 가장 큰 기초이며 증거가 놓여 있는 감각에 관해서 고찰하게 되었다.

사람이 인식하는 모든 것은 확실히 인식하는 자의 소질에 의해서 인식된다. 왜냐하면 판단은 판단하는 자의 의식적인 행위에서 오는 만큼, 그는 이 행위를 그 자신의 방법과 의지로 완수하는 것이 당연하며, 우리가 사물의 본질적인 법칙을 따라 사물을 인식하는 것이 옳기 때문이다. 타인의 강제에 의해서 하는 인식은 옳은 것이 아니다. 그런데 모든 인식은 감각에 의해서 우리에게

온다. 감각이 우리의 주인이다.

> 이 길을 따라서 확신은 인간의 마음과
> 그의 정신의 거룩한 제단에 직접 들어가는 것이다. (루크레티우스)

지식은 감각을 통해서 시작되며, 속에서 해결된다.

결국 우리는 소리·냄새·빛·맛·크기·무게·무름·굳음·거칠음·빛깔·매끈함·폭·깊이 등이 있다는 것을 모르고는 돌이 무엇인지도 모를 것이다. 여기에 우리 지식 구조의 기초와 원칙들이 있다. 그리고 어떤 자들에 의하면 지식은 감각일 뿐, 다른 것이 아니라고 한다. 누구이건 내가 이 감각들에 반박하게 강제할 수 있는 자는 내 목덜미를 잡은 것이다. 그는 나를 더 뒤로 물러갈 길이 없게 만들 것이다. 감각은 인간 지식의 시작이며 마지막이다.

> 우리에게 처음으로 진리의 인식을 준 것은 감각이며
> 그들의 증명을 반박할 수 없음은 그대도 알 것이다……
> 다른 무엇에 감각이 증명하는 것보다 더 큰 신뢰를
> 둘 수 있을 것인가? (루크레티우스)

감각의 역할을 최대한으로 적게 평가해 보라. 그래도 늘 우리의 배움 전체가 감각의 중개와 방법으로 이루어진다는 것은 인정해야만 할 것이다. 키케로는 크리시포스가 감각의 힘과 효능을 깎아내리려고 애쓰다가, 그 자신에게서 거기에 반대되는 논법과 너무 심한 반박이 나와서 이 시도를 만족시키지 못했다고 한다. 그래서 그의 반대파를 지지하던 카르네아데스는 크리시포스를 논박하기 위해서, 바로 그의 무기와 어법을 사용하겠다고 자랑하고, 이 문제로 그를 공격하며, "오 가련한 자여, 그대의 힘에 그대가 패했도다!" 하고 외쳤다.

우리는 불이 뜨겁지 않다든지, 빛이 밝혀 주지 않는다든지, 피가 무겁지도 단단하지도 않다든지 하는 것보다 더 어리석은 일은 생각해 볼 수 없다. 이런 것은 감각이 우리에게 지적해 주는 사항들이다. 인간의 신념이나 지식으로 그 확실성을 이런 것에 비겨 볼 만한 것은 없다.

감각의 문제에 관해서 내가 내놓은 제1의 고찰은, 인간이 자연의 모든 감각을 갖추고 있는가에 대해서 의문을 품는 일이다. 나는 여러 동물들이, 어떤 것은 시각이 없고 어떤 것은 청각이 없어도 온전하게 생명을 이어가는 것을 본다. 그러면 우리도 감각들 중에서 하나나 둘이나 셋이나 또는 여러 가지를 갖지 못하고 있는 것인지 누가 알 것인가? 그중에 어느 것이 부족하다고 해도 우리의 사고력은 그 결함을 발견할 수가 없기 때문이다.

감각은 우리가 지각할 수 있는 극한이라는 것이 그 특권이다. 이 감각 너머에, 우리에게 감각을 발견하게 해 줄 수 있는 것은 아무것도 없다. 진실로 한 감각이 다른 감각을 발견해 낼 도리가 없다.

> 귀가 눈을 문책할 수 있는가? 또는 촉각이 귀를,
> 또는 그 밖에 입의 미각이 촉각을 나무랄 수 있는가?
> 또는 콧구멍이 비난할 수 있는가,
> 눈이 반박할 것인가?   (루크레티우스)

> 그들은 모두 다 우리 소질의 극한을 이룬다.

> 각각의 기능은 구분되고 그 역량은 한정된다.   (루크레티우스)

시각장애자로 태어난 사람에게 그가 앞을 못 본다는 것을 생각해 보게 할 수는 없다. 그에게 시각을 욕심내며 그것을 못 가졌다고 슬퍼하게 만들기는 불가능하다.

그런 까닭에 우리의 심령은 자기에게 질병과 불완전한 면이 있다고 해도 그것을 느낄 거리를 갖지 못한 만큼, 우리가 가진 감각들로 만족하고 흡족하다고 하는 것으로 조금도 안심할 수 없는 일이다. 이 시각장애자에게 이치로나 추론으로나 비교로나 그의 상상력에 빛과 빛깔과 시각을 이해시킬 어느 것도 말해 주기는 불가능하다. 그 뒤에는 이 감각을 명확하게 증명해 줄 것이 아무것도 없다. 태어난 시각장애자들이 무엇을 보려고 욕심내는 것은, 그들이 요구하는 것을 이해하기 때문이 아니다. 그들은 우리로부터 우리가 가지고 있는 것이 그들에게는 없고, 그들이 바랄 만한 것이 무엇인가 있다는 것을 배운 것이다. 그것의 이름은 그들도 잘 알고, 그 효과와 결과도 잘 안다. 그러나 그것이 무엇인지는 알지 못하며, 그것을 세밀하게나 어렴풋이라도 이해하고 있는 것이 아니다.

나는 한 명문의 귀인이 태어날 적부터 시각장애자였거나, 적어도 시각이 무엇인지 모르는 나이에 시각장애자가 된 경우를 보았다. 그는 자기에게 무엇이 부족한지 거의 이해하지 못하며, 우리처럼 보는 데 쓰는 말을 쓰지만, 그것을 자기 식으로 아주 독특하게 적용하고 있었다. 누가 그에게 어린아이를 하나 데려다주며 그의 수양아들을 삼게 하자, 그는 그 아이를 팔에 안고는 "이거 참 예쁜 아이구나! 얼마나 보기 좋은가! 얼굴도 쾌활하니!" 하며 말했다. 그는 우리들 중의 하나처럼 "이 방은 전망이 좋군. 날씨가 맑다. 해가 잘 비친다"라고 말한다.

그보다도 더한 일이 있다. 사냥과 공치기와 사격 같은 것은 놀이지만, 그는 이런 말을 많이 듣고 있으면서, 그도 여기 열중하며 바쁘게 군다. 그도 우리와 같이 한몫 끼어 있다고 생각한다. 그는 여기에 신이 나서 재미나는 듯한데, 그렇지만 귀로밖에는 받아들이지 못한다. 그가 말을 타고 박차를 찰 수 있는 훤한 벌판에 나왔을 때에 "저기 토끼가 있다!" 하고 누가 그에게 소리친다. 그러고는 또 토끼 한 마리를 잡았다고 사람들이 그에게 말한다. 그러면 그는 다른 사람들이 하는 말을 들으면서, 그도 이 토끼를 잡은 것으로 의기양양해한다. 그는 공을 왼손에 들고 라켓으로 친다. 화승총을 가지고 아무 데나 대고 쏜다. 그리고 하인들이 높다든가 빗나갔다든가 하고 그에게 말하는 것으로 만족한다.

혹시 인류에게도 어느 감각들이 부족해서 이와 같은 어리석은 짓을 하고 있으며, 이 결함 때문에 우리는 사물들의 모습을 제대로 보지 못하고 있는 것은 아닌지 누가 알 것인가? 자연 속에 일어나는 여러 가지 일 중에 우리가 이해하기 곤란한 점이 많은 것은 여기에 원인이 있지나 않은지 누가 알 것인가? 그리고 동물들이 우리 능력보다 더 나은 소질을 가지고 있는 것은, 우리가 가지고 있지 않은 어떤 감각의 소질에서 나오는 것이며, 그리고 이 동물들 중의 어떤 것들은 이런 이유로 우리보다 더 충만한 생명을 누리고 있는 것이 아닌지 누가 알 것인가?

사과 한 개를 들고, 우리는 거의 모든 감각으로 그것을 파악한다. 우리는 거기서 붉은빛과 매끈한 감촉과 냄새와 맛을 알아본다. 그 밖에도 사과는 건조시키거나 수축시키는 것 같은, 우리에게 알려질 수 없는 다른 효력들을 가질 수 있다. 여러 사물들에 우리가 오묘하다고 부르는 다른 소질들은, 자연 속에는 그것을 지각해서 판단할 수 있는 감각적 소질들이 있지만, 우리는 그런 감각적 기능을 가지고 있지 않기 때문에 그러한 사물들의 진실한 본질을 모르고 지낸다고 보는 것이 진실다운 일이 아닐까?

수탉에게 아침과 자정 시간을 알려 주는 것은 아마 특수한 감각이 있어서 그들을 움직여 울게 하는 것이며, 암탉은 아무런 습관도 경험도 갖기 전에 소리개를 무서워하며, 더 큰 짐승인 거위나 공작새는 무서워하지 않게 하고, 병아리들에게는 고양이가 가지고 있는 적대적 소질을 알려 주며, 개가 짖는 것은 수상하게 여겨지지 않게 하고, 어찌 보면 아양을 피우는 것 같은 야옹 하는 소리에는 경계하여도, 싸우려 대드는 듯 거칠게 짖어 대는 개 앞에서는 경계하지 않게 하는 것이며, 호박벌과 개미들과 쥐들에게는 맛도 보기 전에 가장 맛있는 치즈와 가장 맛 좋은 배를 골라잡게 하고, 사슴과 코끼리와 뱀에게는 약이 되는 풀을 알아보게 하는 것이다.

감각으로서 큰 지배력을 갖지 않았거나 그 방법으로 무한한 수의 지식을 가져오지 않는 것은 없다. 만일 우리에게 음향과 화음과 목소리의 이해가 없었다면, 그것은 우리의 다른 지식에 상상할 수 없는 혼란을 일으켰을 것이다. 각 감각의 고유한 효과에 결부된 것 외에도 우리는 한 감각과 다른 감각과의 비교에서 얼마나 많은 논거와 결말과 결론을 끌어내는 것인가! 지각 있는 사람에게 인간성이 본래 시각 없이 이루어진 것을 상상하게 해 보라. 이러한 감각의 결함에서 그에게 얼마만 한 무지와 혼란이 올 것이며, 얼마만 한 암흑과 맹목성이 우리 심령에 일어날 것인가를 생각하게 해 보라. 그것으로 우리는 하나나 둘이나 세 가지 감각의 결함이, 만일 그것이 우리에게 있었던들 진리의 인식에 얼마나 중대한 문제로 되는가를 알 것이다. 우리는 오관(五官)의 상의와 협동으로 진리를 형성했다. 그러나 이 진리를 확실하게 그 본질에서 알아보려면, 아마 팔관이나 십관의 일치와 협의가 필요할 것이다.

여러 학파들이 인간의 지식에 관해서 논쟁하는 것은, 우리의 감각이 불확실하고 허약하기 때문이다. 모든 인식은 감각들의 중개로 우리에게 오는 것인 만큼, 만일 그들이 해 주는 보고에 실수가 있다면, 그들이 밖에서 우리에게 운반해 오는 것을 부패시키고 변질시킨다면, 또 그들에 의해서 우리에게 흘러들어 오는 장면이 도중에 흐려진다면, 우리는 의지할 곳이 없어진다. 이러한 극단의 곤란함에서 다음과 같은 허망한 생각이 나오는 것이다. 즉, 각 사물은 우리가 거기서 발견하는 것을 모두 그 자체에 가지고 있다거나, 우리가 발견한다고 생각하는 것은 아무것도 거기에 없다는 식으로 말이다. 에피쿠로스학파의 망상은, 태양은 우리가 시각으로 판단하는 것보다 더 크지 않다고 한다.

> 그것이 어떻게 생겼건, 그것은 우리 눈으로 식별한 것보다
> 더 큰 형상으로 운행되지 않는 것으로 보인다.　　　　　(루크레티우스)

한 물체가 가까이 있는 자에게는 크게 보이고, 멀리 있는 자에게는 작게 보이는 이 외관들은, 두 편이 다 진실하다고 한다.

> 우리는 그렇다고 눈이 잘못 본다고 생각하지 않는다……
> 그러므로 정신의 잘못을 눈에게 전가하려고 하지 말자.　　(루크레티우스)

그리고 단호하게 감각에는 어떠한 속임수도 없다고 말하며, 감각에 매여 지낼 수밖에 없다고 한다. 우리가 거기서 발견하는 차이와 모순을 설명할 이유는 다른 곳에서 찾아보아야 하며, 감각을 비난하기보다는 차라리 다른 거짓말이나 헛생각을 꾸며 대라고까지 한다(그들은 이렇게까지 말한다). 티마고라스는 아무리 그의 눈을 누르고 삐뚤게 보아도 촛불의 빛이 두 겹으로 보이는 일은 결코 없다고 말하며, 그렇게 보이는 것은 도구의 잘못이 아니라 생각의 잘못에서 오는 것이라고 했다.

에피쿠로스학파의 어리석은 수작 중에도 가장 어리석은 것은 감각의 힘과 효과를 부인하는 일이었다.

따라서 모든 순간의 지각은 진실하다.
바로 접근해서 보면 사각인 물체가 어째서 머리에서는
원으로 보이는가의 이유를 이성이 해결 못한다 해도
자기 손의 명백한 증거를 포기하고,
모든 신념의 최초의 것을 부인하고,
우리 생명과 심령의 구제가 놓여 있는 기초 자체를
없어지게 하기보다는 우리 이성이 밝혀 보지 못한다 해도
차라리 양편의 외관들을 부정확하게 설명해 줌이 나으리라.
왜냐하면 우리가 감각을 믿지 못하고
절벽을 피하는 것 같은 종류의 모든 위험을
피하기를 포기하면 모든 이성뿐 아니라
생명 그 자체가 동시에 멸망할 것이기 때문이다.　　　(루크레티우스)

　이 절망적이며 너무나 철학적인 충고는 인간의 지식이 미치광이의 억지인 비합리적인 이성에 의해서밖에는 유지될 수 없다는 것이 아니라면, 아무런 다른 의미도 가질 수 없다. 그러나 이래도 역시 사람은 자기의 가치를 세우려면 필연적으로 자기가 어리석다는 것을 자백하기보다, 차라리 아무리 헛된 수작이라도 이 이성과 다른 구제책을 사용해 보는 편이 낫다는 것이니, 참 어처구니없는 진리가 아닌가! 그는 감각이 그의 지식의 최고 윗사람이라는 사실을 피할 길이 없다.
　그러나 이 감각들은 모든 사정에 불확실하고 그릇되기 쉬운 것이다. 이 점이 극한으로 싸워 이겨야 할 문제이며, 만일 우리에게 여기에 꼭 필요한 힘이 없다면, 우리는 여기에 완고성과 과감성과 당돌성을 사용해야 할 일이다.
　에피쿠로스학파가 말하는 것이 진실인 경우, 그러니 감각의 겉모습이 거짓인 경우에 우리는 지식을 갖지 않았다는 것이라면, 그리고 스토아학파들이 말하는 것처럼 감각의 겉모습이 거짓이어서 우리에게 아무런 지식도 줄 수 없다고 하는 것이 진실이라면, 이 독단론적인 두 큰 학파에 미안하지만, 우리는 도무지 지식이라는 것이 없다고 결론 지을 것이다.
　감각 작용의 오류와 불확실성에 관해서는, 각기 다 갖고 싶은 대로 얼마든지

예를 찾아볼 수 있다. 그다지도 감각이 우리에게 주는 과오와 속임수는 흔하다. 골짜기에서는, 뒤에서 부는 나팔소리도 그 방향에 의해 우리 앞에서 오는 것처럼 들린다.

> 저 먼 산악들은 대해 한복판에 하나로 보이지만
> 그들 사이에 넓은 거리가 놓여 있다……
> 우리 배가 스치며 지나는 해안에
> 구릉과 들판을 배의 뒷부분을 향해 달아나는 듯 보인다……
> 우리의 건강한 준마가 하류의 중간에 급정지하면,
> 어떤 힘이 준마의 몸을 밀어
> 하류를 거꾸로 급격히 돌진시키는 듯 보인다. (루크레티우스)

화승총의 탄알을 엄지로 만지다가 가운뎃손가락으로 그 위를 잡아 보며, 탄알이 하나뿐이라고 생각하려면 정신을 극도로 긴장시켜야 한다. 그렇게도 강력하게 우리 감각은 탄알을 두 개로 보여 준다. 왜냐하면 감각은 흔히 이성을 지배하며, 그것이 그릇된 인상인 줄 알며, 그렇게 판단해도 그대로 받아들이도록 강제하는 일을 우리는 번번이 당하기 때문이다. 촉각은 그 작용이 더 가깝고 생생하고 실질적이며, 신체에 가져오는 고통의 효과로 스토아학파의 훌륭한 결심들도 둘러엎는 수가 너무 많고, 담석증쯤은 다른 병이나 고통과 마찬가지로 한 현자가 자기 덕성으로 가꾸어 놓은 최고의 행복과 복지를 파괴할 힘이란 아무것도 갖지 않은 무관심한 사물이라고 하는 결심을 가지고 이 학설을 자기 심령에 세워 놓은 자에게까지도, 결심을 주며 고함지르게 하는 것이니, 이 감각은 치워 둔다.

마음이 아무리 연약한 자라도 북 치고 나팔 부는 데에 흥분하지 않는 자는 없다. 아무리 냉혹한 자라도 달콤한 음악에 기분이 들뜨고 부드러워지지 않는 자는 없다. 아무리 비뚤어진 마음씨라도 교회당의 어두컴컴하고 널찍한 속에 들어가 잡다한 장식품과 의식 절차를 쳐다보고, 오르간의 경건한 소리와 목소리의 그렇게도 침착하고 신앙심 깊은 화성(和聲)을 들으며 경외함에 감동받지 않을 자는 없다. 경멸의 마음을 품고 거기에 들어가는 자들까지도 마음속에 전율과 같은 두려움을 느끼며, 자기들의 사상에 대해서 불신을 품게 된다.

나로서는 호라티우스와 카툴루스의 시구를, 한 예쁘고 젊은 인물의 입으로 그 풍부한 음성을 가지고 노래하는 것을 침착하게 듣고만 있을 정도로 내 마음이 충분히 강력하다고는 생각하지 않는다.

제논이 목소리는 미인을 장식하는 꽃이라고 한 것은 옳은 말이다. 우리 프랑스인이면 모두 알고 있는 한 사람이 자기가 지은 시를 낭독해 보이고 내게 깊은 감명을 주었는데, 그 시는 종이에 쓴 것을 음조로 들은 것과는 같지 않으며, 내 눈으로 읽어 보면 귀로 들은 바와는 반대로 판단했으리라고 내게 믿게 하려는 것이었다. 그 정도로 발음은 그 재간에 맡겨진 작품에 가치와 풍류를 즐긴다는 신용을 얻고 있다. 이 점에서, 필로크세노스가 누가 자기 작품을 나쁜 어조로 읽는 것을 보고, 그 사람의 소유인 기왓장을 발로 짓밟아 부수며, "네가 내 것을 망치고 있으니, 나도 네 것을 부순다"고 했다고 해서 그를, 화를 잘 내는 자로 볼 것도 아니다.

확고한 신념을 가지고 죽음을 택한 자들이, 자기가 청해서 당하는 참형을 무엇 때문에 눈으로 보지 않으려고 고개를 돌리는가? 건강을 위해서 상처를 찢고 지져 주기를 원하며 그렇게 시키는 자들은, 그것을 눈으로 본다고 더 아파지는 것도 아닌데, 어째서 외과의사의 준비와 도구와 수술을 참고 보지 못하는가? 이것은 감각이 이성에 대해서 가진 권위를 증명하는 좋은 예가 아닌가?

우리가 쓰는 머리 다발은 사동이나 하인들에게서 빌려 온 것이며, 이 연지는 스페인에서 왔고, 이 흰 분과 이 흰 빛깔과 이 매끈한 칠은 오세아니아주의 바다에서 왔다는 것을 아무리 잘 알고 있다 해도, 그 치장한 것을 눈으로 보면 모든 이치에 당치않게 그 사람이 더 예쁘고 귀엽게 보이지 않을 수 없다. 거기에는 자기의 것이란 아무것도 없다.

우리는 장식에 유혹당한다.
황금과 보석은 결함을 은폐한다.
소녀는 그녀 자신의 최소 부분이다.
그대는 흔히 이 많은 것 속에 애인은 어디 있나 물어본다.
그 풍부한 사랑은 이 방패로 눈을 속인다.   (오비디우스)

나르시스에게 자기의 그림자를 사랑하며 정신을 잃게 한 시인들은 얼마나 감각의 힘을 중시하는 것인가?

> 그는 자신이 감탄받고 있는 모든 것에 감탄하며
> 자기도 모르게 자기를 그리워하며, 칭송하며 칭송받는다.
> 탐하며 탐함을 받고, 자기가 지른 불에 자기가 불탄다. (오비디우스)

피그말리온의 오성은 자기가 만든 상아 조각상을 보고 받은 인상에 너무도 충격받아, 그는 이 조각상을 산 사람으로 보고 사랑하며 섬긴다!

> 그는 조각상을 입맞춤으로 덮으며, 그것이 응한다고 생각한다.
> 그는 조각상을 잡고 포옹하며 그 손가락 밑에 살결이 눌린다고 믿고
> 너무 힘주어 쥐다가 자국을 남길까 두려워한다. (오비디우스)

철학자 한 사람을 환하게 비치는 가는 쇠그물망의 장 속에 집어넣어 노트르담 성당 꼭대기에 매달아 보라. 그가 떨어지기는 불가능하다는 것을 이치로 알고 있을 것이다. 그렇지만(그가 기와장이 직업에 능숙한 자가 아니라면) 그는 그 엄청난 높이에서 내려다보는 데에 얼이 빠져 기절하지 않을 수 없을 것이다. 종루(鐘樓)가 돌로 쌓아 올린 탑이지만, 거기서 밖이 내다보이는 곳에 서면 마음의 안정을 얻기가 힘들기 때문이다. 그렇게 해 볼 생각조차 하지 못하는 사람도 있다. 이 두 탑 위에 사람이 걸어 다녀도 넉넉할 만한 대들보 하나를 걸쳐 놓았다고 하자. 아무리 철학적 예지가 확고했다 해도, 그것이 땅에 있을 때처럼 태연하게 그 위를 걸어가 볼 용기를 우리에게 줄 수는 없다.

나는 자주 피레네 이쪽의 높은 산 위에서 시도해 보았는데(그렇지만 나는 이런 일에 그렇게 놀라지 않는 축에 든다), 그 높은 데서 깊은 골짜기를 내려다볼 때에, 절벽가에서 내 키만큼은 떨어져 있었기 때문에 일부러 위험한 곳에 나가지 않으면 떨어질 염려는 없었다. 그래도 나는 몸이 떨리며 오금이 저리고 엉덩이가 흔들리는 통에 무한히 깊은 그 골짜기를 내려다볼 수가 없었다. 또 내가 주목한 바에는, 아무리 높은 곳에 있어도 거기에 나무 한 그루나 바윗돌 하나가

앞을 가로막아서 사이를 떼어 놓으면, 마치 우리가 떨어질 때에 그것이 구원을 줄 수 있는 것이거나 한 것처럼 안도감을 준다. 그러나 절벽이 반반하게 깎아 내려져 있으면, 눈이 빙빙 돌지 않고는 내려다볼 수가 없다.

"그리하여 눈과 머리가 현기증을 느끼지 않고는 아래를 내려다볼 수 없다." (티투스 리비우스) 이것은 시각의 명백한 사기술이다.

저 훌륭한 철학자(데모크리토스)는 심령이 시각 때문에 타락하지 않고 더 자유로이 철학을 할 수 있도록 두 눈을 뽑아 버렸다.

그러나 그럴 속셈이라면, 그는 마땅히 테오프라스토스가 말하듯, 귀는 우리들의 마음에 맹렬한 인상을 가져와서 정신의 변화와 혼란을 일으키게 하는 가장 위험한 기관이라고 하던 그 귀도 마땅히 틀어막았어야 할 것이다. 그리고 다른 감각을, 다시 말하면 자기 존재와 생명까지도 없애 버려야 할 일이었다. 왜냐하면 이 감각들은 모두 우리 이성과 심령을 지배하는 힘을 가졌기 때문이다. "어느 때는 흔히 어떤 모습이, 어떤 음성이 그 장중성으로, 어떤 가창(歌唱)이 정신을 맹렬히 동요시키는 수도 있으며, 또 흔히 근심과 공포가 역시 그렇게 한다."(키케로)

의사들은 어떤 종류의 체질을 가진 사람들은 어떤 음성이나 악기의 소리만 들어도 동요되는 일이 있다고 생각한다. 나는 남이 식탁에서 뼈를 깨무는 소리를 참고 듣지 못하는 사람을 보았다. 그렇듯 줄로 쇠를 쓸 때의 뚫는 듯 찢는 소리에 마음이 불쾌해지지 않는 사람은 없다. 마찬가지로 누가 우리 옆에서 무엇을 씹어 먹는 소리를 내거나, 목이나 코가 막힌 사람이 말하는 것을 들을 때에 분노와 증오심을 일으킬 정도로 신경질적으로 변하는 사람도 많다.

그라쿠스의 의전 나팔수는 그의 윗사람이 로마에서 연설할 때, 그의 목소리를 부드럽게도 강하게도 둥글게도 울려 주었다. 그러나 만일 그 나팔소리의 움직임과 소질에 청중들의 판단력을 감동시키고 거기에 영향을 주는 힘이 없었던들, 그것이 무슨 소용이 있을 것인가? 이렇게도 가벼운 바람결의 우연한 동요에 조종되어 영향을 받다니, 그 훌륭한 이성의 확고한 영향이란 떠들어 댈 만한 여지가 있군그래!

감각이 우리 오성에 끼치는 이 속임수를 감각도 그들대로 당한다. 우리의 심령은 가끔 그들에게 앙갚음을 한다. 그들은 서로 시새워하여 속이며 속아 넘어간다. 우리가 격분했을 때 보고 듣는 것은, 있는 사실대로 보고 듣는 것이 아니다.

  태양이 둘로, 테베시가 둘로 보인다.   (베르길리우스)

  우리가 사랑하는 대상은 실제보다 더 예쁘게 보인다.

  그리하여 우리는 모든 면으로 추악하고 못난 여자들이
  가장 큰 영광으로 숭배받고 총애받는 것을 본다.   (루크레티우스)

 그리고 우리가 싫어하는 자는 더 못나 보인다. 괴로운 처지에 고민하는 자에게는 대낮의 빛도 흐리고 컴컴한 것같이 보인다. 우리의 감각은 심령의 정열 때문에 변질될 뿐 아니라 완전히 마비되는 수가 많다. 정신이 다른 데 팔려 있을 때에는 눈에 띄지 않는 사물들을 얼마나 많이 보는가!

  그대가 똑똑히 보는 사물에 관해서도 정신을 차리지 않으면
  그에 따라서 마치 시간적으로 먼 일인 듯, 또는
  먼 곳의 일처럼 느껴짐을 그대는 관찰할 것이다.   (루크레티우스)

 심령은 마치 감각의 힘을 속으로 끌어들여 희롱하는 것같이 보인다. 그래서 인간의 안과 밖은 약점과 거짓으로 가득 차 있다.
 우리 인생을 꿈에 견주어 본 자들은, 그들이 생각하는 것보다 더 옳게 본 것이리라. 우리가 꿈을 꿀 때의 심령은 잠이 깨어 있을 때보다 더하지도 덜하지도 않게 살며 행동하며 모든 소질들을 행사하고 있다. 그러나 좀 무르고 흐리다고는 하지만, 그렇다고 그 차이가 분명히 밤과 환한 대낮 사이 만한 것은 아니다. 그렇다. 밤에서 그늘까지의 차이는 있다. 저편에서는 심령은 잠자고 있다. 이편에서는 다소간 졸고 있다. 그것은 언제나 암흑이다. 킴메리아인의 암흑이다.
 우리는 잠자며 잠 깨어 있고, 잠 깨어서 잠자고 있다. 나는 잠을 자면서 똑똑히 보지 못한다. 그러나 잠이 깨어 있을 때에도 언제나 흐리지 않게 충분히 또

렷하게 보이는 적이 없다. 하기는 잠이 깊이 들 때는 꿈을 잠재우는 수도 있다. 그러나 우리가 잠이 깨어 있음은 결코 깨끗이 꿈을 씻어 흘을 만큼 깨어 있는 것이 아니다. 그 꿈은 깬 자들의 꿈이며, 꿈보다 더 나쁜 꿈이다.

우리의 이성과 심령은 잠자는 동안에 나오는 공상과 개념을 받아들이며, 심령이 낮의 행동에 대해서 인정하는 바와 같은 권위를 꿈속의 행동에도 주고 있는데, '어째서 우리가 생각하고 행동하는 것이 다른 방식의 꿈꾸는 일이며, 깨어 있는 것이 어떤 종류의 잠이 아닌가' 하고 의문에 붙이지 않는가?

감각이 우리의 제일차적인 심판자라고 하여도, 우리는 단지 감각에서만 충고를 받으려고 해서는 안 된다. 왜냐하면 이 소질에서는 동물들이 우리만큼 또는 우리보다 더 권한을 갖기 때문이다.

동물들 중의 어느 것들은 사람보다 더 예민한 청각을 가졌고, 다른 것들은 시각, 다른 것들은 후각, 다른 것들은 촉각이나 미각이 더 예민한 것이 확실하다. 데모크리토스는 신과 짐승들은 인간보다 더 완전한 감각적 소질을 가졌다고 했다. 그런데 그들 감각의 효능과 우리의 것 사이에는 큰 차이가 있다. 우리의 침은 우리들의 상처를 낫게 한다. 그러나 그것은 뱀을 죽인다.

> 여기에는 너무나 큰 차이가 있어서,
> 어떤 자에게는 양분이, 다른 자에게는 맹독이 된다.
> 뱀은 흔히 인간의 침에 접촉하면
> 그 자신의 상처를 물어 찢으며 죽는다.
> (루크레티우스)

우리는 우리 침에 무슨 소질을 주어야 할 것인가? 우리 입장에서 따질 것인가, 뱀의 입장에서 따질 것인가? 이 두 가지 감각의 어느 것에 의해서 우리가 찾고 있는 이 침의 진실한 본질을 증명할 것인가? 플리니우스는 인도에 있는 어느 바닷고기들은 우리에게 독이 되며, 또 우리는 그들에게 독이 되기 때문에, 우리가 건드리기만 해도 이 바닷고기들은 죽어 버린다고 말한다. 그러면 어느 편이 진짜 독인가? 사람인가? 이 물고기인가? 누구를 믿어야 한단 말인가? 사람에 관해서 이 물고기를? 이 물고기에 관해서 사람을? 공기의 어떤 성질은 사람에게는 해가 되는데, 황소에게는 해가 되지 않는다. 또 다른 성질은 황소에게 해로운데 사람에게는 해롭지 않다. 이 두 가지 중의 어느 것이 진실로나 그 본성으로나 유독한 성질을 가진 것인가?

황달에 걸린 자들에게는 모든 사물이 누렇고 더 희푸르게 보인다.

   황달 환자들에게는 만물이 다 황색으로 보인다. (루크레티우스)

눈에 염증이 생겨 결막이 충혈되는 증세로, 의사들이 각막충혈이라고 부르는 눈병에 걸린 자들에게는 모든 사물들이 벌겋게 핏빛으로 보인다. 이렇게 우리의 시각을 변질시키는 작용을 하는 기질이 혹시 짐승들에게 우세해서 그들에게는 이것이 예사로운 일인지 누가 알 일인가? 짐승들 중에 어떤 것들은 황달에 걸린 자들과 같이 눈이 노랗고, 어떤 짐승들은 눈에 핏발이 서서 벌겋다. 이런 짐승들에게는 아마도 물건들의 빛깔이 우리들과는 달리 보일 것이다. 우리와 그들 양편 중에 어느 편의 판단이 진실한 것인가? 사물들의 본질은 인간에게만 관련된다는 말은 없다. 단단함·흰 빛·깊이·신맛 등은 우리와 마찬가지로 동물들의 지식과 소용에 관계된다.

자연은 우리와 같이 그들에게도 이런 것을 사용할 권한을 주었다. 우리가 눈을 눌러보면 물체는 더 길게 퍼져서 보인다. 짐승들 중에는 눈이 납작한 것이 많다. 그러니 물체들의 이 길이는 아마도 우리가 이 물건들의 느껴지는 상태에서 보고 판단하는 길이가 아닐 것이다. 아마도 짐승들이 보는 길이가 진실한 길이일지도 모른다. 우리가 눈을 아래에서 누르면 물건은 두 겹으로 보인다.

   등불은 이중의 빛으로 화염을 꽃피우며
   인간들은 이중의 얼굴과 두 개의 신체를 가진다. (루크레티우스)

어쩌다가 우리 귀가 무엇에 막히거나 청각의 통로가 오므라들면, 여느 때 듣는 것과는 다르게 소리를 받아들인다. 귓속에 털이 났든지 또는 귀 대신 아주 작은 구멍밖에 갖지 않은 동물들에게는, 우리가 듣는 것이 들리지 않고 다른 소리가 들린다. 명절 행사에서나 극장에 가서 햇불의 불빛 앞에 색유리를 대고 비쳐 보면, 그곳에 있는 모든 것이 초록색이나 노랗거나 자줏빛으로 되는 것을 볼 수 있다.

> 그것은 특히 극장 안에서 기둥과
> 가로질러 놓은 나무에 팽팽하게 매여 바람결에 펄렁이는
> 황색·홍색·녹색의 견직물 장막으로 이루어진다.
> 이 장막들이 움직이며 반사해서 계단 위 관중들,
> 무대 장식, 원로들의 숭엄한 자리 대열, 장막 아래에 모인
> 귀부인들과 제신들의 조각상들이 물들여진다. (루크레티우스)

눈이 여러 빛깔로 되어 있는 동물들의 눈은 아마도 모든 물체의 겉모습을 그 눈빛으로 그들에게 보여 주고 있을 것이다.

감각의 작용을 판단하려면, 첫째 우리가 이 점에서 짐승들과 일치해야 하고, 둘째 우리끼리의 일치가 있어야 한다. 그런데 우리는 도무지 그렇지 못하다. 한 사람이 무엇을 듣고 보고 맛보고 하는 것이, 다른 사람과 다르기 때문에 입씨름을 시작하며, 감각이 우리에게 주는 영상들이 다른 것을 가지고 논쟁한다. 어린애는 30대의 성인보다 그 본성의 일반적 규칙에 의해서 빠르게 듣고 보고 맛보며, 이들에 비해 60대 사람은 또 다르게 느낀다.

감각은 어떤 자들에게는 더 컴컴하고 음침하며, 다른 자에게는 더 열리고 예민하다. 우리는 자신의 됨됨이와 생각이 기우는 바에 따라서 사물들을 다르게 받아들인다. 그런데 우리에게 그럴듯이 보이는 것은 너무나 불확실하고 모순이 많아서, 우리는 눈이 희게 보인다고 고백할 수 있으나, 눈이 그 본질에 있어 진실로 그렇다고 증명하기는 어렵다고 누가 말해도, 그것은 기적이 아니다. 그리고 이렇게도 시초가 흔들리고 보면, 이 세상의 모든 지식은 필연적으로 들떠 있게 된다.

뭐? 우리 감각이 서로 방해를 놓고 있다고? 어떤 그림은 눈으로 보면 높고 얕게 보인다. 손으로 만져 보면 반반하다. 사향은 냄새를 맡으면 상쾌하고, 맛을 보면 해로우니, 그것은 상쾌한 것인가 해로운 것인가? 풀이나 연고 중에는 신체의 한 부분에는 이로우나, 다른 부분에는 해로운 것이 있다. 꿀은 맛은 좋지만 보기에는 흉하다. 날개깃 형태로 만든 반지들은 문장학(紋章學)에서는 '끝

없는 깃'이라고 부르는데, 아무도 그 폭이 얼마인지 식별하지 못하며, 이 속임수에 넘어가지 않는 자가 없다. 특히 이것을 손가락에 끼고 돌려 보아도, 한편으로는 넓어져 가는데, 다른 편으로는 좁아지며 가늘어져 간다. 그러나 손으로 만져 보면 폭이 고르며 사방이 같다.

옛날에 감각을 돋우기 위해 그들이 쓰려는 연장을 시각으로 키워서 쾌감을 늘려 보려고, 물건을 비치면 더 굵고 크게 보이게 하는 거울을 사용하던 자들은, 이 두 감각들 중에 어느 편의 소득을 바랐던 것인가? 이 연장을 굵직하고 큼직하게 보여 주는 시각을 위한 것이던가? 또는 조그맣고 경멸할 거리로 느껴지게 하는 촉각을 위한 일이었던가? 그 물체에게 이런 여러 조건을 주는 것은 우리의 감각이다. 그렇다고 물체가 한 조건밖에 갖지 않았단 말인가? 마치 우리가 먹는 빵에서 보는 바와 같이 빵은 한 가지인데, 우리는 이것을 사용해서 뼈와 피와 살과 손톱을 만드는 식인가?

음식물이 신체의 모든 부분에 분배되어 그 자체를
파괴함으로써 다른 실체를 산출케 하는 식이다. (루크레티우스)

나무뿌리가 빨아올리는 양분은 줄기와 잎새와 열매가 된다. 그리고 공기는 한 가지뿐인데, 이것을 나팔에 적용하면 수천 가지 소리가 나온다. 이렇게 이 물질들에 여러 가지 성질을 꾸며 주는 것은 우리의 감각이 하는 일인가, 또는 재료들이 본래 그렇게 되어 있는 것인가를 나는 모른다. 그리고 이 의문에 대해서 그들의 진실한 본질은 무엇이라고, 어떻게 결론지을 수 있는가? 그뿐더러 질병과 몽상·수면 등의 사고는 사물들을 건강한 자와 현자, 잠 깨어 있는 자들에게 나타나는 것과는 달리 보이게 하는 이상, 우리의 정상 상태와 자연스러운 경향은 역시 사물들에게 이런 조건에 상응하는 존재를 주고, 마치 혼란스러운 기분이 다르게 보여 주는 식으로 이런 상태에 사물들을 알맞게 할 거리를 가진 것이 아닐까? 그리고 우리 질병이 그런 것처럼 건강 상태는 사물들에게 자기 면모를 공급해 줄 수 있는 것이 아닐까? 어째서 절도 있는 자는 무절제한 자가 하는 식으로 물체의 형태를 그 자체에 관련되게 갖지 않는단 말인가? 그리고 물체들에게 마찬가지로 그 성격을 박아 넣지 않을 것인가?

입맛을 잃은 자는 맛 없음을 술의 탓으로 하고, 건강한 자는 그 향취로 술을 칭찬하며, 목마른 자는 그 시원한 맛을 술의 덕으로 돌린다.

그런데 우리의 상태는 사물을 자기에게 알맞게 만들며 자기에 맞춰 변형시키기 때문에, 어느 것이 사물의 진실한 상태인지 알 수 없다. 어느 것이건 우리의 감각에 의해서 변질되고 변형되지 않고는 우리에게 오지 않기 때문이다. 컴퍼스나 각도기나 자가 바르지 못한 때에는 그것으로 잰 모든 비율들, 그것으로 재어서 지은 모든 건축 역시 결함이 있고 불완전하다. 우리 감각의 불확실성은 그들이 만들어 내는 모든 것을 불확실하게 만든다.

> 결국 건축에 있어 최초의 척도가 바르지 못하고,
> 각도가 왜곡되어 수직이 바르지 못하고
> 수평이 어느 부분이 기울면
> 건축 전체가 필연적으로 결함을 지니고 경사지며,
> 불균형이라 앞으로, 뒤로 기울며
> 건물은 붕괴하고 싶은 듯 군데군데 붕괴하며,
> 처음의 계산 착오로 전체가 와해된다.
> 마찬가지로 그대의 사물들에 관한 추리는
> 기반적인 감각에서 덧붙여 말하자면 필연적으로
> 허구이며 옳지 못하다.   (루크레티우스)

그뿐만 아니라 이러한 차이점을 정당하게 판단할 자는 누구인가? 우리가 종교에 관한 논쟁에서, 그것이 기독교인들 사이에서는 불가능한 일이지만, 이 당파와 저 당파에 매이지 않고, 편파성과 사사로운 정에 이끌리는 일이 없는 심판자가 필요하다고 말하듯, 여기서도 사정이 같다. 왜냐하면 그가 늙은이라면 자기가 그편에 속하니까 늙은이 심정을 판단하지 못할 것이며, 그가 젊다 해도 그렇고, 건강해도 그렇고, 병자나 잠자는 자나, 그리고 잠 깬 자 역시 그렇다. 판단에 선입견을 품지 않고 이해관계가 없는 입장에서 이런 제언들을 판단하기 위해서는, 이런 모든 소질들을 지니지 않은 자여야만 할 것이다. 이 점으로 보아 우리는 존재하지 않는 심판자가 필요하다.

우리가 객체들에게 받는 외관을 판단하기 위해서는, 정확한 도구가 필요하며, 이 도구의 진실성을 밝히기 위해서는 증명이 필요하며, 증명의 진실성을 밝히기 위해서는 도구가 필요하니, 여기서 순환론법에 빠진다.

감각은 자체가 불확실성으로 충만해 있으니 우리의 논쟁에 단정을 내릴 수 없고, 단정을 내리는 것은 사물의 이치라야만 한다. 어떠한 이치도 다른 이치 없이는 성립하지 않는다. 이래서 우리는 무한정하게 뒷걸음질을 쳐야 한다.

우리의 개념은 우리와 관련 없는 사물들에는 적용되지 않는다. 그러니 개념은 감각의 중개로 품어지는 것이다. 그리고 감각은 그들과 상관없는 객체를 이해하지 못한다. 다만 그들 자체가 받은 인상을 담아 둘 뿐이다. 그런 까닭에 개념과 외관은 객체에서 오는 것이 아니고, 다만 감각의 인상과 효과에서 온 것이며, 여기서 인상과 객체는 각기 다른 사물들이다. 이런 까닭에 사물을 겉모습으로 판단하는 자는 객체와는 다른 사물을 가지고 판단하는 것이다. 그런데 감각의 인상들이 외부의 사물들을 그 닮은 모습으로 심령에게 전달해 준다고 하지만, 심령은 그 자체로서 외부의 객체들과 아무런 교섭도 없는 이상 어떻게 심령과 오성은 이 닮은 모습을 가지고 확실한 것을 맡아볼 수 있을 것인가? 그것은 마치 소크라테스를 모르는 자가, 그의 초상화를 보고 그것이 그와 닮았다고 말할 수 없는 식이다.

그런데 겉모습으로 판단하려고 한다면, 모든 겉모습들을 판단하는 것은 불가능한 일이다. 왜냐하면 우리가 경험으로 아는 바와 같이, 겉모습은 서로 모순되고 불일치함으로써 서로 훼방을 놓기 때문이다.

그러면 그중에서 골라낸 겉모습들이 다른 겉모습들을 조정하는 것일까? 그러자면 이 골라낸 겉모습은 다른 골라낸 것으로, 이 둘째 것은 셋째 것으로 증명해야 할 것이다. 이래서 그것은 결코 끝이 나지 않을 듯하다.

*변하는 인간은 변하는 사물들을 알 수 없다

결국 우리의 존재나 객체들의 존재, 나를 막론하고 항상 실재(實在)하는 것은 아무것도 없다.

그리고 우리나 우리의 판단이나 반드시 멸망할 사물들은 끊임없이 흘러가고 굴러간다. 이러하여 판단하는 자와 판단받는 자는 서로 끊임없는 변화와 움직임 속에 있는 까닭에 하나를 가지고 다른 것에 확실성을 세워 볼 길이 없다.

＊변하는 인간은 불변의 신을 알 길이 없다

우리는 존재와 아무런 연락을 갖고 있지 않다. 인간성 전체는 항상 출생과 죽음의 중간에 있으며, 그 자체에 관해서는 캄캄한 겉모습과 그림자, 그리고 불확실하고 허약한 의견밖에 내놓지 않기 때문이다. 그리고 어쩌다가 그대가 이 인간성의 본질을 파악하려고 사고력을 집중시킨다면, 그것은 물을 잡으려는 자보다 더하지도 덜하지도 않을 것이다. 왜냐하면 그 본성이 사방으로 흘러 내리게 된 것을, 아무리 세게 틀어쥐고 움켜쥐어 보아도 자기가 잡으려는 것을 잃고 말 것이기 때문이다. 이렇게 모든 사물들은 한 변화에서 다른 변화로 넘어가게 되어 있는 까닭에, 이성은 거기서 진실한 실체를 찾아보다가 실망하고 만다. 모든 것은 존재해 오면서 완전히 존재하지 않거나, 아직 출생하기 전에 죽어 가기 시작하는 것인 까닭에, 이성은 유지되어 영속하는 것을 아무것도 이해할 수 없기 때문이다.

플라톤은, 호메로스가 모든 사물이 영속적인 흐름과 움직임과 변화 속에 있는 것을 알려 주려고 오세아누스를 신들의 아버지로 삼고, 테티스(바다의 신)를 어머니로 삼은 점을 고려하여, 육체는 결코 존재해 보지 않았으며 분명히 출생해 본 일이 없다고 말했다. 그것은 그의 시대 이전의 모든 철학자들에게 공통된 사상이었다고 그가 말한 것인데, 그중에 파르메니데스만은 사물들에게 움직임을 거부하며, 움직임의 힘을 대단히 중시했다. 피타고라스는 모든 사람들은 흘러가고 흩어져 간다고 했다. 스토아학파들은 현재라는 때는 없는 것이고, 우리가 현재라고 부르는 시간은 미래 과거가 합치는 연결점에 불과하다고 했다. 헤라클레이토스는 동일한 강물 속에 두 번 들어가 본 사람은 없었다고 했다.

에피카르모스는, 이전에 돈을 차용한 자는 지금 빚을 지고 있는 것이 아니며, 지난밤에 다음 날 아침식사에 초대된 자는 그자가 이미 똑같은 자가 아니니까 지금은 초대받지 않고 오는 것이며, 그들은 이미 다른 자들이 된 것이라고 했다. 그리고 한 죽어 갈 자의 실체는 두 번 동일한 상태에 있을 수 없으므로, 그 실체는 급격하고 가볍게 변화하여 가며, 이때는 흩어지고 저 때에는 한데 뭉치며, 그것은 오고, 그러고는 가 버린다는 것이다. 그래서 출생하기 시작하는 것은 결코 완벽한 존재에까지 이르지 못한다. 그것은 출생이라는 것이 결코 완수되는 일이 없고, 목표에 도달한 것으로 정지하는 일이 없으며, 반대로 종자 때부터 항상 하나에서 다른 것으로 변하고 변화해 가는 것이라고 한다. 마치 인간의 정액이 어미의 배 속에 들어가서 형체 없는 열매를 맺으며, 다음에 어린애가 형성되어 밖으로 나와서는 젖먹이가 되고, 다음에는 소년이 되고, 연속해서 청년이 되며, 다음에는 성년, 장년으로, 마지막에는 쇠잔한 늙은이가 된다는 식이다. 이렇게 연대와 연속하는 세대는 항상 먼저 것을 해체시켜 부숴 가는 것이다.

　　실로 시간은 세상의 모든 본성을 변화시킨다.
　　모든 일은 한 상태에서 필연적으로 다른 상태로 바뀌게 되어 있다.
　　그리고 자체로 닮아서 남는 것은 없이, 모두가 옮기어 바뀌며
　　자연은 모든 것을 변형시키고 변하게 강제한다.　　　　　　(루크레티우스)

또 우리는 이미 죽음의 종류들을 거쳐왔고, 하고많은 다른 종류의 죽음들을 겪어 가는 바에, 우리가 한 종류의 죽음을 두려워한다는 것은 어리석은 일이다. 헤라클레이토스가 말하던 바와 같이, 불의 죽음은 공기의 출생이며, 공기의 죽음은 물의 출생일 뿐만 아니라, 우리는 더 확실하게 그것을 자신에게서 볼 수 있기 때문이다. 청춘기는 노년이 닥쳐오면 사라져 가고, 청년기는 장년기에 끝맺고, 소년기는 청년기에, 그리고 유년기는 소년기에 사라지며, 어제는 오늘에 사라지고, 오늘은 내일에 죽어 없어질 것이며, 늘 그대로 머물러서 똑같은 하나로 있는 것은 아무것도 없기 때문이다.

　사실이 그렇다는 증거로, 우리가 늘 하나로 동일하게 머무른다면 우리는 어떻게 이때는 한 사물을 가지고 즐기고, 저때는 다른 사물을 가지고 즐기는 것일까? 어떻게 우리는 반대되는 사물들을 사랑하기도 하고 미워하기도 하며, 칭찬도 하다가 책망도 하는 것일까? 어떻게 우리는 동일한 사상 속에 동일한 심정을 품고 있지 못하며 다른 마음을 품게 되는 것인가? 우리가 변하지 않고

는 다른 정열을 품는다는 것은 진실하지 못하다. 그리고 변화를 겪는 것은 동일하게 머무르지 못하며, 동일하지 않으면 역시 있음이 아니다. 그러나 온전히 하나로 있는 존재와 함께 단순한 존재는 변화하며, 항상 하나의 것으로부터 다른 것으로 되어 간다. 그렇게 변화하는 까닭에 자연의 감각들은 속고 속이며, 존재하는 것이 무엇인가를 잘 모르기 때문에 바깥으로 나타나는 것을 존재하는 것인 줄로 안다.

그러면 진실로 존재하는 것은 무엇인가? 그것은 영원히 있는 것, 다시 말하면 출생한 일이 결코 없었고, 영원히 끝이 없을 것이며, 시간이 그것에 아무런 변화도 가져오는 일이 없는 것이다. 시간이란 움직이는 사물이며, 항상 그림자같이 나타나고, 그 재료는 항상 흐르며 유동하고, 안정해서 머무른다든지 항구적인 것이 없고, 그것에 '전에', '뒤에', '있었던 것', '있을 것'이라는 말이 해당하는 것들은, 그것이 존재하는 사물이 아닌 것을 단번에 보여 준다. 왜냐하면 아직 존재로 있지 않은 것, 또는 이미 존재로 있기를 멈춘 것을 존재한다고 말함은 너무나 어리석은 것이고, 아주 확실한 거짓이기 때문이다. 우리가 주로 그것으로 시간의 이해를 세우며 유지하는 것같이 보이는 '현재'·'순간'·'지금' 같은 말로 말하면, 이성은 그것을 발견하며, 당장에 그것을 부숴 버린다.

이성은 즉석에 그것을 쳐서 미래와 과거로 갈라 버린다. 마치 필연적으로 둘로 갈라놓고 보려는 식이다. 자연을 측량하는 시간에서와 같이, 측량당하는 자연에게도 일은 마찬가지로 되어 간다. 자신에게도 머무르는 것은 아무것도 없으며, 지속되는 것도 없고, 그 반대로 거기서 모든 사물들이 태어났거나, 출생하고 있거나, 죽어 가고 있는 것이다. 이치가 그러하니 단 하나 존재하는 신을 가지고, 그가 전에 있었다든가 장차 있으리라고 말하는 것은 죄스러운 일이 될 것이다.

이러한 용어들은 지속할 수 없거나 존재로 머물러 있을 수 없는 것의 변화·통과·변천 등을 말하기 때문이다. 그 까닭에 신 혼자만이 존재하며, 그것은 어느 시간의 척도에 따르는 것이 아니고, 변화를 겪을 수 없고 움직임이 없으며, 시간으로 측량되지 않고, 어떤 쇠퇴도 당할 수 없는 영원성에 따라서 존재한다. 그 이전에는 아무것도 존재하지 않으며, 뒤에도 존재하지 않을 것이고, 더 새롭다는 것도 최근의 일이라는 것도 없고, 단지 진실로 존재하는 것이며, 그것은 바로 유일한 '지금'을 가지고 영속을 채운다. 그리고 사람들이 '그는 있었다'라거나, '그는 있을 것이다'라고 말할 수 없으며, 시작도 끝도 없이, 그 신 하나밖에는 진실로 존재할 수 없는 것은 아무것도 없다고 결론지어야만 할 일이다.

한 이교도(이 절의 문장은 거의 전부가 아미요가 번역한 플루타르크의 도덕론을 베껴 쓴 것이다)의 종교적인 결론에 붙여서, 나도 한정 없이 재료가 나오는 이 길고 지루한 설화 끝에, 동일한 조건에 있는 한 증인(세네카를 말함)의 말 한마디를 덧붙이겠다. "만일 인간이 인간성을 초월하지 못한다면, 오, 인간이란 얼마나 비굴하고 더러운 사물인가!"

*신 없이는 인간은 아무것도 아니다

이건 참 좋은 말이고 유익한 욕망이다. 그러나 마찬가지로 부조리하다. 왜냐하면 손바닥보다 더 큰 것을 쥐려고 하고, 팔에 넘치는 것을 안으려 하며, 우리의 다리 길이보다 더 길게 발을 떼어 놓자고 하는 것은 불가능하고 부자연스럽기 때문이다.

인간이 자신과 인간성을 초월한다는 것도 안 될 말이다. 그는 그의 눈으로밖에는 보지 못하고, 그의 파악으로밖에는 잡지 못하기 때문이다.

만일 신이 비상한 은총으로 손을 빌려 주신다면, 그는 올라갈 것이다. 그는 자신의 방법을 포기하고 단념하며, 순수히 하늘에서 내린 방법으로 자기를 높이고 치올리게 할 것이다. 우리는 스토아학파의 도덕에 의해서가 아니라, 우리 기독교 신앙에 의해서 이 거룩하고도 기적적인 변화를 주장해야 할 일이다.

손우성

충북 청원에서 태어나다. 일본 법정대학불문학과를 졸업, 아테네프랑세에서 프랑스문학 전공. 이하윤·김진섭·이선근·정인섭 등과 외국어문학연구회 결성 〈해외문학〉 창간동인 활동. 서울대 교수, 성균관대 교수, 성균관대문리대 학장, 성균관대 대학원장, 한국불어불문학회 회장을 지냈다. 프랑스 문화훈장, 프랑스 공적훈장, 한국펜클럽번역문학상을 받다. 학술원회원, 평론집 《비정통사상》 옮긴 책 부르제 《제자》, 사르트르 《존재와 무》 등이 있다.

세계사상전집011
Michel de Montaigne
LES ESSAIS
몽테뉴 수상록 I
몽테뉴 지음/손우성 옮김
동서문화사창업60주년특별출판
1판 1쇄 발행/2016. 6. 9
1판 5쇄 발행/2024. 10. 1
발행인 고윤주
발행처 동서문화사
창업 1956. 12. 12. 등록 16-3799
서울 중구 마른내로 144 동서빌딩 3층
☎ 546-0331~2 Fax. 545-0331
www.dongsuhbook.com
잘못된 책은 구입하신 곳에서 바꾸어드립니다.
＊
이 책의 출판권은 동서문화사가 소유합니다.
의장권 제호권 편집권은 저작권법에 의해 보호를 받는 출판물이므로
무단전재와 무단복제를 금합니다.
사업자등록번호 211-87-75330
ISBN 978-89-497-1419-6 04080
ISBN 978-89-497-1408-0 (세트)